Robert Hotz
Sakramente – im Wechselspiel zwischen Ost und West

ÖKUMENISCHE THEOLOGIE

Herausgegeben von
Eberhard Jüngel, Walter Kasper, Hans Küng, Jürgen Moltmann

Band 2

Robert Hotz

Sakramente – im Wechselspiel zwischen Ost und West

Benziger Verlag
Gütersloher Verlagshaus Gerd Mohn

Hergestellt im Graphischen Betrieb Benziger, Einsiedeln

ISBN 3 545 24202 1 (Benziger)
ISBN 3-579-04488-5 (Gütersloher Verlagshaus)

INHALT

VORWORT

Der moderne, säkularisierte Mensch hat weitgehend den Sinn für das Symbolische und Zeichenhafte eingebüßt. Damit ist ihm aber gleichzeitig in nicht geringerem Maß auch das Verständnis für das Religiöse abhandengekommen, denn das Numinose, Heilige und Transzendente läßt sich nur mühevoll und höchst ungenügend mit Worten umschreiben[1] und ist damit wesentlich auf Zeichen und Symbole verwiesen[2], wofür die natürliche Symbolik des Kosmos die unmittelbare Grundlage bildet. Denn wie die Religionswissenschaft in ihren Untersuchungen der primitiven religiösen Erfahrung aufzuweisen vermochte, sucht der Mensch seit jeher ein Zentrum außerhalb seiner selbst, weil erst die Existenz eines solchen dem Menschen eine Bestimmung seiner Position im Weltganzen erlaubt. Das hat der rumänische Religionswissenschaftler Mircea Eliade in seinem Buch "Das Heilige und das Profane" eindrücklich dargelegt.

Eine der religiösen Urerfahrungen ist die Verbindung eines außer- bzw. überirdischen Fixpunktes mit der Erde durch eine "axis mundi". Die berühmte Jakobsleiter des Alten Testaments, auf der die Engel auf- und niedersteigen, bildet hierfür den biblischen Ausdruck einer alten Menschheitserfahrung, die sich auch in anderen Religionen äußert.

Auch die Sakralhandlungen kann man ganz generell und rein formal als eine solche Jakobsleiter zwischen dem Heiligen und dem Profanen verstehen. Diese Sakralhandlungen schaffen einen heiligen Raum innerhalb des Profanen und heben gleichzeitig das so Geheiligte in den Himmel, der stets ein Bild für das Transzendente und Numinose darstellte. Demnach sind die Sakralhandlungen, und dazu zählen wohl unzweifelhaft auch die sakramentalen Riten, gewissermaßen eine Brücke zwischen Himmel und Erde, welche die Offenheit des Menschen auf ein Jenseits hin manifestiert.

Nachdem diese Brücke zwischen dem Heiligen und Profanen durch die spätestens mit der Neuzeit (Humanismus und Reformation) einsetzenden Prozesse der Säkularisierung weitgehend eingerissen worden ist, gilt es heute, Sinn und Bedeutung der sakralen Handlungen, insbesondere der Sakramente, für den Menschen wieder

1 Vgl. M. Eliade, Das Heilige und das Profane. S. 7: "Das Heilige manifestiert sich immer als eine Realität, die von ganz anderer Art ist als die 'natürlichen' Realitäten. Zwar bringt die Sprache das *tremendum* oder die *majestas* oder das *mysterium fascinans* in Worte, die dem Bereich der Natur oder dem profanen Geistesleben des Menschen entlehnt sind, aber diese analogisierende Ausdrucksweise entspringt eben der Unfähigkeit, das *ganz andere* zu benennen: die Sprache ist darauf angewiesen, alles, was über die normale menschliche Erfahrung hinausgeht, in Worte zu kleiden, die dieser normalen Erfahrung entstammen."

2 Vgl. D. Forstner, Die Welt der Symbole, S. 11: "Der Mensch als geistig-sinnliches Wesen, bedarf der Sinnbilder, um Geistiges zu erfassen. Sie können ihm in ihrer ahnungsreichen Fülle mehr sagen als Worte, da sie das Verschiedenste zu einem Gesamteindruck verbinden, während die Sprache nur stückweise und nacheinander zum Bewußtsein bringt, was das Symbol mit einem Blick der Seele vorführt."

zu erhellen, weil hier an die Grundlagen seiner Existenz als "homo religiosus" gerührt wird.
In den Jahren 1811–14 schrieb Johann Wolfgang Goethe in "Dichtung und Wahrheit" einige Bemerkungen zur Frage der Sakramente, welche noch immer höchst aktuell erscheinen.
"Der protestantische Gottesdienst hat zu wenig Fülle und Konsequenz, als daß er die Gemeinde zusammenhalten könnte; daher geschieht es leicht, daß Glieder sich von ihr absondern und entweder kleine Gemeinden bilden, oder ohne kirchlichen Zusammenhang nebeneinander geruhig ihr bürgerliches Wesen treiben. So klagte man schon vor geraumer Zeit, die Kirchgänger verminderten sich von Jahr zu Jahr und in eben dem Verhältnis die Personen, welche den Genuß des Nachtmahls verlangten. Was beides, besonders aber das letztere betrifft, liegt die Ursache sehr nah; doch wer wagt sie auszusprechen? Wir wollen es versuchen.
In sittlichen und religiösen Dingen, ebensowohl als in physischen und bürgerlichen, mag der Mensch nicht gern etwas aus dem Stegreif tun: eine Folge, woraus Gewohnheit entspringt, ist ihm nötig; was er lieben und leisten soll, kann er sich nicht einzeln, nicht abgerissen denken, und um etwas gern zu wiederholen, muß es ihm nicht fremd geworden sein. Fehlt es dem protestantischen Kultus im ganzen an Fülle, so untersuche man das einzelne, und man wird finden, der Protestant hat zu wenig Sakramente, ja, er hat nur eins, bei dem er sich tätig erweist, das Abendmahl; denn die Taufe sieht er nur an anderen vollbringen, und es wird ihm nicht wohl dabei. Die Sakramente sind das Höchste der Religion, das sinnliche Symbol einer ausserordentlichen göttlichen Gunst und Gnade."[3]
In der Folge faßte Goethe in einer großartigen Synthese die katholischen Sakramente zusammen, durch welche, wie er es ausdrückt, in einem glänzenden Zirkel gleichwürdig heiliger Handlungen "Wiege und Grab, sie mögen zufällig noch so weit auseinander gerückt liegen, in einem stetigen Kreise verbunden" werden[4]. Und Goethe klagte: "Wie ist nicht dieser wahrhaft geistige Zusammenhang im Protestantismus zersplittert, indem ein Teil gedachter Symbole für apokryphisch und nur wenige für kanonisch erklärt werden! Und wie will man uns durch das Gleichgültige der einen zu der hohen Würde der andern vorbereiten!"[5] Der symbolische und sakramentale Sinn muß eben im Menschen genährt werden, "er muß gewohnt sein, die innere Religion des Herzens und die der äußeren Kirche als vollkommen eins anzusehen, als das große allgemeine Sakrament, das sich wieder in so viel andere zergliedert und diesen Teilen seine Heiligkeit, Unzerstörlichkeit und Ewigkeit mitteilt"[6]. Denn dem Menschen wird da, "wo jede irdische Garantie verschwindet, durch eine himmlische für alle Ewigkeit ein seliges Dasein zugesichert. Er fühlt sich entschieden überzeugt, daß weder ein feindseliges Element noch ein mißwollender Geist ihn hindern könne, sich mit seinem verklärten Leib zu umgeben, um in un-

3 J.W. Goethe, Dichtung und Wahrheit II, 7, S. 58.
4 J.W. Goethe, ibidem, S. 60.
5 J.W. Goethe, ibidem, S. 61.
6 J.W. Goethe, ibidem, S. 58.

mittelbaren Verhältnissen zur Gottheit an den unermeßlichen Seligkeiten teilzunehmen, die von ihr ausfließen"[7].

Ob wohl Goethes Lobpreis auf die katholische Sakramentenlehre heute noch gleich klingen würde? Die Verkümmerung des Symbolbewußtseins und damit der Sakramente beschränkte sich in der Folge nicht bloß auf jene Kirchen, die aus der Reformation hervorgegangen sind. In der Neuzeit mit ihrer zunehmend technisierten und naturentfremdeten Welt, die von einer sehr rationalistischen Denkart bestimmt ist, wurde nicht nur das Bild[8], sondern auch das Symbol im religiösen Bereich zusehends vernachläßigt. Diese Entwicklung bewirkte – was in der Reformation schon Jahrhunderte zuvor geschehen war – auch innerhalb der katholischen Kirche eine Abwertung des sakramentalen Bereichs, eine Entwicklung, die bisher dem Osten erspart geblieben ist.

Die fortschreitende Entsakralisierung zwang die katholischen Theologen, den Sinn des Kirchenbegriffs und damit auch der kirchlichen bzw. liturgischen Handlungen neu zu bedenken. Es galt, Ballast abzuwerfen, umzudenken und insbesondere zu den Quellen der Tradition: der Hl. Schrift, den Kirchenvätern und den alten Konzilien zurückzufinden, um der neuen, veränderten Situation Rechnung tragen zu können. Dabei richtete sich das Interesse, nicht zuletzt seit dem ökumenischen Aufbruch des Zweiten Vatikanischen Konzils, wieder in vermehrtem Maß den Überlieferungen der östlichen Kirchen zu, welche Traditionen bewahrt hatten, die im Westen verlorengegangen waren und deren Riten sich zudem seit jeher durch Bildhaftigkeit und Symbolreichtum auszeichneten.

Mit der vorliegenden Arbeit soll versucht werden, durch die Darstellung der Grundlagen und der Entwicklungsgeschichte des orthodoxen Sakramentenverständnisses einen Beitrag zur Wiederbelebung dieses Symbolbewußtseins zu leisten. Einendes und Trennendes in den Auffassungen von Orient und Okzident soll hierbei ans Licht gehoben werden.

7 J.W. Goethe, ibidem, S. 59f.

8 Der katholische Theologe Karl Rahner bemerkte ausgesprochen kritisch: "Man hat die evangelische Christenheit die Kirche des Wortes und die katholische die Kirche der Sakramente genannt und sie so doch eher als die Kirche des Schauens, der 'Mysterien', der 'drōmena' und 'deiknumena' qualifiziert. Immer wieder brach ein Bilderstreit in der Kirche auf, und er ist auch heute und auch innerhalb der katholischen Kirche nicht zu Ende, wenn wir an die bildfeindliche oder bildindifferente Gestalt unserer modernen Kirchen denken oder an das Unverständnis für Gnadenbilder trotz eines – angeblich – wachsenden Lebendigwerdens der Ostkirchen und ihrer Theologie bei uns. Sollte sich heute das Paradoxon ereignen, daß auch die katholische Kirche sich fast zur bloßen Wortkirche entwickelt gerade in der Epoche, in der es so aussieht, als ob die profane Welt von einer Buchwelt zu einer Schauwelt der Illustrierten, des Films und des Fernsehens wird?" (Karl Rahner "Vom Hören und Sehen; eine theologische Überlegung" in "B-W-S", S. 150).

EINLEITUNG

Bild, Symbol und Wort sind drei verschiedene Weisen, um auf die Frage nach dem Sinn des menschlichen Daseins zu antworten. "Sie sind die Grundelemente der Mitteilung und der Teilhabe unter Menschen, zwischen Gott und den Menschen."[9] Die Hl. Schrift wie auch die Geschichte der Theologie spiegeln eine wechselnde Vorherrschaft dieser drei Grundelemente. Und alle Jahrhunderte entwickelten Theologien, "die jede in ihrer Art versucht, den überzeitlich gültigen Offenbarungsinhalt in Bildern, Worten, Begriffen und Symbolen auszusagen, mitzuteilen, annehmbar zu machen für die Menschen der jeweiligen Epoche"[10] und der verschiedenen Kulturkreise.
Entsprechend den unterschiedlichen Traditionen und der eigenen Mentalität der Völker erfolgte dabei eine verschiedenartige Entwicklung in Orient und Okzident. Während der christliche Osten von Anfang an und bis in die neueste Zeit weit mehr einem bildbezogenen Denken zuneigte, was nicht zuletzt dem Einfluß des Platonismus zuzuschreiben ist, rückten im Abendland Wort und Begriff immer mehr in den Vordergrund und wurden seit dem hohen Mittelalter zur vornehmlichen theologischen Aussage, wobei sich "die bildbestimmte Liturgie, die symbolhaltige Welt der Sakramente" nur noch "mit und neben oder gegen die deduktivbegriffliche Theologie"[11] zu behaupten vermochte.
Wirft man einen Blick auf die Geschichte des Sakramentenbegriffs, so drängt sich die Feststellung auf, daß die zunehmende Sinnentleerung der sakramentalen Handlung im Westen nicht zuletzt ein Produkt eben dieser Geschichte darstellt. Es lassen sich hierbei verschiedene Etappen unterscheiden:
I. Die Übersetzung des griechischen Begriffs "mustērion" (welcher in der Hl. Schrift nie auf sakramentale Handlungen bezogen wurde) durch das lateinische Wort "sacramentum" brachte, zusammen mit der Interpretation des hl. Augustinus, eine Akzentverschiebung vom göttlichen Geheimnis auf das sichtbare Zeichen. Die Hoftheologenschule um Karl den Großen verschob durch ihr Unverständnis für die platonische Urbild-Abbild-Vorstellung das Gewicht noch mehr vom Mysterium auf einen sakramentalen Realismus. Damit war aber bereits der Boden bereitet für eine Neuinterpretation der Sakramente, die sich nicht mehr ausschließlich an neuplatonischen Auffassungen orientierte.
II. Die Wiederentdeckung des aristotelischen Gedankengutes, das über die Araber nach Europa kam, führte in der Scholastik zur Anwendung aristotelischer Kategorien auf die Sakramentenlehre und zur Herausbildung einer eigentlichen Sakramententheologie: "de sacramentis in genere". Das aristotelisch beeinflußte Kausal-

9 W. Heinen, Theologie für Menschen des 20. Jahrhunderts, in B-W-S, S. 11.
10 W. Heinen, ibidem, S. 13.
11 W. Heinen, ibidem, S. 12.

denken hatte zur Folge, daß nun das sichtbare Zeichen in den Hintergrund rückte und an dessen Stelle dem Wort eine immer größere Bedeutung zugemessen wurde. Die Überbetonung des Wortes, wie sie sich in der Reformation findet, bedeutete im Grunde genommen nur das konsequente Weiterschreiten auf dem einmal eingeschlagenen Weg. Damit erwuchs allerdings auch dem sakramentalen Denken eine Gefahr, der das Konzil von Trient in seinen Definitionen durch den Rückgriff auf die in der Hochscholastik formulierte Sakramententheologie zu begegnen suchte. Diese Sakramententheologie erlangte damit innerhalb der katholischen Kirche allgemeine Geltung.

III. Im Gegensatz zum Westen war im Osten bis ins 16. Jahrhundert hinein von einer schulmäßigen Sakramententheologie keine Rede. Dies änderte sich erst, als vom Westen her reformatorische Vorstellungen über die Sakramente in den Orient gelangten. Die calvinistisch inspirierten Äußerungen des Patriarchen von Konstantinopel, Kyrillos I. (Loukaris), vom Jahr 1629 über die Sakramente trafen die Orthodoxie recht unvorbereitet. Es ist denn auch nicht weiter verwunderlich, daß die Zurückweisung der als häretisch empfundenen Ideen des Patriarchen zuerst von einer Seite erfolgte, die mit der katholischen Sakramententheologie bestens vertraut war, nämlich durch den orthodoxen Kiever Metropoliten Petrus Mogila.
Die "Confessio orthodoxa" des Petrus Mogila wurde in der Folge – wenn auch in überarbeiteter ("purgierter") Fassung – auf dem (orthodoxen) Konzil von Jerusalem (1672) approbiert, womit die katholische Sakramentenlehre auch im Osten weitgehend sanktioniert war. Allerdings muß hierbei gleich einschränkend angemerkt werden, daß sich diese Übernahme der westlichen Sakramententheologie weitgehend auf die schulmäßige Darlegung der "Sakramente im allgemeinen" beschränkte, während man in der liturgischen Praxis der traditionellen Auffassung von den "mustēria" weiterhin treu blieb.

IV. Wenn man auch offiziell die Siebenzahl der Sakramente vertrat und sie nach lateinischem Vorbild definierte, so gab es in der liturgischen Praxis doch weiterhin manche rituelle Handlungen, denen man zumindest einen quasi-sakramentalen Charakter zuerkannte (wie beispielsweise die Mönchsweihe, die Kaiserkrönung, die große Wasserweihe, die Totenliturgie und die Ikonen), so daß gewisse orthodoxe Theologen selbst heute noch von den "sieben Sakramenten *nebst anderen*" sprechen. Die nach wie vor an neuplatonischen Vorstellungen orientierte Betrachtungsweise der einzelnen sakramentalen Handlungen war durch die aristotelisch beeinflußte allgemeine Sakramentenlehre nur überlagert worden, ohne eine wirkliche Synthese einzugehen. Kein Wunder, daß die Anwendung aristotelischer Kategorien dementsprechend keine allgemeine Anerkennung fand.
Die katholische Sakramententheologie wurde auch innerhalb der einzelnen orthodoxen Kirchen je nach der Intensität der Westkontakte in unterschiedlichem Maß rezipiert. Zu einer eigentlichen Neubesinnung auf die eigene Tradition jedoch kam es erst in neuerer Zeit, insbesondere bei den großen Theologen der russischen Emigration.
Es bleibt auf jeden Fall festzuhalten, daß die lateinische Sakramententheologie un-

geachtet ihres Einflusses seit dem 17. Jahrhundert im Osten nie voll und uneingeschränkt wirksam werden konnte, nicht zuletzt deshalb, weil die östlichen Kirchen nach wie vor den Begriff Sakrament mit "mustērion" (slawisch "tainstvo")[12] wiedergaben und damit auch den ursprünglichen Inhalt tradierten.
Heute muß man sich fragen, ob in der Geschichte dieser Wechselbeziehungen zwischen Orient und Okzident nicht wieder ein Wendepunkt erreicht ist. In den verschiedenen liturgischen Reformen im Gefolge des Zweiten Vatikanischen Konzils stützt sich die katholische Kirche immer offensichtlicher auf die östliche Überlieferung, indem sie bei der Reform der einzelnen Sakramente zusehends östliche Formen übernimmt.
Stehen wir vielleicht im Westen heutzutage vor der gegenläufigen Entwicklung, bei der die eigene Sakramententheologie zwar weitgehend beibehalten wird, aber bei gleichzeitiger Veränderung der Praxis in den einzelnen Sakramenten nach östlichem Vorbild?

12 In dem von Byzanz aus missionierten slawischen Raum wurde der Begriff "mustērion" sehr wortgetreu mit dem slawischen "tani'stvo", kirchenslawisch "tainstvo" übersetzt und bis heute für die Bezeichnung der Sakramente beibehalten.

Vorbemerkung

Der Autor der vorliegenden Arbeit sah sich bereits wegen der höchst unterschiedlichen Schreibweise der Namen und Begriffe unzähligen Schwierigkeiten gegenüber. Sollte er beispielsweise Dyovouniotis oder Duobouniōtēs, Šmeman oder Schmemann, Afanas'ev oder Afanassieff schreiben? Um Mißverständnisse zu vermeiden und eine einheitliche Schreibweise zu garantieren, werden *innerhalb des Textes* russische, slawische und griechische Namen und Begriffe grundsätzlich in der wissenschaftlich allgemein üblichen *Transliteration* wiedergegeben, während in den Anmerkungen die Autoren in der Weise zitiert werden, wie sie sich in den Titeln der jeweiligen zitierten Werke finden.
Um außerdem die Anmerkungen nicht übermäßig auszudehnen, wurde folgende Lösung gewählt: In der *Anmerkung* findet sich grundsätzlich der Autorenname sowie die Kurzfassung des Titels seines Werks bzw. Aufsatzes und eine Seitenzahl. *Die genauen bibliographischen Angaben* sind unter dem in Transliteration geschriebenen Namen des Autors *im Anhang zu finden.*
Eine weitere Schwierigkeit ergab sich bei der Frage nach der Schreibweise des Begriffs "Sakrament", insofern die orthodoxen Kirchen hierfür den Ausdruck "Mysterion" ("mustērion" = "tainstvo") verwenden, der sich zwar der Sache nach auf das gleiche bezieht, inhaltlich jedoch mit dem lateinischen "sacramentum" nicht übereinstimmt. Aus diesem Grund wird innerhalb des Textes, wenn es sich um die orthodoxe Sakramentenauffassung handelt, anstelle des Begriffs "Sakrament" stets der Begriff "mustērion" verwendet, mit der ausdrücklichen Einschränkung allerdings, daß es sich nicht um Zitate handelt, in denen orthodoxe Autoren selber den Begriff "Sakrament" verwenden. Im übrigen bezieht sich das Wort "Sakrament" immer auf die katholische oder protestantische Auffassung dieses Begriffs.

1. TEIL

MYSTERIUM UND SAKRAMENT

Genau genommen haben nur das Abendmahl und vielleicht noch die Taufe einen "greifbaren geschichtlichen Zusammenhang mit Jesus selbst und seinen expliziten Worten oder Taten"[13], wobei die heutige Exegese selbst zu diesem Befund noch Schwierigkeiten anmeldet. Gleichzeitig aber gilt in der katholischen wie in den östlichen Kirchen ganz allgemein der Lehrsatz, daß die (bei Katholiken und Orthodoxen gemeinhin "sieben") Sakramente des Neuen Bundes alle von Christus eingesetzt seien.[14]

Wohl im Anschluß an katholische Vorbilder versuchten die orthodoxen Theologen vergangener Jahrzehnte die Diskrepanz zwischen exegetischem Befund und dogmatischer Aussage dadurch zu lösen, daß sie eine "direkte" und eine "indirekte" (d.h. eine im Auftrage des Herrn durch die Apostel vollzogene) Einsetzung der Sakramente durch Christus unterschieden und zudem – wie beispielsweise Panagiotēs Trempelas – darauf verwiesen, daß man in den Worten und Taten des Herrn bereits die grundlegenden Elemente finde, um die herum sich neben Abendmahl und Taufe die übrigen Sakramente "durch die Erleuchtung des Heiligen Geistes" herausbildeten.[15]

Wichtiger als die Unterscheidung von "direkter" und "indirekter" Einsetzung der Sakramente durch Christus erscheint allerdings, daß die orthodoxen Theologen in den Sakramenten stets die mit der Geistsendung verbundene Verheißung an die Kirche von der Fortführung des göttlichen Heilswirkens sahen und die Sakramente damit in einen ekklesialen Kontext einordneten.[16] Deshalb folgt auch in den orthodoxen Katechismen normalerweise die Erklärung der Sakramente sinngerecht nach der Beschreibung des Pfingstereignisses.[17]

13 Vgl. E. Jüngel, in E. Jüngel/K. Rahner, Was ist ein Sakrament, S. 19.

14 Vgl. die Lehrsätze des Konzils von Trient (1547):
"Wer sagt, die Sakramente des Neuen Bundes seien nicht alle von Christus Jesus, unserem Herrn, eingesetzt, (...) der sei ausgeschlossen" (D 844). Ebenso wird in den orthodoxen Katechismen die Einsetzung der "mustēria" durch Christus betont.

15 "Es ist wahr, daß der Herr formal und ohne Diskussion nur als Begründer der beiden wichtigsten Sakramente, der Taufe und der Eucharistie, erscheint. Nichtsdestoweniger geht die Institution der übrigen fünf, sofern wir annehmen, daß sie durch die Apostel der Kirche überliefert wurden, solcherart indirekt auf den Herrn zurück. (...) Man findet übrigens in den Worten und Taten des Herrn die grundlegenden Elemente, um die herum die anderen Sakramente durch die Erleuchtung des Parakleten gebildet wurden" (P.N. Trembelas, Dogmatique Bd. III, S. 10).

16 Androutsos (Dogmatikē tēs Orthodoxou Anatolikēs Ekklēsias, Athen 1907, S. 296) "bemerkt sehr richtig, daß, sofern wir dem Herrn die Einsetzung der Sakramente zuschreiben, dies nicht bis ins Detail des Zeremonials und der Vorbereitung der sakramentalen Riten zu verstehen ist. Aber wenn wir annehmen, daß der Herr 'im allgemeinen die Gnade des Heiligen Geistes für bestimmte Handlungen versprochen hat', dann hat Er auch den Aposteln die Sorge überlassen, unter der Führung eben dieses Geistes, der ihnen die 'gesamte Heilswahrheit' in Erinnerung ruft und auch lehrt, die sichtbare Seite der Sakramente zu präzisieren. Auf diese Weise bleibt ihre göttliche Einsetzung unangreifbar" (P.N. Trembelas, ibid., S. 10).

17 Vgl. "Zakon Božij" Pervaja kniga o pravoslavnoj vere, S. 252: "Am heiligen Pfingsttag kam der Heilige Geist über die Apostel und verlieh ihnen die segenspendende Kraft, auf Erden die *Heilige Kirche* zu gründen – eine Gemeinschaft von Leuten, welche an Christus glauben. Die Heilige Kirche ist gewissermaßen die göttliche Familie auf Erden. Sie bewahrt in sich jene Gaben des Heiligen Geistes, welche die Apostel erhielten, und sie verleiht sie de-

Nicht ohne innere Logik stellte Nikolaj Afanas'ev den ekklesialen Aspekt der Einsetzungsfrage in den Vordergrund: "Christus stiftete nicht das mustērion (Sakrament), sondern er stiftete die Kirche. Die Kirche, die von Christus gegründet wurde, war nicht eine leere Form, die in der Folge mit diesem oder jenem Inhalt gefüllt wurde. Und deshalb erübrigt es sich zu beweisen, daß ein Teil dessen, was in ihr aufkeimte, eine unmittelbare Beziehung zu den Worten Christi hat, anderes aber nicht in ihnen begründet ist.(...) Alles was in der Kirche geschieht, ist im Willen Gottes begründet . . ."[18]

Afanas'ev nahm damit bereits in gewissem Maße Karl Rahners Auffassung vorweg, die in der Kurzformel gipfelt: "Die Sakramente im allgemeinen sind von Christus eingesetzt, weil und insofern die Kirche als solche von ihm herkommt."[19]

Die Frage nach der Einsetzung der Sakramente durch Christus stellte sich übrigens recht spät. Sie erfolgte erst im Zusammenhang mit der Herausbildung eines allgemeinen Sakramentsbegriffs, dessen endgültige Fassung im Westen zwölf, im Osten sogar fünfzehn Jahrhunderte auf sich warten ließ. Dabei war die Wahl eines Begriffs zur Benennung der sakramentalen Handlungen ebenfalls von nicht geringer Problematik. Denn dort, wo im Neuen Testament von sakramentalen Handlungen die Rede ist, werden sie nicht als solche bezeichnet. Umgekehrt weist der Begriff "mustērion", welcher in der Folgezeit von der Kirche zur Benennung der Sakramente verwendet wurde, innerhalb der Hl. Schrift kaum einen Bezug zu den Sakramenten auf.

Die Anwendung des Wortes "mustērion" auf heilsvermittelnde kirchliche Akte im weitesten Sinne (und ohne Eingrenzung auf die Sakramente allein) ergab sich demnach wohl kaum aus der Hl. Schrift, sondern vielmehr aus dem Sprachgebrauch des hellenistischen Milieus, in welchem "mustērion" ein Geheimnis, eine geheime Sache oder geheime Handlungen (insbesondere im religiösen Bereich) ausdrückte.

Bei dieser Begriffswahl, welche durch die griechischen Kirchenväter[20] erfolgte, war es wohl unvermeidlich, daß das Wort "mustērion" auch Sinngehalte seines sprachlichen Umfeldes auf die sakramentalen Handlungen übertrug. Wie die Mysterientheologie[21] deutlich gemacht hat, wurden mit dem Begriff "mustērion"

nen, die in sie eintreten. Ohne Hilfe des Heiligen Geistes vermögen wir selber nichts Gutes zu tun, und deshalb bittet die Kirche Gott besonders in allen entscheidenden Momenten unseres Lebens, uns die Gnade des Heiligen Geistes zu schenken. Solche kirchlichen Gebete und heiligen Handlungen nennt man, wenn unter einem sichtbaren Handeln des Priesters am Menschen auf das Gebet der Kirche hin geheimnisvoll die Kraft des Heiligen Geistes wirkt, *mustēria.*"

18 Vgl. N. Afanas'ev, Tainstva i tajnodejstvija, in Pravoslavnaja Mysl' vyp. VIII, 1951, S. 19.

19 E. Jüngel/K. Rahner, Was ist ein Sakrament?, S. 81.

20 "Erste Berührungen des Begriffs mustērion mit Glaubenszeichen der Christen findet man bei Origenes und Klemens von Alexandrien. Beide sprechen zwar von den Mysterien der Gnosis, doch versuchen sie, das Wort mustērion für eine christliche Sinngebung zu retten" (H.R. Schlette, Dogmengeschichtliche Entfaltung des Sakramentsbegriffs, in H. Fries (Hrg.), Wort und Sakrament, S. 97).

21 Wenn wir hier auf die Mysterientheologie verweisen und auch im Folgenden Äußerungen Odo Casels zitieren, so bedeutet dies in keiner Weise, daß wir uns gleichzeitig auch dessen exzessive Auslegungen zu eigen machen.

zugleich auch einzelne Elemente aus den Mysterienreligionen übernommen. Doch die mit diesem Wort implizierten (neu)platonischen Vorstellungen waren ebenfalls nicht ohne eine große Bedeutung.
Es konnte nicht ausbleiben, daß auch die lateinische Übersetzung von "mustērion" mit "sacramentum" eine begriffliche Akzentverschiebung mit sich brachte, nachdem "sacramentum", das im religiösen Bereich die Weihe wie das Geweihte ausdrückte, im profanen Sprachgebrauch auch noch die Depotsumme bei einem Rechtshändel und den Eid zwischen zwei vertragsschließenden Parteien bezeichnete. Mit dem neuen Wort waren demnach auch andersgeartete Bezugspunkte gegeben, die nun ebenfalls ins Verständnis der sakramentalen Handlungen einflossen.
Im ersten Teil dieser Arbeit wird versucht, von den Ursprüngen her die sich bereits in der unterschiedlichen Benennung abzeichnende Auseinanderentwicklung des Sakramentenverständnisses in Orient und Okzident während des ersten christlichen Jahrtausends zu verfolgen, wobei festzuhalten bleibt, daß bis zum Ende dieser Epoche noch kein streng umschriebener Sakramentenbegriff besteht, der sich als Oberbegriff allein auf die Sakramente bezieht und als "terminus technicus" sakramentale von nicht-sakramentalen Handlungen unterscheidet.

I. Die drei Quellen des kirchlichen Mysterienbegriffs

Vorbemerkung: Zum Begriff "mustērion"

Der Begriff "mustērion" wurzelt im hellenistischen Milieu, wo er u.a. in der Philosophie, in den Mysterienkulten, in der Gnosis und in der Magie häufige Verwendung fand. Er ging auch in die Hl. Schrift ein, und zwar sowohl bei der Übersetzung des Alten wie auch bei der Abfassung des Neuen Testaments. Im Ganzen erscheint der Begriff 45mal in der Bibel[22], so im griechischen Alten Testament in einigen Büchern der Spätzeit, wo "das aramäische rāz, das eine 'geheime Sache' bezeichnet und folglich dem sōd des klassischen Hebräisch entspricht", seinen Hintergrund bildet, während es – wie Pierre Grelot und Béda Rigaux sagen – im Neuen Testament "bereits ein fester Begriff der Theologie" ist[23]. Für Paulus ist "mustērion" "eine Gottestat, die Ausführung eines ewigen Gottesplanes in einer Handlung, die aus der Ewigkeit Gottes hervorgeht, sich in der Zeit und der Welt auswirkt und ihr Ziel wieder im ewigen Gott selbst hat"[24]. Und dieses "mustērion" ist primär Christus der Erlöser[25].

Wir haben demnach primär drei Quellen für den kirchlichen Mysterienbegriff: die heidnisch griechische Welt mit ihren Mysterienkulten sowie das Alte und das Neue Testament. Wenn wir in der folgenden Behandlung der drei Quellen nicht den aufgezeichneten chronologischen Ablauf verwenden, sondern zuerst mit der Hl. Schrift anfangen und erst dann auf die Mysterienkulte zu sprechen kommen, so deshalb, weil die neuentstandene christliche Gemeinde vorerst aus der Hl. Schrift allein schöpfte und die heidnischen Mysterien mit Abscheu als Gotteslästerung verwarf. Erst die Überwindung des Heidentums ermöglichte es, dessen Werte mit anderen Augen zu betrachten und damit auch aus der Symbolik der Mysterienkulte Anleihen zu machen.

A. Der Begriff "mustērion" im Alten Testament

"In der Septuaginta begegnet mustērion erst in den Schriften der hellenistischen Zeit (Tob; Jdt; Weish; Sir; Dan; 2 Makk)."[26] Einige Stellen nehmen direkt auf die Mysterienkulte als Götzendienst Bezug, so zum Beispiel im Buch der Weisheit (Weish 14,15.23).

22 Vgl. P.N. Trembelas, Dogmatique Bd. III, S. 19.
23 Vgl. X. Léon-Dufour (Hrg.), Wörterbuch zur biblischen Botschaft (Art. Geheimnis [Mysterium]), S. 224a.
24 O. Casel, Kultmysterium, S. 22: vgl. Eph 1,9f.; 3,2ff.; Kol 1,25ff.; 1 Kor 2,7; Röm 11,25; 16,25.
25 Kol 2,2: "zur Erkenntnis des Mysteriums Gottes, welches Christus ist".
26 G. Bornkamm, in G. Kittel (Hrg.), ThWBzNT Bd. IV, S. 820.

Ganz generell wird der Begriff "mustērion" in den Büchern des Alten Testaments im Sinn einer Offenbarung von etwas Geheimem, meist an Auserwählte, verwendet[27], wobei sich dieses Geheime immer mehr als die geheimen Ratschlüsse Gottes spezifiziert und im Sinne spätjüdischer Apokalyptik eine Schau des Zukünftigen, Himmlischen beinhaltet[28].
Das Buch der Weisheit wendet den Ausdruck bereits "auf jene transzendenten Dinge an, die den Gegenstand der Offenbarung bilden: so auf die Geheimnisse Gottes in der Belohnung der Gerechten (2,22) oder auf jene Geheimnisse, die sich auf den Ursprung der göttlichen Weisheit beziehen (6,22). Diese Geheimnisse gehören der soteriologischen (die 'zukünftige Welt' als Endpunkt des Heilsratbeschlusses) und theologischen (das innergöttliche Wesen) Ordnung an. Sie entsprechen also jenen selben Geheimnissen, von denen die Apokalypsen handeln."[29]
Von besonderer Bedeutung aber ist das Buch Daniel, wie G. Bornkamm hervorhebt: "mustērion hat bei *Daniel* zum erstenmal den für die weitere Geschichte des Begriffes bedeutsamen Sinn eines *eschatologischen Geheimnisses, d.h. einer verhüllten Ankündigung der von Gott bestimmten, zukünftigen Geschehnisse,* deren Enthüllung und Deutung allein Gott ('o anakaluptōn mustēria 2,28.29 vgl. auch 2,47) und den von seinem Geist Inspirierten vorbehalten ist (4,9). Gottes Macht, Geheimnisse zu offenbaren, erhebt ihn über die heidnischen Götzen."[30]

B. Der Begriff "mustērion" im Neuen Testament

In den *Evangelien* findet sich das Wort "mustērion" kaum. Das Johannesevangelium verwendet es überhaupt nicht, die Synoptiker nur ein einziges Mal und zwar bei Mk 4,11 par.: "Euch ist das Geheimnis des Reiches Gottes gegeben; jenen aber, die draußen sind, wird alles in Gleichnissen zuteil." D.h. nur den Jüngern werden die Gleichnisse entschlüsselt und damit "das Geheimnis gegeben", nämlich die Offenbarung über das Kommen des Gottesreiches.[31]

27 "Einige Stellen verwenden den Begriff in profaner Bedeutung für Geheimnisse, die nicht verraten werden dürfen: Geheimpläne eines Königs (Tob 12,7.11; Jdt 2,2), Kriegsgeheimnisse (2 Makk 13,21), Geheimnisse eines Freundes (Sir 22,22; 27,16f..21; . . .). Der, dem sie mitgeteilt sind, ist damit eines besonderen Vertrauens gewürdigt; er rechtfertigt es, indem er das Geheimnis bei sich behält, weil nur der andere befugt ist, den Kreis seiner Vertrauten zu bestimmen" (G. Bornkamm, ibid. S. 820).

28 "Der Gedanke von Geheimnissen Gottes war Israel schon lange vertraut. Diese Geheimnisse beziehen sich vor allem auf den Ratschluß des Heiles, den Gott in der Geschichte der Menschen verwirklicht und der Gegenstand der Offenbarung ist: 'Denn Jahve, der Allherr, tut nichts, ohne seinen Knechten, den Propheten, sein Geheimnis (sōd) zu offenbaren' (Am 3,7; vgl. Num 24,4.16)" (X. Léon-Dufour [Hrg.], Wörterbuch zur bibl. Botschaft, S. 224f.).

29 X. Lēon-Dufour (Hrg.), Wörterbuch zur bibl. Botschaft, S. 225b, Übersetzung korrigiert nach dem franz. Original: Vocabulaire de thēologie biblique, S. 665f.

30 G. Bornkamm, in G. Kittel (Hrg.), ThWBzNT Bd. IV, S. 821.

31 Vgl. X. Lēon-Dufour (Hrg.), Wörterbuch zur bibl. Botschaft, S. 226a.

Auf dieser Linie der jüdischen Apokalyptik liegt auch der Gebrauch des Wortes "mustērion" bei *Paulus.* "Der Gegenstand, den es bezeichnet, ist kein anderer als der des Evangeliums: die Verwirklichung des Heiles durch den Tod und die Auferstehung Christi, sein Eingehen in die Geschichte durch die Verkündigung des Wortes. Doch wird dieser Gegenstand als ein göttliches Geheimnis gekennzeichnet, das der menschlichen Einsicht nur durch die Offenbarung zugänglich wird (1 Kor 14,2). Auf diese Weise behält das Wort seine eschatologische Klangfarbe bei; doch wird es auf die aufeinanderfolgenden Etappen angewendet, in denen sich das angekündigte Heil verwirklicht: auf das Kommen Jesu in die Welt, auf die Zeit der Kirche, auf die Vollendung alles Zeitlichen."[32]
In der Apokalypse schließlich finden sich zwei Stellen, die mehr dem paulinischen Vorstellungsgehalt des Wortes "mustērion" entsprechen, indem sie eine endzeitliche Note aufweisen (Offb 17,5; 10,7), während sich das Wort an zwei anderen Orten (Offb 1,20; 17,7) auf die geheimnisvolle Bedeutung von Symbolen bezieht.[33]
Vergleicht man die Aussagen der moderneren Exegeten zum Begriff "mustērion" im Neuen Testament, so wird man mit E. Jüngel und G. Bornkamm sagen können: "Die Bedeutung von mustērion im Neuen Testament ist durch den apokalyptischen Sprachgebrauch zumindest mitbestimmt. Formal bezeichnet mustērion im apokalyptischen Sprachgebrauch 'den vor Menschenaugen verborgenen, nur durch Offenbarung enthüllten Ratschluß Gottes'."[34] Die materiale Bedeutung sieht E. Jüngel in der fast durchwegs festen begrifflichen Verbindung mit dem Christuskerygma, wobei nach den Evangelien "Jesus das Geheimnis der Gottesherrschaft ist", während in den paulinischen und deuteropaulinischen Briefen Mysterion "ein christologischer, genauer ein das Sein Jesu Christi in seiner Zugehörigkeit zu Gott und zur Welt zur Sprache bringender Begriff" ist[35], woraus E. Jüngel letztlich schließt, daß der "volle Begriff des Sakramentes die Vermittlung Gottes allein durch das Menschsein Jesu ist"[36].
Der russisch-orthodoxe Theologe M.F. Jastrebov zeigte bereits zu Beginn des 20. Jahrhunderts die in verschiedenem Sinne gebrauchten Bedeutungen von "mustērion" in der neutestamentlichen Offenbarung auf. Allerdings war sein Blickpunkt ein anderer, insofern er von der göttlichen Heilsökonomie ausging (wo Gott durch das Menschsein Jesu vermittelt wird, da ist Heil) und auf diese Weise auch die alt-

32 ibid., S. 226b. Man vgl. hierzu auch die Ausführungen von G. Bornkamm, in G. Kittel (Hrg.), ThWBzNT Bd. IV, S. 827: "Das Mysterium ist nicht schon selbst die Offenbarung, sondern *Gegenstand der Offenbarung.* Diese gehört konstitutiv zum Begriff; nicht so, daß das Mysterium eine Voraussetzung der Offenbarung wäre, die mit ihrem Ereignis hinfällig und aufgehoben würde, vielmehr *enthüllt die Offenbarung* das mustērion gerade als solches."

33 Vgl. X. Léon-Dufour (Hrg.), Wörterbuch zur bibl. Botschaft, S. 228.

34 E. Jüngel/K. Rahner, Was ist ein Sakrament, S. 50 (vgl. hierzu G. Bornkamm, in G. Kittel [Hrg.], ThWBzNT Bd. IV, S. 825).

35 E. Jüngel/K. Rahner, Was ist ein Sakrament, S. 51/52.

36 ibid., S. 55.

testamentliche Vorstellung vom Mysterion als dem Geheimnis göttlichen Heilsratschlusses in seiner Deutung des neutestamentlichen Begriffsgebrauchs (wenn auch ohne ausdrücklich darauf hinzuweisen) ausgezeichnet zur Geltung brachte.

Nach Jastrebov umschreibt der neutestamentliche Begriff "mustērion":

1. in den Äußerungen Jesu "gelegentlich seine Lehre und insbesondere die gesamte Heilsökonomie der menschlichen Erlösung", in eingeschränkterem Sinne "das Erlösungswerk und die Aneignung der Erlösung", und noch spezieller "die Gemeinschaft der Gläubigen in ihm oder die Kirche", so, wenn vom "Geheimnis des Gottesreiches" (Mk 4,11) die Rede ist;
2. *in den Apostelbriefen* "die gesamte christliche Glaubenslehre", "bestimmte Punkte des Glaubens" und gelegentlich "das Glaubensbekenntnis oder das Vorbild" (obraz);
3. *in der neutestamentlichen Offenbarung* auch die "äußeren Mittel gnadenvoller Heiligung", so, wenn Paulus in 1 Kor 4,1 von den "Verwaltern der Geheimnisse Gottes" spricht, wobei Jastrebov hierin eine Allusion auf die Taufe und auf die äußeren gnadenvollen Handlungen der Heiligung insgesamt zu sehen vermeint.

Deshalb folgerte Jastrebov, der Mysterienbegriff im Neuen Testament beziehe sich sowohl auf verborgene Gegenstände als auch auf Gegenstände mit symbolischer Bedeutung, worin er bereits die Bestätigung sah, daß es, dem Geiste Christi entsprechend, solche Mysteria gebe, "in denen zusammen mit dem Vollzug der Handlung, welche den äußeren Sinneseindrücken unterliegt, die heiligende Gnade Gottes geheimnisvoll wirkt"[37].
Es bleibt jedoch zur Verwendung des Begriffs mustērion in der Hl. Schrift – mit Panagiotēs N. Trempelas – die Tatsache festzuhalten, daß er nirgends den Sinn eines heiligen Ritus besitzt, welcher unter einem sichtbaren Zeichen die unsichtbare Gnade des Hl. Geistes auf eine Weise vermittelt, die unsere Wahrnehmung übersteigt[38]. Das bedeutet im Klartext, daß das Wort mustērion in der Hl. Schrift nie das bezeichnet, was wir heute unter dem Begriff Sakrament verstehen!
Umgekehrt existieren jedoch im Neuen Testament eindeutige Sakramentstexte, zumindest was die Taufe und das Abendmahl betrifft. Es bleibt also die Frage bestehen, was die Kirche veranlaßte, ausgerechnet den Begriff mustērion für die Bezeichnung von Eucharistie und Taufe sowie anderen "heiligen Handlungen" zu verwenden, d.h. einen Begriff mit einem Inhalt zu verbinden, den er in der Hl. Schrift nicht besaß und sich somit einer Terminologie zu bedienen, die nach Jüngel "dem Sprachgebrauch des Neuen Testaments nicht entspricht, wenn nicht gar widerspricht"[39].

37 Vgl. M.F. Jastrebov, O tainstvach, TKDA II/8, S. 482f.
38 P. N. Trembelas, Dogmatique Bd. III, S. 19.
39 E. Jüngel/K. Rahner, Was ist ein Sakrament, S. 30. E. Jüngel meint sogar in Anlehnung an G. Bornkamm: "Das Neue Testament kennt den Ausdruck Sakrament als gemeinsamen Oberbegriff für Taufe und Abendmahl nicht. Damit fragt sich aber auch, ob Taufe und Abendmahl überhaupt Sakramente sind. Das Wort sacramentum diente bekanntlich im

C. Der Begriff "mustērion" und die Mysterienkulte

Die frühe Kirche fand den Begriff "mustērion" nicht bloß in der Hl. Schrift, sondern mehr noch im hellenistischen Milieu vor, wo er eine geheime und verborgene Sache umschrieb und insbesondere im religiösen Raum der Mysterienkulte eine religiöse Lehre oder einen religiösen Ritus bezeichnete, dessen Kenntnis auf eine geringe Zahl von Eingeweihten beschränkt blieb.[40]
Die Mysterien hatten die Griechen aus dem Orient übernommen und unter Beiziehung naturwissenschaftlicher Erkenntnisse vertieft und mit eigenen religiösen und ethischen Vorstellungen ausgestaltet, wobei vor allem die Platoniker und Stoiker (Poseidonios) eine große Rolle spielten. "Und diese Entwicklung setzte sich bis zum Ausgang der Antike ungebrochen fort, um in der Religionsphilosophie des Neuplatonismus ihren Höhepunkt zu erreichen."[41]
Nach Pauly-Wissowa-Kroll bestand die erstaunliche Lebenskraft der Mysterienkulte, die 1000 Jahre blühten, in der *"Gnadenwirkung,* die sie ihren Anhängern verhieß und die speziell für die Mysterien von Eleusis oft gepriesen wird . . . ; sie bestand in einem glückseligen *Weiterleben der Seele im Jenseits* vor dem Angesicht Gottes, ja in engster Verbindung mit ihm"[42].
Erwähnenswert ist noch, daß die sichtbaren Dinge als Symbole für das Reich des Geistes und Göttlichen aufgefaßt wurden, dessen Widerspiegelung, Vermittler und Träger sie waren[43], wie in den Naturreligionen[44], aus denen die Mysterien ja hervorgegangen sind.
Deshalb wurden innerhalb der Mysterienkulte, die in ihren Dramen oft den Tod (des Menschen) und die Auferstehung (als göttliches Wesen) bzw. die menschliche Vereinigung mit der Mysteriengottheit zum Inhalt hatten, sogenannte "deiknume-

afrikanischen Text (mit verschwindenden Ausnahmen) und in der Itala (neben dem lateinischen mysterium) als Übersetzung für das griechische mustērion, während die Vulgata das griechische Wort vorwiegend mit mysterium (neben sacramentum) übersetzte. Im Neuen Testament ist mustērion dabei ein durchaus seltener Begriff, der eschatologische und christologische Zusammenhänge signalisiert, aber bezeichnenderweise nicht in den sogenannten Sakramentstexten vorkommt. Im Gegensatz zum Gebrauch in der alten Kirche, in der mustērion 'zur festen Bezeichnung der Sakramente' wird, die durchaus mit heidnischen Mysterien 'konkurrieren', läßt der neutestamentliche Begriff 'nirgends Beziehungen zu den Mysterienkulten erkennen . . . Wo solche Beziehungen erkennbar sind (wie z.B. in den Sakramentstexten), findet sich der Begriff nicht; wo er aber begegnet, fehlen sie'.
Die Bezeichnung bestimmter für die Existenz der Kirche und ihrer Glieder entscheidender Vorgänge (wie Taufe und Abendmahl) als mustērion (und die dafür üblich gewordene lateinische Übersetzung sacramenta) ist also ein Werk der Kirche, das dem Sprachgebrauch des Neuen Testaments nicht entspricht, wenn nicht gar widerspricht" (E. Jüngel/K. Rahner, Was ist ein Sakrament, S. 29f.; vgl. auch G. Bornkamm, in ThWBzNT Bd. IV, S. 809ff.).

40 DTC vol. X, S. 2586 (A. Michel, art. "mystère").
41 Pauly-Wissowa-Kroll, S. 1321.
42 ibid., S. 1322.
43 Vgl. O. Casel, Kultmysterium, S. 66 und Pauly-Wissowa-Kroll, S. 1324/1326.
44 Vgl. M. Eliade, op. cit., S. 13ff.

na"[45] verwendet, d.h. Fruchtbarkeitssymbole (Symbole der Fortpflanzung als Sinnbilder des Weiterlebens) und geweihte Speisen und Getränke (Symbole der Lebenserhaltung), wobei die geweihten Speisen und Getränke meist eine direkte Vereinigung mit der Gottheit ermöglichen sollten.[46]
Odo Casel, dessen Theorien allerdings keineswegs unumstritten waren, definierte dementsprechend: "Das Mysterium ist eine heilige kultische Handlung, in der eine Heilstatsache unter dem Ritus Gegenwart wird; indem die Kultgemeinde diesen Ritus vollzieht, nimmt sie an der Heilstat teil und erwirbt sich dadurch das Heil."[47]
Bereits in den Mysterienkulten wurden menschliche Grundsituationen in ihrem religiösen Bezug oder in ihrer religiösen Dynamik – symbolhaft – dargestellt. Es ist sicherlich kein Zufall, wenn zu einem Zeitpunkt, da die Kirche noch erbittert gegen die Mysterienkulte als solche kämpfte, frühchristliche Kirchenschriftsteller wie Justinus (der Märtyrer), Irenäus, Tertullian und Cyprian bereits auf die Analogie von christlichen Heilsriten und heidnischen Mysterien aufmerksam wurden.[48]
Und lange vor der Zerstörung des alexandrinischen Serapistempels im Jahre 389, wodurch in spektakulärer Form der Sieg des Christentums über die heidnischen Mysterienkulte zum Ausdruck kam, schöpfte Klemens von Alexandrien aus dem Sprachschatz der Mysterien, um die Heilstaten Christi zu verdeutlichen.
"Seit dem Frieden Konstantins, wo die Kirche siegreich sich über das Heidentum erhob, hat man noch unbedenklicher die antike Mysteriensprache benutzt, um den unerschöpflichen Inhalt des eigenen Besitzes einigermaßen aussprechen zu können; ja, es werden manche antike Formen und Gebräuche übernommen, um die Einfachheit des christlichen Ritus zu bereichern und auszuschmücken."[49]
Diese Benutzung der antiken Mysteriensprache wurde durch die Übernahme neuplatonischer Denkkategorien ins Christentum nicht unwesentlich erleichtert, denn es sollte nicht vergessen werden, daß es gerade Plato war, der eine bewußte Aufnahme von Mysterienanschauungen und Mysterienterminologie in die Philosophie vollzogen hatte. "Zwischen beiden besteht eine weitreichende Analogie, sofern in den Mysterien wie in der Philosophie die Schau des Göttlichen das Ziel ist und ein bestimmter, von der Gottheit selbst gewiesener Weg diesem Ende und Voll-

45 "deiknumena" von "deiknumi": etwas sichtbar machen, zum Vorschein bringen, hinweisen, vorzeigen.
46 Vgl. Pauly-Wissowa-Kroll, S. 1324/1326 und 1329/1331.
47 O. Casel, Kultmysterium, S. 101.
48 "Schon Justin (Apol. 1,66) und Tertullian (Praescr. haer. 40; Bapt. 2) vergleichen die heidnischen Mysterien mit den christlichen Sakramenten, jener freilich, ohne die christlichen Kultfeiern mustēria zu nennen, dieser, ohne die heidnischen sacramenta zu nennen. Die heidnischen Mysterien galten ihnen als dämonische Nachäffung der christlichen Sakramente. Bei aller leidenschaftlichen Polemik sind damit heidnische und christliche Kulthandlungen auf die gleiche Idee (wenn auch nicht den gleichen konkreten Gehalt) zurückgeführt" (G. Bornkamm, in G. Kittel [Hrg.], ThWBzNT Bd. IV, S. 832).
(Wie Bornkamm ausführt, spricht Tertullian den heidnischen Mysterien nur die res sacramentorum zu, nicht aber den eigentlichen Charakter der christlichen Sakramente. Insofern sind die heidnischen Mysterien für Tertullian [Nat. 1,16] non sacramenta. [Vgl. Bornkamm, in G. Kittel (Hrg.), ThWBzNT Bd. IV, S. 833f.]).
49 O. Casel, Kultmysterium, S. 64.

endung bedeutenden Ziele entgegenführt. Plato hat dementsprechend den mühevollen und doch nicht ins Ungewisse gerichteten Aufstieg aus dem wechselnden Seienden zu dem einen und immer unwandelbar bleibenden Sein als den Weg der wahren Weihe beschrieben"[50]. Und G. Bornkamm ergänzt: "Diese bereits bei Plato zu erkennende Abwandlung der Mysterien zu geheimnisvollen, die Seele zur Einigung mit dem Göttlichen emporführenden Lehren hat eine weitere lange Geschichte gehabt, die über die alexandrinische Theologie und den Neuplatonismus bis in die frühmittelalterliche Mystik hineinführt."[51] Bei der Übernahme eines gnostisch-neuplatonischen Mysterienbegriffs in die alexandrinische Theologie war Klemens von Alexandrien besonders stark beteiligt. "Von Christus, dem Mystagogen[52] geführt, empfängt der Gnostiker Weihung und Vollkommenheit[53], indem er die Stufen von den kleinen Mysterien (wozu z.B. die Lehre von der Weltschöpfung gehört) zu den großen, bei denen sich die mystische Epoptie ereignet, durchläuft[54]. Die höchsten Geheimnisse dürfen darum, um vor Profanation geschützt zu sein, nur in verhüllter Gestalt weitergegeben werden[55], wie denn auch die Schrift sie nur parabolisch-rätselhaft bietet[56]." [57]

"Es war das Verdienst von Origenes († 253/254), die verschiedenen, aus der Tradition ererbten embryonalen Elemente koordiniert und in einer breiten Synthese zusammengefaßt zu haben. Die origenistische Konzeption vom *Mysterium*[58] stellt eine deutliche Verbindung zwischen der Schrift, der Kirche und der Eucharistie her. Durch diese findet sich die Aufstellung einer einzigartigen Methode gerechtfertigt, um den unterschiedlichen Sinn der Schrift zu entdecken und die Dimension des sakramentalen und liturgischen Zeichens zu erforschen. (. . .)

Unter Mysterium versteht Origenes ganz allgemein die Wirklichkeit des Heils, welche unter einem sichtbaren Zeichen, die sie offenbart und verhüllt, gegenwärtig ist.[59] Die bezeichnete Wirklichkeit zeigt sich dem, der über den entsprechenden Sinn zu ihrer Erfassung verfügt, und bleibt demjenigen verborgen, dem dieser fehlt. Wenn jedoch das Zeichen und das Bezeichnete auch wirklich verschieden sind, so

50 G. Bornkamm, in G. Kittel (Hrg.), ThWBzNT Bd. IV, S. 814f.
51 G. Bornkamm, ibidem, S. 815.
52 Klemens Alex.: Strom. IV 162,3 ua.
53 Klemens Alex.: Prot. XII 120,1: "ō tōn 'agiōn 'ōs alēthōs mustēriōn (...) 'agios ginomai muoumenos, 'ierofantei de 'o kurios kai ton mustēn sfragizetai fōtagōgōn, kai paratithetai tōj patri ton pepisteukota aiōsi tēroumenon. tauta tōn emōn mustēriōn bakheumata."
54 Klemens Alex.: Strom. IV 3,1. – Vgl. besonders das 12. Kp. des Protr.
55 Strom. V 57,2 nimmt Klemens wörtlich ein Schweigegebot auf, das sich auch bei Jambl. Vit. Pyth. 17,75 findet, nur daß er ta tain Eleusiniain theain mustēria durch ta tou logou mustēria ersetzt. . . .
56 Klemens Alex.: Strom. VI 124,6; Origenes: Cels. 7,10.
57 G. Bornkamm, in G. Kittel (Hrg.), ThWBzNT Bd. IV, S. 832 (Die Anmerkungen zu diesem Text sind ebenfalls nach Bornkamm zitiert).
58 Über den Begriff "mustērion" bei Origenes vgl. man H.U. von Balthasar, Parole et mystère chez Origène; K. Prümm, "Mysterion" von Paulus bis Origenes, ZKT 61 (1937), S. 391bis 425; C. Vagaggini, Il senso teologico della liturgia, S. 475–478; H. Crouzel, Origène et la connaissance mystique, S. 21–209.
59 Vgl. Origenes, In Rom. com. (M PG 14,968 A): "Durch das gezeigte Objekt weist das Zeichen auf ein anderes hin."

nehmen sie doch aneinander teil. Die unsichtbare Dimension des Zeichens manifestiert sich durch seine sichtbare Einkleidung. Trotzdem ist das Mysterium selbst weniger durch den einen oder andern seiner integrierenden Bestandteile konstituiert, als durch ihre wechselseitige Beziehung und ihre gegenseitige Bedingtheit. Das Mysterium zeigt an, daß eine göttliche Wirklichkeit unter einer sichtbaren Erscheinung gegenwärtig ist. Bei Origenes bezieht sich diese *Sakramentalität* auf die gesamte christliche Ökonomie. Christus, in welchem Gott sich mit dem Menschen vereinte, stellt das fundamentale Mysterium dar. Die Schrift, die Kirche und die Sakramente, insbesondere die Eucharistie, sind die davon abgeleiteten Mysteria."[60]
Die Kirche löste die antike Denkart nicht auf, aber sie vermochte ihr doch einen neuen Inhalt und eine neue Richtung zu geben. Es war dies durchaus nicht einfach eine Ablösung der heidnischen Mysterienreligion durch eine christliche und dementsprechend auch keine "hellenistische Verfälschung oder Überwucherung der Lehre Christi", wie die Vertreter einer aufklärerisch-rationalistisch orientierten Religionsgeschichte um die Jahrhundertwende meinten.
In der Mysterienreligion hatte bereits das Bezugssystem von Gott-Mensch-Welt und Welt-Mensch-Gott in der Form religiöser Symbolik seinen Ausdruck gefunden. Doch was der antike Mensch noch ahnend zu ertasten suchte, das erhielt durch die Offenbarung Jesu Christi einen neuen, vertieften Sinn. Die Menschwerdung Christi eröffnete ein ganz neues Verständnis für das Geheimnis der göttlichen Heilsökonomie.

60 R. Bornert, Les commentaires byzantins de la divine liturgie du VIIe aus XVe siècle, S. 55.

II. Mustērion im platonischen Denkschema von Urbild und Abbild

Der Neuplatonismus, Sprache und Denkform der frühen Kirche

Zu allen Zeiten der Geschichte sah sich die Kirche gezwungen, die Heilsbotschaft in einer dem jeweiligen Kulturraum und der jeweiligen Epoche entsprechenden Sprache auszudrücken. Und es konnte gar nicht anders sein, als daß auch das christliche spekulative Denken der Frühzeit auf die bereits vorhandenen philosophischen Systeme zurückgriff, beziehungsweise an diese anschloß, wobei bestehende Vorstellungen auf christliche Inhalte bezogen und entsprechend umgedeutet wurden. Es kam zu einer Wechselwirkung, bei der die alten philosophischen Denkformen auch im Christentum nachwirkten. Das gilt insbesondere für die Philosophie des Neuplatonismus, welche als letztes großes System der antiken Philosophie zwischen den Jahren 250 bis 600 vorherrschte und vor allem die patristische Philosophie und die christliche Mystik beeinflußte.[61]
Der Neuplatonismus entstand in Alexandrien, nachdem der Platonismus im Orient und insbesondere in Alexandrien eine synkretistische Verbindung mit orientalischen Religionsideen eingegangen war. Dies führte unter anderem in der jüdischen Diaspora zur Herausbildung einer mystisch-theosophischen Religionsphilosophie, welche durch eine allegorische Auslegung der Hl. Schrift eine Harmonisierung mit den philosophischen Lehren versuchte. Ihr bedeutendster Vertreter war *Philon* der Jude (um 25 v. Chr. bis 50 n. Chr.), der betonte, daß Gott vor allem durch den Logos (worunter er ein persönliches, aber Gott untergeordnetes Wesen verstand) als die Kraft Gottes auf die Welt einwirke.[62]
Als Begründer des Neuplatonismus gilt der Alexandriner *Ammonios Sakkas* (um 175–242), der sich – ursprünglich ein Christ – später wieder dem Hellenismus zuwandte. Dies mag erklären, weshalb im Neuplatonismus auch christliche Einflüsse spürbar sind.[63] Die hervorragendsten Schüler von Ammonios Sakkas, wel-

61 "Der Neuplatonismus ist nicht nur, wie sein Name andeutet, eine Erneuerung der Philosophie *Platons,* sondern ein System, das neben der platonischen Philosophie auch die übrigen Hauptrichtungen der antiken Philosophie (mit Ausnahme des Epikuräismus) sowie religiöse und mystische Gedanken, auch des Orients, mit großer spekulativer Kraft zusammenfaßt" (W. Brugger [Hrg.], Phil. Wörterbuch, S. 213).

62 Vgl. W. Brugger, ibidem, S. 419.

63 "Der Neuplatonismus ist die letzte Form der griechischen Philosophie, in welcher sich der antike Geist unter Benutzung vieler Elemente der vorhergehenden Lehren, namentlich der platonischen, mit Überschreitung der realistischen Richtung der Stoa und Epikurs, sowie dogmatischer Überwindung des Skeptizismus zu hochfliegenden, zum Teil mystischen Spekulationen erhob, auf welche orientalische, auch christliche Einflüsse stattfanden. Das forschende Denken richtete sich besonders auf die Gottheit und das Verhältnis der Welt und des Menschen zu dieser, ohne daß Physik, Ethik und Logik vernachläßigt worden wären. Im Gegensatz zu dem frühesten kosmozentrischen, dem späteren anthropozentrischen Standpunkt der griechischen Philosophie, tritt in dieser spätesten Phase der theozentrische mehr hervor, woraus es erklärlich ist, daß in ihr das religiöse Element sich stark geltend machte" (M. Heinze, Neuplatonismus, in RPTK Bd. 13, S. 773).

cher keine Schriften hinterließ, waren Plotin, Origenes der Neuplatoniker, Herennios, Longinos der Philologe und der Kirchenschriftsteller Origenes.
Plotin (203–269) hob insbesondere die schon bei seinen Vorgängern Philon und Plutarch festgehaltene Transzendenz hervor und unterstrich die bestehende Kluft zwischen dem unveränderlichen, ewigen Sein, welches das absolut Eine ist, und der Welt des Werdens und der Vielheit. "Das, was aus dem Eins hervorgeht, ist der nous, der schon das Anderssein in sich aufweist, da ihm die Zweiheit des Erkennenden und Erkannten zukommt. Er denkt sich selbst als Erzeugnis und Abbild des Eins und wendet sich seinem Urbild zu, um es zu erfassen. Hierdurch erhält er die Kraft zu erzeugen, die er in Vieles zerlegt, da er sie in ihrer ganzen Fülle weder in sich ertragen noch erhalten kann. So entsteht als sein Inhalt die Ideenwelt, der kosmos noëtos, die intelligible und zugleich wahrhaftige Welt, während die Erscheinungswelt nur ein trügendes Abbild von dieser ist."[64] Das höchste Ziel des Menschen liegt bei Plotin wie auch bei Philon nicht etwa im Denken, sondern in der ekstatischen Erhebung zu dem Einen, dem höchsten Guten, der Gottheit.[65]
Während sich der Neuplatonismus unter dem Einfluß der syrischen Schule, deren Hauptvertreter *Iamblichos* († um 330) war, durch die Einverleibung griechischer und orientalischer Religionsvorstellungen immer mehr in Richtung einer maßlosen Phantasterei entwickelte, übernahm die christliche Theologie dessen vorzüglichste und wertvollste Lehren als dauernden Besitz. Manche Kirchenväter betrachteten Plato sogar als den "größten Philosophen" der Vorzeit und meinten, daß er in seiner Philosophie dem Christentum am nächsten gekommen sei. Sie gingen dabei wie bereits *Justin* der Märtyrer († um 165) von der Annahme aus, daß die hellenistischen Philosophen bei den Hebräern in die Schule gegangen seien und aus den mosaischen Schriften und den Propheten die Wahrheit geschöpft hätten. Außerdem sei die Offenbarung des göttlichen Logos in einem gewissen Grade auch den Heiden zuteil geworden.[66]
Das neuplatonische Denken, von dem auch die lateinischen Kirchenväter stark beeinflußt waren (Augustinus ist hierfür ein sprechendes Beispiel) und dessen Nachschläge selbst im Westen bis in die Scholastik hinein nachwirkten, entsprach nichtsdesto weniger der östlichen Geisteshaltung wesentlich besser. Dementsprechend kam der Neuplatonismus innerhalb des östlichen Raumes auch ganz anders zum Tragen, wobei der Einfluß von Dionysios dem (Pseudo)-Areopagiten, der eine Verbindung der neuplatonischen Lehren mit dem Christentum intendierte und eine mystische Erhebung annahm, die er als Vergottung bezeichnete, eine nicht zu unterschätzende Rolle spielte.
Noch heute kann deshalb die östliche Theologie ohne ein Verständnis für die platonischen Kategorien kaum richtig interpretiert werden. Der Grund hierfür liegt auf der Hand. Bis auf den heutigen Tag greift man im Osten unentwegt noch im-

64 M. Heinze, ibidem, S. 775.
65 Vgl. M. Heinze, ibidem, S. 778.
66 Vgl. A. Stöckl, Platonismus, in Wetzer und Welte's Kirchenlexikon Bd. 10, S. 102.

mer auf die Aussagen der Kirchenväter (vor allem der griechischen) zurück, welche für die östlichen Theologen einen gewissen normativen Charakter besitzen und tradiert so gleichzeitig ständig das neuplatonische Denkschema mit.
Das gilt nun in ganz zentraler Weise auch für die orthodoxe Sakramentenlehre, auf welche in erster Linie das platonische Bild-Abbild-Schema und das darin eingeschlossene Stufendenken (die Annäherung an Gott über einen hierarchisch geordneten Kosmos) Anwendung fand, wie es vor allem in den Schriften von Dionysios (Pseudo-)Areopagita vertreten wurde. Die neuplatonisch inspirierte Bildtheologie gehört zweifellos zu den wesentlichsten Charakteristika orthodoxer Sakramentenlehre. Und wir werden diesem neuplatonischen Bildverständnis immer wieder begegnen, ob wir nun vom Begriff "mustērion" sprechen oder vom (Real-)Symbol.
In der unterschiedlichen Bildauffassung von Ost und West muß auch einer der Hauptgründe für die Unterschiede zwischen östlicher und westlicher Sakramentenlehre gesucht werden, die zu manchen Mißverständnissen und Differenzen geführt haben. Nachdem bereits bei den Lateinern die griechische Bildvorstellung nicht in gleicher Weise verstanden werden konnte, ging den germanischen und keltischen Völkern ein solches Verständnis noch mehr ab.
Man wird es kaum als Zufall werten dürfen, daß die Entwicklung der westlichen Sakramententheologie auf die Ablehnung der östlichen Bilderlehre[67] durch die karolingischen Hoftheologen[68] folgte.

A. Der Einfluß platonischer Kategorien

Was das Bildverständnis der griechischen Kirchenväter anbelangt, so basiert dieses letztlich auf Platons Ideenlehre, die dieser anhand seines Höhlengleichnisses in der "Politeia" (Buch VII, Kap. 1–3) zu explizieren suchte.
"Denke dir, es lebten Menschen in einer Art unterirdischer Höhle, und längs der ganzen Höhle zöge sich eine breite Öffnung hin, die zum Licht hinaufführt. In dieser Höhle wären sie von Kindheit an gewesen und hätten Fesseln an den Schenkeln und am Halse, so daß sie sich nicht von der Stelle rühren könnten und beständig geradeaus schauen müßten. Oben in der Ferne sei ein Feuer, und das gäbe ihnen von hinten her Licht. Zwischen dem Feuer aber und diesen Gefesselten führe oben ein Weg entlang. Denke dir, dieser Weg hätte an seiner Seite eine Mauer, ähnlich wie ein Gerüst, das die Gaukler vor sich, den Zuschauern gegenüber zu errichten pflegen, um darauf ihre Kunststücke vorzuführen. . . . Weiter denke dir, es trügen Leute an dieser Mauer vorüber, aber so, daß es über sie hinwegragt, allerhand Geräte, auch Bildsäulen von Menschen und Tieren aus Stein und aus Holz und überhaupt Erzeugnisse menschlicher Arbeit. . . . Haben nun diese Ge-

67 Die östliche Bilderlehre wurde als Folge des Ikonoklasmus auf dem II. Konzil von Nikaia im Jahr 787 definiert.

68 In den "Libri Carolini" polemisierten die Theologen um Karl d. Gr. gegen die Beschlüsse von Nikaia II, für deren Ablehnung Karl d. Gr. auch den Papst zu gewinnen suchte.

fangenen wohl von sich selber und voneinander etwas anderes gesehen als ihre Schatten, die das Feuer auf die Wand der Höhle wirft, der sie gegenüber sitzen? (...) Ferner: von den Gegenständen, die oben vorübergetragen werden? Doch ebenfalls nur ihre Schatten? (...) Und wenn sie miteinander sprechen können, so werden sie in der Regel doch wohl von diesen Schatten reden, die da auf ihrer Wand vorübergehen. . . . Und wenn ihr Gefängnis auch ein Echo von der Wand zurückwirft, sobald ein Vorübergehender spricht, so werden sie gewiß nichts anderes für den Sprecher halten als den vorüberkommenden Schatten. (...) Überhaupt, sie werden nichts anderes für wirklich halten als diese Schatten von den Gegenständen menschlicher Arbeit."[69]

Die Gefangenen in der Höhle, von denen Platon sagt: "sie gleichen uns", nehmen mit ihren Sinnen nicht die Gegenstände als solche wahr, sondern nur deren Schatten. Die Gegenstände am Eingang der Höhle symbolisieren die Ideen, die ihrer Verankerung in der Idee des Guten überhaupt erst ihr Wesen und ihr Dasein verdanken. Die Lichtquelle (das Feuer) ist nichts anderes als dieses absolut Gute, nämlich Gott, von dem alles seinen Ausgang nimmt.

Platon erklärt: Wie die Sonne den sichtbaren Gegenständen nicht nur die Sichtbarkeit verleiht, sondern zugleich Ursache ihres Werdens, Wachsens und Gedeihens ist, so erhalten die erkennbaren Dinge vom Guten nicht bloß ihre Erkennbarkeit, sondern ihr Wesen und Dasein.[70]

"Während die Sinne uns nur die Welt des Werdens und Vergehens zeigen, ein Mittleres zwischen dem eigentlichen Sein und dem Nichts, dringt der nous (die Vernunft) zu den Ideen, Formgestalten oder ewigen unsinnlichen Gegenstandseinheiten vor, die außerhalb und oberhalb der Sinnendinge ihren Bestand haben und den eigentlichen Sinngehalt der Welt und des Lebens ausmachen. . . . Der Aufstieg des Geistes zur Schau der Ideen besteht in einer durch die sinnlichen Gegenstände geweckten Wiedererinnerung (anamnesis) an die in der Vorexistenz geschauten Ideen. Ziel des menschlichen Lebens ist die Verähnlichung mit Gott, der höchsten Idee des Guten."[71]

Es lassen sich also zwei wesentliche Gedankengänge Platons unterscheiden: 1. Die Ideenlehre, die mit der Vorstellung von Bild und Abbild operiert, und 2. der stufenweise Aufstieg des nous über einen immer höheren Wirklichkeitsgrad der Ideen bis zur Idee des absolut Guten.[72]

Die beiden Gedankengänge sind ineinander verschränkt; das Abbild (das Irdische) verweist immer auf das Urbild (das Göttliche) und zwingt deshalb zu einem Transzendieren des Abbildes. "Das Abbild widerspiegelt hierbei die Wirklichkeit des Urbildes. Ja, alles, was das Abbild an Wirklichkeit besitzt, gehört tiefer dem Urbild

69 Platon, Der Staat, S. 228f. (cf. Politeia VII, 1–3, 514a–518b).
70 Vgl. Platon, Politeia VI, 19, 509ab.
71 W. Brugger (Hrg.), Phil. Wörterbuch, S. 240.
72 A. Gerken, Theologie der Eucharistie, S. 65, spricht von einem "*Stufendenken* im Sinne einer Heils- und Erlösungslehre" bei Platon.

als dem Abbild selbst, da das ganze Sein des Abbildes darin besteht, auf unvollkommene Weise das Urbild wiederzugeben."[73]

Die Beziehung von Urbild-Abbild ist jedoch nicht bloß eine äußerliche, wie man vielleicht vordergründig aus dem Höhlengleichnis schließen könnte, sondern eine innere. Und diese innere Beziehung ist es auch, welche im Urbild-Abbild-Denken der östlichen Christenheit stets zum Ausdruck kommt. Das heißt, das Abbild ist nicht einfach eine seelenlose Hülle. Das Urbild ist in ihm durchaus gegenwärtig, wenn auch geheimnisvoll und verhüllt. Das Abbild ist die geheimnisvolle Offenbarung des Urbildes, allerdings nur für den, der in dieses Geheimnis eingeweiht ist.

Hierin zeigt sich die für das neuplatonische Bild-Abbild-Denken typische Verbindung mit Elementen aus den Mysterienkulten und der Gnosis. Die heidnischen Griechen glaubten ja in den Darstellungen ihrer Götter dieselben auch gegenwärtig, was sich u.a. darin äußerte, daß sie ihren Kultbildern Speiseopfer darzubringen pflegten. Und die Vorstellung von der geheimnisvollen Anwesenheit des Dargestellten in seinem Abbild ist auch ganz wesentlich in die östliche Verehrung des Kultbildes ("eikōn" = der Ikone)[74] eingegangen. Nicht minder wichtig ist aber auch jenes gnostische Element, das eine gewisse Initiation, eine Mystagogie[75], kurz, eine Einführung in das Mysterium des geheimnisvoll im Abbild anwesenden und doch verhüllten Urbildes verlangt.

Nur dem Eingeweihten wird offenbar, daß das Reich der Schatten und Abbilder, d.h. die irdische Wirklichkeit, nicht die volle Wirklichkeit umfaßt. Nur er wird sich über die Schatten dem Licht zuwenden und von den bloßen Sinneneindrücken zur eigentlichen Schau, zur vollen Wirklichkeit gelangen.[76]

"Zu beachten ist dabei, daß der Begriff 'schauen' in der gesamten Tradition des Platonismus, vor allem im mittleren Platonismus, ferner in der Gnosis, bei den

73 A. Gerken, Theologie der Eucharistie, S. 66.

74 Die Literatur über den Begriff des Bildes bei den Kirchenvätern ist sehr ausführlich. Wir verweisen besonders auf E. Peterson, L'immagine di Dio in Sant' Ireneo, in La Scuola Cattolica, Mailand 69 (1941), S. 46–54; A. Mayer, Das Bild Gottes im Menschen nach Clemens von Alexandrien; R. Leys, L'image de Dieu chez Grégoire de Nysse; R. Bernard, L'image de Dieu d'après saint Athanase; H. Crouzel, Théologie de l'image de Dieu chez Origène. Zur platonischen Tradition siehe W. Willms, Eikōn, eine begriffsgeschichtliche Untersuchung zum Platonismus, I. Teil: Philo von Alexandrien. Für das Neue Testament: Kittel/von Rad/Kleinknecht, Eikōn, in ThWBzNT II (1950), S. 378–396; F.W. Eltester, Eikōn im Neuen Testament.

75 Vgl. René Bornert, op. cit., S. 48: "Gegenüber den heterodoxen gnostischen Spekulationen definierten die ersten christlichen Schriftsteller die orthodoxe Gnosis. Sie ist 'die wirkliche und solide Wissenschaft von Gott' (Irenäus, adv. haer. II, 28,1), 'die Wissenschaft von den Mysteria' (ibid., II, 28,2) oder, in Opposition zur falschen Gnosis, 'unsere Gnosis' (ibid. II, 28,3). Ihr Objekt ist die Kenntnis Gottes (Justin, Dialog mit Triphon, 69, 4.6), die von Jesus Christus geoffenbart wurde (Didachē 11,2; Ignatius v. Ant., Eph. 17,2; II Clem. 3,1; Justin, I Apol. 63,5). Ihrer Art nach definiert sie sich als eine religiöse Erkenntnis, die den einfachen Glauben übersteigt (I Clem. 1,2; Barnabas-Brief I,5). Schrift und Eucharistie sind deren zwei grundlegende und parallele Quellen."

76 In diesem Denken ist bereits auch die hesychastische Lehre vom Taborlicht und der stufenweisen, mystischen Vereinigung mit Gott grundgelegt, welche seit Gregor Palamas in so außergewöhnlicher Weise die orthodoxe (und insbesondere die russische) Spiritualität prägte.

Apologeten und dann besonders bei den alexandrinischen Theologen nicht ein interesseloses Sehen oder Feststellen meint, sondern eine Kommunikation bedeutet, welche Heil und Erlösung vermittelt. 'Unsichtbar' heißt also soviel wie 'unzugänglich, unerfahrbar', 'schauen' heißt 'erfahren, Kommunikation aufnehmen'."[77]
Nach diesen Kirchenvätern ist das Mysterium ein Objekt des Verstandes. Es ist Sache der Mystagogie, die tiefere Bedeutung des Mysteriums zu erheben. "Die Einführung ins Mysterium ist nach Origenes in der angewendeten Methode gleich, nach deren Anwendungsgebieten jedoch verschieden. Das Ziel der Mystagogie ist die Einführung in die Kenntnis oder in die *Gnosis* des Mysteriums. Denn dieses ist erkennbar.[78] Andererseits jedoch bleibt das Mysterium zugleich versiegelt und unerkennbar. Es ist 'ein Meer des Verstandes'[79], das wegen seiner Tiefe nicht auszuschöpfen ist.[80] Unsere Erkenntnis des Mysteriums bleibt deshalb immer unvollständig. Jede Stufe der Erkenntnis, die wir erreichen, ist Ausgangspunkt für ein neuerliches Übersteigen. Dieses Eindringen fordert von demjenigen, der sich ihm hingibt, verschiedene Bedingungen. Origenes nennt das Gebet[81], den Glauben[82] und die Inspiration des Heiligen Geistes[83]. Die Quellen für diese Erkenntnis des Mysteriums sind verschieden. Jede sichtbare Wirklichkeit ist ein gültiger Ausgangspunkt für die *Anagogie.* Es besteht eine geheime Übereinstimmung zwischen der sichtbaren und der unsichtbaren Welt. Die Betrachtung der ersteren führt zur Vision der zweiten[84]. Aber die geistige Exegese der Schrift ist das bevorzugte Mittel, um die Kenntnis des Mysteriums zu erlangen. Die 'geistliche Betrachtung' (theōria noētē), die der 'historischen Erläuterung' ('istorikē diēgēsis)[85] entgegengesetzt ist, führt in den tiefsten Sinn der Schrift ein. Zudem lassen uns die 'Anagogie'[86] und die 'Tropologie'[87] die ewigen Akte des Wortes unter den historischen Gesten Jesu entdecken. Die sakramentalen und liturgischen Zeichen sind ebenfalls ein Weg der Annäherung an das Mysterium."[88]
Dies ist der Hintergrund, welcher für das Verständnis des Begriffs "mustērion" unerläßlich ist. Wenn die Kirchenväter nämlich etwas als "mustērion" bezeichnen, so sehen sie darin nicht etwas Unzugängliches und Unerfahrbares, sondern die dem Eingeweihten (Begnadeten) geoffenbarte geheimnisvolle Beziehung vom Abbild zum Urbild. Deshalb ist "mustērion" auch kein statischer, sondern seinem Inhalt

77 A. Gerken, Theologie der Eucharistie, S. 66.
78 Origenes, In Ioan. com. 6,20 (GCS IV,129): 'o (...) ehōn gnōsin mustērion . . . Dies wird der gebräuchliche Ausdruck, siehe zum Beispiel Cyrill v. Alex., Glaphyra in Gen 1,6, De Juda et Thamar 1 (M PG 69,308C): . . . tou mustēriou tēn gnōsin.
79 In Ex. hom. 9,1 (GCS VI, 235): . . . intelligentiae pelagus . . .
80 In Ioan. com. 6,46 (GCS IV, 155).
81 Epist. ad Gregorium 3 (M PG 11, 92 A).
82 In Jer. hom. 39, 1; fragm. II,1 (GCS III, 197). In Math com. 16,9 (GCS X, 503).
83 In Ez. hom. 7,10 (GCS VIII, 400).
84 Vgl. M. Harl, Origène et la fonction révélatrice du Verbe incarné, Paris 1958, S. 140–142.
85 In Ioan. fragm. 20 (GCS IV, 501). Vgl. M. Harl, op. cit., S. 144f.
86 In Math. com. 15,7 (GCS X, 369, 24–26).
87 C. Cels., 2,37; 5,56; 5,57 (GCS I, 162, 20; II,60, 2; 61, 16). Vgl. M. Harl, op. cit., S.155ff.
88 René Bornert, op. cit., S. 62.

nach dynamischer Begriff, der über die sinnenhafte Apperzeption hinausweist, beziehungsweise diese transzendiert.

"Dem Griechen ist es das eigentliche Charakteristikum des Mysteriums, daß es nicht für jeden, aber für den Berufenen, im Christentum also für den anēr ekklēsiastikos etwas 'bedeute', daß ein solcher wisse, was man äußerlich sehe, sei nicht das Ganze, das 'Wahre' an ihnen, sondern was der Glaube zunächst 'erfahre' (höre), dann wie unter einem plötzlich aufstrahlenden Licht dahinter oder 'darin' erschaue (vgl. Chrysostomus: In Epist. I ad Cor., Hom. VII . . .)."[89]

Für den Platoniker zerfällt das All gewissermaßen in zwei unterschiedliche Bereiche: "Die Welt der Urbilder (Ideen), der Wahrheit, des Seins, und die Welt der Abbilder, der Veränderung, des Werdens, die eine Mischung von Sein (wegen des 'Teilhabens' am Urbild) und von Nichtsein (wegen der Unvollkommenheit des Nur-Teilhabens und wegen der Veränderlichkeit der Abbilder) darstellt."[90] Mit zunehmender Entfernung vom Urbild verliert das Abbild an Seins- und Werthaftigkeit, womit auch das gerade für den Platonismus typische hierarchische Wertdenken einsichtig wird. A. Gerken spricht von einer in viele Stufen unterteilten "Seins- und Wertpyramide", an deren Spitze das absolut Gute steht, von dem alle eigentliche Wirklichkeit ausgeht. "Die Urbilder der irdischen Dinge stehen in unmittelbarer Nähe zu dieser Spitze. Es sind die Ideen. Jede Stufe nach unten zu ist von der Quelle weiter entfernt und spiegelt daher stets etwas weniger von ihrem Licht. Zwischen den einzelnen Stufen des Seins vollzieht sich also eine dauernde Vermittlung von *Licht,* wobei unter diesem *Licht* sowohl das *Sein* wie der *Wert,* die *Güte* dieses Seins zu verstehen ist. Eine Stufe gibt der nächstniederen vom Licht weiter, das sie selbst durch Vermittlung der oberen Stufe letztlich von der absoluten Gutheit selbst empfangen hat."[91]

Die platonische Tradition geht von der Vorstellung aus, daß "das Bild an der Wirklichkeit des Abgebildeten partizipiert, mehr oder weniger doch die reale Anwesenheit des in ihm wohnenden Abgebildeten her-stellt".[92]

Maximos der Bekenner (580–662) liefert hierfür ein treffliches Beispiel. "In der *Mystagogie* wird die Gegenwart des Mysteriums durch die drei Begriffe Figur (tupos), Bild (eikōn) und Symbol (sumbolon) dargestellt. (. . .) Mit der gesamten platonischen Tradition sieht Maximos im Bild nicht so sehr das Zeichen einer abwesenden Realität als diese Realität selbst, welche durch das Zeichen in gewisser Weise gegenwärtig gemacht wird. Das Bild ist in irgendeiner Art das, was es darstellt, und umgekehrt existiert die bezeichnete Sache in ihrer sichtbaren Darstellung."[93]

"Die Idee von einer *Realpräsenz,* einer realen Gegenwart der dargestellten Person in ihrem Bild, wurde durch die neuplatonische Emanationslehre, wie sie vor allem

89 F. Kattenbusch, in RPTK Bd. 17, S. 354.
90 E. von Ivánka, Plato Christianus, S. 31.
91 A. Gerken, op. cit., S. 67.
92 Vgl. K. Rahner, Schriften zur Theologie Bd. IV, S. 301.
93 R. Bornert, op. cit., S. 113.

Iamblichos vertrat, gefördert. Das Göttliche geht in einer Stufenleiter schöpferischer Entfaltungen in die dingliche Welt ein, um sie mit ihrer Kraft zu erfüllen."[94]
Auch das "mustērion" ist ein im Bereich der menschlichen Erfahrungswelt liegendes Abbild des göttlichen Urbildes, ein Abbild, das am Sein und an der Wirkmächtigkeit des Urbildes teilnimmt, insofern dieses im Abbild real, wenn auch verborgen, gegenwärtig ist. Unter dem Gesichtspunkt einer Manifestation dieses real, wenn auch verborgen anwesenden Urbildes ist das, was man in der lateinischen Tradition Sakramente und Sakramentalien nennt, schwerlich zu unterscheiden. Beide sind in ihrer Abbildhaftigkeit gleicherweise göttliche "mustēria", weshalb sich diese Unterscheidung im Osten auch nie völlig durchzusetzen vermochte.
Die "mustēria" sind aber ausserdem Manifestation einer himmlischen Hierarchie (Dionysios Areopagita). Sie sind in der platonischen Vorstellungswelt einer Wertpyramide integriert, wobei man sich die Frage stellen kann, ob die einzelnen "mustēria" nicht ebenfalls untereinander eine unterschiedliche Teilnahme an der göttlichen Seinsfülle und damit eine unterschiedliche "Werthaftigkeit" beinhalten, was es verständlich machen würde, wenn den einzelnen "mustēria" eine unterschiedliche Bedeutung in der Heilsvermittlung zugemessen wird.

B. Taufe und Eucharistie als zentrale Heilsriten

Unter den kirchlichen Heilsriten haben von allem Anfange an Taufe und Eucharistie einen hervorragenden Platz eingenommen. Die Taufe ist nicht nur eine Befreiung von der Erbsünde, sondern gleichzeitig der Eintritt in den erlösten Kosmos, der, wenn auch noch verhüllt, in der "sunaxis" der Erlösten und der Glaubensgemeinschaft in der Eucharistie (der "koinōnia") seinen Ausdruck findet.
Taufe und Eucharistie sind, wie übrigens auch die anderen kirchlichen Heilsriten, "heilige Handlungen", eine Art Brücke zwischen Gott und den Menschen. Man könnte sagen, diese heiligen Handlungen "bringen" den Menschen Gott bereits in geheimnisvoller und verhüllter Weise und "führen" gleichzeitig die Menschen hin zu Gott. Sie erfüllen insofern alle Voraussetzungen, welche die Griechen mit ihrem Urbild-Abbild-Schema sich unter dem Begriff "mustērion" vorstellten. Die Bezeichnung von Taufe und Eucharistie als "mustērion" unter Einschluß neuplatonischer Denkkategorien darf deshalb nicht verwundern.
Die Taufe ist ein "mustērion"[95], denn sie beinhaltet die geheimnisvolle Übereignung des Gläubigen an Gott. Schon sehr früh ging man davon aus, daß die Taufe zur Erlösung notwendig sei (und wenn man neben ihr auch noch Ersatzmöglichkeiten kannte, so wurden diese wiederum mit dem Begriff Taufe verbunden, so z.B. die "Bluttaufe"). So lehrte Cyrill von Jerusalem in seinen "Mystagogischen

94 R. Erni, Theologie der Ikonen, in Catholica Unio Nr. 4, 1973, S. 82.
95 Vgl. Euseb.: demonstr. evang. 9,6; Athanas.: orat. adv. Arianos 2,42; Serapion Th.: euchol. 19,2; Basileios d. Gr.: de Spiritu Sancto 66; Greg. Nys.: orat. catech. 33; Cyrill Jerus.: catech. 18,32; Joh. Chrysost.: adhort. ad Theod. laps. 1,17.

Katechesen", daß die Taufe nicht bloß die Nachlassung der Sünden und die Verleihung der Gottessohnschaft bewirke, sondern daß sie ebensosehr die Hineinnahme des Täuflings in Leiden und Tod Christi darstelle.[96] Der Tod in Christus ist die Voraussetzung für die Wiedergeburt in ihm. Auch für Basileios d. Gr. vollzieht sich das große Mysterium der Taufe, damit der "tupos" des Todes seine Darstellung finde.[97]
Die Taufe wäre in dieser Terminologie "antitupos" des Todes Christi, wobei der Tod Christi "tupos" ist. In gleicher Weise werden auch die eucharistischen Opfergaben in der Basileios-Liturgie "antitupa" genannt.[98] Das heißt, das unsichtbare aber durchaus reale Urbild, Vorbild und Bild: der "tupos", wird in einem sichtbaren Abbild: dem "antitupos" (oder "antitupon"), widergespiegelt.[99]
Diese Terminologie, die neben Basileios d. Gr. in Abwandlungen auch bei den anderen griechischen Kirchenvätern[100] zu finden ist, demonstriert mit aller Deutlichkeit die Anwendung der neuplatonischen Kategorien von Urbild und Abbild auf Taufe und Eucharistie im Begriff "mustērion".
Es sei nochmals wiederholt: Das Widergespiegelte ist mehr als nur ein Schatten des Urbildes. Es besteht eine geheimnisvolle Interaktion zwischen Abbild und Urbild, zwischen dem (Real-) Symbol und dem, was es bezeichnet. Der "prototupos" oder "tupos" ist im "antitupos" zwar nur geheimnisvoll und verschleiert zugegen, aber nichtsdestoweniger gegenwärtig.
Anders ausgedrückt: Wir sehen im "antitupos" in geheimnisvoller Weise den "tupos" dargestellt. Johannes Chrysostomos sagt: "Dieses wird Geheimnis genannt, nicht weil wir betrachten, was wir sehen, sondern weil wir eine Sache betrachten und eine andere glauben. Das ist der Glaube unserer Mysteria."[101]
"Christus hat uns nichts Sinnfälliges übergeben, sondern lauter Geistiges, aber in sinnfälliger Hülle. (...) Wenn du ein körperloses Wesen wärest, hätte er dir die un-

96 Cyrill von Jerusalem: cat. mystagog. 2,2–8.
97 Basileios d. Gr.: de Spiritu Sancto (M PG 32, 132a).
98 In der Epiklese der Basileios-Liturgie beten die Priester: "Darum treten wir (...) an Deinen Altar heran und bringen Dir die 'antitupa' des heiligen Leibes und Blutes Deines Christus dar."
99 Vgl. hierzu auch die Ausführungen von Henri de Lubac, in Corpus mysticum, S. 351–357.
100 So nannte beispielsweise Origenes das eucharistische Brot "sōma tupikon kai symbolikon" (In Mt com. 11,14: GCS X, 58), und in der "Apostolischen Tradition" Hippolyts findet sich der kennzeichnende Text: "Et tunc iam offeratur oblatio a diaconibus episcopo et gratias agat panem quidem in exemplum, quod dicit graecus antitypum, corporis Christi; calicem uino mixtum propter antitypum, quod dicit graecus similitudinem, sanguinis quod effusum est pro omnibus qui crediderunt in eum" (versio latina, 21: Hippolyte de Rome, La Tradition Apostolique, S. Chr. 11 bis, S. 90). Zur Frage der Eucharistie bei Origenes vergleiche: H.U. von Balthasar, Parole et mystère chez Origène, S. 106–109; J. Daniélou, Origène, S. 74–79; H. de Lubac, Histoire et Esprit, S. 355–363.
101 Joh. Chrysost.: In 1 Cor, hom. 7,1 (M PG 61, 55). – Man vgl. auch die beinahe gleichlautende Aussage bei Augustinus: sermo 272: "Ista, fratres, ideo dicuntur Sacramenta, quia in eis aliud videtur, aliud intelligitur. Quod videtur, speciem habet corporalem, quod intelligitur, fructum habet spiritualem" (M PL 38, 1247).

körperlichen Gaben unmittelbar gegeben; nachdem aber die Seele an einen Leib geknüpft ist, reicht er dir das Geistige in sinnfälliger Gestalt."[102]
Was wir mit den Augen des Körpers körperlich sehen, muß mit den Augen des Geistes auf das Geistige übertragen werden. Doch das ist nur dem Gläubigen möglich, wie Johannes Chrysostomos immer wieder betont. "Der Ungläubige, der von Reinigung sprechen hört, denkt nur an das Wasser. Ich jedoch sehe nicht bloß, was betrachtet wird, sondern die Reinigung der Seele durch den Geist. Jener denkt, daß nur der Körper gewaschen wurde. Ich aber habe geglaubt, daß die Seele rein und heilig wurde."[103]
Das Mysterium der Taufe, welches das neue Leben in Christus verleiht, ist direkt auf die eucharistische Gemeinschaft hingeordnet. Die Taufe verleiht dem Getauften die Berechtigung, "an der in das Allerheiligste einweihenden Eucharistie teilzunehmen"[104], und nur dem Getauften wird diese Gnade zuteil[105].
"In der morgenländischen Kirche, welche die westliche Tradition nicht kennt, die Konfirmation bis zur Erreichung des Verstandes zurückzustellen, werden Taufe und Myronsalbung normalerweise gemeinsam erteilt (wobei das 'heilige Myron' der Salbung durch den Bischof geweiht ist). Unmittelbar darauf wird das Kind zur eucharistischen Kommunion zugelassen. Es gibt demnach in der Praxis keinen Unterschied zwischen der Zulassung eines Kindes und der eines Erwachsenen in der Kirche. In den beiden Fällen wird ein menschliches Wesen, das dem 'alten Adam' durch seine natürliche Geburt angehörte, mittels seiner Teilnahme an der Taufe, der Myronsalbung und der heiligen Kommunion in das 'neue Leben' eingeführt. Die christliche Initiation ist ein einziger und unteilbarer Akt: 'Wer das heilige Myron nicht empfängt, ist nicht vollkommen getauft'[106], schreibt Symeon von Thessalonike."[107] "Die Salbung ist nämlich nicht eigentlich ein anderes Sakrament als vielmehr die Erfüllung der Taufe, ihre 'Bestätigung' durch den Heiligen Geist. Von der Taufe kann sie nur insofern unterschieden werden, als Leben sich von der Geburt unterscheidet."[108]
Bereits in der Urkirche bildete die Myronsalbung einen integrierenden Bestandteil der Taufliturgie. Durch diese wird der Gläubige in den Leib Christi hineingeboren, während die Eucharistie im eigentlichen Sinne des Wortes die Einverleibung darstellt.

102 Joh. Chrysost.: in Mt, hom. 82,4 (M PG 58, 743). – Den gleichen Gedankengang finden wir auch bei Ambrosius: in Luc. 2,79: "Nam cum ex duabus naturis homo, id est ex anima subsistat et corpore, visibile per visibilia, invisibile per invisibile mysterium consecratur . . . " (S. Chr. 45, S. 108).
103 Joh. Chrysost.: in 1 Cor, hom. 7,1 (M PG 61, 55).
104 Dion. Areop.: hier. eccl. 2,7; vgl. auch Justin: 1 apol. 65; Const. Egypt. 46; Hippol. 21,19, §§ 141–143.
105 Vgl. Didachē 9,5.
106 Symeon von Thessalonike, De sacramentis 43 (M PG 155, 188 A).
107 J. Meyendorff, Initiation à la thēologie byzantine, S. 255.
108 A. Schmemann, The World as Sacrament, S. 91 (deutsch: Aus der Freude leben, S. 90).

Die Taufe (aus dem Wasser), die Myronsalbung (= Firmung als Taufe aus dem Geist) und die Eucharistie bilden in der orthodoxen Kirche denn auch eine vollendete liturgische Einheit, die in sich nicht getrennt werden sollte. Dabei wird von der Annahme ausgegangen, daß es in Tat und Wahrheit nur *ein* Mysterium gibt, das Mysterium Christi, "in welchem das ganze Mysterium unserer Erlösung enthalten ist. Unter diesem Gesichtspunkt werden alle Besonderheiten, die sich in jedem dieser drei finden, im Lichte des einen Mysteriums Christi gesehen und niemals in der Form irgendeiner objektiven, selbsterklärbaren Existenz."[109] Deshalb wird man zumindest in den ersten christlichen Jahrhunderten vergeblich nach einer speziellen Theologie dieser drei "mustēria" suchen.
Die Eucharistie ist zudem immer in einer Liturgie eingeschrieben, deren erster Teil, im Westen seit neuerer Zeit "Wortgottesdienst" genannt, im Osten als "Liturgie der Katechumenen" bezeichnet wird und damit deutlich macht, daß die Taufvorbereitung (bzw. auch die Tauferneuerung) in einer Einheit mit der eigentlichen Eucharistie steht.
Eucharistie ist nach Johannes Chrysostomos das Gedächtnis der empfangenen Wohltat Gottes im Erlösungswerk Christi und gleichzeitig die immerwährende Danksagung dafür: "Deshalb werden ja auch die heiligen, Schauer erregenden Mysteria, die uns so reichliches Heil bringen, und die wir in jedem Gottesdienst vollziehen, Eucharistie genannt."[110]
Für die Eucharistie konnte der Begriff "mustērion" (= Geheimnis) gar nicht besser gefunden werden. "Ist sie nicht das Geheimnis par excellence, von allen das Allergeheimste wie das Allerheiligste, selber Zeichen einer zugleich geheimen wie heiligen Realität? Mysterium christianum, in quo tot et tanta sunt involuta mysteria."[111]
Gregor von Nyssa nennt die Eucharistie eine "göttliche Mystagogie"[112], Cyrill von Jerusalem setzt in seinen "Mystagogischen Katechesen" die Eucharistie mit "göttlichen mysteria" gleich[113] und warnt, sich nicht durch die Sünde der "heiligen und geistlichen mysteria" zu berauben.[114]
Auch das "mustērion" der Eucharistie wird von den griechischen Vätern durchwegs aus dem neuplatonischen Urbild-Abbild-Denken heraus interpretiert. Dabei gilt als wesentliches Moment zu beachten, daß Eucharistie nicht nur die Vergegenwärtigung der Person Jesu Christi bedeutet, sondern die Vergegenwärtigung seines

109 J.D. Zizioulas, Some reflections on Baptism, Confirmation and Eucharist, in Sobornost' Series V: No. 9, 1969, S. 644.
110 Joh. Chrysost.: in Mt, hom. 25,3 (M PG 57, 331).
111 H. de Lubac, Corpus mysticum, S. 50f. Der Autor bezieht sich hier auf Cyrill v. Alexandrien (P.G. 76, 189 D), Hieronymos (P.L. 22, 484) und Innozenz III. (217, 913 D). (217, 913 D).
112 Gregor v. Nyssa (P.G. 44, 625).
113 Cyrill v. Jerusalem, Catech. mystagog., IV, 1.
114 ibid. V, 23. Der Begriff "mustērion" für Eucharistie findet sich u.a. auch bei Euseb.: demonstr. evang. 1,10; Serapion Th.: euchol. 3,2; Basileios d. Gr.: epist. 188, can. 1; Epiphan.: adv. haeres. 55,6 und 68,7; Joh. Chrysost. hom. 23,3 in Mt. hom. 5,3 in 1 Tim, hom. 23,2 in 1 Kor; Cyrill Alex.: epist. IIa. Im übrigen verweisen wir auf die umfassenden Ausführungen zu diesem Thema bei H. de Lubac, Corpus mysticum, S. 47–66.

ganzen irdischen Lebens, das im Opfertod und der Auferstehung gipfelt.[115] Die "katabasis" Christi: Inkarnation und Todeshingabe, sowie die "anabasis" Christi: seine Rückkehr zum Vater sind einmalige Geschehnisse, für Zeit und Ewigkeit zu unserem Heile gewirkt. Deshalb kann es sich bei der Eucharistiefeier nicht um eine Wiederholung dieser Geschehnisse handeln. Nein, die Eucharistiefeier, die im Osten Liturgie genannt wird, ist nicht Wiederholung, sondern *Widerspiegelung* (= Abbild) des einmaligen Ereignisses in Jesus Christus, das zu diesem zurückführt. Teilnahme an der Liturgie bedeutet demnach Teilnahme an Leben, Tod und Auferstehung des Herrn, heißt Rückwendung vom Abbild zum Urbild.

"Diese Beziehung Urbild-Abbild wird als durch den Geist Jesu vermittelt erkannt, und daher ist die griechische Eucharistielehre zugleich immer auch Pneumatologie. Die Bedeutung, die die Ostkirche der Epiklese [116] beimißt, rührt hierher."[117] Es sei an dieser Stelle bereits vorweggenommen, daß nicht allein in der Eucharistie, sondern in allen "mustēria" dem Hl. Geist diese Vermittlerrolle zuerkannt wird.

Das mustērion ist immer das vom Geist Gottes durchwaltete Abbild des Urbildes. Gerade deshalb machen die frühen Kirchenväter kaum einen Unterschied, was ihnen an den "mustēria" sachlich "Symbol" und was "Realität" ist. Sie empfanden diese Begriffe noch nicht als Gegensatz. Sie wenden vielmehr die Begriffe der Bildtheologie wie Symbol (sumbolon), Bild (eikōn), Gleichnis ('omoiōma), Urbild (tupos) und Abbild (antitupos) in einem realistischen Sinne an. Diese Begriffe bedeuten: das Heilsereignis wird erneut Gegenwart und damit dem Gläubigen zugänglich, wenngleich noch verborgen und verhüllt und nicht in der der vollendeten Schau, auf die es erst hinführt.

"In der griechischen Vätertheologie wird ohne weiteres verständlich, daß die Eucharistie auf der einen Seite das 'schon' unserer Erlösung darstellt und gegenwärtig macht und uns also Vergebung der Schuld zuspricht, auf der anderen Seite aber als Verheißung erst hindrängt auf die Vollerlösung, die noch verborgen ist und noch aussteht. Die Denkform 'Urbild-Abbild' ermöglicht die präzise Fassung dieser Spannung, insofern das Urbild schon anwesend ist in seinem Abbild, dieses als Abbild jedoch noch nicht den vollen, adäquaten Modus der Gegenwart des Urbildes darstellt, sondern auf das Urbild verweist, gerade weil es Abbild ist.

115 J. Betz unterscheidet (in Die Eucharistie in der Zeit der griechischen Väter, Bd. I/1) zwischen der *"Aktualpräsenz der Person Christi als des Kyrios und Hohepriesters beim Abendmahl"* (d.h. der erhöhte Herr wird im Hl. Geist in den eucharistischen Gaben der Gemeinde gegenwärtig) und der *"kommemorativen Aktualpräsenz"* (d.h. die Heilstat Christi, welche die ganze irdische Existenz des Herrn umfaßt und im Opfertod und der Auferstehung gipfelt, wird in der Liturgie [der Eucharistie*feier*] der Gemeinde vergegenwärtigt. – Hier wird deutlich gemacht, weshalb sich in der östlichen Liturgie das Interesse nicht punktuell auf den Moment der "Wandlung" der Gaben konzentriert, sondern auf einen ganzen Prozeß, der das gesamte Leben Christi umfaßt.

116 Die Epiklese ist die Anrufung des Hl. Geistes durch die Gemeinde, daß ER die Gott von der Gemeinde dargebrachten Gaben erfülle und so die durch die Erbsünde zerstörte Beziehung zwischen Schöpfung und Schöpfer wieder herstelle. Erst auf diese Weise kommt die Urbild-Abbild-Beziehung überhaupt wieder zum Tragen. (Wir werden in unseren Ausführungen unter IV, 2 noch eingehend auf die Epiklese zu sprechen kommen).

117 A. Gerken, Theologie der Eucharistie, S. 69.

Dieses Verhältnis hat zugleich eine gnoseologische Seite, d.h. es wirkt sich aus auf die menschliche Erfahrung und Erkenntnis. 'Schon – noch nicht' bedeutet nämlich auch dies: *schon* im Glauben sichtbar und dennoch, weil nur *im Glauben* sichtbar, *noch* verborgen."[118]
Bei den griechischen Vätern wird also mit *einem* Blick gesehen, daß Christus in der Eucharistie *wirklich anwesend* ist, und daß er trotzdem erst *verborgen und vorläufig anwesend* ist, so daß die Eucharistiefeier – sie selbst! – auch noch *ein Modus spezifischer Abwesenheit Christi* ist, nur auf dem *Weg* der Kirche ihre Funktion hat und danach drängt, sich in der vollen Gegenwart Christi selbst aufzuheben. *Die Vorläufigkeit und Wirklichkeit* der Sakramente überhaupt konnte von der Bildtheologie in Einheit und Unterschiedenheit zugleich ausgesagt werden, und so leistete sie etwas, was die Transsubstantiationslehre des Hochmittelalters z.B. nicht leisten konnte."[119] (Vgl. Exkurs I).

Exkurs I: Realpräsenz und Transsubstantiation

Es steht außer Zweifel, daß die Gegenwart Christi unter den Gestalten von Brot und Wein von den Kirchenvätern durchwegs im Sinn einer Realpräsenz verstanden wurde. Das gilt auch dort, wo diese Gegenwart entsprechend dem neuplatonischen Denkschema als "antitupos" bezeichnet wird. Die vorangegangenen Darlegungen dürften hinreichend gezeigt haben, daß und wie Urbild und Abbild in innigster Beziehung zueinander stehen.
Immerhin schloß diese Terminologie die Gefahr des Mißverständnisses ein, Christi Gegenwart im Altarssakrament als bloßes Bild zu mißdeuten. Cyrill von Alexandrien lehnte zum Beispiel den Begriff "tupos" für die eucharistische Speise ab,[120] weil er eine "nestorianische" und damit symbolistische Interpretation dieses Begriffes befürchtete.[121] Aus dem gleichen Grund wollte Theodor von Mopsuestia von einer Verwendung des Begriffs "Symbol" bezüglich der Eucharistie nichts wissen.[122] Ein spätes, wenn auch deutliches Echo dieser Ängste findet sich bei Johannes von Damaskus, der – obgleich er in seinem Kampf gegen die Ikonoklasten gerade mit den Urbild-Abbild-Kategorien operierte – dieses, zumindest terminologisch, nicht auf die Eucharistie angewendet wissen wollte. "Das Brot und der Wein sind nicht ein Bild des Leibes und Blutes Christi – das sei ferne –, sondern der vergottete Leib des Herrn selbst."[123] Deshalb behauptet der Damaszener auch: "Wenn aber auch einige das Brot und den Wein Abbilder des Leibes und Blutes des Herrn nannten, wie der Gottesträger Basilios sagte, so meinten sie dieselben nicht *nach* der Heiligung, sondern *vor* der Heiligung, sie nannten die Opfergaben selbst so."[124] Diese Behauptung ist allerdings falsch! Doch das Bemühen ist klar, Johannes von Damaskus will auf jeden Fall die Realpräsenz Christi in der eucharistischen Speise betonen. "Fragst du aber, wie es geschieht, so genügt dir zu hören, daß es durch den Hl. Geist geschieht. So bildete auch der Herr aus der heiligen Gottesgebärerin durch den

118 A. Gerken, Theologie der Eucharistie, S. 77.
119 A. Gerken, ibidem, S. 78.
120 Cyrill v. Alex.: fragm. in Mt 26,27 (M PG 72, 452C).
121 Vgl. A. Gerken, Theologie der Eucharistie, Anm. 18, S. 77.
122 Vgl. Theodor v. Mops.: in Mt 26 (M PG 66, 714), cf. A. Gerken, S. 73f.
123 Johannes v. Damaskus: de fide orthod. IV,13: "Ouk esti *tupos* 'o artos kai 'o oinos tou sōmatos kai 'aimatos tou Hristou (mē genoito), all' auto to sōma tou Kuriou tetheōmenon, . . . " (M PG 94, 1148A).
124 Johannes v. Damaskus: de fide orthod. IV,13: "Ei de kai tines *antitupa* tou sōmatos kai 'aimatos tou Kuriou ton arton kai ton oinon ekalesan, 'ōs 'o theoforos efē Basileios, ou meta to 'agiasthēnai eipon, alla prin 'agiasthēnai, autēn tēn prosforan 'outō kalesantes" (M PG 94, 1152 C f.).

Hl. Geist für sich und in sich Fleisch. Und mehr wissen wir nicht, als daß das Wort Gottes wahr und wirksam und allmächtig ist, das Wie aber ist unerforschlich."[125]
Die westliche Theorie einer Substanzveränderung (transsubstantiation) bei gleichbleibenden Akzidentien kam aus der Schau des östlichen Eucharistieverständnisses einem Versuch gleich, das "mustērion" erklären zu wollen. Sie fand deshalb auch keinen großen Anklang, was allerdings nicht heißen will, daß der Begriff "Transsubstantiation" (griechisch: metousiōsis) nicht übernommen worden wäre. Dabei wurde "metousiōsis" jedoch weitgehend mit dem traditionellen Begriff "Verwandlung" (metabolē) gleichgesetzt.[126]
Was die Geschichte des Transsubstantiationsbegriffs im Osten anbelangt, so können wir hier kurz der Darstellung S. Ostroumovs folgen. Der erste, der diesen Fachausdruck benutzte, war Kaiser Michaël VIII. Palaiologos zur Zeit des II. Konzils von Lyon (1274) in einem Schreiben an Papst Gregor X. Während des Konzils von Florenz (1439) gebrauchte Kardinal Bessarion von Nikaia ebenfalls diesen Begriff. (Wie man sieht, waren die Ursache dafür die Unionskonzilien).
Gennadios II. Scholarios, Patriarch von Konstantinopel (1453–1459) war der erste, der von Transsubstantiation eingehender sprach, aber auch er verwendete häufiger den Begriff "Verwandlung" und andere traditionelle Termini.
Öfters gebraucht wurde das Wort "Transsubstantiation" erst, als es von dem zum Häretiker gewordenen Patriarchen Kyrillos I. Loukaris von Konstantinopel in seinem 1629 erstmals veröffentlichten "Bekenntnis" (in Art. 17) abgelehnt worden war.
In der Verurteilung der Thesen von Kyrillos I. unter Patriarch Parthenios I. von Konstantinopel (1642) und auf dem Konzil von Jerusalem (1672) wurde der Gebrauch des Begriffs "Transsubstantiation" offiziell anerkannt. Das Konzil von Konstantinopel (1691) schließlich erklärte, "Transsubstantiation" besage nichts anderes als nur die "Verwandlung oder Umschaffung im Mysterion".
Sehr bald jedoch regte sich neuerlicher Widerstand gegen den Gebrauch des Begriffs "Transsubstantiation". Und so wurde in der Folge, besonders in der russischen Kirche, wieder der alte Begriff "metabolē" (slaw. preloženie) dem Begriff "metousiōsis" (slaw. presuščestvlenie) vorgezogen.[127]

C. Mysterium der Kirche

Was für die "mustēria" im allgemeinen und insbesondere für Taufe und Eucharistie gilt, trifft ungeschmälert auch auf die Kirche zu. Taufe und Eucharistie sind konstitutive Akte der Kirche.
Ausgangspunkt für ein solches Verständnis bilden zwei Texte bei Paulus: 1 Kor 12,12f. und 1 Kor 10,16–22. Die religiöse Anteilschaft und die Gemeinschaft mit Christus (die *"koinōnia")* gründet in dem einen Geist (pneuma), durch den wir in der Taufe zu einem einzigen Leib (sōma) geworden sind. "Denn wie der Leib einer ist und viele Glieder hat, alle Glieder aber, obgleich es viele sind, einen Leib bilden, so auch der Christus. Denn auch wir sind in einem Geist alle zu einem Leib getauft worden, ob Juden, ob Griechen, ob Sklaven, ob Freie, und sind alle mit einem Geist getränkt worden" (1 Kor 12,12f.).

125 Johannes v. Damaskus: de fide orthod. IV, 13 (M PG 94, 1145).
126 Vgl. Iōan. Karmirēs, Heterodoxe Einflüsse auf die Confessiones des 17. Jahrhunderts (griech.), S. 56–61.
127 Vgl. S. Ostroumov, Mysli o svjatych tajnach, in Christianskaja Mysl', No. 3–4, 1917, S. 66f.

Ist die Taufe nach Paulus das Fundament der Einheit, so ist die Eucharistie das Zeichen ihrer Vollendung: "Der Kelch der Danksagung, über dem wir Dank sagen, ist er nicht Gemeinschaft (koinōnia) mit dem Blut Christi? Das Brot, das wir brechen, ist es nicht Gemeinschaft (koinōnia) mit dem Leibe Christi? Weil ein Brot, sind wir, die vielen, ein Leib; denn wir sind alle des einen Brotes teilhaftig" (1 Kor 10,16f.).

Mit der Einheit des Brotes wird die Einheit des Leibes begründet. "Die Christusgemeinschaft führt notwendig über in die Christengemeinschaft, die Gemeinschaft der Glieder untereinander."[128] Mit den Worten Theodors von Mopsuestia ausgedrückt: "Wenn wir uns alle vom gleichen Leib unseres Herrn genährt haben, so sind wir alle zum gleichen Leib Christi geworden."[129]

Durch die Eucharistie werden die Gläubigen mystisch mit Christus vereint. So sagt Cyrill von Jerusalem, daß wir Leib und Blut Christi empfangen, um mit ihm "*ein* Leib und *ein* Blut" zu werden. "So werden wir Christusträger, indem sein Leib und sein Blut sich in unseren Gliedern verteilen. Auf diese Weise werden wir gemäß Petrus[130] der göttlichen Natur teilhaftig."[131]

Die mystische Vereinigung mit Christus vereint gleichzeitig die "Christusträger" untereinander. Johannes von Damaskus expliziert dies in seiner Erklärung der Eucharistie: "Teilnahme (metalēpsis) heißt sie, denn durch sie nehmen wir an der Gottheit Jesu teil, Gemeinschaft (koinōnia) jedoch wird sie genannt und ist sie wirklich, da wir dadurch mit Christus in Gemeinschaft treten, an seinem Fleisch und an seiner Gottheit Anteil haben und somit dadurch auch untereinander Gemeinschaft haben und miteinander vereint sind. Denn wir alle, die wir an *einem* Brote teilnehmen, werden *ein* Leib[132] und *ein* Blut Christi und Glieder voneinander,[133] da wir mit Christus zu *einem* Leib vereinigt sind[134]."[135]

Eine solche Vereinigung ist ein "mustērion". Auch Augustinus verwendet diese Bezeichnung in seinem Sermo 272, wenn er erklärt: "Wenn ihr selbst also der Leib Christi und seine Glieder seid, dann liegt auf dem eucharistischen Tisch euer eigenes Mysterium: ihr empfangt euer Mysterium. . . . Ihr sollt sein, was ihr seht, und sollt empfangen, was ihr seid."[136] Christus konsekriert auf dem Altar das "Mysterium unseres Friedens und unserer Einheit", was bedeutet: Die Gläubigen, welche auf dem Tische des Herrn das Urbild ihres Leibseins in Christus glaubend erkennen, haben als Abbild in ihrer Gemeinschaft die innere Einheit und den damit verbundenen Frieden des Erlöstseins untereinander widerzuspiegeln.

128 G. Kittel (Hrg.), ThWBzNT Bd. III, S. 808.
129 zit. nach H. de Lubac, Die Kirche, S. 139: Theodor v. Mops.: hom. 2 de Eucharist. (= hom. 16 de sacr. et de fide).
130 2 Petr 1,4.
131 Cyrill von Jerusalem: cat. myst. 4,3 (S. Chr. 126, S. 136).
132 1 Kor 10,17; Röm 12,5.
133 Röm 12,5; vgl. 1 Kor 12,12.27; Eph 5,30.
134 Vgl. Eph 3,6.
135 Johannes v. Damaskus: de fide orthod. IV, 13 (M PG 94, 1153A).
136 Augustinus: sermo 272: (M PL 38, 1247f.).

Nicht zufällig verwenden die Väter immer wieder den Ausdruck "Gemeinschaft der Heiligen" (tōn 'agiōn koinōnia) in einem Sinne, der auf die "koinōnia" als eucharistische Gemeinschaft schließen läßt. "Die hl. Eucharistie in ihrem gemeinschaftlichen und ekklesialen Charakter ist die pfingstliche, eschatologische Gemeinde *par excellence,* eine Gemeinde welche den Eintritt des *Eschatons* in die Geschichte erfährt und bezeugt und einen Vorgeschmack des kommenden Reiches gibt."[137]

Eine solche Erkenntnis ist jedoch nur dem Gläubigen zugänglich. Wie bei der Eucharistie selbst, so versteht der Gläubige auch unter der eucharistischen Gemeinschaft etwas anderes, als er sieht, nämlich den "mystischen Leib Christi". Die "koinōnia" ist dementsprechend nicht nur Mahlgemeinschaft allein, sondern zugleich immer auch Glaubensgemeinschaft, *sakramentale Glaubensgemeinschaft.*[138]

Das Urbild-Abbild-Schema wird konsequent sowohl auf den Leib Christi als solchen als auch auf den mystischen Leib Christi, die Kirche, angewandt. Die Liturgie, die Eucharistiefeier des Volkes Gottes (laos tou theou), enthält in sich immer eine Bewegung nach "oben", d.h. vom Abbild zum Urbild. Sie ist "Anaphora", Erhebung und Aufstieg.[139]

Auch die Kirche ist in ihrer irdischen Gestalt nur Abbild der himmlischen Kirche. Um es mit Augustinus auszudrücken: "Dort werden wir von Angesicht zu Angesicht sehen, was hier durch einen Spiegel und im Rätsel gesehen wird, wenn man in der Betrachtung der Wahrheit tüchtig fortschreitet. Ein doppeltes, ihr von Gott her verkündetes und empfohlenes Leben kennt also die Kirche, wovon das eine im Glauben ist, das andere im Schauen . . ."[140] Die Kirche ist die Vergegenwärtigung des auferstandenen Herrn: "der Beherrscher unser aller, Jesus, steht in unserer Mitte", sagt Johannes Chrysostomos unter Bezugnahme auf die Verheißung von Mt 18,20: "Wo zwei oder drei in meinem Namen versammelt sind, da

137 J.D. Zizioulas, Some reflections on Baptism, Confirmation and Eucharist, in Sobornost' Series V: No. 9/1969, S. 651.

138 "Koinōnia" als sakramentale Glaubensgemeinschaft ist schon beim hl. Paulus (1 Kor 10) vorgezeichnet. Und auch die Kirchenväter haben an dieser Interpretation keinen Zweifel gelassen, vor allem, wenn es um den Ausschluß der Häretiker ging. Nach Cyprian v. Karth. ist die Taufe Vorbedingung für eine Teilnahme an der Eucharistie. Die communio (= koinōnia) mit der Kirche verleiht das Recht auf die Eucharistie. Alle Sünden inkl. Apostasie sind vergebbar, denn die Sünder bleiben formell in der Kirche und können durch die Buße auch materialiter zur Kirche und in ihre Gemeinschaft zurückkehren (ep. 55,27), mit Ausnahme der Häretiker. Denn die Häresie bedeutet eine Verneinung der Kirche (ibid.) und zerstört deshalb auch die formelle Zugehörigkeit. Einmütigkeit im Glauben ist die Bedingung für die communio. Und die Didaskalia präzisierte, daß die Häretiker ausgeschlossen werden müßten, weil sie gegen den Hl. Geist und die Kirche als Gefäß des Hl. Geistes sündigen.

139 Vgl. A. Schmemann, Aus der Freude leben: " . . . unser Studium hat als wichtigsten Punkt herausgestellt, daß die gesamte Liturgie sakramental ist, das heißt, ein umwandelnder Akt und eine aufwärtsstrebende Bewegung, deren Ziel es ist, uns aus 'dieser Welt' herauszunehmen und zu Teilnehmern an der *kommenden* zu machen" (S. 48).

140 Augustinus, In Ioannis evang. tract. 124,5 (deutsch nach A. Heilmann (Hrg.), Texte der Kirchenväter Bd. IV, S. 17).

bin ich mitten unter ihnen."[141] Diese Vergegenwärtigung Christi geschieht im Hl. Geist[142], was schon Irenäus zur Formulierung veranlaßte: "Wo die Kirche ist, da ist auch der Geist Gottes; und wo der Geist Gottes ist, dort ist die Kirche und alle Gnade. Der Geist aber ist Wahrheit."[143]

In der Kirche manifestiert sich das Mysterium der göttlichen Heilsökonomie: "In Jesus", so formuliert Origenes, "hat die Vereinigung der göttlichen Natur mit der menschlichen ihren Anfang genommen, damit die menschliche durch enge Verbindung mit dem Göttlichen selbst göttlich werde, nicht nur in Jesus, sondern auch in allen Menschen, die zugleich mit dem Glauben ein Leben beginnen, wie es Jesus lehrte: ein Leben, das alle, die nach den Geboten Jesu wandeln, zur Freundschaft mit Gott und zur Gemeinschaft mit ihm hinaufführt."[144] Ganz im Sinne der Kirchenväter läßt sich deshalb sagen, daß die Kirche in einer nicht unbedeutenden Analogie dem Mysterium des fleischgewordenen Wortes ähnlich sei.[145] Sie ist als Leib Christi[146] selber "mustērion"[147] und "sacramentum" der Einheit mit dem Urheber des Heils.[148]

Die weitgehende Ineinssetzung von "koinōnia" und "ekklēsia" durch die Kirchenväter[149], die konsequente Beibehaltung des neuplatonischen Schemas und damit verbunden die Übertragung des Begriffs "mustērion" auf die eucharistische Gemeinschaft = Kirche muß ebenfalls als ein wichtiger Faktor bei der Entwicklung der östlichen Lehre von den "mustēria" in Rechnung gezogen werden.

Es besteht eine Wechselwirkung zwischen den "mustēria" und der Kirche, eine Wechselwirkung, die der große byzantinische Mystiker des 14. Jahrhunderts, Nikolaos Kabasilas, folgendermaßen auszudrücken suchte:

"Die Kirche wird durch die mustēria gekennzeichnet, nicht wie in Symbolen[150], sondern auf solche Weise, wie im Herzen die Glieder, in der Wurzel des Baumes die Zweige und, wie der Herr sagte, wie am Weinstock die Reben. Denn es besteht hier nicht nur eine Gemeinsamkeit des Namens oder eine Analogie der Ähnlichkeit, sondern Übereinstimmung der Sache.

Die mustēria sind ja Leib und Blut Christi, welche für die Kirche wirkliche Nahrung und wirkliches Getränk bedeuten. Wenn sie daran teilnimmt, ist es nicht sie,

141 Joh. Chrysost.: hom. in Gen. 5.
142 Vgl. Joh 14,16ff.
143 Irenäus: adv. haer. III, 24,1: (S. Chr. 211, S. 474).
144 Origenes: c. Cels. 3,28 (S. Chr. 136, S. 68/69).
145 Vgl. Vaticanum II: Lumen Gentium Nr. 8.
146 Vgl. Eph 4,13 (und 1,23); Ignatius: Smyrn. 1,2; Klemens: ecl. 56; Origenes: in Ioan., 10,35.43.
147 Seit dem Vaticanum II wird auch im Westen die Kirche wieder als "Mysterium" bezeichnet: "Ecclesiae sanctae mysterium" (L.G. Nr. 5).
148 Vgl. Cyprian: epist. 69,6, sowie Augustinus: annot. in Job (M PL 34, 873).
149 Hier findet sich der Ansatzpunkt für die Entfaltung einer "eucharistischen Ekklesiologie" durch die russisch-orthodoxen Theologen.
150 Nikolaos Kabasilas spricht an dieser Stelle natürlich nicht von *Real*symbolen. Er kennt offensichtlich die Unterscheidung zwischen Symbol und Realsymbol nicht. Was er nämlich hier als bloßes Symbol ablehnt, entspricht seiner eigenen Beschreibung nach durchaus dem, was man unter einem *Real*symbol versteht.

die diese in den menschlichen Leib verwandelt, sondern sie selbst wird in diese verwandelt, weil die erhabeneren Elemente den Vorrang besitzen."[151] Und wenn Paulus Christus als Haupt und uns als Leib bezeichnet, so wollte er damit darlegen, "daß die Gläubigen durch dieses Blut bereits das Leben in Christus lebten, indem sie wirklich von diesem Haupte abhängen und von diesem Leib umkleidet sind. Darum ist es nicht unbillig, daß hier die Kirche durch die mustēria gekennzeichnet wird."[152]
Alexander Gerken hat dies ausgezeichnet umschrieben: "Der eigentliche Herr des Mahles ist also Christus, der kraft seines Geistes die gesamte Feier der Gemeinde samt ihrer Struktur zu seinem Bild, d.h. zum Organ seiner Gegenwart und Heilswirksamkeit, macht. Dabei ist wichtig, zu betonen, daß die *Gemeinde*versammlung dieses Organ des erhöhten Herrn und der Raum seiner Gegenwart ist."[153]
Im Hinblick auf das, was über die "Eucharistische Ekklesiologie" noch zu sagen sein wird, sei dieser Abschnitt mit einem Text von Nikolaj Afanas'ev beschlossen, welcher die Darlegungen der Kirchenväter über Eucharistie und Kirche abrundet und zusammenfaßt. Afanas'ev geht dabei von der Voraussetzung aus, daß die Eucharistie das "mustērion der mustēria" sei und als solches auch das Mysterium der Kirche miteinschließe. D.h. die *Eucharistie,* die als "koinōnia" zugleich Kirche ist, "enthält alle mustēria in sich".[154] Sämtliche mustēria sind demnach auf die Eucharistie hingeordnet.
"Gott kann die Gaben des Geistes außerhalb einer gottesdienstlichen Handlung verleihen, aber das mustērion schließt eine gottesdienstliche Handlung obligatorisch in sich. Das sichtbare, von der Kirche festgesetzte Zeichen enthält etwas Unsichtbares, welches das Wesen des mustērion begründet. In der eucharistischen Versammlung offenbart sich sichtbar (wörtl. in einem sichtbaren Bild) die ganze – unsichtbare – Fülle der Kirche. (...) Indem wir als richtig anerkennen, daß im mustērion die sichtbare Seite immer einen unsichtbaren Inhalt einschließt, können wir diese Eigenschaft jedoch nicht ausschließlich als den mustēria zukommend betrachten. Dies ist eine Eigenschaft der Kirche, und deshalb auch all dessen, was in ihr geschieht."[155]

151 Nikolaos Kabasilas: Liturgiae expositio 38 (S. Chr. 4 bis, S. 230).
152 ibidem (S. Chr. 4 bis, S. 232).
Interessanterweise findet sich ein beinahe identischer Gedankengang bereits bei Augustinus, für den die eucharistische Speise ebenfalls *Real*symbol des ganzen Christus, des Hauptes und des Leibes ist. Wie A. Gerken bemerkt: "Bei Augustinus ist die Intention bestimmend, das Eingehen des einzelnen in die Einheit des Leibes Christi zu betonen. Nicht Gegenüber-, sondern In-Sein ist hier das Ziel der eucharistischen Feier. Nicht wir nehmen Christus auf, sondern er nimmt uns auf und gliedert uns seinem Leib ein. So ist die Eucharistie untrennbar Realsymbol Christi *und* Realsymbol der eigentlichen, d.h. der durch Gnade und Glaube mit ihm zu *einem* Leib verbundenen Kirche" (A. Gerken, Theologie der Eucharistie, S. 91/92).
153 A. Gerken, Theologie der Eucharistie, S. 69.
154 N. Afanas'ev "Tainstva i tajnodejstvija" in "Pravoslavnaja Mysl'" vyp. VIII, 1951, S. 31f.: Für Afanas'ev ist im Gegensatz zu S. Bulgakov nicht die Kirche das All-Mysterion, in welchem alle übrigen Mysteria enthalten sind, sondern die Eucharistie.
155 N. Afanas'ev, ibidem, S. 19.

III. Die Begriffsverwendung bei den Kirchenvätern

Die terminologische Trennung zwischen Ost und West

Wenn wir nun die terminologische Trennung zwischen Ost und West ins Auge fassen, die aus der Übersetzung des griechischen Begriffs "mustērion" durch das lateinische "sacramentum" sowie der sich daraus ergebenden unterschiedlichen Interpretation im griechischen und lateinischen Kulturraum folgte und die sich bereits bei den Kirchenvätern abzeichnete, so gilt es zu beachten, daß Orient und Okzident von einem unterschiedlichen geistesgeschichtlichen Hintergrund her dachten.

Hans-Urs von Balthasar hat dies außerordentlich prägnant darzulegen vermocht: "Der Osten ist johanneisch, er ist die Kirche der Schau. Der Westen ist synoptisch-paulinisch, er ist die Kirche des Hörens. Im Osten heißt Logos 'Sinn' und 'Idee'; im Westen 'Verbum', 'Wort'. Ein Christentum, das die Schau eindeutig dem Hören überordnet, muß auch die Modalität des Sehens zu seiner Grundstruktur haben. Das heißt: an der Basis die Gegenständlichkeit und Sachlichkeit, das bleibende Gegenüber von Auge und Ding. Darum erscheint die Welt für den Osten grundlegend als Ideenwelt, der Logos als Inbegriff aller geistigen Gehalte. Die Distanz, die Sehen mitbesagt, wird deutlich im unterscheidend östlichen Denkschema der Mittelwesen zwischen Gott und Welt, der himmlischen und irdischen Hierarchien, des byzantinisch-sakralen Hofzeremoniells (das die Liturgie nur ins Kirchliche überträgt, wie die Theologie ins Kosmische), des alles bestimmenden Sinns für Repräsentation. So wird das geschaffene All zu einem großen Gesamtsakrament und 'Mysterium', worin das Kirchlich-liturgische nur als eine partikuläre Form erscheint. Man braucht nur Maximus Confessors 'Mystagogie' aufzuschlagen, um sich von dieser durchaus partiellen Bedeutung des Kultmysteriums zu überzeugen. Neben ihm steht gleichgeordnet das individuell-mystische und das allgemein-kosmische Mysterium. So steht es im Grunde schon bei den Alexandrinern, während bei den Kappadoziern und in der Eremitentheologie (fortgesetzt als Athostheologie des griechischen Mittelalters) das Kultmysterium vor dem kosmisch-individuellen fast ganz zurücktritt. Das erklärt sich wohl erst, wenn wir von der Basis der Gegenständlichkeit des Sehens emporblicken zur Spitze der Schau, zu der alles Schauen trachtet: zum unmittelbaren, alle Ungleichrangigkeit und qualitative Verschiedenheit überfliegenden Aug in Auge der Kreatur mit Gott. Theosis, Vergottung ist der letzte Ruf, das letzte Ziel östlichen Christentums, weil sie der letzte Sinn der reinen Schau ist. Darum zielt der Osten auf (mystisch-übernatürliche) Identität und ist der Monophysitismus die eigentliche Häresie des Ostens."[156]

Diese Häresie besteht nach H.U. von Balthasar darin, daß man sich "der Verabsolutierung der inneren Dynamik des Schauens" überläßt, "die in ihrem Auftrieb

156 H.U. von Balthasar, Sponsa Verbi, S. 493f.

zuletzt auf Identität mit Gott und auf Weltverneinung ausgeht." So tragen die großen Systeme der Ostkirche, "dort wo sie christlich sind, die Neigung zur Form des 'Zurückdenkens' von einer radikalen Systemform her, die als solche zu Gnosis und Pantheismus neigt".[157]

Die Perspektiven des Westens sind demgegenüber viel erdgebundener: "Die westliche Kirche ist die unter dem Hören geneigte und durch die Sendung des Wortes der Welt zugeneigte, apostolische Kirche. Sie ist darum auch die in ihrer bleibenden Geschöpflichkeit als irdische Gestalt unter andern Gestalten sichtbare Kirche; und es ist kein Zufall, daß der Primat Petri in ihr und nicht im Osten zur Darstellung kam. So ist sie auch die Kirche im Handgemenge der Zeit, die im Hören wehrlose und verwundbare (während die pneumatische Ostkirche gleichsam unverwundbar ist, weil sie schon neuer Aeon, nicht mehr 'von dieser Welt' ist). So spürt sie auch empor, nicht in die unmittelbare Schau, nicht zur Vergöttlichung, sondern zum immer engeren Kontakt mit dem im Dunkel liegenden Willen Gottes. Ihr Komparativ ist nicht das immer tiefere Versinken der Welt vor dem Lichte Gottes, sondern die immer größere Ehre Gottes in der dienenden Arbeit an der Welt. Doch darum neigt sie, entgegen dem Osten, zu den beiden Häresien des Hörens: Im Worte Gottes nur noch den akthaften Strahl zu vernehmen, der uns trifft, und keinen gegenständlich-schaubaren Sinn mehr (angelegt in der Prädestinationslehre Augustins entfaltet sich dieser Aspekt einseitig in Luther, Calvin und Port-Royal), oder aber so sehr in dem Dienst an der Welt aufzugehen, daß wir die Sendung selbst und das Hören vergessen und Gefangene dieser Welt werden, der wir das Wort künden sollten (der Immanentismus der Neuzeit). Aktualismus des reinen Worts und Aktivismus der reinen Tätigkeit sind die Irrwege des Westens."[158]

Soweit Hans-Urs von Balthasar. Uns geht es hier nicht darum, westliche und östliche Denkensart gegeneinander auszuspielen oder Vorzüge und Nachteile gegeneinander abzuwägen. Es genügt die Feststellung unterschiedlicher Vorstellungsgehalte in Orient und Okzident, die sich – als Tendenz – durch eine vermehrte Betonung des Sehens (im Osten) und des Hörens (im Westen) ausdrückt. Diese unterschiedlichen Tendenzen lassen sich natürlich auch bezüglich der Einstellung zu den "mustēria" bzw. "sacramenta" erkennen.

Zwar brachte erst die Abwendung des Okzidents von der neuplatonischen Philosophie und der Einbruch des Aristotelismus in der Neuscholastik die völlige terminologische Trennung zwischen "mustērion" und "sacramentum", aber die beiden, ursprünglich als Synonyme verwendeten Begriffe waren von Anfang an in ihrer Bedeutung nur analog, niemals identisch gewesen, weil sie an verschiedene Bezugspunkte anknüpften.

Insofern kommt der Übersetzung des griechischen Begriffs "mustērion" durch das lateinische "sacramentum" eine recht große Bedeutung zu. "Im ursprünglichen Sinne bedeutet sacramentum einen Weiheakt und insofern das gleiche wie mu-

157 ibidem, S. 494.
158 H.U. von Balthasar, Sponsa Verbi, S. 494f.

stērion."[159] Die Wiedergabe des mehr dynamischen Begriffs "mustērion" durch das statischere "sacramentum" schloß aber aufgrund des verschiedenen sprachlichen Umfeldes bereits den Ansatz zu einer unterschiedlichen Interpretation mit ein.[160]
Nachdem *Tertullian* die *profane Bedeutung* von "sacramentum" (d.h. sacramentum als ein durch ein äußeres Zeichen bestätigtes Versprechen oder Eid) in Anwendung brachte, welche eine Verdinglichung des Begriffs "sacramentum" bedeutete, war die Grundlage für eine gegenüber "mustērion" unterschiedliche Interpretation vollends geschaffen.
Und wenn die lateinischen Kirchenväter auch die Begriffe "mustērion" und "sacramentum" noch weitgehend als Synonyme verwendeten, so ist die unterschiedliche Akzentuierung spätestens seit Augustinus kaum mehr zu übersehen, selbst wenn diese noch keineswegs konsequent durchgeführt wurde.
Zwar dachte Augustinus wie die meisten seiner Zeitgenossen noch in neuplatonischen Kategorien, aber sie knüpften wegen des (zum Osten) verschiedenen sprachlichen Umfeldes an andere Bezugspunkte an. Das läßt sich wohl am einfachsten anhand des unterschiedlichen Vorstellungsgehalts bezüglich des neuplatonischen Bildbegriffs erläutern. Wir sahen bereits, daß "mustērion" als "antitupon" (bzw. "antitupos", beide Begriffe werden verwendet) verstanden wurde.
Wie aber steht es nun mit "sacramentum" als "antitupon"? Ergibt das den gleichen Vorstellungsgehalt? Die Frage scheint berechtigt, wenn man von der Tatsache ausgeht, daß die Bildvorstellung im lateinischen und griechischen Raum nicht voll identisch war. (Sie ist es übrigens auch heute noch nicht, wenn wir uns auf das "heilige Bild" beschränken, um das es hier ja geht).
"Eikōn" und "imago" besitzen nicht den gleichen Vorstellungsgehalt. Während "eikōn" als "antitupon" in der Form eines Gleichnisses ('omoiōma) das Urbild (tupos) in sich trägt, drückt das lateinische "imago" nur eine äußerliche Ähnlichkeit (similitudo) mit dem Bezeichneten aus. (Der lateinische Stamm "im" bezieht sich stets auf eine äußerliche Ähnlichkeit: *im*itari, *sim*ilitudo, *im*ago). Das "imago" als (meist aus Wachs geformte) Totenmaske fand im lateinischen Ahnenkult Verwendung. Die Totenmaske verweist als Abbild oder Nachbild zwar höchst realistisch auf den Dargestellten, aber sie besitzt kein Eigenleben, sie ist weder Symbol noch Gleichnis, sondern Maske: ein Zeichen für den Bezeichneten.[161] Welch ein Unterschied zum religiösen Bild des Ostens, dem "eikōn", in welchem der Abgebildete als geheimnisvoll gegenwärtig erfahren wird.[162]

159 G. Bornkamm, in G. Kittel (Hrg.), ThWBzNT Bd. IV, S. 833.
160 Ein Weiheakt bei Griechen und Lateinern bedeutete nämlich nicht genau das gleiche.
161 Man vergleiche die Ausführungen von C.H. Wendt über Wesen und Wirklichkeit der Ikonen in "Russische Ikonen".
162 Daß diese Auffassung in der Folgezeit auch im Osten nicht immer unbestritten blieb, zeigt der Ikonoklasmus des 8. Jahrhunderts. Gleichzeitig offenbart aber auch die Bekämpfung des Ikonoklasmus als einer Häresie die Bedeutung, welche man dem Bildverständnis in seiner tupos-antitupon-Relation zumaß. Die Überwindung des Ikonoklasmus auf dem II. Konzil von Nikaia im Jahre 787 wird im Osten noch heute als Sieg der Orthodoxie ge-

Es ist schwer vorstellbar, daß die unterschiedliche Bildauffassung nicht auch ihren Niederschlag in einem unterschiedlichen Verständnis von "mustērion" und "sacramentum" gefunden haben. Wahrscheinlich liegt hierin sogar einer der entscheidenden Gründe, weshalb man sich im Westen genötigt sah, die reale Gegenwart des durch das Sakrament Bezeichneten mit Hilfe von Kategorien der Kausalität zu erklären, nachdem sich im Westen der Akzent beim Begriff "sacramentum" mehr und mehr auf die Seite des Zeichenhaften verschob und die Symbol- und Gleichnishaftigkeit, die im Begriff "mysterium" noch wesentlich enthalten ist, in den Hintergrund rückte.[163]
Über der Frage nach der terminologischen Trennung von "mustērion" und "sacramentum" darf jedoch nicht übersehen werden, daß beide Begriffe bei den Kirchenvätern (und auch später noch) in keiner Weise jene "termini technici" dardarstellen, zu denen sie sich im Verlaufe des zweiten Jahrtausends entwickeln. Zwar werden die Begriffe *"mustērion" und "sacramentum"* seit den apostolischen Vätern in zunehmendem Maße auf die Taufe und Eucharistie mitangewendet, aber durchaus nicht exklusiv. Das heißt: noch in der ganzen Patristik werden die beiden Termini auf sämtliche "heilige Handlungen" der Kirche bezogen, umfassen demnach sowohl die – nach heutigem Verständnis – sakramentalen wie nichtsakramentalen Handlungen.
Nicht "mustērion" und "sacramentum" bilden einen Oberbegriff, sondern – wenn überhaupt – die "heiligen Handlungen". Ein spätes Zeugnis davon findet sich u.a. noch im kirchenslawischen Sprachgebrauch, bei welchem das Wort für gottesdienstliche Handlungen "svjaščennodejstvija" (wörtl. "heilige Handlungen") sowohl die "mustēria" (im heutigen, engeren Sinne) als auch Weihen und Segnungen bezeichnet, all das also, was die Kirchenväter noch weitgehend ohne Abgrenzungen "mustēria" oder "sacramenta" nannten.
Und wie der uns heute geläufige Sakramentsbegriff der Kirche im ersten Jahrhundert fehlte, so verfügte sie auch noch nicht über eine allgemeine Sakramentenlehre. Dies muß als wesentliche Voraussetzung bei den folgenden Ausführungen immer beachtet werden. Nichtsdestoweniger bleibt auch festzuhalten, daß die spätere Entwicklung bezüglich Sakramentsbegriff wie Sakramentenlehre in der Patristik ihre Grundlegung erfuhr.

feiert. – Charakteristischerweise wurden jedoch die Konzilsbeschlüsse von 787 im Westen von der theologischen Hofschule Karls d. Gr. nicht anerkannt, sondern in den "Libri Carolini" sogar bekämpft. Neben der fehlerhaften Übersetzung der Konzilstexte, die den Theologen Karls d. Gr. vorlagen, dürfte bei dieser Zurückweisung der Konzilsbeschlüsse die Tatsache von nicht geringerer Bedeutung gewesen sein, daß man sich auf ein anderes Bildverständnis als die Griechen stützte.

163 Eine eingehende Untersuchung dieser Frage unter den aufgeworfenen Aspekten steht noch aus und kann im Rahmen dieser Arbeit auch nicht geliefert werden. Ich meine aber, daß gerade bezüglich eines neuen Sakramentsverständnisses dieses Problem eingehender erforscht werden sollte. Ansätze dazu sind vorhanden, so bei Alexander Gerken "Theologie der Eucharistie" in seinen beiden Kapiteln "Die Wende vom Neuen Testament zur Anwendung der platonischen Bildtheologie" und "Die Wende von der antiken Bildtheologie zur mittelalterlichen Eucharistielehre und ihre Konsequenzen".

Zum besseren Verständnis des geschichtlichen Ablaufs gehen wir deshalb im folgenden eingehender auf die Verwendung der Begriffe "mustērion" und "sacramentum" bei den Kirchenvätern ein.

A. Die Mystagogie der griechischen Kirchenväter

In den ersten christlichen Jahrhunderten wurde der Begriff "mustērion" noch durchwegs im weiten Sinne seines klassischen Sprachgebrauchs verwendet[164], insbesondere zur Bezeichnung von all dem Geheimnisvollen in Natur und Offenbarung.

Ignatius von Antiochien beispielsweise nennt die Jungfräulichkeit Marias, die Geburt und den Tod Christi drei "mysteria"[165], Hippolyt von Rom hebt das "mysterium" der Inkarnation hervor[166], während Eusebius auf das "mysterium" der Auferstehung im Zusammenhang mit der Osterfeier verweist[167]. Origenes spricht von göttlichen "mysteria", die im Alten Testament verborgen auf die Offenbarung durch das Evangelium warteten[168], und Klemens von Alexandrien redet von der Teilnahme an den göttlichen "mysteria" und von "mysteria", die auf geheimnisvolle Weise weitergegeben werden.[169]

Nach H.R. Schlette findet man bei Origenes und Klemens von Alexandrien erste Berührungen des Begriffs *mustērion* mit *Glaubenszeichen* der Christen. "Beide sprechen zwar von den Mysterien der Gnosis, doch versuchen sie, das Wort mustērion für eine christliche Sinngebung zu retten."[170]

Für Origenes war die gesamte Heilsgeschichte "mustērion". B. Neunheuser faßte die origenistische Lehre folgendermaßen zusammen: "Die Gottesmacht wirkt im vorausweisenden Symbol des Alten Testaments, in seiner Verwirklichung in der Heilstat Christi und in deren Erfüllung in Wort und Kult der Kirche, bis alle diese Stufen sich eschatologisch in der hinter allen Mysterien stehenden Gotteswirklichkeit vollenden."[171] P. Simonin erklärte den origenistischen Mysterienbegriff als eine wechselseitige Beziehung zwischen dem sichtbaren Zeichen und der bezeichneten Sache, eine Relation, die den Profanen verborgen bleibt, den Gläubigen

164 "Der ursprüngliche Sinn des Wortes *mustērion,* indirekt vom Tätigkeitswort *muein* (das Schließen von Augen und Mund als den Organen der Übermittlung oder der Beobachtung verborgener Dinge) abgeleitet, ist – wie ihn die Klassiker gebraucht haben – der einer verborgenen oder geheimen Sache" (P.N. Trembelas, Dogmatique Bd. III, S. 18).

165 Ignatius v. Antioch.: ad Ephes. c. 19,1.

166 Hippolyt: c. Noet, c. 4.

167 Eusebius v. Caesarea: Hist. Eccl. V, c. 23,2.

168 Zum Begriff "mustērion" bei Origenes siehe H.U. von Balthasar, Le mysterion d'Origène, in Recherches de Science religieuse, Paris 1936, No. 26, S. 513–562 und 1937, No. 27, S. 38–64.

169 Klemens v. Alex.: Stromates 1,1 (13,1 und 13,4).

170 Handbuch theol. Grundbegriffe Bd. II, S. 457.

171 LThK Bd. VII, S. 729.

hingegen fortschreitend geoffenbart wird, sofern sie sich freiwillig der Schule des Logos anheimgeben.[172]

Wir haben bereits darzulegen versucht, aus welchem Grunde die Kirchenväter begannen, besonders die Eucharistie und (kaum seltener) auch die Taufe als Träger der göttlichen Mysteria oder kurz als "mustērion" zu bezeichnen. Ebenso wurde das von "mustērion" abgeleitete Adjektiv "mustikos" zusehends im Zusammenhang mit den sakramentalen Realitäten verwendet.

Diese sakramentalen Realitäten, die stets in eine liturgische Handlung eingebettet sind, bilden den eigentlichen Kern des Geheimnisses, jenen Geheimsinn, auf den sich die kultischen Feiern beziehen. Um in diesen den liturgischen Handlungen innewohnenden Geheimsinn eindringen zu können, muß man selber durch das Bad der Wiedergeburt, die Taufe, ins göttliche Geheimnis eingesenkt worden sein. Nur so öffnen sich die Augen für die innere Beziehung von Darstellung und Dargestelltem, von Abbild und Urbild. Aber auch diese innere Beziehung enthüllt sich nicht schlagartig, sondern sukzessive. Die Taufe ist der Ausgangspunkt für die "Mystagogie", die Einführung in die göttlichen Geheimnisse[173]. Und der Weg der heiligen Handlungen ist der von Gott vorgezeichnete Weg der "Mystagogie", die auf die christliche Mitte, die Eucharistie hinzielt.[174] Die liturgische Handlung (obrjad) ist "die Leiter, durch welche wir aus der Tiefe sinnlicher Vorstellungen zur Höhe geistlichen Begreifens emporsteigen müssen"[175].

Wer noch nicht getauft ist, dem bleibt der eigentliche Weg der "Mystagogie" noch verschlossen. Deshalb haben die Katechumenen vor dem eigentlichen Beginn der Eucharistiefeier (d.h. nach dem Wortgottesdienst) das Gotteshaus zu verlassen. Und noch immer singt der Diakon in der byzantinischen Liturgie an der erwähnten Stelle: "All ihr Katechumenen entfernt euch. Katechumenen entfernt euch. Alle ihr Katechumenen entfernt euch. Keiner der Katechumenen bleibe."[176]

Die Einführung in das sakramentale Leben der Kirche und die Spendung der "mustēria" sind Sache des "Mystagogen" (d.h. des Priesters). Er weiht in die Geheimnisse der christlichen Heilsmittel ein. Und diese waren in der Sicht der Kirchenväter, wie die "Mystagogischen Katechesen" eines Cyrill von Jerusalem beispielhaft zeigen, primär auf die drei fundamentalen "mustēria": Taufe, Myronsalbung (= Firmung) und Eucharistie konzentriert.

In der Folge wurde der Begriff "mustērion" ohne eine feste Abgrenzung oder nähere Spezifizierung auch auf die übrigen rituellen Handlungen übertragen, in

172 Vgl. Revue des Sciences philosophiques et théologiques, 1938, S.266. (Man vergleiche als Bestätigung hierzu: Klemens von Alexandrien, Strom I, V).

173 Vgl. Severianus: hom. 5 de creatione: "Pōs baptizometha; en onomati patros, kai 'uiou, kai 'agiou pneumatos. Poia meizōn 'ē gennēsis, ē tēs dēmiourgias, ē tēs mustagōgias; ekei arhē zōēs eis thanaton, 'ōde arhē thanatou eis zōēn" (M PG 56, 473) und Joh. Chrysost.: cat. 2 ad illum.: "An anamnēsthējs tēs fōnēs ekeinēs, 'ēn afēkas mustagōgoumenē· apotassomai soi satana ktl." (M PG 49, 239).

174 Johannes Chrysostomos nennt die Eucharistie eine "'iera mustagōgia" (M PG 49, 360).

175 A.N., Istočnik Bezsmertija, S. 28.

176 Vgl. "Eucharistiefeier nach der 'Göttlichen Liturgie unseres heiligen Vaters Johannes Chrysostomus' im byzantinisch-slavischen Ritus", Altenbeken o.J., S. 21.

welchen durch die kirchliche Anrufung des Hl. Geistes (im Glauben an die Verheißung Christi: "Wo zwei oder drei in meinem Namen versammelt sind, da bin ich mitten unter ihnen" Mt 18,20) auf geheimnisvolle Weise Gottes erlösende und heiligende Kraft und Gnade[177] auf die Gläubigen und auf Gegenstände (wie beispielsweise Wasser[178], Altar und Ikonen) einwirkt.
Wohl gegen Ende des 5. Jahrhunderts unternahm im Osten ein unter dem Pseudonym Dionysios Areopagita schreibender Autor den Versuch einer Klassifizierung der Mysteria durch ihre Einordnung in eine Werthierarchie, an deren Spitze die Eucharistie steht. Dionysios zählt in seiner "kirchlichen Hierarchie" sechs Riten auf, die er unter die Kategorie der "mustēria" rechnet: 1. die "Erleuchtung" (Taufe), 2. die "Vereinigung" oder "Kommunion", 3. Die "Myronweihe" (Firmung), 4. die drei hieratischen Weihen: Bischof, Priester und Diakon, 5. die "Mönchstonsur", 6. den Ritus der "heilig Verstorbenen".
Offensichtlich ging es bei dieser Klassifizierung nicht um eine Abgrenzung bestimmter Riten gegenüber anderen, als vielmehr um eine Herausstellung jener kirchlichen Handlungen, die im Leben der Gemeinde eine besondere Rolle spielten. Gleichzeitig war es der Versuch, diese Riten in einen größeren Zusammenhang einzuordnen. Von einem Sakramentsbegriff im eigentlichen Sinne war auch Dionysios noch weit entfernt.
Immerhin blieb die Gleichsetzung von Mönchsweihe und Totenritus mit den übrigen "mustēria" nicht ohne Auswirkungen auf das östliche Sakramentenverständnis, nachdem die Schriften des Pseudo-Areopagiten im Osten zu großem Ansehen gelangten.
Das Lehrgebäude des Areopagiten baut weitgehend auf dem Neuplatonismus auf. Gott ist Alles in Allem, er ist Allursache. "An der Entfaltung des göttlichen Urgrundes zu den trinitarischen Hypostasen hat alle Wesensemanation ihr Urbild: alle Vaterschaft und Sohnschaft der gottähnlichen Geister, aber auch alle menschliche geht aus von der Urvaterschaft und Ursohnschaft."[179] Daraus leitet Dionysios eine ganze kosmische Hierarchie ab, wobei die irdische (kirchliche) Hierarchie sich an die himmlische anschließt und ein Abbild derselben darstellt. Von der himmlischen Hierarchie gilt: "Wenn alles Seiende je nach seinem Maße teilhat an der Vorsehung, welche aus der überwesentlichen und allverursachenden Gottheit hervor-

177 "'Gnade' nennt man das erlösende Wirken des seit dem Pfingsttage in der Kirche gegenwärtigen Heiligen Geistes an den Menschen. Die Gnade ist in keiner Weise eine Folge unserer Verdienste: sie breitet sich in uns aus durch die Liebe Gottes des Vaters, der uns durch den Heiligen Geist am neuen und göttlichen Leben teilhaben läßt, das der Mensch im Tod und in der Auferstehung des menschgewordenen Gottessohnes erworben hat. Die Gnade ist für alle Grade des geistlichen Lebens unerläßlich. – Die Gnade ist die Gegenwart Gottes, welche durch das innerliche Wirken des Heiligen Geistes selbst teilnehmbar wird . . . Durch seine Gnade teilt Gott dem Menschen sein eigenes göttliches und ungeschaffenes Leben mit, obwohl sein Wesen für den Menschen unzugänglich bleibt. In Vorwegnahme kann der Mensch durch die göttliche Gnade erkennen, was das Reich Gottes sein wird" (A. Semenoff-Tian-Chansky, Catéchisme orthodoxe, S. 59).

178 Vgl. Th. Spasky, La pratique de l'Hagiasma, in La Pensée Orthodoxe No. 2 (13), 1968, S. 93–106.

179 RPTK Bd. 4, S. 693.

quillt, so übt immer die je höhere Ordnung dieser Geister die Vorsehung für die folgende aus, wird für dieselbe, wie dann weiter die Engel wieder für die tiefer stehenden (menschlichen) Geister, Offenbarer der Gottheit, die an sich verborgene göttliche Gutheit nach ihrem Maße ausprägend, Verkündiger des göttlichen Schweigens (aggeloi – exaggellein), welche das Geringere zum Bessern hinaufführen (de divin. nom. 4,2)."[180]

Dionysios sieht das ganze kosmische Gefüge als eine Kette von Wesen, die von Gott herabreicht und das je niedere mit dem je höheren verknüpft. Das Prinzip aller Heilswirkung ist die Erfüllung und Durchwaltung, kurz: *die Weihe* durch den urgöttlichen "nous" (hier. eccl. 1,1), welche sich ebenfalls entsprechend der kosmischen Hierarchie mitteilt. "Wenn die Weihen der immateriellen Geister reine und unmittelbarere Kenntnis Gottes geben, so bedarf es für den Menschen der symbolischen Verhüllung. Die Hierarchie des alttestamentlichen Gesetzes erzog durch dunkle Bilder und Rätsel zum geistlichen Gottesdienst, und fand in der kirchlichen Hierarchie ihre Erfüllung. Diese steht in der Mitte zwischen der himmlischen und gesetzlichen, an der Art beider partizipierend, und ist wesentlich basiert auf die Schrift (die gottgeweihten Sprüche sind die ousia unserer Hierarchie) und die auf noch geistigere Weise aber doch unter sinnlichen Symbolen sich vollziehende Überlieferung. Die Apostel müssen das Übersinnliche in sinnlichen Bildern durch schriftliche und ungeschriebene Weihen mitteilen, nicht bloß wegen der Profanen (denen bleiben auch die Symbole unzugänglich), sondern weil unserem Standpunkt die sinnliche Vermittlung notwendig ist. In jedem hierarchischen Geschäft sind zu unterscheiden 1. die hl. Weihen, das was vollbracht wird, 2. die Weihenden, Mysten, 3. die, welche geweiht werden. Die Weihen sind a) die Taufe, das Symbol der Wiedergeburt, vollzogen an denen, welche bereit sind, durch die Hierarchie zur Gottähnlichkeit sich führen zu lassen, bestehend in Reinigung und Erleuchtung (fōtismos als Anfang aller göttlichen fōtagōgia), notwendige Grundlage für die Liebe zu Gott; b) Kommunion (sunaxis), Symbol dessen, daß Jesus uns seiner urgöttlichen Einheit verbinde, denn die Erleuchtung führt zur Einung; c) Salbung, wie die Kommunion vollendend (das bei allen Weihen gebrauchte Salböl, muron bedeutet den Heiligen Geist). Der Stand der Weihenden besteht aus den drei Stufen: a) Hierarch (d.i. Bischof), b) Hiereus (Priester = Presbyter), c) Liturg (d.i. Diakon); durch den letzten wirken die reinigenden, durch den zweiten die erleuchtenden, durch den ersten die vollendenden Kräfte der Hierarchie, doch hat der Myste der höheren Stufe immer auch die Kräfte der niederen. In der Ordnung derer, die geweiht werden (von den Priestern zur Vollendung geführt werden, ohne selbst zu leiten), werden unterschieden a) die untersten, welche, unter dem Liturgen stehend, erst gereinigt werden (noch nicht an der Feier der Geheimnisse teilnehmen: Büßende, Besessene, Katechumenen); b) die, welche erleuchtet werden, die christlichen Laien, von den Priestern geleitet; c) die Therapeuten, d.i. die Mönche, welche durch die Hierarchie zur Vollkom-

180 ibidem, S. 694.

menheit geführt werden und ein ungeteiltes ganz auf das Eine gerichtetes Leben führen."[181]
Für Dionysios (Pseudo-)Areopagita, welcher die Mysteria in seine Schau von der kosmischen Harmonie integrierte, sind alle sakramentalen Handlungen, vor allem jedoch die Eucharistie, ein Mittel, welches "unser zerteiltes Leben zur eingestaltigen Vergottung vereinigt und durch den gottähnlichen Zusammenschluß des Getrennten die Gemeinschaft (koinōnia) und Einswerdung mit dem Einen verleiht"[182]. Während die Taufe als Wiedergeburt die Grundlage für "die Aufnahme der übrigen heiligen Lehren und Handlungen" bildet und so zur "Wegbereiterin für unsern Aufstieg zur überweltlichen Ruhestätte"[183] wird, ist die Eucharistie als "koinōnia" (Gemeinschaft) und "sunaxis" (Vereinigung) die Krone der einzelnen Heiligungsmittel, weil sie diese zum Abschluß führt.[184]
Die Eucharistie wird "aus Liebe zu den Menschen in die heilige, bunte Fülle der sinnbildlichen Zeremonien entfaltet und läßt sich zur ganzen bildhaften Darstellung des Urgöttlichen herab. Aber eingestaltig wird es aus dieser Vielheit wieder in sein eigenes Eine konzentriert und führt auch alle, welche zu ihm sich heilig erheben, ins Eine zusammen."[185] Weil die sinnlichen kultischen Handlungen, die Mannigfaltigkeit sinnlicher Symbole, in platonischer Weise als "Abbilder der geistigen Dinge" (tōn noētōn apeikonismata) gelten, darum vermögen sie als "Handreichung und Weg" (heiragōgia kai 'odos) zu diesen beim Aufstieg zur Gottähnlichkeit zu dienen.[186]
Die Mystische Sakramententheorie, die Dionysios Areopagita durch den Rückgriff auf die antiken Mysterienkulte und die neuplatonische Philosophie in Verbindung mit der Hl. Schrift entwickelte, übte auf die Kirchen des Ostens einen nachhaltigen Einfluß aus.[187] Die mystagogische Theologie des Areopagiten wurde zuerst im griechischen und dann im slawischen Raum übernommen und weiter entfaltet, wo sie bis in die neueste Zeit weiterwirkt.[188] Aber auch der Westen blieb vom Gedankengut des Areopagiten nicht unberührt.[189]

181 ibidem, S. 695f.
182 Dion. Areopag.: hier. eccl. 3,1 (M PG 3,424).
183 Dion. Areopag.: hier. eccl. 2,1.
184 Dion. Areopag.: hier. eccl. 3,1.
185 Dion. Areopag.: hier. eccl. 3,3 (M PG 3, 429).
186 Vgl. F. Heiler, Urkirche und Ostkirche, S. 398.
187 Vgl. F. Heiler, Urkirche und Ostkirche, S. 239.
188 Wenn man einige der wichtigsten Vertreter areopagistischen Gedankengutes nennen wollte, so ergäbe sich etwa folgende Reihung: Maximus Confessor (gest. 662): "Mustagōgia peri tou tinōn sumbola ta kata tēn 'agian ekklēsian epi tēs sunaxeōs teloumena sunestēke", Theodor v. Andida: "Protheōria kefalaiōdēs peri tōn en tēj theiaj leitourgiaj ginomenōn sumbolōn kai mustēriōn", Nikolaos Kabasilas (gest. 1371): "'Ermēneia tēs theias leitourgias" und "Peri tēs en Hristōj zōēs", Symeon v. Thessalonich (gest. um 1430): "Dialogos", Johannes Nathanael: "'Ē 'agia leitourgia meta exēgēseōn didaskalōn, 'asper metēnegken eis tēn koinēn glōssan Iōannēs 'o Nathanaēl . . ." (1574), sowie im 19. Jahrhundert in Rußland Erzbischof Filaret Gumilevskij von Černigov und Nikolaj Gogol': "Razmyšlenija o Božestvennoj Liturgii".
189 Es wäre zu verweisen auf Gregor d. Gr., Johannes Scottus Eriugena, Hugo v. St. Victor, Albert d. Gr., Thomas v. Aquin u.a.m.

B. Die Übersetzung von "mustērion" mit "sacramentum"

Von Nordafrika ausgehend begann man im lateinischen Sprachraum, das griechische Wort "mustērion" mit dem lateinischen "sacramentum" zu übersetzen. Dabei übernahm "sacramentum" vorerst einmal den vollen Sinngehalt des biblischen Begriffs "mustērion". Als Synonyme verwendet gingen die beiden Worte "mysterium" und "sacramentum" sowohl in die lateinischen Bibelübersetzungen[190] als auch in die Liturgie ein. "Sacramentum", vom Verb "sacrare" und von "sacrum" hergeleitet, bedeutet, daß durch das Weihen eine Person oder Sache in den Bereich des "sacrum", des Göttlichen, hineingehoben wird. Es lassen sich beim Begriff "sacramentum" drei Sinngebungen unterscheiden:
1. aktiv: der tätige Gegenstand oder das Mittel des Weihens,
2. passiv: das Geweihte,
3. die Weihehandlung selbst.[191]
Indem Tertullian den Begriff "sacramentum" auf Taufe und Eucharistie übertrug, wobei er gleichzeitig auch noch den profanen Sinn des Wortes mitverwendete, schuf er den Ausgangspunkt zu einem Bedeutungswandel des Begriffs und der durch ihn bezeichneten Sache, dessen Folgen bis zum heutigen Tage nachwirken.
In der profanen Latinität bezeichnete "sacramentum" nämlich eine Geldsumme, welche zwei streitende Parteien bei einem Rechtsprozeß im Tempel zu deponieren hatten, wobei die unterliegende Partei den Geldbetrag verlor. Wichtiger wurde allerdings die zweite profane Bedeutung: "sacramentum" als Eid, und zwar als Eid des Soldaten wie als Eid zwischen vertragschließenden Parteien.
Diese zweite Bedeutung übertrug Tertullian vor allem auf die Taufe[192], wobei er besonders die Analogie zum Soldateneid hervorhob. Die Parallele war augenfällig, denn der militärische Eid wurde dem Kaiser als Gottheit, als "kurios" geleistet[193]. Und dieser Eid fand in einem äußeren Zeichen (signum, signaculum), beispielsweise einer Tätowierung, seine Bestätigung.[194] Dementsprechend versuchte Tertullian mit dem Begriff "sacramentum" den Eintritt des Christen in die "militia Christi" als einen Eid zu kennzeichnen, der von Gott durch die Taufe besiegelt wird.[195]
An anderen Orten wieder gebrauchte er für die Taufe das Bild eines Paktes zwi-

190 "In der lateinischen Bibel ist anfangs sacramentum in der Regel die Übersetzung für mustērion. So mit verschwindenden Ausnahmen der afrikanische Text; zahlreiche Beispiele bietet auch die Itala neben mysterium, das dann in der Vulgata vor sacramentum bei weitem den Vorrang hat. Wo die Übersetzungen durcheinandergehen, läßt sich eine sachliche Motivierung nicht feststellen. Der Bedeutungsumfang von sacramentum deckt sich ohne Einschränkung mit dem des griechischen Begriffes" (G. Bornkamm, in G. Kittel [Hrg.], ThWBzNT Bd. IV, S. 833).
191 Vgl. LThK Bd. IX, S. 221.
192 Vgl. Tertullian, Traité du baptême, S. Chr. 35, S. 49ff.
193 Vgl. F.J. Dölger, Sacramentum Militiae, A.C. II, 1930, S. 280.
194 Vgl. F.J. Dölger, Sphragis, S. 32–37 und Sacramentum Militiae, A.C. II, 1930, S. 268–280.
195 "Sacramentum fidei" analog zu "sacramentum militiae" Vgl. Tertullian: ad Mart. 3; Spect. 24; de cor. 11; Scorp. 4; de Idol. 19.

schen Gott und Mensch, indem er "sacramentum" auf den Eid bezog, der nach römischem Recht bei einem Vertragsabschluß abgelegt wurde.[196]
Ausserdem verwendete Tertullian aber das Wort "sacramentum" auch noch in seiner sakralen Bedeutung als Geheimnis (d.h. im Sinne von "mustērion")[197], insbesondere, wenn er auf Taufe oder Eucharistie verwies: sacramentum aquae, sacramentum eucharistiae, sacramentum panis et calicis.[198]
Im Sprachgebrauch Tertullians ist "sacramentum" sowohl das, was heiligt und wodurch jemand heiligt: das Heiligende als auch das Resultat des Heiligens: das Geheiligte.
Nachdem u.a. schon Origenes (von neuplatonischen Vorstellungen ausgehend) die Grundlagen für ein Verständnis der Sakramente als Zeichen geliefert hatte, allerdings unter Betonung des Geheimnisses, legte Augustinus (ebenfalls von der neuplatonischen Philosophie beeinflußt) den Akzent mehr auf das sichtbare Zeichen. Der Ausgangspunkt von Augustins Überlegungen ist dabei eine Weltauffassung, in welcher alles Zeichen sein kann.[199] "Ein Zeichen ist nämlich eine Sache, die ausser ihrer sinnenfälligen Erscheinung aus ihrer Natur heraus noch einen anderen Gedanken nahelegt . . ."[200]
Deshalb hat sich auch der unsichtbare Gott im Verlaufe der Heilsgeschichte stets zeichenhaft (in sichtbaren significationes) den Menschen geoffenbart. Dabei verweisen die sichtbaren Zeichen (signa) auf eine ihnen ähnliche göttliche Wirklichkeit (res). "Zeichen, die sich auf göttliche Dinge erstrecken, werden Sakramente genannt."[201] Ganz dem neuplatonischen Denken verpflichtet, entspricht bei Augustinus dem sichtbaren Zeichen eine unsichtbare Wirklichkeit, d.h. im Sakrament wird etwas gesehen und etwas anderes darunter verstanden[202].
Unter diese Zeichen, die das Göttliche vergegenwärtigen, fällt nach Augustinus auch die Eucharistie. Sie besitzt ebenfalls hinweisenden und darstellenden Charakter, was bedeutet, daß sie mit dem bezeichneten Göttlichen *nicht einfachhin identisch* ist. (Man vergleiche hierzu die Erläuterungen Karl Adams in seinem Aufsatz "Die Eucharistielehre des heiligen Augustinus"[203]).

196 Tertullian spricht z.B. von "fides obsignatio" (de Bapt. 13,2; 6,1) "sacramenti testatio" (de cor. 13).
197 Tertullian: de Bapt. 4,4; de Praes. 20,9; 40,2 usw.
198 Tertullian: adv. Marc. 4,34; de Resur. C. 9; de cor. 3.
199 Vgl. Augustinus: de doctr. christ. I, c. 2, wo er von den Zeichen sagt: "Es sind jene Sachen, die angewendet werden, um irgend etwas zu bezeichnen. Daher ist jedes Zeichen auch irgendwie eine Sache; denn was keine Sache ist, das ist überhaupt nichts, aber nicht jede Sache ist auch ein Zeichen."
200 Augustinus: de doctr. christ. II, c. 1.
201 Augustinus: ep. 138.
202 Augustinus: sermo 272: "Ideo dicuntur sacramenta, quia in eis aliud videtur, aliud intelligitur."
203 Karl Adam "Gesammelte Aufsätze", S. 258: "Ausführlich verbreitet sich Augustin in de Trin. 3, 10, 19 über die verschiedenen Weisen, in denen sich im Verlauf der Heilsgeschichte der unsichtbare Gott den Menschen in sichtbaren significationes kundgetan habe (vgl. auch sermo, 61). Das Charakteristische dieser Bezeugungen ist immer, daß sich der unsichtbare Gott in ihnen irgendwie repräsentiert, *ohne deswegen schlechtweg mit ihnen*

Das gilt auch für die Eucharistie als Opfer Christi. Denn das, was die Menschen Opfer (sacrificium) nennen, ist bei Augustinus *Zeichen* für das wahre Opfer.[204] Er verwendet dabei den Begriff "sacramentum" in dessen Bezug zum "sacrum": "Das sichtbare Opfer ist also das Sakrament, das heißt, das heilige Zeichen eines unsichtbaren Opfers."[205] Es ist ein wesentliches Charakteristikum des Sakraments, daß es als sichtbares Zeichen eine Ähnlichkeit mit dem bezeichneten Unsichtbaren besitzt: "Denn wenn die Sakramente nicht eine Ähnlichkeit mit jenen Dingen hätten, deren Sakramente sie sind, so wären sie überhaupt keine Sakramente."[206] Wie aber steht es denn bei dieser "Ähnlichkeit", die zugleich Nicht-Identität besagt, mit der realen Gegenwart Christi im Sakrament? Karl Adam erläutert: "Der durch die Konsekration in der Kraft des Heiligen Geistes hergestellte neue Seinsgehalt (valor) des Brotes besteht nach Augustin in einer besonderen Weise, Christi Opfertod zu vergegenwärtigen. Es ist ein neues Sein: denn es bedurfte zu seinem Entstehen des äußeren Aktes der Konsekration und der inneren Operation des Heiligen Geistes. Aber es ist ein Sein, das wesenhaft hinweisenden, vordeutenden Charakter hat, also insofern nur *figurativ,* nicht identisch mit dem realen Sein Christi und seines Opferaktes ist. Als sinnbildliches neues Sein steht es in der Mitte zwischen dem Nichtsein und dem realen Sein, genau wie die Sinnendinge bei Plato, die im Unterschied zu dem an und für sich Seienden ihr Sein nur für anderes, durch anderes, im Verhältnis zu anderem und um eines anderen willen haben."[207]

Wie dieses figurative, wenn auch reale (und trotzdem mit der unwandelbaren "res" des Leibes Christi nicht einfachhin identische) Sein näherhin bestimmt werden könne, darüber äußert sich Augustinus nicht. Karl Adam sieht in dieser Tatsache *die schwächste Stelle* von Augustins eucharistischer Spekulation.[208]

identisch zu sein (vgl. die Ausdrücke: ipsius Dei persona suscipitur, demonstratur; Dei persona significanda imponitur prophetae; ipsam Dei personam in se suscipiunt; ut personam Dei gerat in ministerio prophetiae). Auch die Eucharistie gehört hierher, und zwar unter die Gattung der species; näherhin zählt sie im Unterschied zu der species mansura der ehernen Schlange zur species transitura, insofern das zum signifikativen Dienst konsekrierte Brot (panis ad hoc factus, scil. ad ministerium significandi) in accipiendo sacramento *consumitur.* Auch hier wird einerseits deutlich, daß nicht dem gewöhnlichen, sondern erst dem konsekrierten Brot die Aufgabe einer significatio zukommt, und andererseits, daß dieses significare im Sinne Augustins eine Art Darstellung, Vergegenwärtigung des Göttlichen ist, ohne mit diesem selbst identisch zu sein."

204 Vgl. Augustinus: de civ. Dei X, 5: " . . . illud quod ab hominibus appellatur sacrificium, signum est veri sacrificii."

205 Augustinus: de civ. Dei X, 5: "Sacrificium ergo visibile invisibilis sacrificii sacramentum, id est, sacrum signum est." Bei der Erläuterung von Eph 5,31 f. spricht Augustinus von den "tanta rei sacramenta, id est, sacra signa" (c. adv. legis et proph. II, c. 9 D), was einen mittelalterlichen Kommentatoren zur (dem augustinischen Sinne durchaus entsprechenden) Kompilation der beiden Sätze veranlaßte: "Das Sakrament ist das Zeichen einer heiligen Sache" – "sacramentum est sacrae rei signum" (vgl. de Ghellinck, Mélanges Mandonnet II, 82).

206 Augustinus: ep. 98,9 (ad Bonif.).

207 K. Adam, Gesammelte Aufsätze, S. 258.

208 Vgl. K. Adam, op. cit., S. 259.

Karl Adam weist hier mit Recht auf den eigentlichen schwachen Punkt hin, gewissermaßen auf jene Nahtstelle, an der sich in der Folgezeit der Bruch zwischen östlichem und westlichem Denken manifestieren sollte. Solange man sich innerhalb des ursprünglichen, d.h. griechischen Urbild-Abbild-Schemas bewegte, war es klar, daß das Urbild im Abbild gegenwärtig war, wenn auch in einer verhüllten Form. Mehr gab es darüber nicht zu sagen, denn an diesem Punkt setzte ja gerade das Mysterium ein. In dem Augenblick jedoch, wo sich im Westen die alte lateinische Bildvorstellung erneut durchsetzte, die im Abbild nur eine Ähnlichkeit (similitudo) des Urbildes annahm, war die innere Beziehung zwischen Urbild und Abbild gebrochen, und es mußte sich mit aller Schärfe die Frage stellen, wie es denn mit der Realpräsenz Christi im Sakrament stehe.[209]
Augustinus war mit dieser Problematik noch nicht konfrontiert. Für ihn genügte es noch vollauf, erklären zu können, auf welche Weise die Urbild-Abbild-Beziehung im Sakrament hergestellt wird.
Das sichtbare Zeichen des Sakraments (Wasser, Öl, Brot und Wein) enthält in sich selbst nicht jene Wirksamkeit, die sich im Sakrament als Mysterium der Gnade äußert. Augustinus stellte sich diese Frage im Zusammenhang mit der Wirksamkeit der Taufe, und er antwortet: "Nimm das Wort weg, und was ist Wasser als eben Wasser? Es tritt das Wort zum Element, und es wird das Sakrament, auch dieses gleichsam ein sichtbares Wort."[210] Erst die Verbindung des sichtbaren Zeichens mit dem göttlichen Wort macht das Zeichen zum sichtbaren Wort Gottes und damit wirksam.
Doch auch dann wirkt die Kraft (virtus) des Sakraments nicht bei jedem Empfänger gleich. Am Beispiel des Manna, das den Juden in der Wüste von Gott als Nahrung gespendet wurde, zeigt Augustinus, daß die göttliche Gabe, je nach der Haltung des Empfängers, verschieden wirkt. Sie gereicht den einen zum Leben, den andern zum Tode. Deshalb unterscheidet Augustinus zwischen dem "sacramentum" als solchem und der "virtus sacramenti": "Denn auch wir nehmen heute die sichtbare Speise, allein etwas anderes ist das Sakrament, etwas anderes die Kraft des Sakraments."[211]

C. Die wechselseitige Abgrenzung von "mustērion" und "sacramentum"

Die Aussagen Augustins sind in unserem Zusammenhang von besonderer Bedeutung, weil bei Augustinus die schon bei Tertullian begonnene (und für das westliche Denken durchaus typische) Akzentverschiebung vom Geheimnis auf das

209 Hier ist auch bereits vorgezeichnet, weshalb Vertreter des Protestantismus ausgerechnet unter Berufung auf Augustinus eine Realpräsenz in der Eucharistie abzulehnen begannen und im Abendmahl nur noch das "Zeichen" sehen wollten. Die konsequente Verbindung westlicher Bildvorstellung mit den Aussagen Augustins mußte geradezu dieses Resultat ergeben. Aber gerade diese Verbindung war ein folgenschwerer Irrtum, der nicht zuletzt in einer Vernachläßigung der alten kirchlichen Tradition bestand.
210 Augustinus: tract. Io. Ev. 80,3.
211 Augustinus: tract. Io. Ev. 26,11.

Zeichen eine theoretische Basis erhielt. Das wurde spätestens bei der Herausbildung einer westlichen Sakramentenlehre, die sich ja auch ganz wesentlich auf augustinische Texte stützte, mit aller Deutlichkeit sichtbar! Zwar bezeichneten die Begriffe "sacramentum" und "mustērion" noch weitgehend den gleichen Gegenstand, aber das Begriffsverständnis unterschied sich in Ost und West immer mehr. Doch erst, als im Westen "sacramentum" und "mysterium" kaum mehr als Synonyme verwendet wurden, fand diese Trennung im Begriffsverständnis auch ihren klaren begrifflichen Ausdruck.
Es wäre jedoch unrichtig zu glauben, die Entwicklung bis zu diesem Punkt sei geradlinig verlaufen. Wie bereits Augustinus, so verwendete die abendländische Kirche noch während Jahrhunderten den Begriff "sacramentum" in der Doppelbedeutung als "heiliges Zeichen" wie auch als Synonym für "mysterium". Die Betonung des Zeichenhaften und Gegenständlichen im westlichen Sakramentsverständnis setzte sich nicht einfach unwidersprochen durch. Mit Isidor von Sevilla (6./7. Jahrh.) schlug das Pendel nochmals auf die Seite einer stärkeren Betonung des Geheimnischarakters aus, indem Isidor das geheimnisvolle Heilswirken des Hl. Geistes unter der sichtbaren Hülle des materiellen Objekts beim Sakrament hervorhob[212]. Damit näherte er den lateinischen Begriff "sacramentum" wieder ganz bewußt dem griechischen "mustērion" an.[213] Und es dürfte nach dem bisher Gesagten kaum verwundern, daß Isidor durchaus in der Lage war, auch seine Sakramentendefinition ebenfalls auf Texte des hl. Augustinus abzustützen.
In der auf Isidor folgenden Zeit lassen sich beide Tendenzen feststellen: Betonung des Zeichenhaften und Gegenständlichen wie auch Betonung des Mysteriums. Erst mit der Frühscholastik verlagert sich schließlich im Westen das Gewicht definitiv auf die Akzentuierung des Zeichens, was bedeutet, daß das Verständnis von "sacramentum" und von "mustērion" von da an auseinanderklafft. Dabei blieb es eigentlich bis ins 20. Jahrhundert hinein. Erst in neuerer Zeit wurde man sich, nicht zuletzt unter dem Einfluß von Odo Casel, im Westen der Bedeutung des Mysteriums für das Sakramentenverständnis wieder eindringlicher bewußt.
Dieser kleine historische Exkurs darf jedoch unseren Blick nicht von der Tatsache abwenden, daß schon eine ganze Reihe von lateinischen Kirchenvätern das Verbindende wie auch das Trennende in den Begriffen "sacramentum" und "mysterium" gespürt haben und eine gewisse Abgrenzung der beiden Begriffe in der praktischen Anwendung vornahmen. Es ist sicherlich kein Zufall, daß dies u.a. gerade bei Ambrosius sichtbar wird, der die griechische Sprache beherrschte und sich dementsprechend auch eingehend mit den griechischen Schriften auseinandersetzte.

212 Isidor von Sevilla: Etymol. VI, c. 19, n. 40,42:
"Ob id sacramenta dicuntur, quia sub tegumento corporalium rerum virtus divina secretius salutem eorundem sacramentorum operatur, unde et a secretis virtutibus et a sacris sacramenta dicuntur (...), unde et graece mysterium dicitur, quod secretum et reconditam habeat dispositionem" (M PL 82, 255 CD).

213 Es ist interessant festzustellen, daß noch zu Beginn des 20. Jahrhunderts daraus Isidor im Westen der Vorwurf gemacht wurde, er habe mit seiner Sakramentendefinition die von Augustinus erreichte Klarheit eher wieder verdunkelt.

Vergleicht man die Verwendung der Begriffe "mustērion" und "sacramentum" bei den Kirchenvätern sowie in Liturgie und Exegese, so läßt sich eine *gemeinsame Konstante* feststellen. Beide Begriffe enthalten den fundamentalen Doppelsinn von Geheimnis (arcanum) und von Zeichen einer göttlichen Wirklichkeit, wenn auch mit unterschiedlichen Proportionen.[214] Und diese Gemeinsamkeit erklärt auch ihre wechselseitige Verwendung im Verlaufe der Jahrhunderte.
Gleichzeitig wird aber auch der *Unterschied* ersichtlich, insofern eben – wie wir schon darzulegen suchten – beim Begriff "mustērion" in stärkerem Maße das Geheimnisvolle, bei "sacramentum" mehr der Zeichencharakter unterstrichen wird. Bereits Ambrosius war eine solche Unterscheidung durchaus geläufig. Die Ereignisse und Riten des Alten Testaments sind nach ihm nur Typos, Figur oder Schatten des Kommenden, im Neuen Testament aber offenbaren sie sich als Fülle des göttlichen Mysteriums. Die Geheimnisse (mysteria) der Hl. Schrift enthüllen den Sinn der heiligen Riten (rationem sacramenti), die im Alten Testament vorgezeichnet sind.[215]
Entsprechend der Voraussetzung, daß sich Unähnliches nicht in Unähnlichem schauen läßt[216], erklärt Ambrosius: "Da der Mensch aus zwei Naturen besteht, nämlich aus Seele und Leib, wird das Sichtbare (an ihm) durch das Sichtbare, das Unsichtbare durch das unsichtbare Mysterium geheiligt."[217] Deshalb warnt auch Ambrosius: "Du darfst also nicht lediglich nur den Augen deines Körpers glauben. Das Unsichtbare sieht man besser, denn ersteres gewährt nur zeitlichen, letzteres, das sich nicht mit den Augen sehen, wohl aber mit Seele und Geist erkennen läßt, ewigen Anblick."[218]
Durchaus im Sinne lateinischer Kirchenväter ließe sich eine gegenüberstellende Definition von "sacramentum" und "mustērion" denken, welche lautet: Sacramenta corporalia mysteria, mysteria spiritualia sacramenta sunt.[219]
Sehr gut hat vor allem Alger von Liège den Unterschied und die Ähnlichkeit, sowie auch die ständige Wechselwirkung der beiden Begriffe zusammengefaßt: "Sakrament und Mysterium", so sagt er, "unterscheiden sich darin, daß das Sakrament ein sichtbares Zeichen ist, das etwas bezeichnet, das Mysterium hingegen etwas Verborgenes, das durch jenes bezeichnet wird. Trotzdem wird das eine für das andere gesetzt, (...) damit das Mysterium das Verbergende und das Verborgene, das Sakrament das Bezeichnende und das Bezeichnete sei."[220]
Doch darin erschöpft sich der *Unterschied* zwischen "mustērion" und "sacramentum" durchaus noch nicht. Während nämlich der Begriff "mustērion" in seiner

214 Vgl. H. de Lubac, Corpus mysticum, S. 57 und S. 60.
215 Vgl. Ambrosius: in Lucam 7,96: "Itaque sacramentum illud magnum est de Christo et de ecclesia, sed tamen hoc maius est, quia illud in figura ante praecessit, nunc autem plenum in veritate mysterium est . . . "
216 Vgl. Ambrosius: in Lucam 1,7.
217 Ambrosius: in Lucam 2,79 (S. Chr. 45, S. 108).
218 Ambrosius: de mysteriis c. 3,15 (S. Chr. 25, S. 112).
219 Vgl. H. de Lubac, Corpus mysticum, S. 59.
220 Alger von Liège: de sacramentis 1,5 (zit. nach H. de Lubac, Corpus mysticum, S. 59f.).

ursprünglichen Bedeutung wesentlich mehr eine Tätigkeit als eine Sache einschließt, ist es beim Begriff "sacramentum" (nicht zuletzt wegen seiner Zeichenhaftigkeit) gerade umgekehrt. Henri de Lubac hat dies eingehend nachgewiesen, vor allem auch durch eine Untersuchung der Tätigkeitswörter, welche am häufigsten im Zusammenhang mit dem einen oder andern uns interessierenden Begriff gebraucht wurden. Dabei ergibt sich die Feststellung, daß man ein *Mysterium* vollzieht, feiert, darbringt, erfüllt und verrichtet, ein *Sakrament* hingegen empfängt, teilt, genießt, ißt, trinkt, bewahrt und spendet.[221] In der konkreten Anwendung der Begriffe auf die Eucharistie wird der Unterschied noch augenfälliger. So spricht man einerseits von der *Feier* des heiligen *Mysteriums* und dessen *Darbringung* (womit eindeutig eine Aktivität zum Ausdruck gebracht wird), andererseits jedoch von der *Spendung* oder *Anbetung* des *Sakraments* (wodurch mehr der sachliche, gegenständliche Aspekt der Eucharistie betont wird).

Fassen wir zusammen: Wollte man die beiden Begriffe "mustērion" und "sacramentum" aufgrund ihrer unterschiedlichen Akzentuierung miteinander kombinieren, so ergäbe sich wohl der Satz: Der Vollzug des "mustērion" bringt das "sacramentum" hervor, und zwar dadurch, daß die Sinnendinge dieser Welt durch die *geheimnisvolle* Erfüllung mit der Kraft und Gnade Gottes[222] erneut ihren *ursprünglichen Zeichencharakter* zurückerhalten, den sie vor dem Sündenfall der Menschheit besaßen. Indem sie wieder als Abbild auf das göttliche Urbild verweisen, werden sie zu Heilsträgern für alle, die im gottgeschenkten Glauben dieses Mysterium annehmen.

Damit dürfte der sich bei den Kirchenvätern findende Sprachgebrauch der beiden Termini weitgehend umschrieben worden sein.

221 Vgl. H. de Lubac, Corpus mysticum, S. 60f.: "Sacramentum (sacramenta) conficere, gerere, deponere, frangere, dividere, accipere, sumere, percipere, manducare, bibere, portare, edere, consequi, dispensare, custodire, distribuere, largiri, assumere, projicere", usw. "Mysterium (mysteria) celebrare, agere, peragere, operari, offerre, complere, implere, absolvere, consummare, perficere, iterare, frequentare", usw. – "Sacramento (sacramentis) refici, vegetari, muniri, reparari, purificari, vivificari . . . " – "Mysteriis interesse, assistere, ministrare, servire, deservire, exsequi . . . "

222 Hierbei ist vorausgesetzt, daß durch das Erlösungswerk in Jesus Christus nicht nur die Menschen, sondern die Welt als solche, d.h. der ganze Kosmos, erlöst worden ist, womit die im Sündenfall gebrochene Beziehung zwischen Schöpfung und Schöpfer, zwischen Kosmos und Gott wiederhergestellt wurde.

2. TEIL

DIE ENTWICKLUNG EINER ALLGEMEINEN SAKRAMENTENTHEOLOGIE

I. Getrennte Wege in Ost und West

Nach dem Großen Schisma von 1054

Wenn wir die sich anbahnende unterschiedliche Entwicklung des Sakramentenverständnisses in Ost und West bisher weitgehend unter einem geistesgeschichtlichen Aspekt behandelten, so darf doch nicht übersehen werden, daß auch kirchenpolitische und sogar politische Ereignisse hierbei ebenfalls zum Tragen kamen.
Seit der Trennung des alten römischen Reiches in ein westliches und ein östliches Reich, die von Kaiser Theodosios im Jahr 395 vorgenommen wurde, lebten die beiden ehemaligen Reichshälften immer mehr auseinander. Der Zusammenbruch Westroms (476) unter den Schlägen der Völkerwanderung förderte auch eine kulturelle Entfremdung. Dogmatische Auseinandersetzungen sowie der Kampf um den geistlichen Vorrang begannen zudem die kirchenpolitischen Beziehungen zwischen Rom und Byzanz (das sich als Rechtsnachfolger des alten Rom verstand und sich deshalb auch Neu-Rom nannte) zu belasten. Und als sich Papst Stephan II. 754 von Byzanz (wo gerade die Ikonoklasten ihr Unwesen trieben)[223] als Schutzmacht abwandte, war der politische Bruch zwischen Orient und Okzident nicht mehr fern. Dieser vollzog sich de facto an Weihnachten des Jahres 800 mit der Krönung des Frankenherrschers Karl (d.Gr.) zum römischen Kaiser durch Papst Leo III. Auch die theologischen Mißverständnisse wuchsen. Ein Beispiel hierfür ist die Ablehnung der östlichen Bilderlehre durch die fränkischen Hoftheologen. Die religiöse Trennung folgte der politischen auf den Fuß.[224] Das Schisma des Photios von 863–867, der sowohl den Primat des Papstes als auch die (lateinische) Lehre, daß der Hl. Geist seinen Ausgang vom Vater *und vom Sohn* (filioque) nehme, ablehnte, trug bereits die entscheidenden Elemente der künftigen Kirchenspaltung in sich.
Das Große Schisma von 1054 setzte nur den Schlußstrich unter eine lange Auseinanderentwicklung, in deren Verlauf die ethnisch, sprachlich, kulturell und politisch akzentuierten Unterschiede auch auf kirchlichem Gebiet eine Verständigung immer mehr erschwerten. Hingegen waren gerade die Sakramente als solche – bei aller Verschiedenheit ihres Verständnisses in der katholischen und orthodoxen Kirche – niemals eigentlicher Gegenstand von Kontroversen, sondern nur rituelle oder kirchenrechtliche Fragen. So warfen die Griechen 1054 den Lateinern u.a. die Verwendung von ungesäuertem Brot beim Gottesdienst, das nur einmalige

223 "Die bilderstürmenden Kaiser wollten mit dem Westen nichts gemein haben. Man kümmerte sich um den Westen nicht mehr. Im Jahre 751 ging so Ravenna an die Langobarden verloren. Das Papsttum wandte sich nun endgültig von Byzanz ab und suchte Schutz und Hilfe bei dem aufstrebenden Frankenreich" (W. de Vries, Der christl. Osten in Geschichte und Gegenwart, S. 77).

224 "Es lag eine historische Notwendigkeit darin, daß sich Byzanz dem römischen Kirchenuniversalismus entzog, nachdem sich der Westen dem byzantinischen Staatsuniversalismus entzogen hatte" (G. Ostrogorsky, Geschichte des byzant. Staates, S. 181f.).

Untertauchen des Täuflings, den Gebrauch von Salz beim Katechumenat und die aufgezwungene Ehelosigkeit der Priester vor.[225]
Trotzdem blieb die Kirchenspaltung nicht ohne Auswirkungen auf die Sakramentenlehre, insofern vom Zeitpunkt des Großen Schismas an Orient und Okzident auch kirchlich *offiziell* getrennte Wege gingen, was die Wechselwirkung zwischen östlicher und westlicher Tradition noch weiter einschränkte, wenn auch nicht völlig ausschloß. Die Folge davon war, daß vom 11. bis ins 16. Jahrhundert hinein, als auch für die orthodoxen Kirchen durch die Reformation die Frage nach einer Sakramentenlehre brennend wurde, die Entwicklung auf getrennten Bahnen verlief.
Im Osten blieb das an neuplatonischen Vorstellungen orientierte Sakramentenverständnis weitgehend erhalten. Eine bedeutsame Rolle hierbei dürfte die Tatsache gespielt haben, daß die Bestrebungen der Bilderstürmer des 8. Jahrhunderts gescheitert[226] und zudem das Mönchtum als traditioneller und traditionalistischer Hüter der alten Überlieferungen (insbesondere im kultischen, rituellen Bereich) aus dem Kampf gegen die Ikonoklasten gestärkt hervorgegangen war.[227]
Doch die Beibehaltung neuplatonischen Gedankengutes im liturgisch-sakramentalen Bereich, die nicht zuletzt wegen des ständigen Rückbezugs auf die griechische Vätertradition und insbesondere auf die Schriften des Pseudo-Areopagiten, welche hohes Ansehen genossen, lebendig blieb, wäre es irrig zu glauben, die Geistigkeit des Ostens sei einfachhin neuplatonisch inspiriert gewesen. Die Geschichte der letzten fünf Jahrhunderte vor dem Untergang des byzantinischen Reiches ist vielmehr gerade durch den Widerstreit platonischer und aristotelischer Ideen gekennzeichnet, die zudem von gewissen Mönchskreisen gleicherweise abgelehnt wurden.
Schon im 10. Jahrhundert warnte der Verfasser der "Philopatris" vor der Gefährlichkeit des Platonismus. Und Michaēl (Konstantin) *Psellos,* einer der bedeutendsten byzantinischen Philosophen und zugleich der erste große Humanist,

225 Vgl. M PG 120, 792ff.; Will, Acta et scripta, S. 180ff. G. Ostrogorsky bemerkt hierzu (op. cit., S. 268): "Nicht die ungleich wichtigeren, aber auch weitaus komplizierteren dogmatischen Meinungsverschiedenheiten, sondern die allgemein verständliche liturgische Differenz rückte Kerullarios aus taktischen Erwägungen in den Vordergrund."

226 Zur Überwindung des Ikonoklasmus lieferte vor allem der Kirchenvater Johannes Damascenus mit seiner neuplatonischen Bildfassung die entscheidenden Argumente. (Vgl. H. Menges, Die Bilderlehre des hl. Johannes von Damaskus). – "In Abwehr der Beschuldigung, daß die Bilderverehrung eine Wiedergeburt der heidnischen Idolatrie sei, entwickelte Johannes eine eigenartige Ikonosophie, die im neuplatonischen Sinn das Bild als Symbol und Mittler auffaßt, das Christusbild aber durch das Dogma der Menschwerdung begründet und so das Bilderproblem mit der Heilslehre verknüpft. Für die gesamte weitere Entwicklung der bilderfreundlichen Lehre blieb das System des Damaszeners richtunggebend" (G. Ostrogorsky, op. cit., S. 132).

227 Die Ikonoklasten hatten nämlich gleichzeitig auch versucht, den großen gesellschaftlichen Einfluß der Mönche einzuschränken. Zudem gehörte die Mehrzahl der Mönche zu den eifrigen Verteidigern der Bilderverehrung, so daß der Kampf zwischen den Bilderstürmern gewissermaßen auf zwei Ebenen geführt wurde. In dieser Hinsicht gesehen war auch die Überwindung des Ikonoklasmus für die Mönche ein doppelter Sieg.

geriet im 11. Jahrhundert mit seinem Platonismus in Schwierigkeiten. Sein Schüler, *Iōannēs Italos,* wurde deswegen sogar verurteilt. Von diesem Zeitpunkt an wurde in den Kirchen am Sonntag der Orthodoxie (dem ersten Fastensonntag) jeweils ein Anathem verlesen, das diejenigen mit dem Kirchenbann bedrohte, "welche die Ideen Platons als tatsächlich existierend betrachten" sowie gegen diejenigen, "die sich nicht bloß zur intellektuellen Übung den profanen Studien widmen, sondern zur Annahme der nichtigen Meinungen" der Philosophen.[228]
Im 13./14. Jahrhundert schrieb der Aristoteliker *Nikēforos Houmnos* mehrere philosophische und theologische Werke gegen die neuplatonische Lehre. In dieser Zeit gehörte übrigens der Aristotelismus in Byzanz zum Lehrfach der profanen Studien, nicht aber der Platonismus, welcher als mit dem Christentum unvereinbar eingestuft wurde. Trotzdem existierten weiterhin bedeutende Vertreter des Platonismus, wie im 14. Jahrhundert *Dēmētrios Kydōnēs,* der eigenartigerweise ein großer Verehrer des Aquinaten war und dessen Werke ins Griechische übersetzte. Besonders bedeutungsvoll war jedoch vor allem *Geōrgios Gemistos Plēthon* (1360–1450), der allerdings nicht in Konstantinopel, sondern in Mistra (Peloponnes) eine Form des Neuplatonismus lehrte und u.a. Bessarion zu seinen Schülern zählte.
Obwohl es unlogisch scheint, waren es gerade die Platoniker, die sich im 14./15. Jahrhundert weit eher einer Union mit der katholischen Kirche geneigt zeigten als die Aristoteliker. *Geōrgios Scholaris* beispielsweise gehörte, obwohl latinisierender Theologe und Aristoteliker, zu den schärfsten Gegnern einer Union. Auch die ihrem ganzen Wesen nach eher konservativ eingestellten Mönche wollten von einer Union nichts wissen, wobei die Mehrzahl unter ihnen jedoch auch den Lehren der Philosophen mißtraute.
Die eigentlichen Exponenten des Platonismus und Aristotelismus saßen ja in ihrer überwiegenden Zahl an den – vorwiegend mit Laien besetzten – weltlichen Universitäten. Demgegenüber entwickelte sich im Mönchtum eine Bewegung, die sich jenseits der beiden sich bekämpfenden philosophischen Richtungen anzusiedeln bemühte, der Hesychasmus. Es handelte sich dabei um so etwas wie einen "charismatischen Aufbruch", der parallel zum sakramental-liturgischen Leben der Kirche (wenn auch nicht getrennt davon) eine Gebetsmystik aufzubauen suchte, welche in ihrem Höhepunkt zur Erfahrung der Lichtschau führen sollte.
Diese Strömung, die vom ägyptischen Mönchsvater und Mystiker *Makarios* (300 bis 390) über *Symeon den Neuen Theologen* (917–1022) und *Gregor Palamas* (1296–1359) bis zu den russischen Starzen führt, ist für das östliche Mönchtum und seine Spiritualität, welche auf die östliche Geistigkeit einen großen Einfluß ausübte, kennzeichnend. Als Charakteristika treten dabei hervor: 1. eine gewisse Opposition zwischen dem spirituellen Ereignis des mystischen Lebens und gewissen traditionellen Institutionen der Kirche sowie 2. unverkennbare Vorbehalte gegenüber der "weltlichen" Weisheit der Philosophen. Der Hauptakzent bei der

228 Vgl. J. Meyendorff, St Grégoire Palamas, S. 102.

mystischen Gottversenkung lag nicht auf den Sakramenten (obwohl diese einen Teil davon bildeten), sondern auf dem Gebet. Und so ist es verständlich, daß diesem und nicht den Sakramenten das hauptsächliche Interesse galt.
Aber *Symeon der Neue Theologe* vertrat durchaus einen sakramentalen Realismus und wandte sich energisch gegen einen mechanischen Sakramentalismus.[229] Ebenso betonte *Gregor Palamas* die Bedeutung der durch die Kirche vermittelten sakramentalen Gnade zur Heiligung des Menschen und als Unterpfand künftiger Auferstehung. Dabei ist die von diesem gebildeten Theologen der Mystik vorgenommene Einschränkung der Philosophie auf den Bereich des "Natürlichen" für die von ihm vertretene Strömung bezeichnend.[230]
Von weittragender Konsequenz jedoch war vor allem, daß Gregor Palamas in seiner Auseinandersetzung mit dem nominalistisch denkenden kalabresischen Mönch *Barlaam,* welcher mit aristotelischen und neuplatonischen Argumenten gegen Gregors Auffassungen zu Felde zog, als Sieger hervorging. Es war dies zugleich ein Sieg der Unionsgegner, denn Barlaam war ein Schüler der lateinischen Scholastiker gewesen. Indem die orthodoxe Kirche für die Hesychasten Partei nahm, wandte sie sich damit gleichzeitig auch gegen die Scholastik!
Es kann nicht wundern, daß das Einsetzen einer theologischen Reflexion über die sakramentalen Riten im Osten[231] nicht auf eine schulmäßige Einteilung und Abgrenzung der Sakramente ausgerichtet war, sondern – wie eines der wichtigsten diesbezüglichen Werke – auf deren Bedeutung zur Eingliederung in Christus. "Das ist der Weg, den unser Herr uns bereitet, die Pforte, die Er uns geöffnet hat (...) Indem Er auf diesem Weg und durch diese Pforte wiederkehrt, kommt Er erneut zu den Menschen."[232] So definierte *Nikolaos Kabasilas* (1290–1371) in seinem Buch mit dem bezeichnenden Titel "Leben in Christus" die Sakramente.

229 "Trotz allem Individualismus und Spiritualismus wahrt die Mystik des Symeon in wunderbarer Weise das Gleichgewicht zwischen der Herzensfrömmigkeit und der großen Gemeinschaft der Kirche. Die ekstatische Lichtmystik entzündet sich immer wieder am Empfang der eucharistischen Mysterien" (F. Heiler, Urkirche und Ostkirche, S. 403).

230 "Sogar Gregor Palamas, der Theologe der Mystik, der der Ansicht war, daß der wahrhaft Religiöse seine weltliche Bildung beiseite legen solle, war stolz auf seine aristotelische Schulung, die ihn zum klaren Denken befähigte, wenngleich er befürchtete, ein gar zu eifriges Studium des Aristoteles könne den unachtsamen Studenten verleiten, die Macht der Geisteskräfte zu hoch zu bewerten; er selbst war froh, daß er nicht in Versuchung geraten war, sich in den Platonismus zu stürzen, denn dies sei eine so anziehende Philosophie, daß sie häufig den Unachtsamen ins Heidentum lockte" (S. Runciman, Das Patriarchat von Konstantinopel, S. 112). – Es ist immerhin recht charakteristisch für die Einstellung Gregors, wie er seine "Triade zur Verteidigung der heiligen Hesychasten" mit einer Kritik der hellenischen Philosophie als ganzer einleitete (vgl. hierzu J. Meyendorff, St. Grégoire Palamas, S. 112f.).

231 "In den orthodoxen Kirchen byzantinischer Tradition trifft man erst spät auf eine im eigentlichen Sinne theologische Reflexion über die sakramentalen Riten. Die erste Arbeit, die ihnen gewidmet worden ist, scheint die *"Interpretierende und erklärende Betrachtung über die sieben Mysterien der Kirche"* des Mönchs Job des Sünders ('amartōlos) aus dem 13. Jahrhundert zu sein, ein noch unveröffentlichtes Werk" (I. Dalmais, Die Sakramente: Theologie und Liturgie, in Handbuch der Ostkirchenkunde, S. 418).

232 N. Cabasilas, La vie en Christ (trad. Broussaleux), S. 28.

Nikolaos Kabasilas, Diplomat und platonisierender Humanist, hatte sich aus dem Streit zwischen Gregor Palamas und Barlaam weitgehend herausgehalten, auch wenn er am Ende schließlich doch für den ersteren Partei ergriff. Er läßt sich auch nicht einfach unter die Hesychasten einreihen, da er eine gewisse Mittelstellung einnimmt im Versuch, rationale Kultmystik und asketisch kontemplative Individualmystik miteinander zu vereinen.[233] Mystik bedeutete für ihn nicht mönchischen Rückzug aus der Welt. "Nach seiner Auffassung erlangte man das erhabenste mystische Erlebnis durch Teilnahme an der Liturgie und am Sakrament."[234]
Es liegt ganz auf dieser Linie, daß Nikolaos Kabasilas auch einen Liturgiekommentar verfaßte, der zum bedeutendsten gehört, was östliches Schrifttum in dieser Hinsicht aufweist.[235] "Die Vergöttlichung integriert nach Kabasilas demnach in eine ekklesiologische Perspektive: es ist die Kirche und die Sakramente, die den Weg zu Gott bilden, weil die Kirche auf eine völlig reale Weise der Leib Christi ist."[236]
Doch weder Nikolaos Kabasilas noch sein Schüler, der Metropolit *Symeon von Thessalonike* (gestorben 1429), der in seiner Schrift "Über die sieben Sakramente" der Linie der areopagitischen Schriften und der Mystagogia des heiligen Maximos des Bekenners folgte und den Akzent mehr auf die ekklesiologischen, kosmischen und eschatologischen Perspektiven des sakramentalen Lebens setzte[237], suchten eine eigentliche Sakramentenlehre zu schaffen.
Auch von den Universitäten des Orients waren zu dieser Zeit weder theologische Summen noch eine Sakramentenlehre zu erwarten, wenngleich das bei Platonikern und Aristotelikern gleichermaßen bestehende Interesse für die (von den Hesychasten so vehement bekämpfte) Scholastik in etwa den Boden für die Übernahme der scholastischen Sakramentenlehre bereitet haben mochte, als sich eine solche im 17. Jahrhundert unter dem Zwang äußerer Ereignisse unmittelbar aufdrängte.

Im Westen bot sich demgegenüber ein völlig anderes Bild. "Die Hauptstärke der westlichen Kultur des Mittelalters lag in ihrer Geschlossenheit unter der Herrschaft der Kirche. (...) Sie (die Kirche) hatte für den Fortbestand von Schulen und Universitäten gesorgt, und ihrem Dienst weihten Männer von Bildung ihr gelehrtes Wissen. Die Philosophie wurde zur Dienerin der Religion, und die Kirche vermochte durch die Förderung der Philosophie ihre eigene Theologie zu entwickeln und ihren beherrschenden Einfluß auf das geistige Leben aufrechtzuerhalten. Eine solche Einordnung in ein Ganzes fehlte der byzantinischen Welt."[238]

233 Vgl. F. Heiler, op. cit., S. 405.
234 S. Runciman, op. cit., S. 152.
235 Vgl. N. Kabasilas, Ermēneia tēs theias leitourgias, (M PG 150, 368–492); cf. N. Cabasilas, Explication de la divine liturgie (S. Chr. 4 bis).
236 Jean Meyendorff, op. cit., S. 142.
237 Vgl. I. Dalmais, Die Sakramente: Theologie und Liturgie, in Handbuch der Ostkirchenkunde, S. 418.
238 S. Runciman, op. cit., S. 111.

Bereits in der Frühscholastik leistete *Hugo von St. Victor* den entscheidenden Beitrag zur Gewinnung eines Sakramentenbegriffs. Noch weitreichender jedoch war die Entwicklung in der Hochscholastik unter dem Einfluß der daselbst neuentdeckten aristotelischen Philosophie. Der Versuch zur theologischen Systematisierung unter Zuhilfenahme aristotelischer Gedankengänge wirkte sich auch auf die Sakramentenlehre aus. Die Einführung des aristotelisch inspirierten Kausaldenkens und der entsprechenden Terminologie sowie die Verwendung hylemorphistischer Vorstellungen, wie sie vor allem durch *Thomas von Aquin* zur schärferen begrifflichen Fassung vorgenommen wurde, bedeutete zugleich ein weiteres Abgehen vom östlichen Sakramentenverständnis.[239]
Die Sakramentenlehre des Aquinaten wurde im wesentlichen durch das Konzil von Trient übernommen, als es darum ging, das durch eine Überbetonung des Wortes verkürzte Sakramentenverständnis der Reformatoren *Luther, Zwingli,* und *Calvin* zurückzuweisen, und erhielt damit innerhalb der katholischen Kirche allgemeine Anerkennung.
Im folgenden soll versucht werden, die wichtigsten Momente der abendländischen Entwicklung vom 11.–16. Jahrhundert etwas eingehender zu skizzieren, welche vom 16. Jahrhundert an auch auf das Morgenland einen entscheidenden Einfluß ausübten, und so eine Brücke zum besseren Verständnis jener Ereignisse zu schlagen, die im Osten zur Übernahme der katholischen Sakramentenlehre führten (wovon im 3. Teil unserer Arbeit die Rede sein wird.)

239 Vgl. den geschichtlichen Überblick von H.R. Schlette, Dogmengeschichtliche Entfaltung des Sakramentsbegriffs, in H. Fries (Hrg.), Wort und Sakrament, S. 100ff.

II. De sacramentis in genere

Die Entfaltung einer Sakramentenlehre in der Frühscholastik

"In der Zeit nach Augustinus bis ins 12. Jahrhundert ist ein genaueres Erfassen des Wesens des Sakraments nicht geschehen. Es gilt jedoch zu beachten, daß sachlich im Hinblick auf die 'sakramentale Welt" (Pinsk) weit mehr entfaltet und inzwischen vertraut geworden ist, als in eine allgemeine Lehre von den Sakramenten hätte Eingang finden können."[240] Selbst im Sakramentenverständnis der Frühscholastik wirken neben *Augustinus* vor allem die neuplatonischen Vorstellungen eines *Dionysios (Pseudo-)Areopagita* immer noch nach.

Dieses neuplatonische Verständnis der Sakramente ist allerdings kein ungebrochenes mehr[241], wie sich u.a. auch in der Auseinandersetzung um die Eucharistielehre *Berengars von Tours* (gest. 1088) zeigt. Dieser rationalistische Vertreter der "Dialektiker" vertrat nämlich die Auffassung, daß durch die Konsekration der Herrenleib nur "figuraliter", d.h. symbolisch, in Brot und Wein vergegenwärtigt werde, weil die Elemente der Eucharistie keine Verwandlung in ihrer Substantialität erführen. Für Berengar sind Zeichen und Bezeichnetes real voneinander verschieden. "Sacramentum" bedeutet nach seiner Auffassung nur "signaculum", Ausdrucksmittel, das außer seinem sinnlich Wahrnehmbaren noch eine geistige Bedeutung zum Ausdruck bringt, also gewissermaßen eine Übersetzung in den Bedeutungsbereich des Glaubens darstellt.[242]

Berengars Lehren wurden von 1050 an mehrmals als häretisch verurteilt[243], wobei Berengars Gegner mit einem sehr dinghaften Eucharistieverständnis operierten und sich zudem durch einen noch keineswegs klaren Sakramentenbegriff auszeichneten. Auf der Lateransynode von 1059 unter *Nikolaus II.* wurde Berengar nämlich folgende Bekenntnisformel vorgelegt: "Ich bekenne, daß Brot und Wein, die auf den Altar gelegt werden, nach der Konsekration nicht nur ein Sakrament (sacramentum), sondern auch der wahre Leib und das wahre Blut unseres Herrn Jesus Christus seien und sinnenhaft (sensualiter), nicht nur als Sakrament, sondern in Wahrheit (non solum sacramento, sed in veritate) von den Händen der Priester angegriffen und gebrochen und mit den Zähnen der Gläubigen gekaut werden."[244]

Diese Gegenüberstellung von "sacramentum" und "veritas" erhellt, wie unbestimmt damals der Sakramentenbegriff noch war. Gleichzeitig offenbart aber die

240 H.R. Schlette, in Handbuch theol. Grundbegriffe Bd. II, S. 458.

241 Man vgl. hierzu unsere früheren Ausführungen unter I, 3.

242 Vgl. F. Schupp, Glaube–Kultur–Symbol, S. 136; sowie R. Geiselmann, Die Eucharistielehre der Vorscholastik, S. 343.

243 Verurteilungen Berengars erfolgten auf den Synoden von Rom und Vercelli 1050, in Paris 1051, auf der Synode von Florenz 1055, sowie auf den Lateransynoden 1059 (unter Nikolaus II.) und 1078/79 (unter Gregor VII.), eine beachtliche Zahl, die beweist, wie ernst man Berengars Irrtümer einstufte.

244 DS 690, zit. nach F. Schupp, Glaube–Kultur–Symbol, S. 135.

gesamte Argumentation dieser Auseinandersetzung die Entfernung von der ursprünglichen neuplatonischen Vorstellungswelt bei Berengar ebenso wie bei seinen Gegnern. Zwar bleibt festzuhalten, daß die Bekenntnisformel, welche die Lateransynode unter *Gregor VII.* im Jahre 1079 Berengar vorlegte, sich durch eine wesentlich klarere Fassung auszeichnete[245], aber charakteristischerweise den Akzent beim Sakrament gleichgewichtig auf den Zeichen- und den Wirkcharakter setzte[246]. Bei der Weiterentwicklung des Sakramentenbegriffs in der Frühscholastik dürfte insbesondere *Hugo von St. Victor* (gest. 1141) eine entscheidende Rolle gespielt haben. Dieser war sowohl von Augustinus als auch vom Pseudo-Areopagiten beeinflußt, zu dessen "Hierarchia coelestis" er einen Kommentar schrieb, bevor er sein Werk "De sacramentis christianae fidei" verfaßte. Hugo von St. Victor definierte das Sakrament folgendermaßen:
"Das Sakrament ist ein körperliches oder stoffliches Element, dessen äußere Erscheinung der sinnlichen Wahrnehmung zugänglich ist, und das aufgrund einer Sinnbildlichkeit unsichtbare und geistliche Gnade darstellt, aufgrund einer Einsetzung sie bezeichnet und aufgrund der Heiligung sie enthält."[247]
Es werden also drei Aspekte für das Sakrament als wesentlich erachtet:
1. die natürliche Sinnbildlichkeit eines körperlichen Dinges,
2. die Einsetzung durch Christus (die für das 12. Jahrhundert noch völlig unproblematisch war), durch die es Zeichen der Gnade wird,
3. einen Spender (minister) zur Anwendung der Gnadenmittel.[248]
Zur Explikation verwendet Hugo von St. Victor als Beispiel die Taufe. Die Sinnbildlichkeit des Wassers als Mittel der Reinigung ergibt sich aus der Schöpfung, die institutionelle Verwendung durch die Verfügung, die Heiligung durch den Segen.

245 "Ego Berengarius corde credo et ore confiteor, panem et vinum, quae ponuntur in altari, per mysterium sacrae orationis et verba nostri Redemptoris substantialiter converti in veram et propriam ac vivificatricem carnem et sanguinem Iesu Christi Domini nostri et post consecrationem esse verum Christi corpus, quod natum est de Virgine et quod pro salute mundi oblatum in cruce pependit, et quod sedet ad dexteram Patris, et verum sanguinem Christi, qui de latere eius effusus est, non tantum per signum et virtutem sacramenti, sed in proprietate naturae et veritate substantiae, sicut in hoc brevi continetur et ego legi et vos intelligitis. Sic credo, nec contra hanc fidem ulterius docebo. Sic me Deus adiuvet et haec sancta Dei Evangelia" (D 355).

246 Im Sakrament der Eucharistie ist jener "wahre Leib Christi, der aus der Jungfrau geboren wurde, der, geopfert für das Heil der Welt, am Kreuze hing und der zur Rechten des Vaters sitzt, und das wahre Blut Christi, das aus seiner Seite floß, nicht nur *im Zeichen und in der Wirksamkeit des Sakraments,* sondern in seiner eigentlichen Natur und in seiner wahren Wesenheit" (DS 700). (Zit. nach F. Schupp, ibidem, S. 136f.).

247 Zit. nach: Reform und Anerkennung kirchlicher Ämter, München 1973, S. 193, Anm. 10; cf. Hugo von St. Victor, De sacramentis I 9,2: "Sacramentum est corporale vel materiale elementum foris sensibiliter propositum ex similitudine repraesentans, et ex institutione significans, et ex sanctificatione continens aliquam invisibilem et spiritualem gratiam" (M PL 176, 318).

248 Nach Hugo von St. Victors eigenen Worten ist wesentlich: "quod omne sacramentum similitudinem quidem habet ex prima eruditione, institutionem ex superaddita dispensatione, sanctificationem ex apposita verbi vel signi benedictione" (M PL 176, 318).

"Das erste gab der Schöpfer, das zweite fügte der Erlöser hinzu, das dritte wird vom Verwalter (der Sakramente) ausgeführt."[249]
Die Schwierigkeit bei Hugo von St. Victors Sakramentendefinition liegt darin, daß nicht alle Sakramente im Zeichen ein materielles Element enthalten. Ausserdem versteht er, wie übrigens noch weitgehend die gesamte Frühscholastik, die Wirkweise der Sakramente in einem grob realistischen Sinne. Die Bezeichnung der Sakramente als "vasa gratiae", "vasa spiritualia" und "vasa medicinalia" bei Hugo von St. Victor, Praepositinus von Cremona (gest. 1210) und Wilhelm von Auxerre (gest. 1231 oder 1237) beweisen das zur Genüge.
Petrus Lombardus (gest. 1160) erklärt bereits die Wirksamkeit als das Spezifische des Sakraments gegenüber dem Zeichen im allgemeinen, womit sich eine Akzentverschiebung vom Zeichen- auf den Wirkcharakter anbahnt, die zu Beginn der Hochscholastik immer ausgeprägter wird, wo die Deutung der Sakramente als "Gnadenmittel" in den Vordergrund rückt (so u.a. Wilhelm von Auxerre, Wilhelm von Auvergne und Alexander von Hales).[250] Die Definition von Petrus Lombardus lautete: "Jedes Sakrament ist ein Zeichen, aber nicht umgekehrt. Das Sakrament führt die Sinnbildhaftigkeit der Sache mit sich, für die es Zeichen ist (...) Im eigentlichen Sinn wird das Sakrament genannt, was in der Weise Zeichen der Gnade Gottes und Form der unsichtbaren Gnade ist, daß es diese selbst abbildet und als deren Ursache sich erweist."[251]
Der Lombarde verwendet als einer der ersten den Kausalitätsbegriff für die Sakramente. Er vermeidet es, in seiner Definition wie Hugo von St. Victor von einem "elementum materiale" zu sprechen, sondern benützt vielmehr den Begriff "signum", der auch für eine Handlung zutrifft. Ausserdem ist es ebenfalls Petrus Lombardus gewesen, der die Zahl der Sakramente auf die sieben im heutigen Sinne festlegte, wobei er jedesmal ihre Wesenselemente ("res et verba") bezeichnete.[252]
Wie man sieht, beginnen sich in der Frühscholastik bereits die grundlegenden Elemente der künftigen Sakramentenlehre abzuheben. So wurden auch die Begriffe *"opus operans"* und *"opus operatum"*, die zuerst in der Christologie und Verdienstlehre Verwendung fanden, auf die Lehre von der Wirksamkeit der Sakramente übertragen. Erstes Zeugnis hierfür dürfte ein fälschlicherweise Pierre von

249 Zit. nach: Reform und Anerkennung kirchlicher Ämter, S. 193, Anm. 12: "Ipsa similitudo (aquae) ex creatione est; ipsa institutio ex dispensatione; ipsa sanctificatio ex benedictione. Prima indita per Creatorem; secunda adjuncta per Salvatorem; tertia ministrata per dispensatorem" (M PL 176, 318).
250 Vgl. Handbuch theologischer Grundbegriffe Bd. II, S. 459.
251 Zit. nach: Reform und Anerkennung kirchlicher Ämter, München 1973, S. 193, Anm. 13; cf. Petrus Lombardus, Sent. IV, d. 1, n. 2: "Omne enim sacramentum est signum, sed non e converso. Sacramentum ejus rei similitudinem gerit, cujus signum est . . . Sacramentum enim proprie dicitur quod ita signum est gratiae Dei, et invisiblis gratiae forma, ut ipsius imaginem gerat et causa existat" (M PL 192, 839).
252 Über das Problem einer Beschränkung der Sakramente auf die Siebenzahl vergleiche man die Ausführungen im 4. Teil dieser Arbeit.

Poitiers (einem Schüler des Lombarden) zugeschriebener Text[253] sein. Die Handlung des Spenders wird – aktiv – als "opus operantis" interpretiert, die vollzogene Handlung – passiv – als "opus operatum".
Innozenz III. betont, daß auch die sakramentale Handlung, die von einem unwürdigen Spender vollzogen wird, dem Empfänger des Sakraments keine Einbuße bringt[254], weil das Resultat, nämlich das in der Seele Bewirkte (das "opus operatum") gut ist[255]. Das "opus operatum" enthält einen objektiven Sinn. Die Lehre vom "ex opere operato" jedoch erhielt vor allem durch die Autorität Bonaventuras (gest. 1274) und durch Thomas von Aquin (ebenfalls 1274 verstorben) ihre eigentliche Bedeutung für die Sakramententheologie.
Das Sakrament ist ein Werk Gottes und nicht des Sakramentenspenders, der nur im Auftrag als Werkzeug Gottes wirkt. Die Kraft, Gnade zu bewirken und folglich auch die durch das Sakrament bewirkte Gnade werden dem "ex opere operato" zugeschrieben, da sie in keiner Weise irgendwelchen Verdiensten des Spenders oder des Empfängers entspringen.[256]
Damit wird die *subjektive Disposition beim Spender und Empfänger* jedoch nicht ausgeschlossen, denn wer kein Sakrament vollziehen und keines empfangen will, vollzieht und empfängt auch keines. Damit stellt sich die Frage nach der *"Intention"* des Spenders und nach dem *"Obex"* (Widerstand) des Empfängers, welche die Wirksamkeit des Sakraments überhaupt erst ermöglichen bzw. verunmöglichen. Beide Fragen wurden ebenfalls schon in der Frühscholastik aufgeworfen.
Im Briefe von Papst Innozenz III. an Erzbischof Ymbertus von Arles aus dem Jahre 1201, in welchem sich der Papst über die Taufe äußert, findet sich bereits klar ausgesprochen, daß die gewollte Ablehnung des Sakraments (hier allerdings nur auf die Taufe bezogen) durch den Empfänger für diesen keine Wirkung erbringt. "Wer aber niemals seine Zustimmung gibt, sondern ganz und gar widerspricht, der

253 Text aus der Pseudo-Poitiers-Glosse, Sent. I,5, c. 6: "Moretur baptizans baptizatione, ut baptizatio dicitur actio illius qui baptizat, quae est aliud opus quam baptismus, quia est opus operans, sed baptismus est opus operatum, si ita liceat loqui" (M PL 211, 1235).

254 Vgl. das Glaubensbekenntnis von Papst Innozenz III. gegen die Waldenser aus dem Jahr 1208: D 424.

255 Innozenz III., De Ss. altaris mysterio I,3, c. 5: "Quamvis opus operans aliquando sit immundum, semper tamen opus operatum est mundum" (M PL 217, 843).

256 Das Konzil von Trient definierte auf seiner VII. Session von 1547 in Kanon 8: "Si quis dixerit, per ipsa novae Legis sacramenta ex opere operato non conferri gratiam, sed solam fidem divinae promissionis ad gratiam consequendam sufficere: A.S." (D 851). – Dieser Kanon muß jedoch aus dem Gesamtzusammenhang heraus interpretiert werden, wenn nicht dem Mißverständnis einer magischen Sakramentenwirksamkeit Vorschub geleistet werden soll. Denn in Kanon 6 wird ausdrücklich festgehalten, daß die Sakramente nur denen die Gnade mitteilen, welche ihr keinen Widerstand (obex) entgegensetzen. Ex opere operato schließt demnach die subjektive Disposition nicht aus, sondern bedeutet nur, daß die Sakramente die Gnade aus sich selbst, durch die ihnen eigene Wirksamkeit mitteilen. – (Für weitere Erläuterungen zur Theorie des "opus operatum" vgl. man unsere Anmerkungen 284, 285, 543, 547, 550 sowie Exkurs II: Luthers Verständnis des "opus operatum".)

empfängt weder die Wirkung noch das Merkmal des Sakraments."[257] Der Mensch muß also eine Disposition mitbringen, um "wirklich die Gnade des Sakraments als dessen Wirkung" zu empfangen.[258]

Gleiches gilt allerdings auch vom Spender eines Sakraments, denn als lebendiges und beseeltes Werkzeug Gottes mit Freiheit begabt, muß der Sakramentenspender zumindest die virtuelle *Intention* haben, beim Vollzug des Sakraments "zu machen, was die Kirche tut"[259]. Bereits Innozenz III. weist in seinem Glaubensbekenntnis gegen die Waldenser (1208) auf die Notwendigkeit der Intention des Priesters bei der Eucharistie hin.[260] Und bis ins 13. Jahrhundert zurück reicht auch der bis heute ungeklärte Streit, welcher Art denn eigentlich diese Intention sein müsse, d.h. ob eine "innere" Intention des Spenders erforderlich sei, oder ob eine "äußere" bereits genüge, wie dies Robertus Pullus schon im 12. Jahrhundert vertrat.

In die zweite Hälfte des 12. Jahrhunderts fällt schließlich auch noch die Herausarbeitung der Lehre vom *sakramentalen Charakter,* wobei vor allem der Kanonist Huguccio (gest. 1210), Petrus von Cantor (gest. 1197) – welcher übrigens auch gegen die Ansicht von Innozenz III. die Transsubstantiation auf den Moment fixierte, in dem die Worte des Einsetzungsberichts gesprochen werden –, sowie Petrus von Capua d.J. (gest. 1242) zu erwähnen wären. Die Auffassung vom sakramentalen Charakter als einem unauslöschlichen Merkmal (character indelebilis), das der Seele als geistiges Zeichen durch Taufe, Firmung und Weihen eingeprägt wird, findet sich bereits bei Wilhelm von Auxerre (gest. 1231 oder 37) angedeutet. Was die Theologen der Frühscholastik und in ihrem Gefolge Bonaventura und Thomas von Aquin als Lehre formulierten, war bereits durch die Texte der Hl. Schrift und die durch die Kirchenväter gemachte Anwendung auf die Sakramente vorgezeichnet.[261] Im Mittelalter stritt man noch über die Natur des "Charakters", ob es sich um ein sichtbares oder unsichtbares Merkmal handle.

Man dürfte kaum fehlgehen, wenn man in der Frage nach dem sakramentalen Charakter auch einen Versuch zur Bewältigung des überlieferten platonischen Urbild-Abbild-Verhältnisses sieht. "Haraktēr" bedeutet seinem griechischen Ursprung nach: a) das Werkzeug, mit dem man einer Sache oder Person einen Stempel aufdrückt; b) ein Merk- oder Erkennungszeichen. Sehr oft wird jedoch nicht das

257 Innozenz III.: "Ille vero, qui nunquam consentit, sed penitus contradicit, nec rem nec characterem suscipit sacramenti . . . Tunc ergo characterem sacramentalis imprimit operatio, cum obicem voluntatis contrariae non invenit obsistentem" (D 411).

258 Zur Frage der "Disposition", vgl. K. Rahner, Schriften zur Theologie Bd. II, S. 132f.

259 Vgl. Eugen IV. im Dekret für die Armenier auf dem Konzil von Florenz (1439): " . . . et persona ministri conferentis sacramentum cum intentione faciendi, quod facit Ecclesia" (D 695).

260 Vgl. D 424: "fidelis intentio".

261 Vgl. DTC Bd. II/2, S. 1698ff.

Wort "harakt$\bar{e}$r", sondern der Begriff "sfragis"[262], welcher Siegel (Petschaft wie Abdruck) besagt, verwendet. Im sakramentalen Zusammenhange werden die beiden Begriffe "sfragis" und "harakt$\bar{e}$r" in der metaphorischen Bedeutung als unauslöschbares "Prägmal" Gottes gebraucht. Damit stellt sich das Problem, was durch das Sakrament eingeprägt wird und weshalb.[263]
Der sakramentale Charakter umschließt eine doppelte Idee:
1. Er ist "signum configurativum" und bedeutet eine Verähnlichung mit dem dreifaltigen Gott, insbesondere aber mit Christus, womit gleichzeitig auch eine dauernde Konsekration verbunden ist;
2. Er ist "signum distinctivum", denn er unterscheidet den Bezeichneten von denen, die in der Lebensordnung des Glaubens nicht gleichgestellt sind.
Der sakramentale Charakter wird durch Taufe, Firmung und Weihe zusätzlich zur

262 Über den Begriff "sfragis" vgl. man G. Fitzer, in ThWBzNT Bd. VII, S. 939ff.
Wichtig ist, daß im Altertum die Siegelung durch Einkerbung, Einschneiden oder Einbrennen nicht nur bei Sachen, sondern auch bei Tieren und Menschen (vor allem bei Sklaven) als Eigentumskennzeichnung üblich war. Derjenige, der das Siegel führt, ist Inhaber einer Macht. Der oder das Besiegelte dokumentiert eine Beziehung der Abhängigkeit vom Siegelinhaber. Das Siegel enthält auch einen gewissen Geheimnischarakter, wenn es beispielsweise den Inhalt eines Schriftstücks den Augen Unberufener verschließt. Im Judentum erhält der Begriff "Siegel" vor allem seit Philo immer mehr metaphorische Bedeutung als Sichtbarmachung einer Relation durch Bildwerdung. Das Siegel wird zum "Gleichnis für das Urbild oder die Idee, nach der sich das Körperhafte und das sinnlich Wahrnehmbare bilden" (Fitzer, ibidem, S. 946).
Das Neue Testament braucht den Begriff des "Siegelns" weitgehend in einem übertragenen Sinne. Das Siegel Gottes ist Symbol der Herrschaft über seine Geschöpfe und über die Geschichte. "Die Symbolik nimmt eine neue Bedeutung an, wenn Christus sagt, Gott, der Vater, habe ihm ein Siegel aufgedrückt (Joh 6,27); denn dieses Siegel, das der Vater dem Menschensohn aufprägt, bedeutet nicht nur die Übertragung der Vollmacht, sein Werk zu vollbringen (vgl. Joh 5,32.36), sondern auch die Weihe, die ihn zum Sohne Gottes macht (Joh 10,36). An dieser Weihe erhält der Christ Anteil, wenn Gott ihn durch die Verleihung des Geistes mit seinem Siegel bezeichnet (2 Kor 1,22; Eph 1,13f.), wobei ihn diese Gabe zur Treue gegen den Geist verpflichtet (Eph 4,30). Dieses Siegel ist das Kennzeichen der Diener Gottes und ihr Schutz in der Zeit der eschatologischen Prüfung (Offb 7,2–4; 9,4). Dank diesem Siegel werden sie den göttlichen Worten treu bleiben können, denn diese besiegeln das Grundgesetz des christlichen Lebens und fordern die Gläubigen auf, der Gnade der Auserwählung treu zu sein (2 Tim 2,19)" (X. Léon-Dufour [Hrg.], Wörterbuch zur biblischen Botschaft, S. 615 a).

263 Eliseo Ruffini weist in seinem Artikel "Der Charakter als konkrete Sichtbarkeit des Sakraments in Beziehung zur Kirche" (Concilium 1968, S. 47) mit Recht darauf hin, daß das Konzil von Trient gegen die Angriffe der Reformation zwar definierte: "Can. 9. Si quis dixerit, in tribus sacramentis, baptismo scilicet, confirmatione et ordine, non imprimi characterem in anima, hoc est signum quoddam spirituale et indelebile, unde ea iterari non possunt: A.S." (D 852), aber über die Natur des "Charakters" nur das unbedingt Notwendige sagte, weil sich auch die katholischen Theologen über diesen Punkt uneins waren. In der Folge wurde denn auch immer wieder nur die historische Begründung für die Existenz einer Lehre vom "Charakter" in den Vordergrund gestellt, ohne jedoch in der Frage über das Wesen des "Charakters" weiter voranzukommen. Erst in neuerer Zeit bahnte sich in diesem Punkte eine Änderung an.

Gnade verliehen[264] als Kennzeichnung für eine bestimmte Aufgabe, als Disposition (worunter in diesem Fall ein übernatürliches Vermögen der Seele zu verstehen ist, etwas Heiliges zu empfangen oder zu tun). Thomas von Aquin interpretiert diese Disposition für den Gottes-Dienst als Teilnahme am Priestertum Christi, und wie dieses Priestertum ewig dauert, so ist auch das sakramentale Merkmal unauslöschlich in die Seele eingesenkt *(character indelebilis).*[265] Das Priestertum Christi ist nichts anderes als die "sakramentale" Form seiner Sohnschaft. Das sakramentale Merkmal als die sichtbare Weiterführung des sakramentalen Heilsgestus konstituiert die Kirche, denn durch den sakramentalen Charakter wird der Mensch in eine bestimmte Beziehung zur Kirche gebracht und diese damit als sichtbare Heilsgemeinschaft strukturiert. Dabei muß man sich in Erinnerung rufen, daß gerade Taufe, Firmung und Weihen in besonderer Weise auf die Eucharistie als das Zentrum der (sichtbaren) Kult- und Glaubensgemeinschaft hingeordnet sind.[266]

Doch damit haben wir bereits weit über den Rahmen der Frühscholastik hinausgegriffen. Dafür besteht allerdings auch Grund, denn es waren zwar viele Elemente einer allgemeinen Sakramentenlehre von den Theologen der Frühscholastik herausgearbeitet worden (opus operatum, Intention des Sakramentenspenders und Disposition des Empfängers, das sakramentale Merkmal und auch die Siebenzahl), doch bedurfte die Mehrzahl dieser Elemente noch einer weiteren Entwicklung und verlangte nach eingehender Präzisierung, bevor sie in ein Gesamtkonzept integriert werden konnten. Dazu war jedoch auch ein Organisationsprinzip vonnöten, das

264 Bereits nach Augustinus verleihen Taufe, Firmung und Weihe außer der Gnade noch etwas anderes, nämlich ein "signum dominicum", durch das sie den Menschen zum Besitz Christi machen, wobei jedoch Augustinus den "character" (das sakramentale Merkmal) mit dem Sakrament identifizierte. Die Scholastik trennte sich von dieser Auffassung Augustins und sah im "Charakter" eine Folge der Heiligung und damit ein Mittelding zwischen der Gnade und dem Sakrament. Die Scholastiker des 12. und 13. Jahrhunderts unterscheiden beim Sakrament das "sacramentum tantum" (i.e. das sichtbare Zeichen), die "res sacramenti" (i.e. die Wirklichkeit des Sakraments: die Gnade), sowie "res et sacramentum" (i.e. eine intermediäre Wirkung), womit man den sakramentalen "Charakter" zu umschreiben suchte. Die Theologie des "Charakters", die die Funktion der Heiligung in den Vordergrund stellte, hatte zur Folge, daß sie dem "Charakter" die Sichtbarkeit absprach und ihm nur noch unzulänglich eine sakramentale Struktur zuerkannte. Zwar maß man dem "Charakter" noch eine Zeichenhaftigkeit zu, aber wie kann er Zeichen sein ohne Sichtbarkeit?

265 S. th. III, q. 63, a. 3: " . . . character sacramentalis specialiter est character Christi, cujus sacerdotio configurantur fideles secundum sacramentales characteres, qui nihil aliud sunt quam quaedam participationes sacerdotii Christi ab ipso Christo derivatae."
S. th. III, q. 63, a. 5: "Sacerdotium autem Christi est aeternum, secundum illud Ps 109: 'Tu es sacerdos in aeternum secundum ordinem Melchisedech.' Et inde est quod omnis sanctificatio quae fit per sacerdotium ejus, est perpetua, re consecrata manente. (...) Cum igitur anima sit subjectum characteris secundum intellectivam partem, in qua est fides, ut dictum est, manifestum est quod sicut intellectus perpetuus est et incorruptibilis, ita character indelebiliter manet in anima."

266 Vgl. E. Ruffini, Der Charakter als konkrete Sichtbarkeit des Sakraments in Beziehung zur Kirche, in Concilium 1968, S. 47–53.

der christianisierte Platonismus des Abendlandes nicht mehr zu liefern vermochte. Die theologische Sprache des Okzidents war durch die Autorität Augustins und des Pseudo-Areopagiten noch weitgehend in einer platonisierenden Begrifflichkeit gefangen geblieben, die sich mit der bestehenden westlichen Vorstellungswelt und ihrer Hinwendung zur Empirie nur noch mühevoll vereinbaren ließ und in einem zunehmendem Spannungsverhältnis zu dieser stand. Bei dieser Lage der Dinge bot die Neuentdeckung aristotelischen Gedankengutes ein verändertes Sprachmaterial mit neuen begrifflichen Schemata an, welche im abendländischen Raum alsbald ein lebhaftes Echo fanden.[267]

A. Der Einbruch aristotelischen Gedankengutes

"Bis zum 12. Jahrhundert waren nicht einmal alle Arbeiten des Aristoteles zur Logik in Übersetzungen zugänglich. Im 12. Jahrhundert wurden zunächst einmal alle logischen Schriften des Aristoteles ins Lateinische übertragen. Abälard (gest. 1142) verfaßte bereits Kommentare zu diesen. Um 1140 nahm Thierry von Chartres die neu übersetzten logischen Schriften bereits in das Programm der Schule von Chartres auf. Um die Mitte des 12. Jahrhunderts setzte dann die Übersetzertätigkeit auch bezüglich der übrigen aristotelischen Werke ein. Diese wurde in der Hauptsache in zwei Zentren geleistet: *Toledo und Neapel.*"[268] Spanien wurde dank der Araber gewissermaßen zum Umschlagplatz des Aristotelismus. In Cordoba schrieben der arabische Philosoph Averroes (Ibn Roschd, gest. 1198) und der jüdische Philosoph Moses Maimonides (gest. 1204) ihre Aristoteleskommentare, welche die Hochscholastik stark beeinflußten. Trotz des Widerstandes der kirchlichen Autorität[269] setzte sich die Aristotelesrezeption (getragen vom Dominikanerorden und seinen Universitäten) weitgehend durch und veränderte das Gesicht der abendländischen Theologie.

Die Aufnahme aristotelischen Gedankengutes durch das westliche Hochmittelalter wirkte sich auch auf das Sakramentenverständnis nachhaltig aus. Bereits Wilhelm von Auxerre (gest. 1231 oder 37) benützte aristotelische Überlegungen. *Hugo von Saint Cher* (gest. 1263) wandte als erster die Begriffe Materie und Form im hylemorphistischen Sinne auf die Sakramente an, obwohl er ansonsten noch der augustinischen Richtung verpflichtet war und aristotelisches Material nur spärlich verwandte.

267 Vgl. F. Schupp, Glaube–Kultur–Symbol, Kap. VIII (S. 132ff.) und Kap. X (S. 163ff.).
268 F. Schupp, Glaube–Kultur–Symbol, S. 163.
269 Im Jahr 1210 erließ eine Provinzialsynode von Paris ein Aristotelesverbot, das 1215 hinsichtlich der "Physik" und der "Metaphysik" für die Universität erneuert wurde. Auf Übertretung des Verbotes stand Exkommunikation. Innozenz IV. dehnte 1245 Verbot und Sanktion auf die Universität Toulouse aus. Und selbst 1263 wurden diese Verbote von Urban IV. nochmals eingeschärft. (Vgl. LThK Bd. I, S. 860, sowie F. Schupp, op. cit., S. 164).

Die Übertragung der Begriffe Materie und Form im aristotelischen Sinn führte zu einer eigentlichen Neufassung der Lehre von den Sakramenten. Von diesem Zeitpunkt an wurde der Kausalität im sakramentalen Geschehen besonderes Augenmerk gewidmet. Während der Begriff der "causa", d.h. der Ursache, bei Petrus Lombardus noch höchst unbestimmt und vage verwendet wurde, erhielt er im aristotelischen Denkschema der Hochscholastik eine genaue Umschreibung.
Der Einbruch des Aristotelismus in die bis anhin vorwiegend augustinisch-neuplatonisch bestimmte abendländische Vorstellungswelt kam einer Wende gleich, und die zentralste und überragendste Gestalt in dieser aristotelischen Wende war zweifellos *Thomas von Aquin* (1225–1274). Das will nun allerdings nicht heissen, daß der Aquinate als reiner Aristoteliker eingestuft werden könnte, denn er suchte in manchem doch nach einer Synthese von Aristotelismus und Platonismus. Nichtsdestoweniger war sein Ausgangspunkt aristotelisch und nicht platonisch bestimmt. Am deutlichsten wird der Unterschied zum traditionellen Platonismus im Ansatz des hl. Thomas, wenn man ihn mit seinem Freund und Zeitgenossen *Bonaventura* (gest. 1274) vergleicht, der noch in den überlieferten Kategorien der neuplatonisch-augustinisch orientierten Franziskanerschule dachte. Bonaventuras Seinsphilosophie fängt mit dem Vollkommenen an, um von hier aus das Unvollkommene zu verstehen. Gott ist der Ersterkannte.[270] Wir begegnen ihm in unserer Seele. Es existiert ein Erkennen im Geiste Gottes, nämlich die Erleuchtung. Die Welt ist ein Strom von Bildern, die uns auf die ewigen Urbilder hinweisen (Exemplarismus). Im Schauen des ideellen Wahrheitsgehaltes bestehen verschiedene Stufen: die Schatten, Spuren und Bilder. Der Unterschied zwischen Bild und Urbild ist ein solcher der Analogie, wobei für Bonaventura "Analogie" ausschließlich Teilhabedenken bedeutet.[271]
Für Thomas von Aquin hingegen ist das Ersterkannte das Sein, die Wesenheit der materiellen Dinge, d.h. die Sinneserkenntnis. Die Sinneswahrnehmung führt dem Verstand die Vorstellungen (Phantasmen) von aussen zu, die dieser "durchleuchtet" und deren allgemeines Wesensbild heraushebt. Das sei die Weise, auf welche man zu nichtsinnlichen und allgemeinen Begriffen komme.[272]

270 Der Grundgedanke, "da der Begriff der Dinge nicht aus der Betrachtung der äußeren Dinge gewonnen, sondern aus einem höheren geistigen Dasein ihrer unveränderlichen Seinsinhalte, mit dem die Seele in innerer Berührung steht, unmittelbar geschöpft wird", ist typisch platonisch. "Die Entdeckung der Hierarchie der Begriffe, ihrer Unter-, Neben- und Überordnung, hat weiterhin Platon zu der Lehre geführt, daß jeder einzelne Denkinhalt nicht als gesonderte Einheit erkannt wird, sondern in jedem einzelnen Erkenntnisakt vom Ganzen her, vom Inbegriff des Seins, das folglich auch in jedem einzelnen Erkenntnisakt der Seele gegenwärtig und mitenthalten ist, durch fortgesetzte Teilung und engere Determinierung abzuleiten ist. Die Erkenntnis des obersten Seins wird so für den Platonismus zur Vorbedingung *jeder* Begriffserkenntnis; das normale, rationale Erkennen involviert die volle Erkenntnis Gottes; die normale Erkenntnis wird, wie der hl. Thomas richtig bemerkt (S. Th. 1 q. 79 a. 4), zur visio beatifica gemacht" (E. Ivánka, Plato Christianus, S. 215).
271 Vgl. J. Hirschberger, Kleine Philosophiegeschichte, S. 79ff.
272 Vgl. J. Hirschberger, ibidem, S. 83f.

Der Aquinate sucht in seinen Erörterungen über das Wesen Gottes einen Mittelweg zwischen einer vermenschlichten Gottesvorstellung und der neuplatonischen Auffassung von der völligen Jenseitigkeit und Transzendenz Gottes. "Unsere Erkenntnis von Gott ist durch dreierlei charakterisiert: Sie ist erstens eine mittelbare, indem sie durch Gottes Wirkungen in der Natur vermittelt wird. Sie ist zweitens eine analoge, indem wir Begriffe, die auf Gottes Geschöpfe zutreffen, auf Grund des Ähnlichkeitsverhältnisses von Schöpfer und Geschöpf auf Gott beziehen. Sie ist drittens eine zusammengesetzte, indem wir das unendlich vollkommene Wesen Gottes nur immer stückweise von verschiedenen Seiten aus erfassen können. Sie ist alles in allem unvollkommen, aber sie ist doch Erkenntnis und sie lehrt uns, Gott zu sehen als den Inbegriff des in sich selbst ruhenden vollkommenen Seins."[273]
Die Offenbarung – und nur sie – lehrt uns Gott als Schöpfer zu sehen. Die Schöpfung, das "geschaffene Sein", versteht Thomas als ein Hervorgehen aus der universalen Ursache, insofern Gott in der Schöpfung seine göttlichen Ideen in Freiheit realisiert. Damit ist aber auch der Aquinate wieder beim Platonismus angelangt, denn die Dinge haben nach ihm ihr eigentliches Wesen "präexistierend" in Gott und existieren in der raum-zeitlichen Wirklichkeit nur "uneigentlich".[274] Thomas von Aquin vertritt eine Wertstufung des Seins, eine Deszendenz des Seins von Gott.
In unserem Zusammenhang wird jedoch vor allem bedeutungsvoll, wie Thomas die Wesensstruktur des "geschaffenen Seins", des Seienden, versteht. Der Aquinate begegnet uns in diesem Punkte als Aristoteliker, bestimmt er doch die Eigentümlichkeiten des Seienden nach den aristotelischen "Seinsprinzipien" (arhai) als Materie, Form Wirkursache (Bewegung, Kraft) und Zweckursache. Während Gott "actus purus", d.h. absolut einfach ist, setzt sich das Endliche aus Teilprinzipien zusammen, nämlich aus Wesenheit und Dasein. Die Wesenheit des Körperlichen trägt Materie und Form als Seinsprinzipien in sich. Stoff (Materie) und Form gelten als die inneren Ursachen für das Ganzheitliche eines Körpers. Dazu kommen noch die äußeren Ursachen, denn als Gewirktes unterliegt das Seiende einer Wirkursache, die ihrerseits Finalität voraussetzt, d.h. durch ein Ziel (bzw. einen Zweck) bestimmt ist.
Diese kurze Skizze der Gedankenwelt des hl. Thomas mag hier genügen. Sie dürfte hinreichend zeigen, daß Thomas von Aquin als Aristoteliker doch noch in starkem Maße neuplatonischen Gedankengängen verhaftet war (eine Tatsache, die wir übrigens auch am Begriff "analogon" verifizieren können). Doch diese neuplatonische Komponente des Aquinaten tritt in seiner Sakramentenlehre in den Hintergrund, nachdem gerade dort die aristotelischen "Seinsprinzipien" äußerst konsequent in Anwendung gebracht wurden.

273 H.J. Störig, Kleine Weltgeschichte der Philosophie, S. 223.
274 Vgl. J. Hirschberger, ibidem, S. 85.

B. Die Sakramentenlehre des Aquinaten

Die Übertragung des aristotelischen Schemas von den vier Ursachen auf das Sakramentenverständnis der lateinischen Kirche brachte die westliche Abwendung von der Vorstellung des Sakraments als einem "mustērion" weitgehend zum Abschluß. Die Anwendung des Kausaldenkens beinhaltete den definitiven Abschied von jener traditionellen neuplatonischen Sicht, die im Sakrament das Abbild des göttlichen Urbildes sah, und damit auch den Bruch mit der östlichen Auffassung. Nicht ohne Grund wird nun im Abendland dem Wort innerhalb des sakramentalen Geschehens eine größere Bedeutung zugemessen als den sinnenfälligen Dingen.[275] "Das Zeichensein", so sagt Thomas, "ist in den Worten vollkommener als in den Dingen. Und deshalb wird in den Sakramenten aus den Worten und Dingen gewissermaßen eins, wie aus Form und Stoff, sofern das Zeichensein der Dinge durch die Worte vollendet wird."[276]

Der Aquinate beginnt seine Ausführungen über die Sakramente mit einer *Begriffsbestimmung,* wobei er die Sakramente in die Gattung der heiligen Zeichen einordnet (S.th. III, q. 60, a. 1). Als artbildendes Wesensmerkmal des Sakraments sieht er, daß es "Zeichen einer heiligen Sache ist, sofern sie die Menschen heilig macht (ibidem, a. 2). Dabei ist für Thomas das Sakrament nicht bloß "äußeres Zeichen innerer Gnade". Die Zeichenbedeutung des Sakraments bezieht sich vielmehr zuerst auf die *Ursache* der Gnadenwirkung, so wie die Opferung des Osterlammes die Opferung Christi, die Ursache unseres Heiles darstellt (ibidem, a. 2 ad 2). Das Sakrament ist "sowohl ein erinnerndes Zeichen dessen, was vorhergegangen ist, nämlich des Leidens Christi; als auch ein hinweisendes dessen, was in uns durch Christi Leiden gewirkt wird, nämlich der Gnade; wie auch ein vorausdeutendes Zeichen, nämlich ein Voranzeigen der künftigen Herrlichkeit" (ibidem, a. 3).[277]

275 Karl Rahner weist in seinem Aufsatz "Einleitende Bemerkungen zur allgemeinen Sakramentenlehre bei Thomas von Aquin" allderdings darauf hin, "daß das Verhältnis zwischen Zeichenfunktion (dazu vor allem qu. 60) und Instrumentalursächlichkeit (dazu vor allem qu. 62) für die Sakramente von Thomas nicht bis zum letzten durchreflektiert wird" (Schriften zur Theologie, Bd. X, S. 393). "Die Doppeltheit dieser beiden fundamentalen Aspekte, unter denen nach dem Aquinaten die Sakramente zu begreifen sind und die bei ihm selbst noch nicht in genügender Weise zueinander vermittelt werden, hat denn auch später zu den verschiedensten Interpretationen seiner Lehre über Wesen und Wirksamkeit der Sakramente geführt. Je nachdem man den einen oder den anderen Aspekt vorherrschend sein ließ, ergab sich das fast zwangsläufig" (ibidem, S. 394). Ebenso bleibt auch der "Zusammenhang zwischen einer Theologie des Wortes und einer Theologie der Sakramente" – wie K. Rahner deutlich macht – "bei Thomas von Aquin noch völlig im Hintergrund" (ibidem, S. 395).

276 S. th. III, q. 60, a. 6 ad 2. (Die Übersetzung der Zitate aus der S. th. ist der Deutschen Thomas-Ausgabe Bd. 29, entnommen. Außerdem wurde auch auf den in dieser Ausgabe enthaltenen Kommentar zurückgegriffen.)

277 Das Sakrament ist auch ein *praktisches* Zeichen der Gnade, weil die Hervorbringung der Gnade an den Empfang des Sakraments gebunden ist. Das Sakrament ist Ursache (causa) der Gnade: "RESPONDEO dicendum quod signa proprie dantur hominibus, quorum est per nota ad ignota pervenire. Et ideo proprie dicitur sacramentum quod est signum alicujus rei sacrae ad homines pertinentis, ut scilicet proprie dicatur sacramentum secun-

Was nun die *Wesensstruktur* des Sakraments als sinnenfälliges Zeichen angeht, so erklärt Thomas, daß die geistig-leibliche Natur des Menschen nur "durch sinnenfällige Dinge zur Erkenntnis der übersinnlichen Dinge gelange" (ibidem, a. 4), "denn all unser Erkennen beginnt in den Sinnen" (ibid. a. 4 ad 1). Auch die übersinnlichen Wirkungen "haben nur insofern die Eigenart von Zeichen, als sie selbst durch Zeichen offenbart sind", und in diesem Sinne "heißen auch nichtsinnenfällige Dinge in gewisser Hinsicht Sakramente" (ibid. a. 4 ad 1). Eine solche übersinnliche Wirkung ist die Heiligung.
Da die *Heiligung* des Menschen ausschließlich in der Macht Gottes steht, kommt es auch allein ihm zu, die Dinge zu bestimmen, durch welche der Mensch geheiligt werden soll. Deshalb sind die Sakramente von Gott eingesetzt (ibid. a. 5).
Die sinnenfälligen Dinge bedürfen wegen ihrer Mehrdeutigkeit der näheren Bestimmung durch das Wort und zwar durch das Gotteswort, weil die Sakramente ja der Heiligung des Menschen dienen. Bei dieser Gelegenheit nun wendet Thomas deutlich aristotelische Prinzipien an, indem er mit den Begriffen *Materie und Form* operiert. Er erklärt nämlich: "In den Sakramenten verhalten sich die Worte nach Art der Form, die sinnenfälligen Dinge aber nach Art des Stoffes. Bei allen aus Stoff und Form zusammengesetzten Dingen ist aber der bestimmende Grund die Form, welche gleichsam Ziel und Grenze des Stoffes ist" (ibid. a. 7).[278]
Deshalb hat nach Thomas das Wort im Sakrament den Vorrang vor dem sichtbaren Element. Es ist das Bestimmende und Heilige und bedarf deshalb auch noch mehr als das sichtbare Element der Bestimmung durch Gott. Doch nicht dem materiellen Laut, sondern dem Sinn als sakramentalem Zeichen kommt beim Wort die entscheidende Bedeutung zu. Aus diesem Grunde ist es auch nicht an eine bestimmte Sprache gebunden (ibid. a. 7 ad 1 u. 3, sowie a. 8).[279]
Die "Sakramente" des Alten Bundes bedeuteten nur Verheißung und Glaube an das, was geschehen wird, während die Sakramente des Neuen Testamentes Christus in seinem vollbrachten Erlösungswerk darstellen (S.th. III, q. 61). Deshalb "enthalten und verursachen sie die Gnade" (ibid. a. 4 ad 2). Diese Aussage nötigt Thomas allerdings zu einer Erklärung, wie denn etwas Körperliches wie die Sakramente etwas Geistiges hervorbringen könne.
An dieser Stelle nun bringt Thomas wieder ein aristotelisches Prinzip zur Anwendung: die *Wirkursache,* wobei er zwischen Hauptursache und Instrumentalursache

dum quod nunc de sacramentis loquimur, quod est 'signum rei sacrae, inquantum est sanctificans homines'" (S. th. III, q. 60, a. 2).
Es ist dementsprechend zu beachten, daß nicht das "signum" die Menschen heiligt, sondern die "res".

278 S. th. III, q. 60, a. 7.

279 Es ist zu beachten, daß Materie *und* Form trotz ihrer natürlichen Befähigung zu einer sakramentalen Zeichenhaftigkeit diese Zeichenhaftigkeit in sich nur unvollkommen besitzen, weil nur die göttliche Einsetzung diesen sinnenhaften Elementen eine übernatürliche Zeichenhaftigkeit zu verleihen vermag und so aus ihnen Sakramente im wahren Sinne macht.

unterscheidet. "Die Hauptursache wirkt kraft ihrer Form, die etwas Ähnliches bewirkt, wie etwa Feuer durch seine Wärme wärmt. Auf diese Weise kann nur Gott Gnade verursachen; denn die Gnade ist nichts anderes als eine mitgeteilte Ähnlichkeit der göttlichen Natur. (...) Die werkzeugliche Ursache dagegen wirkt nicht kraft ihrer Form, sondern allein durch die Bewegung, die sie von der Hauptursache empfängt."[280]

Die *Instrumentalursache* ist zugleich Wirkung, d.h. Gewirktes, und Ursache, d.h. Wirkendes. "Das Werkzeug hat zwei Tätigkeiten: die eine ist die werkzeugliche, gemäß der es nicht aus eigener Kraft wirkt, sondern aus der Kraft des Hauptwirkenden; die andere aber ist seine Eigentätigkeit, die ihm aus der eigenen Wesensform heraus zukommt."[281] Thomas verwendet hier das Bild des Beiles, das zur eigenen Wirkung einer führenden Hauptursache bedarf (ibid. a. 1 ad 2).

Die Hauptursache kann nicht Zeichen genannt werden, wohl aber die Instrumentalursache, sofern sie offenkundig ist. Sie ist nämlich Zeichen einer verborgenen Wirkung, "weil sie nicht nur Ursache, sondern, sofern sie von der Hauptursache bewegt wird, auch Wirkung ist" (ibid. a. 1 ad 1). Aus der Sicht des Aquinaten sind Sakramente *praktische* Zeichen, die eine physische (seinsmäßige) Abhängigkeit von der Wirkursache bezeichnen.[282]

Thomas lehnt die Vorstellung ab, die Sakramente seien nur "Gefäße" oder "Träger" der Gnade. Die Gnade ist vielmehr im Sakrament "als einem Werkzeug zu irgendwelcher Verrichtung" (ibid. a. 3 ad 1). Die Sakramente sind Instrumente in der Hand Gottes, und so wirkt Christus *als Gott* in den Sakramenten als Urheber, während er *als Mensch* (d.h. als mit der Gottheit in Person verbundenes Werkzeug) die Gewalt des Hauptspenders besitzt (S. th. III, q. 64, a. 3). Die menschlichen Sakramentenspender sind nur Diener und Werkzeuge (ibid. a. 5), wobei allerdings von dem "beseelten Werkzeug" Mensch eine bewußte Unterordnung unter den Hauptwirkenden (Christus) erforderlich ist, d.h. daß der menschliche Spender die Absicht haben muß, "das zu tun, was Christus und die Kirche tun" (ibid. a. 8 ad 1). Hingegen bleibt die Wirkung des Sakraments von der Würdigkeit des "Spenders" unberührt (was bedeutet, daß beispielsweise auch ein unwürdiger Priester gültige Sakramente spenden kann). Das Sakrament als solches wirkt aus der eigenen Wirkmächtigkeit heraus, d.h. unabhängig von den Verdien-

280 S. th. III, q. 62, a. 1.
281 S. th. III, q. 62, a. 1 ad 2.
282 Die Sakramente sind Wirkursache der Gnade:
a) Sie sind durch Christus eingesetzt, um Gnade zu produzieren, wenn sie dem Menschen appliziert werden, welcher der Erlösung teilhaftig werden soll.
b) Sie produzieren effektiv im Moment der Anwendung Gnade als Instrumente des Erlösungswerkes Christi.
S. th. III, q. 62, a. 1 ad 1: " . . . sacramenta novae legis simul sunt causae et signa; et inde est quod, sicut communiter dicitur, 'efficiunt quod figurant'. Ex quo etiam patet, quod habent perfecte rationem sacramenti, inquantum ordinantur ad aliquid sacrum, non solum per modum signi, sed etiam per modum causae."

sten des Spenders wie auch des Empfängers[283], was mit dem Begriff *ex opere operato* umschrieben wird. Dabei handelt es sich nicht etwa um ein magisches Verständnis vom Wirken des Sakramentes, denn das Sakrament als solches ist von seiner Wirkung in der konkreten Anwendung zu unterscheiden.[284] Die vorhandene Gnadenwirkung tritt nämlich nur ein, wenn der "Empfänger" kein Hindernis (obex) setzt. H.R. Schlette merkt hier sehr berechtigt an, daß die Unterscheidung zwischen Spender und Empfänger natürlich ebenfalls der kausalen Deutung der Sakramente als einem Gnadenmittel sowie der inzwischen vorherrschend gewordenen individualistischen Betrachtungsweise entspricht.[285]
Durch die begriffliche Fassung der Sakramentenlehre brachte Thomas eine Entwicklung zum Abschluß, die es erlaubte, innerhalb der lateinischen Kirche von den Sakramenten im allgemeinen *(de sacramentis in genere)* zu sprechen und unter diesen Oberbegriff sieben[286] Sakramente zu subsumieren, die man von den Sakramentalien (als von der Kirche und nicht durch Christus eingesetzte heilige Zeichen) unterschied.[287] Nachdem das Konzil von Trient die Sakramentenlehre des Aquinaten weitgehend übernahm, erhielt diese innerhalb der lateinischen Kirche entscheidende Bedeutung und beeinflußte in der Folge bis in die neueste Zeit auch viele orthodoxe Theologen.
Allerdings warf diese Sakramentenlehre auch manche Probleme auf, von denen das vordergründigste wohl in der Tatsache bestand, daß sich die Unterscheidung von Materie und Form nicht recht auf das Buß-Sakrament und auf die Ehe anwenden ließ, weil dort die "Materie" im eigentlichen Sinn fehlt. Bedeutungsvoller jedoch dürfte die hintergründige Problematik sein, die sich aus der Einführung aristotelischer Vorstellungen in die Sakramentenlehre ergab. Die rationalistische Komponente dieses Vorganges, die auch in einer stärkeren Betonung des Wortes gegenüber dem sinnenfälligen Ding bestand, war dazu angetan, den Geheimnischarakter des Sakramentes in den Hintergrund zu rücken. Der Sakramentenbegriff war abstrakter geworden. Anstelle des göttlichen Urbildes trat nun Gott als Ursache.

283 Vgl. S. th. III, q. 64, a. 1 ad 2: "Illud tamen quod est sacramenti effectus, non impetratur oratione Ecclesiae vel ministri, sed ex merito passionis Christi, cujus virtus operatur in sacramentis, ut dictum est (q. 62, a. 5)."
284 Vgl. S. Thomas, In IV^{um} Sent., dist. I, q. 1, a. 5, q. III: "In sacramento est duo considerare, scilicet ipsum sacramentum et usum sacramenti. Ipsum sacramentum dicitur a quibusdam opus operatum, usus autem sacramenti est ipsa operatio, quae a quibusdam opus operans dicitur." (Zum "opus operatum" vgl. auch unsere Anm. 253–256, 285, 547, 550 und Exkurs II: Luthers Verständnis des o.o.).
285 Vgl. Handbuch theol. Grundbegriffe Bd. II, S. 460.
286 Über die Siebenzahl der Sakramente vergleiche man die Ausführungen im 4. Teil unsererer Arbeit.
287 K. Rahner schreibt in: Einleitende Bemerkungen zur allgemeinen Sakramentenlehre bei Thomas von Aquin: "Bemerkenswert ist, daß Thomas die sieben Sakramente (im eigentlichen Sinn) schon vom Ansatz her doch in einen größeren Umkreis religiöser Symbolwirklichkeit hineinstellt und sie so von vornherein vor einer Isolierung bewahrt, die weder von der christlichen religiösen Praxis noch von der Religionsgeschichte her legitim wäre: Der Mensch ist grundsätzlich immer der im religiösen Symbol sein innerstes Verhältnis zu Gott vollziehende Mensch" (Schriften zur Theologie, Bd. X, S. 397).

C. Martin Luthers existentielles Sakramentenverständnis

Luthers Sakramentenlehre muß auf dem Hintergrund seiner Entwicklung zum Reformator gesehen werden. Im Widerstreit mit dem damals herrschenden Ablaßwesen verbreitete *Martin Luther* (1483–1546) im November 1517 seine 95 Thesen. Der Ablaßstreit mit seinem Problem der Rechtfertigung stellte sehr rasch die Frage nach Sinn und Wert von Buße, Beichte und Strafe. Gleich wie ein Stein, der ins Wasser geworfen, sich ausweitende konzentrische Kreise erzeugt, so dehnten sich die einmal aufgeworfenen Fragenkomplexe streng logisch auf immer weitere Gebiete aus. Aus dem Problem von Buße und Beichte ergab sich die Notwendigkeit, die Sakramente neu zu bedenken, womit sofort auch die Kirche als Verwalterin und Spenderin der Sakramente und der Gläubige als Sakramentenempfänger in den Kreis miteinbezogen waren.
Es ist dementsprechend verständlich, daß sich Luthers Sakramentenlehre im Zusammenhang seiner gesamten Auseinandersetzung mit der römischen Kirche entwickelte. Es lassen sich drei Etappen unterscheiden, wobei der offene Bruch mit der katholischen Auffassung zu Beginn der zweiten Etappe, nämlich im Herbst 1520, anzusetzen ist.[288] Dies ist nicht zufällig, denn am 15. Juni 1520 hatte Papst Leo X. in der Bulle "Exsurge Domine" Luthers Lehre in 41 Sätzen verurteilt, wovon Luther spätestens im August des gleichen Jahres Kenntnis erhielt. Auf Befehl Kaiser Karls V. waren daraufhin in Löwen und in Köln Luthers Schriften verbrannt worden. Dieser antwortete damit, daß er auf dem Wittenberger Schindanger am 10. Dezember 1520 sowohl die päpstliche Bulle als auch das Kanonische Recht ins Feuer warf. Die Folge davon war, daß der Papst am 3. Januar 1521 in der Bulle "Decet Romanum Pontificem" Luther exkommunizierte.

In der ersten Periode (1518/19)[289] vertrat Luther noch die Ansicht, daß das Wesen der Sakramente in der Einheit von Zeichen und Bedeutetem bestehe (Luther hielt hier noch die scholastische Unterscheidung von "sacramentum" und "res sacramenti"), wobei der Glaube allein das Band zwischen Zeichen und Sache bilde. Luther betrachtete also in seinen Sermones von 1519 das Sakrament unter folgenden drei Aspekten: "Das erst ist das Sakrament oder Zeichen. Das ander die Bedeutung desselben Sakraments. Das dritte der Glaub derselben beiden, wie denn in einem jeglichen Sakrament diese drei Stück sein müssen. Das Sakrament muß

288 Dieser offene Bruch läßt sich deutlich aus der Tatsache ablesen, daß Luther im Juli 1520 in seinem "Sermon von dem Neuen Testament, das ist von der heiligen Messe", die Siebenzahl der Sakramente noch bestehen läßt, während er im September 1520 in seiner Streitschrift "De captivitate Babylonica ecclesiae praeludium" bereits nur noch Abendmahl, Taufe und Buße als Sakramente gelten läßt und bei den übrigen den sakramentalen Charakter bestreitet (vgl. De capt. Bab., op. lat. v. a. 5,86ff.).

289 Die für die erste Periode wichtigen Schriften sind: Sermon vom Sakrament der Buße (1519), Sermon von dem hochwürdigen Sakrament der Taufe (1519) sowie Sermon von dem hochwürdigen Sakrament des heiligen wahren Leichnams Christi und von den Brüderschaften (1519).

äußerlich und sichtbar sein in einer leiblichen Form oder Gestalt. Die Bedeutung muß innerlich und geistlich sein in dem Geist des Menschen. Der Glaub muß die beide zu Nutz und in den Brauch bringen."[290]

290 M. Luther, Sermon vom wahren Leichnam Christi, Münchner-Ausgabe² Bd. I, S. 377; vgl. auch: Sermon vom Sakrament der Taufe, MnA² Bd. I, S. 363.
Über die Anwendung der drei Aspekte: Zeichen, Bedeutung, Glaube auf Taufe und Altarssakrament mag die folgende Darstellung Aufschluß geben. – Bezüglich der *Taufe* vgl. Sermon vom Sakrament der Taufe, zit. nach MnA² Bd. I:

Zeichen	**Bedeutung**	**Glaube**
"daß man den Menschen in dem Namen des Vaters und des Sohnes und des Heiligen Geistes stößt ins Wasser; aber man läßt ihn nit drinnen, sondern hebt ihn wieder heraus" (S. 363).	"ist ein seliglich Sterben der Sünd und Auferstehung in Gnaden Gottes, daß der alte Mensch, der in Sünden empfangen wird und geboren, da ersäuft wird und ein neuer Mensch herausgeht und aufersteht, in Gnaden geboren" (S. 363f.). "daß sich Gott daselbst mit dir verbindet und mit dir eins wird eines gnädigen, tröstlichen Bundes" (S. 367).	"daß man dies alles festiglich glaube, daß das Sakrament nit allein bedeute den Tod und Auferstehung am Jüngsten Tag, durch welche der Mensch neu wird ewiglich ohn Sünd zu leben, sondern daß es auch gewißlich dasselbe anhebe und wirke und uns mit Gott verbindet, daß wir wollen bis in den Tod die Sünd töten und wider sie streiten, und er wiederum uns das wolle zugute halten und gnädig mit uns handeln, nit richten nach der Schärf, da wir ohn Sünd nit sind in diesem Leben, bis daß wir rein werden durch den Tod" (S. 369).

Bezüglich des *Altarssakraments*, vgl. "Sermon vom wahren Leichnam Christi", zit. nach MnA² Bd. I:

"steht in der Form und Gestalt des Brots und Weins, gleichwie die Taufe in dem Wasser, so doch, daß man des Brotes und Weins genieße mit Essen und Trinken . . . Denn das Sakrament oder Zeichen muß empfangen oder ja begehrt werden, soll es Nutz schaffen; . . ." (S. 377).	"oder das Werk dieses Sakraments ist Gemeinschaft aller Heiligen. Drum nennt man es auch mit seinem täglichen Namen Synaxis oder Communio, das ist Gemeinschaft, und communicare auf lateinisch heißt diese Gemeinschaft empfangen, welches wir auf deutsch sagen zum Sakrament gehen, und kommt daher, daß Christus mit allen Heiligen ist ein geistlicher Körper . . ." (S. 378). "Also in diesem Sakrament wird dem Menschen ein gewiß Zeichen von Gott selber geben durch den Priester, daß er mit Christo und seinen Heiligen soll also vereinigt und alle Dinge gemein haben, daß Christi Leiden und Leben soll sein eigen sein, dazu aller Heiligen Leben und Leiden . . ." (S. 379).	"daß, wenn du betrübt bist oder dich deine Sünden treiben, also zum Sakrament gehest oder Meß hörest, daß du begehrst herzlich dieses Sakrament und seiner Bedeutung und nit dran zweifelst, wie das Sakrament deutet, so geschehe dir; das ist, daß du gewiß seiest, Christus und alle Heiligen treten zu dir mit allen ihren Tugenden, Leiden und Gnaden, mit dir zu leben, tun, lassen, leiden und sterben und wollen ganz dein sein, alle Dinge mit dir gemein haben" (S. 387).

Die von Luther unterschiedene Trias des Sakraments: Zeichen, Bedeutung und Glauben, entspricht in ihrer Struktur der Unterscheidung des Wortes Gottes: Gesetz, Evangelium und Glauben. Wie das Wort als Gesetz ohne den Glauben nicht zum Wort als Evangelium führt und dieses somit nicht wirkmächtig wird, so wird auch das Sakrament als äußerliches Zeichen ohne den Glauben nicht in seiner Bedeutung wirksam.[291]
"All Ding sind möglich dem, der da glaubt. Denn die Sakrament auch nichts andres sind denn Zeichen, die zum Glauben dienen und reizen, wie wir sehen werden, ohn welchen Glauben sie nichts nütz sind."[292] Auch mittels der Sakramente ist es der Glaube allein, der Rechtfertigung erlangt. Von daher läuft Luther auch Sturm gegen das "opus operatum", wobei er allerdings nicht die katholische Lehre über das "opus operatum" vor Augen hatte, sondern eine – durchaus kritisierbare – Verfälschung derselben (vgl. Exkurs II).

291 Luthers Anthropologie geht davon aus, daß der Mensch im Spannungsverhältnis zweier konstitutiver Existenzweisen steht: er ist "äußerer Mensch" gemäß dem Fleische (aus Adam geboren) und "innerer Mensch" gemäß dem Geiste (als Neuschöpfung in Christus). Das menschliche Leben ist ein Zwischensein zwischen dem "terminus a quo" (aus Adam) und dem "terminus ad quem" (in Christus). Der durch das Hören des Gotteswortes geweckte Glaube trifft den Menschen entsprechend seiner doppelten Grundbefindlichkeit als "Gesetz", das den alten Menschen zur Erkenntnis seiner eigenen nichtigen Sündhaftigkeit führt und als "Evangelium", welches ihn zur gläubigen Hingabe an die Verheißung Gottes disponiert. – Gott wirkt die Rechtfertigung durch Wort und Glauben, weil der Mensch durch seinen Glauben mit Christus vereinigt wird. Im Glauben als der menschlichen Antwort auf Gottes Wort geschieht jener "glückselige Wechsel", welcher den Menschen der Verheißung des Evangeliums teilhaftig macht. – Die Sakramente sind dem Gotteswort zugeordnet. Sie stehen gewissermaßen als Bindeglied zwischen dem gläubigen Individuum und dem Kollektiv der Gläubigen, weil sie sich in ihrer Verbindung mit dem Wort zwar an den Einzelnen richten, diesen jedoch, sobald er das Sakrament gläubig empfängt, in die Gemeinschaft der Kirche eingliedern. (Nach Luther ist vor allem das Abendmahl das Sakrament der Gemeinschaft der Heiligen, Zeichen der Gemeinschaft und Einleibung mit Christus und allen Heiligen, wobei gerade Brot und Wein durch ihre Entstehung aus vielen Körnern und Beeren ein Bild dieser Gemeinschaft sind [vgl. Ein Sermon von dem hochwürdigen Sakrament des heiligen wahren Leichnams Christi und von den Brüderschaften, EA[1] Bd. XXVII, S. 36].)
Dabei widerspiegelt auch die kirchliche Gemeinschaft die existentielle Grundbefindlichkeit des einzelnen Menschen; auch die Gemeinschaft der Getauften ist erst Kirche im Werden, geprägt von Sündhaftigkeit und Heiligkeit. Es ist eine Gemeinschaft, unterwegs von der "äußeren" zur "innerlichen" Kirche.
Somit läßt sich folgendes Schema aufstellen:

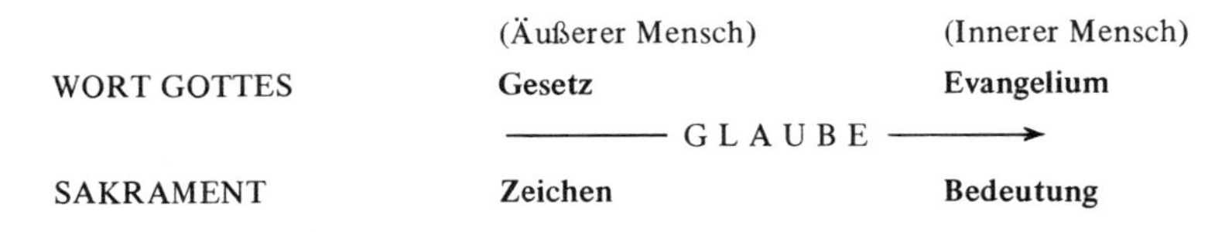

292 M. Luther, Sermon von der Bereitung zum Sterben, MnA[2] Bd. I, S. 348.

Exkurs II: Luthers Verständnis des "opus operatum"

Das im Glauben empfangene Sakrament wirkt – nach Luthers Auffassung – wie das gläubig angenommene Wort die Vergebung der Sünden oder, was diesem entspricht, die Vereinigung mit Christus. Nur durch den Glauben also ist Rechtfertigung möglich. Von daher attackiert Luther auch die – seiner Meinung nach – mit seiner Position unvereinbaren Thesen und Sprechweisen der katholischen Theologie seiner Zeit. Wie Otto H. Pesch es formuliert: "Es genügt nach ihm bei weitem nicht, lediglich der Wirkung der Sakramente 'keinen Riegel (obex) vorzuschieben', vielmehr bedarf es ganz positiv des Empfangs im Glauben und aus dem Glauben[293]. Weil erst und allein der Glaube die Wirkung des Sakramentes entbindet, entfällt für Luther jede Vorstellung eines *opus operatum* als einer von der personalen Entscheidung des Glaubens abgelösten Wirksamkeit des sakramentalen Vollzugs, und es entfällt jedes darauf hinauslaufende Verständnis einer 'Objektivität' des Sakraments, die nie eine andere Art von Objektivität sein kann als die des personalen Wortes Gottes."[294]
In den Sermones vom Leiden Christi[295] und von dem hochwürdigen Sakrament des heiligen wahren Leichnams Christi polemisiert Luther mit beinahe gleichlautenden Worten gegen ein falsches Verständnis des opus operatum: "Es sind ihrer viele, die dieses Wechsels der Lieb und des Glaubens ungeachtet sich darauf verlassen, daß die Meß oder das Sakrament sei – wie sie sagen – 'Opus gratum opere operato', das ist ein solch Werk, das von sich selbst Gott wohlgefällt, obschon die nit gefallen, die es tun. (...)
Also auch hier: je edler das Sakrament ist, je größer Schaden aus seinem Mißbrauch kommt über die ganz Gemein; denn es ist nit um seinetwillen eingesetzt, daß es Gott gefalle, sondern um unsertwillen, daß wir sein recht brauchen, den Glauben dran üben und durch dasselb Gott gefällig werden. Es wirkt überall, wo es allein opus operatum ist, nichts denn Schaden. Es muß opus operantis werden. Gleichwie Brot und Wein wirkt nichts denn Schaden, so man ihrer nit braucht, sie gefallen Gott an sich selbst wie hoch sie mögen. Also ist's nicht gnug, daß das Sakrament gemacht werde (das ist opus operatum), es muß auch gebraucht werden im Glauben (das ist opus operantis). Und dies ist zu besorgen, daß mit solchen gefährlichen Glossen des Sakraments Kraft und Tugend von uns gewandt werden und der Glaub ganz untergehe durch falsche Sicherheit des gemachten Sakramentes. Das kommt alles daher, daß sie mehr Christi natürlichen Körper ansehen in diesem Sakrament denn die Gemeinschaft, den geistlichen Körper."[296]
Zweifellos bekämpfte Luther in seiner Kritik eine gewisse Fehlform des "Opus-operatum"-Verständnisses bestimmter Zeitgenossen, und unter dieser Rücksicht gesehen, war seine Kri-

293 Vgl. M. Luther, Resolutiones disputationum de indulgentiarum virtute (1518), MnA² Bd. I, S. 179; ebenso: Grund und Ursache aller Artikel D.M. Luthers, so durch römische Bulle unrechtlich verdammt sind (1521), WA Bd. VII, 317, 26 und Postille 8 in Joh 1,19–23 (1521), WA Bd. VII, 523,15 (Anm. 46).

294 O.H. Pesch, Die Theologie der Rechtfertigung bei Martin Luther und Thomas von Aquin, S. 334f.

295 Im Sermon von der Betrachtung des heiligen Leidens Christi (1519) erklärt Luther: "In diese Rotte gehören auch die, die erlernet, wie große Frucht die heilige Messe habe, und ihrer Einfältigkeit nach achten sie es gnug, wie sie die Messe hören, dahin man uns führet durch etlicher Lehrer Spruch, daß die Messe opere operati non opere operantis von sich selber auch ohn unser Verdienst und Würde Gott angenehm sei, gerad als wäre das gnug. So doch die Messe nit um ihrer selbst Würdigkeit willen, sondern uns zu würdigen ist eingesetzt, sonderlich aber, um das Leiden Christi zu bedenken, denn wo das nit geschieht, so macht man aus der Messe ein leiblich unfruchtbar Werk, es sei an sich selbst, wie gut es mag, denn was hilft dichs, daß Gott Gott ist, wenn er dir nit ein Gott ist?" (MnA² Bd. I, S. 339f.).

296 M. Luther, Sermon von dem hochwürdigen Sakrament des heiligen wahren Leichnams Christi und von den Brüderschaften (1519), MnA² Bd. I, S. 388f.

tik auch durchaus berechtigt. Aber es ist doch zu beachten, daß die Formel des "Opus operatum" bei Thomas von Aquin niemals "eine reale Gnadenmitteilung am Glauben (oder eben Unglauben) des Empfängers vorbei" beinhaltete. Pesch sagt: "Die Formel vom non ponere obicem ('keinen Riegel vorschieben') meint gewiß zunächst den Fortfall jeder fictio, sowohl gegenüber dem Vollzug des Christuszeichens als solchem als auch gegenüber der darin angebotenen Heilsgnade, aber die damit statuierte passive Haltung des Geschehen-Lassens ist nicht eine Neutralität, die sich einem Automatismus des Sakramentes überlassen dürfte, sondern die positive Passivität des Glaubens, der willig geschehen läßt, was Gott tut."[297]
Damit dürfte klargestellt sein, daß Luther sich nicht eigentlich gegen die katholische Lehre des "Opus operatum" wandte (wenngleich er das vielleicht geglaubt haben mag), sondern gegen deren Verfälschung. Allerdings ging er von einer anderen Betrachtungsweise aus, die man im Gegensatz zu einem ontischen Gesichtspunkt (das Sakrament *in sich*) existentiell (das Sakrament *für uns)* nennen könnte. Daraus ergab sich, daß er die alten Begriffe mit neuen Inhalten füllte, was notwendigerweise zu Mißverständnissen führen mußte. "Opus operatum" bedeutete für Luther das Werk ohne Glauben, bzw. ohne Christus. "Opus operantis" hingegen ist für ihn das Werk Christi. Auf diese Weise schloß er die magischen Vorstellungen, die manche seiner Zeitgenossen mit dem "opus operatum" verbanden, aus.

In der zweiten Etappe seines Sakramentenverständnisses, die mit dem "Sermon vom Neuen Testament, das ist von der heiligen Messe" im Juli *1520* ihren Anfang nimmt, brachte Luther das Sakrament in enge Verbindung mit dem Gotteswort. Die Verkündigung des Wortes Gottes ist auf zweifache Weise möglich:
1. *durch das Wort allein,* das als Evangelium auf das Verheißene hinweist und in seiner Zeichenhaftigkeit sakramental ist, denn das Evangelium[298] bewirkt und

297 O.H. Pesch, Die Theologie der Rechtfertigung bei Martin Luther und Thomas von Aquin, S. 805.
298 Zum Verständnis von Luthers Aussagen muß man sich vor Augen halten, daß er, entsprechend seiner Unterscheidung der menschlichen Grundbefindlichkeit in "äußerer" und "innerer" Mensch auch eine doppelte Wirkweise des Wortes Gottes quoad nos annimmt, nämlich als Gesetz und als Evangelium. Das ergibt dann folgendes Schema:

MENSCH	
Äußerer Mensch	**Innerer Mensch**
aus Adam geboren "nach dem Fleische", der Sünder, der alte Mensch.	aus Christus geboren, "im Geiste", der Gerechtfertigte, der neue Mensch.
WORT GOTTES	
Gesetz	**Evangelium**
"Das Gesetz deckt die Sünde auf und macht den Menschen schuldig und krank, ja erweist ihn als den, der verdammt ist."	"Das Evangelium bietet die Gnade an und vergibt die Sünde, schafft der Krankheit Abhilfe und führt zum Heil." (M. Luther "Vorlesungen über den Römerbrief 1515/16" München 1957, S. 344.)
KIRCHE	
Äußere Kirche	**Innere (wahre) Kirche**
"Körperliche" Christenheit (unter dem Worte stehend), sichtbar.	"Geistliche" Christenheit (die Gläubigen = Gerechtfertigten), verborgen (unsichtbar).

schenkt das, worauf es hinweist, die Vergebung der Sünden in Christus, wie M. Luther bereits in seiner Weihnachtspredigt von 1519 sagte: "Alle Worte, alle Geschichten des Evangeliums sind sozusagen Sakramente (sacramenta quaedam), das heißt heilige Zeichen, durch die Gott in den Glaubenden bewirkt, was diese Geschichten bezeichnen."[299]

2. *durch das Sakrament,* i.e. durch ein Verheißungswort, dem ein äußerliches Zeichen beigegeben ist. Luther gibt dafür im "Sermon vom Neuen Testament . . . " folgende Erklärung: "Weiter hat Gott in allen seinen Zusagen gemeiniglich neben dem Wort auch ein Zeichen geben, zu mehrer Sicherheit oder Stärkung unseres Glaubens: also gab er Noä zum Zeichen den Regenbogen, Abraham die Beschneidung, Gedeon gab er den Regen auf das Land und Lammfell. Also hat auch Christus in diesem Testament than und ein kräftig und alleredelst Siegel und Zeichen an sein Wort gehängt, d.i. sein eigen wahrhaftig Fleisch und Blut, unter Brot und Wein; denn wir arme Menschen, weil wir in den fünf Sinnen leben, müssen ja zum wenigsten ein äußerlich Zeichen haben neben den Worten, daran wir uns halten und zusammenkommen, doch also, daß dasselb Zeichen ein Sakrament sei, d.i. daß es äußerlich sei und doch geistlich Ding hab und bedeut, damit wir durch das Äußerliche in das Geistliche gezogen, das Äußerliche mit den Augen des Leibes, das Geistliche innerlich mit den Augen des Herzens begreifen."[300]

Insofern jedoch der Glaube immer erst vom göttlichen Anruf her, das heißt vom Worte Gottes als Entscheidungsgrund, ermöglicht wird, erhält das sakramentale Zeichen seine Erfüllung exklusiv durch das Wort, das Verheißung und Anwendung des göttlichen Werkes ist. Nach Luther besteht also das Sakrament aus einem Zeichen und dem durch dasselbe besiegelte Verheißungswort, wobei letzterem Priorität zukommt[301], denn das sakramentale Zeichen kann niemals ohne das Verheißungswort zum Glauben und damit zum Heile führen, weil es eben den durch das Wort Gottes geweckten Glauben voraussetzt.

"Die Worte sind göttliche Gelübde, Zusagung und Testament. Die Zeichen sind Sakramente, das ist, heilige Zeichen. Nun als viel mehr liegt an dem Testament, denn an dem Sakrament, also liegt viel mehr an den Worten, denn an den Zeichen. Denn die Zeichen mögen wohl nicht sein, daß dennoch der Mensch die Worte habe, und also ohne Sakrament, doch nicht ohne Testament selig werde."[302]

299 M. Luther, Pr. 89 in Matth 1,1 ff. (25. Dez. 1519), Weimarer-Ausgabe, Bd. IX, 440,2–5. (Bezüglich der Sakramentalität des Wortes Gottes sei am Rande angemerkt, daß Luthers Erklärung durchaus im Rahmen der katholischen Tradition verbleibt. So sagt beispielsweise der katholische Priester noch heute nach der Verkündigung des Evangeliums, wobei er den vorgelesenen Text küßt: "Per evangelica dicta deleantur nostra delicta."

300 M. Luther, Sermon vom Neuen Testament, das ist von der heiligen Messe (1520), EA[1] Bd. XXVII, S. 148 (cf. Walch[2] Bd. XIX, S. 1043 f., 18).

301 M. Luther erklärt: "das beste und größte Stück aller Sakramente seyn die Worte und Gelübde Gottes, ohne welche die Sakramente todt und nichts sind" (Sermon vom NT, d.i. von der hl. Messe, EA[1] Bd. XXVII, S. 153, oder Walch[2] Bd. XIX, S. 1049,30).

302 M. Luther, ibidem, EA[1] Bd. XXVII, S. 153, oder Walch[2] Bd. XIX, S. 1049,30. – Zum Verständnis der Terminologie Luthers sei angemerkt, daß er – wie schon im scholasti-

Die Erkenntnis aus der zweiten Etappe in der Entwicklung seines Sakramentenverständnisses konsolidierte und präzisierte Luther schließlich *in einer dritten Periode,* die mit der Schrift "Wider die himmlischen Propheten, von den Bildern und Sakrament" im Jahre 1525 begann.[303] Die Zahl der eigentlichen Sakramente hatte er bereits 1523 im Traktat "Vom Anbeten des Sakraments des heiligen Leichnams Christi" auf zwei, nämlich auf Taufe und Abendmahl reduziert.[304] Die Buße ordnete er dabei dem Taufsakrament zu.[305]
Um darzutun, daß die Wirksamkeit der Sakramente allein auf Gott zurückzuführen sei, schien Luther die Charakterisierung des Sakraments durch das Wort und das sakramentale Zeichen ungenügend, und so fügte er als drittes Merkmal noch Gottes Befehl und Ordnung (d.h. die Einsetzung durch Gott) hinzu.[306] Luther war jedoch überzeugt, daß das (in der Predigt) verkündigte Wort Gottes die gleiche Wirkung wie das Sakrament habe, da er beide als Vehikel und Leiter der Gnade auffaßte, die zur Sündenvergebung[307], zur Einwohnung Christi und schließlich zum ewigen Leben führen.[308] Während jedoch die Predigt des Gotteswortes den Schatz Christi der Gemeinde als ganzer darbietet, sind die zwei Sakramente auf die

schen Sprachgebrauch oft üblich (man vgl. z.B. Thomas von Aquin, S. th. III, 64,7 c) – das sakramentale Zeichen ("sacramentum tantum"), welches enthält, was es bedeutet, kurzerhand als "Sakrament" bezeichnet. Damit ergibt sich folgendes begriffliche Schema:

SAKRAMENT	=	Verheißungswort	+	"wahres" Zeichen
		Testament		Wahrzeichen / Siegel
				auch "Sakrament" genannt

303 Vgl. Steitz/Kattenbusch in RPTK Bd. 17, S. 371ff., auf deren Ausführung sich auch die folgenden Erläuterungen über Luthers dritte Periode im Sakramentenverständnis stützen.
304 Vgl. M. Luther, op. cit., EA[1] Bd. XXVIII, S. 418.
305 Bezüglich der Zuordnung der Buße zur Taufe erklärt Luther in der Schrift: Vom Abendmahl Christi, Bekenntnis (1528): "sie (die Buße) ist nichts anderes denn die Übung und Kraft der Taufe, daß die zwei Sacrament bleiben, Taufe und Abendmahl neben dem Evangelio, darinnen uns der heil. Geist Vergebung der Sünden reichlich darbeut, gibt und übet" (EA[1] Bd. XXX, S. 371).
306 1534 predigte Luther "Von der heiligen Taufe": "Wer hat dich geheißen, Wasser und Wort zusammenzugeben? Woher und wodurch bist du gewiß, daß solches ein heilig Sakrament sei? – es gehört noch eins dazu, nämlich ein göttlich Geheiß oder Befehl. Lerne also die drei Stücke zusammenfassen, so zum vollkömmlichen Wesen und zur recht Definition der Taufe gehören: nämlich die Taufe ist Wasser und Gottes Wort, beide auf seinen Befehl geordnet und gegeben" (EA[1] Bd. XVI, 55–59).
307 Vgl. Luthers Schrift "Vom Abendmahl Christi, Bekenntnis": cf. unsere Anm. 305.
308 Vgl. M. Luther "Sermon von dem Sakrament des Leibes und Blutes Christi wider die Schwarmgeister" (1526): "Ich predige das Evangelium von Christo und mit der leiblichen Stimme bringe ich dir Christum ins Herz, daß du ihn in dich bildest. Wenn du nun recht glaubest, daß dein Herz das Wort fasset und die Stimme drinnen haftet, so sage mir: Was hast du im Herzen? Du mußt dir sagen, du habest den wahrhaftigen Christum . . . Kann ich nun abermal mit einem Wort solches ausrichten, daß der einige Christus durch die Stimme in so viel Herzen kommt und ein jeglicher, der die Predigt hört und annimmt, faßt ihn ganz im Herzen, (...) warum sollts sich denn nicht reimen, daß er sich auch im Brot austeile" (EA[1] Bd. XXIX, S. 334f.).

besonderen Bedürfnisse des einzelnen hingeordnet.[309] Hierin zeigt sich, daß Luther die Sakramente vor allem unter einem existentiellen Gesichtspunkt (nicht die Sakramente *in sich,* sondern die Sakramente *für uns)* betrachtete.
Bei allem Ungenügen seiner Terminologie darf jedoch nicht übersehen werden, daß auch Luther ein ontisches Wirken der Sakramente durchaus anerkannte.[310] Das sakramentale Zeichen ist als wirksames Zeichen ursächlich vermittelnd. "Sonst könnte er die Sakramente nicht im gleichen Atemzuge 'Zeichen' und 'Worte' nennen, d.h. Taten Gottes, in denen etwas Wirkliches geschieht. Leere Zeichen, Zeichen im Sinne von Symbol, deuten, wie Luther ganz richtig sagt, immer auf einen abwesenden Gegenstand. Das Zeichen, das er meint, ist ein wirksames Zeichen. Das, was darin abgebildet wird, geschieht. Taufe und Abendmahl reden nicht nur von der Vergebung, sie enthalten sie und bringen sie. Sie sind darum das Abbild einer gegenwärtigen und doch unsichtbaren Sache. Sie malen nicht nur eine ferne Wirklichkeit, sondern sie tragen sie in sich. So ist es mit allem, was Luther sonst Sakrament nennt. Die Worte Christi sind nur 'Zeichen', nur ein Hinweis auf die in ihnen angedeutete unergründliche Wahrheit Gottes – und doch ruht die ganze göttliche Wahrheit in ihnen, und wer ihnen glaubt, wird selig. Auch Christus ist wahrlich nur ein 'Zeichen', eine unscheinbare, im Leben unterliegende Gestalt – und doch ist der ewige Gott in ihm Person geworden. So ist es auch mit den Sakramenten der Kirche. Harmlosere Zeichen als Wasserbesprengung und Genuß von Brot und Wein gibt es nicht – und doch, wer den Worten des Sakraments glaubt, empfängt das, was sie versprechen: Vergebung der Sünden."[311]

D. Die Sakramentenlehre der Reformatoren und das Tridentinum

Die Lehren eines Zwingli und Calvin brachten im Vergleich zur lutherischen Auffassung eine weitere Abwertung der Sakramente gegenüber dem Wort. War das Sakrament in der Sicht Luthers dem Wort Gottes zugeordnet, so vertraten Zwingli und Calvin eindeutig eine Unterordnung des Sakraments unter das Wort.[312]

309 Vgl. M. Luther, ibidem: "Es ist ein Unterschied, wenn ich seinen Tod predige; das ist eine öffentliche Predigt in der Gemeinde, darinnen ich niemandem sonderlich gebe, wer es fasset, der fassets; aber wenn ich das Sakrament reiche, so eigne ich solches dem sonderlich zu, der es nimmt, schenke ihm Christus Leib und Blut, daß er habe Vergebung der Sünden, durch seinen Tod erworben und in der Gemeinde gepredigt. Das ist etwas mehr denn die gemeine Predigt. Denn wiewohl in der Predigt eben das ist, das da ist im Sakrament, und widerumb, ist doch darüber der Vorteil, daß es hie auf gewisse Personen deutet" (EA[1] Bd. XXIX, S. 345).
310 Vgl. J. Lortz, Sakramentales Denken beim jungen Luther, in Luther-Jahrbuch 1969, S. 16.
311 H. Bornkamm, Luthers geistige Welt, S. 112f.
312 K.G. Steck erklärt allerdings: "Die reformierte Lehre von den Sakramenten ist von der lutherischen verschieden, aber nicht in dem Grade, wie es oft behauptet wird, und durch eine unzutreffende Ineinssetzung reformierter Sakramentenlehre mit der Position Zwinglis optisch erscheinen mag" (Evangelisches Kirchenlexikon Bd. III, S. 759). In der Tat hat sich das gemäßigtere Sakramentenverständnis Calvins sehr bald gegenüber Zwinglis Auffassungen durchgesetzt.

Die radikalste Position in der Sakramentenlehre nahm wohl *Huldrych Zwingli* (1484–1531), Zürichs Reformator, ein. Bereits der Begriff "Sakrament" ist ihm ein Dorn im Auge[313]. Seine Begründung verdient Beachtung, denn er spürte zumindest, daß zwischen dem Begriff "Sakrament" und der durch diesen bezeichneten Realität eine gewisse Diskrepanz und unsachgemäße Mehrdeutigkeit bestand.[314]

Allerdings meinte Zwingli, daß die Sakramente, zu denen er nur die Taufe und das Abendmahl rechnete, keine Gnadenmittel seien, welche Gnade vermittelten.[315] Bei Zwingli besteht die Religion aus dem Glauben als einer innerlichen religiösen Erfahrung und Gewißheit der von Gott gewirkten Erlösung.[316] Deshalb können die Sakramente auch nicht Vehikel der Gnade sein.[317] Sie sind vielmehr bloße "Zeichen oder Symbole geistlicher Dinge"[318], die sich auf Christus und auf die

313 H. Zwingli, De vera et falsa religione commentarius" (1525): "Vocem istam 'sacramentum' magnopere cupiam *Germanis* nunquam fuisse receptam, nisi *Germane* esset accepta" (Sämtliche Werke Bd. III, S. 757), i.e. "Sehr wünschte ich, die Deutschen hätten das Wort 'Sakrament' niemals in ihren Sprachschatz aufgenommen, es sei denn, daß sie es deutsch, unmißverständlich, aufgenommen hätten" (Auswahl, S. 541). Und in der Schrift "Über die Gevatterschaft" (1524) schrieb Zwingli: "Es ist ouch under tusenden kum einer, der recht verstande, was diss wort 'sacrament' heiße, wie wol es nun ein latinisch wort ist. Und ob sy es denn glych verstond, so haltend sy doch die sacrament anderst weder das wort heißet" (Sämtliche Werke Bd. III, S. 487).

314 H. Zwingli, Auslegen und Gründe der Schlußreden (1523), Art. 18: "Es hat Christus das wort sacrament nit gebrucht, der aber der ursprung der heilsamen dingen ist, die wir sacramenta nennen" (Sämtliche Werke Bd. II, S. 127): "dann was bekümmeret mich, wie die *Latiner* die heiligen ding nennind? Sacramentum ist ein *lateinischer* nam; die *Griechen* bruchend inn nit, wiewol sy misterium bruchend, doch gar nit der meinung, als die Latiner sacramentum" (Sämtliche Werke Bd. II, S. 125). Zwingli polemisierte auch gegen die Benennung der sieben heiligen Handlungen mit dem Begriff Sakrament, da nach seiner Ansicht nur Taufe und Abendmahl von Gott eingesetzt sind und sich demnach wesentlich von den restlichen fünf Riten unterscheiden. "Denn verstond ir sacramentum, es sye ein zeichen, das mit dem wort gottes oder des menschen gesegnet oder geheilget sye, so sind iro wol me dann sibne. Verstond aber ir sacramenta sin die zeychen oder pfand, die gott mit sinem eygnen wort gegeben und geheilget und bevestet hat, so müssen ie nit sacrament sin, die nun uss dem ansehen und wort des menschen kummend" (ibidem).

315 H. Zwingli, Fidei ratio ad Carolum V, Romanorum imperatorem (1530): "ich glaube, ja, ich weiß, daß alle Sakramente keine Gnade übertragen, ja, sie bringen sie nicht einmal mit sich oder vermitteln sie. (...) Denn die Gnade kommt vom göttlichen Geiste oder wird von ihm gegeben. (...) Deshalb ist diese Gabe nur Sache des Geistes allein" (Auswahl, S. 748).

316 Vgl. R. Staehelin, Huldreich Zwingli. Sein Leben und Wirken Bd. II, S. 216.

317 H. Zwingli, Fidei ratio (vgl. auch Anm. 4): "Eine Leitung oder ein Vehikel braucht der Geist nicht; er selbst ist Kraft und Träger von Allem und braucht nicht getragen zu werden. Wir haben auch niemals in der heiligen Schrift gelesen, daß Sinnenfälliges, wie die Sakramente, sicher den Geist mit sich bringen. Vielmehr wenn je Sinnenfälliges mit dem Geist verbunden war, so war der Geist der Träger, nicht das Sinnenfällige" (Auswahl, S. 748).

318 H. Zwingli, Expositio christianae fidei (1531): "Die Sakramente ehren und verehren wir als Zeichen und Symbole heiliger Dinge, nicht als wenn sie die Sache selbst wären, die sie bedeuten – denn wer könnte so unkundig sein, das Zeichen mit dem, was es bedeutet, gleich zu setzen?" (Auswahl, S. 799.)

vergangenen Heilsereignisse beziehen.[319] Das Symbol kommt – wie bei den Propheten – gewissermaßen dem Wort zu Hilfe.
Wie F. Blanke darlegt, vertrat Zwingli im Gegenschlag zu den damals vorherrschenden Sakramentsvorstellungen einen sakramentalen Subjektivismus. Die Sakramente sind nicht Gnaden – sondern Veranschauungsmittel, Darstellung und nicht Darreichung des Heils[320]. Sie bedeuten für den Gläubigen neben der Erinnerung an das Erlösungswerk Christi vor allem ein Bekenntnis des Glaubens und eine öffentliche Verpflichtung und sind insofern Erinnerungs-, Bekenntnis- und Verpflichtungszeichen, die sich primär auf die kirchliche Gemeinschaft und nicht auf den einzelnen beziehen.[321] Taufe und Abendmahl werden demnach im wesentlichen als symbolische Handlungen betrachtet, die a) *Erinnerungszeichen* (bzw. Gedächtnishandlungen) für das – nur geistig zu empfangende – Heil darstellen, und b) *Erkennungszeichen* (bzw. öffentliches Bekenntnis) sind, durch welche der Christ in der Gemeinde Zeugnis seines Glaubens ablegt.
Indem er auch das Abendmahl bloß als einen Erinnerungsritus verstanden haben wollte und dementsprechend eine Realpräsenz Christi unter den Gestalten von Brot und Wein ablehnte, setzte sich Zwingli auch in Gegensatz zur Auffassung Luthers.[322] Das Abendmahl ist nach Zwinglis Ansicht nur symbolische Vergegen-

319 H. Zwingli, Expositio christianae fidei: "Die Sakramente sind Zeichen wahrer Dinge; wirklich und natürlich geschehene Dinge tragen sie uns vor, gedenken ihrer und stellen sie uns gleichsam vor Augen" (Auswahl, S. 799).

320 Vgl. F. Blanke, Zwinglis Sakramentsanschauung, in Theol. Blätter Nr. 10, 1931, col. 283–290. Allerdings glaubte Blanke beweisen zu können, daß Zwingli seinen Subjektivismus in der letzten Phase seines Lebens überwunden habe, doch diese These muß zumindest als stark umstritten eingestuft werden.

321 H. Zwingli, Fidei ratio (1530): "Werden wir aber ohne Sakrament auf den Empfang der Sakramentsgnade vorbereitet, so ist der Geist in seiner Güte vor dem Sakrament da und darum die Gnade schon geschehen und da vor dem Sakramentsempfang. Daraus folgt – und das gestehe ich in der Sakramentsfrage gern und willig zu –, daß die Sakramente zum öffentlichen Zeugnis für die jedem vorher zuteil gewordene Gnade gegeben werden. (...) Machen sie auch nicht die Gnade, so verbinden sie uns, die früher unsichtbar in die Kirche Aufgenommenen, doch sichtbar mit ihr . . . " (Auswahl, S. 749).

322 Luther hatte zwar bereits in "De captivitate Babylonica" (1520) die Transsubstantiationslehre durch die Konsubstantiationslehre (statt Verwandlung substantielle Koexistenz von Brot und Wein) ersetzt, doch an der *Realpräsenz* hielt er unverbrüchlich bis ans Ende fest. Nachdem *Karlstadt* (Andreas Bodenstein, um 1480–1541) durch seine "touto"-Exegese die Realpräsenz bestritten hatte, reagierte Luther mit einem "Brief an die Christen zu Straßburg wider den Schwärmergeist" (1524) und mit der Streitschrift "Wider die himmlischen Propheten, von den Bildern und Sakrament" (1525), welche erste Andeutungen seiner Ubiquitätslehre enthielt. Diese Lehre begründete Luther in der Folge als Antwort gegen Zwingli und Oekolampad im "Sermon vom Sakrament des Leibes und Blutes Christi wider die Schwarmgeister", Po. 206 (1626), in den großen polemischen Schriften, sowie in der Schrift "Vom Abendmahl Christi, Bekenntnis" (1528), worin er stets die Realpräsenz verteidigt: Der im Abendmahl gereichte Leib ist nach Luther "derselbe Leib, gleich da er auf Erden ging" (EA[1] Bd. XXX, S. 203). Doch der Streit um die Realpräsenz hatte – wie Paul Althaus sehr richtig bemerkt – zur Folge, daß Luthers große Vision vom Abendmahl als dem Sakrament der Gemeinschaft der Heiligen, sowie als dem Zeichen der Gemeinschaft und Einleibung mit Christus und allen Heiligen (ein für Luthers Kirchenbegriff zentraler Gedanke) völlig in den Hintergrund gedrängt wurde (vgl. P. Althaus, Die Theologie Martin Luthers, S. 278). Über den Abendmahlsstreit vergleiche man vor allem: W. Köhler, Zwingli und Luther.

wärtigung der durch Christus vollbrachten Erlösung und dankbares Gedächtnis für die durch den Kreuzestod Christi empfangenen Wohltaten.[323] Die Gegenwart Christi ist nicht *im*, sondern – nur geistig – beim Abendmahl.[324]

In seiner Sakramentenlehre wies Zwingli sowohl die katholische wie auch die lutherische und anabaptistische Auffassung zurück. Gegenüber den Katholiken bestritt er die instrumentale Wirkursächlichkeit der Sakramente; gegenüber den Lutheranern betonte er, daß der sakramentale Ritus kein Heil mitteile, da die Rechtfertigung ein völlig geistliches und innerliches Geschehen darstelle, ohne äußere Bestätigung und Gewißheit; und schließlich argumentierte er gegenüber den Anabaptisten, daß der vollkommene Glaube nicht der Bestätigung durch einen äußerlichen Ritus bedürfe.[325]

Gegen Ende seines Lebens wandte sich Zwingli immer mehr platonischen Vorstellungen zu. Der Glaube wird als Schau Gottes im platonischen Sinne interpretiert, und davon ausgehend entwickelte Zwingli auch seinen Symbolismus. Doch die auch von *Oekolampad* (Joh. Hausschein, 1482–1531) und Johann Heinrich *Bullinger* (1504–1575) vertretene zwinglianische Sakramentsauffassung setzte sich letztlich in der reformierten Kirche nicht durch, sondern die Lehre von *Johannes Calvin* (1509–1564), der eine gewisse Mittelstellung zwischen Luther und Zwingli einnahm.

Im IV. Buch der "Institutio christianae religionis" mit dem Titel "De externis mediis vel adminiculis, quibus Deus in Christi societatem nos invitat, et in ea retinet" (Ausgabe von 1559) befaßte sich Calvin ausführlich mit den Sakramenten, deren Zahl er ebenfalls auf Taufe und Abendmahl beschränkte. "Wie Luther in der zweiten Periode, knüpfte Calvin die Sakramente eng an das Wort Gottes an"[326], wobei er sich auf die Definition von Augustinus abstützte.[327] Für Calvin umschließen die Sakramente einen doppelten dynamischen Prozeß: das Wort Gottes (als Gnadengeschenk) an die Menschen und die Antwort des Menschen (als

323 In einem (lateinischen) Brief an Thomas Wyttenbach vom 15.6.1523 äußerte Zwingli zum erstenmal die Ansicht, daß eine "Realpräsenz" nur für den Glauben existiere. Doch erst in einem ebenfalls lateinisch abgefaßten (fingierten) Brief "Ad Matthaeum Alberum, Rutlingensium ecclesiasten, de coena dominica Huldrychi Zwingli epistola" (16.11.1524) bekannte er offen: "niemals, glaube ich, hat jemand wirklich geglaubt, Christus leiblich und wesentlich in diesem Sakrament zu essen; mögen das auch alle energisch gelehrt oder vorgegeben haben" (Auswahl, S. 439). Vom Abendmahl sagt Zwingli (ibid.): "das sei das Symbol für seine Gläubigen, daß sein, Gottes, ihres Meisters und Herren, Leib getötet worden wäre; darum müsse das geschehen zu seinem Gedächtnis" (Auswahl, S. 44).

324 In seiner "Amica exegesis, id est: expositio eucharistiae negotii ad Martinum Lutherum" (1527) betont Zwingli den Symbolcharakter des Abendmahles: "*Christus* hat nicht geboten, seinen Leib zum Gedächtnis seines Leibes zu essen, vielmehr ein Symbol bedeutendes Brot und entsprechenden Kelch zu genießen zum Gedächtnis seines Leibes, das heißt: seines Leidens und Todes. Ist die Gegenwart des Leibes geistig, das heißt: glauben wir im Herzen an den für uns gestorbenen *Christus*, so wird keine Uneinigkeit zwischen uns übrig bleiben. Denn wir vertreten jene Gegenwart so energisch, daß wir sie allein für ausreichend in unserer Streitfrage halten" (Auswahl, S. 643).

325 Vgl. DTC, Bd. XV, col. 3812.

326 RPTK Bd. 17, S. 376.

327 Vgl. J. Calvin, Institutio IV, cap. 14, § 4.

Frömmigkeit) gegenüber Gott. Das Sakrament ist "das durch ein äußeres Zeichen bestätigte Zeugnis der göttlichen Gnade in uns, zusammen mit der Bezeugung unserer Frömmigkeit gegenüber Gott"[328].

Das göttliche Verheißungswort bedürfte in sich keineswegs einer Bekräftigung durch die Sakramente, diese sind vielmehr eine Konzession Gottes an die sinnengebundene menschliche Natur und ihre Schwächen.[329] Allein aus diesem Grunde vermittelt Gott das Geistige in der sinnenfälligen Form der Sakramente. Gott behilft sich mit der Sprache des Fleisches, indem er Zeichen für die Augen benützt.[330] Dementsprechend bezeichnete Calvin die Sakramente auch als "äußeres Symbol" für die Besiegelung des von Gott verheißenen Wohlwollens in unserem Gewissen[331], als "Spiegel" zur Schau der göttlichen Gnade und als "bildlicher Ausdruck" der im Gotteswort gegebenen Verheißung.[332]

Calvin umschrieb das Verhältnis von Wort und Sakrament mit einem Bild. Das Wort Gottes ist das Fundament, die Sakramente sind die "Säulen" des Glaubens, welche diesen auf dem Fundament des Wortes stützen.[333] Zuerst belehrt uns der Herr mit seinem Wort, dann bekräftigt er dieses durch die Sakramente (als Besiegelung seiner Verheißung)[334], schließlich erleuchtet er mittels des Hl. Geistes unse-

328 J. Calvin, Institutio IV, cap. 14, § 1: "Principio animadvertere convenit quid sit Sacramentum. Videtur autem mihi haec simplex et propria fore definitio, si dixerimus externum esse symbolum quo benevolentiae erga nos suae promissiones conscientiis nostris Dominus obsignat, ad sustinendam fidei nostrae imbecillitatem: et nos vicissim pietatem erga eum nostram tam coram eo et Angelis quam apud homines testamur. Licet etiam maiore compendio aliter definire: ut vocetur divinae in nos gratiae testimonium externo signo confirmatum, cum mutua nostrae erga ipsum pietatis testificatione. Utramlibet ex his definitionibus eligas, ab illa Augustini, quae sacramentum esse tradit rei sacrae visibile signum, aut invisibilis gratiae visibilem formam, sensu nihil differt: rem vero ipsam melius ac certius explicat" (Ioannis Calvini Opera Selecta, Bd. V, S. 259).

329 J. Calvin, Institutio IV, cap. 14, § 3: "Verum ut exigua est et imbecilla nostra fides, nisi undique fulciatur, ac modis omnibus sustentetur, statim concutitur, fluctuatur, vacillat, adeoque labescit. Atque ita quidem hic se captui nostro pro immensa sua indulgentia attemperat misericors Dominus ut quando animales sumus, qui humi semper adrepentes, et in carne haerentes, nihil spirituale cogitamus, ac ne concipimus quidem, elementis etiam istis terrenis nos ad se deducere non gravetur, atque in ipsa carne proponere bonorum spiritualium speculum" (Opera Selecta Bd. V, S. 260).

330 Vgl. A. Ganoczy, Ecclesia ministrans, S. 79. Bei Calvin lesen wir in der "Institutio" IV, cap. 14, § 6: "quia carnales sumus, sub rebus carnalibus exhibentur" (Opera Selecta, Bd. V, S. 263).

331 "externum esse symbolum": Institutio IV, cap. 14, § 1.

332 "specula in quibus gratiae Dei divitias, quas nobis elargitur, contemplari liceat" und "quod Dei promissiones velut in tabula depictas repraesentet, et sub aspectum graphice atque eikonikōs expressas statuat": Institutio IV, cap. 14, § 6 (Opera Selecta, Bd. V, S. 263).

333 J. Calvin, Institutio IV, cap. 14, § 6: "Quo enim modo aedificium suo quidem fundamento stat et incumbit, subiectis tamen columnis certius stabilitur: ita fides in verbo Dei, non secus ac fundamento residet; sed quum accedunt sacramenta, ipsis adhuc ceu columnis, solidius innititur" (cf. supra).

334 Wenn Calvin von den Sakramenten als "Besiegelung der göttlichen Verheißung" spricht, so deutet er dies durchaus so, daß das Sakrament nichts zur Verheißung hinzufügt, genauso wenig wie ein Siegel zum Gesetzestext, den es bestätigt. Vgl. "Inst." IV, cap. 14, § 7.

ren Verstand und öffnet unsere Herzen durch Gottes Geist dem Wort und den Sakramenten, die sonst nur auf unsere Sinne, nicht aber auf unser Inneres einwirken würden.[335]
Soweit stimmen Calvins Aussagen noch weitgehend mit Luthers Vorstellungen überein. Dies ist jedoch nicht mehr der Fall, wenn er unterstreicht, daß in den Elementen der Sakramente selbst keine geistliche Kraft eingeschlossen sei. Sie sind nicht einmal Träger des göttlichen Wortes, denn die Ursache der Rechtfertigung und die Kraft des Hl. Geistes ist nicht darin "eingeschlossen wie in Gefährt und Gefäß"[336]. Vielmehr erhalten die Bildzeichen durch das Gotteswort eine neue Bestimmung und Bedeutung, etwa so wie das rohe Silber durch den amtlichen Prägestempel[337], womit sie in unserem Bewußtsein kraft des Hl. Geistes eine analoge Vorstellung, eine Einsicht in die Bedeutung der sichtbaren Zeichen erwecken.[338]
F. Kattenbusch meint, daß Calvin damit das Wesentliche von Zwinglis Ansicht bewahrt habe, diese aber zugleich von ihrer Einseitigkeit befreite, insofern Calvin doch den sakramentalen Zeichen eine den Glauben stützende Kraft und einen das Wirken des Hl. Geistes fördernden Einfluß beilegte.[339]
"Der Glaube ist für Calvin so sehr das Werk des Geistes, daß er *opus passivum* genannt werden kann."[340] Gott wirkt alles, die Menschen sind nur Empfänger. Ohne Glauben allerdings wird der Sakramentenempfang nutzlos. "Wie die ganze Frucht der Sakramente objektiv auf dem Wirken des Geistes beruht, so subjektiv auf dem Glauben."[341]
Die Würdigkeit des Pastors hat auf die Wirksamkeit der Sakramente keinen Einfluß, da diese ihren ausschließlichen Ursprung in Gott besitzt.[342]
Mit harten Worten polemisierte Calvin gegen den "Irrtum" des Petrus Lombar-

335 J. Calvin, Institutio IV, cap. 14, § 8: "Nam primum verbo suo nos docet et instituit Dominus: deinde sacramentis confirmat: postremo sancti sui Spiritus lumine mentibus nostris illucet: et aditum in corda nostra verbo ac sacramentis aperit, quae alioqui aures duntaxat percellerent, et oculis obversarentur, interiora minime afficerent" (Opera Selecta, Bd. V, S. 266).
336 J. Calvin, Institutio IV, cap. 14, § 17: "Interim illud tollitur figmentum quo iustificationis causa virtusque Spiritus sancti elementis ceu vasculis ac plaustris includitur" (Opera Selecta, Bd. V, S. 275).
337 Joh. Calvin "Institutio" IV, cap. 14, § 18: "Cur enim rude ac signatum argentum non eiusdem sunt pretii, quum idem prorsus sit metallum? nempe quia illud nihil habet praeter naturam: forma publica percussum, nummus fit, et novam taxationem recipit." (Opera Selecta, Bd. V, S. 276)
338 RPTK Bd. 17, S. 376.
339 ibidem.
340 A. Ganoczy, Ecclesia ministrans, S. 83.
341 RPTK Bd. 17, S. 377.
342 J. Calvin, Institutio IV, cap. 15, § 16: "si verum est quod constituimus, sacramentum non ex eius manu aestimandum esse a quo administratur, sed velut ex ipsa Dei manu, a quo administratur, sed velut ex ipsa Dei manu, a quo haud dubie profectum est: inde colligere licet nihil illi afferri vel auferri eius dignitate per cuius manum traditur" (Opera Selecta, Bd. V, S. 296).

dus, welcher in den Sakramenten eine Wirk- oder Materialursache des Heiles sah.[343] Nicht einmal eine Instrumentalursächlichkeit will Calvin den Sakramenten zugestehen, denn Jesus Christus allein ist Ursache des Heils.[344] Nur ihm darf unser Vertrauen und unsere Verehrung gelten.[345] So ist auch die Taufe bloß ein "Initiationszeichen, durch das wir in die Kirchengemeinschaft aufgenommen werden, um in Christus eingepflanzt und den Kindern Gottes zugerechnet zu werden"[346], während uns im "Mysterium" des Abendmahles "durch die Symbole von Brot und Wein Christus wahrhaft dargeboten wird (...), wodurch wir natürlich zuerst zu einem Leib mit Ihm zusammenwachsen und dann, seiner Substanz teilhaftig geworden, in der Teilhabe an all seinen Gütern auch seine Kraft erfahren"[347]. Diesen christozentrischen Charakter der Sakramente sah Calvin bereits in den Sakramenten des Alten Testaments enthalten. Auch sie führten zur Gemeinschaft mit Christus.[348]

343 J. Calvin, Institutio IV, cap. 14, § 16: "Christum Sacramentorum omnium materiam, vel (si mavis) substantiam esse dico: quando in ipso totam habent suam soliditatem, nec quicquam extra ipsum promittunt; quo minus tolerabilis error est Petri Lombardi, qui diserte ea iustitiae et salutis causas facit quorum partes sunt (Lib. 4. Senten. distinct. 1). Itaque causis omnibus quas sibi fingit hominis ingenium, valere iussis, nos in hac unica retineri decet" (Opera Selecta, Bd. V, S. 273).

344 A. Ganoczy verweist darauf, daß Calvin in seiner Ablehnung der Instrumentalursächlichkeit so weit ging, sogar die Heilsnotwendigkeit der Taufe zu bestreiten, wobei er allerdings bei seiner Kontroverse mit den Wiedertäufern die Notwendigkeit der (Kinder-) Taufe wieder betonte, jedoch auch ohne dem Ablauf der Taufe eine instrumentale Ursächlichkeit zuzubilligen (Ecclesia ministrans, S. 85 f.).

345 J. Calvin, Institutio IV, cap. 14, § 12: "ita neque in Sacramentis haerere fiducia nostra debet, nec Dei gloria in ipsa transferri: sed omissis omnibus, ad ipsum et Sacramentorum et rerum omnium authorem surgere et fides et confessio debent" (Opera Selecta, Bd. V, S. 269).

346 J. Calvin, Institutio IV, cap. 15, § 1: "Baptismus signum est initiationis quo in Ecclesiae cooptamur societatem, ut Christo insiti, inter filios Dei censeamur" (Opera Selecta, Bd. V, S. 285).

347 J. Calvin, Institutio IV, cap. 17, § 11: "Dico igitur, in Coenae mysterio per symbola panis et vini, Christum vere nobis exhiberi, adeoque corpus et sanguinem eius, in quibus omnem obedientiam pro comparanda iustitita adimplevit: quo scilicet primum in unum corpus cum ipso coalescamus: deinde participes substantiae eius facti, in bonorum omnium communicatione virtutem quoque sentiamus" (Opera Selecta, Bd. V, S. 354). – Das Abendmahl ist für Calvin nur ein zeichenhaftes Bild für die Einigung Christi mit den Gläubigen. Im cap. 17, § 13ff. bestreitet Calvin eine substantiale Gegenwart Christi in den Elementen Brot und Wein. Es geht ihm beim Abendmahl nicht um den mündlichen Genuß des Herrenleibes, sondern um die Verbindung mit dem himmlichen Leib Christi durch den Hl. Geist als "vinculum communicationis" (cap. 17, §§ 22+33). Die Wirkungen des Sakraments aber sind so, *als ob* (non secus ac si) er mit seinem Leib gegenwärtig wäre (cap. 17, §§ 18+3). (Vgl. LThK Bd. III, S. 1153).

348 J. Calvin, Institutio IV, cap. 14, § 26: "Utraque enim paternam Dei in Christo benevolentiam ac Spiritus sancti gratias nobis offerri testantur: sed nostra illustrius ac luculentius. In utrisque Christi exhibitio: sed in his uberior ac plenior, nempe prout fert illud de quo supra disseruimus Veteris et Novi testamenti discrimen" (Opera Selecta, Bd. V, S. 284).

A. Ganoczy meint zusammen mit W. Niesel, Calvins Sakramentenlehre sei ein Protest gegen die Verdinglichung Christi im Sakramente gewesen, wobei die "Sache" der Sakramente "auf die Kategorien einer bestimmten Philosophie eingeschränkt und darüber das heilsschenkende Tun Gottes vernachläßigt wurde".[349] Jedenfalls wurde im augustinisch-calvinistischen Verständnis das Sakrament seines letzten Mysteriencharakters entkleidet, das Mysterium Gottes jenseits vom Sakrament gesucht und das Sakrament nur noch als Zeichen in der Art eines "Wegweisers" verstanden, dessen Aufgabe es sein sollte, "dem schwachen menschlichen Verstand irgendwie zu helfen, damit er sich zur Erlangung der geistigen Mysteria emporschwinge"[350].

Für das *katholische Verständnis,* das sich weiterhin an der aus der Scholastik übernommenen Vorstellung einer Heilskausalität der Sakramente orientierte, war die protestantische Sicht der Sakramente verständlicherweise untolerierbar. Dementsprechend bezog die katholische Kirche auf dem *Konzil von Trient* auch die Sakramentenlehre in ihre Auseinandersetzung mit den Reformatoren ein, und dieses beschrieb in Anlehnung an eine auf Augustinus zurückgehende Definition die Sakramente als *"sinnenfällige Zeichen einer heiligen Sache und sichtbare Gestalt der unsichtbaren Gnade"*[351], die die heiligmachende Gnade nicht nur enthalten, sondern auch mitteilen[352].

Am 17. Januar 1546 legte Kardinal Cervini der Konzilsversammlung eine Reihe von Irrtümern der Reformatoren über die allgemeine Sakramentenlehre zur Prüfung vor.[353] 33 Theologen beschäftigten sich in der Folge mit dem Problem und erstellten innert Jahresfrist einen Katalog der zu behandelnden Sätze[354], welcher den Konzilsvätern auf der *7. Session* als Entscheidungsgrundlage diente. Es verdient Beachtung, daß sich das Konzil im Anschluß an die Behandlung der Rechtfertigung (dem Thema der 6. Session) mit der Frage der Sakramente im allgemeinen befaßte. Das anvisierte Ziel war damit bereits charakterisiert. In der Tat promulgierte das Konzilsgremium am *3. März 1547* dreizehn Lehrsätze, die sich vor

349 Vgl. W. Niesel, Die Theologie Calvins, S. 221 und A. Ganoczy, Ecclesia ministrans, S. 90ff.

350 J. Calvin, Institutio IV, cap. 17, § 36: "Quod si hoc sacramenti officium est, mentem hominis infirmam alioqui adiuvare, ut ad percipiendam spiritualium mysteriorum altitudinem sursum assurgat: qui in signo externo detinentur, a recta quaerendi Christi via aberrant" (Opera Selecta, Bd. V, S. 399).

351 Trient, Sess. XIII (1551): "Commune hoc quidem est sanctissimae Eucharistiae cum ceteris sacramentis, 'symbolum esse rei sacrae et invisibilis gratiae formam visibilem' (cf. S. Aug., Quaest. in Hept. 3,84, M PL 34, 712)" (D 876).

352 Man vgl. hierzu die im Text folgenden Erläuterungen zu Can. 6 (D 849).

353 In den Ausführungen über Sess. VII des Konzils von Trient stützen wir uns vor allem auf DTC Bd. XIV/1, S. 536 und S. 596–614 sowie auf LThK Bd. IX, S. 224ff.

354 Dieser Katalog der Irrtümer wurde unter drei Gesichtspunkten aufgestellt: 1. Falsche Lehrmeinungen, die bereits auf früheren Konzilien behandelt wurden und dementsprechend einfach erneut verurteilt werden sollten. 2. Irrtümer, die durch Anfügung einer Erklärung verurteilt werden sollten und 3. solche, die man mit Schweigen übergehen könne (Vgl. DTC Bd. XIV/1, S. 599).

allem gegen Luther richteten.[355] Das Faktum, daß man sich dabei auf eine Verurteilung beschränkte und keine Begriffsdefinitionen vortrug, macht deutlich, wie sehr die Konzilsväter die Lehre von den Sakramenten im allgemeinen bereits als feststehend empfanden. Gleichzeitig waren sie jedoch auch bestrebt, zu innerkatholischen Theologendiskussionen keine Stellung zu beziehen.

Das Konzil von Trient leitete seine Lehrsätze über die Sakramente im allgemeinen mit den Worten ein: "Zum Abschluß der heilsamen Lehre von der Rechtfertigung, welche die Väter in der letzten Sitzung einstimmig verkündeten, schien es angemessen, von den heiligen Sakramenten der Kirche zu handeln, durch die jede wahre Gerechtigkeit beginnt, wächst, oder nach dem Verlust wiederhergestellt wird."[356] Wir fassen im folgenden die 13 als Verurteilung häretischer Sätze formulierten Kanones ihrer positiven Aussage nach kurz zusammen.

Kanon 1 besagt, daß es "nicht mehr und nicht weniger als sieben" von Christus Jesus eingesetzte Sakramente gibt.[357] Damit wandte sich das Konzil gegen die von Luther und den übrigen Reformatoren vorgenommene Verkürzung der Sakramente auf Taufe, (Buße) und Abendmahl.[358]

Kanon 2 betont den Unterschied dieser Sakramente zu den Sakramenten des Alten Bundes.[359] Dieser Kanon bestreitet nicht, daß es auch im Alten Bund eine Sakramentalität gewisser Riten gab, sondern weist nur die reformatorischen Gleichsetzungstendenzen mit den Sakramenten des Neuen Testaments zurück.

Kanon 3 anerkennt, daß es auch innerhalb der neutestamentlichen Sakramente eine Rangordnung gibt, insofern jedes Sakrament seine eigene Zielsetzung und Wirksamkeit hat und sich deshalb unter verschiedenen Rücksichten von den übrigen unterscheidet[360], während die Reformatoren den Sakramenten nur soweit einen Wert zugestehen, als sie in der Seele den Glauben hervorrufen.

355 Hubert Jedin verweist in seiner "Kleinen Konziliengeschichte", S. 95f. auf die Tatsache, daß die beiden ersten Tagungsperioden des Tridentinums von 1545–1552 nach Deutschland als dem Ursprungsland der Kirchenspaltung ausgerichtet waren und eine Wiederherstellung der Kircheneinheit bezweckten. "In den dogmatischen Diskussionen hatte man Luther, Zwingli und andere Reformatoren zweiten Ranges berücksichtigt, aber fast gar nicht Calvin, dessen Hauptwerk längst vorlag." Erst die bedrohlichen Fortschritte des Calvinismus in Frankreich rückten in der dritten Tagungsperiode des Trienter Konzils (1562/63) die Auseinandersetzung mit den Lehren Calvins in den Vordergrund.

356 "Ad consummationem salutaris de iustificatione doctrinae, quae in praecedenti proxima sessione uno omnium patrum consensu promulgata fuit, consentaneum visum est, de sanctissimis Ecclesiae sacramentis agere, per quae omnis vera iustitia vel incipit, vel coepta augetur, vel amissa reparatur. . . . " (D 843a).

357 "Can. 1. Si quis dixerit, sacramenta novae Legis non fuisse omnia a Iesu Christo Domino nostro instituta, aut esse plura vel pauciora quam septem, videlicet baptismum, confirmationem, Eucharistiam, poenitentiam, extremam unctionem, ordinem et matrimonium, aut aliquid horum septem non esse vere et proprie sacramentum: anathema sit" (D 844).

358 Über die Frage nach der Beschränkung der Sakramente auf eine Siebenzahl vergleiche man die Ausführungen unter IV, 3.

359 "Can. 2. Si quis dixerit, ea ipsa novae Legis sacramenta a sacramentis antiquae Legis non differre, nisi quia caeremoniae sunt aliae et alii ritus externi: A.S." (D 845).

360 "Can. 3. Si quis dixerit, haec septem sacramenta ita esse inter se paria, ut nulla ratione aliud sit alio dignius: A.S." (D 846).

Kanon 4 unterstreicht die *Heilsnotwendigkeit* der Sakramente, weil – entgegen der protestantischen Ansicht – der Glaube allein nicht genügt. Nur der wirkliche Empfang oder zumindest das Verlangen nach ihnen schenkt den Menschen die Gnade der Rechtfertigung, auch wenn nicht alle Sakramente für den einzelnen Menschen notwendig sind.[361] Insoweit jedoch bereits der Wunsch, die Heilsmittel zu empfangen (das "votum sacramenti") zur Erlangung der Rechtfertigungsgnade ausreicht, wird deutlich, daß die Heilsnotwendigkeit der Sakramente eine *relative* ist.
Kanon 5 wendet sich direkt gegen Luthers Rechtfertigungslehre, wenn es heißt, daß die Sakramente nicht allein (non solum) zur Erweckung des Glaubens eingesetzt sind.[362]
Kanon 6 befaßt sich ebenfalls mit einer Konsequenz der Rechtfertigungslehre Luthers, welche die Sakramente nur als äußere Zeichen der Gnade und des Glaubens anerkannte. Demgegenüber definierten die Konzilsväter, daß die Sakramente wirksame Zeichen sind, denn sie enthalten die Gnade, welche sie bedeuten (wie die Ursache die Wirkung enthält) und verleihen sie jedem, der ihr keinen Riegel (obex) vorschiebt.[363] Und wenn der Begriff "Ursache" in diesem Text auch nicht wörtlich verwendet wurde, so wird den Sakramenten doch unzweifelhaft ein (instrumentaler) *Kausalitätscharakter* zugesprochen. Immerhin hatte das Konzil bereits auf der 6. Session die Taufe ausdrücklich als "werkzeugliche Ursache" der Rechtfertigung bezeichnet.[364]
Kanon 7 erklärt in Weiterführung von Kanon 6, daß Gott seine Gnade in den Sakramenten immer und allen zukommen läßt, welche diese würdig empfangen[365], und nicht nur gelegentlich und einigen Auserwählten, wie die Reformatoren glaubten[366].
Kanon 8 kommt besondere Bedeutung zu, weil er die Wirksamkeit der Sakramente mit der Formel *"ex opere operato"* erläutert. Diese Formel, welche die *objektive* Wirksamkeit der Sakramente bezüglich der Gnade ausdrückt[367] und damit eigen-

361 "Can. 4. Si quis dixerit, sacramenta novae Legis non esse ad salutem necessaria, sed superflura, et sine eis aut eorum voto per solam fidem homines a Deo gratiam iustificationis adipisci, licet omnia singulis necessaria non sint: A.S." (D 847).
362 "Can. 5. Si quis dixerit, haec sacramenta propter solam fidem nutriendam instituta fuisse: A.S." (D 848).
363 "Can. 6. Si quis dixerit, sacramenta novae Legis non continere gratiam, quam significant, aut gratiam ipsam non ponentibus obicem non conferre, quasi signa tantum externa sint acceptae per fidem gratiae vel iustitiae, et notae quaedam christianae professionis, quibus apud homines discernuntur fideles ab infidelibus: A.S." (D 849).
364 "Decretum de iustificatione" cap. VII: "Huius iustificationis causae sunt: . . . instrumentalis item sacramentum baptismi . . . " (D 799).
365 "Can. 7. Si quis dixerit, non dari gratiam per huiusmodi sacramenta semper et omnibus, quantum est ex parte Dei, etiamsi rite ea suscipiant, sed aliquando et aliquibus: A.S." (D 850).
366 Vgl. Augsburger-Konfession, a. 5 (vgl. unsere Anm. 415).
367 "Can. 8. Si quis dixerit, per ipsa novae Legis sacramenta ex opere operato non conferri gratiam, sed solam fidem divinae promissionis ad gratiam consequendam sufficere: A.S." (D 851).

mächtige Verdienste des Spenders und Empfängers ausschließt[368], war von den Reformatoren heftig bekämpft worden, weil sie meinten, damit würde eine automatisch-mechanische und magische Wirksamkeit der Sakramente ausgedrückt[369]. Doch dieser Einwand erweist sich als unzutreffend, wenn man die Aussagen des 8. Kanons auf dem Hintergrund von Kanon 6 liest, der eine entsprechende Disposition des Empfängers – als Bedingung, nicht als Ursache – voraussetzt ("non ponentibus obicem").[370]

Kanon 9 begründet die Unwiederholbarkeit von Taufe, Firmung und Weihe mit dem unauslöschlichen Merkmal *(character indelebilis)*, das diese Sakramente der Seele einprägen[371], wobei sich die Konzilsväter in der Formulierung auf einen Text des Konzils von Florenz stützten.[372]

Kanon 10 betont (gegen Luther), daß bei der Spendung der Sakramente nicht alle die gleiche Gewalt besitzen[373], denn die Sakramente als von Christus eingesetzte und der Kirche anvertraute Heilsmittel erfordern auch einen von Christus und der Kirche autorisierten (geweihten) Spender, der nur in Ausnahmefällen durch einen Laien ersetzt werden kann.

Kanon 11 ergänzt, daß der Sakramentenspender dementsprechend auch wenigstens die Intention haben muß, das zu tun, was die Kirche tut[374], – eine nochmalige Zurückweisung von Luthers Theorie, daß für die Wirksamkeit der Sakramente der Glaube des Empfängers allein maßgeblich sei.

Kanon 12 zieht in logischer Fortführung des in Kanon 8 ausgesprochenen Prinzips vom "opus operatum" den Schluß, daß die Würdigkeit des Sakramentenspenders auf die Wirksamkeit der Sakramente keinen Einfluß hat. Auch Todsünder können Sakramente spenden.[375]

368 Man vgl. in diesem Zusammenhang Kanon 7 (D 850) und Kanon 12 (D 855).

369 Vgl. Exkurs II: Luthers Verständnis des "opus operatum".

370 "Zu betonen ist, daß die Sakramente dieses Angebot der Gnädigkeit Gottes objektiv enthalten, aber eben nur als Angebot. Das Konzil von Trient sagt ausdrücklich: 'Wir nehmen die Gerechtigkeit Gottes (und damit auch die Anwesenheit des Heiligen Geistes) in uns auf nach dem *Maß* (mensura), das der Heilige Geist den einzelnen zuteilt, wie er will (1 Kor 12,11), und entsprechend der eigenen Disposition und Mitwirkung eines jeden' (DS 1529, cf. D 799)" (H. Mühlen, Charismatisches und sakramentales Verständnis der Kirche, in Catholica Nr. 3, 1974, S. 180).

371 "Can. 9. Si quis dixerit, in tribus sacramentis, baptismo scilicet, confirmatione et ordine, non imprimi characterem in anima, hoc est signum quoddam spirituale et indelebile, unde ea iterari non possunt: A.S." (D 852).

372 Vgl. "Decretum pro Armenis" von 1439: D 695.

373 "Can. 10. Si quis dixerit, Christianos omnes in verbo et omnibus sacramentis administrandis habere potestatem: A.S." (D 853).

374 "Can. 11. Si quis dixerit, in ministris, dum sacramenta conficiunt et conferunt, non requiri intentionem, saltem faciendi quod facit Ecclesia: A.S." (D 854).

375 "Can. 12. Si quis dixerit, ministrum in peccato mortali existentem, modo omnia essentialia, quae ad sacramentum conficiendum aut conferendum pertinent, servaverit, non conficere aut conferre sacramentum: A.S." (D 855).
"Wenn die katholische Tradition betont, daß die sakramentalen Zeichen wirken ex opere operato, d.h. durch den vollzogenen Vollzug, dann ist damit lediglich gemeint: Das Heilsangebot Gottes ist unabhängig von dem Maß der Intensität, mit welchem der menschliche Spender das sakramentale Zeichen setzt: Gott macht sein Heilsangebot nicht ab-

Kanon 13 schließlich erklärt die (von Bucer propagierte) eigenmächtige Veränderung des sakramentalen Ritus durch den Spender für unzulässig[376], ohne sich jedoch über die Gültigkeit solcherart gespendeter Sakramente festzulegen. – Daß der sakramentale Ritus sich aus Materie und Form zusammensetzt, ergibt sich bereits aus früheren Konzilsäußerungen[377], sowie aus den Erklärungen zum Bußsakrament auf der 14. Session des Tridentinums[378].
Ganz allgemein bleibt festzustellen, daß die hier aufgeführten Grundaussagen des Konzils von Trient notwendigerweise durch die Erläuterungen zu den einzelnen Sakramenten ergänzt werden müssen. Die beste Zusammenfassung tridentinischen Gedankengutes findet sich wohl im 1566 erschienenen *"Catechismus Romanus"*, der im Auftrage des Konzils erstellt worden war. Hier wird nochmals deutlich herausgearbeitet, was das Konzil unter den Sakramenten verstanden wissen will.
Ein Sakrament ist an sich ein "sinnenfälliges Zeichen" einer "heiligen Sache", nämlich der "heiligmachenden Gnade", das – von Gott eingesetzt – nicht nur die Kraft besitzt, diese Gnade zu bezeichnen, sondern auch "zu bewirken". Das Sinnenfällige am Sakrament enthält zwei Aspekte: 1. das "Element", welches den Charakter der Materie besitzt (Wasser, Brot, Wein, Chrisam, Öl) und das Auge anspricht; 2. das "Wort", das die Form darstellt und sich ans Ohr wendet. Durch das Wort erhält das Element erst seine eigentliche sinnbildliche Bedeutung. Die Sakramente sind "Werkzeuge der Rechtfertigung", deren Urheber Gott ist. Sie sind "Kanäle" der göttlichen Gnade, die die Heiligung der Menschen bewirkt.[379]
Runde 400 Jahre haben diese Aussagen des Trienter Konzils das katholische Denken bestimmt. Neuere theologische Ansätze in der katholischen Sakramentenlehre finden sich erst um die Mitte des 20. Jahrhunderts. Aus einer veränderten historischen Situation heraus begann man sich der Grenzen der Trienter Lehraussagen bewußt zu werden, Grenzen, die sich notwendigerweise aus der Abwehrstellung gegen den Protestantismus und dessen Problematik ergaben. Mit dem *II. Vatikanischen Konzil* wurde die ekklesiale Dimension der Sakramente in den

hängig von der möglichen oder tatsächlichen Sündhaftigkeit derer, die er zur Heilsvermittlung berufen hat. Seine persönliche Heiligkeit und personale Engagiertheit ist zwar nicht völlig unerheblich im Vorgang der Sakramentenspendung (nämlich im Hinblick auf die personale Disposition des Empfängers), aber sie ist nicht maßgebend für das Heilsangebot Gottes als solches" (H. Mühlen "Charismatisches und sakramentales Verständnis der Kirche" in Catholica Nr. 3, 1974, S. 180; cf. H. Mühlen, Una mystica Persona, S. 351f.).

376 "Can. 13. Si quis dixerit, receptos et approbatos Ecclesiae catholicae ritus in solemni sacramentorum administratione adhiberi consuetos aut contemni, aut sine peccato a ministris pro libito omitti, aut in novos alios per quemcunque ecclesiarum pastorem mutari posse: A.S." (D 856).

377 Man vgl. die 22. Frage an die Anhänger von Wiclif und Hus (1418) auf dem Konzil von Konstanz: D 672 und das "Dekret für die Armenier" (1439) auf dem Konzil von Florenz: D 695.

378 Vgl. D 895, wo gesagt wird, daß "Materie und Form" das "Wesen eines Sakramentes bilden".

379 Vgl. Catechismus Romanus II, cap. 1, cf. Das Religionsbuch der Kirche 2. Teil, S. 6ff.; 13ff.

Vordergrund gerückt und damit auch "die in früheren Lehraussagen eher individualistisch und sachhaft anmutende Sicht der Sakramente und ihrer Gnade" überwunden. "Entscheidend ist wohl die (wiedergewonnene) Bezeichnung für die Kirche, daß sie selbst 'in Christus das Sakrament, das heißt Zeichen und Werkzeug für die innigste Vereinigung mit Gott wie für die Einheit der ganzen Menschheit' ist ('Lumen Gentium' n. 1). Die (einzelnen) Sakramente werden angesprochen als Vollzüge des Lebens der Kirche, deren Mysterium selbst gerade ist, 'in Christus' und von ihm als dem Haupte her das *Ursakrament* zu sein, das sich, da die Kirche als Personalgemeinschaft eines von Gott durch Christus und in seinem Geist geheiligten und organisch verfaßten königlichen Priestertums gesehen wird, in den einzelnen Sakramenten und durch diese auf ihre Glieder hin empfangend- vermittelnd aktualisiert und sich, aus so erlangter Heiligkeit lebendig antwortend, auf Gott (Vater) hin vollzieht."[380]

Exkurs III: Die Eucharistie aus der Sicht des Tridentinums

Die Reaktion des Konzils von Trient war weitgehend durch die Angriffe der Reformatoren diktiert. Deshalb bot das Konzil auch keine logisch aufgebaute Gesamtschau der Eucharistielehre. Es ist kennzeichnend, daß die Konzilsväter auf ihrer 13. Sitzung (1551) vorerst einmal die wirkliche Gegenwart Christi im Altarssakrament (die *"Realpräsenz")* durch die Wesensverwandlung von Brot und Wein (die *"Transsubstantiation")* hervorgehoben und die Konsequenzen, die sich aus dieser Tatsache ergaben, behandelten: Aufbewahrung, Verehrung und Empfang der hl. Gaben. Dann stand – elf Jahre später – auf der 21. Sitzung die Frage der Kommunion unter beiden Gestalten zur Diskussion. Erst auf der 22. Sitzung (ebenfalls im Jahre 1562) nahm die Konzilsversammlung schließlich noch zur Lehre vom hl. Meßopfer Stellung.[381]

Zwingli und Calvin hatten eine Realpräsenz Christi im Altarssakrament bestritten. Für Zwingli sind Brot und Wein nur Erinnerungszeichen, während für Calvin das Abendmahl nur eine geistige Verbindung mit dem himmlischen Leib Christi darstellt. Demgegenüber hielt Luther an der Realpräsenz fest, aber er vertrat anstelle der Transsubstantiation eine Konsubstantiation, d.h. Christi Fleisch und Blut ist wirklich, aber unsichtbar in, mit, "unter" den Elementen von Brot und Wein gegenwärtig. Eine Aufbewahrung und Anbetung der Hostie lehnte er ab.[382]

Das Konzil von Trient wies diese Auffassung zurück und erklärte, wobei es sich zumeist bereits auf eine ganze Reihe früherer Konzilsbeschlüsse stützen konnte, daß in dem (von Christus eingesetzten) Sakrament der Eucharistie nach der priesterlichen Konsekration Jesus in seinem wahren Leib und Blut gegenwärtig sei[383], weil durch die vom Priester in der Person Christi gesprochenen Konsekrationsworte die Substanz von Brot und Wein so in den hl. Leib und das hl. Blut gewandelt wird, daß nur noch die äußere Gestalt von Brot und Wein bleibt.[384]

Das Hervorragende und Einzigartige der Eucharistie wird allerdings nicht im ekklesialen Bezug und in der Hinordnung aller übrigen Sakramente auf dieses zentrale Heilsgeheimnis gesehen,

380 R. Schulte, in Herders Theologisches Taschenlexikon Bd. 6, S. 300.

381 Vgl. J. Betz, Eucharistie, in LThK Bd. III, S. 1147–1157, in Herders Theologisches Taschenlexikon Bd. II, S. 235ff. sowie in Handbuch theol. Grundbegriffe Bd. 1, S. 348ff.

382 Man vgl. unsere Ausführungen über Luther und die Reformatoren, sowie LThK Bd. III, S. 1152f.

383 Vgl. D 874, 883ff., 890.

384 Vgl. D 876f., 884, cf. Dekret für die Armenier D 698.

sondern einzig in der Tatsache, daß – im Gegensatz zu den übrigen Sakramenten – der "Urheber der Heiligkeit" in der Eucharistie schon "vor ihrem Gebrauch" gegenwärtig ist.[385]
Dieser ekklesiale Bezug fehlt auch in der Lehre vom hl. Meßopfer, welche das Konzil 1562 aufstellte. Statt dessen wurde zur Zurückweisung der protestantischen Einwände der Zusammenhang von Meßopfer und Kreuzopfer herausgestellt. Die hl. Messe ist, wenn auch in unblutiger Weise, die vergegenwärtigende Darstellung und Zuwendung des Kreuzopfers Christi und als solche nicht bloß Lob, Dank und Gedächtnis, sondern ebenso auch ein Sühnopfer für die Lebenden und Verstorbenen.[386]
Es ist offensichtlich, daß die Problemstellung des Tridentinums in der Sakramentenfrage weitgehend von der Abwehrhaltung gegenüber den reformatorischen Angriffen bestimmt wurde, womit sich beinahe zwangsläufig auch eine gewisse Einseitigkeit der Konzilsäußerungen ergab. Die Verteidigung gegen die Angriffe der Reformatoren hatte Prioritäten gesetzt, die sich in der Folge – dem Gesetz des Gegenlaufes entsprechend – auch zu einer gewissen Vereinseitigung und damit Verkürzung des katholischen Eucharistieverständnisses auswuchsen. Die eucharistische Frömmigkeit konzentrierte sich vor allem auf die Anbetung des im Tabernakel gegenwärtigen Herrn und vernachläßigte dafür den Eucharistieempfang. Bei der hl. Messe wurde der Opfercharakter so sehr in den Vordergrund gestellt, daß dabei die kirchliche Mahlgemeinschaft nicht mehr richtig gesehen wurde. Es erfolgte sogar eine eigentliche Trennung von hl. Messe und hl. Kommunion. Und anstelle des ekklesialen Aspekts der Heilsvermittlung rückte der personale eines individualistischen Heilsempfangs völlig in den Vordergrund.

385 Vgl. D 876.
386 Vgl. D 938ff.

3. TEIL

DIE ORTHODOXE SAKRAMENTEN-THEOLOGIE

Wir haben im vorangegangenen zweiten Teil der katholischen wie auch der protestantischen Sakramentenlehre einen breiten Raum eingeräumt, ausgehend von der Voraussetzung, daß diese Lehren im Positiven wie im Negativen einen ganz entscheidenden Einfluß auf die Entwicklung einer orthodoxen Sakramententheologie ausgeübt haben. Dabei lassen sich zwei Ebenen unterscheiden, eine theologische und eine kirchenpolitische, auf denen sich in geradezu paradoxer Weise zwei gegensätzliche Tendenzen bezüglich der Sakramente im Widerstreit befinden, nämlich Trennung und Einigung.

Die Abwendung vom Neuplatonismus und der Aufbau einer allgemeinen Sakramentenlehre mittels vorwiegend aristotelischer Kategorien durch die Scholastik bedeutete – wie wir bereits zu zeigen versuchten – eine eigentliche Trennung zwischen Ost und West im Begriffsverständnis von "mustērion" und "sacramentum". Und die von den Reformatoren vorgenommene Akzentverschiebung auf das Wort allein sowie die damit verbundene Abwertung des sakramentalen Geschehens mußte die Trennung zur eigentlichen Spaltung vertiefen. Theologisch gesehen lief demnach die Entwicklung in Orient und Okzident auseinander.

Kirchenpolitisch hingegen präsentierten sich die Dinge unter einem völlig anderen Aspekt. Die türkische Bedrohung zwang Byzanz, eine Einigung mit der römischen Kirche anzustreben, weil man sich dadurch Hilfe von der westlichen Christenheit versprach. Zwar waren die auf den Konzilien von Lyon II (1274) und Ferrara-Florenz (1438/39) geschlossenen Unionen von kurzer Dauer, weil sie sich im Orient nicht durchsetzen konnten. Nichtsdestoweniger führten sie – wenn auch gewissermaßen durch die Hintertüre und nicht offiziell anerkannt – zur Übernahme einiger lateinischer Lehrsätze über die Sakramente.

Auf dem Unions-Konzil von Lyon II akzeptierte der Kaiser Michael VIII. Palaiologos in seiner "Professio fidei" (1274) sowohl die (lateinische) Siebenzahl der Sakramente als auch den Begriff der "Transsubstantiation" bei der Wandlung von Brot und Wein in Leib und Blut Christi.[387] Ein Gleiches tat auch sein Patriarch Johannes Bekkos in der Deklaration vom April 1277. Damit fanden die "Siebenzahl" und die "Transsubstantiation" beinahe unbesehen Eingang in die orthodoxe Theologie, auch wenn sie nicht allgemein anerkannt wurden.[388] Auf dem Konzil von Ferrara-Florenz (1438/39) waren denn auch die Sakramente im allge-

387 "Tenet etiam et docet eadem sancta Romana Ecclesia, septem esse ecclesiastica sacramenta, unum scilicet baptisma, de quo dictum est supra; aliud est sacramentum confirmationis, quod per manuum impositionem episcopi (oder des Priesters, fügte Johannes Bekkos in seiner Deklaration noch an) conferunt, chrismando renatos; aliud est poenitentia, aliud Eucharistia, aliud sacramentum ordinis, aliud est matrimonium, aliud extrema unctio, quae secundum doctrinam beati Iacobi infirmantibus adhibetur. Sacramentum Eucharistiae ex azymo conficit eadem Romana Ecclesia, tenens et docens, quod in ipso sacramento panis vere transsubstantiatur (metousiousthai) in corpus et vinum in sanguinem Domini nostri Iesu Christi" (D 465).

388 De facto anerkannten die Orthodoxen nur, daß unter ihren "mustēria" jene sieben, die den in der römischen Kirche sanktionierten Sakramenten völlig entsprechen, die Hauptsache seien, ohne jedoch diese sieben Sakramente von den übrigen "mustēria" genauer abzugrenzen. Man vgl. hierzu unsere Ausführungen über die Siebenzahl: IV, 3.

meinen überhaupt kein Diskussionsgegenstand mehr für die byzantinische (orthodoxe) Gruppe, sondern nur Einzelfragen wie der Gebrauch des ungesäuerten Brotes in der Liturgie und die Epiklese.[389]
Immerhin gab der damalige Metropolit von Nikaia und spätere Kardinal Johannes Bessarion namens der Griechen eine Erklärung ab, in der diese ausdrücklich die "Transsubstantiation" annahmen.[340]
Die Peripetien der Kirchengeschichte wirkten aber in der Folgezeit noch weit entscheidender auf die Entwicklung der orthodoxen Sakramententheologie ein. Mit dem Fall von Byzanz am 29. Mai 1453 erhielten in Konstantinopel wieder die Unionsgegner die Oberhand. Schon acht Jahre zuvor war Metropolit Isidor von Kiev[391] mit dem Versuch gescheitert, die Russen zur Annahme der Union zu bewegen. Großfürst Vasilij II. von Moskau setzte 1448 den ebenfalls unionsfeindlichen Bischof Ionas als Metropoliten von Kiev (mit Sitz in Moskau) ein.[392] Die wachsende Macht des Moskauer Staates bewirkte, daß im 16. Jahrhundert in den damals polnischen Ostgebieten nicht nur aus religiösen, sondern auch aus politischen Gründen ein starker Druck auf die Orthodoxen ausgeübt wurde, um diese zur Union zu bewegen. Nicht zuletzt dank der Tätigkeit der Jesuiten kam im Jahre 1595 auch tatsächlich eine Teilunion in Brest-Litovsk zustande. (Diese und die folgenden Teilunionen im Osten vergifteten allerdings für lange Zeit die Beziehungen zwischen der römischen Kirche und der Orthodoxie.)
Bereits im Jahre 1559 hatte Melanchthon seine Fühler nach dem Orient ausgestreckt und dem Patriarchen Joasaph II. von Konstantinopel eine griechische Übersetzung des Augsburger Bekenntnisses übersandt. Doch der Patriarch antwortete nicht, denn inzwischen war es den Lutheranern gelungen, im Fürstentum Moldau Fuß zu fassen. Bei dem zusehends gespannten Verhältnis zwischen Rom und Konstantinopel kam es aber dem Patriarchen Jeremias II. (Tranos) nicht ungelegen, als die Lutheraner durch die Person des kaiserlich-habsburgischen Gesandten David von Ungnad, einem Protestanten, im Jahre 1573 erneut den Kontakt mit Konstantinopel suchten. Zwischen 1574 und 1581 entwickelte sich ein Briefwechsel zwischen den Wittenberger Theologen und dem Patriarchen, wobei dieser zu den verschiedenen Artikeln des Augsburger Bekenntnisses Stellung bezog

389 Den Armeniern hingegen wurde ein Dekret zur Frage der Sakramente vorgelegt (D 695–702), das beinahe wörtlich aus Thomas von Aquins "De fidei articulis et septem sacramentis" entnommen war.
390 Bessarion in "Graecorum confessio" vom 28.8.1438: "Et quoniam ab omnibus sanctis Doctoribus Ecclesiae, praesertim ab illo beatissimo Ioanne Chrysostomo, qui nobis notissimus est, audimus verba Dominica esse illa, quae mutant et transsubstantiant panem et vinum in corpus verum Christi et sanguinem; et quod illa verba divina Salvatoris omnem virtutem transsubstantiationis habent; nos ipsum sanctissimum Doctorem, et illius sententiam sequimur de necessitate" (Mansi 31 A, 1046).
391 Vgl. A.M. Ammann, Ostslawische Kirchengeschichte, S. 141–146.
392 Diese eigenmächtige Einsetzung eines russischen Metropoliten legte übrigens auch den Grundstein zur Errichtung des Moskauer Patriarchates, bzw. zur Abspaltung von der Jurisdiktion des Patriarchen von Konstantinopel, der bis 1448 jeweils einen (natürlich griechischen) Metropoliten für Kiev *und ganz Rußland* bestimmt hatte.

und die ihm häretisch erscheinenden Punkte mit zunehmender Schärfe zurückwies, bis er den Briefwechsel abbrach.[393]
In dieser Auseinandersetzung, die sich nicht zuletzt um die Sakramente drehte, zeigte sich bereits eine Schwäche der Orthodoxie. Diese hatte nämlich bis dahin noch kaum eine schulmäßige Sakramententheologie entwickelt[394] und sich damit begnügt, die einzelnen Sakramente zusammen mit den verschiedenen Weihen und Segnungen unter dem Begriff "heilige Handlungen" zusammenzufassen, wobei man sich bei der Betrachtung der einzelnen "heiligen Handlung" weitestgehend auf die Aussagen der Kirchenväter abstützte. Nun sollten den Lutheranern Antworten auf Probleme gegeben werden, auf die man gar nicht vorbereitet war.
Dieser Mangel wurde noch offenkundiger, nachdem dem Protestantismus der Einbruch in die Orthodoxie gelang und Kyrillos I. (Loukaris) – von den holländischen Botschaftern unterstützt – als Patriarch von Konstantinopel (1620–1635, 1637/38) offen calvinistische Thesen zu verkünden begann. Nun war guter Rat teuer, denn mit dem, was der Orthodoxie ansatzweise an schulmäßiger Sakramententheologie zur Verfügung stand, war sie für diesen Angriff schlecht gerüstet.
Die ersten, die gegen den häretischen Patriarchen zu Felde zogen, waren denn auch die Jesuiten, denen die Botschafter der katholischen Mächte, um ihren politischen Einfluß besorgt, eifrig zu Hilfe kamen. Das politische Intrigen- und Ränkespiel gegen Kyrillos I., das schließlich am 25. Juni 1638 mit der Ermordung des Patriarchen endete, gehört jedoch zweifellos nicht zu den Ruhmesblättern dieses Kampfes.[395]
Im Jahr 1629 war das calvinistische Glaubensbekenntnis des Kyrillos Loukaris erstmals in Genf veröffentlicht worden (eine ergänzte griechisch-lateinische Ausgabe folgte 1631). Aber erst 1640 erhielt es eine theologisch fundierte Antwort von orthodoxer Seite, die übrigens wiederum keineswegs zufällig von einem Berührungspunkt orthodoxer und katholischer Anschauungen, nämlich von Kiev herkam. Es handelte sich um die lateinische Urfassung der "Confessio Fidei Orthodoxa" von Petrus Mogila, dem orthodoxen Metropoliten von Kiev. Dieser war der Sohn eines moldauischen Prinzen. Petrus Mogila hatte in Lemberg und wahrscheinlich auch an der Sorbonne studiert und war mit der römisch-katholischen Theologie bestens vertraut. Das zeigte sich auch in seiner "Confessio",

393 Vgl. S. Runciman, Das Patriarchat von Konstantinopel, S. 238ff.
394 Eine Ausnahme machte nur das von Gabriēl Sebēros (Severus), dem Metropoliten von Philadelphia und Vorsteher der griechischen Kirche von Venedig daselbst im Jahre 1600 herausgegebene Kompendium über die sieben "mustēria" mit dem Titel "Suntagmation peri tōn 'agiōn kai 'ierōn musteriōn". Das zweibändige Werk war eine eher mittelmäßige Kompilation scholastischer Lehrmeinungen, allerdings unter Heraushebung der mit den Lateinern strittigen Punkte. Immerhin erhielt es innerhalb der orthodoxen Kirche ein beträchtliches Ansehen, was beim bestehenden Mangel an schulmäßigen Sammlungen verständlich war.
395 Vgl. S. Runciman, Das Patriarchat von Konstantinopel, Kap. VI: Der kalvinistische Patriarch, S. 251–278.

die sowohl in der Form wie im Inhalt sehr stark von der scholastischen Theologie beeinflußt war.[396]
Auf der Kiever Provinzsynode von 1640 wurde Mogilas Schrift diskutiert. Da man sich nicht einigen konnte, wurde beschlossen, die Stellungnahme des Patriarchen Parthenios I. von Konstantinopel einzuholen. Auf das Drängen von Mogila hin, der sich zudem noch die Unterstützung durch den moldauischen Herrscher Vasile (genannt Lupul) sichern konnte, berief der Patriarch 1642 eine Synode nach Iaşi (oder Jassy, der Hauptstadt der Moldau), die mit Delegierten der griechischen Patriarchen sowie des Patriarchen von Moskau und der Kirche von Kiev beschickt wurde. Meletios Syrigos legte der Synode seine griechische Übersetzung von Mogilas "Confessio Orthodoxa" vor, die jedoch eine in orthodoxem Sinne überarbeitete und purgierte Fassung darstellte.[397] Wie weit Mogila mit diesen Änderungen einverstanden war, ist ungeklärt.[398] Das Resultat war jedenfalls positiv zu werten, denn die Synode empfahl die griechische Version der "Confessio Orthodoxa" (die "Orthodoxos 'omologia") zur Annahme, worauf diese 1643 die offizielle Approbation durch die vier griechischen Patriarchen erhielt.[399] Auf dem Jerusalemer Konzil von 1672, das vom Patriarchen Dositheos II. (Notaras) von Jerusalem ein-

396 Petrus Mogila folgte in seinen Ausführungen weitgehend dem "Catechismus Romanus" und den Katechismen von Robert Bellarmin und Petrus Canisius. Wahrscheinlich wollte er mit seiner "Confessio Orthodoxa" eine Art von orthodoxem Pendant zu einem von den Jesuiten 1632 in Kiev herausgegebenen Katechismus schaffen, der in polnischer Sprache abgefaßt war. Damit bot sich gleichzeitig die Möglichkeit, die calvinistischen Argumente von Kyrillos Loukaris zu entkräften. Übrigens war Petrus Mogila nicht der erste Verfasser eines Katechismus. Ein Erzpriester aus Korec in Wolynien, *Lavrentij Zizanij Tustanevskij,* brachte das Manuskript eines Katechismus nach Moskau, wo es 1627 unter dem Titel "Bol'šoj Katichizis" gedruckt wurde. Konservative Kreise mißtrauten jedoch dem "litauischen" (des Katholizismus verdächtigten) Buch, so daß der "Große Katechismus" nicht in den Handel gelangen konnte. (Vgl. Metr. Makarij "Istorija Russkoj Cerkvi" Bd. XI, S. 50–58.) Hingegen wurde er handschriftlich verbreitet und stand insbesondere bei den Altgläubigen in hohem Ansehen, die den Katechismus auch mehrfach veröffentlichten. (Vgl. A.M. Ammann, "Ostslawische Kirchengeschichte", S. 256f.) 1637 veröffentlichte *Sil'vester Kossov* (ukr. Kosiv), erster Rektor der von Mogila in Kiev gegründeten geistlichen Schule und dessen Nachfolger als Metropolit von Kiev, als Bischof von Mogilev eine Abhandlung über die sieben Sakramente unter dem Titel "Didaskalija", die ebenfalls stark von lateinischen theologischen Anschauungen bestimmt war.

397 Der offizielle griechische Titel lautet: "Orthodoxos 'omologia tēs pisteōs tēs katolikēs kai apostolikēs ekklēsias tēs anatolikēs", publiziert durch J. Michalcescu, Die Bekenntnisse und die wichtigsten Glaubenszeugnisse der griechisch-orientalischen Kirche, S. 29–122.

398 Jedenfalls steht fest, daß Mogila in seinem 1645 veröffentlichten "Kleinen Katechismus" wieder katholische Auffassungen vertrat, die in der von Syrigos purgierten Fassung der "Confessio Orthodoxa" fehlten.

399 Die Approbation des Patriarchen Parthenios I. und seiner Synode: vgl. J. Michalcescu, op. cit., S. 28. Panagiotēs, Dolmetscher der ottomanischen Pforte, ließ die "'Omologia orthodoxos" 1667 in Amsterdam erstmals griechisch und lateinisch drucken und publizierte sie nebst einer Vorrede des Patriarchen Nektarios von Jerusalem sowie dem Approbationsprotokoll des ökumenischen Patriarchen Parthenios I. und der Patriarchensynode. Auf Anordnung des Patriarchen Dionysios IV. von Konstantinopel erschien 1672 eine zweite Auflage (ibidem, S. 23).

berufen wurde, bestätigten die Konzilsteilnehmer die "Orthodoxos 'omologia" erneut. Patriarch Ioakim (Savelov) von Moskau ordnete 1685 ihre Übersetzung ins Slawische an und sein Nachfolger Adrian pries sie sogar als ein geradezu göttlich inspiriertes Buch.

Anläßlich des Konzils von Jerusalem (1672) redigierte Patriarch Dositheos II. zudem noch eine eigene Bekenntnisschrift ("Confessio Dosithei"), welche ein orthodoxes Gegenstück zu den Thesen des Kyrillos Loukaris bilden sollte und diesen in Form und Aufbau entsprach. Die "Confessio Dosithei" ging als zweiter Teil in die Konzilsakten ("Aspis orthodoxias") der Jerusalemer Synode ein.

Daß Dositheos II., welcher im Gegensatz zur Mehrzahl seiner Amtsbrüder aus Konstantinopel[400] sehr antirömisch eingestellt war, die "Orthodoxos 'omologia" billigte und selbst gegen Angriffe aus den eigenen Reihen verteidigte, muß erstaunen, denn sie enthielt u.a. noch immer eine weitgehend katholische Sakramententheologie. Zudem war auch seine eigene "Confessio" durchaus nicht frei von katholischen Einflüssen, nicht zuletzt deutlich sichtbar in der Anerkennung der Transsubstantiation.

Jedenfalls kam die Orthodoxie auf diese Weise zu einer allgemeinen Sakramentenlehre, die ihre scholastische (und damit auch an der aristotelischen Philosophie orientierte) Herkunft nicht verleugnen kann.

Und wenn der katholisierenden Kiever Schule[401] im 17. Jahrhundert in Moskau auch ein mehr der griechischen Tradition zuneigender Rivale erstand, der sich im 18. Jahrhundert gegenüber Kiev durchsetzte, so vermochte sich die katholisch beeinflußte allgemeine Sakramentenlehre, wenngleich nie völlig unumstritten, doch auch in der russischen Orthodoxie zu behaupten[402]. Erst im 19. Jahrhundert

400 Nach den gemachten Erfahrungen mit Kyrillos I. (Loukaris) suchten die Patriarchen von Konstantinopel die Unterstützung Roms und seiner katholischen Schutzmächte, um der Gefahr eines weiteren protestantischen Einbruchs wehren zu können.

401 Während die Kiever Akademie der scholastischen Lehrmethode des hl. Thomas von Aquin folgte, entstand in der ersten Hälfte des 18. Jahrhunderts in Kiev noch eine weitere Schule mit protestantischer Tendenz. Ihr Begründer war Feofan Prokopovič (1681–1736), Ratgeber von Zar Peter I. und Erzbischof von Novgorod. Er führte in Rußland die protestantische Scholastik ein und wurde der Vater der systematischen Theologie in Rußland. (Vgl. P.N. Trembelas, Dogmatique Bd. I, S.79.) Zur kirchenpolitischen Bedeutung von Feofan Prokopovič, der unter Peter dem Großen entscheidend für die Einführung eines synodalen Staatskirchentums (Duchovnyj Reglament vom 25.1.1721) in Rußland und die damit verbundene Lockerung der Beziehung zur ökumenischen Orthodoxie verantwortlich war, vgl.: I. Smolitsch, Geschichte der russischen Kirche (1700–1917). Smolitsch kennzeichnet übrigens äußerst zutreffend einen der wesentlichsten Mängel in Prokopovičs theologischem Verständnis: "Prokopovič fehlt jeder sakrale Begriff von der Kirche als Leib Christi" (ibidem, S. 102).

402 Damit ergibt sich seit dem 17. Jahrhundert innerhalb der Orthodoxie die paradoxe Situation, daß die einzelnen Sakramente und "heiligen Handlungen" in einem neuplatonischen Sinne verstanden und interpretiert werden, während die Gesamtheit der sieben Sakramente in einem nach aristotelischen Kategorien ausgerichteten Lehrgebäude über die "Sakramente im allgemeinen" zusammengefaßt sind. Kein Wunder, daß sich dieser aristotelisch-scholastische Überbau im Volksbewußtsein nie richtig durchsetzte und die Domäne der geistlichen Lehranstalten blieb.

bahnte sich eine Rückbesinnung auf die eigenen, östlichen Traditionen in Rußland an. Damit verband sich dann auch der Versuch, durch die Rückkehr zu den Quellen eine eigenständige Sakramententheologie zu entwickeln[403]. Im theologisch konservativeren griechischen Raum hingegen dominiert noch immer – trotz stärkerer antirömischer Affekte als bei den Russen – die katholisch inspirierte Lehre von den Sakramenten im allgemeinen.

403 Vgl. F. Heiler, Urkirche und Ostkirche, S. 239.

I. Die "Confessiones" im orthodoxen Raum

Chronologische Übersicht

Nachdem die abendländische Kirchenspaltung auch den Orient zu berühren begann, sahen sich im 16./17. Jahrhundert auch die orthodoxen Kirchen zu einer Stellungnahme gezwungen. So erschienen im Zusammenhang mit der Reformation eine Reihe von Bekenntnisschriften ("Confessiones") aus orthodoxer Hand, die sich – negativ oder positiv – mit den Vorstellungen der Reformatoren und ihrer Anhänger auseinandersetzten. Dabei spielte die Frage der Sakramente eine ganz entscheidende Rolle. Deshalb finden sich in den "Confessiones" auch die grundlegenden Ansätze für die Formulierung einer orthodoxen Sakramentenlehre.

1. Den Ausgangspunkt hierfür bieten die Antworten des Patriarchen *Jeremias II.* (Tranos) von Konstantinopel[404] an die Theologen zu Wittenberg aus den Jahren 1576, 1579 und 1581. Der Briefwechsel zwischen Wittenberg und Konstantinopel wurde 1584 von den Lutheranern veröffentlicht.[405]
2. Im Jahre 1600 veröffentlichte *Gabriēl Sebēros,* Metropolit von Philadelphia und Vorsteher der griechischen Pfarrei in Venedig, ein zweibändiges Werk über die sieben Sakramente: "Suntagmation peri tōn 'agiōn kai 'ierōn mustēriōn".
Obwohl dieses Werk nur eine höchst mittelmäßige Kompilation scholastischer Lehrmeinungen darstellt, erhielt es innerhalb der orthodoxen Kirchen großes Ansehen, da es den ersten Versuch zu einer schulmäßigen orthodoxen Sakramentenlehre bildete. Zwar gehört es nicht zu den "Confessiones", muß aber hier doch erwähnt werden, weil es sich auf die Beschlüsse des Jerusalemer Konzils von 1672 auswirkte.
3. Ein "Glaubensbekenntnis", das in der Einschätzung seiner Rechtgläubigkeit bis heute umstritten geblieben ist, publizierte *Mētrofanēs Kritopoulos* im Jahre 1624. In seiner "Confessio" zeigte sich Kritopoulos stark vom Protestantismus beeinflußt[406] (so anerkannte er beispielsweise nur drei Sakramente als notwendig: Tau-

404 Es ist charakteristisch für die Situation des Patriarchats von Konstantinopel, daß der Patriarch Jeremias II. während seiner Amtszeit zweimal ab- und wieder eingesetzt wurde. Er amtierte dementsprechend mit zwei Unterbrüchen von 1572–79, 1580–84 und 1586–95. Der Briefwechsel mit Wittenberg fiel in die erste und zweite Amtsperiode.

405 Der polnische Jesuit Stanislas Sokolowski hatte sich eine Abschrift des ersten Briefes von Jeremias II. aus dem Jahre 1576 verschaffen können und diesen 1582 in Krakau mit Anmerkungen publiziert. Dadurch glaubten sich die Lutheraner gezwungen, den ganzen Briefwechsel der Öffentlichkeit vorzulegen, was unter dem Titel "Acta et Scripta Theologorum Wirtembergensium et Patriarchae Constantinopolitani D. Hieremiae" (Wittenberg 1584) geschah. (Vgl. S. Runciman, Das Patriarchat von Konstantinopel, S. 248.)

406 Durch das Studium an den protestantischen Universitäten gerieten noch andere orthodoxe Griechen in den Sog protestantischer Lehrmeinungen. Bereits 1622 hatte *Zacharias Gerganos* einen dem Kurfürsten von Sachsen gewidmeten *Katechismus* herausgegeben, der sich bis hin zur Eucharistielehre sehr stark an das Luthertum anlehnte (vgl. M. Gordillo, Introductio in Theologiam Orientalem II, S. 20).

fe, Eucharistie und Buße).[407] Aber Mētrofanēs Kritopoulos hatte auch an den protestantischen Universitäten in England, Deutschland und der Schweiz studiert. Zudem war er ursprünglich ein Protégé des Patriarchen Kyrillos I. (Loukaris) gewesen. Als Patriarch von Alexandrien fand er jedoch anscheinend zur vollen Orthodoxie zurück. Jedenfalls war er bei der Verurteilung von Kyrillos Loukaris durch die Synode von Iaşi mitbeteiligt.

4. Den Stein des Anstoßes jedoch bildete das – häretische – Glaubensbekenntnis des calvinistischen Ideen zuneigenden Patriarchen von Konstantinopel, *Kyrillos I.* (Loukaris), das dieser 1629 in lateinischer Sprache und 1631 griechisch-lateinisch inkl. Anhang in Genf veröffentlicht hatte.

Diese "Fidei Confessio" wurde zum eigentlichen Anlaß für die Herausbildung einer orthodoxen Sakramententheologie, weil sich nun die Notwendigkeit ergab, die Fehler von Kyrillos Loukaris von einem festen lehrmäßigen Standpunkt aus zurückzuweisen.

5. Es war der Metropolit von Kiev, *Petrus Mogila*[408], welcher 1638–42 auf die Herausforderung von Kyrillos I. mit einer "Confessio Orthodoxa" antwortete, die sich – insbesondere in der Sakramentenlehre – in Form und Inhalt weitgehend auf die katholische Theologie abstützte. Ihre definitive und offiziell approbierte Gestalt erhielt die "Confessio Orthodoxa" allerdings erst in der vom Protosygkellos *Meletios Syrigos* übersetzten und purgierten griechischen Fassung: "Orthodoxos 'omologia" (in Iaşi 1642, durch die vier griechischen Patriarchen 1643). Es kann sein, daß die angebrachten Veränderungen bei Petrus Mogila selber keine Gnade fanden. Auf jeden Fall wurde die "Orthodoxos 'omologia" erst 20 Jahre nach seinem Tode erstmals (in griechischer Sprache) aufgelegt, nämlich 1667.

6. *Meletios Syrigos* begnügte sich in seinem Kampf gegen Kyrillos Loukaris nicht nur mit der Übersetzung von Mogilas "Confessio Orthodoxa", sondern schrieb selber noch einen Traktat, in welchem er Punkt um Punkt die Lehren des häretischen Patriarchen zu widerlegen suchte. Aber auch diese Entgegnung kam erst lange nach dem Tode ihres Verfassers an die Öffentlichkeit. Patriarch Dositheos II. von Jerusalem publizierte sie 1690.[409]

407 Kritopoulos sieht in den drei "mustēria" Taufe, Eucharistie und Buße den Typos der Hl. Dreifaltigkeit, während die übrigen vier nur mystische Zeremonien sind, welche in der Kirche auch "mustēria" genannt werden, da sie einen mystischen und geistlichen Inhalt besitzen: "'Omologia Kritopoulou", Kef. 5: "Tria de tauta eis tupon tēs 'uperagias kai 'omoousiou Triados. (...) Para tauta de ta tria anagkaia mustēria eisi kai tines teletai mustikai mustēria kakeinai 'omōnumōs kaloumenai para tēj ekklēsiaj dia to mustikon te kai pneumatikon tautais emperiehesthai. . . . " (J. Michalcescu, Die Bekenntnisse und die wichtigsten Glaubenszeugnisse der griechisch-orientalischen Kirche, S. 214.)

408 Petrus Mogila, auch Moghila und ukrainisch Mohyla, müßte eigentlich rumänisch Petro Movilà geschrieben werden. Er lebte von 1596–1647 und war seit 1632 orthodoxer Metropolit von Kiev und Halič. Zu dieser Zeit gehörte die orthodoxe Metropolie von Kiev politisch zum polnisch-litauischen Großreich, kirchenpolitisch (jurisdiktionell) zum Patriarchat von Konstantinopel.

409 Der Traktat von Meletios Syrigos gegen Kyrillos Loukaris trägt den Titel "Antir'rēsis kata tōn kalbinikōn kefalaiōn kai erōtēseōn Kurillou tou Loukareōs".

7. Auf dem *Jerusalemer Konzil von 1672,* welches Dositheos einberufen hatte, wurde der Versammlung nochmals die "Orthodoxos 'omologia" zur ausdrücklichen Billigung vorgelegt, sowie ein vom Patriarchen *Dositheos II (Notaras)* von Jerusalem redigiertes Dokument, das eine orthodoxe Gegenüberstellung zu den Thesen von Kyrillos I. bildete und unter dem Namen "Confessio Dosithei" in die Geschichte einging. Diese "Confessio Dosithei" wurde von den Konzilsteilnehmern in die offiziellen Akten der Synode "Aspis orthodoxias" und zwar als deren zweiter Teil aufgenommen.[410]
8. Die "Confessio Dosithei" wurde 1723 von den griechischen Patriarchen in russischer Sprache dem Hl. Synod in Sankt Petersburg zugesandt und erhielt unter dem Namen *"Sendschreiben der Patriarchen"* auch in Rußland allgemeine Anerkennung. Allerdings wurde die "Confessio Dosithei" in der slawisch-griechischen Ausgabe von 1838 von gewissen lateinischen Einflüssen "gereinigt". Bereits in ihrer slawischen Ausgabe der "Orthodoxos 'omologia" hatten es die beiden griechischen Mönchsbrüder Iōannikios und Sōfronios Lihoudēs[411] 1696 für nötig befunden, entlatinisierende Änderungen bezüglich der drei göttlichen Personen und der Abendmahlslehre anzubringen, womit die ursprüngliche "Confessio Orthodoxa" des Petrus Mogila weitere Veränderungen erfuhr.

Die Antworten des Patriarchen Jeremias II. genossen ebenso wie die "Orthodoxos 'omologia" und die "Confessio Dosithei" (und Teil 1 der "Aspis orthodoxias") in der Orthodoxie des 17. und 18. Jahrhunderts das Ansehen von "Symbolischen Büchern", d.h. von normativen Glaubensregeln. Noch im 19. Jahrhundert baute Erzbischof Makarij (Bulgakov) seine ganze Dogmatik auf den zwei Bekenntnisschriften des Jerusalemer Konzils auf. Doch bereits im 19. Jahrhundert begannen manche orthodoxe Theologen den normativen Charakter der "Confessiones" zu bestreiten, und ihre Meinung hat sich heute allgemein durchgesetzt. Man erkennt den "symbolischen Büchern" nur noch eine relative Autorität zu, da sie von ihrer Entstehungsgeschichte her eine gewisse Zeitgebundenheit aufweisen, ohne daß damit jedoch ihr theologischer Wert bestritten wird.[412] "Wenn sie auch eine geringe-

410 Vgl. zu dieser Chronologie S. Runciman, Das Patriarchat von Konstantinopel, S. 239–250 (zu Jeremias II.); S. 264–272 (zu Kyrillos I.); S. 327–335 (zu Petrus Mogila); S. 336–340 (zu Dositheos II.). J. Michalcescu, Die Bekenntnisse und die wichtigsten Glaubenszeugnisse der griechisch-orientalischen Kirche, S. 22–122 (zur "Confessio Orthodoxa" bzw. "Orthodoxos 'omologia") S. 123–182 (zur "Aspis orthodoxias" des Jerusalemer Konzils inkl. "Confessio Dosithei"); S. 183–252 (zum Bekenntnis des Mētrofanēs Kritopoulos). M. Gordillo, Introductio in theologiam orientalem II., S. 28ff.

411 Im Jahr 1680 sandte Patriarch Dositheos II. die Brüder Lihoudēs (Iōannikios: 1633–1717 und Sōfronios: 1652–1730) auf Ersuchen des Moskauer Patriarchen nach Rußland. Sie erscheinen deshalb in verschiedenen Schriften auch (gemäß russischer Umschrift) unter dem Namen Lichud (bzw. im russischen Plural Lichudy). Wenn M. Gordillo (op. cit. S. 29) ihnen die russische Übersetzung der "Confessio Dosithei" zuschreibt, so dürfte es sich hier wohl um eine Verwechslung handeln. Sie übersetzten vielmehr die "Orthodoxos 'omologia" ins Slawische.

412 Vgl. F. Heiler, Urkirche und Ostkirche, S. 191ff.; sowie M. Jugie, Theologia dogmatica christianorum orientalium Bd. I, S. 677f.

re Autorität als die Ökumenischen Konzilien besitzen, so hören sie doch nicht auf, würdige Hilfen der orthodoxen Dogmatiker zu sein. Sie drücken das Bewußtsein der katholisch-orthodoxen Kirche in der Zeit ihrer Publikation aus und stimmen in ihrer allgemeinen Linie mit der Tradition dieser Kirche überein", schreibt P.N. Trempelas[413].

Immerhin führte das große Ansehen, das diese "symbolischen Bücher" genossen, dazu, daß eine katholisch inspirierte Lehre von den Sakramenten im allgemeinen in die orthodoxen Kirchen Eingang fand und sich in diesen bis heute weitgehend halten konnte.

A. Die Antworten von Jeremias II. an die Wittenberger Theologen

Am *15. September 1574* hatten der Kanzler *Jakob Andreä* von Tübingen und der Gräzist und Historiker *Martin Crusius* dem Patriarchen Jeremias II. (Tranos) von Konstantinopel eine griechische Übersetzung der Augsburger Konfession[414] zugehen lassen, verbunden mit der Bitte um deren Begutachtung. Der Patriarch beschränkte sich jedoch nur auf eine höfliche Empfangsbestätigung. Daraufhin drängten Andreä und Crusius in einem Schreiben vom *20. März 1575* erneut auf eine Meinungsäußerung zur "Confessio Augustana".

Diesmal antwortete der Patriarch Jeremias II. (gest. 1595) mit einer *ersten Stellungnahme,* datiert vom *15. Mai 1576,* wobei er zu jedem der 21 Artikel der Augsburger Konfession seine Anmerkungen machte. Bei dieser Gelegenheit wandte er sich auch der Frage nach den Sakramenten zu.

Die "Confessio Augustana" besagt in ihrem *Artikel V* ("Vom Predigtamt"), daß das Predigtamt von Gott eingesetzt worden sei, um das Evangelium zu verkünden und die Sakramente zu spenden, mittels derer der Hl. Geist zur Weckung des Glaubens verliehen werde.[415] Doch dies war dem Patriarchen zu wenig genau, und

413 P.N. Trembelas, Dogmatique Bd. I, S. 77 (man vgl. auch die Anmerkung zu diesem zitierten Satz). Der griechische Theologe stützt sich denn auch in seiner dreibändigen Dogmatik ständig auf die Autorität der "Symbolischen Bücher".

414 Die "Confessio Augustana" wurde von Melanchthon (Philipp Schwartzerd: 1497–1560) für den Augsburger Reichstag von 1530 zusammengestellt und von Luther gebilligt. Die Protestanten in der Schweiz und Süddeutschland unterzeichneten jedoch die "Confessio Augustana" wegen des Abendmahlstreites nicht.

415 Confessio Augustana, art. V: "Ut hanc fidem consequamur, institutum est ministerium docendi evangelii et porrigendi sacramenta. Nam per verbum et sacramenta tamquam per instrumenta donatur spiritus sanctus, qui fidem efficit, ubi et quando visum est Deo, in his, qui audiunt evangelium, scilicet quod Deus non propter nostra merita, sed propter Christum iustificet hos, qui credunt se propter Christum in gratiam recipi . . . " (Die Bekenntnisschriften der evangelisch-lutherischen Kirche, S. 58).

416 Mit dem Begriff "katholisch" meint Jeremias II. natürlich die Orthodoxie, die sich von ihrer Bezeichnung her als universell (i.e. katholisch) und rechtgläubig (i.e. orthodox) versteht.

417 Zit. nach P.N. Trembelas, Dogmatique Bd. III, S. 307, Anm. 1.

418 Confessio Augustana, art. VII: "Item docent, quod una sancta ecclesia perpetuo mansura sit. Est autem ecclesia congregatio sanctorum, in qua evangelium pure docetur et recte

er erklärte zur Person des kirchlichen Amtsträgers, "daß die Verkündigung und öffentliche Lesung des Evangeliums sowie die Spendung der mustēria niemandem andern zusteht als denjenigen, welche mit diesem Dienst legal betraut sind. Die katholische[416] Kirche läßt nur diejenigen sprechen und die mustēria spenden, die kanonisch gesalbt und allein berufen und geweiht sind, sowie keiner üblen Häresie anhängen, wie es die kirchliche Tradition verlangt. Es täuschen sich jene, welche sagen, daß die göttlichen und heiligen mustēria durch zufällig gewählte Laien oder durch unkanonisch gesalbte Priester gespendet werden können."[417]
Zu *Artikel VII* ("Von der Kirche")[418] fügte der Patriarch einige grundsätzliche Äußerungen über die "mustēria" an. Er insistierte ausdrücklich auf deren *Siebenzahl:* "Sieben sind in der Tat die Gaben des Hl. Geistes, wie Isaias sagt, und sieben die vom Hl. Geist hervorgebrachten mustēria der Kirche. Daß es diese Sieben und nicht mehr sind, zeigt ihre Bestimmung. Siehe, das mustērion bezüglich der Geburt des Menschen ist die Ehe in Christus; bezüglich des Heils ist es der Stand der Priester; dann die durch sie vollzogenen und absolut notwendigen mustēria der Taufe, Myronsalbung (i.e. Firmung) und Kommunion; für diejenigen, die sich Gott weihen, die Weihe; für die Laien, die Ehe. Für diejenigen, die nach der Taufe gesündigt haben, sind es die Buße und die Salbung mit dem geweihten Öl, welche die Vergebung schenken oder die befleckte Seele reinigen."[419]
Außerdem gab Jeremias II. eine ganz scholastische Definition vom "mustērion", in welcher er die Begriffe *Materie und Form* und *Wirkursache* verwendete: "Diejenigen werden mustēria genannt, welche unter sinnenfälligen Zeichen eine faßbare und eine verborgene Wirkung haben. Ein jedes von ihnen ist in den Hl. Schriften begründet; sie haben eine genau umschriebene Materie und Form ('ulēn kai eidos) und zudem eine Wirk- oder vielmehr eine Instrumentalursache."[420]
Mit den folgenden beiden *Artikeln VIII* und *IX*, daß auch ein unwürdiger Priester gültige Sakramente spenden könne[421] und daß bereits die Kinder getauft werden sollten,[422] konnte sich der Patriarch einverstanden erklären.

administrantur sacramenta. Et ad veram unitatem ecclesiae satis est consentire de doctrina evangelii et de administratione sacramentorum. Nec necesse est ubique similes esse traditiones humanas seu ritus aut ceremonias ab hominibus institutas; sicut inquit Paulus: Una fides, unum baptisma, unus Deus et pater omnium etc." (Bekenntnisschriften, S. 61).

419 Zit. nach P.N. Trembelas, Dogmatique Bd. III, S. 74, Anm. 2.

420 Zit. nach M. Jugie, Theologia dogmatica christianorum orientalium Bd. III, S. 13.

421 Confessio Augustana, art. VIII: "Quamquam ecclesia proprie sit congregatio sanctorum et vere credentium, tamen, cum in hac vita multi hypocritae et mali admixti sint, licet uti sacramentis, quae per malos administrantur . . . Et sacramenta et verbum propter ordinationem et mandatum Christi sunt efficacia, etiamsi per malos exhibeantur" (Bekenntnisschriften, S. 62). – *Jeremias II.* merkte hierzu u.a. an: "Die göttliche Gnade wirkt in der Tat auch durch unwürdige Diener und macht die mustēria vollkommen. Man achte deshalb diejenigen, die sie spenden, und man verachte nicht unter dem Vorwand der Heuchler (war Judas nicht auch einer der Apostel?) auch die Guten." (Zit. nach P.N. Trembelas, Dogmatique Bd. III, S. 113f., Anm. 2.)

422 Confessio Augustana, art. IX: "De baptismo docent, quod sit necessarius ad salutem, quodque per baptismum offeratur gratia Dei, et quod pueri sint baptizandi, qui per baptismum oblati Deo recipiuntur in gratiam Dei . . . " (Bekenntnisschriften, S. 63).

Hingegen weckte *Artikel X* ("Vom heiligen Abendmahl")[423] sein Mißtrauen, obgleich dieser Text sehr irenisch gefaßt war. Jeremias II. zeigte sich wohl informiert und wünschte weitere Erläuterungen zu diesem Punkt, denn "wir haben gewisse Dinge über Eure Auffassungen vernommen, die wir unmöglich billigen können"[424]. Er betont als Lehre seiner Kirche, daß "nach der Konsekration das Brot in den Leib Christi verwandelt ist und der Wein in sein Blut"[425]. Zwar gebrauchte Jeremias II., wenn er von der "Wandlung" der Gaben sprach, nicht den griechischen Begriff für "Transsubstantiation" (metousiōsis), sondern die Worte "metabolē" und "metapoiēsis", die der traditionellen griechischen Terminologie entliehen waren und nicht notwendigerweise eine stoffliche Verwandlung ausdrücken.[426] Er vermied damit eine Stellungnahme zur kontroversen Frage über den Modus der "Wandlung". Was hingegen die *Realpräsenz* Christi in den hl. Gaben nach der Konsekration anbelangt, so stand diese für den Patriarchen außer Zweifel: "Die Heiligung der Gaben ist das Opfer; sie verkündet seinen Tod, seine Auferstehung und seine Himmelfahrt, weil diese heiligen Gaben in den Leib des Herrn verwandelt sind, der dies erlitten hat: den Gekreuzigten, Auferstandenen, in den Himmel Aufgefahrenen."[427]

Auch *Artikel XI* ("Von der Beichte")[428] wurde von Jeremias II. insofern vervollständigt, als er die Einsetzung des Bußsakraments durch Christus betonte und die Übertragung der Absolutionsvollmacht an die Jünger unterstrich.[429] Zudem vertrat er (im Gegensatz zu Art. XI der "Confessio Augustana") die Ansicht, daß alle Sünden bekannt werden sollten, wobei er sich auf Basilios d. Gr. berief, denn "die verschwiegenen Sünden sind eine heimtückische Krankheit für die Seele"[430].

Bezüglich dieses Artikels notierte *der Patriarch,* "daß man die kleinen Kinder taufen muß und ohne eine gewisse Zeit zu warten . . . Denn wenn man nicht aus dem Wasser und dem Geist wiedergeboren ist, wird man nicht ins Himmelreich eingehen." (Zit. nach P.N. Trembelas, Dogmatique Bd. III, S. 113f., Anm. 2.)

423 Confessio Augustana, art. X: "De coena Domini docent, quod corpus et sanguis Christi vere (*) adsint et distribuantur vescentibus in coena Domini . . ." Die deutsche Fassung ist expliziter und fügt noch an (*): "unter der Gestalt des Brots und Weins" (Bekenntnisschriften, S. 64).

424 Vgl. S. Runciman, Das Patriarchat von Konstantinopel, S. 242.

425 Zit. nach P.N. Trembelas, Dogmatique Bd. III, S. 209, Anm. 1.

426 Vgl. S. Runciman, Das Patriarchat von Konstantinopel, S. 243; sowie Exkurs I: Realpräsenz und Transsubstantiation.

427 Zit. nach P.N. Trembelas, Dogmatique Bd. III, S. 239f., Anm. 6.

428 Confessio Augustana, art. XI: "De confessione docent, quod absolutio privata in ecclesiis retinenda sit, quamquam in confessione non sit necessaria omnium delictorum enumeratio . . ." (Bekenntnisschriften, S. 66).

429 Vgl. P.N. Trembelas, Dogmatique Bd. III, S. 261f., Anm. 3: "Das Sakrament der Buße wurde völlig und wahrhaftig durch den Herrn eingesetzt, welcher diese Machtbefugnis den Jüngern gab und sagte: denjenigen, denen ihr sie behaltet etc. Und er versprach vor allem Petrus, ihm die Schlüssel des Himmelreiches zu geben, und was er auf Erden löse, werde im Himmel gelöst sein."

430 Vgl. P.N. Trembelas, Dogmatique Bd. III, S. 282, Anm. 1.

Am *Artikel XII* ("Von der Buße")[431] gab es nichts auszusetzen, auch wenn der Patriarch noch anfügte, daß Reue durch gute Werke bezeugt werden müsse.[432]
Artikel XIII ("Vom Gebrauch der Sakramente")[433] schließlich bot Jeremias II. die Gelegenheit, auf den für die "mustēria" notwendigen liturgischen Rahmen hinzuweisen, der gleichsam eine Neuinszenierung des göttlichen Dramas sei, das ihnen ihren geistlichen Wert verleihe.[434]
Martin Crusius und der Hofprediger *Lukas Osiander* gingen am *15. Juni 1577* auf diese erste Stellungnahme des Patriarchen Jeremias II. ein und präzisierten ihre Auffassung vom Abendmahl (Gegenwart Christi in Fleisch und Blut, aber ohne stoffliche Veränderung der Elemente). Zudem bekannten sie offen, daß sie nur an zwei Sakramente glaubten.
Die Antwort aus Konstantinopel ließ auf sich warten. Erst im *Mai 1579* sandte der Patriarch seine *zweite Stellungnahme* nach Wittenberg, die diesmal bereits weniger konziliant ausfiel. Die lutheranische Rechtfertigungslehre wurde abgelehnt und ausdrücklich die *Siebenzahl* der Sakramente hervorgehoben, wenn Jeremias II. auch zugestand, daß Taufe und Eucharistie unter diesen eine Vorrangsstellung einnehmen. Bezüglich der Eucharistie unterstrich der Patriarch die Rolle der *Epiklese,* d.h. die Verwandlung von Brot und Wein in Leib und Blut Christi vollzieht sich durch die Herabkunft des Hl. Geistes, "jenseits des Verstandes und des Denkens"[435]. Bei der Taufe wies er außerdem darauf hin, daß diese durch dreimaliges Untertauchen und nicht durch bloßes Übergießen zu vollziehen sei.[436] Dabei wandte sich die Betonung von Epiklese und Immersion wohl ebensosehr gegen die Auffassung der Lateiner wie gegen diejenige der Protestanten.

431 "Confessio Augustana", art. XII: "De poenitentia docent, quod lapsis post baptismum contingere possit remissio peccatorum quocumque tempore, cum convertuntur, et quod ecclesia talibus ad poenitentiam redeuntibus debeat absolutionem impartiri. Constat autem poenitentia proprie his duabus partibus: altera est contritio seu terrores incussi conscientiae agnito peccato, altera est fides, quae concipitur ex evangelio seu absolutione et credit propter Christum remitti peccata et consolatur conscientiam et ex terroribus liberat. Deinde sequi debent bona opera, quae sunt fructus poenitentiae. Damnant Anabaptistas, qui negant semel iustificatos posse amittere spiritum sanctum; item, qui contendunt, quibusdam tantam perfectionem in hac vita contingere, ut peccare non possint. Damnantur et Novitiani, qui nolebant absolvere lapsos, post baptismum redeuntes ad poenitentiam . . . " (Die Bekenntnisschriften, S. 66f.).
432 Vgl. S. Runciman, Das Patriarchat von Konstantinopel, S. 243.
433 Confessio Augustana, art. XIII: "De usu sacramentorum docent, quod sacramenta instituta sint, non modo ut sint notae professionis inter homines, sed magis ut sint signa et testimonia voluntatis Dei erga nos, ad excitandam et confirmandam fidem in his, qui utuntur, proposita. Itaque utendum est sacramentis ita, ut fides accedat, quae credat promissionibus, quae per sacramenta exhibentur et ostenduntur" (Die Bekenntnisschriften, S. 68).
434 Vgl. S. Runciman, Das Patriarchat von Konstantinopel, S. 243f.
435 Zit. nach P.N. Trembelas, Dogmatique Bd. III, S. 209, Anm. 1.
436 Vgl. N.P. Trembelas, Dogmatique Bd. III, S. 98, Anm. 1: "Die Alten tauften nicht mit ihren eigenen Händen, indem sie Wasser über die Täuflinge ausgossen, sondern durch dreifaches Eintauchen."

In Wittenberg setzte sich daraufhin eine ganze Theologenkommission[437] mit den Äußerungen des Patriarchen auseinander, deren Tätigkeit am *24. Juni 1580* in einem weiteren Schreiben an Jeremias II. gipfelte, in welchem versucht wurde, die Mehrzahl der trennenden Ansichten als Fragen der Terminologie und des unterschiedlichen Brauchtums hinunterzuspielen.
Jeremias II., der 1579 als Patriarch ab- und im folgenden Jahr wieder eingesetzt worden war, zeigte wenig Neigung, den Briefwechsel weiterzuführen. Am 6. Juni 1581 schrieb er kurz und bündig, daß Verhandlungen sinnlos seien. Man solle ihm künftig nur noch aus Freundschaft, aber nicht mehr in Glaubenssachen schreiben. Als eine weitere Antwort aus Wittenberg erfolgte, ließ er diese unbeachtet.
Untersucht man die Stellungnahmen von Jeremias II. bezüglich der "mustēria", so fällt unmittelbar auf, wie stark sie doch im Wesentlichen mit der lateinischen Sakramentenlehre übereinstimmen. Unterschiede betreffen eher Randfragen wie die Immersion bei der Taufe, das ungesäuerte Brot bei der Eucharistie und die Vermeidung des Begriffs "Transsubstantiation" sowie die Hervorhebung der Epiklese. Es muß demnach bei den griechischen Theologen, auf die sich Jeremias II. stützte, ein katholischer Einfluß vorhanden gewesen sein.
Ph. Meyer nahm an, daß der äußerst unionsfreundliche Bischof von Kythēra, *Maximos Margounios* (gest. 1602), der wegen seiner katholisierenden Lehrmeinungen mit Gabriēl Sebēros in Konflikt geriet, wahrscheinlich die Seele des Widerstandes von Jeremias II. gegen die Lutheraner gewesen sei.[438] Der eigentliche Verfasser von Jeremias Stellungnahmen war jedoch der erste Sekretär (Protonotarios) des Patriarchen, *Theodosios Zygomalas,* der u.a. auch vom Theologen Damaskinos Stouditēs und dem katholischen Arzt Mindonius Leonardus beraten wurde.
Soweit der Einfluß katholischer Lehren nicht auf die Tätigkeit der Jesuiten in Konstantinopel zurückging, dürfte er vor allem über Venedig und das zu ihm gehörende Padua nach Konstantinopel gedrungen sein. Denn bereits 1463 war an der *Universität von Padua* ein Lehrstuhl für Griechisch eingerichtet worden[439], was in der Folge viele griechische Studenten anzog. Unter den hervorstechenden Streitern gegen die protestantischen Sakramentenlehren finden sich denn auch eine Reihe von Absolventen der Universität von Padua, so *Meletios Pēgas* (gest. 1601), Patriarch von Alexandrien und enger Freund von Maximos Margounios, *Gabriēl Sēbēros* (1541–1616), Metropolit von Philadelphia, sowie *Meletios Syrigos* (1586–1664), der Übersetzer der "Confessio Orthodoxa" Mogilas.
Obwohl die Brester Union von 1595 bei einem Großteil dieser griechischen Theologen zu starken antirömischen Affekten führte, vertraten sie trotzdem nach wie vor

437 Steven Runciman nennt als Mitglieder dieser Theologenkommission Crusius, Andreä, Osiander und Gerlach, während Ph. Meyer als Verfasser des Briefes Andreä, Bidembach, Schnepf und Heerbrand nannte.

438 Vgl. Ph. Meyer, Die theologische Literatur der griechischen Kirche im 16. Jahrhundert, S. 77f. Maximos Margounios gehörte zu den bedeutendsten griechischen Theologen seiner Zeit und war, wie sein Gegenspieler Gabriēl Sebēros, die meiste Zeit in Venedig wohnhaft.

439 Vgl. S. Runciman, Das Patriarchat von Konstantinopel, S. 206ff.

eine weitgehend katholische Sakramentenlehre. Ein besonders typisches Beispiel hierfür ist der Metropolit von Philadelphia und Vorsteher der griechischen Kirche von Venedig, *Gabriēl Sebēros,* der in seinem zweibändigen Werk "Suntagmation peri tōn 'agiōn kai 'ierōn mustēriōn" (Venedig 1600 und 1691) eine Siebenzahl der "mustēria" vertrat und deren Einsetzung durch Christus betonte. Er anerkannte die Kategorien von Materie und Form ebenso wie eine physische Wirksamkeit der "mustēria". An der Verleihung eines unauslöschbaren Merkmales (character indelebilis) ließ er zumindest bei der Taufe und bei den Weihen keinen Zweifel. Außerdem gebrauchte er auch den Begriff der Transsubstantiation (metousiōsis)[440].

Wieweit Gabriēl Sebēros bei der Auseinandersetzung von Jeremias II. mit den Lutheranern ebenfalls beteiligt war, ist unklar. Und sein Kompendium über die "mustēria" scheint auch bei der direkten Auseinandersetzung mit dem Patriarchen Kyrillos I. (Loukaris) eine sekundäre Rolle gespielt zu haben. Es kam erst auf dem Konzil von Jerusalem (1672) wieder zu Ehren.

B. Die Häresien des Patriarchen Kyrillos I. (Loukaris)

Im Jahr 1572 wurde auf Kreta Konstantin Loukaris geboren, welcher später unter seinem Mönchsnamen Kyrillos Geschichte machen sollte. Im Alter von 12 bis 16 Jahren besuchte er (wie manche seiner Landsleute) eine Schule in Venedig, welcher Maximos Margounios vorstand. Konstantin Loukaris erfuhr von seinem Lehrer Maximos Margounios eifrige Förderung, wohl nicht zuletzt, weil er ein Vetter von Margounios' Freund Meletios Pēgas war. Maximos Margounios dürfte es auch gewesen sein, der Konstantin Loukaris den Weg an die Universität Padua öffnete, wo dieser von 1589–1595 studierte. Anschließend ging Konstantin nach Konstantinopel, wurde Priester und Mönch und nannte sich hinfort Kyrillos. Von seinem Vetter Meletios Pēgas, der seit 1590 Patriarch von Alexandrien war, aber zumeist in Konstantinopel residierte, wurde er im Zusammenhange mit der Union von Brest-Litovsk 1596 nach Polen gesandt, um gemeinsam mit Nikēforos Kantakouzenos, dem Abgeordneten des ökumenischen Patriarchen, nach dem Rechten zu sehen.[441]

440 Wie weit Gabriēl Sebēros in seiner Annäherung an die katholische Sakramentenauffassung ging, zeigt sich insbesondere auch in der Tatsache, daß er – in völligem Gegensatz zur östlichen Tradition – beim Bußsakrament die lateinische, *deklarative* Absolutionsformel übernahm. (Petrus Mogila folgte ihm darin und führte in der Folge diese deklarative Absolutionsformel in der russisch-orthodoxen Kirche ein, wo sie noch immer in Gebrauch ist.) – Man vgl. unsere Erläuterungen zu dieser Frage im Kapitel über den epikletischen Charakter der östlichen "mustēria" sowie unsere Anm. 457.

441 "In L'vov verfolgte er von nahem den Kampf, der sich zwischen der Orthodoxie und Rom um die Vorherrschaft abspielte. (...) Diese Streitigkeiten erbitterten Loukaris zutiefst gegen Rom und die Jesuiten. So ist sein nachfolgendes Verhalten gegen die beiden für den Rest seiner kirchlichen Laufbahn leicht zu verstehen" (Metr. Germanos, Kyrillos Loukaris [1572–1638], S. 11).

Die Reise endete 1598 mit einem Mißerfolg. Immerhin hatte Kyrillos zwei orthodoxe Schulen in Vilna und L'vov gegründet und brachte zudem aus Vilna einen Unionsvorschlag der dortigen lutherischen Geistlichen mit, der aber bei den beiden Patriarchen nur auf politisches Interesse stieß. Ende 1599 sandte Meletios Pēgas seinen Vetter Kyrillos erneut nach Polen, und dieser blieb ein rundes Jahr in L'vov, bis ihn Meletios nach Ägypten rief und ihm die Nachfolge auf den Patriarchenthron von Alexandrien anbot. Nach dem Tode von Meletios Pēgas im Jahre 1601 konnte Kyrillos in der Tat dessen Amt übernehmen. Bis zum Jahre 1612, als er erstmals zum Patriarchen von Konstantinopel erkoren wurde, blieb er in Ägypten.

Sein Freund Cornelius van Haag, der seit 1602 holländischer Botschafter an der Hohen Pforte war, brachte Kyrillos in Kontakt mit calvinischem Gedankengut. Kyrillos trat auch in einen Briefwechsel mit den holländischen Theologen Jan Uytenbogaert und David le Leu de Wilhelm. Die reformatorischen Ideen fanden bei Kyrillos I. (Loukaris) immer stärkeren Anklang, und er geriet, wohl kaum bemerkt von seinen Gläubigen, immer mehr in ein calvinistisches Fahrwasser. Dabei mochten auch politische Umstände eine Rolle gespielt haben, denn statt Kyrillos hatte 1612 Timotheos II. den Patriarchenthron von Konstantinopel bestiegen und Kyrillos mußte für einige Zeit ins Exil, bevor er wieder nach Kairo zurückkehren konnte.

Als Timotheos II. 1620 unter ungeklärten Umständen[442] starb, gelang Kyrillos der definitive Sprung nach Konstantinopel, wo er sich bald auch mit dem englischen Botschafter Sir Thomas Roe befreundete. Zwar mußte er 1623 für kurze Zeit zweien von der katholischen Partei lancierten Gegenkandidaten auf das Patriarchenamt weichen, aber dank der Hilfe seiner mächtigen politischen Freunde aus dem reformierten Lager vermochte er sich rasch seine Stellung zurückzuerobern. (Diese Episode mag erhellen, wie sehr die Auseinandersetzung um die Rechtgläubigkeit von Kyrillos I. (Loukaris) auch eine eminent politische Bedeutung besaß.)

Nachdem 1628 Antoine Léger, der in enger Verbindung mit den Genfer Calvinisten stand, als neuer Hausgeistlicher an die holländische Botschaft gekommen war, gehörte auch er alsbald zum engen Vertrauten- und Freundeskreis des Patriarchen. Légers Rat, Kyrillos I. solle mit seinen Auffassungen an die Öffentlichkeit treten, zeitigte jedoch im Endeffekt für den Patriarchen böse Folgen.[443]

442 Patriarch Timotheos II. starb nämlich nach einem Abendessen beim holländischen Botschafter van Haag, der bekanntlich ein enger Freund von Kyrillos Loukaris war. Dies weckte den Verdacht, der Botschafter habe durch Gift nachgeholfen, um Kyrillos endlich die Würde eines Patriarchen von Konstantinopel zu verschaffen. Zufälligerweise weilte nämlich Kyrillos zu diesem Zeitpunkt gerade in Konstantinopel und konnte sich somit unmittelbar als Nachfolger von Timotheos II. präsentieren.

443 Zu den biographischen Ausführungen über Kyrillos I. (Loukaris) vgl. man die ausführlichen Darstellungen bei S. Runciman, Das Patriarchat von Konstantinopel, S. 251–266

Kyrillos Loukaris hatte bereits mit der Herausgabe einer neugriechischen Übersetzung des Neuen Testaments, welche 1630 erschien, die konservativen Kreise in Aufregung versetzt. Diese steigerte sich zur Empörung, als über katholische Kanäle in Konstantinopel bekannt wurde, daß der Patriarch in *Genf* ein häretisches *Glaubensbekenntnis* veröffentlicht hatte. Dieses erschien im *März 1629* in lateinischer Sprache und war van Haag gewidmet. *1631* wurde das griechische Original: *Anatolikē 'Omologia tēs Hristianikēs pisteōs*[444] zusammen mit der lateinischen Übersetzung und einem aus vier ergänzenden Erklärungen bestehenden Anhang herausgegeben und 1633 neu aufgelegt. Die *"Confessio fidei"* des Kyrillos Loukaris entsprach in der Mehrzahl ihrer 18 Artikel keineswegs mehr orthodoxem Glaubensverständnis, sondern zeigte deutlich calvinistische Züge. Dies betraf auch die Sakramentenlehre, insbesondere wenn Kyrillos in *Art. 15* erklärte, daß nur *zwei Sakramente* von Christus eingesetzt und im Neuen Testament überliefert seien, nämlich Taufe und Eucharistie. Sie bestünden aus Wort und Element und seien Siegel der göttlichen Verheißung, welche allerdings nur aus dem gegenwärtigen Glauben heraus Gnade verleihen.[445]

Die in *Art. 16* enthaltenen Erläuterungen zur *Taufe*, welche unwiederholbar sei und sowohl die Erbsünde wie auch die aktuellen Sünden tilge, entsprachen auch der orthodoxen Lehre.

Um so weniger war dies bezüglich der in *Art. 17* vorgelegten Aussagen zur *Eucharistie* der Fall. Ganz calvinistisch nahm Kyrillos eine Realpräsenz Christi nur in der Darreichung an. Es handle sich dabei um eine Präsenz, die sich aus dem Glauben

und 272–275; C.S. Calian, Cyrill Lucaris: The Patriarch who failed, in Journal of Ecumenical Studies No 2, 1973, S. 319–336; G. Hofmann, Griechische Patriarchen und römische Päpste Bd. II/1: Patriarch Kyrillos Lukaris und die römische Kirche OC 52; Ph. Meyer, Lukaris, Kyrillos, in RPTK Bd. 11, S. 682–690; Metr. Germanos, Kyrillos Loukaris (1572–1638).

444 Vgl. J. Michalcescu, Die Bekenntnisse, S. 267–276. Das griechische Manuskript dieses Textes, von Kyrillos Loukaris eigenhändig geschrieben und unterzeichnet, befindet sich in der Genfer Universitätsbibliothek. Es steht dementsprechend mit Sicherheit fest, daß die Kyrillos zugeschriebenen Lehrmeinungen auch tatsächlich von diesem vertreten wurden. Seit Dositheos II. tauchte nämlich im Osten wieder die Meinung auf, Kyrillos I. sei gar kein Häretiker gewesen und die ihm zugeschriebenen calvinistischen Auffassungen eine böswillige Unterschiebung.
Zur "Confessio fidei" des Kyrillos Loukaris vgl. auch M. Jugie, Theologia dogmatica Bd. I, S. 505ff.; S. Runciman, Das Patriarchat von Konstantinopel, S. 266ff.

445 "Kefalaion 15: Pisteuomen ta euaggelika mustēria en tēj ekklēsiaj einai, 'aper 'o kurios paredōken en tōj euaggeliōj, kakeina duo einai. Tosauta gar 'ēmin paredothē˙ kai 'o nomothetēsas ou pleiō paredōken. Tauta de sunistasthai ek 'rēmatos kai stoiheiou˙ einai de sfragidas tōn tou theou epaggeliōn, kai haritos proxena, katehomen asfalōs. 'Ina de teleion ēj to mustērion kai 'oloklēron, deon suntrehein tēn te hoikēn 'ulēn kai tēn exōteran praxin meta tēs tou hoikou pragmatos ekeinou hrēseōs, tēs nomothetētheisēs para tou kuriou 'ēmōn Iēsou Hristou, 'ēnōmenēs meta pisteōs eilikrinous˙ 'oti ēlattōmenēs tēs pisteōs tois metalambanousin 'ē 'oloklēria tou mustēriou ou sōzetai" (cf. Jon Michalcescu, op. cit., S. 272).

und nicht aus einer Transsubstantiation ergebe, insofern der Leib Christi im Glauben nur geistig und nicht physisch empfangen werden könne.[446]
In der *4. Antwort* seiner Zusatzerklärung lehnte Kyrillos auch noch den *Bilderkult* als von der Hl. Schrift verworfen ab.[447] Die bildliche Darstellung von Christus und den Heiligen hielt er allerdings für tolerierbar, sofern diese Darstellungen nicht verehrt würden. Damit setzte sich Kyrillos über die Beschlüsse des Zweiten Konzils von Nikaia (787) hinweg und wies – implizit – gleichzeitig auch noch die orthodoxe Vorstellung vom Kultbild als einem Quasi-Sakrament zurück.[448]
Man kann sich fragen, was Kyrillos Loukaris bewogen haben mochte, sein brisantes Glaubensbekenntnis, das neben der Sakramentenvorstellung u.a. auch in der Auffassung über die Prädestination und über die Rechtfertigung aus dem Glauben allein ganz entschieden von der überlieferten orthodoxen Tradition abwich, überhaupt zu veröffentlichen. S. Runciman meint: "Kyrillos veröffentlichte sein Bekenntnis eindeutig in der Hoffnung, damit die Herde seiner Gläubigen gegen die Romanisierungs-Tendenzen zu stärken, die Grundlage für eine reformierte und

446 "Kefalaion 17: Pisteuomen to 'eteron mustērion, to para tou kuriou nenomothetēmenon, ekeino einai, 'oper euharistian legomen. Tēj nukti gar, 'ēj paredidou 'eauton 'o kurios, labōn arton kai eulogēsas, elege tois apostolois· labete, fagete, touto esti to sōma mou. Kai labōn to potērion euharistias elege· piete ex autou pantes, touto esti to 'aima mou to 'uper 'umōn ekhunomenon, touto poieite eis ten emēn anamnēsin. Kai prostithēsin 'o Paulos· 'osakis an esthiēte ton arton touton kai to potērion touto pinēte, ton thanaton tou kuriou kataggellete. 'Autē estin 'ē 'aplōs alēthēs kai gnēsia tou thaumastou mustēriou paradosis, 'outinos en tēj egheirisei kai diakoniaj tēn alēthē kai bebaian parousian tou kuriou 'ēmōn Iēsou Hristou 'omologoumen kai pisteuomen· plēn 'ēn 'ē pistis 'ēmin paristēsi kai prosferei, ouh 'ēn 'ē efeuretheisa eikē didaskei metousiōsis. Pisteuomen gar tous pistous metalambanontas en tōj deipnōj to sōma tou kuriou 'ēmōn Iēsou Hristou esthiein, ouk aisthētōs tois odousi truhontas kai analuontas tēn metalēpsin, alla tēj tēs psuhēs aisthēsei koinōnountas. To gar sōma tou kuriou ouk estin 'oper en tōj mustēriōj tois ofthalmois 'oratai te kai lambanetai, all' 'oper pneumatikōs 'ē pistis labousa 'ēmin paristanei te kai harizetai. 'Othen alēthes estin, esthiein 'ēmas kai metehein kai koinōnous einai, ean ou pisteuoimen, pantos 'ēmas tou mustēriou kerdous afistasthai· akolouthōs to potērion pinein en tōj mustēriōj einai to 'aima pinein alēthōs tou kuriou 'ēmōn Iēsou Hristou, 'on tropon kai peri tou sōmatos eirētai. 'O gar nomothetēs 'ōs peri tou sōmatos tou idiou 'outō kai peri tou idiou 'aimatos eneteilato, 'ēn entolēn ou dei kata to dokoun 'ekastōj kolobousthai, alla sōan tēreisthai tēn nomothetētheisan paradosin. 'Otan oun axiōs methexōmen kai 'oloklērōs koinōnēsōmen en tōj mustēriōj tou sōmatos kai 'aimatos tou kuriou Iēsou Hristou, einai 'ēmas ēdē 'omologoumen diēllagmenous tēj kefalēj 'ēmōn kai 'ēnōmenous kai sussōmous meta bebaias elpidos kai sugklēronomous esesthai en tēj basileiaj" (cf. Jon Michalcescu, op. cit., S. 273).

447 "Erōtēsis 4: . . . 'Ōs para tēs theias kai 'ieras grafēs didaskometha, legousēs tranōs· ou poiēseis seautōj eidōlon, oude pantos 'omoiōma, 'osa en tōj ouranōj anō, kai 'osa en tēj gēj katō, ou proskunēseis autois, oude mē latreuseis autois, ofeilontōn ēmōn ou tēj ktisei, alla monōj tōj ktistēj kai poiētēj tou ouranou kai tēs gēs latreuein, kakeinon monon proskunein. Ex 'ōn dēlon, 'oti tēn 'istorian, episēmon tehnēn ousan, ouk apoballomen, alla kai eikonas ehein kai tou Hristou kai tōn 'agiōn tōj boulomenōj parehomen· tēn de latreian kai thrēskeian autōn, 'ōs apēgoreumenēn para tou 'agiou pneumatos en tēj 'ieraj grafēj exoudenoumen, 'ina mē lathōmen anti tou ktistou kai poiētou hrōmata kai tehnēn, kai ktismata proskunein. (. . .)" (cf. Jon Michalcescu, op. cit., S. 276).

448 Über die orthodoxe Vorstellung von der Ikone als einem Quasi-Sakrament vgl. man unsere Ausführungen im 4. Teil, II D, f) Kirchen- und Ikonenweihe.

zeitgerechte orthodoxe Kirche zu schaffen und eine Basis für Verhandlungen mit anderen Kirchen zu liefern."[449] Jedenfalls war der Erfolg der "Confessio fidei" im Westen, wo sie sehr rasch in viele Sprachen übersetzt wurde, weit größer als im Osten. Denn dort begannen aufgeschreckte Metropoliten – mit katholischer Unterstützung – den Aufstand zu proben. In den Jahren 1633/34 wurden zwei Versuche zur Absetzung von Kyrillos I. (Loukaris) unternommen, die allerdings scheiterten.

Schließlich jedoch gelang es dem Metropoliten *Kyrillos (Kontaris) von Berroia* mit Hilfe des kaiserlichen Botschafters Schmid-Schwarzenhorn, Kyrillos Loukaris im *März 1635* vom Throne zu stürzen und als Kyrillos II. (Kontaris) dessen Stelle einzunehmen, während der Ex-Patriarch nach Rhodos verbannt wurde. Im März 1636 ließ Kyrillos II. (Kontaris) auf einer Synode in Konstantinopel seinen Vorgänger als Ketzer verurteilen. Aber bereits drei Monate später war Kyrillos I. (Loukaris) wieder im Amt und Kyrillos II. wegen seiner zu prorömischen Haltung abgesetzt und auf Rhodos in der Verbannung. Der Stern von Kyrillos I. war jedoch im Verblassen, und eine wohlinszenierte Intrige Schmid-Schwarzenhorns bei Sultan Murad IV. führte am 20. Juni 1638 zum definitiven Sturz des calvinistischen Patriarchen und zu seiner Ermordung am 25. Juni des gleichen Jahres.

Patriarch Kyrillos II. (Kontaris), der erneut die Nachfolge übernahm, beeilte sich im *September 1638* (d.h. nur drei Monate nach Kyrillos' I. Tod) wieder eine *Synode in Konstantinopel* zusammenzurufen, um die Lehrmeinungen seines Vorgängers mit dem Bannfluch, dem Anathem, zu belegen. Unter denjenigen, welche auf dieser Synode die calvinistische "Confessio fidei" des Kyrillos Loukaris verurteilten, befanden sich auch der Patriarch von Alexandrien, Metrofanes Kritopoulos, einst Günstling von Kyrillos I. und Verfasser eines ebenfalls protestantisierenden Glaubensbekenntnisses, sowie der Patriarch von Jerusalem, Theofanēs, der ein Freund von Kyrillos I. gewesen war.[450]

In dem am 24. September 1638 promulgierten Beschluß der Synode wurden die als häretisch empfundenen Artikel der "Confessio fidei" feierlich verdammt. Die Synode bestätigte die Siebenzahl der "mustēria" und unterstrich die Realpräsenz Christi in der Eucharistie, allerdings ohne die Transsubstantiation zu erwähnen. Zudem bekannte sie sich auch zur Verehrung der Ikonen.[451]

449 S. Runciman, Das Patriarchat von Konstantinopel, S. 266.

450 Zudem nahmen an dieser Synode auch eine Reihe von Metropoliten teil, welche in der Folgezeit selber Patriarchen von Konstantinopel wurden wie Parthenios von Adrianopel (Parthenios I.), Parthenios von Iōannina (Parthenios II.) und Iōannikios von Heraklea oder die Patriarchen von Alexandrien wurden wie Iōakeim von Chios und Iōannikios von Berroia. Manche von ihnen spielten auch im weiteren Kampf gegen die calvinistischen Lehren des Kyrillos Loukaris eine wichtige Rolle, so vor allem Parthenios I. von Konstantinopel und Iōannikios von Alexandrien im Zusammenhang mit der Synode von Iaşi (1642).

451 Das Schlußdokument der Synode von Konstantinopel aus dem Jahre 1638 wurde im Kapitel V in die Akten des Konzils von Jerusalem (1672) übernommen: Vgl. Mansi Bd. 34B, S. 1709ff. Wir zitieren hier die uns interessierenden Teile der Verurteilung lateinisch (griech. Original bei J. Michalcescu "Die Bekenntnisse" S. 151–154): "Cyrillo cogno-

Kyrillos Kontaris jedoch verlor schon nach wenigen Monaten wiederum sein hohes Amt, nachdem bekannt geworden war, daß er dem Papste gegenüber ein Treuegelöbnis abgelegt hatte. Parthenios I. wurde Patriarch von Konstantinopel.[452] Damit war kirchenpolitsch sowohl eine gewisse Abgrenzung gegenüber dem Protestantismus wie auch gegenüber dem Katholizismus erreicht. Doch die calvinistischen Lehren wirkten im Osten weiter nach und riefen nach einer Zurückweisung, die gerade bezüglich der Sakramentenlehre praktisch nur mit Hilfe der katholischen Scholastik möglich schien. Damit aber blieb der katholische Einfluß im Hinblick auf die orthodoxe Sakramententheologie ungebrochen.

mento Lucari, universam Orientalem Christi ecclesiam cum Calvinistis consentire, in impiorum capitulorum suorum inscriptione calumnianti, Anathema" (Mansi Bd. 34 B, S. 1711).

"Cyrillo dogmatizanti et credenti, non esse septem ecclesiae sacramenta (mustēria): videlicet Baptismum, Confirmationem, Poenitentiam, Eucharistiam, Ordinem, Extremam Unctionem et Matrimonium, juxta Christi dispositionem, Apostolorumque traditionem, necnon et ecclesiae consuetudinem: sed mentiendi duo tantum ab Christo in evangelio fuisse tradita, Baptismum scilicet et eucharistiam, uti videre est in decimo quinto ejus capitulo: Anathema. Cyrillo dogmatizanti et credenti, panem qui in altari proponitur, ac vinum nequaquam per sacerdotis benedictionem et sancti Spiritus adventum in verum Christi corpus et sanguinem converti. Quippe in haereticorum hujusmodi capitulorum decimo septimo scriptum est: 'Corpus Domini non est id quod in sacramento videtur, ac sumitur'; tamquam disertissima sancti Spiritus oracula floccifacienti; neque Deum Hominem audienti dicentem: *Nisi manducaveritis carnem Filii hominis, et biberitis ejus sanguinem, non habebitis vitam in vobis.* Et, *Qui manducat meam carnem, et bibit meum sanguinem, in me manet, et ego in eo.* Et, *Accipite et manducate, hoc est corpus meum.* Et, *Bibite ex hoc omnes, hic est sanguis meus.* Neque etiam Paulum, qui ad tertium raptus est caelum, dicentem: *Accepit panem et gratias agens, fregit et dixit: Accipite et manducate, hoc est corpus meum.* Et, *Bibite ex hoc omnes, hic est sanguis meus.* Sed neque divinorum Patrum trecentorum decem et octo Nicaenae adunatorum ecclesiasticas constitutiones, hisce verbis decernentium: Fide credamus esse super hanc sacram mensam Agnum Dei, qui tollit peccatum mundi, incruente ab sacerdotibus immolatum, ejusque venerandum sanguinem et corpus vere sumere. Ac denique concordem praedictis omnibus statutam, a magna synodo septima, afflante Spiritu sancto, legem, qua ita manifeste statuitur: Post consecrationem corpus et sanguis proprie dicuntur, et sunt, et creduntur (uti videre est actione sexta, tomo tertio) contemnenti: Anathema" (Mansi Bd. 34B, S. 1714f.).

"Cyrillo novo Iconomacho omnium pessimo, Anathema. Cyrillo venerandarum Imaginum cultum ac relativam adorationem improbanti, ejusque amputationem molito, at non assecuto, uti in sua responsione quarta ipse confitetur, Anathema. Cyrillo, ea quae ab sanctis synodis de sacris Imaginibus fuere statuta, in quarta responsione sua fabulas appellanti, ac propterea sanctam et a Deo inspiratam synodum septimam, quae est secunda Nicaeae celebrata, aspernanti, Anathema" (Mansi Bd. 34B, S. 1715).

452 Auch Parthenios I. sah sich zu einer Verurteilung des Kyrillos Loukaris genötigt. Er berief im Mai 1642 eine Synode nach Konstantinopel, welche ebenfalls über die calvinistischen Irrtümer von Kyrillos I. zu Gericht saß. Die Synode wies die in den einzelnen Artikeln des calvinistischen Glaubensbekenntnisses enthaltenen Irrtümer Punkt um Punkt zurück, so auch bezüglich der "musteria": "XV. In decimo quinto negat ecclesiae sacramenta quinque; sacerdotium, sacram unctionem, sacrum oleum, confessionem cum poenitentia, et honorabiles nuptias; quae omnia ut sacra, et Divinam gratiam conferentia, antiqua nobis traditio reliquit.

XVI. Duo vera alia sacramenta admittens, duobus deinceps in capitibus eorum virtutem non recte exponit. Nam baptismo quidem ita justificari baptizatum putat, ut perire is

C. "Confessio Orthodoxa"

Mit der Verurteilung der Lehren von Kyrillos Loukaris allein konnte es nicht sein Bewenden haben. Seinem (aus orthodoxer Sicht) negativen Glaubensbekenntnis konnte nur mit einer positiven Darlegung des orthodoxen Glaubens wirkungsvoll widersprochen werden. Dies geschah, als *Petrus Mogila* 1640 seine *"Confessio Fidei Orthodoxa"* vorlegte, die als eine Art großer Katechismus des orthodoxen Glaubens gedacht war. Die Inspiration zu diesem Werk dürfte von den katholischen Katechismen jener Zeit ausgegangen sein, die Petrus Mogila übrigens nicht bloß in der Form, sondern auch im Inhalt weitgehend kopierte.

Der 1595 oder 1596 geborene moldauische Prinzensohn Mogila war nach der Vertreibung seiner Familie aus der Moldau im Jahre 1612 zur Fortsetzung seiner Studien im polnischen Lemberg gezwungen, wo er auch in intensiven Kontakt mit dem Katholizismus kam. Zudem machte er wahrscheinlich noch Studien in Paris. Nachdem er in den geistlichen Stand eingetreten und 1627 Abt des Kiever Höhlenklosters geworden war, widmete er sich eifrig der Hebung des Bildungsstandes beim orthodoxen Klerus und gründete 1631 auch jene geistliche Schule, die nach 1701 zur Geistl. Akademie von Kiev wurde. Im Jahre 1633 wurde Petrus Mogila zum orthodoxen Metropoliten von Kiev und Halič erwählt und wirkte in dieser Stellung bis zu seinem Tod am 22.12.1646 (alten) oder 1.1.1647 (neuen Stils).[453]

Die *lateinische Urfassung*[454] der "Confessio Fidei Orthodoxa", welche Petrus Mogila im *September 1640* einer *Synode in Kiev*[455] zur Beurteilung vorlegte, war nicht sein alleiniges Werk. An diesem hatte auch Isaija Kozlovskij, Igumen des Hl. Nikolaus-Klosters von Kiev, entscheidenden Anteil. Bei den Teilnehmern der Kiever Synode fand die "Confessio Fidei Orthodoxa" keineswegs nur begeisterte Aufnahme. Es gab diverse Punkte, in welcher die "Confessio Fidei Orthodoxa" mehr der lateinischen als der griechischen Tradition zuneigte. Die Synode wünschte dementsprechend, daß die "Confessio" dem Patriarchen von Konstantinopel, zu

nullo modo possit; respectura ad eos non habens qui sacramentum hoc incontaminatum non custodierunt, neque fidem servaverunt ad finem usque, adeoque fructum lavacri nullum cepere, sed aeternis suppliciis damnati sunt.

XVII. Divinam autem eucharistiam ita convellit, ut nihil ipsi aliud, nisi nudam figuram relinquat, quasi adhuc in umbra veteris legis serviremus. Negat enim eum, qui videtur, et comeditur, panem jam sanctificatum, esse verum Christi corpus, sed spiritualiter tantum intellectum, aut potius imaginando fictum, quod omni impietate plenum est. Neque enim dixit Jesus, Hoc est figura corporis mei; sed, Hoc est corpus meum, Hic est sanguis meus; hoc scilicet quod videtur, et accipitur, et comeditur, et frangitur, sanctificatum jam, et benedictum" (Mansi Bd. 34B, S. 1634; griech. Original bei J. Michalcescu, Die Bekenntnisse, S. 156f., wobei diese Texte allerdings als "Praktika" der Synode von Iaşi bezeichnet werden, weil in Iaşi die Beschlüsse der Synode von Konstantinopel ausdrücklich bestätigt wurden).

453 Vgl. M. Jugie, Moghila, DTC, Bd. X, S. 2063–2081.

454 Vgl. A. Malvy/M. Viller, La Confession Orthodoxe de Pierre Moghila, métropolite de Kiev (1633–1646). Texte latin inédit.

455 Vgl. Metr. Makarij, Istorija Russkoj Cerkvi, Bd. XI, S. 578ff. Nach Makarij war nicht Petrus Mogila, sondern der Igumen Isaija Trofimovič Kozlovskij der Autor der "Confessio Fidei Orthodoxa" (ibidem S. 590f.).

dessen Jurisdiktionsbereich die Metropolie von Kiev damals noch gehörte, zur Bestätigung vorgelegt werde.
Was die Sakramentenlehre anbelangt, so folgte Petrus Mogila sehr weitgehend der katholischen Auffassung. Dies ergibt sich ebenfalls aus dem 1645 publizierten *"Kleinen Katechismus"*, der zuerst in polnischer und dann auch in russischer Sprache herausgegeben wurde und manche Ähnlichkeiten zum Katechismus des hl. Petrus Canisius aufweist. Auch die allgemeine Einführung in die sieben "mustēria" und die Erläuterungen zu den einzelnen Riten, die dem 1646 veröffentlichten *"Trebnik"* beigegeben waren, atmen katholisch-scholastischen Geist. Petrus Mogila schien die Siebenzahl der "mustēria" eine Selbstverständlichkeit, ebenso wie ihre Einsetzung durch Christus. Er vertrat die Konstitution der "mustēria" aus Materie und Form. Zudem insistierte er darauf, daß nur ein rechtmäßig geweihter Priester unter Voraussetzung seiner Intention die "mustēria" gültig spenden könne. Da er auch einen "character indelebilis" bei Taufe und Firmung annahm, hielt er selbst die Wiederfirmung von Apostaten für unzulässig.[456]
Wie bereits Gabriēl Sebēros vor ihm, so führte auch Petrus Mogila für das Bußsakrament die deklarative lateinische Absolutionsformel[457] ein, welche in der Folge von der russisch-orthodoxen Kirche übernommen wurde. Zudem suchte der Kiever Metropolit dem "mustērion" der Ölsalbung seinen ursprünglichen Sinn als Krankensalbung zurückzugeben, nachdem sich in der griechischen Kirche der Brauch herausgebildet hatte, diese Ölung als Vorbereitung auf die Kommunion zu spenden.
Selbst im Eucharistieverständnis übernahm Petrus Mogila die lateinische Lehre. Nicht nur, daß er ganz selbstverständlich den Begriff der Transsubstantiation übernahm, sondern auch in der Festlegung der hl. Wandlung auf die Konsekrationsworte.[458] Gerade dies stellte einen radikalen Bruch mit der orientalischen Tradi-

456 In den einzelnen orthodoxen Kirchen hielt sich zum Teil bis heute der Brauch, daß Häretiker und Apostaten, die in den Schoß der orthodoxen Kirche zurückzukehren wünschten, nochmals gefirmt wurden. Geht man jedoch von der Auffassung aus, daß auch die Firmung ein unauslöschbares Merkmal (character indelebilis) in die Seele einprägt, so erscheint in der Tat eine nochmalige Firmung widersinnig. Dies erklärt auch die Ablehnung einer Wiederfirmung von Häretikern und Apostaten durch Petrus Mogila.
457 Diese deklarative Absolutionsformel findet sich im "Kleinen Katechismus" des Petrus Mogila, Frage 125: "Ego potestate mihi data a Christo Domino absolvo te in nomine Patris et Filii et Spiritus Sancti." Sie bildet die zweite Hälfte der Absolutionsformel. Die slawische Absolutionsformel, die sich in der Folge herausbildete, ist gleichzeitig deprekativ und indikativ und lautet: "Unser Herr und Gott, Jesus Christus, vergebe Dir, mein Kind (...), durch seinen Segen und die Freigebigkeit seiner Menschenliebe alle Deine Sünden. Und ich, unwürdiger Priester, vergebe Dir und spreche Dich los durch seine Macht, die mir gegeben ist, von all Deinen Sünden, im Namen des Vaters und des Sohnes und des Heiligen Geistes. Amen." (Vgl. Trebnik, [Synodalausgabe], Teil 1, S. 44 b, cf. E. Mercenier, La prière des Eglises de rite byzantin Bd. I, S. 366.)
458 Im "Kleinen Katechismus" des Petrus Mogila, Frage 113, heißt es: "Quomodo consecratur hoc sacramentum in sacra liturgia? – Virtute horum verborum, quae locutus est Christus: 'Hoc est corpus meum' et 'Hic est sanguis meus'. Ubi proferuntur a sacerdote, advenit Spiritus Sanctus invisibiliter, ad invocationem et intentionem sacerdotis, et sub-

tion dar, welche die vollzogene Wandlung immer erst nach der Epiklese ansetzte. Dies wurde auch von den orthodoxen Theologen seiner Zeit durchaus bemerkt[459]. Es war durchaus logisch, wenn *Meletios Syrigos,* der Übersetzer der "Confessio Fidei Orthodoxa", unter anderem auch in diesem Punkt bei der griechischen Fassung ganz entscheidende Retuschen anbrachte. Nachdem es nämlich Petrus Mogila mit Hilfe des moldauischen Herrschers Vasile (Lupul) gelungen war, den zögernden Patriarchen Parthenios I. von Konstantinopel[460] zur Einberufung einer Synode in Moldaus Hauptstadt Iaşi (Jassy) zu bewegen, um über die "Confessio" zu befinden, hatte der Protosygkellos Meletios Syrigos (1586–1664), welcher als ehemaliger Student von Padua und Venedig mit der katholischen Lehre bestens vertraut war, die Aufgabe übernommen, eine griechische Fassung der "Confessio Fidei Orthodoxa" für die Synode zu erstellen. Sei es, daß er ein geschickter Kirchendiplomat war, der die Kunst des Möglichen beherrschte, sei es, daß er selbst mit gewissen Teilen der "Confessio" nicht einverstanden war, jedenfalls unterbreitete er der *Synode von Iaşi,* welche 1642 zusammentrat, eine von zu starken katholischen Einflüssen gereinigte Version unter dem Titel *"Orthodoxos 'omologia",* die in der Tat die Zustimmung der Synodenteilnehmer fand.[461]
Diese purgierte "Orthodoxos 'omologia", welche weiterhin als "Confessio Fidei Orthodoxa" des Petrus Mogila bezeichnet wurde, ging schließlich in die Geschichte der orthodoxen Theologie als eines ihrer symbolischen Bücher ein. Bedeutungsvoll ist dabei in unserem Zusammenhang, daß Meletios Syrigos bei den Aussagen über die "mustēria" im allgemeinen die von Petrus Mogila aus der lateinischen Tradition übernommenen Lehrmeinungen weitgehend unverändert bestehen ließ, so

stantiam panis et vini transmutat in substantiam corporis et sanguinis Christi, remanentibus solum ipsis speciebus panis et vini." (Cf. Malvy/Viller, La Confession orthodoxe de Pierre Moghila, S. CXXIVf.)

459 Die Frage nach dem Augenblick der hl. Wandlung gehörte bereits auf der Kiever Synode von 1640 zu jenen umstrittenen Punkten, weshalb die Teilnehmer der Synode eine Approbation des Patriarchen von Konstantinopel für Mogilas "Confessio Fidei Orthodoxa" forderten.

460 Patriarch *Parthenios I.* hatte *im Mai 1642* eine Synode in Konstantinopel zusammengerufen, welche erneut die Irrtümer des Kyrillos Loukaris verurteilte. Doch dies schien Petrus Mogila ungenügend, der auf eine positive Glaubensaussage von seiten der Orthodoxie als Entgegnung auf die calvinistischen Irrtümer drängte. Das Zögern des Patriarchen Parthenios I. mag sich auch aus einer gewissen vorsichtigen Zurückhaltung gegenüber den slawischen Kirchen ergeben haben, denn seit Errichtung des Moskauer Patriarchats im Jahr 1589 waren die kirchenpolitischen Beziehungen mit Rußland getrübt, und in dem zu Polen gehörigen ukrainischen Raum schienen katholische Einflüsse verdächtig.

461 Die *Synode von Iaşi* tagte *im September 1642.* Konstantinopel entsandte Meletios Syrigos und den Metropoliten Porfyrios als Vertreter, Kiev den Igumen Isaija Trofimovič Kozlovskij und zwei weitere Priester. Auch Moskau war mit drei Delegierten zugegen. Auch die übrigen griechischen Patriarchen entsandten Delegaten. Den Vorsitz der Synode hatte Vasile (Lupul). Nach Aufzeichnungen von Vasiles Leibarzt Scogardi scheiterte jedoch eine Verurteilung des Glaubensbekenntnisses von Kyrillos Loukaris am Widerstand der Moskauer Delegierten. Es wurde nur ein Katechismus eines seiner Schüler verurteilt. Hingegen fand die "Orthodoxos 'omologia", die Meletios Syrigos als die "Confessio Fidei Orthodoxa" des Petrus Mogila der Synode vorlegte, die Zustimmung der Synodalen. (Vgl. S. Runciman, Das Patriarchat von Konstantinopel, S. 331f.)

daß diese nun auch innerhalb der orthodoxen Kirchen Geltung erlangen konnten.[462]
So wird in der *"Orthodoxos 'omologia"*, Teil I, Art. 98, die *Siebenzahl* der "musteria" bestimmt. Nach der Aufzählung der einzelnen Sakramente heißt es: "Diese sieben 'mustēria' beziehen sich auf die sieben Gaben des Heiligen Geistes, weil der Geist durch sie seine Gaben und seine Gnade in den Seelen derjenigen ausgießt, welche daran teilnehmen, wie es sich gebührt." (Dann folgt ein Hinweis auf die erste Antwort des Patriarchen Jeremias II. an die Lutheraner.[463])
In *Art. 99* findet sich sodann eine recht katholisch anmutende *Definition:* "Das 'mustērion' ist ein gewisser heiliger Ritus, der unter einer gewissen sichtbaren Gestalt die Gnade Gottes erzeugt und sie in die Seele des Gläubigen einflößt. Er ist von unserem Herrn, durch den jeder der Gläubigen die göttliche Gnade empfängt, eingesetzt."[464]
Art. 100 umschreibt die *Wesensbestandteile* für das Zustandekommen eines "mustērion": "Für das 'mustērion' ist ein Dreifaches erforderlich: 1. eine geeignete Materie wie das Wasser bei der Taufe, Brot und Wein bei der Eucharistie, Öl und das übrige entsprechend dem jeweiligen Ritus des 'mustērion'; 2. ein ordnungsgemäß geweihter Priester oder Bischof; 3. die Anrufung des Heiligen Geistes und die Form der Worte, durch welche der Priester das 'mustērion' in der Kraft des Heiligen Geistes weiht, wobei der Priester die bestimmte Intention zum Weihen haben muß."[465]
Die *Notwendigkeit* der "mustēria" ergibt sich nach *Art. 101* daraus, "weil derjenige, der sie auf gebührende Weise empfängt, ein wahres und authentisches Glied der Kirche Gottes ist und Sohn Gottes durch die Gnade; zweitens damit wir ein sichtbares Zeichen unseres Glaubens in Gott haben und damit wir sicher sind, mit dem Glauben und den guten Werken für das ewige Leben gerettet zu sein; drittens, damit wir geeignete Heilmittel haben, um die Schwächen unserer Sünden zu beseitigen."[466]
Diese grundsätzlichen Aussagen über die "mustēria" im allgemeinen müssen nun allerdings noch durch die Erklärungen über die Eucharistie ergänzt werden, weil hier von Meletios Syrigos eine Änderung vorgenommen wurde, die in Wider-

462 Wenn es auch unbestreitbar bleibt, daß im slawischen Osten auch Petrus Mogilas "Kleiner Katechismus" (Kiev 1645) und sein "Trebnik" (Kiev 1646) nicht ohne Einfluß auf die orthodoxe Theologie geblieben sind, so glaubten wir diese beiden Schriften, ebenso wie die Urfassung der "Confessio Fidei Orthodoxa", in unseren Ausführungen vernachlässigen zu können, weil letztlich doch nur die griechische Version, die sog. "Orthodoxos 'omologia" innerhalb der Gesamtorthodoxie wirkmächtig geworden ist.
Zur Person von Petrus Mogila muß außerdem noch angemerkt werden, daß dieser dem lateinischen theologischen Gedankengut gegenüber so aufgeschlossene orthodoxe Kirchenfürst in seiner kirchenpolitischen Einstellung zu Rom (aus durchaus verständlichen Gründen) keineswegs die gleiche Offenheit an den Tag legte.
463 Orthodoxos 'omologia, I, 98 (vgl. J. Michalcescu, Die Bekenntnisse, S. 69).
464 Orthodoxos 'omologia, I. 99 (vgl. J. Michalcescu, op. cit., S. 69).
465 Orthodoxos 'omologia, I, 100 (vgl. J. Michalcescu, op. cit., S. 69).
466 Orthodoxos 'omologia, I, 101 (vgl. J. Michalcescu, op. cit., S. 69).

spruch zu der von Petrus Mogila vertretenen lateinischen Auffassung steht. Meletios Syrigos war wohl nicht schlecht beraten, als er – in völligem Einklang mit der orthodoxen Tradition – die Epiklese, d.h. die Herabrufung des Heiligen Geistes, als ein wesentliches Moment der Wandlung der heiligen Gaben hervorhob und deshalb die vollzogene Wandlung erst *nach* der Epiklese (welche in der byzantinischen Liturgie, anders als in der lateinischen, auf die Einsetzungsworte folgt) ansetzte.[467]

So zitiert die "Orthodoxos 'omologia" Teil I, Art. 107 zuerst die Epiklese aus der Liturgie des hl. Johannes Chrysostomus: "Sende Deinen Heiligen Geist herab über uns und auf die hier liegenden Gaben, und mache dieses Brot zum kostbaren Leib Deines Christus, und was in dem Kelch ist, zum kostbaren Blute Deines Christus, und verwandle sie durch Deinen Heiligen Geist." Und dann wird gesagt: "Nach diesen Worten", d.h. eben nach der Epiklese, "vollzieht sich sogleich die Transsubstantiation (metousiōsis) und das Brot wird in den wahren Leib Christi und der Wein in das wahre Blut verwandelt. Es bleiben nur noch die Formen, welche man sieht, und dies gemäß göttlichem Heilsplan. Zuerst, damit wir nicht den Leib Christi sehen, sondern daß wir ihm glauben, wie er ist, aufgrund der Worte, die er gesprochen hat: Dies ist mein Leib und dies ist mein Blut, indem wir mehr seinen Worten und seiner Macht vertrauen als unseren eigenen Sinnen, was die Glückseligkeit des Glaubens verschafft. (...)

Zweitens, weil es der menschlichen Natur widersteht, frisches Fleisch zu essen, aber da sie sich mit Christus vereinigen sollte, indem sie sein Fleisch und sein Blut empfängt, hat die Vorsehung Gottes verfügt, damit sich der Mensch nicht angeekelt davon abwende, sein eigenes Fleisch und sein Blut unter der Gestalt von Brot und Wein den Gläubigen als Nahrung und Trank zu geben."[468]

Wie dieser Text beweist, bildete im Gegensatz zur Epiklese die Frage der Transsubstantiation keinen Streitpunkt, so daß dieser scholastische Begriff ebenfalls beinahe unbesehen übernommen werden konnte. Zudem wurde in *Art. 106* auch noch der Vorrang der Eucharistie vor allen anderen "musteria" hervorgehoben, was sowohl der traditionell orthodoxen Vorstellung wie auch der lateinischen Leh-

467 Wenn Petrus Mogila von der Auffassung ausgeht, "die Form der Eucharistie sind Christi Worte: Nehmet und esset, dies ist usw., und die Gaben werden durch die Kraft des Hl. Geistes verwandelt", wie es im Kiever "Trebnik" von 1646 (S. 4) heißt oder ähnlich im "Kleinen Katechismus" von 1645 zu finden ist (vgl. unsere Anm. 458), dann stellt sich die Frage, was denn eigentlich die Epiklese in der byzantinischen Liturgie noch bedeutet, wenn diese erst nach vollzogener Wandlung folgt. Geht man von der deprekativen Weiheformel der "mustēria" aus, wie sie das ursprüngliche byzantinische "Euchologion" kennt, so enthält diese Weiheformel immer eine Epiklese, d.h. eine Anrufung des Hl. Geistes, er möge den vorliegenden hl. Ritus zu dem machen, was er darstelle. Weshalb diese Grundstruktur der "mustēria" ausgerechnet bei ihrem zentralsten Ritus, der Eucharistie, gebrochen werden sollte, ist nicht einzusehen, und deshalb dürfte Meletios Syrigos mit seiner Änderung auch Recht gehabt haben. Wird die Epiklese vor der eigentlichen Wandlung angenommen, wie es lateinischer Tradition entspricht, dann stellt sich dieses Problem natürlich anders. (Vgl. unsere Ausführungen über den epikletischen Charakter der "mustēria": IV, 2.)

468 Orthodoxos 'omologia, I, 107 (vgl. J. Michalcescu, op. cit., S. 72).

re entsprach. "Dieses Sakrament übersteigt alle andern und mehr als alle ist es zu unserem Heile nützlich."[469]

Überblickt man sämtliche Aussagen der "Orthodoxos 'omologia" zu den "mustēria", so ist es offensichtlich, daß sich darin ein guter Teil der schulmäßigen lateinischen Sakramententheologie widerspiegelt. Nachdem nicht nur die Synode von Iaşi (1642), deren Entscheidung kein allgemeinverbindlicher Charakter zukam, die "Orthodoxos 'omologia" als gültigen Ausdruck orthodoxen Glaubens akzeptiert hatte, sondern auch noch der Hl. Synod von Konstantinopel unter Patriarch Parthenios I. im Jahre 1643 zusammen mit den Patriarchen Iōannikios von Alexandrien, Makarios von Antiochien und Paisios von Jerusalem die Approbation erteilte, erhielt die "Orthodoxos 'omologia" einen quasi lehramtlichen Stellenwert, damit aber auch die in ihr enthaltenen Aussagen zu den "mustēria" im allgemeinen, was für die weitere Entwicklung einer allgemeinen Sakramentenlehre im Osten von größter Bedeutung war.[470]

Exkurs IV: Nikons dilettantische Liturgiereform und ihre Folgen

Während der Regierungszeit des Patriarchen *Nikon*, der von 1652–1658 an der Spitze des Moskauer Patriarchates stand, kam es zu einer folgenschweren Liturgiereform, welche 1656 nicht bloß zum sogenannten Altgläubigen-Schisma führte,[471] sondern auch Auswirkungen auf das Sakramentenverständnis im slawischen Raum hatte. Nikon (1602–1681), der vom byzantinischen Brauchtum fasziniert war, wollte die kirchenslawischen liturgischen Texte (die ja bei der Missionierung der Slawen aus dem Griechischen übersetzt worden waren) nach dem Stand des damaligen Wissens korrigieren und auch einige rituelle Handlungen dem byzantinischen Vorbilde angleichen.

Tatsächlich wiesen die kirchenslawischen Übersetzungen manche Mängel auf, so daß eine Revision dieser Texte anhand der griechischen Originale ein durchaus verdienstvolles Unterneh-

469 Orthodoxos 'omologia, I, 106 (vgl. J. Michalcescu, op. cit., S. 71).

470 Es entbehrt nicht der Ironie, daß die "Orthodoxos 'omologia", trotz aller kirchlichen Bestätigung, vorerst nicht gedruckt wurde. Offensichtlich war man weder in Kiev noch in Konstantinopel – wenn auch aus unterschiedlichen Gründen – an einer größeren Verbreitung interessiert. Wollte man in Konstantinopel den slawischen Einfluß zurückbinden oder waren es die lateinischen Gedankengänge der "Orthodoxos 'omologia", welche diese Vorsicht nahelegten? Petrus Mogila seinerseits scheint das Interesse an diesem Werk verloren zu haben, nachdem es seinen eigenen Vorstellungen in manchen Teilen nicht mehr entsprach. Jedenfalls steht fest, daß die "Orthodoxos 'omologia" zum erstenmal im Jahre 1667 und zwar in Amsterdam veröffentlicht wurde. 1685 ordnete der Moskauer Patriarch Ioakim (Savelov) ihre Übersetzung durch die Brüder Lihoudēs ins Slawische an. Dafür wurden auf der Moskauer Synode von 1690 neben anderen theologischen Schriften aus dem ukrainischen Raum, die des Katholizismus verdächtig waren, auch der "Kleine Katechismus" von 1645 und der "Trebnik" von 1646 des Petrus Mogila mit dem Bannfluch belegt. Die progriechische Richtung hatte in Moskau über die prolateinische Richtung aus Kleinrußland den Sieg davongetragen. Hingegen pries Patriarch Adrian von Moskau (der Nachfolger Ioakims) die "Orthodoxos 'omologia" als ein geradezu göttlich inspiriertes Buch. Zar Peter d. Gr. ließ die slawische Übersetzung der "Orthodoxos 'omologia" 1696 veröffentlichen.

471 Vgl. R. Hotz, die "Altgläubigen", in Orientierung No. 3, 1976, S. 27ff.

men schien[472]. Doch dem vom Reformeifer gepackten Patriarchen ging Eile offensichtlich vor Wissenschaftlichkeit, so daß paradoxerweise der Versuch zur Angleichung der slawischen Liturgietexte an die griechischen im Endresultat gerade im sakramentalen Bereich ein gegenteiliges Resultat erbrachte.[473]
Anstatt auf die Quellen zurückzugehen, lagen nämlich – wie A.A. Dmitrievskij zu zeigen vermochte[474] – der Reform-Ausgabe des "Služebnik" (Rituale) von 1655 der "Stratinskij Služebnik" des Bischofs Gedeon Balaban von L'vov aus dem Jahr 1604 nach einer anhand des in Venedig 1602 publizierten griechischen "Euchologions" überarbeiteten Fassung zugrunde. "In der Ausgabe, datiert vom Jahre 1656, wurden außerdem benützt: das Antwortschreiben des Patriarchen Paisios von Konstantinopel zur Frage 'Über die kirchlichen Handlungen', über die ihm Patriarch Nikon im Jahre 1654 geschrieben hatte; der vom Archimandriten Elisej Pletneckij 1620 veröffentlichte Kiever Služebnik und der 1629 herausgegebene Služebnik des Metropoliten Petrus Mogila."[475]
Es handelte sich hierbei neben dem in Venedig und damit ohnehin im katholischen Raum publizierten "Euchologion" also mit einer Ausnahme (der Grammata des Patriarchen Paisios I.) um Werke aus Südrußland, einem Gebiet also, wo sich die orthodoxe Kirche seit 1596 in einen Abwehrkampf gegen die Union verwickelt sah und wo sich die Orthodoxen zu diesem Zweck gern der Waffe ihrer Gegner, nämlich der Scholastik, bedienten. Das Resultat davon war, daß natürlich auch scholastische Elemente in ihre Werke einflossen – und ausgerechnet diese dienten unter Nikon nun als "Quellen" für seine Neubearbeitung der liturgischen Texte. Die Folgen lassen sich leicht erraten!
Unbemerkt und von Nikon sicherlich nicht intendiert, hielten auf diese Weise statt der ursprünglichen griechischen Tradition ein scholastisch inspiriertes Eucharistieverständnis[476] und eine lateinische Absolutionsformel für das Bußsakrament[477] in der russisch-orthodoxen Kirche Einzug und wirken daselbst bis zum heutigen Tage nach.
Die Einführung einer imperativen (anstelle der bisher üblichen deprekativen) Form der Absolution[478] sowie der Segensgestus über Brot und Wein auf dem Altar vor dem entsprechenden Einsetzungsbericht und die daran anschließende Verneigung scheinen auf den ersten Blick von geringer Bedeutung. Doch sie sind es keineswegs. Denn die Einfügung der imperativen la-

472 Bereits auf dem Moskauer Konzil von 1551, der sogenannten Synode der hundert Kapitel, war eine Revision der kirchenslawischen Texte diskutiert worden. Allerdings ergaben sich daraus keine praktischen Resultate.
473 Vgl. N.D. Uspenskij, Kollizija dvuch bogoslovij, in Bogoslovskie trudy No. 13, 1975, S. 148.
474 Vgl. A.A. Dmitrievskij, Otzyv o sočinenii M.I. Orlova "Liturgija svjatogo Vasilija Velikago", S. 256f.
475 N.D. Uspenskij, op. cit., S. 152.
476 Durch die aus der lateinischen Eucharistiefeier entliehenen Gesten vor und nach dem Einsetzungsbericht wurde beinahe zwangsläufig die Vorstellung von einer dabei vollzogenen "Transsubstantiation" (presuščestvlenie) erzeugt, was ja auch der lateinischen Auffassung vom Einsetzungsbericht als den "Wandlungsworten" entsprach. Vgl. hierzu Anmerkung 467.
477 Vgl. Anmerkung 457.
478 Die *deprekative* Absolutionsformel lautet: "O Gott, der Du David, nachdem er seine Sünden bekannte, durch den Propheten Nathan verziehen hast, und dem bitterlich weinenden Petrus sowie der Buhlerin, die mit ihren Tränen Deine Füße netzte, und dem Pharisäer sowie dem verlorenen Sohn, möge eben dieser Gott dir durch mich Sünder alles vergeben sowohl in diesem als auch im künftigen Leben. Und er lasse dich unverdammt vor seinem furchtbaren Richterstuhl erscheinen, Er, der gesegnet sei von Ewigkeit zu Ewigkeit. Amen" (Aus der venetianischen Ausgabe des Euchologions und Hagiasmatorions zitiert bei J. Michalcescu, Bekenntnisse, S. 311; cf. E. Mercenier, La prière des Eglises de rite byzantin Bd. I, S. 362f.). Vgl. auch A. von Maltzew, Sacramente, S. 220f.

teinischen Absolutionsformel in den slawischen Bußritus brach den epikletischen Charakter dieses Sakraments nicht weniger[479] als die Verschiebung der eigentlichen Wandlung (presuščestvlenie)[480] auf den Einsetzungsbericht bei der Eucharistie, wodurch die nachfolgende Epiklese (d.h. die Herabrufung des Hl. Geistes, damit Er die Gaben zu dem mache, was die Einsetzungsworte bedeuten) ihres eigentlichen Sinnes entleert wurde.
Auch in der "Liturgie der vorgeweihten Gaben", die in der Fastenzeit gefeiert wird, kam es zu Veränderungen im Sinne der scholastischen Eucharistieauffassung.[481] Die Nikonsche Reform hatte wahrlich ihr Ziel verfehlt und mit ihrem Dilettantismus, der sich vor allem im Mangel einer klaren Methode äußerte, nicht zu einer Angleichung, sondern vielmehr zu einer Abwendung von der ursprünglichen orthodoxen Sakramentsauffassung geführt.
Natürlich blieb dies nicht unwidersprochen, und zwar nicht bloß von seiten der Altgläubigen, sondern auch bei den Liturgiereformern selbst. Davon zeugt ein erbitterter Streit, der zwischen zwei leitenden Reformern der Buchdruckerei, zwischen dem Korrektor Evfimij und dem Archimandriten Sil'vester Medvedev, ausbrach. Während Evfimij im Verlaufe der Zeit immer mehr dem alten orthodoxen Standpunkt zuneigte und deshalb gegen die Neuerungen zu polemisieren begann, vertrat Archimandrit Sil'vester in zunehmendem Maße eine westliche (sprich scholastische) Einstellung.
Und obwohl auch Patriarch Ioakim 1677 in seinem "Činovnik" gegen die lateinische Lehre über den Zeitpunkt der Transsubstantiation polemisierte und von "Brotverehrern" sprach, erregte die Polemik zwischen Evfimij und Sil'vester schließlich das Mißfallen des Zaren, so daß Evfimij 1689 von seinem Posten abgesetzt wurde. Doch noch schlimmer erging es Sil'vester, der 1690 wegen seiner "lateinischen Gedankengänge" in den Laienstand zurückversetzt und nach seiner Verbannung ins Dreifaltigkeitskloster 1691 enthauptet wurde.[482]
Nichtsdestoweniger blieben die "Latinismen" der Nikonschen Reform weiterhin bestehen. Denn in der Folgezeit hatte man mit dem von Zar Peter d. Gr. aufgezwungenen Übergang zur Synodalregierung in der russisch-orthodoxen Kirche andere Sorgen, so daß man sich kaum mehr mit liturgischen Reformen beschäftigte.

D. Das Jerusalemer Konzil von 1672

Die neue orthodoxe Sakramentenlehre fand auf dem Konzil von Jerusalem im Jahr 1672 ihre Bestätigung. Dabei läßt sich feststellen, daß auch dieses Konzil das Resultat einer Wechselwirkung zwischen Ost und West darstellt, wobei wiederum die Auseinandersetzung mit dem Protestantismus den Ausgangspunkt bildete. Protestanten und Katholiken hatten nämlich im Abendland begonnen, ihre Thesen unter anderem auch durch die Beiziehung orthodoxer Lehräußerungen zu stützen. Dies geschah auch in Paris, wo sich der reformierte Prediger Jean Claude zu Charenton in seinem Streit mit den Jesuiten und Jansenisten über die Eucharistie

479 Als Patriarch Kallinikos von Konstantinopel (1801–1806 und 1808/09) ebenfalls eine imperative Absolutionsformel einführen wollte, wandte der Athosmönch Nikodim zu Recht dagegen ein, daß eine solche der Lehre der orthodoxen Kirche fremd sei, und er bezog sich in seiner Argumentation auf Johannes Chrysostomos, der darauf hinwies, daß der Prophet Nathan nicht zu David sagte: "Ich vergebe", sondern "Gott erlasse dir deine Sünde." (Vgl. N.D. Uspenskij, op. cit., S. 167.)
480 Vgl. hierzu *Exkurs I:* Realpräsenz und Transsubstantiation.
481 Vgl. N.D. Uspenskij, op. cit., S. 158ff.
482 N.D. Uspenskij, ibidem, S. 168f.

auf die Auffassungen von Kyrillos Loukaris über die Sakramente (d.h. auf ihre Einschränkung auf Taufe und Abendmahl und auf seine Ablehnung der Transsubstantiation) berief, während die Jansenisten mit der "Orthodoxos 'omologia" gegen die Aussagen Jean Claudes zu Felde zogen.

Dositheos II. (Notaras), der von 1669–1707 als Patriarch von Jerusalem regierte, hielt es ebenfalls für notwendig, mit einer eigenen Schrift gegen Jean Claude Stellung zu beziehen. Vermutlich wurde er hierzu von Charles François Olier de Nointel angeregt, einem Jansenisten, der zu jener Zeit französischer Gesandter bei der Hohen Pforte war. Olier de Nointel scheint auch dem Patriarchen Dositheos II. die Idee gegeben zu haben, die Einweihung einer Kirche in Bethlehem zur Einberufung eines Konzils zu benützen, "damit es ein öffentliches Bekenntnis der vom Herrn gegebenen, von den Aposteln verkündeten und von den heiligen Vätern erhaltenen Lehre ablege und durch öffentliche Debatten und Bekenntnisse die Gegner erschrecke und die Orthodoxen im Glauben stärke".[483] Die Anregungen des jansenistischen Marquis de Nointel fielen bei Dositheos II., diesem unermüdlichen Streiter für die orthodoxe Sache, auf fruchtbaren Boden, denn dieser sah die Orthodoxie vor allem von vier Gefahren bedroht: vom Luthertum, dem Calvinismus, der römischen Kalenderreform von Gregor XIII. und von den Jesuiten, deren Wirksamkeit er als Sekretär des Patriarchen Paisios in der Moldau kennengelernt hatte.[484] Der 1641 in der Nähe von Korinth geborene Dositheos Notaras beherrschte neben seiner Muttersprache auch noch das Lateinische, Italienische,

483 Vgl. J. Michalcescu, Die Bekenntnisse, S. 123. Nach Abschluß des Jerusalemer Konzils von 1672 schrieb Olier de Nointel: "Nous Charles François Olier de Nointel, Conseiller du Roy en ses Conseils en sa Cour de Parlement de Paris, et Ambassadeur pour Sa Majesté Tres-Chrestienne à la Porte Othomane: Attestons à tous qu'il appartiendra, que le sieur Dosithee à present Patriarche Grec de la sainte Ville de Jerusalem, ayant esté obligé de venir à Constantinople, Nous a declaré qu'il avoit pleinement satisfait à ce que nous avions souhaité de luy, suivant les avis qu'il en avoit recens par nos lettres: et qu'il esperoit que par la benediction de Dieu sur son travail, les faits contestez et mal à propos imputez à son Eglise par les Lutheriens et Calvinistes, seroient tellement dissipez, qu'il n'en restera que la confusion aux calomniateurs qui les ont avancez. C'est la confiance qu'il nous a temoignée, nous mettant entre les mains ce present Livre, qu'il nous a assuré avoir esté par luy redigé et signé, aussi-bien que par son predecesseur, et les Prelats et autres de son Patriarchat: ajoutant qu'estant fortifié par l'autorité Synodale, il esperoit qu'il decideroit absolument, ce qui n'a pu raisonnablement este mis en question. Et d'autant plus que nous voudrions bien à sa priere en rendre la verite publique et constante en France, c'est donc pour y satisfaire que nous la confirmons, en y apposant notre signature, et la faisant sceller de nos armes, et contresigner par nostre premier Secretaire. Donné à nostre Palais sur le Canal de la Mer noire, ce Septembre, mil six cens soixantetreize" (Mansi Bd. 34B, S. 1775ff.).

484 Diese vier Gefahren deutete Dositheos II. in einem Vorwort an, das er zu einer vom Priestermönch Anthimos von Iberien 1699 veröffentlichten griechischen Neuausgabe der "Orthodoxos 'omologia" verfaßte. Was die Jesuiten anbelangt, so verdächtigte er sie sogar, sie hätten das Bekenntnis des Kyrillos Loukaris in einem protestantischen Sinne verändert, um das Abgleiten der Orthodoxie in die völlige Häresie unter Beweis zu stellen. Er verteidigte deshalb auf dem Konzil von Jerusalem (1672) die Rechtgläubigkeit des Kyrillos Loukaris und bezeichnete dessen Bekenntnis als eine ihm unterschobene häretische Lehrmeinung (man vgl. hierzu Teil I der "Aspis orthodoxias", J. Michalcescu, Die Bekenntnisse, S. 124 und 130ff.).

Russische, Georgische, Arabische und Türkische und hatte bei dem neuaristotelisch beeinflußten Philosophen Iōannēs Karyofyllos[485] studiert. Er genoß als hochgebildeter Mann denn auch ein großes Ansehen innerhalb der Orthodoxie und bot damit alle Voraussetzungen, damit seiner Einberufung eines Konzils zur Bekämpfung der protestantischen Irrlehren Folge geleistet wurde.
Als Vorbereitung wandte er sich an den Patriarchen *Dionysios IV. (Muslim)* von Konstantinopel mit der Bitte um eine Zusammenfassung der Glaubenslehre, die er dem Konzil vorlegen wollte. Dieser Bitte wurde um so leichter entsprochen, als man in Konstantinopel wegen der Gespräche mit den Anglikanern, an welchen übrigens auch Dositheos beteiligt war, über die nötigen Grundlagen verfügte.[486]
Am *10. Januar 1672* hatte nämlich eine *Synode in Konstantinopel* eine Erklärung herausgegeben, die sich vor allem zur Frage der "mustēria" äußerte und als Antwort an die Anglikaner gedacht war. In diesem Dokument wurde einmal mehr die Siebenzahl der "mustēria" bestätigt und ihre Heilsnotwendigkeit für die Gläubigen hervorgehoben.[487] Außerdem wurde wiederum die Realpräsenz Christi unter den Gestalten von Brot und Wein unterstrichen, allerdings ohne den Begriff der Transsubstantiation (metousiōsis) zu verwenden.[488]
Für das *Konzil von Jerusalem 1672*, an welchem 77 Priester und Bischöfe des Jerusalemer Patriarchats teilnahmen, verfaßte Dositheos II. eine eigene Bekenntnisschrift "Suntomos 'omologias", welche als Teil II in die Konzilsakten *"Aspis orthodoxias* ē apologia kai eleghos pros tous diasurontas tēn anatolikēn ekklēsian 'airetikōs fronein en tois peri Theou kai tōn theiōn, 'ōs kakofronousin 'outoi autoi 'oi Kalouinoi, dēlonoti suntetheisa para tēs en 'Ierosolumois topikēs sunodou, epi Dositheou Patriarhou 'Ierosolumōn" aufgenommen wurden. Wie sich bereits aus dem Titel des vom 20. März 1672 datierten Dokumentes des Jerusalemer

485 Iōannēs Karyofyllos, der in Konstantinopel lehrte, war eng mit Kyrillos Loukaris verbunden gewesen und neigte auch dessen theologischen Ansichten zu. Dositheos II. wandte sich deshalb in der Folge gegen seinen einstigen Lehrer, mit welchem er insbesondere über die Eucharistielehre in Streit geriet. Dositheos schrieb nicht nur ein "egheiridion" gegen Karyofyllos, sondern erreichte auch, daß dessen calvinistische Theorien auf zwei Synoden in Konstantinopel 1691 verurteilt wurden.

486 Vgl. S. Runciman, Das Patriarchat von Konstantinopel (Das anglikanische Experiment), S. 279–308.

487 "Tomos Synodikos" von 1672: "Interrogantibus itaque dicimus sancta ac veneranda septenario numero esse apud nos sacramenta, a quo primum sacri Evangelii nobis lumen illuxit, singula quidem certissima, atque saluti fidelium perquam necessaria." (Dann folgt die Aufzählung der einzelnen "mustēria", die jeweils kurz erklärt werden.) (Mansi Bd. 34B, S. 1789.)

488 "Tomos Synodikos" von 1672: "Circa tremendum vero eucharistiae sacramentum firmiter credimus et confitemur Corpus Domini nostri Jesu Christi vivum reali praesentia invisibiliter praesens esse in hoc sacramento. Cum enim sacerdos celebrans post verba Dominica haec dicit: *Fac panem quidem hunc pretiosum corpus Christi tui: quod vero est in calice hoc, pretiosum sanguinem Christi tui, transmutans Spiritu tuo sancto* (Epikleseformel der Chrysostomusliturgie); tunc supra omnem naturae modum et ineffabiliter, operante Spiritu sancto, panis quidem realiter, vere, ac proprie in ipsummet Christi Salvatoris corpus, vinum vero in sanguinem ejus animatum transmutatur (metapoeitai)" (Mansi 34B, S. 1789).

Konzils ergibt, richteten sich die Beschlüsse desselben primär gegen die Calvinisten und dann im weiteren Sinne auch gegen die Protestanten, die – wie es in Teil I heißt – der morgenländischen Kirche um so ferner stehen, als sie sogar von der abendländischen Kirche abgefallen sind. Dem ersten Teil der "Aspis orthodoxias" wurden auch die Beschlüsse der Synoden von Konstantinopel (1638) und Iaşi (1642) beigegeben.

Was nun den *"Suntomos 'omologias"* des Patriarchen Dositheos II. anbelangt, der als *"Confessio Dosithei"* in der Folge ebenfalls unter die "symbolischen Bücher" der Orthodoxie gerechnet wurde, so meint Steven Runciman, daß es sich dabei bloß um eine von Dositheos redigierte Fassung jenes von Konstantinopel erbetenen Bekenntnisses handle, das vom Patriarchen Dionysios IV. (Muslim) mit Hilfe dreier seiner Vorgänger (Parthenios IV., Klemens und Methodios III.) aufgesetzt und von diesen auch gegengezeichnet worden war.[489] Wie dem auch sei, jedenfalls handelt es sich bei der "Confessio Dosithei" nochmals um eine Widerlegung des Bekenntnisses von Kyrillos Loukaris, das diesem auch im Aufbau (18 Kapitel und 4 Fragen) folgt und eine orthodoxe Darlegung der Glaubenswahrheiten bietet. Die antirömische Polemik, welche die späteren Schriften von Dositheos so sehr kennzeichnet, fehlt hier noch völlig. Statt dessen findet sich in den Kapiteln 15 bis 17 eine stark lateinisch beeinflußte Sakramentenlehre.

Im *Kapitel 15* der *"Confessio Dosithei"* wird als erstes wieder hervorgehoben, daß die Kirche des Neuen Testaments sieben "mustēria" zähle, "nicht mehr und nicht weniger" (wie es auch beinahe gleichlautend das Konzil von Trient formulierte)[490]. Die Siebenzahl der "mustēria" sei im Evangelium begründet und aus diesem abgeleitet. Es werden dann auch wieder die einzelnen "mustēria" zusammen mit einer kurzen Erläuterung aufgezählt. Des weiteren heißt es, daß die "mustēria" aus Natürlichem und Übernatürlichem bestehen. Sie seien nicht bloße Zeichen der göttlichen Verheißungen, sonst würden sie sich von der Beschneidung (als Beispiel für ein "mustērion" des Alten Bundes) nicht unterscheiden, sondern vielmehr Instrumente, die die Gnade für die Eingeweihten notwendig (scholastisch würde man "ex opere operato" sagen) bewirken.[491]

489 Vgl. S. Runciman, Das Patriarchat von Konstantinopel, S. 339.

490 'Omologia Dositheou, 'Oros 15: "Pisteuomen ta euaggelika mustēria en tēj ekklēsiaj einai, kakeina einai 'epta. Elattona gar ē meizona arithmon mustēriōn en tē ekklēsiaj ouk ehomen˙ epeidē 'o para ton 'epta tōn mustēriōn arithmos 'airetikēs frenoblabeias estin apokuēma. 'O de tōn 'epta para tou 'ierou euaggeliou nomotheteitai kai sunagetai, 'ōs kai ta loipa tēs katholikēs pisteōs dogmata" (J. Michalcescu, Die Bekenntnisse, S. 168; cf. Mansi Bd. 34B, S. 1743/1744). – Vgl. hierzu die Aussagen des Konzils von Trient, sess. VII, can. 1: "Si quis dixerit, sacramenta novae Legis non fuisse omnia a Iesu Christo Domino nostro instituta, aut esse plura vel pauciora, quam septem,(...) aut etiam aliquod horum septem non esse vere et proprie sacramentum: A.S." (D 844).

491 'Omologia Dositheou, 'Oros 15: "Sugkeitai de ta mustēria ek tou fusikou kai 'uperfuous˙ ouk eisi de psila sēmeia tōn epaggeliōn tou Theou. 'Outō gar ouk an dienēnohe tēs peritomēs, 'ou ti athliōteron; 'Omologoumen d'auta einai organa drastika tois muoumenois haritos ex anagkēs" (J. Michalcescu, op. cit., S. 169; cf. Mansi Bd. 34B, S. 1745/1746).

Gegen die calvinistische Ansicht von Kyrillos Loukaris, daß eine (geistige) Realpräsenz Christi nur bei der Darreichung des Abendmahles angenommen werden könne, erklärt Dositheos, daß das "mustērion" der Eucharistie seine absolute Vollkommenheit nicht nur *im*, sondern schon *vor* dem Gebrauch besitzt.
Auf die Eucharistie geht Dositheos im *Kapitel 17* ausführlicher ein. Die Gegenwart Christi in der Eucharistie sei weder typologisch noch bildlich, die Gottheit des Wortes werde auch nicht hypostatisch mit dem Brot der dargebrachten Eucharistie vereint, wie die Lutheraner meinten, sondern das Brot werde wahrhaft in den wahren Leib des Herrn und ebenso der Wein in das wahre Blut Christi verwandelt (metaballesthai), substantiell verändert (metousiousthai), umgeändert (metapoeisthai) und gewechselt (metar 'ruthmizesthai).[492]
Dositheos verwendet und erklärt zuerst den Begriff der "Transsubstantiation" (metousiōsis) durchaus im lateinischen Sinne: "Ebenso glauben wir, daß nach der Konsekration von Brot und Wein die Substanz derselben nicht bestehen bleibt, sondern der Leib und das Blut des Herrn unter den Gestalten und der Form von Brot und Wein ist, d.h. unter den Akzidentien von Brot und Wein."[493] – Bis hierher glaubt man beinahe einen Ausschnitt aus der thomistischen Sakramentenlehre mit ihren aristotelischen Kategorien vor sich zu haben. Aber Dositheos begnügte sich damit nicht (was von katholischen Autoren oft übersehen wird), sondern fügte noch eine Präzisierung an, die eine durchaus östliche Sicht der Dinge offenbarte, indem er anmerkte: "Ferner glauben wir keineswegs, daß das Wort Transsubstantiation (metousiōsis) genau die Weise angibt, durch welche Brot und Wein in den Leib und das Blut des Herrn verwandelt werden (dies ist nämlich völlig unmöglich, weil allein Gott verständlich . . .)"[494]. Die Art und Weise der hl. Wandlung ist ein göttliches Geheimnis, und es wäre Vermessenheit, dieses rational erklären zu wollen. Nach Dositheos dient der Begriff "Transsubstantiation" nur dazu, die Existenz

492 'Omologia Dositheou, 'Oros 17: "Toutou en tēj 'ierourgiaj pisteuomen pareinai ton kurion Iēsoun Hriston ou tupikōs, oud' eikonikōs, oude hariti 'uperballousēj, 'ōs en tois loipois mustēriois, oude kata monēn parousian, kathōs tines tōn paterōn eirēkasi peri tou baptismatos, oude kat' anartismon, 'ōste 'enousthai tēn theotēta tou logou tōj prokeimenōj tēs euharistias artōj 'upostatikōs, kathōs 'oi apo Louthērou lian amathōs kai athliōs doxazousin˙ all' alēthōs kai pragmatikōs, 'ōste meta ton 'agiasmon tou artou kai tou oinou metaballesthai, metousiousthai, metapoieisthai, metar 'ruthmiziestai ton men arton eis auto to alēthes tou kuriou sōma, (. . .) ton d' oinon metapoieisthai kai metousiousthai eis auto to alēthes tou kuriou 'aima, . . . " (J. Michalcescu, op. cit., S.171f.; cf. Mansi Bd. 34B, S. 1749/1750).

493 'Omologia Dositheou, 'Oros 17: "Eti meta ton 'agiasmon tou artou kai tou oinou ouk eti menein tēn ousian tou artou kai tou oinou, all' auto to sōma kai to 'aima tou kuriou en tōj tou artou kai tou oinou eidei kai tupōj, tauton eipein, 'upo tois tou artou sumbebēkosin" (J. Michalcescu, op. cit., S. 172; cf. Mansi Bd. 34B, S. 1749/1750).

494 'Omologia Dositheou, 'Oros 17: "Eti tēj metousiōsis lexei ou ton tropon pisteuomen dēlousthai, kath' 'on 'o artos kai 'o oinos metapoiountai eis to sōma kai to 'aima tou kuriou – touto gar alēpton pantē kai adunaton plēn autou tou Theou, kai tois pisteuousin amatheian 'ama kai asebeian epiferei – all' 'oti 'o artos kai 'o oinos meta ton 'agiasmon ou tupikōs oud' eikonikōs, oude hariti 'uperballousēj, oude tēj koinōniaj ē tēj parousiaj tēs theotētos monēs tou monogenous metaballetai eis to sōma kai 'aima tou kuriou, . . . " (J. Michalcescu, op. cit., S. 173; cf. Mansi Bd. 34B, S. 1752f./1751–54).

dieses göttlichen Geheimnisses bewußt zu machen, nämlich daß "das Brot wahrhaft, wirklich und substantiell zum wahren Leib des Herrn und der Wein zu seinem wahren Blut wird".[495] Das soll, worauf Dositheos nachdrücklich hinweist, nicht bedeuten, daß der Leib des verklärten Christus auf die Altäre niedersteigt, sondern daß die hl. Gaben in den einen und identischen Leib des verklärten Herrn verwandelt werden. Wenn auch an vielen Orten gegenwärtig, sind es nicht viele Leiber, sondern immer der eine Leib des Herrn. Auch dabei handelt es sich nach Dositheos um ein Geheimnis, das nur im Glauben zu begreifen ist und "nicht durch die Sophismen der menschlichen Weisheit, deren vergebliche und bezüglich der göttlichen Dinge blinde Neugierde unsere fromme und durch göttliche Fügung überlieferte Religion zurückweist"[496].
Im *Kapitel 16,* in welchem Dositheos die Kindertaufe verteidigt, anerkennt er auch explizit einen "character indelebilis" bei der Taufe und bei den Weihen, weshalb er auch eine nochmalige Spendung dieser "mustēria" ausschließt.[497] Nachdem er auch davon ausgeht, daß Apostaten durch das Bußsakrament wieder mit ihrer Kirche ausgesöhnt werden (und nicht, wie es sonst der Brauch war, durch eine neuerliche Firmung), kann vermutet werden, daß er auch für die Firmung einen "character indelebilis" annahm.[498]
Zieht man die Bilanz aus Dositheos' Aussagen über die Sakramentenlehre, so wird man sagen dürfen, daß auch diese weitgehend von der lateinischen Sakramententheologie inspiriert waren. Und er hielt daran ebenso wie an der Verteidigung der immer wieder umstrittenen "Orthodoxos 'omologia" unverbrüchlich fest, obwohl er sich vor allem infolge seines Streites mit den Franziskanern um die heiligen Stätten in Jerusalem immer mehr zu einem erbitterten Gegner Roms entwickelte. Was nun die Erklärungen des Jerusalemer Konzils von 1672 anbelangt, so wurden

495 'Omologia Dositheou, 'Oros 17: " . . . oude sumbebēkos ti tou artou kai tou oinou eis sumbebēkos ti tou sōmatos kai 'aimatos tou Hristou kata tina tropēn ē alloiōsin metapoieitai, all' alēthōs kai pragmatikōs kai ousiōdōs ginetai 'o men artos auto to alēthes tou kuriou sōma, 'o d' oinos auto tou kuriou 'aima, 'ōs eirētai anōterō" (J. Michalcescu, op. cit., S. 173; cf. Mansi Bd. 34B, S. 1753/1754).
496 'Omologia Dositheou, 'Oros 17: " . . . kai touto ouh 'oti to en ouranois tou despotou en tois thusiastēriois kateisi sōma, all' 'oti 'o tēs protheseōs en pasais tais kata meros ekklēsiais prokeimenos artos metapoioumenos kai metousioumenos meta ton 'agiasmon ginetai kai esti 'en kai to auto tōj en ouranois. 'En gar to sōma tou kuriou en pollois topois kai ou polla, kai dia touto to mustērion touto malista esti kai legetai thaumaston kai pistei monēj katalēpton, ou sofismasi sofias anthrōpinēs, 'ēs tēn mataian kai anoēton en tois theiois periergeian aposeietai 'ē eusebēs kai theoparadotos 'ēmōn thrēskeia" (J. Michalcescu, op. cit., S. 172; cf. Mansi Bd. 34B, S. 1751/1752).
497 'Omologia Dositheou, 'Oros 16: "Entithēsi de to baptisma kai haraktēra anexaleipton, 'ōsper kai 'ē 'ierōsunē. Kathōs gar adunaton, ton auton dis 'ierōsunēs tuhein tēs autēs' 'outōs adunaton anabaptisthēnai ton 'aper orthōs baptisthenta, kan kai muriais sumbebēken auton 'upopesein 'amartiais, ē kai autēj exomomōsei tēs pistēos" (J. Michalcescu, op. cit., S. 171; cf. Mansi Bd. 34B, S. 1749/1750).
498 Vgl. M. Jugie, Theologia dogmatica Bd. III, S. 49; cf. 'Omologia Dositheou, 'Oros 16: "Thelōn gar epistrepsai pros kurion analambanei tēn 'ēn apōlesen 'uiothesian dia tou mustēriou tēs metanoias" (J. Michalcescu, op. cit., S. 171; cf. Mansi Bd. 34B, S. 1749/1750).

diese, obwohl es sich eigentlich nur um eine Lokalsynode gehandelt hatte, nicht zuletzt wegen des Ansehens, das Patriarch Dositheos II. genoß, von den übrigen orthodoxen Kirchen weitgehend rezipiert und erhielten damit die Bedeutung von quasi-konziliären Lehräußerungen. Dies wurde noch durch die Tatsache unterstrichen, daß die griechischen Patriarchen 1723 dem Hl. Synod in St. Petersburg eine russische Übersetzung der "Confessio Dosithei" zukommen ließen, die als *"Sendschreiben der Patriarchen"* auch in Rußland weitgehend Anerkennung erlangte.

Durch die Autorität des Konzils von Jerusalem gestützt, vermochte sich die ihrer scholastischen Form und neuaristotelischen Denkstruktur nach für die Orthodoxie artfremde Adaptation der lateinischen Sakramentenlehre innerhalb der Gesamtorthodoxie immer mehr durchzusetzen, wenn auch gegen etwelche Widerstände, die jedoch vorwiegend von protestantisierenden orthodoxen Theologen kamen.

II. Zeugen des lateinischen Überbaus

Scholastische Einflüsse in der orthodoxen Sakramententheologie

Es steht außer Zweifel, daß bis zum heutigen Tag die orthodoxe Lehre über die *"mustēria im allgemeinen"* viele Gemeinsamkeiten mit der katholischen Sakramententheologie aufweist. Das vorangegangene Kapitel dürfte in etwa gezeigt haben, wie es zu einer solchen Übereinstimmung kommen konnte. Dieser dogmengeschichtliche Aspekt war bis in die neueste Zeit hinein weitgehend vernachläßigt worden.

So kommt beispielsweise Martin Jugie[499] das unbestreitbare Verdienst zu, in minutiöser Kleinarbeit die Gemeinsamkeiten wie auch die Abweichungen in der Sakramentenauffassung verschiedenster orthodoxer Autoren herausgearbeitet zu haben, aber sein Werk krankt am gleichen Mangel wie das von Th. Spáčil[500], der sich speziell mit der östlichen Ausprägung der allgemeinen Sakramentenlehre befaßte. Beide Autoren begnügten sich damit, Übereinstimmungen mit der (nach ihrer Ansicht allein gültigen und wahren) scholastischen Sakramentenlehre aufzuzeigen und sorgsam jede Abweichung davon zu notieren, ohne jedoch auf die eigentlichen Hintergründe einzugehen.

Wenn wir im Folgenden ebenfalls auf die Gemeinsamkeiten und (in Teil IV unserer Arbeit) auf die Unterschiede im östlichen Sakramentenverständnis eingehen, dann geschieht dies, im Gegensatz zu M. Jugie und Th. Spáčil, unter dem Gesichtspunkt der theologischen Entwicklung im orthodoxen Raum, wobei die reichhaltigen Materialsammlungen von M. Jugie und Th. Spáčil als gegeben vorausgesetzt werden.[501]

Dabei gilt es zuerst einmal aufzuzeigen, inwieweit die scholastische Sakramententheologie, die auf dem orthodoxen Konzil von Jerusalem im Jahr 1672 weitgehend übernommen wurde, die Sakramentenlehre der östlichen Theologen beeinflußte und noch immer beeinflußt.

Zu diesem Zweck beginnen wir unsere Untersuchung mit einem Überblick über die orthodoxen Definitionen der "mustēria". Nimmt man die ersten dieser Definitionen im orthodoxen Raum zum Ausgangspunkt, so stellt man alsbald fest, daß diese (wie wir bereits zeigten) von der katholisch-scholastischen Sakramententheologie beeinflußten Begriffsbestimmungen drei Grundtypen bilden, welche den orthodoxen Theologen bis in die neueste Zeit als Basis ihrer eigenen Aussagen dienen.

499 Vgl. M. Jugie, Theologia dogmatica christianorum orientalium, Bd. III (De sacramentis seu mysteriis).

500 Vgl. Th. Spáčil, Doctrina theologiae orientis separati de sacramentis in genere.

501 Ausführlichere Angaben finden sich in den beiden oben genannten Werken, zumindest was die Zeit bis ca. 1930 betrifft. Wir legen dementsprechend in unserer Darstellung vor allem Gewicht auf jene Autoren, welche von Jugie und Spáčil nicht berücksichtigt werden konnten.

Des weiteren gilt es dann die Übernahme von aristotelisch-hylemorphistischen Vorstellungen zur Bestimmung der sinnenfälligen Elemente der "mustēria" in der orthodoxen Sakramententheologie zu betrachten, wie auch das Kausalitätsdenken hinsichtlich der Wirksamkeit der "mustēria". Daß auch von den meisten orthodoxen Autoren die Frage nach der Fruchtbarkeit der "mustēria" ebenso wie die Bedingungen bei Spender und Empfänger behandelt werden, offenbart, wie sehr die scholastische Sakramentenlehre im orthodoxen Raume rezipiert worden ist.
Allerdings bleibt festzuhalten, daß wir uns bei dieser Art der Betrachtungsweise gewissermaßen auf der Ebene eines – scholastisch inspirierten – doktrinalen "Überbaus" bewegen, welche die "Basis", nämlich das (orthodoxe) Verständnis der einzelnen "mustēria" in ihrem ekklesialen Bezug noch ausklammert und damit auch noch nicht auf das Spannungsverhältnis zwischen dem aristotelisch beeinflußten "Überbau" (der Lehre von den "mustēria" im allgemeinen) und der neuplatonisch beeinflußten "Basis" (den heiligen Handlungen als geistgewirkte Fortsetzung des Heilswirkens in der Welt) eingeht.

A. Lateinische Definitionen der "mustēria"

In chronologischer Abfolge lassen sich drei Grundtypen orthodoxer Definitionen der "mustēria" unterscheiden, von denen aus sich Linien bis zu den modernen orthodoxen Begriffsbestimmungen ziehen lassen. Jeder der drei Grundtypen offenbart katholisch-scholastischen Einfluß, und deren Aufnahme und Weiterführung mußte notwendigerweise zur Folge haben, daß die scholastische Geistigkeit auch in die neueste Zeit mitgetragen wurde.
Typus I geht von der Definition des Patriarchen *Jeremias II.* aus, die dieser in seiner ersten Antwort an die Lutheraner (1576) formulierte[502]. Diese Definition betont die beiden konstitutiven Elemente der "mustēria" und lautet:

> "Mustēria werden diejenigen genannt, welche unter sinnenfälligen Zeichen eine faßbare und eine verborgene Wirkung haben."[503]

In der gleichen Linie definiert *Athanasios Parios* (1725–1813):

502 Cf. unsere Anm. 420. Genau genommen müßte man der Definition des Patriarchen Jeremias II. noch die Definitionen von Meletios Pēgas und Gabriēl Sebēros voranstellen, insofern die beiden Jeremias II. beeinflußt haben dürften: *Meletios Pegas* (gest. 1601) erklärte, ein "mustērion" sei, "was durch sichtbare Zeichen vollzogen wird und die unsichtbare Gnade bewirkt" ("Pōs oun ou mustērion, to dia 'oratōn sumbolōn teloumenon, kai harin proxenoun aoraton") ("Orthodoxos didaskalia", S. 178); während *Gabriēl Sebēros* (gest. 1616) definierte: Das "mustērion" ist "eine gewisse heilige Sache, welche unter die Sinne fällt und in sich eine geheime göttliche Kraft enthält, durch die das Heil und das zum Heil Gehörende den Menschen verliehen wird" (Suntagmation peri tōn 'agiōn kai 'ierōn mustēriōn, S. 17).

503 "Mustēria de tauta legetai, dia to en aisthētois sumbolois noēton ehein to apoteloumenon kai apporrēton." (Cf. E. Schelstrate, Acta orientalis ecclesiae contra Lutheri haeresim Bd. I, S. 154.)

"Das mustērion ist ein materielles Zeichen, das die immaterielle Gnade Gottes enthält, zum Heile der Menschen gemäß göttlichem Gesetz wirksam geschaffen."[504]

Petr Smirnov (gest. 1907) äußert sich in ähnlichem Sinne:

"Das mustērion ist eine heilige Handlung, in welcher unter einem sichtbaren Zeichen der Seele des Gläubigen die unsichtbare Gnade Gottes mitgeteilt wird."[505]

Auch *Sergij Bulgakov* (1871–1944), der ansonsten der scholastischen Sakramententheologie große Vorbehalte entgegensetzte, erklärt:

"Die mustēria (Sakramente) sind heilige Handlungen, wo unter einem sichtbaren Symbol eine bestimmte, unsichtbare Gabe des Hl. Geistes verliehen wird."[506]

Bei diesen Begriffsbestimmungen fühlt man sich unwillkürlich an die Definition des Konzils von Trient aus dem Jahre 1551 gemahnt: Das Sakrament ist ein "sinnenfälliges Zeichen einer heiligen Sache und sichtbare Gestalt der unsichtbaren Gnade" (D 876).
Auch *Typus II* ist nicht weniger von der Scholastik beeinflußt, denn diese Definitionsreihe fußt auf einer in der *"Confessio orthodoxa"* (P. 1, qu. 99) von *Petrus Mogila* (1596–1647) enthaltenen Formulierung, die neben den übrigen Elementen der "mustēria" auch deren Einsetzung durch Christus hervorhebt. (Wiedergabe der griechischen Fassung):

"Das mustērion ist eine heilige Handlung, welche unter einer sichtbaren Gestalt in der Seele des Gläubigen die unsichtbare Gnade Gottes bewirkt und mitteilt, von unserem Herrn eingesetzt, wodurch ein jeder der Gläubigen die göttliche Gnade empfängt."[507]

Metropolit Makarij (Bulgakov) (1816–1882), der seine "Dogmatik" auf der "Confessio orthodoxa" und der "Confessio Dosithei" aufbaute, übernahm Mogilas Definition wortwörtlich.[508]
In einer etwas verkürzten Version umschreibt *K. I. Dyobouniōtēs* (1913) die "mustēria" als

"die durch Christus und die Apostel eingesetzten heiligen Handlungen, welche durch sinnenfällige Zeichen geheimnisvoll die Gnade Gottes mitteilen"[509]

504 "Mustērion esti sēmeion 'ulikon tēn aülon tou Theou harin sunehon pros tēn tōn anthrōpōn sōtērian drastikōs tetagmenon 'upo tēs theias thesmothesias" (Epitomē eite sullogē tōn theiōn tēs pisteōs dogmatōn, S. 344).
505 "Tainstvo est' svjaščennoe dejstvie, v kotorom pod vidimym znakom soobščaetsja duše verujuščago nevidimaja blagodat' Božija" (Izloženie christianskoj pravoslavnoj very, S. 230).
506 S. Bulgakov, Pravoslavie, S. 243.
507 "Mysterium est id, per quod sub sensibili specie causatur vel confertur animabus fidelium gratia Dei invisibilis, institutum a Christo Domino, per quod fidelium quilibet gratiam Dei acquirit." (Cf. A.Malvy-M.Viller, La Confession orthodoxe de Pierre Moghila, S. 56; griech. bei J. Michalcescu, Die Bekenntnisse, S. 69.)
508 Vgl. Metr. Makarij, Pravoslavno-dogmatičeskoe bogoslovie Bd. II, [5]1895, S. 313.
509 " 'ai 'upo tou Hristou kai tōn Apostolōn 'idrutheisai 'ierai teletai, 'aitines di' aisthētōn sēmeiōn metadidousi mustērōdōs tēn harin tou Theou" (Ta mustēria tēs orthodoxou anatolikēs Ekklēsias ex apopseōs dogmatikēs, S. 8; vgl. auch ibidem, S. 13).

Im wesentlichen basiert auch die Definiton von *Nikolaj Malinovskij* (1909) auf der "Confessio orthodoxa", obwohl sie mit ihrem Hinweis auf den Sakramentenspender bereits auch auf den dritten Typus hinüberweist:

"Unter dem Begriff der mustēria versteht man im eigentlichen Sinne jene heiligen Handlungen, die, von Jesus Christus selbst zum Heil der Gläubigen eingesetzt und von der rechtmäßigen Hierarchie vollzogen, die unsichtbare Gnade Gottes in einem sichtbaren Zeichen enthalten und unter dem sichtbaren Zeichen mitteilen."[510]

Bei *Typus III* schließlich, welcher auf die 15. Definition der *"Confessio Dosithei"* (suntomos 'omologias) des *Patriarchen Dositheos II.* (Notaras) (1641–1707) zurückgeht, wird das "mustērion" vor allem als Mittel oder Organ der Gnade gesehen, wobei gleichzeitig meist auch Sakramentenspender und -empfänger in die Betrachtung miteinbezogen werden:

"Die mustēria sind aus Natürlichem und Übernatürlichem zusammengesetzt. Sie sind nicht bloße Zeichen der Verheißungen Gottes; (...) Wir glauben, daß sie mit innerer Notwendigkeit wirksame Instrumente der Gnade für die Eingeweihten sind."[511]

Metropolit Filaret (Drozdov) (1783–1867), dessen großer Katechismus im russischen Raum beinahe die gleiche Wertschätzung erhielt wie die "symbolischen Bücher", deklariert:

"Das mustērion ist eine heilige Handlung, durch welche die Gnade oder, was dasselbe ist, die erlösende Kraft Gottes in geheimnisvoller Weise auf den Menschen wirkt."[512]

Diese Definition beeinflußte offensichtlich die folgenden Katechismen in ganz entscheidendem Maße. So schreibt beispielsweise *Erzbischof Agafodor* bzw. Agathodor (Preobraženskij) (geb. 1837):

"Mustērion wird eine heilige Handlung genannt, in welcher auf geheimnisvolle Weise dem Gläubigen die Gnade des Heiligen Geistes mitgeteilt wird."[513]

Ähnlich tönt es bei Erzpriester *Grigorij Čel'cov* (geb. 1840), der auf die Katechismusfrage, weshalb die sieben heiligen Handlungen "mustēria" genannt würden, antwortet:

510 "Pod imenem tainstv v sobstvennom smysle razumejutsja takija svjaščennodejstvija, Samim I. Christom dlja spasenija verujuščich ustanovlennyja i zakonnoju ierarchieju soveršaemyja, kotoryja v vidimom znake zaključajut i pod vidimym znakom soobščajut nevidimuju blagodat' Božiju" (Pravoslavnoe dogmatičeskoe bogoslovie Bd. IV, S. 5).

511 "Sugkeitai de ta mustēria ek tou fusikou kai 'uperfuous' ouk eisi de psila sēmeia tōn epaggeliōn tou Theou. (. . .) 'Omologoumen d'auta einai organa drastika tois muoumenois haritos ex anagkēs" (J. Michalcescu, Die Bekenntnisse, S. 169).

512 "Tainstvo est' svjaščennoe dejstvie, črez kotoroe tajnym obrazom dejstvuet na čeloveka *blagodat'*, ili čto to že, spasitel'naja sila Božija" (Metropolit Filaret, Pravoslavnyj katichizis, S. 61).
Ähnlich bei I. Žilov, Pravoslavnoe-christianskoe Katichizičeskoe učenie, S. 89: *"Tainstvo* est' takoe svjaščennoe dejstvie, črez kotoroe tajnym (nevidimym) obrazom dejstvuet na čeloveka *blagodat'* ili, čto tože, spasajuščaja ego sila Božija."

513 "Tainstvom nazyvaetsja svjaščennoe dejstvie, v kotorom tainstvennym obrazom soobščaetsja verujuščemu blagodat' Svjatago Ducha" (Archiepiskop Agafodor, Zakon Božij, S. 120).

"Weil in ihnen geheimnisvoll oder, was dasselbe ist, unsichtbar die Gnade, i.e. die heilbringende Kraft Gottes, wirkt."[514]

Und auch *Nikolaj Sacharov* definiert noch 1939 auf entsprechende Weise:

"Als mustēria bezeichnet man solche heilige Handlungen, durch welche auf geheimnisvolle (d.h. für den menschlichen Verstand unergründliche) Weise die Gnade Gottes auf den Menschen einwirkt."[515]

Auch *Mitrofan Jastrebov* (1845–1906) weist mit seiner Definition in die gleiche Richtung, wenn er das "mustērion" unter anderem [516] als

"das äußere Mittel einer gnadenvollen Heiligung"[517]

bezeichnet. Und es ist recht charakteristisch für das Weiterwirken des katholischen Einflusses, wenn dieser ehemalige Professor der Geistlichen Akademie von Kiev erklärt: "Vom orthodoxen Verständnis der mustēria unterscheidet sich das katholische überhaupt nicht."[518] Er wiederholte damit übrigens nur eine Ansicht, die Jahre zuvor schon *Bischof Germogen* (Dobronravin) (gest. 1893) geäußert hatte.[519]
Neben diesen drei Grundtypen scholastisch-lateinischer Provenienz gilt es allerdings noch einen *Typus IV* zu erwähnen, der, wenn er auch in den offiziellen Lehrbüchern der orthodoxen Kirche weniger stark in Erscheinung trat, unterschwellig trotzdem weiterwirkte. Es handelt sich hierbei um die calvinistisch beeinflußte Sakramentendefinition des *Mētrofanēs Kritopoulos* (ca. 1589–1639), die dieser in seiner "Confessio" vom Jahre 1624 gab. Nachdem diese "Confessio" niemals Gegenstand einer offiziellen Verurteilung wurde[520] (Mētrofanēs kehrte später ja auch zu einem orthodoxeren Standpunkt zurück) und gelegentlich sogar mit zu den "symbolischen Büchern" gerechnet wird, schöpften orthodoxe Theologen[521] weiterhin aus dieser Quelle:

"Gott wollte nicht, daß diese Gnade nur auf geistige Weise gegeben werde – obwohl Ihm das nicht unmöglich gewesen wäre, denn alles, was Er wollte, machte und macht Er –, sondern durch sinnenfällige Zeichen, als zuverläßigstes Unterpfand Seiner Verheißung an die Erwähl-

514 "Potomu čto v nich *tajno,* ili čto to že, *nevidimo* dejstvuet blagodat', t.-e. spasitel'naja sila Božija" (G. Čel'cov, Zakon Božij, S. 117).
515 N. Sacharov, Christianskaja Vera i Christianskaja Žizn', čast' I, S. 118.
516 M.F. Jastrebov, O tainstvach, in TKDA, XLVIII, 1907, II,8; S. 490: Nach Jastrebov lassen sich bei der Definition der "musteria" vier wesentliche Elemente unterscheiden: "1. daß in den bekannten heiligen Handlungen die bekannten besonderen Gnadengaben den Gläubigen mitgeteilt werden, 2. daß diese Gaben mittels einer sichtbaren Seite, durch ein sinnenfälliges Element verliehen werden, 3. daß solche Mittel der Gnadenmitteilung von Gott selbst für die Gläubigen festgesetzt wurden, 4. daß ihrer sieben sind."
517 " . . . vnešnee sredstvo blagodatnago osvjaščenija" (ibidem, S. 482).
518 M.F. Jastrebov, ibidem, S. 483.
519 Cf. Episkop Germogen (Dobronravin), O svjatych tainstvach pravoslavnoj cerkvi, S. 7.
520 Obwohl Mētrofanēs beispielsweise in seiner "Confessio" nur drei eigentliche Sakramente anerkannte: Vgl. Anm. 407.
521 So zitiert u.a. auch noch P.N. Trempelas in seiner 1961 in Athen veröffentlichten dreibändigen Dogmatik Mētrofanēs Kritopoulos sehr ausgiebig.

ten. Da sie doppelten Wesens waren, mußte auch die Art der Übermittlung eine doppelte sein, durch die sichtbare Materie und durch den Heiligen Geist, denn diejenigen, welche sie empfangen, sind aus einem durch die Sinne wahrnehmbaren Leib und einer geistigen Seele gebildet. Und auch, damit sie durch dieses unter die Sinne fallende Unterpfand Gottes besser wissen, daß sie zum vornherein erkannt und zum ewigen Leben vorausbestimmt sind."[522]

Feofilakt Gorskij folgte noch im 18. Jahrhundert in seiner (lateinisch geschriebenen!) Dogmatik dieser Auffassung:

"Unter dem Sakrament im eigentlichen Sinne versteht man eine heilige und feierliche, von Gott eingesetzte Handlung, durch welche Gott, indem Er über ein Amt des Menschen eingreift, unter einem sichtbaren und äußeren Element, verbunden mit dem Einsetzungswort, eine geistige Sache oder die himmlischen Güter darstellt und zuteilt, um den einzelnen, der es gebrauchenden Gläubigen die Verheißung der unverdienten Vergebung der Sünden durch Christus darzubieten, anzuwenden und einzuprägen."[523]

Doch es war am Ende nicht dieser von einer lutherisch-calvinistischen Auffassung der Rechtfertigung durchdrungene Definitionstypus, der letztlich bei der Suche nach neueren (und dem orthodoxen Verständnis näherliegenderen) Formulierungen Pate stand, sondern der von *Aleksej Chomjakov* (1804–1860) unternommene Versuch einer Abgrenzung des Kirchenbegriffs gegen Katholizismus und Protestantismus, wobei er jedoch unbewußt wieder protestantische Gedankengänge mitübernahm. Es ist jedenfalls kein Zufall, daß seit Chomjakov in den russischen Definitionen der "mustēria" immer mehr die Kirche ins Zentrum rückt, wenn hierbei auch nicht völlig auf lateinisch-scholastische Elemente verzichtet wurde. Aber wir haben damit bereits vorgegriffen und auf eine Entwicklung hingewiesen, welche Gegenstand unserer Untersuchungen in TEIL IV dieser Arbeit sein wird.
Als gemeinsames Charakteristikum all dieser Definitionen (die "protestantisierenden" von Typus IV nicht ausgeschlossen) fällt auf, daß sie durchwegs zwei zentrale Momente der sakramentalen Handlung betonen: ein sichtbares, sinnenfälliges und ein unsichtbares, übernatürliches. Der *äußere Aspekt* des "mustērion" schließt zeichenhaft einen *inneren Aspekt*, die nur im Glauben erfaßbare, geheimnisvoll und übernatürlich wirkende Gnade Gottes ein. Dieser Doppelaspekt der "mustēria" wird mit der göttlichen Heilsökonomie erklärt, die sich an die anthropologische Grundbefindlichkeit des Menschen als eines leib-seelischen Wesens anpaßt. Und diese Art der Erklärung findet sich bereits bei den Kirchenvätern.[524]
Demgegenüber begründet beispielsweise Sergij Bulgakov diesen Doppelaspekt aus

522 'Omologia Kritopoulou Kap. 5 (cf. J. Michalcescu, Die Bekenntnisse, S. 213).
523 "Per sacramentum proprie sic dictum intelligitur sacra et solemnis actio divinitus instituta qua Deus, interveniente hominis ministerio, sub visibili et externo elemento cum verbo institutionis conjuncto, rem spiritualem seu bona caelestia exhibet et dispensat, ad offerendam singulis utentibus, et applicandam et obsignandam credentibus promissionem de gratuita peccatorum per Christum remissione" (Th. Gorskij, Orthodoxae orientalis ecclesiae dogmata, S. 237, f.; cf. M. Jugie, Theologia dogmatica Bd. III, S. 15).
524 Vgl. hierzu als Beispiel die Zitate von Joh. Chrysost. (in Mt, hom. 82,4) und Ambrosius (in Luc. 2,79) in Anm. 102.

der Natur der Kirche: "Das Wesentliche am mustērion ist die Vereinigung von Sichtbarem und Unsichtbarem, einer äußeren Form und eines inneren Inhalts. Darin widerspiegelt sich die Natur der Kirche selbst, welche das Unsichtbare im Sichtbaren und das Sichtbare im Unsichtbaren ist."[525]

B. Die sinnenfälligen Elemente der "mustēria" hylemorphistisch gedeutet

Wie Th. Spáčil nachwies, lehren sämtliche orthodoxen Theologen, daß die "mustēria" zwei konstitutive Komponenten aufweisen, eine materielle, sinnenfällige und eine immaterielle, übernatürliche.[526] Und innerhalb des sinnenfälligen Zeichens werden auch von der überwiegenden Zahl der orthodoxen Theologen wie in der abendländischen Tradition[527] nochmals zwei unterschiedliche Teile oder Elemente festgestellt.[528]
Seit Hugo von Saint-Cher (gegen 1250) interpretierte man im Westen unter dem Einfluß der aristotelischen Philosophie diese beiden Elemente des sinnenfälligen Zeichens in einem hylemorphistischen Sinne als Materie und Form des Sakraments, wobei man die Sache (Wasser, Wein, Brot, Öl) als Materie und das Wort als deren Form verstand.[529] Diese Unterscheidung wurde im Dekret für die Armenier 1439 vom Konzil von Florenz approbiert.[530]
Mit Ausnahme einer Lokalsynode, welche unter Bischof Germanos um 1260 auf Cypern stattfand[531], finden sich demgegenüber im Osten bis ins 16. Jahrhundert hinein keinerlei Zeugnisse, welche auf eine Übernahme dieser scholastischen Distinktion hinweisen. Dies änderte sich erst, als die Zurückweisung des Protestantismus begann. So schrieb *Patriarch Jeremias II.* in seiner ersten Antwort an die Lutheraner 1576 bezüglich der "mustēria": "Sie haben eine genau umschriebene Materie und Form . . . "[532] Auch Gabriēl Sebēros nennt diese Unterscheidung nebenbei in seinem Werk über die "mustēria".

525 S. Bulgakov, Pravoslavie, S. 243.
526 Vgl. Th. Spáčil, De sacramentis in genere, S. 23.
527 Die Grundlage aus der Vätertradition bildet hierbei Augustinus. Man vergleiche unsere Ausführungen unter I,3 B: Die Übersetzung von "mustērion" mit "sacramentum", sowie insbesondere Anm. 210.
528 Diese Zweiteilung ermangelt allerdings im Gegensatz zur scholastischen Sakramentenlehre einer klaren und eindeutigen Terminologie.
529 Vgl. unsere Ausführungen unter II A: Der Einbruch aristotelischen Gedankengutes, und II B: Die Sakramentenlehre des Aquinaten.
530 "Haec omnia sacramenta tribus perficiuntur, videlicet rebus tanquam materia, verbis tanquam forma, et persona ministri conferentis sacramentum cum intentione faciendi, quod facit Ecclesia: quorum si aliquod desit, non perficitur sacramentum" (D 695).
531 " 'Ekaston de tōn mustēriōn tethesmothētai men para tēs Grafēs, 'ōrismenēn de *'ulēn* kai 'ōrismenon *eidos* ehei, alla mēn kai to poiētikon ē mallon organikon aition 'ōrismenon" (zit. nach M. Jugie, op. cit. III, S. 33; cf. cod. Barb. graec., 390, fol. 250).
532 " 'Ekaston tōn mustēriōn toutōn 'ōrismenēn 'ulēn kai eidos ehei" (E. Schelstrate, Acta . . . Bd. I, S. 154). Es ist offensichtlich, daß (wie M. Jugie, ibidem, S. 34, Anm. 3, bemerkt) Patriarch Jeremias II. den Text der Synode von Cypern paraphrasiert.

Schließlich findet sie sich auch, wie nicht anders zu erwarten, bei *Petrus Mogila* in seinem "Trebnik"[533] und der "Confessio orthodoxa": Für das mustērion ist ein Dreifaches erforderlich: "Eine passende Materie, wie das Wasser in der Taufe, Brot und Wein in der Eucharistie, das Öl und das übrige, gemäß dem einzelnen mustērion; zweitens ein gültig geweihter Priester oder Bischof; drittens die Herabrufung (Epiklese) des Heiligen Geistes und die Form der Worte, durch welche der Priester das mustērion in der Kraft des Heiligen Geistes und mit der festen Intention, dieses zu heiligen, heiligt."[534]
Doch ungeachtet der Tatsache, daß die scholastische Distinktion von Materie und Form von Jeremias II. und Petrus Mogila übernommen wurden und damit in die "symbolischen Bücher" Eingang fand, vermochte sie sich bei den östlichen Theologen nie richtig durchzusetzen. Und wenn der Begriff "Materie" verwendet wurde, so geschah es meist nicht in Abgrenzung zum Begriff "Form". Letzterer wurde überhaupt kaum je gebraucht. Statt dessen sprach man vom "Übernatürlichen", einer "unsichtbaren Seite", der "unsichtbaren Gnade", einer "gnadenvollen Kraft" oder der "göttlichen Gnade", worunter keineswegs ein formgebendes Prinzip verstanden wurde.[535]
Was aber vordergründig als terminologische Unsicherheit erscheint, war im Grunde genommen eine – wenn auch nicht immer bewußte – Ablehnung aristotelisch-scholastischer Vorstellungsgehalte, die mit den – bei den östlichen Theologen noch immer gegenwärtigen – neuplatonischen Auffassungen der "mustēria" nicht harmonieren wollten. Daß es sich dabei um weit mehr als nur einen antikatholischen Reflex handelt, wird dort offenbar, wo die Zurückweisung der hylemorphistischen Unterscheidung klar formuliert wird. In der Ansicht, daß diese scholastische Distinktion überflüssig, ja sogar schädlich, weil zur richtigen Beschreibung des eigentlichen Tatbestandes ungenügend, sei, trifft sich Metropolit Filaret (Drozdov) mit dem Griechen K.I. Dyobouniōtēs, auch wenn sie nicht bestreiten, daß diese Unterscheidung ein gewisses Fundament in der lateinischen Vätertradition hat.[536]
Noch schärfer äußerte Hr. Androutsos seine Kritik an den Begriffen "Materie" und "Form":
"Sie sind überflüssig, denn wenn sie fehlten, täte dies der Theorie über das Wesen und die Wirksamkeit der mustēria keinen Abbruch, ebenso wie in der alten Kirche,

533 Gemeint ist hier der "Trebnik" (Euchologion), publiziert in Kiev 1646.
534 Orthodoxos 'omologia, E. 100: "Posa pragmata zētountai eis to mustērion; Ap. Tria, 'ulē 'armodios, 'ōs einai to 'udōr eis to baptisma· 'o artos kai 'o oinos eis tēn euharistian· to elaion, kai ta loipa kata to mustērion. Deuteron 'o 'iereus, 'opou na einai nomimōs keheirotonēmenos ē 'o episkopos. Triton 'ē episklēsis tou 'agiou Pneumatos, kai to eidos tōn logiōn, meta 'opoia 'o 'iereus 'agiazei to mustērion tēj dunamei tou 'agiou Pneumatos me gnōmēn apofasismenēn tou na to 'agiasēj" (Cf. J. Michalcescu, Die Bekenntnisse, S. 69).
535 Vgl. die ausführlichen Untersuchungen von Th. Spáčil, op. cit. S. 24–31 (No. 12–18). Selbst I.E. Mesolōras, Sumbolikē tēs orthodoxou anatolikēs Ekklēsias Bd. II, der gelegentlich die Begriffe von "Materie" und "Form" anwendet (S. 157 und 164), gebraucht daneben öfters andere Bezeichnungen.
536 Vgl. Th. Spáčil, op. cit., S. 26.

wo sie unbekannt waren. Sie sind unbegründet, denn der Begriff Materie hat zu vergeblichen Nachforschungen der scholastischen Theologie geführt. Ausgehend von der Taufe suchte sie die Materie und Form der übrigen mustēria positiv zu definieren, obwohl die Buße, die Ehe und die Weihe einer solchen völlig ermangeln. Die Worte Form oder Gestalt (eidos) erinnern an die aristotelische Lehre über die Spezifizierung einer rohen Materie durch eine Form, welche ihr das Leben und die Erscheinung gibt. Auf diese Weise werden das Übernatürliche der mustēria und die gemäß der Verheißung übermittelte Gnade des Heiligen Geistes reduziert."[537]

Es ist charakteristisch, daß die gleichen Autoren, welche die hylemorphistische Auslegung ablehnen, gleichzeitig auch einer Reduzierung des sakramentalen Ritus auf das zentrale Moment der Anwendung von Materie und Form (welches nach lateinischer Auffassung allein über die Gültigkeit des Sakraments entscheidet) entschieden widersprechen, es sei denn in einem Notfall und "kat' oikonomian". Für diese Theologen ist (ganz im Sinne der alten Tradition) die gesamte heilige Handlung (und nicht bloß ein besonderer Teil davon) für das Gnadenwirken der mustēria wesentlich. In diesem Sinne läßt sich auch P.N. Trempelas vernehmen: "Wir teilen die Meinung, daß man unter den sichtbaren, äußerlichen und natürlichen Teil der mustēria auch die geistlichen Handlungen und Voraussetzungen als diesem zugehörig einordnen sollte, wie auch die wesentlichen und heiligenden Worte, die sie konstituieren."[538]

C. Das Kausalitätsdenken bezüglich der Wirksamkeit der "mustēria"

Daß dem aristotelisch beeinflußten Kausaldenken innerhalb der orthodoxen Sakramentenlehre ein wesentlich größerer Erfolg beschieden war als der Einführung hylemorphistischer Kategorien, zeigt einmal mehr, welche Auswahlprinzipien bei der Übernahme von Vorstellungen aus der scholastischen Sakramententheologie zugrunde lagen. Es ging dabei vorrangig um das Problem ihrer Nützlichkeit bei der Abwehr protestantischer Ideen. Und in dieser Hinsicht war eine Unterscheidung von Materie und Form beim äußeren Aspekt des "mustērion" von sekundärer Bedeutung. Man konnte sich dementsprechend größere Freiheiten bei deren Anwendung (bzw. Nichtanwendung) erlauben als beispielsweise in der Frage nach der inneren Wirksamkeit der "mustēria", welche aufgrund der Rechtfertigungslehre[539]

537 H. Androutsos, Dogmatikē tēs orthodoxou anatolikēs Ekklēsias, S. 297. M. Jugie (op. cit., Bd. III, S. 36) vermutet, daß für diese Auffassung Androutsos der altkatholische Autor *Friedrich* Pate gestanden habe.

538 P.N. Trembelas, Dogmatique Bd. III, S. 29.

539 Vgl. unsere Ausführungen unter 2. Teil, II C: Martin Luthers existentielles Sakramentenverständnis, und unter 2. Teil, II D: Die Sakramentenlehre der Reformatoren und des Tridentinums, sowie insbesondere zu Luther und seiner Rechtfertigungslehre: Anm. 291; zu Zwingli: Anm. 315/317; zu Calvin: Anm. 328/332.

von protestantischer Seite bestritten wurde. Hier ging es um einen zentralen Punkt, und so griff man in Ermangelung einer eigenen zur bereits vorhandenen katholischen Gegenargumentation, wobei man diese meist gerade nur so weit benützte, als sie dem intendierten Zwecke dienlich schien. Mit den Finessen scholastischer Unterscheidungskünste, welche einen ganzen Katalog verschiedener "causae" aufstellte, wußte man im Osten allerdings wenig anzufangen. Sie waren und blieben östlicher Denkungsart weitgehend fremd. Auch aus der noch immer andauernden Diskussion um Wert oder Unwert des "opus operatum", läßt sich hierzu einiges ablesen.

Das Eindringen des Kausaldenkens in den theologischen Sprachgebrauch der Orthodoxie kann anhand der "symbolischen Bücher" leicht verfolgt werden. So lesen wir im ersten Antwortschreiben des Patriarchen Jeremias II. über die "mustēria" unter anderem: "Sie haben (...) zudem eine Wirk- oder vielmehr eine Instrumentalursache."[540] Petrus Mogila schreibt in seiner "Confessio orthodoxa" (P. 1, qu. 99), daß das "mustērion" als heilige Handlung "die unsichtbare Gnade Gottes bewirkt und mitteilt"[541]. Und in der "Confessio Dosithei" (Def. 15) heißt es: "Wir glauben, daß sie mit innerer Notwendigkeit wirksame Instrumente der Gnade für die Eingeweihten sind"[542], eine Ausdrucksweise, welche recht zutreffend die lateinische Auffassung des "ex opere operato"[543] umschreibt.

Und wenn in der Folgezeit manche orthodoxen Theologen sich in Sachen Kausalität verglichen mit dem durchstrukturierten scholastischen Begriffsapparat ziemlich ungenau ausdrückten, so darf doch ganz generell mit Spáčil und Jugie (die ihre Schlußfolgerung aus eingehenden Untersuchungen zogen) gesagt werden: "Keiner von den getrennten Theologen des Orients läßt daran einen Zweifel, daß sie diese Kausalität als *zur Substanz der Sakramente selbst* gehörend und diese Lehre zu den wichtigeren im Traktat über die Sakramente halten."[544] "Und in der Tat lehren sowohl die symbolischen Bücher der griechisch-russischen Kirche als auch ihre einzelnen Gelehrten und Theologen gegenüber den Protestanten einhellig, daß die Sakramente Zeichen einer wirksamen Gnade seien, welche die Gnade enthalten und diese den richtig Disponierten direkt mitteilen, sobald sie von einem rechtmäßigen Spender vollzogen werden."[545]

Als Beispiel, daß diese Feststellung auch noch in neuester Zeit gilt, sei hier die Aussage von P.N. Trempelas festgehalten, welcher erklärt:

"Indem wir sagen, daß die mustēria die Gnade einschließen und enthalten, meinen wir nicht, daß sie darin eingeschlossen sei wie die Flüssigkeit in einem Gefäß, son-

540 Vgl. Anm. 420.
541 Vgl. Anm. 507.
542 Vgl. Anm. 511.
543 Vgl. unsere Ausführungen unter 2. Teil, II: Die Entwicklung einer Sakramentenlehre in der Frühscholastik, insbesondere Anm. 256. Eine eingehende Darlegung des "opus operatum" findet sich u.a. bei Th. Spáčil, op. cit., S. 159–162 (No. 143–146).
544 Th. Spáčil, op. cit., S. 83.
545 M. Jugie, op. cit., Bd. III, S. 41.

dern daß sie darin wirksam enthalten sei wie die Wirkung in ihrer organischen Ursache, außer was das mustērion der heiligen Eucharistie anbelangt, wo sich tatsächlich eine Verwandlung der verwendeten Elemente vollzieht."[546]
Ausgehend von der Sakramentenspendung an Kinder, die von der Kirche seit frühester Zeit geübt wurde, argumentiert P.N. Trempelas, daß die Kinder diese Gaben und Gnaden nicht deshalb erhielten, "weil sie diese in Kenntnis der Sache und mit Glauben empfangen, sondern nur, weil sie dem Empfang der Gnade, die daraus hervorgeht, kein Hindernis entgegensetzen". "Das mustērion wirkt dementsprechend nicht *'ex opere operantis'*, das heißt durch die Handlung dessen, der es zelebriert oder der es empfängt, sondern durch seine eigene Wirksamkeit, durch die Macht, die in ihm ist, *'ex opere operato'*, durch die Aktion des mustērion selbst als einem Instrument der Gnade.[547] Diese von den Scholastikern erfundene Terminologie ist – es ist wahr – in der Theologie der östlichen Kirche in einem solchen Maße unbekannt geblieben, daß gewisse östliche Theologen sie offen zurückweisen, wobei sie diese schlecht interpretieren."[548]
In der Tat sind manche der orthodoxen Theologen von der protestantischen Kritik, welche unter dem Begriff "ex opere operato" fälschlicherweise eine magische oder mechanische Wirksamkeit des Sakraments vermuten[549], nicht unbeeinflußt geblieben. Doch die Vorbehalte der meisten richten sich weit mehr gegen die falschverstandene Terminologie des "opus operatum" als gegen den darin ausgedrückten tatsächlichen Sachverhalt. Andere, wie M.F. Jastrebov, verteidigen demgegenüber die scholastische Theorie. Indem er sich mit aller Deutlichkeit von der evangelischen Auffassung (die im Sakrament eine Wirksamkeit "ex opere operantis" annimmt) distanzierte, erklärte M.F. Jastrebov:
"So wie im mustērion die Gnade eng mit dem sichtbaren Zeichen verbunden ist, so wird sie offensichtlich *demjenigen, der das mustērion empfängt,* zusammen mit diesem Zeichen *auf jeden Fall* geschenkt. Diesen Gedanken stellt die katholische Theorie des ex opere operato fest, eine Theorie, welche völlig mit der altkirchlichen Vorstellung übereinstimmt und im 'Sendschreiben der östlichen Patriarchen'

546 P.N. Trembelas, Dogmatique Bd. III, S. 30.
547 Noch genauer formuliert K. Rahner in Schriften zur Theologie Bd. II, S. 131, die katholische Auffassung vom "opus operatum": "Indem Christus durch die Kirche am Menschen dadurch handelt, daß er seiner Gnade eine konstitutive Zeichenhaftigkeit verleiht, macht *er,* nicht sein Diener und nicht der Sakramentenempfänger, seine Gnade innerlich am Menschen wirksam. Das ist der Sinn des Wortes vom opus operatum, das nichts mit einer Vorstellung einer physikalischen Wirksamkeit eines sachlichen Vorgangs zu tun hat, die diesem unabhängig von seiner Zeichenhaftigkeit zukäme, so daß dieser nur 'nebenbei' 'auch' noch Zeichen der Gnade wäre."
548 P.N. Trembelas, op. cit., Bd. III, S. 32.
549 Über die protestantischen Mißverständnisse bei der Einschätzung des "ex opere operato" und über die unterschiedlichen Betrachtungsweisen, welche zu solchen Fehleinschätzungen führten, vgl. Exkurs II: Luthers Verständnis des "opus operatum".

nur mit anderen Worten ausgedrückt ist: 'die mustēria bewirken die Gnade beim Menschen mit Notwendigkeit'."[550]

Gleichzeitig notierte Jastrebov aber auch die protestantischen Einwände gegen das "opus operatum", welche manche orthodoxe Theologen so sehr beeindruckten. Beim Aufkommen dieser Begrifflichkeit im 13. Jahrhundert sei es den Scholastikern vorerst darum gegangen, die alttestamentlichen sakramentalen Riten (Beschneidung, die Ordination des Hohenpriesters, Opfer, Weihen u.a.m.) von den Sakramenten des Neuen Bundes abzugrenzen. Dabei habe sich die Ansicht herausgebildet, daß die alttestamentlichen heiligen Handlungen die Gnade nicht in sich einschlossen (also nur "ex opere operantis" wirkten), während die eigentlichen Sakramente (des Neuen Testaments) nicht nur bloße Zeichen der Rechtfertigung sind, sondern zugleich deren Ursache, so daß sie "ex opere operato" wirken. Später jedoch sei diese Theorie vergröbert worden.

"Vom Gesichtspunkt späterer katholischer Theologen aus ist das Sakrament eine Leitung oder ein Kanal, aus denen der Christ die Gnade ohne jede eigene Mitwirkung oder Mitempfindung schöpft. (...) Die Gnade ist gewissermaßen mit dem bekannten äußeren Ritus auf äußerliche und mechanische Weise verbunden und geht in den Sakramentenempfänger ein, sobald der äußere sakramentale Ritus vollzogen wird."[551]

Abgesehen von der Tatsache, daß zu Beginn des 18. Jahrhunderts gerade in Zentralrußland stark protestantisierende Einflüsse spürbar wurden, die lange nachwirkten[552], gab es noch eine Reihe von anderen Gründen, weshalb sich viele orthodoxe Theologen von der protestantischen Kritik am "opus operatum" (auch wenn sie bloß eine karikierte Darstellung der eigentlichen katholischen Lehre war) angesprochen fühlten. Die im scholastischen Lehrgebäude implizierte aristotelische Gedankenwelt war ihnen weitgehend fremd geblieben, und damit mangelte es ihnen auch am Verständnis für eine ontische Betrachtungsweise der "mustēria".

550 M.F. Jastrebov, O tainstvach, in TKDA XLVIII, 1907, II,8; S. 502. Ebenso erläuterte auch *N. Malinovskij* die katholische Lehre des "ex opere operato" durchaus richtig: "Zur Kennzeichnung dieses Verständnisses von der Wirksamkeit der mustēria und über die Bedingungen ihrer Wirksamkeit kam in der römisch-katholischen Kirche bereits im Mittelalter der Ausdruck 'opus operatum' in Gebrauch. Durch diesen Ausdruck wird nämlich dargestellt, daß im mustērion die Gnade bei Beobachtung der bekannten äußeren Bedingungen ihres Vollzuges unabhängig von der inneren Gemütsstimmung oder Disposition der Empfänger des mustērions oder seines Spenders (ausgenommen die intentio) existiert" (N. Malinovskij, Pravoslavnoe dogmatičeskoe bogoslovie Bd. IV, S. 47).

551 M.F. Jastrebov, ibidem, S. 485.

552 Erzbischof Sil'vestr Lebedinskij (gest. 1808) beispielsweise stand ganz offensichtlich unter dem Eindruck der protestantischen Rechtfertigungslehre, als er die Beziehungen zwischen der Wirksamkeit des "mustērion" und dem Glauben des Sakramentenempfängers folgendermaßen definierte: "Wir werden durch den Glauben als einem *rezeptiven Instrument,* durch die mustēria aber als *gnadenspendende Instrumente* gerechtfertigt. Der Glaube ist gleichsam unsere Hand, womit wir die Wohltaten des Evangeliums empfangen; das Wort jedoch und die mustēria sind gleichsam die Hände Gottes, womit uns jene Wohltaten gespendet und zugewendet werden" (zit. nach M. Jugie, op. cit., Bd. III, S. 43).

Sie konnten sich eine Heilswirkung der "mustēria" ohne eine entsprechende Disposition des Empfängers (zu Recht) nicht vorstellen, wobei sie allerdings die Frage von innerer Wirksamkeit und Wirkung miteinander vermischten und (wie auch die Protestanten) die ontische Betrachtungsweise (das *"mustērion" in se)* der Scholastiker unter dem Gesichtspunkt des *"mustērions" quoad nos* beurteilten, was notwendigerweise zu einer Verwirrung führen mußte.[553]
Im Grunde genommen zeigt sich gerade auch in der Frage der Kausalität, wie sehr die Vorstellungen in Ost und West auseinanderklaffen, insofern die lateinischen und die orthodoxen Theologen von einem verschiedenen kulturgeschichtlichen Hintergrunde her zu verschiedenen Betrachtungsweisen des in sich gleichen Sachverhaltes neigen. Ganz allgemein formuliert, könnte man sagen, daß die Orthodoxie zwar (und nicht bloß in der Sakramentenlehre) bereit war, scholastische Argumente als Waffe gegen die protestantischen Ansichten einzusetzen (wie auch protestantische Argumente zur Abwehr lateinischer Einflüsse übernommen wurden), aber diese westlichen Argumentationsformen wurden bloß rezipiert, niemals jedoch voll assimiliert. Und dies gilt heute noch genau so wie in früheren Zeiten, wie sich beispielsweise aus den Darlegungen von Paul Evdokimov deutlich ablesen läßt (man vgl. hierzu den folgenden Exkurs V).

Exkurs V: Exemplar- oder Wirkursache. Widerstreit zweier Auffassungen

Paul (Pavel) *Evdokimov* (1901–1970), einer der bedeutenden Theologen der russischen Emigration, führt die Divergenz, die in der Auffassung von Gnade und Heil zwischen Orient und Okzident besteht, darauf zurück, daß die östlichen Theologen (im platonischen Sinne) dort eine *Exemplarursache*[554] annehmen, wo die (aristotelisch beeinflußten) westlichen Autoren den Begriff der *Wirkursache* verwenden. Westliche und östliche Gesichtspunkte unterscheiden sich folgendermaßen: "Auf der einen Seite eine Anthropologie mit einem mehr ethischen und moralisierenden Wert, welche auf das übernatürliche Verdienst, die Eroberung der Welt und die selige Schau Gottes ausgerichtet ist; und auf der anderen Seite eine Anthropologie mit *ontologischer* Tendenz, Erleuchtung und Umwandlung des Menschen in ein vergöttlichtes Wesen durch die 'Teilnahme an der göttlichen Natur' (2 P. 1,4). Im Okzident liegt der Akzent auf der Fähigkeit, nach einem göttlichen Modus zu *handeln,* im Orient ist er auf das neue *Geschöpf* und auf seine, einem göttlichen Modus entsprechende *Existenz* gesetzt."[555]
Ausgangspunkt östlicher Anthropologie ist die Erschaffung des Menschen nach Bild und Ähnlichkeit Gottes (Gn 1,27). "Jedes geschaffene Sein erscheint als eine Teilnahme am göttlichen Sein und als ein Gleichnis, um auf die göttliche Idee über den Menschen zu antworten."[556]

553 Man vgl. hierzu die bei Th. Spáčil, op. cit., S. 90–94 (No. 71–73) aufgeführten Autoren und Quellentexte, insbesondere die Materialsammlung in den Anmerkungen.
554 P. Evdokimov nennt diese Exemplarursache in seinem Text "la causalité formelle" (L'Orthodoxie, S. 18).
555 Paul Evdokimov, L'Orthodoxie, S. 18.
556 P. Evdokimov, ibidem: Man spürt in dieser Aussage Anklänge an die platonische Ideen-Lehre und ihre neuplatonische Ausprägung bei den Kirchenvätern (vgl. unsere Ausführungen in I,2 A: Der Einfluß platonischer Kategorien, und I,2 B: Taufe und Eucharistie als zentrale Heilsriten). Die Ideen sind schöpferische Urgedanken Gottes, der selber die "Idee der Ideen", das "Urbild" (prototupos), ist. Bis hinab zu den irdischen Dingen ist alles von diesen Ideen durchwaltet, wobei sich eine kosmische Hierarchie mit unter-

Diese Einheit von Bild und Ähnlichkeit, welche durch die Sünde zerbrach, wurde durch Christus wiederhergestellt. (Nicht die "Satisfaktion", sondern die Wiederherstellung des ursprünglichen Zustandes steht damit im Vordergrund).
"Nach dem Bilde Gottes sein" umschreibt – wie schon die Vätertradition lehrte – ein *objektives* Fundament, das auch durch den Sündenfall nicht zerstört wurde. Aber es wurde durch diesen verdunkelt und unwirksam gemacht, denn das Bild vermag sich nur in der *subjektiven* Ähnlichkeit zu manifestieren. Die Zurückweisung der Ähnlichkeit zerstörte den gleichnishaften Charakter der Ebenbildlichkeit mit Gott, auch wenn die Ebenbildlichkeit als solche bestehen blieb.[557] Erst Christi Heilswirken hat diesem verdunkelten Bild seine Strahlungskraft zurückgegeben.[558]
Durch die heiligende Macht des Geistes, das heißt *durch die Gnade,* wird Christi Heilswirken den Menschen zugänglich. "Die Schöpfung nach dem Bilde Gottes prädestiniert und prädisponiert auf diese Weise die menschliche Natur zur Kommunion mit Gott und öffnet sie für die Innerlichkeit der Gnade. Diese Übereinstimmung ist fundamental, denn sie bewahrt die menschliche Freiheit der Wahl. Die Gnade ist durch die Freiheit postuliert, welche darin ihren Inhalt, das *Was,* findet, und die Gnade setzt die Freiheit voraus, welche ihr *Wie* ist."[559]
"Der Anruf kommt nicht von außen, um zu schlagen und zu zwingen, sondern vom (in Funktion des Bildes theandrischen) Sein des Menschen; er identifiziert sich mit seinem tiefsten Wunsch und wird zur freien Aneignung seiner ursprünglichen und endgültigen Bestimmung."[560]
Die Gnade ist dem Menschen in der Schöpfung mitgegeben, sie ist ihm inhärent. Deshalb tendiert sein ganzes Wesen von seiner Struktur her letztlich auf die Vergöttlichung, die ihre Vollendung in der absoluten Einheit von Bild und Ähnlichkeit findet.
Dieser Grundstruktur entsprechend geht es beim Erlösungswerk nicht nur um eine Rettung des einzelnen Menschen, sondern um die Wiederherstellung der gefallenen Natur als solcher, das heißt um die Erlösung aller. Seit dem Pfingstereignis, dem Beginn der Kirche, "lenkt und inkorporiert der Geist alle Gläubigen in den Leib Christi, den der Sohn am Ende in die Hände des Vaters legen wird."[561] "Christus kehrt in der sakramentalen Ökonomie des Heiligen Geistes wieder, welche seine historische Sichtbarkeit fortsetzt."[562] Dabei treten die "mustēria" der Kirche auch an die Stelle der Wunder zur Zeit von Christi Erdenwirken.
Damit dürfte man wohl im Geist der (von Evdokimov vertretenen) orientalischen Tradition zusammenfassend sagen: Durch die "mustēria" wird – im Sinn einer exemplarursächlichen Vorstellung – die Gottähnlichkeit im Menschen gestärkt, die Gottebenbildlichkeit hervorgehoben und damit Gottes Gegenwart im Menschen aktualisiert. "Der theozentrisch ausgerichtete Orient sieht in den mustēria, bevor er sie als das hervorragendste Heilmittel für unsere Erbärmlichkeiten betrachtet, eine Epiphanie, eine Manifestation Gottes und die Ausgießung vergöttlichender Energien."[563]

schiedlicher Wertordnung ergibt. Der Mensch wird in dieser Ordnung als zwischen dem "Geistigen der Engel" und dem "Materiellen der Natur" befindlich situiert, weil er das Geistige und das Materielle umfaßt (cf. Evdokimov, ibidem, S. 82). Er ist in vornehmlichster Weise "Bild Gottes" (antitupos) – man vgl. hierzu Gregor von Nyssas Lobpreis auf die menschliche Gottebenbildlichkeit in seinen "Auslegungen des Hohenliedes" – in welchem mit zunehmender "Gleichnishaftigkeit" des Menschen, d.h. mit wachsender "Vergöttlichung", Gottes Gegenwart immer transparenter wird.

557 Cf. P. Evdokimo, ibidem, S. 83f.
558 Cf. P. Evdokimov, ibidem, S. 84.
559 P. Evdokimov, ibidem, S. 267.
560 P. Evdokimov, ibidem, S. 268.
561 P. Evdokimov, ibidem, S. 267.
562 P. Evdokimov, ibidem, S. 262.
563 P. Evdokimov, L'Esprit Saint dans la tradition orthodoxe, S. 97.

D. Bedingungen für eine "heilsame Wirkung" der "musteria"

Wie bereits die Diskussion über das "opus operatum" ergab, lehnen die orthodoxen Theologen im allgemeinen die Vorstellung von einer automatischen, magischen Wirkung der "mustēria" entschieden ab. Auch wenn das "mustērion" aus einer eigenen, ihm innewohnenden Kraft unabhängig vom Spender oder Empfänger wirkt, so müssen doch gewisse *Voraussetzungen* gegeben sein, damit diese Wirkung überhaupt eintritt und fruchtbar wird. Das bedeutet, daß es in diesem Zusammenhange zwei unterschiedliche Bedingungen zu beachten gilt:

1. Die Voraussetzungen beim *Spender,* damit das "mustērion" überhaupt als ein solches vollzogen und zum *"wahren"* oder *"wirklichen mustērion"* wird. (Der Osten vermeidet die in der lateinischen Kirche übliche juristische Terminologie, welche bei dieser Gelegenheit von einem *gültigen* Sakrament spricht.)
2. Die Bedingungen für den *Empfänger,* damit das "mustērion" für diesen ein *"heilsames"* (d.h. fruchtbar) werde.

1. Die Voraussetzungen beim Spender

In extrem katholisierender Weise erklärte *Aleksej Mal'cev* (1854–1915): "Die *Wirkung* der Sacramente ist eine unbedingte; sie erfolgt, sobald der dazu befugte Spender (minister Sacramenti) die heiligen Handlungen mit der Intention, das Sacrament zu spenden, unter Anwendung der vorgeschriebenen Form und Materie vollzieht, es tritt dann die dem Sacramente eigenthümliche Wirkung ein mit der unbedingten Sicherheit eines Naturgesetzes, wie die Gestirne ihre Pfade durch den Weltenraum ziehen nach dem Gesetze der Gravitation. Das Sacrament wirkt sogar, wenn der Glaube des Empfangenden nicht vorhanden ist."[564]

Wenn auch nur wenige orthodoxe Autoren sich in einem solchen Ausmaße an katholische Formulierungen hielten, so besteht doch kein Zweifel, daß die allermeisten von ihnen wenigstens zwei unabdingbare Voraussetzungen bezüglich des Spenders der "mustēria" machen, ohne deren Erfüllung es gar nicht zum Vollzug eines "wirklichen mustērion" kommen kann, nämlich
a) einen rechtmäßigen Bischof oder Priester[565] sowie – im Notfall – für die Taufe einen zumindest christlichen Laien[566],

564 A. v. Maltzew, Bitt-, Dank- und Weihe-Gottesdienste der Orthodox-Katholischen Kirche des Morgenlandes, S. XVII.

565 Schon *Jeremias II.* schrieb in seiner ersten Antwort an die Lutheraner, Artikel V, vom Jahr 1576 unmißverständlich: "Es täuschen sich jene, welche sagen, daß die göttlichen und heiligen mustēria durch zufällig gewählte Laien oder durch unkanonisch gesalbte Priester gespendet werden können" (cf. P.N. Trembelas, Dogmatique Bd. III, S. 307, Anm. 1). – Man vgl. hierzu unsere Ausführungen unter III, I A: Die Antworten von Jeremias II. an die Wittenberger Theologen. – Ebenso fordert auch die *"Confessio orthodoxa"* P. I, qu. 100 einen "ordnungsgemäß geweihten Priester oder Bischof" (vgl. unsere Anm. 465). Dieser Auffassung von der Notwendigkeit eines "kanonisch" geweihten Sakramentenspenders wurde – in völliger Einheit mit der katholischen Lehre – auch von den östlichen Theologen nie widersprochen!

566 Vgl. Confessio orthodoxa P. I, qu. 103 und Confessio Dosithei Def. 16.

b) der zudem in einer Absicht handelt, die dem "mustērion" entspricht[567], beziehungsweise der göttlichen und kirchlichen Überlieferung[568] folgt und das tut, was die Kirche macht[569].

M.F. Jastrebov betonte: "Es ist notwendig, daß das mustērion in der Kirche vollzogen wird, in welcher der Hl. Geist mit seinen heilbringenden Gaben gegenwärtig ist, d.h. es ist notwendig, daß es, der apostolischen Überlieferung entsprechend, durch einen geweihten Bischof oder Presbyter über einem Mitglied der Kirche und gemäß der in der Kirche anerkannten liturgischen Ordnung rechtmäßig vollzogen wird, und wenn all dies beim Vollzug des mustērion vorhanden ist, dann erhält der das mustērion Empfangende auf jeden Fall die Gnade des mustērion."[570]

Diese Beschreibung impliziert die östliche Ansicht, daß auch derjenige, welcher das "mustērion" vollzieht, dies nur als Werkzeug Gottes tut. Um es mit P.N. Trempelas auszudrücken: "Selbst der Bischof oder der Priester sind nicht die hauptsächlichen Mystagogen bei der Zelebration der mustēria. Sie sind nur das unerläßliche Instrument, durch welches der Hohepriester, Jesus Christus, mit der Kirche unsichtbar vereint und von seinem mystischen Leib, den er heiligt, untrennbar, die mustēria vollzieht."[571]

Dieser instrumentale Charakter des Zelebranten läßt sich auch aus der epikletischen Struktur der sakramentalen Handlungen ablesen, insofern sich der Zelebrant immer mit einer Anrufung an den Heiligen Geist um Erfüllung des Geschehens wendet. "Er vermeidet es zu sagen: ich taufe, ich salbe, oder ich weihe, usw., denjenigen, der das mustērion empfängt. Er verwendet an seiner Stelle die dritte Person: der Diener Gottes ist getauft, verehelicht, geweiht, indem er die erste Rolle in der Verleihung des mustērion dem Herrn, der es unsichtbar zelebriert, überläßt."[572]

Aus dieser instrumentalen Auffassung priesterlichen Wirkens ergibt sich, daß dieser, *solange er seiner Aufgabe als Werkzeug Gottes gerecht* wird, alle Voraussetzungen für den Vollzug eines "wirklichen" mustērion mit sich bringt. Nicht minder wichtig ist die weitere Folgerung, daß dabei die moralischen Qualitäten des Zelebranten (als Instrument) die Heilsmächtigkeit des "mustērion" nicht beeinflussen.[573]

567 Die Confessio orthodoxa, P. I qu. 100 nennt ausdrücklich die "bestimmte Intention" des Sakramentenspenders als Voraussetzung (vgl. unsere Anm. 465).
568 Cf. I.E. Mesolōras, Sumbolikē . . . Bd. II, Athen 1901, S. 168.
569 N. Malinovskij, Pravoslavnoe dogmatičeskoe bogoslovie Bd. VI, S. 47, übernimmt die katholische Formulierung (vgl. unsere Anm. 259) wörtlich.
570 M.F. Jastrebov, O tainstvach, in TKDA XLVIII, 1907, II,8; S. 503.
571 P.N. Trembelas, op. cit., Bd. III, S. 42.
572 P.N. Trembelas, ibidem.
573 Auch in diesem Punkt findet sich die grundlegende Antwort bereits bei *Jeremias II.* in seiner 1. Antwort, Art. VIII: Die göttliche Gnade wirkt in der Tat auch durch unwürdige Diener und macht die mustēria vollkommen (cf. unsere Anm. 421). Und auch hierüber gab es in der Folgezeit keinerlei Kontroversen unter den orthodoxen Theologen (vgl. Th. Špáčil, op. cit., S. 99, Anm. 3, sowie S. 145 (No. 126), wo unser Autor folgende Bilanz zieht: " . . . doctrinam catholicam, dignitatem moralem ministri non requiri ad sacramenti validitatem confitentur omnes").

Schwierigkeiten ergeben sich allerdings bei der Festlegung, inwieweit in Grenzfällen Geistliche noch als sinnentsprechende Werkzeuge Gottes betrachtet werden können. Wie steht es bei degradierten Bischöfen und Priestern[574], bei Schismatikern und Häretikern? Von einem rein rechtlichen Gesichtspunkt aus, der eine prinzipielle Auslegung *(akribeia)* verlangt, muß die Frage verneint werden, während ein pastoraler Gesichtspunkt, welcher das Seelenheil des Einzelnen in Betracht zieht *(oikonomia),* unter besonderen Umständen Ausnahmen von der strengen Regel zuläßt. Aus der unterschiedlichen Anwendung der Prinzipien *"kat' akribeian"* und *"kat' oikonomian"*[575], die bereits auf dem ersten Ökumenischen Konzil von Nikaia im Jahre 325 in Erscheinung trat[576], ergab sich in der Folgezeit

574 Nach orthodoxer Auffassung ist es möglich, einen Bischof oder Priester in den Laienstand zurückzuversetzen, was in der Praxis gelegentlich auch heute noch geübt wird. Ebenso wird auch ein Priester, wenn er sich nach dem Tode seiner Ehefrau wieder verheiratet, zum Diakon degradiert. (Dies ergibt sich aus der traditionellen Regelung, daß *nach* dem Empfang der Priesterweihe nicht mehr geheiratet werden darf. Hingegen besteht aus orthodoxer Sicht keine Schwierigkeit, verehelichte Diakone zu Priestern zu weihen. – Das griechische Patriarchat von Alexandrien hat allerdings 1975 mit dieser alten Tradition gebrochen.)
Über die Frage, ob der ursprüngliche Weihecharakter bei einer Rückversetzung erhalten bleibt oder nicht, gehen jedoch die Meinungen der orthodoxen Theologen weit auseinander. Bejahend antworten diejenigen, welche der lateinischen Auffassung vom "character indelebilis" folgen oder zumindest eine Wiederholbarkeit der Weihen ausschließen, während die übrigen ein Erlöschen des Weihecharakters annehmen (cf. Th. Spáčil, op. cit., S. 123). So erklärte beispielsweise ein Erlaß des "Dirigierenden Synods" der russischen Kirche von 1868, daß die Absetzung oder der Austritt aus dem geistlichen Stand den Verlust der Weihevollmacht nach sich ziehe. Aber dieser Erlaß wurde von einer Reihe russischer Theologen entschieden abgelehnt (vgl. F. Heiler, Urkirche und Ostkirche, S. 277).

575 Auf der Lambeth-Konferenz von 1930, die zwischen Orthodoxen und Anglikanern über die Gültigkeit der anglikanischen Weihen stattfand, erklärte *Patriarch Meletios* (Metaxakis) von Alexandrien die beiden Grundsätze: "Es gibt zwei Prinzipien in der orthodoxen Kirche", sagte er, "die strikte Regel und die Ökonomie, *'o akribēs Kanōn kai 'ē Oikonomia.* Das erste ist eine strikte Anwendung des Kirchenrechts; das zweite ist eine Abweichung von der strikten Regel in einem bestimmten Fall, eine Abweichung, die stets dem allgemeinen Geist der Kirche untergeordnet ist." Und er fügte bei: "Tatsächlich gab es immer die Ausnahme vom Buchstaben, damit der Geist besser bewahrt werden konnte." (Cf. J. Kotsonis, Problèmes de l'économie ecclésiastique, S. 16f.) – Es gilt in diesem Zusammenhang jedoch sehr wohl zu beachten, daß die Anwendung der "oikonomia" durchaus nicht immer eine Milderung bestehender Gesetze bedeuten muß. Sie kann ebensogut das Gegenteil bedeuten. Darauf verweist z.B. Alibizatos in "'Ē Oikonomia kata to Dikaion tēs Orthodoxou Ekklēsias", S. 38: "Es ist charakteristisch, daß . . . die Ökonomie verwendet wird, um eine Abweichung von der apostolischen Ordnung zu rechtfertigen, selbst wenn diese Abweichung die Disziplin strenger fixiert als die apostolische Ordnung."

576 *Can. 8* des ersten Konzils von Nikaia verlangte keine Wiederholung der Taufe bei den Novatianern und anerkannte auch deren Weihen, während *Can. 19* dies für die Anhänger Pauls von Samosata ausdrücklich ablehnte und eine Reiteration der "mustēria" forderte (cf. D 55/56): Vgl. Ch. de Clercq, Ministre et sujet des sacrements dans les anciens canons et aujourd'hui, in Kanon – Jahrbuch der Gesellschaft für das Recht der Ostkirchen Bd. I, S. 54ff.

ein Schwanken in Theorie und Praxis dieser Frage, welche in den orientalischen Kirchen bis zum heutigen Tage anhält.[577]
Grundsätzlich gilt *nach dem Gesetz der "akribeia"*, daß ein "mustērion", "welches außerhalb der orthodoxen Kirche zelebriert wird, selbst wenn dies nach dem Ritual geschieht, selbst wenn sein Spender vor seinem Abgleiten in das Schisma oder die Häresie die Weihe kanonisch und ohne Unterbrechung der apostolischen Sukzession erhalten hat, vom orthodoxen Gesichtspunkt aus unter keinen Umständen als gültig qualifiziert werden kann"[578]. Und der *Archimandrit Demetrios Georgiadēs* unterstreicht: "Tatsächlich hat die orientalische Kirche niemals gelehrt, daß die Häretiker den Heiligen Geist, heilsame mustēria und eine Läuterung besitzen."[579] Daraus folgt mit zwingender Logik, daß die außerhalb der wahren Kirche vollzogenen "mustēria" – kat' akribeian – wiederholt werden müssen.[580]
Nichtsdestoweniger weicht die Kirche als Spenderin der Gnaden in bestimmten Einzelfällen vorübergehend von der strengen Regel ab, um aus pastoralen Gründen, zum Heil der Seelen, *kat' oikonomian* zu handeln. In einem solchen Falle wird von einer Reiteration der "mustēria" abgesehen. "Das heißt, daß die Ökonomie ein vorübergehender Verstoß gegen die Akribie bleibt. Sie wird bei schwerwiegenden und außergewöhnlichen Gründen gewährt, aber sie schafft keine neue Bedingung, die sich als ein ständiges Recht aufdrängte."[581] "Folglich kann man nicht sagen, 'daß die Ökonomie grundsätzlich und *a priori* allen Mitgliedern einer Kirche gewährt werden könne oder daß die eine und heilige Kirche die mustēria einer ganzen christlichen Gemeinschaft außerhalb von ihr als gültig anerkennen könnte'."[582]
Demetrios Georgiadēs sucht auch den Vorwurf zu entkräften, daß die Kirche teils kat' akribeian die "mustēria" der Schismatiker und Häretiker für ungültig erkläre, teils kat' oikonomian für gültig halte, was allerdings ein Widerspruch wäre. "In Wirklichkeit akzeptiert sie, selbst wenn sie die Taufe gewisser anerkennt, diese nicht als wirklich und wirksam. Diese Taufe bleibt schlechthin ungültig, selbst wenn sie möglicherweise kanonisch und rituell korrekt ist. Die einzige Ausnahme

577 Vgl. Th. Spáčil, op. cit., S. 117–119 (no 96–98); ebenso F. Heiler op. cit., S. 277, der schreibt: "Hinsichtlich der Gültigkeit der von *Häretikern* und *Schismatikern* erteilten Ordination besteht in der Ostkirche seit alter Zeit dasselbe Schwanken wie hinsichtlich der Gültigkeit der Ketzertaufe . . . , zumal da die trullanische Synode widersprechende Kanones bekräftigte. Von 1700–1850 pflegte die griechische Kirche alle lateinischen Bischöfe und Priester zu reordinieren. Noch zu Anfang des 20. Jahrhunderts forderte der griechische Dogmatiker Mesolōras die Reordination römischer Kleriker, weil sie Häretiker seien (Sumbolikē Bd. IV, S. 335f.). Die anglikanischen und altkatholischen Weihen wurden früher meist als ungültig betrachtet, werden heute jedoch großenteils anerkannt." Das Auftreten einer "Erneuererkirche" (obnovlency) in der Sowjetunion nach 1920 führte auch im Moskauer Patriarchat einige Jahrzehnte lang zu einer Verwerfung der Schismatikerweihen.
578 P.N. Trembelas, Dogmatique Bd. III, S. 53.
579 D. Georgiadēs, Die Taufe der Heterodoxen, in Nea Sion XIX, 1924, S. 168.
580 Cf. P.N. Trembelas, ibidem, S. 41.
581 J. Kotsonis, Problèmes de l'économie ecclésiastique, S. 13.
582 J. Kotsonis, op. cit., S. 14; cf. D. Balanos, To Kuros tōn Agglikanikōn Heirotoniōn, S. 81.

besteht darin, daß die Kirche die Taufe nicht wiederholt und diese – die zuvor einem leeren Schlauch glich – mit ihrer eigenen Substanz füllt."[583] Doch dieser Akt der Vergebung seitens der Kirche hat auch Grenzen. Diese liegen dort, wo der Häretiker seinen Irrtümern nicht abschwört. In einem solchen Fall kann selbstverständlich nur die Akribie zur Anwendung kommen.
Nach den strengen lateinischen Rechtsvorstellungen erscheint die orthodoxe Anwendung ihrer beiden Prinzipien zu wenig stringent. Die katholische Kirche verlangt ein äußerlich sichtbares Unterscheidungsmerkmal, gemäß dem sich die Gültigkeit aller Sakramente entscheiden läßt, und dieses Merkmal ist die Gültigkeit der Weihe beim Spender. Diese hängt wiederum von der Gültigkeit der Weihe beim ordinierenden Bischof ab, das heißt: von der apostolischen Sukzession. Ist diese gewährleistet, sind auch die Sakramente gültig, selbst wenn es sich um einen von der Kirche getrennten Spender handelt.[584] Damit fällt es der katholischen Kirche wesentlich leichter, die Gültigkeit der orthodoxen "mustēria" anzuerkennen, als dies bei den Orthodoxen bezüglich der katholischen Sakramente der Fall ist.[585] Jene orthodoxen Theologen, für die ein von Schismatikern oder Häretikern vollzogenes "mustērion" gar nicht die Qualität eines "*wirklichen* mustērion" besitzt, können auch die katholischen Sakramente unmöglich als gültig anerkennen.[586] Daraus folgt, daß demnach innerhalb der Orthodoxie im Prinzip die Voraussetzungen für den rechtmäßigen (menschlichen) Spender von "wirklichen" und "heilsamen mustēria" enger gefaßt sind als in der katholischen Kirche, selbst wenn es nicht an östlichen Theologen mangelt, die sich die katholische Auffassung zu eigen gemacht haben.

2. Die Bedingungen für den Empfänger

Die scholastische Unterscheidung zwischen Vollzug und Empfang der Sakramente ist auch den östlichen Theologen geläufig und findet sich deutlich in der "Confessio Dosithei" dargelegt[587]. Wenn wir uns nun den Bedingungen für einen *frucht-*

583 D. Georgiadēs, Die Taufe der Heterodoxen, in Nea Sion XIX, 1924, S. 169f. (cf. J. Kotsonis, op. cit., S. 12).

584 Vgl. Ch. de Clercq, Ministre et sujet des sacrements dans les anciens canons et aujourd'hui, in Kanon – Jahrbuch der Gesellschaft für das Recht der Ostkirchen Bd. I, S. 57.

585 "Unter denjenigen orthodoxen Kirchen, die bis zum heutigen Tage bezüglich der Gültigkeit der Sakramente in der Römisch-Katholischen Kirche schwere Bedenken und Vorbehalte anmelden, stechen zweifellos die Orthodoxe Kirche Griechenlands und das Serbische Patriarchat besonders hervor, während Konstantinopel und insbesondere die Russisch-Orthodoxe Kirche im allgemeinen eher zur Annahme der Gültigkeit neigen. (Diese recht generell gehaltenen Aussagen schließen durchaus nicht aus, daß sich in den genannten orthodoxen Kirchen Theologen finden, die entgegengesetzte Auffassungen vertreten.)" (R. Hotz, Russen, Griechen und Katholiken, in Orientierung No. 6/7, 1970, S. 68.)

586 Vgl. Th. Spáčil, op. cit., S. 119–123 (No. 99–101).

587 Vgl. Confessio Dosithei Def. 15 (Michalcescu, Die Bekenntnisse, S. 169) und Def. 17 (Michalcescu, ibidem, S. 173).

baren Empfang der "mustēria" durch den Gläubigen zuwenden, so geht es primär um die Frage, wie ein "wirkliches mustērion" (das vom Spender rechtens vollzogen wurde) beim Empfänger ein *heilsames Resultat* haben kann. Die Erklärung von P.N. Trempelas lautet: "Indem sie (die mustēria, A.d.V.) ihre übernatürliche Eigenschaft aus dem göttlichen Erlöser, dem Gründer der Kirche, schöpfen, enthalten sie die Gnade, welche jedes von ihnen bezeichnet oder symbolisiert, und sie geben diese an jene weiter, welche keine Opposition und kein Hindernis dagegenstellen."[588]

Wir begegnen in dieser Antwort wieder der altbekannten scholastischen Lehre vom "obex"[589]. Der Empfänger darf, wenn die Gnadengabe des "mustērion" bei ihm "wirksam", d.h. "heilsmächtig" werden soll, dieser keinen "Riegel" vorschieben. Allerdings wurde diese Vorstellung von den wenigsten orthodoxen Theologen verwendet, auch wenn sie sie nicht zurückwiesen. Der Grund hierfür dürfte in einer andersgearteten Betrachtungsweise liegen, welche die "Verwendung", den "Gebrauch" des "mustērion" ins Zentrum rückt. Diese Verwendung der "mustēria" kann, je nach der positiven oder negativen Disposition des Empfängers, eine heilsame oder eine unheilvolle Wirkung haben.

Dieser Doppeleffekt ist in der Natur der "mustēria" selbst begründet. "Ganz allgemein ließe sich für alle mustēria sagen, daß die Aktion der Gnade in diesen eine rein schöpferische ist und daß sie den Menschen zu einer neuen Schöpfung macht."[590] Die Folgerung aus dieser Auffassung liegt auf der Hand: Wer die "mustēria" ihrem Sinne entsprechend würdig empfängt, der ist in eine Heilssituation hineingestellt. Wer dies nicht tut, verhindert damit die Neuschöpfung, er verbleibt willentlich in der Unheilssituation des Sündenfalles, und damit wird ihm der Sakramentenempfang statt zur Erlösung zum Gericht.[591] Genau besehen kommt unter diesem Gesichtspunkt wieder die neuplatonisch ausgerichtete orthodoxe Anthropologie mit ihrer Betonung der Gottebenbildlichkeit zum Vorschein.[592]

Worin nun allerdings die vom Empfänger geforderte "positive Disposition" im einzelnen besteht, ist aus den Äußerungen der orthodoxen Theologen nur schwer zu ergründen. Ganz allgemein wird eine Vorbereitung auf den Empfang der "mustēria" sowie die Würdigkeit des Empfängers gefordert. Außerdem wird auch (zumindest für die Erwachsenen) in Anlehnung an die Antwort von Patriarch Jere-

588 P.N. Trembelas, Dogmatique Bd. III, S. 29f.

589 Vgl. unsere Ausführungen unter II,2: Die Entfaltung einer Sakramentenlehre in der Frühscholastik sowie insbesondere Anm. 256/257.

590 P.N. Trembelas, op. cit., Bd. III, S. 37.

591 Für diese Argumentation wird meist auf 1 Kor 11,27ff. verwiesen: "Wer daher unwürdig das Brot ißt oder den Kelch des Herrn trinkt, der wird am Leib und am Blut des Herrn schuldig werden. Deshalb prüfe sich ein Mensch, und so esse er von dem Brot und trinke aus dem Kelch. Denn wer ißt und trinkt, ißt und trinkt sich selbst ein Gericht, wenn er den Leib (des Herrn) nicht (von gewöhnlicher Speise) unterscheidet."

592 Vgl. u.a. Exkurs V. Am Rand sei bemerkt, daß in dieser Auffassung von der durch die "mustēria" gegebenen Neuschöpfung zu Bild und *Gleichnis* Gottes gleichzeitig die Notwendigkeit der "mustēria" höchst plastisch hervortritt. Wir möchten in diesem Zusammenhang nochmals auf ein diesbezügliches Zitat aus der "Confessia orthodoxa" P. I., qu. 101 (cf. unsere Anm. 466) hinweisen.

mias II. an die Lutheraner der Glaube als Bedingung genannt. Auch die Reue über die begangenen Sünden erscheint gelegentlich in diesem Katalog der Bedingungen.[593]
Aufs ganze gesehen gehört dieser Problemkreis sicherlich nicht zu denjenigen, welche die orthodoxen Theologen vorrangig beschäftigt hätten. Die Ursache hierfür dürfte einmal mehr in der Tatsache zu suchen sein, daß der Osten eben doch weit weniger als der Westen in juristischen Kategorien dachte und damit auch in weit geringerem Maße das Bedürfnis zur Aufstellung rechtlich klar faßbarer Grundsätze verspürte. Dies offenbart auch die orthodoxe Einstellung zur Lehre über das durch gewisse "mustēria" eingeprägte, unauslöschbare Merkmal (vgl. Exkurs VI).

Exkurs VI: Die Lehre vom "character indelebilis" aus östlicher Sicht

Zu den Wirkungen gewisser Sakramente gehört nach westlicher wie östlicher Glaubensüberzeugung auch, daß sie dem Sakramentenempfänger ein – nach westlicher Auffassung "unauslöschliches Merkmal" *(character indelebilis)*[594] oder – nach östlicher Meinung – "Siegel" *(sfragis)*[595] einprägen. Die bereits bei Augustinus und Optatus von Mileve grundgelegte lateinische Lehre von dem durch Taufe, Firmung und Weihe vermittelten "unauslöschlichen Merkmal" erhielt auf den Konzilien von Florenz[596] und Trient[597] ihre dogmatische Formulierung.
Der Sinn der Lehre vom "character indelebilis" bestand von Anfang an darin, die *Unwiederholbarkeit* der erwähnten drei Sakramente zu erklären. Diese drei Sakramente bedeuten nach Ansicht der westlichen Theologen in besonderer Weise eine Übereignung an Christus durch die Teilnahme an seinem Priestertum, indem sie ein besonderes Zeichen der Gottähnlichkeit und der dauernden Weihe verleihen. Dadurch wird derjenige, der dieses Merkmal empfängt "in bleibender Verpflichtung auf sichtbar rechtlichem Weg in die Kultgemeinschaft der Kirche aufgenommen"[598]. Über die Beschaffenheit dieses "Merkmals" herrscht allerdings auch unter den lateinischen Theologen keine Einigkeit.
Im orthodoxen Raum stellt man hinsichtlich der Lehre vom "character indelebilis" ein seltsames Schwanken fest. Während die griechischen Kirchenväter des 4. Jahrhunderts die Existenz eines *"geistlichen Siegels"* (sfragis) in Taufe, Firmung und Weihe annahmen, geriet dieser Begriff in der Folgezeit weitgehend außer Gebrauch und erhielt erst eine theologische Relevanz, als die westliche Lehre vom "character indelebilis" in den Osten eindrang. Aber selbst da war die Resonanz gering, wahrscheinlich, weil die damals schon übliche Praxis einer in bestimmten Fällen vollzogenen Wiederholung der genannten drei "mustēria" mit der Annahme eines "unauslöschbaren" Merkmals schwer zu vereinen war.
Erzbischof Hieronymos schreibt: "Die Stellungnahme der orthodoxen Theologie zu diesem Punkt ist weit davon entfernt, einheitlich zu sein. Der Begriff *character indelebilis* hat bei den griechischen Vätern kein Äquivalent. In den Glaubensbekenntnissen findet man ihn nur bei Dositheos von Jerusalem, dessen Beispiel andere Theologen mitriß.[599] Die drei anderen Bekenntnisse kennen ihn nicht. Die neueren Theologen neigen eher zur Verneinung."[600]

593 Vgl. hierzu Th. Spáčil, op. cit., S. 100f. (No. 80).
594 Vgl. unsere Ausführungen unter II,2: Die Entfaltung einer Sakramentenlehre in der Frühscholastik.
595 Vgl. auch unsere Anm. 262.
596 Cf. unsere Anm. 372.
597 Cf. unsere Anm. 371.
598 LThK, Bd. II, S. 1023.
599 Der Autor verweist in seiner Anmerkung unter anderem auf N. Boulgarēs, E. Boulgarēs, Jos. Bryennios, Bernardakēs, Pidalion und Mesolōras, die alle – wie die Confessio Dosithei (Def. 16) – einen "character indelebilis" annehmen.
600 J. Kotsonis, Problèmes de l'économie ecclésiastique, S. 4.

Diese Aussage verlangt allerdings nach einer Präzisierung, ganz abgesehen davon, daß der Begriff "sfragis" bei einer Reihe von östlichen Kirchenvätern doch wohl als ein Äquivalent zum "character indelebilis" verstanden werden kann.[601] Die *Urfassung der "Confessio orthodoxa"* von Petrus Mogila enthielt nämlich – wie auch sein "Trebnik" von 1646 – durchaus den Begriff des "character indelebilis" bei Taufe, Firmung und Weihe. Und er schloß in seinem Rituale auch eine neuerliche Firmung der rückkehrwilligen Apostaten, wie sie schon lange in den orthodoxen Kirchen praktiziert wurde, aus.[602] Bezeichnenderweise jedoch strich *Meletios Syrigos* in seiner zu offizieller Anerkennung gelangten, griechischen Fassung der "Confessio orthodoxa" *(Orthodoxos 'omologia)* den Begriff "character indelebilis" und schob in der 105. Frage den folgenden Satz ein: "Dieses mustērion (der Myronsalbung, A.d.V.) wird nicht zweimal gespendet außer bei denjenigen, welche von der Verneinung des Namens Christi zurückkehren wollen."[603] Durch die Anpassung der Lehre an die bestehende Praxis hatte Meletios das Problem vorerst bewältigt, wenn auch unter Verfälschung von Mogilas Position.
Um so erstaunlicher, ja unbegreiflicher ist es, daß *Patriarch Dositheos II.* (Notaras) von Jerusalem die katholische Lehre in seine "Confessio" wörtlich übernahm. Zwar schreibt er den "character indelebilis" und die damit verbundene Nichtwiederholbarkeit nur der Taufe und der Ordination ausdrücklich zu, während er sich über die Myronsalbung ausschweigt und damit das bestehende Problem umgeht. Immerhin ergibt sich aus seinem Text, daß er für rückkehrwillige Apostaten nicht eine neuerliche Myronsalbung, sondern das Bußsakrament als Zeichen der Wiedereingliederung fordert:

> "Taufe wie Ordination verleihen ein unauslöschliches Merkmal. Deshalb ist es unmöglich, daß ein Mann die Ordination zweimal empfängt, ebenso wie es unmöglich ist, einen bereits Getauften nochmals zu taufen, selbst wenn er oft in Sünde gefallen ist und seinen Glauben verleugnet hat. Wenn er zu Gott zurückkehren möchte, so erhält er durch das mustērion der Buße die Gotteskindschaft wieder, die er verloren hatte."[604]

Doch auch in dieser gemäßigten Form stand die Lehre vom "character indelebilis" in Widerspruch zur alten und weithin angenommenen östlichen Auffassung von einer *prinzipiellen* (kat' akribeian) Ungültigkeit der "mustēria" bei Schismatikern und Häretikern und der daraus abgeleiteten Praxis ihrer Wiederholung, auch wenn man im Einzelfalle oft (kat' oikonomian) darauf verzichtete. Hierbei offenbarte sich, daß die überlieferten kirchlichen Praktiken gegenüber den übernommenen scholastischen Lehren die Oberhand behielten, wenn sie mit diesen nicht harmonierten.

601 Erzbischof Hieronymos (Kotsonis), ibidem, S. 6, verweist selber auf die von P.N. Trempelas zitierten griechischen Kirchenväter, welche zwar den Ausdruck "character indelebilis" nicht kennen, dafür aber den Begriff "sfragis" gebrauchen und bei der Taufe von einem "heiligen und unzerstörbaren Siegel" sprechen. Bei der Spendung der Myronsalbung (= Firmung) spricht der Zelebrant ausdrücklich vom "sfragis", indem er sagt: "Siegel der Gabe des Hl. Geistes!" Und diese Formel geht wahrscheinlich auf Cyrill von Jerusalem zurück. Auch bei der Priesterweihe findet sich der Begriff "sfragis", ja, die eigentliche Weihe wird sogar ausdrücklich als das "große Siegel" bezeichnet. (Vgl. P.N. Trembelas, Dogmatique Bd. III, S. 33–38 und S. 329, Anm. 2).

602 Cf. M. Jugie, Theologia dogmatica Bd. III, S. 49.

603 Confessio orthodoxa P. I, q. 105: "Touto to mustērion den didotai deuteron para eis ekeinous, 'opou thelousin epistrepsein apo tēn arnēsin tou onomatos tou Hristou" (Michalcescu, Die Bekenntnisse, S. 71).

604 Confessio Dosithei Def. 16: "Entithēsi de to baptisma kai haraktēra anexaleipton, 'ōsper kai 'ē 'ierōsunē. Kathōs gar adunaton, ton auton dis 'ierōsunēs tuhein tēs autēs, 'outōs adunaton anabaptisthēnai ton 'aper orthōs baptisthenta, kan kai muriais sumbebēken auton 'upopesein 'amartiais, ē kai autēj exomomōsei tēs pisteōs" (J. Michalcescu, op. cit., S. 171).

So entschied sich beispielsweise *Metropolit Filaret* (Drozdov)[605] eindeutig für die überlieferte Praxis, als er aus den vom "Dirigierenden Synod" der russischen Kirche veranlaßten Ausgaben der "Confessio Dosithei" (russ. 1838, griech. 1840) den Hinweis auf das, mit dem Priestertum verliehene, unauslöschliche Merkmal streichen ließ.[606]
Auch in neuerer Zeit stellt man ein Schwanken orthodoxer Theologen bezüglich der Lehre über den "character indelebilis" fest, der im Grunde genommen stets auf den Zwiespalt zwischen dieser Lehre und der Praxis, welche (wenn auch nach orthodoxen Kirchen verschieden) eine Wiederholung von Taufe, Myronsalbung und Weihen bei Schismatikern und Häretikern vorsah[607], zurückgeführt werden kann. Ein typisches Beispiel hierfür bietet *Hr. Androutsos.* In seinem Handbuch der Symbolik von 1901 hatte er ein durch die drei "mustēria" verliehenes "unauslöschliches Merkmal" angenommen[608], während er in seiner Dogmatik von 1907 dieser Auffassung nur noch den Wert einer theologischen Lehrmeinung zuerkannte. Das Wesen des der Seele eingeprägten Merkmals sei unbegreiflich, insbesondere dessen Weiterbestehen beim Apostaten und bei denjenigen, die die Gnade völlig verloren hätten. Die Nichtwiederholbarkeit der drei "mustēria" lasse sich aus ihrem Wesen und Ziel heraus erklären, ohne daß man deshalb auf die Lehre vom "character indelebilis" zurückgreifen müsse. Wie man nämlich körperlich nur einmal geboren werde, so treffe dies auch auf die (durch Taufe und Myronsalbung

605 Filaret Drozdov, dessen theologische Lehrmeinungen bis in die neueste Zeit hinein großes Ansehen genossen, zeigte sich in seiner Jugend von Feofan Prokopovič beeinflußt. Vielleicht wirkte auch dies in seiner negativen Einstellung zur Lehre vom "character indelebilis" nach.

606 Indirekt wurde mit der Streichung des Satzes "'ōsper kai 'ē 'ierōsunē" (vgl. Anm. 604) bereits die Entscheidung des "regierenden Synods" von 1868 über den Verlust der Weihevollmacht bei abgesetzten oder laisierten Geistlichen vorbereitet (cf. unsere Anm. 574).

607 Seit dem Großen Schisma von 1054 sah die Praxis der orthodoxen Kirche bei der Wiederaufnahme eines Schismatikers oder Häretikers in großen Zügen folgendermaßen aus: Normalerweise wurden *im Patriarchat von Konstantinopel vom 12. Jahrhundert an bis 1484* denjenigen, die zur Orthodoxie übertraten, eine Schmähschrift gegen ihre bisherigen Irrtümer abverlangt, und dann wurden sie *erneut gefirmt.* – Unter dem Patriarchen Symeon I. wurde *in Konstantinopel* ein Lokalkonzil abgehalten, das die Union von Florenz offiziell aufkündigte und gleichzeitig neue Bestimmungen für die Aufnahme Heterodoxer erließ. Anstelle der Schmähschrift trat nun die Ablegung des Glaubensbekenntnisses, während die *erneute Firmung* weiterhin beibehalten wurde. Diese Regelung blieb *bis 1756* in Kraft. – *Im Jahr 1756* beschloß Patriarch Kyrillos V. von Konstantinopel zusammen mit seinen Amtsbrüdern aus Jerusalem und Alexandrien, daß *künftig Katholiken und Armenier* bei der Aufnahme in die orthodoxe Kirche *erneut zu taufen* seien (während bis zu diesem Zeitpunkt die Taufe als gültig anerkannt worden war). – *Die russische Kirche* kannte demgegenüber eine veränderte Praxis. Vom 12. Jahrhundert bis zum Konzil von Florenz wurden übertretende Katholiken erneut gefirmt. Dann aber, bis zum Moskauer Landeskonzil von 1667, wiedergetauft, während die Wiedertaufe von Lutheranern und Calvinisten bis 1718 fortdauerte. Bei den übrigen wurde hingegen bis 1757 Taufe und Firmung anerkannt und nur diejenigen gefirmt, welche dieses Sakrament noch nicht erhalten hatten. *Seit 1757* ist es in der russischen Kirche allgemein üblich, den Übertritt von Christen anderer Konfession *durch die Firmung* zu markieren. – Die *Orthodoxe Kirche Griechenlands* änderte ihre Praxis, die bis dahin mit derjenigen von Konstantinopel übereinstimmte, im Jahr 1903, als der Hl. Synod es freistellte, Übertrittswillige ohne erneute Taufe, allein durch Wiederholung der Firmung, aufzunehmen. *Seit 1932* wird offiziell nur die *Erneuerung der Firmung* verlangt. Die genannten Regelungen wurden allerdings nie starr gehandhabt. Zu allen Zeiten und an allen Orten gab es immer wieder Ausnahmen, bei denen "kat' oikonomian" von den festgelegten Prinzipien abgewichen wurde! – (Vgl. hierzu M. Jugie, Theologia dogmatica Bd. III, S. 108ff.; P.N. Trembelas, Dogmatique Bd. III, S. 62, Anm.; J. Kotsonis, Problèmes de l'ēconomie ecclēsiastique, S. 168f.).

608 H. Androutsos, Dokimion Sumbolikēs ex apopseōs Orthodoxou, S. 262, 279, 282, 329.

verliehene) geistige Geburt zu. Ebenso müsse auch die Einführung in den heiligen Dienst nicht wiederholt werden. Aber Androutsos schwächte auch diese Aussage noch ab, indem er anfügte, es sei natürlicher, anzunehmen, daß – wie der natürliche Zerfall den heiligen Charakter auslösche – der Verlust der Gnade auch den Verlust jener Würde mit sich bringe, zu der man durch diese erhoben worden sei.[609]

Seltsam, de facto sieht man sich in dieser Frage vor ein ungelöstes Problem gestellt, das schon vor über 1700 Jahren Karthagos Bischof *Cyprian* (gest. 258) und Papst *Stephan I.* (gest. 257) entzweite und noch zur Zeit des hl. *Augustinus* (354–430) die nordafrikanische Kirche unheilvoll spalten sollte: die Frage nach der Gültigkeit der Ketzertaufe. *Cyprian* von Karthago, der in dieser Frage von *Tertullian* (gest. nach 220) beeinflußt war, ging hierbei vom Prinzip aus, daß es außerhalb der Kirche kein Heil geben könne. Deshalb können auch die Sakramente der Schismatiker und Häretiker keine Gültigkeit haben. Indem sie sich von der Kirche trennten, wurden sie von der einzigen Quelle der Gnade abgeschnitten. "Wer aber kann geben, was er nicht besitzt, oder wie kann derjenige Geistiges hervorbringen, der selber den Hl. Geist verloren hat?"[610]

In Rom hingegen war man eher geneigt, die Gültigkeit der Ketzertaufe grundsätzlich zu bejahen. Und bei den Novatianern war man zudem bereit, auch deren Ordinationen im Falle eines Übertritts gelten zu lassen. Nachdem Papst Stephan I. versuchte, die römische Praxis auch den Nordafrikanern aufzudrängen, kam es zum Streit mit Cyprian. Dieser versammelte am *1. September 256* siebenundachtzig Bischöfe zu einem *Lokalkonzil in Karthago,* die sich einstimmig hinter Cyprians Auffassung stellten und entsprechende Kanones verabschiedeten.[611]

Kanon 1 bestimmte: "Niemand kann außerhalb der katholischen Kirche getauft werden, weil es nur eine Taufe, die in der alleinigen katholischen Kirche existiert, gibt." Wer außerhalb der Kirche steht, kann nicht getauft sein. Zudem können Häretiker das Myron (= Firmöl) nicht weihen, haben dementsprechend auch keine gültige Myronsalbung. Ebenso werden ihre Ordinationen für ungültig gehalten, weil sie ein Sakrileg bedeuteten.[612]

Augustinus hingegen, der sich im 5. Jahrhundert als Bischof von Hippo mit den Auffassungen der Donatisten konfrontiert sah, welche sich in ihrem Rigorismus durch Cyprian und das Konzil von Karthago bestätigt glaubten, vertrat demgegenüber den römischen Standpunkt, wie er sich seit der ersten Synode von Arles im Jahr 314 allgemein durchgesetzt hatte. Um die Argumentation der Donatisten zu erschüttern, versuchte Augustinus, die von Cyprian inspirierten Kanones des Konzils von Karthago Punkt um Punkt zu widerlegen.[613]

609 H. Androutsos, Dogmatikē tēs Orthodoxou Anatolikēs Ekklēsias, S. 314f. (cf. J. Kotsonis, op. cit., S. 4).

610 Cyprian, epist. 70,2; (M PL 3, 1079): "Quis autem potest dare quod ipse non habeat, aut quomodo potest spiritualia gerere, qui ipse amiserit Spiritum Sanctum?"

611 Vgl. H. von Campenhausen, Lateinische Kirchenväter, S. 49–53 sowie C.J. von Hefele, Conciliengeschichte Bd. I, S. 117–133.

612 Cf. J. Kotsonis, op. cit., S. 177f.

613 Augustinus warf Cyprian vor, er habe Gebrauch und Wirkung der Sakramente nicht unterschieden (de baptismo, IV, § 1) und unterstrich die Gültigkeit der Sakramente unabhängig von Glaube und Heiligkeit des Spenders, weil die Sakramente Gott gehören. Auch die außerhalb der Kirche gespendeten Sakramente sind zwar gültig, wenn auch unerlaubt und deshalb fruchtlos (de bapt. VI, § 7). Ebenso verleihen Taufe und Weihe bei Beobachtung des Ritus den "character indelebilis" und werden bei einer Rückkehr zur wahren Kirche wiederbelebt, müssen deshalb auch nicht wiederholt werden (de bapt. I, § 2; contra epist. Parm. II, § 28).
P.N. Trembelas, Dogmatique Bd. III, S. 59, wirft diesen Theorien von Augustinus vor, sie übertrieben den äußeren Ritus auf Kosten des wahren und lebendigmachenden Glaubens und trügen die Gefahr in sich, der Zelebration des Sakraments eine Art magischer Energie zuzuschreiben.
H. Antroutsos, Dogmatikē, S. 304, geht noch weiter und sieht dadurch "das Dogma von der einzig wahren Kirche theoretisch und praktisch erschüttert".

Während sich die Vorstellung eines Augustinus auf die Länge im lateinischen Westen durchzusetzen vermochte, neigte der griechische Osten eher den Anschauungen Cyprians und seiner Synode zu. In der Sammlung der sog. *85 "Apostolischen Kanones"*, die ob ihres Namens im Osten großes Ansehen genossen, auch wenn sie "wahrscheinlich erst zu Beginn des 5. Jahrhunderts unter Benutzung der Kanones älterer Konzilien, vor allem des Antiochenischen von 341, zusammengestellt"[614] worden waren, bedroht *Can. 46* diejenigen Kleriker mit der Absetzung, welche die Taufe und die Eucharistie der Häretiker anerkennen, dieweil *Can. 47* dasselbe jenen Bischöfen androht, die sich nicht zur Wiedertaufe der Häretiker bereitfinden. Eine gleiche Strafe riskieren nach *Can. 55* auch Geistliche, welche einen Häretiker als Kleriker wirken lassen oder die, in der Formulierung von *Can. 47*, die "wahren nicht von den falschen Priestern unterscheiden". Zwar winkt nach *Can. 68* auch bei einer Wiederholung der Weihen dem Weihenden wie dem Geweihten die Absetzung, allerdings mit dem Zusatz, "vorausgesetzt, daß nicht bewiesen ist, daß er die Ordination durch Häretiker empfangen hat, denn es ist nicht möglich, daß diejenigen, welche von solchen getauft oder geweiht wurden, Kleriker oder Gläubige sind". (Ist die Weihe nämlich niemals gültig gewesen, dann kann es sich auch nicht um eine Reordination handeln.)[615]

Von besonderer Bedeutung für die östliche Praxis einer Reiteration von Taufe, Firmung und Weihen bei Schismatikern und Häretikern wurde jedoch die *konstantinopolitanische Synode von 692* (auch "Conciliabulum in Trullo", "Trullanum" oder "Quinisextum" genannt)[616], welche die eigentliche Grundlage des byzantinischen Kirchenrechts bildet. Ihr *95. Kanon* macht beispielsweise, wie Can. 8 von Nikaia I, einen genauen Unterschied zwischen Häretikern, deren Taufe als gültig zu betrachten sei, und solchen, deren Taufe wiederholt werden müsse.

Noch entscheidender jedoch ist, daß das "Trullanum" in seinen 102 Kanones eine Zusammenfassung der bis dato vorhandenen kirchenrechtlichen Beschlüsse ökumenischer wie auch lokaler Konzilien lieferte und dabei u.a. auch die Kanones der cyprianischen Synode von Karthago bestätigte. Kein Wunder also, daß Cyprians Ansichten über die Ketzertaufe und über die Reiteration von Firmung und Weihen bei Schismatikern und Häretikern in der Orthodoxie weiterwirkten und auch in neuester Zeit noch, so zum Beispiel von Erzbischof Hieronymus (Kotsonis), ständig als Beweise herangezogen werden.[617]

Der Gegensatz zwischen östlicher Praxis und westlicher Lehre vom "character indelebilis" gründet demnach eigentlich bereits in den Auseinandersetzungen des 3. und 4. christlichen Jahrhunderts. Zwei Auffassungen stehen sich – nur schwer miteinander vereinbar – gegenüber:

614 H. Jedin, Kleine Konziliengeschichte, S. 11.

615 Vgl. J. Kotsonis, op. cit., S. 177f. und S. 9.

616 Da das Zweite Konzil von Konstantinopel (Ökum. V) vom Jahr 553 und das Dritte Konzil von Konstantinopel (Ökum. VI) von 682/683 keine disziplinären Kanones beschlossen hatten, war eine Lücke entstanden, welche eine ebenfalls in Konstantinopel (im Trullus, dem Kuppelsaal des Kaiserpalastes) versammelte Synode im Jahre 692 zu schließen suchte. Die von ihr verabschiedeten 102 Kanones berücksichtigten jedoch vor allem die kirchlichen Verhältnisse im Osten und wurden deshalb, insbesondere aber auch wegen der Mißachtung des römischen Primats, von Papst Sergius nicht angenommen (vgl. H. Jedin, op. cit., S. 32). – Der Name "Trullanum" ergab sich aus dem Tagungsort, ist aber insofern mißverständlich, als auch das VI. ökumenische Konzil im Trullus getagte hatte. Demgegenüber leitet sich der Begriff "Quinisextum" aus der Ergänzungsfunktion dieser Synode zum V. und VI. ökumenischen Konzil ab. – Im Osten werden die 102 Kanones des "Quinisextums" von 692 jeweils dem VI. ökumenischen Konzil von 682/683 zugerechnet. (In diesem Sinn spricht auch Erzbischof Hieronymos ständig von den Kanones des VI. ökumenischen Konzils, wenn er sich auf die Beschlüsse des "Quinisextums" bezieht.)

617 Vgl. J. Kotsonis, op. cit., S. 175ff. (§ 44).

a) *im Osten* führt die Primärsetzung kirchlicher Einheit zur grundsätzlichen Ablehnung der Gültigkeit von außerhalb der Kirche gespendeten "mustēria"; deshalb die Wiederholbarkeit der "mustēria".

b) *im Westen* liegt das Hauptgewicht nicht auf der Ekklesiologie, sondern auf der Struktur der Sakramente, die unabhängig vom Gnadenstand ihrer menschlichen Spender in sich gültig das "unauslöschliche Merkmal" einzuprägen vermögen; deshalb Unwiederholbarkeit von Taufe, Firmung und Ordinationen.

Das eigenartige Schwanken mancher neuerer orthodoxer Theologen, welche zwar den östlichen Standpunkt in ihrer Traditionsgebundenheit gewahrt sehen möchten, aber gleichzeitig auch wie P.N. Trempelas[618] geneigt sind, ein "unauslöschbares Siegel" bei den "mustēria" anzunehmen, ergibt sich aus der Einsicht, daß der östliche Gesichtspunkt die Folgerung nahelegt, daß die Spendung der "mustēria" dann also doch vom Gnadenstand des Spenders abhänge, also nicht Christus, bzw. der Hl. Geist, sondern der Mensch kraft seines Charismas dann der Spender wäre. Das aber widerspricht der östlichen Sicht des Priesters als einem bloßen Werkzeug Gottes, worauf bereits E. Boulgarēs[619] unter Bezugnahme auf Nikolaos Kabasilas hinwies. Kabasilas schrieb nämlich in seiner "Erklärung der göttlichen Liturgie", daß man sich nur dann Sorgen über die Gültigkeit der von einem schlechten Priester dargebrachten Gaben mache, "wenn man dächte, daß der Priester in Person der Gebieter über die Darbringung dieser Gaben sei. Doch er ist es nicht. Das, was grundsätzlich diese Darbringung bewirkt, ist die Gnade, welche heiligt (...) In jedem einzelnen Fall ist der Zelebrant nur Diener der Gnade. Er trägt nichts aus sich selber bei (...) Er opfert nur auf, was er zuvor erhalten: die Sache, das Wort und die Handlung. Er gibt sie Gott auf die Weise zurück, wie es vorgeschrieben ist."[620]
Das Dilemma scheint demnach komplett (für den westlichen Theologen nicht minder als für den östlichen). Zwei in sich gültige Gesichtspunkte stehen sich offensichtlich unvereinbar gegenüber. Und es hört sich wie leise Resignation (oder ist es weise Selbstbescheidung?) an, wenn P.N. Trempelas schreibt:
"Es ist wahr, daß die Natur des durch die mustēria eingeprägten Siegels unverständlich bleibt, ebenso wie die Tatsache, daß seine Spuren, insbesondere bei der Taufe, bei einem Fall oder Abfall des Getauften, der zur Untreue überging, nicht vollständig verschwinden, wie Dyobouniōtēs und Androutsos anmerken. Doch man könnte auf diese Klagen erwidern: Was ist verständlich in den mustēria und insbesondere in der Übertragung der Gnade, in der Wiedergeburt und der Neuschöpfung?"[621]

618 Vgl. P.N. Trembelas, op. cit., Bd. III, S. 56, Anm.: "Daß die Weihe ein unauslöschliches Siegel bei ihren Empfängern einprägt, nehmen auch wir an, ohne deshalb, was auch der hl. Basilios unterstützt, auszuschließen, daß die durch schismatische Priester gespendete Taufe als von Laien vollzogene anzusehen ist und deshalb wiederholt werden muß."
619 E. Boulgarēs, Kritikē Epistasis, S. 278.
620 N. Cabasilas, Explication de la divine liturgie cap. 46, § 10, S. 262/263.
621 P.N. Trembelas, op. cit., Bd. III, S. 38.

4. TEIL

"MUSTĒRIA" – DIE GEISTGEWIRKTE WEITERFÜHRUNG DES HEILSWIRKENS CHRISTI IN DER WELT

Die unter Peter dem Großen recht unvermittelt einsetzende Europäisierung Rußlands führte zu einer geistigen Krise bei Adel und Intelligenz. Der Antiklerikalismus der Enzyklopädisten fand bei weiten Kreisen der sich nach dem Westen umorientierenden Intellektuellen (die sich aus dem Adel und der Bourgeoisie rekrutierten) Anklang und bewirkte einen zunehmenden religiösen Indifferentismus. Die Folge davon war eine sich ständig vertiefende Kluft zwischen Intelligenz und Volk, das dieser Entwicklung fremd und passiv gegenüberstand. Die Kirche, welche von Peter dem Großen zu einer Staatsinstitution umfunktioniert worden war, hatte nicht zuletzt deshalb bei vielen Gebildeten an Ansehen eingebüßt und suchte dementsprechend ihr Heil beim einfachen Volk, in dem sie sich noch verwurzelt wußte.

Unterstützt vom orthodoxen Mönchtum, das seit jeher ein großes Mißtrauen gegenüber menschlicher Neugierde und menschlichem Wissensdurst in religiösen Belangen an den Tag legte und sich an der alten kirchlichen Überlieferung orientierte, als dessen Hüter es sich auch verstand, zogen die russischen Kirchenmänner des 19. Jahrhunderts gegen den sich ausbreitenden Rationalismus zu Feld, wobei sie die überragende Bedeutung des Glaubens gegenüber menschlichem Wissen hervorhoben.

Gott ist zuerst einmal das unerfaßbare Geheimnis und *sein* Wirken nicht minder. Der Mensch kann dieser Tatsache nur mit andächtig gläubigem Staunen begegnen. Das Grundmotiv dieser Einstellung lautet: "Dieser Welt Weisheit ist Torheit bei Gott" (1 Kor 3,19). Gott hat den Unmündigen geoffenbart, was er Weisen und Verständigen verbirgt (cf. Mt 11,25; Lk 10,21). Aus eben diesem Grund zählt Frömmigkeit mehr als Wissen (eine Geisteshaltung, die für das orthodoxe Mönchtum charakteristisch ist). Es ist kennzeichnend, daß man sogar der eigenen wissenschaftlichen Bildung mißtraute.[622]

In zunehmendem Maß wurde wieder der Geheimnischarakter der göttlichen Heilsmittel, welche allein dem Glaubenden zugänglich sind, hervorgehoben, wobei man dem göttlichen Gnadenwirken zentrale Bedeutung beimaß. So betonte beispielsweise *Bischof Feofan* (Govorov), genannt *"Zatvornik"* (der Klausner) (1815 bis 1894) in seiner Predigt: "Ich bekenne, daß alle das Leben und die Frömmigkeit wiederherstellenden göttlichen Kräfte durch den Herrn in seiner hl. Kirche als

622 Diese Haltung läßt sich u.a. ausgezeichnet aus den Predigten von *Erzbischof Amvrosij* (Ključarev) (1820–1901) ablesen, der gegenüber den sich von der Kirche abwendenden Gebildeten die Frömmigkeit des einfachen Volkes hervorhob. Dieses sei zwar "ohne wissenschaftliche Kenntnis der Glaubenslehre", dafür zeitige es "auf praktischem Wege" Fortschritte "im Geist und in der Kraft des Glaubens" und jene Früchte guter Werke, die einen lebendigen Glauben voraussetzen. Unter Hinweis auf die "Starzen" sagte er, daß die Diener Gottes die Berufung und Anleitung zu einem gottgefälligen Leben niemals "in menschlichen Schulen und Wissenschaften", sondern ausschließlich in der Kirche erfahren hätten. Ungeachtet ihrer unzulänglichen Bildung seien die russischen Einsiedler "Lehrer vieler tausend Menschen" geworden (Polnoe Sobranie Propovedej Vysokopreosvjaščennejšago Archiepiskopa Amvrosija byvšago Char'kovskago – s priloženijami Bd. III, S. 177; Bd. IV, S. 131, S. 14, ausführlich zitiert und dargelegt bei K.Chr. Felmy, Predigt im orthodoxen Rußland, S. 145ff.).

unserer einzigen Heilstätte eingestiftet sind und in ihr durch den Hl. Geist, durch die hl. mustēria und andere heiligende Einrichtungen an allen wirken, welche zu ihnen mit durch den Glauben geöffneten Herzen hinzutreten(...) und daß es ein anderes Mittel zum Empfang der Gnadenkräfte nicht gibt und nicht geben kann . . ."[623]

Welch ein Gegensatz zu dem bei manchen russischen Intellektuellen grassierenden Rationalismus, der sich in etwa erfassen läßt, wenn man die von Graf *Lev Tolstoj* (1828–1910) um das Jahr 1880 verfaßte, gehässige Kritik an der "Dogmatischen Theologie" des Metropoliten Makarij (Bulgakov) liest. Wir zitieren hier nur einige Abschnitte aus Tolstojs "Kritik der dogmatischen Theologie", welche die "mustēria" betreffen:

"Es ist klar, die mustēria sind rein äußerliche Handlungen, wie das Besprechen von Zahnschmerzen, das auch auf gewisse Menschen einwirkt, an etwas Geistiges ist aber weder bei denen, welche die Zahnschmerzen besprechen, noch bei denen, die sich behandeln lassen, zu denken. Davon kann gar nicht die Rede sein. Man muß mit den Händen und den Lippen gewisse Bewegungen machen, und die Gnade wird sich schon auf uns herabsenken."[624]

"Die Anwendung des Dogmas beschließt das Kapitel von den mustēria. Es gibt offenbar nur eine Anwendung – man soll sich an die Hierarchie wenden, um sich von ihr durch die mustēria heiligen zu lassen.

Die ganze Lehre von den mustēria kommt nach unserer Untersuchung auf das Folgende hinaus: unter den vielen unvernünftigen und unter sich uneinigen Nachfolgern Christi gibt es eine Art von Anhängern, die da glauben, daß sie durch Handauflegen von anderen geweiht seien, die ihrerseits von anderen älteren Anhängern durch Handauflegen geweiht waren, von denen endlich die Allerersten von den Aposteln selbst durch Handauflegen geweiht worden seien. Ein Merkmal für eine solche Abstammung geben die Leute nicht an, sondern behaupten, daß sich die Gnade des Heiligen Geistes auf sie herabgesenkt habe und daß sie infolgedessen sieben Handlungen wüßten, bei denen sich die Gnade auf die Menschen herabsenke; und diese Gnade, die sich durch nichts Sichtbares kundgibt, behaupten sie den Menschen mitteilen zu können. Diese Mitteilung der unsichtbaren Gnade durch diese Menschen ist es, die den Inhalt der Lehre von den mustēria bildet."[625]

"Die Lehre von der mustēria ist das Ziel und die Krone des Ganzen; es mußte den Menschen bewiesen werden, daß die Erlösung nicht von ihnen, sondern von der Hierarchie abhängt, die sie heiligen und erlösen kann. Die Menschen brauchen daher nur zu gehorchen und nach der Erlösung zu streben, indem sie der Hierarchie dafür mit Geld und Ehren zahlen."[626]

Man wird es der russisch-orthodoxen Kirche schwerlich verargen können, daß sie

623 O pravoslavii s predostereženijami ot progrešenij protiv nego, Slova episkopa Feofana, Predigt 2, S. 15.
624 Lev N. Tolstoj, Kritika dogmatičeskogo bogoslovija, deutsch: Leo N. Tolstoj, Kritik der dogmatischen Theologie Bd. II, § 245, S. 256.
625 L. Tolstoj, ibidem, § 246, S. 256f.
626 L. Tolstoj, ibidem, Kap. II, S. 257f.

die Anwürfe des gefeierten Schriftstellers mit der Exkommunikation beantwortete. Die Kirche stand in ihrem Kampf gegen den Rationalismus übrigens nicht allein, denn in der Zwischenzeit war es auch bei einer Reihe von intellektuellen Laien zu einer Selbstbesinnung auf die eigenen Traditionen und zu einer kritischen Distanzierung vom westlichen Gedankengut gekommen.

Die Beziehung zum Westen war für die denkenden Russen zu einer Entscheidungsfrage geworden, welche in den ersten Jahrzehnten des 19. Jahrhunderts zu einer Spaltung in zwei Geistesrichtungen, deren Vertreter man als *"Zapadniki"* (Westler: Belinskij, Herzen, Bakunin, Černyševskij, Lavrov, Michajlovskij, Plechanov, Kropotkin, Lenin) oder als *"Slavjanofily"* (Slawophile: Kireevskij, Chomjakov, Danilevskij, Leont'ev, Bucharev, Gogol', Rozanov, Florenskij, Bulgakov, Karsavin) bezeichnete.

Bei den "Westlern", die sich vor allem sozial-politischen Problemen zuwandten, herrschte eine areligiöse, wenn nicht sogar eine antireligiöse Haltung vor. Sie erhofften sich das Heil für das russische Volk von einer Verbindung mit der westlichen humanistischen Kultur und vor allem mit der westlichen, demokratischen, sozialistisch orientierten, politischen und ökumenischen Gedankenwelt.

Demgegenüber ersehnten sich die "Slawophilen" eine große Zukunft des russischen Volkes und Staates, die auf dem echtrussischen Altertum, auf dem russischen Volkstum, auf Altrußlands Gebräuchen und Anschauungen und insbesondere auf dem orthodoxen Glauben basieren sollte.[627] Sie suchten sich demnach von westlichen Einflüssen zu befreien, was bedeutete, daß sie sich auch auf religiösem Gebiet auf die eigene Tradition zu besinnen begannen und anfingen, sich gegen katholische wie protestantische Einflüsse abzugrenzen. Dies wirkte sich insbesondere auch auf die Einschätzung der – katholisch scholastisch beeinflußten – allgemeinen Lehre von den "mustēria" aus.

Der entscheidende Anstoß zu einer Neubesinnung kam dabei vom slawophilen Laientheologen *Aleksej Chomjakov* (1804–1860), der sich ebenfalls energisch gegen jede Form eines Rationalismus zur Wehr setzte. Ähnlich wie die Kirchenmänner in ihren Predigten, so mahnte Chomjakov in seiner Schrift von der "Einheit der Kirche":

"Wer nach Beweisen der kirchlichen Wahrheit sucht, bekundet dadurch entweder seinen Zweifel und schließt sich von der Kirche aus, oder er gibt sich den Anschein eines Zweifelnden und bewahrt gleichzeitig die Hoffnung, die Wahrheit zu beweisen und sie durch die eigene Kraft der Vernunft zu erreichen; aber die Kräfte der Vernunft erreichen die göttliche Wahrheit nicht, und die menschliche Ohnmacht wird in der Ohnmacht der Beweise offenbar. (...) Das christliche Wissen ist kein Werk der forschenden Vernunft, sondern des seligen und lebendigen Glaubens."[628]

627 Vgl. F. Lieb, Sophia und Historie, S. 63, sowie B. Schultze, Russische Denker, S. 12ff.

628 A. Chomjakov, Cerkov' odna, § 5, S. 35f. (deutsch bei Nicolai von Bubnoff in: Das dunkle Antlitz – Russische Religionsphilosophen, Bd. I, S. 20). – Ganz im Sinn des östlichen Mönchtums bekennt auch Chomjakov, daß im religiösen Bereich nur der Glaube (als ein Geschenk der göttlichen Gnade) Gewißheit gibt: "Indem die Kirche ihren Glau-

Nach Chomjakovs Ansicht waren auch Katholizismus und Protestantismus in den Rationalismus verfallen. Deshalb stellte er in seiner Lehre von der "Sobornost'" (d.h. von der "Gemeinschaftlichkeit" der Kirche) den "auf die brüderliche Liebesgemeinschaft der Gesamtheit gegründeten Glauben dem protestantischen Subjektivismus und dem römisch-katholischen Dogmatismus gegenüber". Er sah in einer höchst idealistischen Weise "das Charakteristikum orthodoxer, d.h. christlicher Glaubensweise darin, daß sich hier der Glaube jedes einzelnen nicht, wie im 'Lateinertum', einer äußeren autoritären Entscheidung unterwirft, und auch nicht, in protestantischer Weise, der ungehemmten Freiheit der individuellen Inspiration nachgebend, sich von der Gemeinschaft zumindest innerlich absondert, sondern aus dem freien Antrieb der brüderlichen Liebe heraus, die die Gemeinschaft beseelt und zur Gemeinschaft macht, den Glauben bekennt, der als ihr einigender Geist die Gemeinschaft durchdringt."[629]

Aus dieser Einstellung heraus war es nur logisch, daß Chomjakov auch den westlichen Einflüssen in der orthodoxen Theologie den Kampf ansagte, vor allem, was die Ekklesiologie betraf, die im Zentrum seines Denkens stand. In dieser Hinsicht wurde Chomjakov für die modernere orthodoxe Theologie wegweisend.

Die dogmatischen Werke der russischen Hierarchen des 19. Jahrhunderts[630]. stützten sich vorwiegend auf die sog. "symbolischen Bücher"[631] und waren dem-

ben an die Dreipersönliche Gottheit bekennt, bekennt sie ihren Glauben an sich selbst, weil sie sich als Werkzeug und Gefäß der göttlichen Gnade und ihre Werke als Werke Gottes, nicht als Werke der sie scheinbar bildenden Personen anerkennt. In diesem Bekenntnis zeigt sich, daß das Wissen von ihrem Bestehen ebenfalls eine Gabe der Gnade sei, die von oben geschenkt wird und nur dem Glauben, nicht der Vernunft zugänglich ist. Denn was brauchte ich zu sagen: ich glaube, wenn ich wüßte? Ist nicht der Glaube ein Sichtbarwerden des Unsichtbaren?" (Ibid § 8, S. 40f., deutsch: ibid. S. 27.)

629 E. von Ivánka, Die Aufgliederung der Orthodoxie, in Handbuch der Ostkirchenkunde, S. 92f. In einer recht dialektischen Weise umschrieb Chomjakov den Katholizismus als Einheit ohne Freiheit, den Protestantismus als Freiheit ohne Einheit, die orthodoxe Kirche aber als Verbindung von Einheit und Freiheit in der Liebe (vgl. A.S. Khomiakoff, L'Eglise latine et le protestantisme au point de vue de l'Eglise d'Orient, S. 59ff., 64ff., 300ff.).

630 Zu nennen sind hier vor allem die Werke von *Metropolit Makarij* (Bulgakov) (1816–1882) Pravoslavno-dogmatičeskoe bogoslovie; *Erzbischof Filaret* (Gumilevskij) (1805–1866, Pravoslavnoe dogmatičeskoe bogoslovie; *Bischof Sil'vestr* (Malevanskij) (1827–1908), Opyt pravoslavnogo dogmatičeskogo bogoslovija.

631 Die sogenannten "symbolischen Bücher" umfassen:
1. Die "Confessio orthodoxa" des Petrus Mogila.
2. Die "Confessio Dosithei".
3. Das Sendschreiben der griechisch-orthodoxen Patriarchen von 1721 (welches die Übersendung der "Confessio Dosithei" nach Rußland begleitete), die sog. "Grammata".
4. Eine Sammlung von Sätzen aus den Schriften des Kyrillos Loukaris – "Aspis tēs pisteōs" –, welche auf dem Konzil von Jerusalem (1672) verworfen worden waren.
5. Die "Confessio", welche Patriarch Gennadios nach der Eroberung von Konstantinopel dem Sultan Muhammed II. überreichte.
6. Die "Confessio" des Mētrofanēs Kritopoulos aus dem Jahre 1625.
7. Die Antwortschreiben des Patriarchen Jeremias II. an die Tübinger Theologen aus den Jahren 1576–81. (Vgl. F. Heiler, Urkirche und Ostkirche, S. 191f.; cf. E.I. Kimmel, Libri symbolici Ecclesiae Orientalis).

entsprechend stark von katholisch scholastischem Denken beeinflußt. Zudem stimmten sie in der Ekklesiologie weitgehend mit den katholischen Traktaten "de ecclesia" überein.

An der "Orthodoxen dogmatischen Theologie" des Metropoliten Makarij (Bulgakov) aus dem Jahre 1849, welche später Lev N. Tolstoj – wenn auch aus völlig anderen Gründen – zum Ausgangspunkt seiner Angriffe auf die orthodoxe Kirche nahm, entzündete sich auch A.S. Chomjakovs Kritik. Er wies dieses Werk, das für lange Zeit zum klassischen Handbuch in den orthodoxen Seminarien wurde und dessen Einfluß noch heute nachwirkt, wegen der vielen Augustinuszitationen und wegen der lateinischen Ausdrücke als "scholastica foetentem" zurück. Und diese Ablehnung fand in neuerer Zeit auch bei G. Florovskij, Metropolit Serafim, Patriarch Sergij und bei Metropolit Antonij (Chrapovickij) ungeteilte Zustimmung.[632]

Obwohl A.S. Chomjakov seine theologischen Schriften nur im Ausland veröffentlichen konnte und seine Theologie bis zum Beginn des 20. Jahrhunderts in Rußland der kirchlichen Zensur unterworfen blieb[633], setzten sich seine ekklesiologischen Auffassungen innerhalb der Orthodoxie immer mehr durch. Ein Großteil der bedeutenden russisch-orthodoxen Theologen des anbrechenden 20. Jahrhunderts (und insbesondere diejenigen, die sich nach der Oktoberrevolution um das orthodoxe Institut Saint Serge in Paris sammelten) nahmen Chomjakovs Ideen auf und führten sie weiter.[634] Anstelle einer rationalistischen Theologie brach unter dem dominierenden Einfluß Chomjakovs eine mehr mystische Betrachtungsweise der Ekklesiologie an.

Diese Betrachtungsweise, die in mancher Hinsicht wieder an genuin östliche und in der neuplatonischen Denkstruktur verankerte Traditionen anschloß, hob auch wieder die innere Beziehung zwischen Kirche und "mustēria" hervor, wobei diese im Kontext der Ekklesiologie und nicht mehr als eigenständiges Traktat – wie dies seit der Scholastik im Westen üblich ist – behandelt wurde. Die Autorität der "symbolischen Bücher", die bis anhin das Rückgrat der orthodoxen Lehre von den "mustēria" im allgemeinen gebildet hatte, geriet durch die Ablehnung katholischer Einflüsse ebenso ins Wanken wie durch die Rückbesinnung auf die eigene Überlieferung.

Selbst in einigen Katechismen begannen rund hundert Jahre nach Chomjakovs Tod neue Definitionen der "mustēria" aufzutauchen, welche diese aus ihrem Zusammenhang mit der Kirche zu definieren suchen:

632 Vgl. S. Jaki, Recent orthodox ecclesiology, in Diakonia No. 3, 1967, S. 251.

633 Chomjakovs Schrift von der "Einheit der Kirche" (Cerkov' odna) konnte, obwohl bereits um 1840 verfaßt, erst 1867 erstmals in Berlin erscheinen. In Rußland selbst wurde "Cerkov' odna" 1879 publiziert, d.h. volle 19 Jahre nach Chomjakovs Tod.

634 Seit 1894 der russische Theologe E. Akvilonov den Versuch unternahm, Chomjakovs Ekklesiologie in die offizielle Theologie einzuführen, sind viele der bekanntesten russischen Theologen Anhänger Chomjakovs: so zum Beispiel die Geistlichen P. Svetlov, P. Florenskij, S. Bulgakov, G. Florovskij, V. Cenkovskij, J. Grabbe und die Laientheologen N. Berdjaev, L. Karsavin, A.V. Kartašev und N. Arsen'ev.

"Solche kirchlichen Gebete und heilige Handlungen nennt man mustēria, wenn unter einem sichtbaren Handeln des Priesters am Menschen auf das Gebet der Kirche hin geheimnisvoll die Kraft des Heiligen Geistes wirkt."[635]

"Jedes mustērion bewirkt eine eigene Gabe, aber das menschliche Leben als Ganzes empfängt die Gnade durch alle mustēria. Das gesamte Leben der Kirche ist ein sakramentales Leben."[636]

Der von A.S. Chomjakov vorgezeichnete Weg, die "mustēria" in ihrer innigen Verbindung mit der Kirche zu betrachten, führte über verschiedene Etappen im Endeffekt zur "Eucharistischen Ekklesiologie" von Nikolaj Afanas'ev und damit auch zu einem neuen Verständnis der Lehre von den "mustēria".

635 Zakon Božij (Pervaja kniga o pravoslavnoj vere), S. 252 (cf. unsere Anm. 17).
636 A. Semenoff-Tian-Chansky, Catéchisme orthodoxe, S. 60.

I. Die "mustēria" aus der Sicht der neuen orthodoxen Ekklesiologie

Die Lehre von der "Sobornost'" als ekklesiologische Wende

Die grundlegende Umwälzung, die *Aleksej S. Chomjakov* (1804–1860) mit seiner Lehre von der "Sobornost'"[637] innerhalb der orthodoxen Ekklesiologie vollzog, bestand darin, daß er dem kirchlichen Autoritätsprinzip die innere Freiheit des Menschen in Christus gegenüberstellte.[638] "Der sichtbare Christus war die äußere Wahrheit; sie sollte uns jedoch innerlich sein durch die Gnade des Sohnes in der Sendung des Geistes Gottes. Das ist der Sinn des Pfingstereignisses. Die Wahrheit wird künftig in uns selber sein und auf dem Grunde unseres eigenen Bewußtseins. Kein sichtbares Zeichen wird unsere Freiheit begrenzen und uns dem eigenen Selbst zum Trotz verurteilen."[639]
Das Pfingstereignis ist aber ein Ereignis in der Kirche. Wenn der Mensch sich nicht in den Subjektivismus verlieren will, muß er in der Kirche aufgehoben sein. Und diese Kirche ist nach Chomjakov mehr als ihre äußerliche Erscheinung, sie ist etwas Inneres. "Die sichtbare Kirche ist nicht die sichtbare Gemeinschaft der Christen, sondern der Geist Gottes und die Gnade der 'mustēria', welche dieser Gemeinschaft innewohnen. Daher ist auch die sichtbare Kirche nur dem Gläubigen sichtbar, denn für den Ungläubigen ist das mustērion nur ein Ritus und die Kirche nur eine Gesellschaft."[640]
Durch die geistige Vereinigung mit seinem Erlöser und Mitchristen findet sich der Mensch in der Kirche wieder in seiner Vollkommenheit, "oder vielmehr, er findet darin wieder, was an ihm vollkommen ist: die göttliche Eingebung, die beständig in der groben Unreinheit jedes individuellen Daseins verlorengeht. Diese Reinigung wird bewirkt durch die unbesiegliche Macht der gegenseitigen Liebe der Christen in Jesus Christus; denn diese Liebe ist der Geist Gottes."[641]
Die Besonderheit von Chomjakovs Kirchenbegriff liegt in seinem Verständnis von

637 Zu Chomjakovs Lehre von der "Sobornost'" vgl. man B. Plank, Katholizität und Sobornost'; E. Ch. Suttner, Offenbarung, Gnade und Kirche bei A.S. Chomjakov; B. Schultze, A.S. Chomjakov, in Handbuch der Ostkirchenkunde (H.d.O.), S. 109–120. – Der Ausdruck "Sobornost'" wurde übrigens von Chomjakov selbst nie explizit auf seine Ekklesiologie angewandt. Diese Bezeichnung stammt vielmehr von seinen Schülern.

638 "Nein: weder Gott, noch Christus, noch seine Kirche sind Autorität, die ja etwas Äußeres ist. Sie sind die Wahrheit: sie sind das Leben des Christen, sein inneres Leben; lebendiger in ihm als das Herz, das in seiner Brust schlägt, und als das Blut, das in seinen Adern fließt: doch sind sie sein Leben nur insoweit, als er selbst vom allumfassenden Leben der Liebe und Einheit lebt, das da ist das kirchliche Leben" (A.S. Khomiakoff, "L'Eglise latine et le protestantisme au point de vue de l'Eglise d'Orient", S. 39f.; deutsch bei B. Schultze, Russische Denker [R.D.], S. 95).

639 A.S. Khomiakoff, L'Eglise latine, S. 281, (deutsch: Schultze, R.D., S. 93).

640 A. Chomjakov, Cerkov' odna, § 8, S. 41 (deutsch bei N. von Bubnoff, op. cit., S. 27).

641 A.S. Khomiakoff, L'Eglise latine, S. 116f. (deutsch: Schultze, R.D., S. 93).

der "Katholizität" der Kirche, welche – durch das Wort "sobornyj"[642] ausgedrückt – "die Idee der Einheit in der Vielheit" beinhalte. "Die Kirche ist nichts anderes als die Einheit Gottes und des geschaffenen Verstandes, ebenso wie die irdische Kirche nichts anderes ist als die Einheit der Gläubigen, die bewirkt wird durch gegenseitige Liebe zum Menschen Jesus, unserem Heiland und unserem Gott . . . " Es geht hierbei also nicht um die Kirche als einer quantitativen, meßbaren Ansammlung von Gläubigen, sondern um deren inneren, gnadenhaften Zusammenhalt in Liebe, Einheit und Freiheit.[643] "Das Geheimnis Christi, da er das Geschöpf rettet, (. . .) ist das Geheimnis der menschlichen Einheit und Freiheit im menschgewordenen Wort. Die Erkenntnis des Geheimnisses ist der menschlichen Einheit und Freiheit der Gläubigen anvertraut worden, denn das Gesetz Christi ist die Freiheit."[644]

Die Richtschnur des Glaubens findet sich nach Chomjakov in der Einmütigkeit des Gottesvolkes. "Als der Herr seine sichtbare Gegenwart aus der Welt zurückzog, vertraute er das Glaubensgut und die Überlieferung seiner Lehre nicht Individuen, seinen Jüngern, sondern der Kirche der Jünger an, die frei geeint ist durch die Macht der gegenseitigen Liebe."[645] Das Einzelindividuum, ob Papst oder Bischof, kann nach Chomjakov ebenso irren wie das Konzil als Versammlung solcher Einzelindividuen.

A.S. Chomjakov glaubte sich durch das Antwortschreiben der orthodoxen Patriarchen vom Jahr 1848, in welchem diese die Einladung von Papst Pius IX. zur Einigung mit der katholischen Kirche zurückwiesen, in seinen Ansichten bestätigt. Im 17. Kapitel dieser Patriarchalenzyklika fand sich nämlich u.a. der Satz:

"Bei uns konnten Neuerungen weder durch die Patriarchen noch durch die Konzilien eingeführt werden; denn bei uns wohnt der Schutz der Religion im ganzen Leib der Kirche, das heißt im Volke selbst, das seinen Glauben unverändert und dem seiner Väter gleichförmig bewahren will."[646]

642 Auf die Kirche bezogen, bedeutet der Begriff "sobornyj" nach Chomjakov nämlich, daß "die katholische (i.e. die allgemeine, universale, A. d. V.) Kirche jene Kirche ist, welche allen oder der Einheit aller gemäß die Kirche der freien und vollkommenen Einmütigkeit darstellt, wo es keine Nationalitäten, weder Griechen noch Barbaren und keine unterschiedliche Lebensbedingungen, weder Herren noch Knechte mehr gibt" (A.S. Chomjakov, Sočinenija Bd. II, S. 312f.).

643 A. Chomjakov, Cerkov' odna, § 1, S. 30 (deutsch bei N. von Bubnoff, op. cit., S. 13): "Die Einheit der Kirche folgt notwendig aus der Einheit Gottes, da die Kirche keine Vielheit von Personen in deren individueller Getrenntheit, sondern die Einheit der göttlichen Gnade ist, welche in der Vielheit der göttlichen Kreaturen lebt, die sich der Gnade unterwerfen."

644 A.S. Khomiakoff "L'Eglise latine", S. 280f. (deutsch: B. Schultze, H.d.O., S. 114).

645 A.S. Khomiakoff, ibidem, S. 164f. (deutsch: B. Schultze, H.d.O., S. 114).

646 Mansi, Bd. 40, S. 407/408. Auch P. Evdokimov sah in dem erwähnten Abschnitt einen Beweis für die von den Bischöfen zusammen mit der Gesamtheit des kirchlichen Leibes ausgeübte kollegiale Leitung. "Die Bischöfe konstituieren das Konzil, aber sie tragen den ganzen Leib in sich, und ihre höchste Vollmacht kann nur *ex consensu ecclesiae* ausgeübt werden" (Paul Evdokimov "Gotteserleben und Atheismus", S. 240). – Evdokimov stützt sich in seiner Argumentation vor allem auf das Apostelkonzil von Jerusalem: "Der Prototyp der Konzilien, das Konzil von Jerusalem, widerspiegelt genau die inneren Be-

Diesen Passus interpretierte A. Chomjakov in dem Sinn, daß die oberste Lehrautorität und der Träger der Unfehlbarkeit nicht die Hierarchie sei. Die hierarchische Gewalt könne nicht Garant der Wahrheit sein. Der irrtumslose Glaube werde vielmehr durch die Gesamtheit des Kirchenvolkes als dem Leib Christi bewahrt. Aufgabe der Hierarchie sei es, durch die Lehrentscheidungen das zu bezeugen, was das Kirchenvolk tatsächlich und unfehlbar glaubt. Selbst ökumenische Konzilien bedürfen, um gültig und verpflichtend zu sein, der Bestätigung durch das Kirchenvolk. Chomjakov ging dabei von der Vorstellung aus, daß es häretische Konzilien gegeben habe, welche, obgleich von Kaiser, Patriarchen und Papst angenommen, vom Kirchenvolk verworfen wurden.
"Woher kommt es also, daß diese Konzilien zurückgewiesen werden, obschon sie sich scheinbar in keiner Weise von den ökumenischen Konzilien unterscheiden? Dies kommt daher, daß ihre Entscheidungen, um Stimme der Kirche zu sein, nicht anerkannt worden sind vom *ganzen Kirchenvolk,* von diesem Volk, bei dem es in den Glaubensfragen keinen Unterschied gibt zwischen dem Gebildeten und dem Unwissenden, dem Kirchenmann und dem Laien, dem Mann und der Frau, dem Staatsoberhaupt und seinem Untertan, dem Herrn und dem Sklaven, wo, wenn es not tut, nach dem Willen Gottes der junge Mann die Gabe der Vision und das Kind das Wort der Weisheit erhält und der ungebildete Hirt die Häresie seines gelehrten Bischofs entlarvt und widerlegt, damit alle nur eins seien[647] in der freien Einheit des lebendigen Glaubens, durch den sich der Geist Gottes kundtut. Hier ist das Dogma, das eben der Idee des Konzils zugrunde liegt."[648]

dingungen der Einmütigkeit des apostolischen Lebens: 'Alle Gläubigen aber waren *beisammen* und hatten alles gemeinsam' (Apg 2,44). Im Moment einer zu fällenden Entscheidung: 'Und die Apostel und die Ältesten kamen zusammen, um über diese Sache zu beraten' (Apg 15,6); 'Da schien es den Aposteln und den Ältesten *samt der ganzen Gemeinde* gut . . . ' (Apg 15,22), 'fanden wir mit Einmut für gut . . . ' (Apg 15,25), 'es schien nämlich dem Hl. Geist und uns gut . . . ' (Apg 15,28). Die ganze Kirche nimmt teil, ohne in irgendeiner Weise Priestertum und Laikat zu trennen, auch ohne es zu verwechseln, sondern in völliger Übereinstimmung mit allen Gliedern des einen Leibes, der einen Seele" (P. Evdokimov, L'Orthodoxie, S. 159f.). – In gleichem Sinn äußerte sich übrigens auch Hieronymos Kotsonis, Erzbischof von Athen, der die Bedeutung der Teilnahme von Laien an den Konzilsentscheidungen noch zusätzlich hervorhob: "Insofern nämlich, als das gemeinsame Bewußtsein des Pleroma der Orthodoxen Kirche ihrer Lehre gemäß das letzte Kriterium der Ökumenizität der großen Synoden ist, wird deutlich, daß die einfachen Gläubigen niemals übergangen werden können" (H. Kotsonis, Die Stellung der Laien innerhalb des kirchlichen Organismus, in: Die orthodoxe Kirche in griechischer Sicht Bd. 1/2, S. 103). – Demgegenüber sprach Aleksandr Šmeman dem Konzil jede Machtbefugnis ab: "In Tat und Wahrheit aber entspricht der Konzilsgedanke als sichtbares und *höchstes Organ* kirchlicher Gewalt im Hinblick auf die Leitung und Organisation weder der slawophilen Lehre von der Sobornost' noch der ursprünglichen Funktion des Konzils in der Kirche. Das Konzil ist keine regierende Gewalt, denn eine Macht über die Kirche = Leib Christi kann es nicht geben. Das Konzil ist ein *Zeugnis* der Identität der Kirchen, da diese ja alle Gottes Kirchen sind: im Glauben, im Leben, in der Liebe. (...) Das Konzil spricht nicht zur Kirche, sondern es redet innerhalb der Kirche in der Fülle seines katholischen Bewußtseins" (A. Schmemann, Der Begriff des Primates in der orthodoxen Ekklesiologie, in Der Primat des Petrus in der orthodoxen Kirche, S. 136).
647 Vgl. Joh 17,21f.
648 A.S. Khomiakoff, L'Eglise latine, S. 62 (deutsch: Schultze, H.d.O., S. 110).

Die Unfehlbarkeit ist für Chomjakov ganz wesentlich mit der Heiligkeit verbunden, und diese kommt nur dem geistdurchwirkten, gnadenhaften Leib Christi in seiner Gesamtheit zu. "Die Kirche lebt selbst auf Erden kein irdisches, menschliches Leben, sondern ein göttliches und seliges. (...) Ihre sichtbare Erscheinung ist in den mustēria enthalten, ihr inneres Leben in den Gaben des Heiligen Geistes, im Glauben, in der Hoffnung und in der Liebe."[649] "Die äußere Einheit ist die sich in der Gemeinschaft der mustēria manifestierende Einheit; die innere Einheit ist die Einheit des Geistes."[650]

Dabei ist für Chomjakov die sog. "äußere Kirche der mustēria" nichts anderes als eine sichtbare Manifestation der "inneren Kirche". Es handelt sich hierbei nicht um zwei verschiedene, getrennte Realitäten – selbst wenn es menschlichem Denken so scheinen mag –, denn die Kirche ist eine.[651] Diese Erkenntnis ist dem Menschen allerdings nur durch das Gnadengeschenk des Glaubens möglich.[652]

"Vermöge des Glaubens weiß der Christ auch dies, daß die irdische Kirche, obwohl unsichtbar, stets in eine sichtbare Gestalt eingekleidet ist, daß es keine Zeit gegeben hat, geben konnte und geben wird, in der die mustēria entstellt, die Heiligkeit erschöpft, die Lehre verdorben wird, und daß jener kein Christ ist, der nicht sagen kann, wo, von der apostolischen Zeit an, die heiligen mustēria vollzogen wurden und sich vollziehen, wo die Lehre bewahrt wurde und bewahrt wird, wo die Gebete zum Thron der Gnade emporgesandt wurden und werden."[653]

"In ihrem Glauben an das Wort der Göttlichen Verheißung, welches alle Nachfolger der Lehre Christi Christi Freunde und seine Brüder, in ihm zu Kindern Gottes geworden, nannte, bekennt die Heilige Kirche die Wege, auf denen es Gott wohlgefällig ist, die gefallene und tote Menschheit zur Wiedervereinigung im Geiste der Gnade und des Lebens zurückzuführen. Daher bekennt sie, der Propheten, der Repräsentanten der alttestamentlichen Zeit gedenkend, die mustēria, durch welche in der neutestamentlichen Kirche Gott den Menschen Seine Gnade niedersendet, und bekennt hauptsächlich das mustērion der Taufe zur Reinigung der Sünden, welches in sich das Prinzip aller anderen vereinigt; denn nur durch die Taufe tritt der Mensch in die Einheit der Kirche ein, welche alle anderen mustēria bewahrt."[654]

Aus Chomjakovs Kirchenbegriff heraus, bei welchem nicht wie später bei N. Afanas'ev die eucharistische Versammlung im Zentrum steht, ergibt sich die Taufe als

649 A. Chomjakov, Cerkov' odna, § 9, S. 46 (deutsch bei N. von Bubnoff, op. cit., S. 35).

650 A. Chomjakov, ibidem, § 9, S. 47 (deutsch: Bubnoff, ibid., S. 35f.).

651 A. Chomjakov, ibidem, § 1, S. 30 (deutsch: Bubnoff, ibid., S. 13): "Die Kirche ist *eine* ungeachtet ihrer sichtbaren Teilung für den *noch* auf Erden lebenden Menschen. Lediglich in bezug auf den Menschen kann man die Trennung der Kirche in eine sichtbare und eine unsichtbare anerkennen."

652 A. Chomjakov, ibidem, § 8, S. 41 (deutsch: Bubnoff, ibid., S. 27): "Obwohl der Gläubige mit den Augen des Leibes und der Vernunft die Kirche nur in ihren äußeren Manifestationen sieht, so ist er sich ihrer doch in den mustēria, im Gebet und in den gottgefälligen Werken durch den Geist bewußt."

653 A. Chomjakov, ibidem, § 8, S. 41 (deutsch: Bubnoff, ibid., S. 28).

654 A. Chomjakov, ibidem, § 8, S. 42 (deutsch: Bubnoff, ibid., S. 28f.).

das wichtigste "mustērion". Als Zugang zur Kirche ist die Taufe verbindlich "und in der Taufe allein bekundet der Mensch sein Einverständnis mit der erlösenden Wirkung der Gnade. Daher wird er auch in der Taufe allein errettet."[655]
Für Chomjakov ist das Wesentliche der "mustēria" Glaube, Hoffnung und Liebe, sowie der Vollzug durch die Gesamtkirche. Was Chomjakov von der Eucharistie sagt, daß sie ein "mustērion" "in der Kirche und für die Kirche, nicht für die Außenwelt"[656] ist, gilt auch für die übrigen "mustēria". "Die sieben mustēria werden in Wahrheit nicht von irgendeiner der Gnade würdigen Person vollzogen, sondern von der ganzen Kirche in einer wenn auch unwürdigen Person."[657] Und diese Insistenz auf die Wechselbeziehung zwischen Kirche und "mustēria" fand ihren Nachhall bei den neueren russisch-orthodoxen Theologen.
Auch im Hinblick auf die Siebenzahl der "mustēria" gab Chomjakov der Theologie einen wichtigen Denkanstoß. Unter Anknüpfung an die alte östliche Überlieferung faßte er die Siebenzahl nicht restriktiv auf. Er bestritt die Existenz der sieben bekannten "mustēria" in keiner Weise, aber sie sind für ihn nicht exklusiv. "Es gibt noch viele andere mustēria, denn jedes im Glauben, in der Liebe und in der Hoffnung vollbrachte Werk wird dem Menschen vom Geiste Gottes eingeflößt und ruft die unsichtbare Göttliche Gnade herbei."[658]
Chomjakov unterstrich die kollektive Erlösung. Der Mensch fällt allein, aber erlöst werden kann er nur in der Gemeinschaft der Kirche. Es ist nicht Glaube, Hoffnung und Liebe, welche die Menschen retten, sondern der Gegenstand des Glaubens: "Wenn du an Christus glaubst, so wirst du durch Christus im Glauben gerettet; wenn du an die Kirche glaubst, so wirst du gerettet durch die Kirche; wenn du an Christi mustēria glaubst, so wirst du durch die mustēria gerettet: denn Christus ist unser Gott in der Kirche und in den mustēria."[659] Das höchste, das umfaßendste Ziel in allem ist die Einigung in Gott.
Deshalb konnte Chomjakov sagen: "Die Kirche nimmt jeden Ritus an, welcher den geistigen Drang zu Gott ausdrückt, ebenso wie sie das Gebet und die Ikone annimmt." Aber an oberster Stelle steht für ihn doch die eucharistische Liturgie, "in der die ganze Fülle der kirchlichen Lehre und des kirchlichen Geistes zum Ausdruck kommt, nicht in konventionellen Zeichen und Symbolen, sondern in einem von oben eingeflößten Wort des Lebens und der Wahrheit". Und Chomjakov folgerte: "Nur der versteht die Kirche, der die Liturgie begreift."[660]
Chomjakov ordnete die "mustēria" noch keineswegs der Eucharistie ein und unter. Trotzdem enthielt seine Auffassung von der Eucharistie schon Elemente, welche Ansätze für die spätere Entwicklung einer "eucharistischen Ekklesiologie" boten. Bereits in "Cerkov' odna" finden sich die Worte: "Nicht im Geiste allein war es

655 A. Chomjakov, ibidem, § 8, S. 43 (deutsch: Bubnoff, ibid., S. 30).
656 A. Chomjakov, ibidem, § 8, S. 44 (deutsch: Bubnoff, ibid., S. 31).
657 A. Chomjakov, ibidem, § 8, S. 43.
658 A. Chomjakov, ibidem, § 8, S. 43 (deutsch: Bubnoff, ibid., S. 30).
659 A. Chomjakov, ibidem, § 9, S. 49 (deutsch: Bubnoff, ibid., S. 39).
660 A. Chomjakov, ibidem, § 9, S. 55 (deutsch: Bubnoff, ibid., S. 46).

Christo wohlgefällig, sich mit den Gläubigen zu vereinen, sondern auch mit Leib und Blut, damit die Vereinigung eine vollständige, nicht nur eine geistige, sondern auch eine leibliche werde."[661] Und noch zwei Jahre vor seinem Tode schrieb Chomjakov: "Die Kirche eint alle ihre Glieder in einer leiblichen Gemeinschaft mit ihrem Heiland: das ist der Sinn der Eucharistie."[662]
Man kann die von Chomjakov ausgehende ekklesiologische Wende mit ihrer Abkehr von katholisch-scholastischen und von protestantischen Einflüssen als die Neuschöpfung eines theologisch ausgerichteten philosophischen Geistes interpretieren, wie dies im Westen gelegentlich geschah. Doch dies erklärt schwerlich den Erfolg, der Chomjakovs Gedankengängen innerhalb der russischen Orthodoxie (und später sogar über diese hinaus) beschieden war. Plausibler scheint hier die Erklärung, daß Chomjakovs Vorstellungen in Tat und Wahrheit eine Rückkehr zum traditionell neuplatonisch orientierten östlichen Denken bedeuteten, zu einer Denkstruktur, welche innerhalb der orthodoxen Kirchen unter dem Firnis des aus dem Westen übernommenen Aristotelismus der Scholastik noch immer lebendig war. Zu Recht hob Bernhard Schultze hervor, daß Chomjakov sowohl die Menschheitsgeschichte als auch die Menschwerdung und das Erlösungswerk in einer platonischen Schau von Gottes ewiger Idee betrachtete.[663]
Die dem Aristotelismus innewohnende Gefahr, dem Naturalismus oder Rationalismus Vorschub zu leisten, wurde von Chomjakov durchaus gespürt. Seine Kritik an der westlichen Scholastik gipfelte ja auch stets im Vorwurf, sie sei rationalistisch. Demgegenüber betonte er das Apophatische und Mystische aus seinem platonischen Denken heraus, wobei er der darin innewohnenden Gefahr, in eine pantheistische Richtung abzugleiten, auch nicht immer völlig zu entgehen vermochte. Platonischem Vorstellungsgehalt entsprang auch seine Auffassung von den heiligen Handlungen als einer geheimnisvollen, gnadenhaften Wirksamkeit Gottes in der – wiederum als ein zu glaubendes Geheimnis verstandenen – Kirche. Deshalb vermochte er – durchaus logisch – die "mustēria" auch nicht auf die (aus der Scholastik übernommene) Siebenzahl einzugrenzen. Der sich aus all dem ergebende Widerspruch zur offiziell weitgehend anerkannten, katholisch beeinflußten östlichen Lehre von den "mustēria" im allgemeinen bewirkte bei Chomjakovs Nachfolgern, daß auch sie begannen, die Frage der Sakramententheologie im Lichte der eigenen (neuplatonischen) Überlieferung erneut zu überdenken. Chomjakov hatte so etwas wie eine theologische Initialzündung gegeben, deren Folgen erst heute langsam abzuschätzen sind.

661 A. Chomjakov, ibidem, § 8, S. 44 (vgl.: Bubnoff, ibid., S. 31).
662 A.S. Khomiakoff, L'Eglise latine, S. 139.
663 B. Schultze, Russische Denker, S. 96.

A. S. Ostroumov und das kirchliche Dogma

Eine Neuinterpretation der Lehre von den "mustēria" mußte sehr bald auch die Frage lösen, ob und wieweit die östliche Sakramentenlehre als dogmatisch festgelegt zu betrachten sei. Diese Frage implizierte eine Stellungnahme über den normativen Wert der "symbolischen Bücher" im allgemeinen und über das Jerusalemer Konzil von 1672 im besonderen.

In diesem Zusammenhange erscheinen uns die "Gedanken über die heiligen mustēria", welche *S. Ostroumov* – von A.S. Chomjakov keineswegs unbeeinflußt – 1917 in Kiev publizierte, recht offenbarend.[664] Auch er begann im Kapitel "Von der orthodoxen Lehre über die hl. mustēria" seine Darlegungen mit einem Hinweis auf den Geheimnischarakter der hl. Handlungen:

"Als Wirksamkeit der Kirche ist das mustērion augenfällig und umschreibbar, aber als Wirksamkeit des Hl. Geistes ist es dem urteilenden Verstand unzugänglich. Es ist ein Wunder, welches nicht mit natürlichen Erscheinungen verwechselt werden darf, das man sich nicht vorstellen kann und das noch bei seiner teilweisen Wiederholung in Erstaunen setzen muß."[665]

Die dogmatisierende Tätigkeit der Kirche kann demnach auch nicht den Sinn haben, eine verstandesgemäße Vorstellung dieses Wunders zu liefern. Das mit einer Dogmatisierung verfolgte primäre Ziel der Kirche ist vielmehr "die Bewahrung der religiösen Wahrheit vor einer Rationalisierung, vor solchen Ausführlichkeiten und Erläuterungen, welche außerhalb und fern der Schrift und der Überlieferung verlaufen. Deshalb haben die dogmatisierenden Konzilsbeschlüsse nicht selten einen negativen Charakter, wie zum Beispiel das Dogma von der Vereinigung der zwei Naturen in Christus. Das zweite Ziel des Dogmas ist es, Ehrfurcht vor der religiösen Wahrheit und ein entsprechendes Verhalten hervorzurufen. Das Dogma ist keine philosophische These und kein Denkprinzip, es ist die Richtschnur des Lebens. Nehmen wir zum Beispiel unser kirchliches Glaubenssymbol: in ihm gibt es keinen einzigen Absatz, welcher den Christen nicht zu einem der religiösen Wahrheiten entsprechenden Leben und Handeln verpflichten würde. Wenn dem nicht so wäre, würden diese Dogmen einen – nach dem Urteil des Apostels Jakobus – toten Glauben lehren. Die intellektuelle (verstandesmäßige) Seite der Dogmen ist unbestreitbar, aber sie hat hier keine erstrangige Bedeutung."[666]

Ostroumov unterscheidet Inhalt und Form der Dogmen. "Der Inhalt ist durch Christus gegeben und kann weder erweitert noch vermindert werden. Aber die Form der Dogmen hat ihre Geschichte. Einige Dogmen geben, obgleich sie geoffenbart und universal sind, keine genaue und erschöpfende Definition und sind in der sprachlichen Formulierung kümmerlich. Solche Dogmen sind: Über die Wechselbeziehung zwischen Gnade und Freiheit bei der Erlösung des Menschen;

664 S. Ostroumov, Mysli o svjatych tajnach, in Christianskaja Mysl' 1917, No. 2, S. 36–51, No. 3/4, S. 55–69.
665 S. Ostroumov, ibidem, No. 2, S. 46.
666 S. Ostroumov, ibidem, No. 2, S. 46.

über die Kirche; über die Früchte der Erlösung; über das besondere Gericht; über die Zeit der Erschaffung der Engel und den Fall der bösen Geister; über die Entstehung der Seele, sowie über Geschlecht und Alter des Auferstandenen. Zu diesen schwach formulierten Dogmen gehören auch die Dogmen über die Kraft und Bedeutung der Eucharistie sowie der übrigen sechs mustēria."[667]

Was diese immerhin erstaunlich wirkende Feststellung anbelangt, so gab Ostroumov offen zu, daß nicht alle russischen Theologen mit ihm übereinstimmten. "Sie sagen, daß die Lehre über die Eucharistie in unseren symbolischen Büchern, 'dem Orthodoxen Glaubensbekenntnis der allgemeinen und apostolischen Kirche des Ostens', und im 'Sendschreiben der Patriarchen' gut definiert ist."[668]

Nach Ostroumov sind "symbolische Bücher" jedoch ein Produkt westlicher Konfessionen, der Protestanten und Katholiken, welche eine Dogmenentwicklung annehmen (worunter unser Autor nicht nur eine Veränderung der Form, sondern des Glaubensinhalts versteht). Die "symbolischen Bücher" dienen diesen Konfessionen – wie Ostroumov meint – nur dazu, neue Überlagerungen in der Glaubenslehre, d.h. "die Herausbildung neuer Glaubensartikel aus 'frommen Meinungen'" zu rechtfertigen. Deshalb kommt er zum Schluß, es könne in allen Konfessionen "symbolische Bücher" geben außer in der Orthodoxie.

"Sie weicht von nichts ab; sie braucht sich nicht zu rechtfertigen, sondern wendet sich von dogmatischem Neuerertum ab. Bei der Weihe der Hierarchen wird dem Geweihten nicht die Verpflichtung auferlegt, die 'Confessio orthodoxa' oder das 'Sendschreiben der Patriarchen' zu befolgen. Diese Dokumente werden auch nicht beim (Anathematisierungs-) Ritus der Orthodoxie in der ersten Woche des Großen Fastens gelesen.[669] Hier wird ausdrücklich gesagt: 'auch den Konzilien der hl. Väter und deren Überlieferungen und Schriften, der göttlichen Offenbarung entsprechend, nehmen wir an und bekräftigen'. Darunter versteht man die Konzilien, die bis zum Festakt der Orthodoxie, bis zum 19. Februar 842 stattfanden. 'Der Glaube, der bereits völlig geoffenbart und besiegelt ist, erlaubt weder eine Verringerung oder Hinzufügung noch sonst eine Änderung' (Grammata der ökumenischen Patriarchen)."[670]

667 S. Ostroumov, ibidem, No. 2, S. 47.
668 S. Ostroumov, ibidem, No. 2, S. 47.
669 Am ersten Sonntag des Großen Fastens, dem sog. Sonntag der Orthodoxie, wird der definitive Sieg über die Bilderstürmer unter der Kaiserin Theodora gefeiert. Das Fest wurde 843 durch ein Lokalkonzil in Konstantinopel eingeführt. In der Folge bürgerte sich der Brauch ein, das "Synodikon" des Konzils von 843, das den Kult der hl. Ikonen wieder einführte und die Häretiker verurteilte, sowie die dogmatischen Definitionen des ökumenischen Konzils von 787 ('Oros) am Ende des Offiziums in den Kathedralen feierlich vorzulesen. Spätere Synoden (insbesondere die von 1166 in den Blachernen) fügten die Verurteilung neuerer Häresien an. Dieser "Ritus der Orthodoxie" läßt auf den Namen eines jeden Häretikers ein dreimaliges "Anathema" folgen. (Vgl. N. Edelby, Liturgikon, Recklinghausen 1967, S. 87.)
Zum "Ritus der Orthodoxie" vgl. K. Nikol'skij, Anafematstvovanie (otlučenie ot cerkvi), soveršaemoe v pervuju nedelju velikago posta; K. Nikol'skij, Čin Pravoslavija, in: Cerkovnye Vedomosti No. 11/1888; S.V. Bulgakov, Nastol'naja kniga; S. 513ff.
670 S. Ostroumov, ibidem, No. 2, S. 47f.

Ostroumov hat mit seiner Beweisführung insofern recht, als die orthodoxen Bischöfe bei ihrer Weihe immer nur ein Glaubensbekenntnis auf jene sieben ökumenischen[671] und jene neun Lokalkonzilien[672] ablegen müssen, die alle vor dem Jahre 842 stattfanden[673]. Eigentlich normativ für den orthodoxen Glauben sind neben der Heiligen Schrift, den Kanones der Apostel und den neun Lokalkonzilien nur die sieben ersten ökumenischen Konzilien. *Erzbischof Averkij* (Tavšev) faßte diese Tatsache in den Satz: "Die sieben ökumenischen Konzilien sind nach dem Evangelium Christi die Grundlage und Bestätigung unseres orthodox-christlichen Glaubens, denn unser Glaube ist nicht nur ein *apostolischer,* der von den hl. Aposteln als den Schülern des Herrn Jesus Christus selbst verkündet wurde, sondern auch ein *patristischer,* welcher durch die heiligen Väter als den legitimen gesegneten Nachfolgern der heiligen Apostel interpretiert und erläutert wurde."[674] Konsequenterweise muß man demnach sagen, daß die orthodoxen Kirchen bis zum heutigen Tage über *keine dogmatisierte Lehre von den "mustēria" im allgemeinen* verfügten. Zwar genießen die gemeinsamen Entscheidungen der Patriarchen und die Beschlüsse der lokalen Konzilien (zu denen – ungeachtet seiner Bedeutung für die Gesamtorthodoxie – auch das Jerusalemer Konzil von 1672 gehört) eine höhere Autorität, aber sie können niemals absolut verpflichtende Glaubensnorm sein, sondern tragen stets nur den Charakter von dringend empfohlenen Richtlinien.
Die Konfessionen, welche sich von der "Einheit des Glaubens" lossagten, sind nach Ansicht Ostroumovs vom "christlichen, apostolischen und konziliaren Fundament", an dem die Orthodoxie unverändert festhält, abgewichen. Deshalb warf Ostroumov den orthodoxen Theologen, wobei er ausgerechnet ein Wort des zum Katholizismus übergetretenen slawophilen Religionsphilosophen *Vladimir Solov'ev* (1853–1900) paraphrasierte, vor: "Indem sie das vergaßen, benützten die orthodoxen Theologen seit alters her für den Kampf mit den Latinisierenden die Waffe der Protestanten und für den Kampf mit den Protestanten die Waffe der Römisch-Katholischen."[675]

671 Die Orthodoxie kennt nur sieben ökumenische Konzilien, da sie das vierte Konzil von Konstantinopel (869/870), dessen Entscheidungen auf einer zehn Jahre später ebenfalls in Konstantinopel tagenden Synode (879/880) widerrufen wurden, nicht als ökumenisch anerkennt.

672 Vgl. K. Nikol'skij, Posobie k izučeniju ustava bogosluženija Pravoslavnoj Cerkvi, S. 714.

673 Im dritten Bekenntnis bei der Bischofsweihe versprechen die Weihekandidaten feierlich: "Ich gelobe, die Kanones der hl. Apostel, der sieben ökumenischen und der frommen Lokalkonzilien sowie die Lehrsätze der heiligen Väter zu bewahren und zu befolgen: alles, was sie annehmen, nehme auch ich an; alles, was sie zurückweisen, werde auch ich zurückweisen" (zit. nach "Sem' Vselenskich Soborov", S. 142). – Bei den sog. *"Kanones der Apostel"* handelt es sich um ein Werk des 4. Jahrhunderts in der vom "Quinisextum" gutgeheißenen Fassung, bei den "Lokalkonzilien" um Partikularsynoden wie Laodicea, Sardica und Karthago.

674 Archiep. Averkij, Značenie Vselenskich Soborov, in Sem' Vselenskich Soborov, S. 132.

675 S. Ostroumov, ibidem, No. 2, S. 48. Interessant ist auch noch die Bemerkung unseres Autors zur "Confessio Orthodoxa": "Als das dem Patr. Kyrillos Loukaris zugeschriebene Bekenntnis protestantischer Irrtümer verdächtigt wurde, benützte Petrus Mogila,

In der Tat ist diese Charakterisierung gerade im Hinblick auf die orthodoxe Lehre von den "mustēria" im allgemeinen völlig berechtigt. Auch das Bild von den aus dem Katholizismus und dem Protestantismus entliehenen "Waffen" ist gut gewählt, denn im Grunde genommen blieben die aus den westlichen Konfessionen übernommenen und oft stark vom Aristotelismus beeinflußten Argumentationen stets ein Fremdkörper im östlichen, platonisierenden Denken. Und die Rückbesinnung auf die eigene Tradition mußte zur Folge haben, daß die eigenen, ursprünglichen Denkstrukturen wieder offen zu Tage traten, was notwendigerweise mit einer Zurückweisung der als Fremdkörper[676] empfundenen, aufgepfropften aristotelischen Kategorien einherging. Die Äußerungen von S. Ostroumov bieten hierfür nur ein, wenn auch ein sprechendes, Beispiel.

B. Abkehr von der Scholastik durch Rückkehr zur Patristik

Der erste orthodoxe Theologenkongreß, welcher 1936 in Athen stattfand und sich mit dem Problem der Ekklesiologie befaßte, machte deutlich, daß das slawophile Kirchenverständnis inzwischen auch von nichtrussischen, orthodoxen Theologen weitgehend übernommen worden war. Manche Kongreßteilnehmer vertraten die Ansicht, daß die eigentliche Divergenz zwischen der orthodoxen Kirche und den westlichen Konfessionen (Katholiken wie Protestanten) weniger auf dogmatischen Fragen beruhe, als vielmehr in den unterschiedlichen Wegen, die wahre Natur der Kirche zu verstehen und zu definieren.[677]
Es ist charakteristisch, daß auf dem erwähnten Kongreß nicht nur Chomjakovs "Sobornost' – Ekklesiologie" hervorgehoben wurde, sondern daß man gleichzeitig auch die Rückkehr zu den eigenen Quellen und insbesondere zu den Kirchenvätern betonte. *Georgij Florovskij* (geb. 1893) machte der offiziellen orthodoxen Theologie den Vorwurf, daß sie den Sinn für die Väter verloren habe. Und er forderte, daß anstelle von bloßen Zitationen das spirituelle Milieu der Kirchenväter wiederzubeleben sei.

oder wer es war, für die Zurückweisung der 'Häresie' des Kyrillos lateinische Lehrbücher und führte auch den bis dahin wenig bekannten lateinischen Begriff 'Transsubstantiation' (presuščestvlenie) in sein Bekenntnis ein, der von den Lateinern für die Bezeichnung der Verwandlung, die sich mit den hl. Gaben bei deren Konsekration vollzieht, verwendet wird. Dieser Begriff wurde vom Autor der 'Confessio Orthodoxa' ohne jede Notwendigkeit außerdem zu polemischen Zielen übernommen, weil in dem Kyrillos Loukaris zugeschriebenen 'Bekenntnis' gesagt wird: 'Wir anerkennen in der Eucharistie die Existenz des wahren und realen Leibes Christi, jene (Existenz), welche uns der Glaube verleiht, nicht aber jene, von der die Transsubstantiation lehrt.'"

676 In seinem Text sprach Ostroumov von "nasloenija", was soviel wie "Ablagerungen in Gestalt von mehreren aufeinanderliegenden Schichten" und "später hinzugekommene Überlagerungen und Eigenschaften" bedeutet, vgl. S. Ostroumov, ibidem, No. 2, S. 47.

677 Vgl. G. Florovsky, Westliche Einflüsse in der russischen Theologie, in Procès-Verbaux du 1er Congrès de Théologie orthodoxe, 29 novembre – 6 décembre 1936, S. 212–232.

Dabei ging Florovskij von der Voraussetzung aus, daß die Väter eine neue, von Plato und Aristoteles verschiedene, christliche Philosophie entwickelt hätten. Diese christliche Philosophie, die den eigentlichen Geist der Kirche ausmache, habe eine hellenistische Struktur und zwar so sehr, daß dieser Hellenismus ein wesentliches Element der christlichen Existenz darstelle. Es sei die Aufgabe unserer Generation, sich die geistlichen Schätze der hellenistischen Welt anzueignen, weil wir in dem Maße, in welchem wir mehr griechisch werden, auch mehr katholisch und orthodox würden.[678]

Aus der Sicht Florovskijs ist die Kirche ihrem Wesen und ihrer Sendung nach eine eschatologische Realität. Wie Christus der neue Adam (d.h. der Begründer einer neuen Menschheit) ist, so ist die Kirche die Gemeinschaft der neuen Menschheit. Die Aufgabe der Kirche besteht darin, das Wirken Christi, das den Beginn einer integralen Erneuerung der ganzen Schöpfung darstellt, weiterzuführen. Deshalb hat die Kirche eine apokalyptische Sendung, insofern sie eine Vision von der kommenden Wirklichkeit offenbart. In ihrer eschatologischen Mission gibt die Kirche den Menschen hier und jetzt einen Vorgeschmack von der kommenden Herrlichkeit.[679]

Doch die dynamische Gegenwart der Kirche in der Welt bezeugt nicht bloß das kommende Leben, sondern sie bewirkt es sakramental durch die Umgestaltung des Profanen ins Heilige. Vor allem indem sie eine Liebesgemeinschaft kreiert, bezeugt die Kirche die umgestaltende Gegenwart Christi im Kosmos. Ihre Botschaft bleibt stets die gleiche, und die Welt bedarf durch alle Generationen auch immer der selben Botschaft: die frohe Nachricht, daß Gott uns eben jetzt in Jesus Christus liebt und rettet.[680]

Florovskij lehnte die Definition der Kirche als einer sichtbar strukturierten, perfekten Gesellschaft mit ihrer vertikalen Beziehung der Gläubigen zu einer Obrigkeits-Hierarchie ab. Kirche ist für ihn nicht bloß eine äußerliche Autorität, sondern gelebte Tradition, in welcher sich sowohl horizontal wie vertikal Gottes Beistand in der ständigen Gegenwart des Heiligen Geistes durch die Erleuchtung des Leibes Christi als Ganzem äußert. Das Volk Gottes (mit seinen Führern) hat nicht nur die Aufgabe, das lebendige Wort Gottes zu bewahren, sondern es stets zu erneuern.

Aus diesem Grunde wies G. Florovskij auch die Festlegung der Tradition in sogenannten "symbolischen Büchern" entschieden zurück. Er hatte dabei durchaus richtig erspürt, daß es zu einer Trennung zwischen gelebter christlicher Frömmigkeit und spekulativer Theologie gekommen war. Nachdem er – wohl ebenfalls nicht zu Unrecht – diese Trennung auf die versteifend wirkenden Einflüsse der westlichen Scholastik innerhalb der orthodoxen Theologien zurückführte, bedeutete sein Ruf nach einer Rückkehr zu den Quellen christlichen Denkens und zur

678 Vgl. G. Florovsky, Patristik und moderne Theologie, in Procès-Verbaux, S. 241f.
679 Vgl. G. Florovsky, Eschatologie in der Patristik, in Studia patristica Bd. II, S. 235ff.
680 Vgl. G. Florovsky, Christianity and Civilization, in St. Vladimir's Seminary Quarterly No.1, 1952, S. 19f.

Optik der frühen christlichen Kirchenväter den Versuch, den gelebten Glauben und die Theologie wieder miteinander zu verbinden.[681]
Folgerichtig wiederholte G. Florovskij auf dem Athener Kongreß von 1936 das Grundanliegen der "Slawophilie", daß alle artfremden katholischen und protestantischen Einflüsse aus der orthodoxen Theologie ausgemerzt werden müßten. Er traf sich in dieser Auffassung unter anderem auch mit den Vorstellungen von Erzpriester *Sergij N. Bulgakov* (1871–1944), der bereits 1926 gegenüber der Scholastik den Vorwurf erhob, sie habe das Geheimnis der Kirche rational aufgelöst.[682] Er scheute sich auch nicht, wie es bereits S. Ostroumov getan hatte, die Autorität des Jerusalemer Konzils von 1672 wegen der katholisch-scholastisch beeinflußten Beschlüsse anzuzweifeln.
Sergij N. Bulgakov[683] folgerte, "daß das Fundament der verschiedenen mustēria und heiligen Handlungen durch das mustērion aller mustēria, durch das All-mustērion, gebildet wird, das eben die Kirche als Gottmenschheit ist, die wirkliche Fleischwerdung Gottes und das wirkliche Pfingsten des Geistes, die in ihrer Kraft fortdauern. Und dieses All-mustērion, das in sich keine Grenzen besitzt, vollzieht sich in der Welt und in der Menschheit, über der gesamten Welt und über der gesamten Menschheit und deshalb immer, jetzt und allezeit und in Ewigkeit, denn die Kraft der Fleischwerdung und die nicht wegzudenkende Ausgießung des Heiligen Geistes sind untrennbar."[684]
Der Besitz wahrer und wirksamer "mustēria" ist nach S.N. Bulgakov ein Zeichen der wahren Kirche,[685] wobei die "mustēria" gewissermaßen ein Ordnungsprinzip darstellen: "Die göttliche Einsetzung der mustēria erstellt auch auf dem Gebiet des Gnadenlebens eine Ordnung, ein Maß und ein Gesetz und setzt der ungezügelten und formlosen Ekstase, welche für die Sekten (englische Quäker, russische Chlysten) charakteristisch ist, Schranken. Sie gibt dem Gnadenleben ein objektives, göttliches Fundament (. . .) . In den mustēria wird der Heilige Geist immer und unabänderlich auf eine festgesetzte Weise durch die Kirche verliehen, aber er wird von den Menschen verschieden empfangen. Die Kirche hat die Macht, den Heiligen Geist in den mustēria herabsteigen zu lassen.

681 Vgl. G.A. Maloney, The Ecclesiology of Father George Florovsky, in Diakonia No. 1, 1969, S. 17–25, sowie Y.-N. Lelouvier, Perspectives Russes sur l'Eglise.
682 Vgl. S.N. Bulgakov, Očerki učenija o Cerkvi, in Put' No. 2, 1926, S. 58.
683 Sergij Bulgakov wurde wegen seiner "Sophiologie", der Lehre von der göttlichen Weisheit, die einen wesentlichen Bestandteil seines theologischen Denkens ausmacht, sowohl vom Moskauer Patriarchatsverweser Sergij (Stragorodskij) wie auch vom Vorsteher der russisch-orthodoxen Auslandkirche, Metropolit Antonij (Chrapovickij) angegriffen (einer der seltenen Fälle, in denen sich die Moskauer und die Karlowitzer Jurisdiktion einmal einig waren). Kirchenrechtlich hatte dies für Bulgakov insofern keine Konsequenzen, als er zum westeuropäischen Exarchat des Patriarchats von Konstantinopel gehörte und dessen Protektion genoß, so daß er sogar auf dem orthodoxen Theologenkongreß von 1936 seine Thesen vertreten konnte.
684 S.N. Bulgakov, Nevesta Agnica, S. 296f.
685 Vgl. S. Bulgakov, Pravoslavie, S. 244.

Pfingsten, das sich einst bei der Versammlung der Apostel ereignete, ereignet sich innerhalb der Kirche in den musteria ständig aufgrund der apostolischen Sukzession durch die Hierarchie. Deshalb ist die Macht, musteria zu spenden, unmittelbar ans Priestertum gebunden. Da, wo es kein Priestertum gibt, gibt es keine musteria (die Taufe ausgenommen). Das will nicht heißen, daß in diesen Fällen der Heilige Geist abwesend sei, denn die musteria sind nicht der alleinige Weg, durch den der Heilige Geist verliehen wird. Der Geist weht, wo Er will, und die Gabe des Heiligen Geistes ist, selbst in der Kirche, nicht auf die musteria beschränkt. Doch diese Verleihung des Heiligen Geistes unterliegt keinerlei menschlicher Zuständigkeit, während in den musteria der Kirche eine Zuständigkeit und eine bestimmte Form bei der Verleihung der Geistesgaben gegeben ist."[686]

Wohl nicht zuletzt aus dem Bestreben heraus, den römischen Primat zu bekämpfen, vertrat allerdings S.N. Bulgakov später die Meinung, daß die Gültigkeit der "musteria" *in erster Linie* von deren Zugehörigkeit zur Universalität der wahren Kirche abhange und nicht von der Weihegewalt des Spenders und der damit implizierten apostolischen Sukzession.[687]

Die Eucharistie als das "zentrale musterion der Kirche" bildet aus der Sicht S.N. Bulgakovs mit der Kirche eine innere Einheit, und so bezeichnet er auch die Eucharistie als "musterion der musteria"[688]. Es ist höchst charakteristisch und sicherlich nicht zufällig, daß er damit einen Ausdruck von Dionysios (Pseudo-) Areopagita aufnahm[689], dessen neuplatonische Gedankenwelt wir bereits zu Beginn unserer Arbeit behandelten.[690]

Andererseits klingt bei Bulgakov bereits etwas von dem Gegensatz zwischen eucharistischer und hierarchischer Kirche an, den später N.N. Afanas'ev in seiner "eucharistischen Ekklesiologie" so sehr betonte, wenn wir in "Nevesta Agnica" lesen: "Die göttliche Eucharistie als Grundlage aller musteria war (...) im apostolischen

686 S. Bulgakov, Pravoslavie, S. 243f.

687 Im posthum veröffentlichten Werk von S.N. Bulgakov "Nevesta Agnica", heißt es, daß in Wirklichkeit das Hohepriestertum Christi "die Grundlage für das neutestamentliche Priestertum" bildet, "das jedoch durchaus keine Stellvertretung Christi, sondern nur kirchliche Einrichtung ist, selbstverständlich in der Kraft Christi" (ibid. S. 300). "Die Hierarchie entsteht nur aufgrund des allgemeinen Priestertums, in dem die Gottmenschheit als Christi Priestertum ihren Ausdruck findet" (ibid. S. 304). "Die Überzeugung, daß die Eucharistie vom Bischof vollzogen werden muß und überhaupt von der Hierarchie, beginnt sich seit dem zweiten Jahrhundert zu kristallisieren . . . Aus dem Gang des geschichtlichen Entstehens und der geschichtlichen Entwicklung des Episkopates erhellt, daß dieser letzte vor allem Organ des gesetzmäßigen, in bestimmter Form stattfindenden Vollzugs der Eucharistie wird. Das ist die Schlüsselgewalt (oder überhaupt die sakramentale Gewalt), aus der, wie aus einem Samenkorn, sich das ganze episkopal-hierarchische System entwickelt. Selbstverständlich erweist sich auf dem geschichtlichen Wege der Kirche eine solche Formgebung des eucharistischen Opfers als notwendig und wohltuend. Wie jede Selbstbestimmung der Kirche kommt sie zustande durch das Wirken des Heiligen Geistes, der die Kirche führt" (ibid., S. 308f., deutsch bei B. Schultze, Russische Denker, S. 347f.).

688 Vgl. S. Bulgakov, Nevesta Agnica, S. 309.

689 Vgl. Dion. Areopag., hier. eccl. 3,1 (M PG 3,424C).

690 Vgl. I, 3A: Die Mystagogie der griechischen Kirchenväter.

Zeitalter ausschließlich das, was sie in ihrer Eigenschaft als einer Verwirklichung des Leibes der Kirche als des Leibes Christi ist, und deshalb erschien sie nicht vorzugsweise hierarchisch, sondern gemeinschaftlich (sobornym), gemeinsam. Wie diese Sobornost' schon seit dem zweiten Jahrhundert dem Hierarchismus wich, der sie natürlich nicht beseitigte, aber geeignet ist, sie zu verdecken – darauf muß die Kirchengeschichte eine Antwort geben."[691]
Allerdings sah Bulgakov in der Entwicklung einer hierarchischen Strukturierung der Kirche noch durchaus das Wirken des Heiligen Geistes.[692] Aber gleichzeitig gewahrte er auch die Gefahr, daß diese hierarchische Struktur in ihrer Überbetonung das eigentliche und ursprüngliche Wesen der Kirche als einer eucharistischen Gemeinschaft, die den Leib Christi verwirklicht, zu verdecken vermag. Schon 1930 hatte er erklärt: "Im gegenwärtigen Aeon ist die Kirche als Leib Christi in ihrer letzten Realität (wenngleich unsichtbar) der eucharistische Leib, in den sich die eucharistischen Gaben verwandeln."[693]
S.N. Bulgakov hatte damit einen Problemkreis angeschnitten, der in der Folgezeit insbesondere N.N. Afanas'ev und dessen Schüler beschäftigte: Das Verhältnis von Eucharistie und Kirche.

C. Die Eucharistie, "das mustērion der mustēria"

Bevor wir uns mit dem Problem der "eucharistischen Ekklesiologie" befassen, wollen wir uns kurz der Eucharistie selbst zuwenden, wie sie von den neueren orthodoxen Theologen interpretiert wird. Hierbei fällt sofort auf, wie sehr sich diese – gestützt auf die eucharistische Liturgie und die Kirchenväter – an der Tradition der frühchristlichen Kirche orientieren.[694]
S. Ostroumov bezeichnete das Abendmahl als ein "Gastmahl des Glaubens". "Dies ist das liturgische Mahl, das für Jahrhunderte und Jahrtausende bereitet wurde, vom Vorabend des Todes des Menschensohnes bis zum herannahenden Tage des Gerichts; das liturgische Mahl, das sich über die ganze Erde und bis zum sogenannten Himmel erstreckt. Dies ist das Festmahl, an dem sich die Gläubigen von der unermeßlichen Freigiebigkeit seiner Liebe und der Gnade unseres Befreiers nähren."[695] Die Eucharistie ist ein kosmisches Ereignis, eine Gedächtnisfeier der Großtaten Christi ebenso wie die Feier unserer Erlösung vom Joch der Sünde. "Dieses Festmahl 'wird deshalb Danksagung (Eucharistie) genannt, weil wir hier den Antrieb haben, mehr zu danken, als zu bitten, da wir hier mehr erhalten, als wir erbitten' (Jeremias, Patriarch von Konstantinopel)."[696]

691 S. Bulgakov, Nevesta Agnica, S. 311 (deutsch bei B. Schultze, Russische Denker, S. 348).
692 Vgl. S. Bulgakov, ibidem, S. 308f. (cf. unsere Anm. 687).
693 S. Bulgakov, Evcharističeskij dogmat, in Put', No. 20, 21, 1930.
694 Man vergleiche hierzu unsere Ausführungen unter 1. Teil, II B: Taufe und Eucharistie als zentrale Heilsriten.
695 S. Ostroumov, Mysli o svjatych tajnach, in Christianskaja Mysl' No. 2, 1917, S. 36f.
696 S. Ostroumov, ibidem, S. 37.

Indem er von den verschiedenen Bezeichnungen der Eucharistie ausging, versuchte Ostroumov den inneren Sinn derselben darzulegen: "Bei den Lateinern werden die hl. Gaben entsprechend dem lateinischen Wort, welches Darbringung und Opfer bedeutet, Oblaten genannt. Bei den orthodoxen Russen wurde für die hl. Gaben die Bezeichnung 'heilige Geheimnisse' (svjatyja tajny) und 'Kommunion' (pričastie) gewählt. Die erste Bezeichnung verweist auf die Unzulänglichkeit des allergrößten mustērion für das urteilende Verstehen (. . .) Die zweite Bezeichnung verweist auf die wohltätige Folge des mustērion für den Menschen: die Vereinigung mit Christus in der Kirche."[697]
Diesen Doppelaspekt der Eucharistie als Mysterium und als Kommunion wurde auch von Paul Evdokimov hervorgehoben, der gleichzeitig auch ihre kosmische Bedeutung unterstrich. "Die Eucharistie in dieser Welt ist bereits etwas ganz anderes als die Welt." Sie verweist – im Sinne der Kirchenväter – auf die ewige Eucharistie, das kommende Reich Gottes. In ihrer eschatologischen Ankündigung umfaßt sie die Zeit von ihrem Anfang bis zum Ende. "Menschwerdung, Sühne, Auferstehung und Verherrlichung werden mittels des gleichen Kelches angekündigt. Das ist das Wesen des Christentums: Das Mysterium des göttlichen Lebens stellt sich als Mysterium des menschlichen Lebens dar, 'damit alle Eins seien: so wie du, Vater, in mir bist und ich in dir bin' (Joh 17,21). Deshalb wird die Gründung der Kirche am Pfingsttage unmittelbar von der Offenbarung ihrer Natur gefolgt: 'Täglich verharrten sie einmütig im Tempel und *brachen das Brot* in den einzelnen Häusern' (Apg 2,46). Dieser Ausdruck wird der eucharistische Stil des Lebens selbst: 'Alle Gläubigen hielten zusammen und betrachteten all ihre Habe als gemeinsames Eigentum' (Apg 2,44). Durch das Christusbrot werden die Gläubigen das gleiche Brot, die gleiche eine und dreifaltige Liebe, das durch den Menschen gelebte priesterliche Gebet."[698]
Das Wesentliche der Kirche ist die Kommunion zwischen Gott und den Menschen, wie wir sie schon im paradiesischen Zustand vorgezeichnet finden.[699] "Die Kirche ist der Leib Christi, insoweit sie Lebenseinheit mit ihm ist . . ."[700] "Sie existiert in uns, nicht insofern sie Institution oder Gesellschaft ist, sondern vielmehr als eine gewisse spirituelle Evidenz oder Gegebenheit, als eine besondere Erfahrung, als Leben."[701]
Das östliche Kirchenverständnis zeichnet sich dadurch aus, daß der Hauptakzent weit mehr auf das Mysterium als auf die hierarchisch verfaßte Gemeinschaft gelegt wird. Der mystische bzw. sakramentale Aspekt dominiert den juridischen Gesichtspunkt. Die Kirche ist ein gottmenschlicher Organismus, das Leben Gottes im Menschlichen und damit ihrer Struktur nach eine sakramentale Gemeinschaft. "Die sichtbare Kirche ist nicht allein die sichtbare Gesellschaft der Christen",

697 S. Ostroumov, ibidem, S. 36.
698 P. Evdokimov, L'Orthodoxie, S. 244f.
699 P. Evdokimov, ibidem, S. 124.
700 S. Bulgakov, Pravoslavie, S. 28.
701 S. Bulgakov, ibidem, S. 33.

unterstrich P. Evdokimov, "sondern auch 'der Geist Gottes und die Gnade der lebendigen mustēria in dieser Gesellschaft' (Chomjakov); ihre Sichtbarkeit ist demnach der Ort des Unsichtbaren, dessen ständiges Sichtbarwerden."[702] Und dieser Ort ist gerade wegen der Verbindung von Menschlichem und Göttlichem die Eucharistie.

"Die Kirche der ersten Jahrhunderte vereinigte die Taufe, die Myronsalbung und die Eucharistie in einem Bündel, das die Väter als die 'Große Einweihung' bezeichneten. Der Neophyt durchlief nach und nach drei Phasen eines einzigen Aktes, der ihn zum Mitglied des in Christus zusammengefaßten 'Gottesvolkes' machte und zur Laienwürde eines 'Priesters, Propheten und Königs' erhob. Die Eucharistie, welche diese stufenweise Einweihung beendete, war zugleich ihre absolute Vollendung. Gemäß der *kirchlichen Hierarchie*[703] des Pseudo-Dionysios, welcher bereits eine sehr sichere Tradition überlieferte, ist die Eucharistie nicht ein mustērion unter den andern, sondern das mustērion der mustēria.

Diese grundlegende Definition liegt an der Quelle der orthodoxen Ekklesiologie. Sie bedeutet, daß die Eucharistie nicht ein mustērion *in der Kirche* ist, sondern das mustērion *der Kirche* selbst; sie begründet diese, manifestiert sie und drückt adäquat ihr Wesen aus. Deshalb bezeichnet im Orient das Wort Liturgie (gemeinsames Werk des Volkes: leitourgia: ergon tou laou) immer kurz und bündig den eucharistischen Gottesdienst."[704]

Eucharistie als "mustērion" der Kirche und somit als "mustērion der mustēria" bedeutet, daß die übrigen "mustēria" auf die Eucharistie hingeordnet sind und

702 P. Evdokimov, op. cit., S. 127 (cf. Chomjakov, Cerkov' odna, § 1).

703 Vgl. Dion. Areopag., hier. eccl. 3,1 (M PG 3,424).

704 P. Evdokimov, Eucharistie – Mystère de L'Eglise, in La pensée Orthodoxe No. 2 (13), 1968, S. 53; vgl. auch D. Dimitrijevič, Das Mysterium der Kirche, in Hundert Jahre Christkatholisch-theologische Fakultät der Universität Bern, S. 83f.: "Der sakramentale Charakter des gesamten eucharistischen Geschehens ist aus der Gegenwart des himmlischen Hohenpriesters zu verstehen, der nicht nur zur Rechten Gottes sitzt, sondern auch da ist, wo zwei oder drei in seinem Namen versammelt sind. Eben darum geht es in der eucharistischen Versammlung: da ist Christus in seiner Eigenschaft als himmlischer Hoherpriester selber zugegen und vollzieht selber als Hauptliturge das liturgische Geschehen, so daß die Eucharistie durch seine Realpräsenz, d.h. die Präsenz seiner Person, und durch die Aktualpräsenz seines ganzen Heilswerks zum 'mysterion' wird.
Besondere Beachtung fordern die vielfachen Beziehungen zwischen der himmlischen Liturgie, der Urliturgie, und dem eucharistischen Geschehen. Einerseits wird die irdische Eucharistiefeier als Bild, als Ikone dessen verstanden, was im Himmel vor dem Throne Gottes geschieht. Nach dem im 6. Jahrhundert eingeführten Cherubimhymnus stellen die Teilnehmer an der Eucharistiefeier 'die Cherubim mystisch dar und singen der lebendigmachenden Dreieinigkeit das Dreimalheilig'. Andererseits kommt in der Eucharistie, indem sie die lebendige Ikone der Urliturgie ist, zugleich etwas von der Wirklichkeit der himmlischen Liturgie auf die Erde herab, bricht etwas von jener Herrlichkeit, die am Ende der Zeiten offenbar werden soll, schon jetzt in diese Welt hinein, so etwa, wenn Christus während des großen Einzugs inmitten der himmlischen Heerscharen einzieht, um mit uns gemeinsam das ewige Opfer darzubringen. Umgekehrt ist die irdische Liturgie eine Teilhabe an der Urliturgie, wofür wiederum auf das Dreimalheilig gewiesen sei: wenn der Chor, d.h. das Volk, das der Chor repräsentiert, 'das Heilig, Heilig, Heilig anstimmt, so fällt es damit in den Gesang der himmlischen Heere ein'."

sich in ihr vollenden. Deshalb bekräftigte P. Evdokimov auch unablässig: "Jedes mustērion ist immer ein Ereignis *in* der Kirche, *durch* die Kirche und *für* die Kirche. Es schließt jegliche Atomisierung aus, welche den Akt von demjenigen isoliert, der ihn empfängt. Jedes mustērion wirkt sich auf den ganzen Leib aller Gläubigen aus. Die Taufe ist eine Geburt in der Kirche und diese wird dabei um ein Mitglied reicher. Die sakramentale Absolution 'gibt' den Pönitenten der Kirche 'zurück'. Die Verheirateten erhalten vor allem Zugang zum eucharistischen Mahl, bekleidet mit der Würde des ehelichen Priestertums. Die Weihe macht den Bischof zum Zeugen der Eucharistie. Schließlich sind in der Eucharistie alle vereint in der Kommunion des gleichen Geistes. Auf diese Weise übersteigt jedes mustērion das Partikuläre auf seine universelle (katholische) Resonanz hin. Und die verliehenen Gaben werden für alle sichtbar gemacht, denn letztlich bezeugt die Kirche in der Eucharistie die Herabkunft des Heiligen Geistes und den Empfang aller Gaben. Deshalb war in der alten Praxis jedes mustērion ein organischer Bestandteil der eucharistischen Liturgie, welche auf das Verliehene und das Empfangene eine Art definitives Siegel einprägte."[705]
Evdokimovs Äußerungen sind in der Tat nur ein Echo alter östlicher Überlieferungen, wie sie sich bei den Vätern und insbesondere in der Liturgie finden. Wie wir bereits darlegten, nannte schon der Pseudo-Dionysios die Eucharistie ein "mustērion" der Gemeinschaft (koinōnia) und der Vereinigung (sunaxis)[706], weil sie "als Krone der betreffenden einzelnen Heiligungsmittel die Vereinigung des Geweihten mit dem *Einen* auf heilige Art bewirkt und seine Gemeinschaft mit Gott durch das gottverliehene Geschenk der vollendeten mustēria in abschließender Weise herbeiführt"[707]. Nikolaos Kabasilas, der – wie die Kirchenväter – in den "mustēria" eine Quelle der Regeneration (anagenesis) sah[708], erklärte, wobei er sich ausdrücklich auf den Pseudo-Areopagiten berief, daß die übrigen "mustēria" nicht vollkommen seien und nicht ihre ganze Wirkung hervorbringen könnten, wenn sie nicht in die Teilnahme am göttlichen Festmahle einmündeten.[709] "So sehr es stimmt, daß dieses mustērion über alles andere den Sieg davonträgt und zum Gipfel des Reichtums hinführt, ebensosehr ist es das letzte Wort allen menschlichen Sehnens, denn es ist Gott selbst, den wir dadurch erreichen, und Gott verbindet sich mit uns in

705 P. Evdokimov, ibidem, S. 53; cf. L'Orthodoxie, S. 264.
706 Vgl. I, 3A: Die Mystagogie der griechischen Kirchenväter, sowie insbesondere unsere Anm. 182, 184, 185.
707 Dion Areop., hier. eccl. 3,1 (M PG 3, 424).
708 Vgl. N. Cabasilas, La vie en Jésus-Christ, S. 97: "Jesus Christus ist zweifellos in jedem mustērion, und er ist unsere Salbung, unsere Taufe und unsere Nahrung. Er ist in jenen gegenwärtig, welche an den verschiedenen mustēria teilnehmen, und er spendet ihnen seine Gunsterweise, aber auf verschiedene Art. Die Getauften reinigt er von der Beflekkung der Sünde und prägt ihnen sein eigenes Bild ein. In den Gefirmten macht er die Gaben des Heiligen Geistes, deren heiliges Depositum sein Leib ist, wirksamer. Wenn er die Seele zu seinem heiligen Tisch führt und ihr seinen Leib zur Speise gibt, verändert er den Kommunizierenden und teilt ihm seine Persönlichkeit mit. Und der Staub, der die königliche Würde erhält, ist nicht mehr Staub, sondern verwandelt sich in die Substanz des Königs: es gibt kein wünschenswerteres Geschick."
709 Vgl. N. Cabasilas, ibidem, S. 106.

der engsten Vereinigung. Tatsächlich, gibt es etwas Innigeres als mit Gott einen einzigen Geist zu bilden? Deshalb ist die Eucharistie die Ergänzung aller übrigen mustēria; sie interveniert, um die Leere auszufüllen, die diese nicht ohne sie auszufüllen vermögen; sie bietet ihre Mitwirkung, um aufs Neue den durch die übrigen mustēria verliehenen und in der Folge durch die Finsternis der Sünde verdunkelten Glanz wieder aufscheinen zu lassen."[710]

Bereits ein flüchtiges Studium der "heiligen Handlungen" in den Kirchen griechischer Tradition zeigt in der Tat, daß diese – zumindest ursprünglich – alle auf die Eucharistie, oder, noch genauer formuliert, auf die eucharistische Gemeinschaft der Kirche ausgerichtet sind. Taufe, Firmung und hl. Kommunion bilden ein Ganzes. Aus diesem Grunde wird logischerweise bei der Kindertaufe auch dem Kleinkind die hl. Kommunion gereicht. Durch die Taufe wird der Katechumene der Kirche als der eucharistischen Synaxis zugesellt, was im Gebet zur Namensgebung[711] deutlich zum Ausdruck kommt. Vor der Firmung betet der Priester: "Verleihe ihm auch das Siegel der Gabe deines heiligen, allmächtigen und anbetungswürdigen Geistes *und die Kommunion des hl. Leibes und des kostbaren Blutes deines Christus."*[712] Aber auch die übrigen "mustēria" vollenden sich in der Eucharistie. Das "mustērion" der Buße ist nichts anderes als die Reaktivierung der Tauf- und Firmgnade mit der daraus folgenden Wiederzulassung zur Koinōnia. Die Beziehung der Weihen auf die Eucharistie bedarf keiner weiteren Erläuterungen, wohl aber die Verbindung zwischen Ehe und Eucharistie sowie die Hinordnung des "Ritus der Lampe", der heiligen Ölung, auf das heilige Mahl.

In der Verbindung der Ehegatten sahen die Väter stets das Bild der innigen Liebeseinheit zwischen Christus und seiner Kirche.[713] Die christliche Ehegemein-

710 N. Cabasilas, ibidem, S. 100f.

711 Auszug aus dem Gebet zur Namengebung am achten Tag nach der Geburt: "Gewähre ihm, Herr, daß dein heiliger Name auf ihm bleibe, ohne verleugnet zu werden. Möge er zu gegebener Zeit *deiner heiligen Kirche zugesellt* und durch die fruchtbaren mustēria deines Christus vervollkommnet werden, damit er, nachdem er nach deinen Geboten gelebt und dein Siegel unversehrt bewahrt hat, in deinem Reich das Glück deiner Erwählung erhalte, durch die Gnade und Menschenliebe deines einzigen Sohnes . . . " (E. Mercenier, La prière des Eglises de rite byzantin, Bd. I, S. 329f.).

712 E. Mercenier, ibidem, Bd. I, S. 349.

713 Aus dieser Tatsache erklärt sich auch die feindliche Einstellung gegen eine Wiederverheiratung. Diese Ablehnung fand ihren entsprechenden Ausdruck in einem eigenen Liturgieformular der byzantinischen Kirchen für Wiederverheiratungen, das die Form einer Bußfeier erhielt, welche unter das paulinische Motto: "Es ist besser, sich im Herrn zu verheiraten, als sich in Begierde zu verzehren" (1 Kor 7,9), gestellt ist. (Vgl. E. Mercenier, ibidem, Bd. I, S. 414ff.)
Ursprünglich schloß die Wiederverheiratung auch den Krönungsritus aus, so daß man sich fragen kann, inwieweit diese Wiederverheiratungsliturgie überhaupt als "mustērion" betrachtet werden kann. Johannes Chrysostomos begründete diesen Rigorismus mit den Worten: "Man setzt eine Krone auf das Haupt der Gatten zum Zeichen ihres Sieges, denn unbesiegt streben sie dem Hafen der Ehe zu, sie, die nicht besiegt wurden von der Lust. Wenn ein Sklave der Lust sich Prostituierten hingegeben hat, warum trägt er dann noch eine Krone, da er doch ein Besiegter ist?" (Vgl. I.H. Dalmais, Die Liturgie der Ostkirchen, S. 105.)
Nikēforos, Patriarch von Konstantinopel, erließ zu Beginn des 9. Jahrhunderts neben

schaft bildet eine Art Mikrokirche; sie ist damit gleichzeitig das Unterpfand für die Nachkommen, in die eucharistische Versammlung, die Kirche, aufgenommen zu werden. Kein Wunder also, daß auch die Eheliturgie, der Krönungsritus der Brautleute, in der gemeinsamen hl. Kommunion den Abschluß fand.[714]
Doch selbst der Ritus des heiligen Öls (der nur eine entfernte Ähnlichkeit mit der lateinischen "Krankensalbung" aufweist) gipfelte ursprünglich in der hl. Kommunion. Der Kranke wurde in die Kirche getragen und erhielt das hl. Öl vor der heiligen Kommunion. Selbst dort, wo sich dieses "mustērion" im Verlaufe der Zeit zu einem Bußritus zurückbildete, wie beispielsweise in den griechischen Kirchen[715], und allen Gläubigen, auch den Gesunden, gespendet wird (was jeweils in der Karwoche geschieht), hat es seine charakteristische Stellung als Vorbereitung auf die heilige Kommunion bewahrt.[716]

dem Verbot der Krönung die Vorschrift, daß eine Zweitehe zudem für zwei Jahre den Ausschluß von den "mustēria" nach sich ziehe, bei einer Drittehe sogar für fünf Jahre. (Vgl. S. Heitz, Der orthodoxe Gottesdienst, Bd. I, Mainz 1965, S. 547, Anm. 1.)

714 "Aufgrund einer seltsamen Verschiebung empfangen die Brautleute heute im allgemeinen nicht die eucharistische Kommunion, sondern trinken den zuvor geweihten 'Kommunionkelch'. (. . .) Einige hielten nämlich wegen einer Auffassung, die eine Zeitlang im Orient wie im Abendland im Schwang war, diesen Kelch für geweiht, da ein Stücklein geweihten Brotes in ihn eingetaucht worden war" (I.H. Dalmais, op. cit., S. 109).

715 *Die Rückbildung vom "mustērion" zum "Sakramentale":*
Die fließenden Grenzen zwischen "mustērion" und "Sakramentale" zeigen sich nicht nur darin, daß in der Ostkirche sog. "Sakramentalien" das Ansehen von Quasi-"mustēria" genießen, sondern auch im umgekehrten Phänomen, daß sich ein "mustērion" zu einem Quasi-"Sakramentale" zurückzubilden vermochte, wie dies sich im Ritus des hl. Öls andeutet. – Seit alter Zeit war dieses "mustērion" in einen eigentlichen Gottesdienst eingekleidet. In sich war vorgesehen, daß der Kranke die Salbungen in der Kirche empfing. Wie die griechischen Bezeichnungen verraten, war dieses "mustērion" sowohl das "mustērion" des hl. Öls: 'agion elaion, als auch des Gebets: 'agion euhelaion. – Das Rituale schrieb die Anwesenheit von sieben Geistlichen bei der Krankensalbung vor. (Der Symbolismus der "Siebenzahl" als Bezeichnung der Gesamtheit und Vollkommenheit dürfte hierbei eine nicht unwesentliche Rolle gespielt haben.) Zwar konnte nötigenfalls die Krankensalbung auch im Hause des Kranken vollzogen und die Zahl der Priester reduziert werden, aber das änderte nichts an der Tatsache, daß die Spendung des hl. Öls recht kompliziert war. (Vgl. unsere Anm. 1008). – Wohl aus diesem Grund bürgerte sich in der griechischen Kirche der erwähnte Brauch ein, dieses "mustērion" zu bestimmten Zeiten (insbesondere in der Karwoche) allen Gläubigen, auch den Gesunden, zu erteilen und zwar während der Liturgie, als Vorbereitung auf die hl. Kommunion. Um diesen Brauch zu rechtfertigen, war eine Umdeutung der ursprünglichen Krankensalbung notwendig. Die in den Texten angedeutete Beziehung von Krankheit und Sünde wurde nun dahingehend ausgelegt, daß jeder Mensch als Sünder "krank" sei. Damit wurde das "mustērion" der Kranken zu einem Quasi-"Sakramentale" reduziert, das der Heilung des sündigen Menschen dient. Die Russen übernahmen den griechischen Brauch nur in zwei Kirchen (in der Novgoroder Sophienkathedrale und in der Hauptkirche der Troice-Sergieva-Lavra bei Moskau), wobei sie allerdings den Ritus etwas veränderten und diesen offensichtlich nicht mehr als eigentliches "mustērion" der Krankensalbung betrachteten.
Die katholischen Melkiten schließlich führten die Entwicklung insofern konsequent zu Ende, als sie zwar den griechischen Brauch übernahmen, jedoch die sakramentale Formel ausließen. So existiert heute dieser Ritus in der melkitischen Kirche parallel zum eigentlichen "mustērion" des hl. Öls.

716 Vgl. E. Mercenier, op. cit., Bd. I, S. 417f.

"Mitglied der Kirche sein bedeutet vor allem die Teilhabe an der eucharistischen Synaxis, und die Exkommunikation schließt gerade von dieser Teilnahme am Mahle aus. 'Extra Ecclesiam nulla salus' besitzt vor allem den eucharistischen Sinn: *Solus christianus – nullus christianus.* Der Einzelne *(solus)* stellt sich außerhalb der eucharistischen Koinōnia, außerhalb der Kirche."[717] Damit wird aber gleichzeitig verständlich, weshalb die Exkommunikation auch von den übrigen "mustēria" ausschließt, mit Ausnahme jenes einen, das gerade die Wiederaufnahme in die kirchliche Gemeinschaft garantiert, der Buße. Bei aller Verschiedenheit in der Ausprägung der Riten, das dieses "mustērion" heute in den einzelnen Kirchen aufweist, läßt sich doch feststellen, daß es sich im Grunde genommen dabei um "eine Überarbeitung und Erweiterung von Riten handelt, die zunächst vorgesehen waren für die Wiederaufnahme von Abtrünnigen oder öffentlichen Sündern, die zeitweise aus der Kirche hatten ausgeschlossen werden müssen"[718]. So bewahrt zum Beispiel das slawische Bußritual den Brauch, den Pönitenten zuerst über seinen Glauben zu befragen und ihn anschließend das Credo sprechen zu lassen.[719]
Hiermit dürfte hinreichend belegt sein, daß jedes "mustērion" – um es mit den Worten von P. Evdokimov auszudrücken – in Funktion auf die Eucharistie existiert und wirksam wird durch ihre Macht, welche diejenige der Kirche ist, denn in der Eucharistie vollendet und manifestiert sich die Kirche.[720] In Anlehnung an N.N. Afanas'ev (und im Gegensatz zu S.N. Bulgakov)[721] ist auch für Evdokimov die Eucharistie nicht nur das zentrale "mustērion" in der Kirche, sondern die Kirche selbst. "Die Kirche ist da, wo die Eucharistie gefeiert wird, und derjenige ist Mitglied der Kirche, der daran teilnimmt, denn in der Eucharistie ist Christus – der eigenen Verheißung gemäß – 'mit uns bis ans Ende der Zeiten'."[722]
In diesem Punkt besteht auch ein Unterschied zur westlichen Auffassung der Kirche als einem "Ursakrament"[723], denn hier geht es um den inneren Bezug zwischen Kirche und Eucharistie. Deshalb definierte P. Evdokimov: "Die Kirche ist Omni-Sakrament und bewirkt durch ihre Macht jedes mustērion, weil sie die Eucharistie ist. Alles ist darin eingeschlossen, und man kann 'nicht weiter gehen . . .'."[724]

717 P. Evdokimov, L'Orthodoxie, S. 128.
718 I.H. Dalmais, op. cit., S. 84.
719 Vgl. E. Mercenier, op. cit., Bd. I, S. 365.
720 Vgl. P. Evdokimov, op. cit., S. 266; sowie G. Florovsky, L'Eglise, sa nature et sa tâche, in L'Eglise universelle dans le dessein de Dieu, S. 65: "Die mustēria bilden die Kirche. Nur sie führen die christliche Gemeinde über die menschlichen Dimensionen hinaus und machen aus ihr die Kirche."
721 Vgl. unsere Ausführungen im 4. Teil, I E: Die eucharistische Ekklesiologie.
722 P. Evdokimov, ibidem, S. 266.
723 Vgl. O. Semmelroth, Die Kirche als Ursakrament. Nach Semmelroth sind die sieben Sakramente "Ausformungen des Ursakramentes Kirche" (ibidem, S. 48). Die Kirche ist das "Sakrament der Menschheit", "während die sakramentalen Einzelhandlungen die Sakramente für die einzelnen Menschen sind" (ibidem, S. 53). – Schon aus diesen beiden Aussagen dürfte der Unterschied zur östlichen Auffassung klar zutage treten.
724 P. Evdokimov, ibidem, S. 266.

D. Die Kirche, Mysterium und Institution in einem

Es war vor allem Erzpriester *Nikolaj N. Afanas'ev* (1893–1966), welcher von der Struktur der frühen christlichen Kirche ausgehend der orthodoxen Ekklesiologie nochmals neue Impulse gab. Die Beschäftigung mit der Frage nach dem Primat ließ in ihm die Überzeugung wachsen, daß sich die Ekklesiologie in den ersten Jahrhunderten der Kirche durch Angleichung ihrer Struktur an diejenige des römischen Kaiserreichs vom ursprünglichen Typus einer *eucharistischen Ekklesiologie* entfernt und zu einer *universellen Ekklesiologie* entwickelt habe. Dieser "universale" Kirchenbegriff einer organisatorisch unter einem höchsten hierarchischen Haupt zusammengefaßten Kirche sei in der lateinischen Kirche konsequent zu Ende geführt, aber auch vom Christlichen Orient teilweise übernommen worden.
Der erste Systematisator der *universellen Ekklesiologie* sei, so meinte Afanas'ev, Cyprian von Karthago – "ein typischer Römer" – gewesen. "Für Cyprian, wie für Ignatius und Tertullian, ist die Kirche *eine,* denn Christus ist auch der eine Herr: *Deus unus est et Christus unus et una ecclesia*[725]. (. . .) Wie man in der Kirche als dem Leibe Christi verschiedene Glieder unterscheiden kann, so setzt sich die eine und allein wahre Kirche in ihrer wirklichen, irdischen Erscheinung aus verschiedenen lokalen Kirchen zusammen, die deren Glieder sind: *Una ecclesia per totum mundum in multa membra divisa*[726]. (. . .) Nur diese über die ganze Welt hin verbreitete *(per totum mundum)* Kirche besitzt die ganze Fülle und die Einheit; die einzelnen lokalen Kirchen, die ja nur Glieder der einen und allein wahren Kirche sind, besitzen nur einen Teil der Fülle."[727]
Geht man von der "universellen Ekklesiologie" aus, so kann, wie Afanas'ev zu Recht feststellt, "die Lehre vom Primat auf keine Weise bestritten" werden[728], eine These, welche auch vom Afanas'ev-Schüler Aleksandr Šmeman in ähnlicher Weise vertreten wurde[729].
Nun ist aber die sog. "universelle Ekklesiologie" nicht die einzige und auch nicht die ursprüngliche, wie Afanas'ev betonte, denn die Lokalkirchen der ersten drei Jahrhunderte, die *autonom* (weil sie alles zum Leben als Kirche Notwendige in

725 Cyprian, epist. 43, V, 2: vgl. Tertullian, De virginibus velandis 2.
726 Cyprian, epist. 55, XXIV, 2; vgl. epist. 36, IV, 1.
727 N. Afanassieff, Das Hirtenamt der Kirche: In der Liebe der Gemeinde vorstehen, in Afanassieff/Koulomzine/Meyendorff/Schmemann, Der Primat des Petrus in der orthodoxen Kirche, S. 11f.
728 N. Afanassieff, ibidem, S. 23.
729 A. Schmemann, Der Begriff des Primates in der orthodoxen Ekklesiologie, in Der Primat des Petrus . . . , S. 126f.: "Wenn man die Kategorien eines Organismus und der organischen Einheit auf die *universelle Kirche anwendet und somit diese als die Zusammenfassung aller örtlichen Kirchen versteht,* so muß man zugeben, daß die Gegenwart einer einzigen, höchsten und universellen Gewalt in dieser unvermeidlich ist, denn diese ist die logische Folge der Lehre von einer als Organismus verstandenen Kirche. (. . .) In der *universellen* Ekklesiologie ist der Primat notwendig und natürlich eine von Gott eingesetzte *Gewalt* und die Quelle jeder andern Gewalt in der Kirche. All das wurde in der römischen Lehre von der Kirche ausgearbeitet und endgültig gestaltet."

sich selbst besaßen) und *unabhängig* (d.h. der eigene Bischof war keinem andern unterstellt) waren, lassen sich in ihrer Struktur gar nicht von einer universellen Ekklesiologie her verstehen. Die Urkirchen waren nicht Teil eines Ganzen, nämlich der Gesamtkirche, denn dann hätten sie weder selbständig noch unabhängig sein können. "Folglich besaßen die Urkirchen die genannten Eigenschaften aufgrund der Tatsache, daß jede Kirche die Gemeinde Gottes in ihrer Fülle war."[730]
Das gemeinsame Merkmal oder der Angelpunkt aller Lokalkirchen ist für Afanas'ev die Eucharistie, und in diesem Punkte setzt auch seine *"eucharistische Ekklesiologie"* ein. "Jede Ortsgemeinde ist die Kirche Gottes in Christus, denn Christus wohnt in seinem Leibe inmitten der zur Eucharistie Versammelten, und die Gläubigen werden Glieder seines Leibes durch ihre Gemeinschaft mit dem Leibe Christi. (. . .) Die Ortsgemeinde ist unabhängig und selbständig, weil die Kirche Gottes in Christus in sich selbst die ganze Fülle hat. Sie ist unabhängig, denn jede Macht und Autorität über sie, welcher Art sie auch sein möge, wäre eine Macht und eine Autorität über Christus und über seinen Leib. Sie ist unabhängig, denn die Kirche Gottes in Christus besitzt die Fülle dessen, was sie zum Leben braucht; außerhalb dieser Fülle lebt nichts, denn außerhalb Christi kann nichts leben."[731]
Nach Afanas'ev wird damit die Einheit der Kirche durchaus nicht in Frage gestellt. "Die Mehrzahl der Ortsgemeinden zerstört die Einheit der Kirche Gottes keineswegs, denn die Mehrzahl der Feiern des Herrenmahls und der dazu Versammelten löst die Einheit der Eucharistie weder im Raume noch in der Zeit auf."[732]
Diese Auffassung teilte auch P. Evdokimov, der unter Bezugnahme auf das Pauluszitat: "Da es nur ein einziges Brot gibt (Christus), so bilden wir, die wir viele waren, nur einen einzigen Leib"[733], erklärte: "In der eucharistischen Kommunion wird die Einheit aller, die in Christus, dem Haupt, zusammengefaßt sind, zum Abbild der trinitarischen Kommunion: der Eine und zugleich dreifaltige Gott, die Einheit in der Vielfalt."[734]
Aleksandr Šmeman kleidete diesen Tatbestand in die folgenden Worte: "Gottes Kirche ist der alleinige und unteilbare Leib Christi, der in jeder einzelnen Kirche unteilbar bleibt, und das heißt in der sichtbaren Einheit des Volkes Gottes, das in

730 N. Afanassieff, ibidem, S. 25.
731 N. Afanassieff, ibidem, S. 27. Den Vorrang einer Lokalkirche vor einer andern ist aus der Sicht von Nikolaj Afanas'ev der Vorrang eines "primus inter pares". Es ist dies nicht ein *Primat* der Herrschaft und der Ehre, sondern ein *Vorrang* der Liebe und des sich daraus ergebenden Dienstes an den andern Lokalkirchen (vgl. S. 31 f.).
732 N. Afanassieff, ibidem, S. 28 (cf. L'apôtre Pierre et l'évêque de Rome, in Theologia Bd. 26, 1955, S. 11). Obgleich N.N. Afanas'ev den Begriff "Sobornost'" vermied, finden sich doch deutliche Anklänge an A.S. Chomjakov, wenn er schreibt: "Die Menge der einzelnen Ortsgemeinden bildet eine Einheit, die auf die Liebe und die Eintracht gegründet ist" (ibidem, S. 30).
733 1 Kor 10,17; 12,12; vgl. Röm 12,5.
734 P. Evdokimov, Gotteserleben und Atheismus, S. 82.

der Eucharistie versammelt und 'im Bischof vereint' ist."[735] Jede Lokalkirche besitzt demnach als eucharistische Gemeinde die ganze Fülle "als Gabe Gottes in Christus".[736] "Andererseits besitzt eine Ortsgemeinde diese Fülle nur in Übereinstimmung mit den andern Kirchen, in dem Maße also, als sie aus dieser einzigartigen und unteilbaren Gabe Gottes nicht ihr eigenes, 'losgelöstes', im wahren Sinne des Wortes 'häretisches' Eigentum macht."[737]

"Alle Lokalkirchen identifizieren sich im Leib Christi, den jede manifestiert" sagte Olivier Clément. *"Ihre Kommunion ist eine eucharistische Konsubstantialität, bedingt durch die Identität des Glaubens.* Eine Kirche kann deshalb die Fülle nur in der Kommunion aller manifestieren. Jede Kirche ist für die anderen verantwortlich. Jede Kirche 'erhält' das Zeugnis der andern und diese Wechselseitigkeit des Zeugnisses bestätigt, daß sie, jede einzelne und alle zusammen, die universelle Kirche sind. Dies sind die Grundlagen der *eucharistischen Ekklesiologie,* wie sie in unserer Epoche vor allem durch N.N. Afanas'ev wiederentdeckt worden sind."[738]

Diese "kommunizierende Einheit" äußert sich nach O. Clément im Bischofskollegium, "in Analogie zum apostolischen Kreis", während A. Šmeman, von der Liturgie ausgehend, diese Einheit vor allem in der von Mitkonsekratoren vollzogenen Bischofsweihe ausgedrückt sah. Tatsächlich spiegeln die noch heute gebräuchlichen orthodoxen Riten der Ordination weitgehend jenen Zustand der Kirche im dritten Jahrhundert wider, als das kirchliche Zentrum auf die Städte konzentriert war und das Presbyterium (Bischof, Presbyter und Diakone) zusammen mit den um sie versammelten Gläubigen ein eigenständiges kirchliches Ganzes bildeten, wobei das Ortsprinzip eine entscheidende Rolle spielte.

Deshalb findet sich für die Bischöfe, Priester und Diakone eine übereinstimmende

735 A. Schmemann, op. cit., S. 131. Vgl. auch P. Evdokimov, L'Orthodoxie, S. 126 (vgl. auch S. 266): "Für die Orthodoxie befindet sich die Kirche objektiv da, wo sich der apostolische Dienst der Inkorporation verwirklicht; sie ist da, wo der Bischof durch seine apostolische Vollmacht die Eucharistie feiert, ihre Echtheit bestätigt und in sich die versammelten Menschen in die liturgische Synaxis, in den Leib Christi integriert."

736 Vgl. auch A. Schmemann, ibidem, S. 128f.: "Die Kirche verwirklicht sich als Organismus, als Leib Christi, in der Eucharistie. Aber ebenso, wie die Eucharistie nicht ein Teil des Leibes Christi, sondern der ganze Christus ist, genauso ist die Kirche, die sich in der Eucharistie 'realisiert', nicht ein Teil oder ein Glied des Ganzen, sondern Gottes ganze und unteilbare Kirche, die *ist* und überall in Erscheinung tritt. Da, wo die Eucharistie ist, da ist die ganze Kirche, und umgekehrt ist die Eucharistie nur da, wo sich die ganze Kirche, das heißt das gesamte, in seinem Bischof vereinigte Volk befindet. (. . .) In dieser Schau ist die Ortsgemeinde als sakramentaler Organismus und Gabe Gottes an die Menschen in Christus nicht ein Teil oder Glied eines umfassenderen 'lokalen' oder 'universellen' Organismus, sondern sie ist die Kirche. Als Organismus, als Leib Christi ist die Kirche immer *sich selbst gleich* im Raume und in der Zeit; in der Zeit: denn sie ist immer Gottes Volk, versammelt zur Verkündigung des Todes des Herrn und zum Bekenntnis seiner Auferstehung, bis er kommt; im Raume: denn in jeder Ortsgemeinde, in der Einheit des Bischofs und des Volkes ist die ganze Fülle der Gaben geschenkt und die ganze Wahrheit angekündigt; in dieser Kirche an einem bestimmten Ort wohnt mystisch der ganze Christus, der Christus, 'der gestern und heute derselbe ist und in Ewigkeit' (Hebr 13,8)."

737 A. Schmemann, ibidem, S. 132.

738 O. Clément, L'Eglise orthodoxe, S. 74.

Weiheformel, wobei der Bischof für eine bestimmte Stadt, der Priester für eine bestimmte Kirche geweiht wird. Der Bischof wurde ursprünglich vom Presbyterium gewählt. Und wie das Ritual beweist, unterlag die Wahl der Bischöfe, Priester und Diakone der Bestätigung der Gläubigen, eine Bestätigung, die durch den Ruf "Axios" (er ist würdig) gegeben wurde.
Wir zitieren hier als Beispiel die Weiheformel für einen Bischof: "Durch die Wahl und die Approbation der vielgeliebten Priester und des Klerus der Stadt N., bezeichnet die Gnade Gottes, die stets die Schwächen heilt und das Mangelnde ersetzt, den vielgeliebten Priester Gottes Y., um Bischof der gottbehüteten Stadt N. zu sein. Bitten wir also für ihn, damit auf ihn die Gnade des Hl. Geistes komme."[739]
Die Verbindung der einzelnen Lokalkirchen untereinander vollzog sich ursprünglich in der Verbindung der Ortsbischöfe. Aus diesem Grunde scheint sich bereits im 3. Jahrhundert der Brauch eingebürgert zu haben, daß bei der Weihe eines Bischofs zwei Mitkonsekratoren zugezogen wurden, denn die Weihenden handeln nicht in ihrer Qualität als Ortsbischöfe, sondern gerade als Kollegium, das die Gesamtheit der Kirche, das gläubige Volk miteingeschlossen, repräsentiert.[740]
"Die Gemeinschaft der Bischöfe – der Episkopat in solidum des hl. Cyprian – bezeugt die Übereinstimmung ihrer Kirchen in der einen Kirche. Das ist die konziliare Wirklichkeit der Kirche. Sie äußert sich gelegentlich in Lokalkonzilien, die bis zum heutigen Tage niemals aufgehört haben und an welchen oft auch Bischöfe anderer Regionen teilnehmen."[741] "Das Konzil hat seine bindende Kraft nur da-

739 E. Mercenier, op. cit., Bd. I, S. 387.
740 "Die Tatsache, daß ein Bischof die Liturgie nicht allein, nicht ohne das Volk zelebrieren kann, zeigt, daß die Kirche der Bischof und das Volk ist. Und es ist diese gottmenschliche Totalität des Leibes, aus welcher sich die bischöfliche Machtbefugnis ableitet: sie ist nicht personal, sondern funktional, in Funktion auf die Kirche als *totus Christus.* Dies bedeutet keineswegs einen 'Kollektivismus'. Die Vollmacht kommt von Gott, aber von Gott, der in seinem Leib, seiner gottmenschlichen Natur, handelt. Ein Bischof, welcher kein Amtsinhaber sowie ohne pastorale Aufgabe und ohne Zuweisung an einen wirklichen Bischofssitz ist, darf nicht weihen und kann so auch nicht seine volle bischöfliche Amtsbefugnis manifestieren" (P. Evdokimov, L'Orthodoxie, S. 133f.). – "Jede Kirche besitzt in sich die Fülle; die Einheit des Bischofs und des Volkes sind das Zeugnis und der Ausdruck dieser Fülle; die Identität dieser Fülle und dieser Einheit aber mit derjenigen der *einen* Kirche Gottes wird bezeugt durch die Weihe des gewählten Bischofs durch die andern Bischöfe. Und so gestattet die wesensmäßige Einheit der Kirche = Leib Christi dieser nicht, sich in Teile zu spalten – auch das Leben einer jeden einzelnen von diesen ist nicht das Leben eines Teiles der Kirche –, aber sie sperrt auch nicht jede einzelne Kirche in einen unabhängigen Organismus ein, der der andern Kirchen nicht bedürfte" (A. Schmemann, op. cit., S. 134).
741 O. Clément, L'Eglise orthodoxe, S. 74. O. Clément sagt im weiteren zur Frage der "Ökumenischen Konzilien": "Unter bestimmten historischen Bedingungen, dem christlichen Kaiserreich, äußerte sich diese Konziliarität in den Ökumenischen Konzilien, und kann es neuerlich unter Anpassung der Formen an unsere Epoche. Aber die häufigste Form einer wirklich *permanenten* Konziliarität besteht in der 'Annahme' einer lokalen Entscheidung durch alle Kirchen, d.h. durch die Gesamtheit des bischöflichen Kollegiums, die auf diese Weise im Patrimonium der universellen Kirche ihren Platz findet. Schließlich strukturiert sich diese Konziliarität durch ihren eigenen Willen um bestimmte Zentren des Primats" (ibidem, S. 74f.).

her, daß in ihm die Hierarchie, als Beauftragter und Vertreter des gläubigen Volkes, Zeugnis ablegt von dem Glauben, der in der Gesamtheit des Kirchenvolkes lebendig ist – und nur insoweit, *als* es ein solches Zeugnis ablegt."[742]
Der Bischof wird also keineswegs als Repräsentant einer hierarchischen Machtstruktur verstanden. Seine wesentliche Aufgabe wird vielmehr als Dienst und Zeugnis an der eucharistischen Gemeinde umschrieben, wobei das Zeugnis nicht den "Vorrang über das Bezeugte" erhalten darf. "Die Institution des Priestertums ist in der Institution des heiligen Abendmahls eingeschlossen, denn der Bischof ist vor allem derjenige, der die Vollmacht besitzt zu bezeugen: 'Das Wort ist Fleisch geworden' und 'dies ist der Leib und das Blut des Herrn'. Und der Bischof ist es, der, indem er *in nomine Christi* handelt, eine Versammlung in die eucharistische Synaxis und in die Manifestation der Kirche Gottes verwandelt."[743]
Zusammenfassend können wir demnach sagen: Aus der Sicht der *eucharistischen Ekklesiologie,* wie sie von N.N. Afanas'ev dargestellt und von seinen Freunden und Schülern weitergeführt wurde, ist jede eucharistische Gemeinde die *ganze* Kirche, und *jeder* Bischof ist, an seiner Stelle und in seiner Gemeinde, indem er im Namen Christi handelt, ein Nachfolger des hl. Petrus und Erbe seines Primats, "weil er das tut, was Petrus im Kollegium der Apostel nach der Himmelfahrt Christi tat: Der Gemeinde vorstehen als derjenige, der am vollkommensten Zeugnis abgelegt hatte vom Glauben an den Herrn". "Alle Bischöfe stehen miteinander in brüderlicher Gemeinschaft, alle sind gleich, und die Konzilien haben nur insofern eine übergeordnete Autorität, als sie der Ausdruck der Gemeinschaft aller sind."[744]
Die Konzilien sind letztlich nichts anderes als ein *Zeugnis* von der Identität der Kirchen.[745] Einen Primat im katholischen Sinne kann es deshalb nicht geben, sondern nur einen Vorrang, der sich aus der Intensität des Zeugnisses ableitet[746], einen Vorrang unter Gleichen.[747] Allerdings ist kaum zu übersehen, daß diese Auffassung nicht allein katholischer Lehre widerspricht, sondern auch im Gegensatz zur orthodoxen Praxis mit ihren überall vorhandenen Kirchenstrukturen steht. Deshalb stießen die Thesen von N.N. Afanas'ev auch innerhalb der Orthodoxie mancherorts auf Ablehnung.
Einer der wesentlichen Mängel in den ekklesiologischen Vorstellungen eines Nikolaj N. Afanas'ev dürfte, wie beispielsweise B. Schultze kritisch anmerkte, in der überspitzten Gegenüberstellung von eucharistischer und universeller Ekklesiologie liegen. Gleichzeitig hob aber gerade Schultze lobend hervor, daß Afanas'ev "man-

742 E. von Ivánka, Der Kirchenbegriff der Orthodoxie historisch betrachtet, in Seit neunhundert Jahren getrennte Christenheit, S. 58. Außerdem vergleiche man unsere Anm. 646.
743 P. Evdokimov, L'Orthodoxie, S. 266.
744 E. von Ivánka, Der Kirchenbegriff der Orthodoxie, op. cit., S. 81.
745 Vgl. A. Schmemann, op. cit., S. 136 (cf. unsere Anm. 646).
746 Vgl. N. Afanassieff, ibidem, S. 31 f. (cf. unsere Anm. 731).
747 Auf die Diskussion um den päpstlichen Primat kann hier nicht näher eingegangen werden, da diese Frage den Rahmen unserer Arbeit bei weitem sprengen würde. Wir beschränken uns auf eine kurze Darlegung der orthodoxen Position unter dem Aspekt der eucharistischen Ekklesiologie.

che charakteristische Züge der örtlichen Kirche des christlichen Altertums richtig gesehen" habe[748], während sowohl der griechische Theologe P.N. Trempelas[749] wie auch der Rumäne D. Stăniloae[750] mit der eucharistischen Ekklesiologie weit schärfer ins Gericht gingen.

In der Tat ist Afanas'evs ekklesiologisches Konzept nur eines von vielen, denn es existiert innerhalb der Orthodoxie keine genau formulierte, festumschriebene Ekklesiologie.[751] Nikos Nissiotēs unterstrich, daß sich die Orthodoxen dagegen sträubten, ein ekklesiologisches System zu formulieren, und der Afanas'ev-Schüler, Aleksandr Šmeman, lieferte auch eine Begründung, weshalb man in den orthodoxen Quellen (Kirchenväter, Konzilien und der Liturgie) keine formale Definition der Kirche findet: "Dies ist nicht aufgrund eines Mangels an ekklesiologischem Interesse und Bewußtsein, sondern weil die Kirche (so wie die Orthodoxie diese Frage angeht) unabhängig vom eigentlichen Inhalt ihres Lebens nicht existiert und dementsprechend auch nicht definiert werden kann. Anders ausgedrückt ist die Kirche nicht ein als solches von Gott, Mensch und der Welt distinktes 'Wesen' oder 'Seiendes', sondern die eigentliche Realität von *Christus in uns und uns in Christus,* eine neue Weise von Gottes Präsenz und Wirksamkeit in seiner Schöpfung, des geschaffenen Lebens in Gott. Sie ist Gottes Gabe und des Menschen Antwort und Aneignung dieser Gabe. Sie ist Vereinigung und Einheit, Kenntnis, Kommunion und Verklärung. Und weil die 'Form' vom 'Inhalt' getrennt keine Bedeutung hat (...), ist die orthodoxe Ekklesiologie, statt Definitionen für Formen, Bedingungen und Modalitäten zu präzisieren, eher ein Versuch, eine *Ikone* von der Kirche als *Leben in Christus* zu präsentieren, eine Ikone, welche, um adäquat und wahr zu sein, alle Aspekte der Kirche, und nicht bloß die institutionellen, zeichnen muß. Die Kirche ist zwar eine *Institution,* aber sie ist auch ein *Mysterium,* und es ist das Mysterium, welches der Institution Sinn und Leben verleiht, und deshalb ist dieses das Objekt der Ekklesiologie."[752]

Deutlich dringt in diesen Vorstellungen von der Kirche wieder die alte platonische Tradition des östlichen theologischen Denkens machtvoll an die Oberfläche. Unübersehbar sind denn auch die ekklesiologischen Thesen der neueren russisch-orthodoxen Theologen in diese Denkstruktur eingebettet. Und man wird es N. Afanas'ev wie seinen Schülern als Verdienst anrechnen dürfen, daß sie sich bemühten, die *Kirche als sakramentale Gemeinschaft* anstelle der juristisch verfaßten Gesellschaft in den Vordergrund zu stellen und den *Aspekt des Mysteriums der*

748 B. Schultze, Probleme der orthodoxen Theologie, in Handbuch der Ostkirchenkunde, S. 126f.

749 Vgl. P.N. Trempelas, Theōriai aparadektoi peri tēn Unam Sanctam, in Ekklēsia (41) No. 7–13/1964.

750 Vgl. D. Stăniloae, Biserica universală şi sobornicească, in Ortodoxia (18) 1966, S. 167–198.

751 Vgl. J.J. Holtzman, Eucharistic Ecclesiology of the Orthodox theologians, in Diakonia (8) No. 1, 1973, S. 5ff.

752 A. Schmemann, Ecclesiological Notes, in St. Vladimir's Seminary Quarterly No. 5, 1961, S. 10.

Kirche hervorzuheben. Damit rückte wieder eine Betrachtungsweise der Kirche ins Zentrum, welche insbesondere durch das Zweite Vatikanische Konzil auch im katholischen Raum an Bedeutung gewann.[753]

E. Die Definition der "mustēria" aus der Sicht der eucharistischen Ekklesiologie

Die Gleichsetzung des Kirchenbegriffs mit der eucharistischen Versammlung, wie sie von Nikolaj N. Afanas'ev in seiner *eucharistischen Ekklesiologie* vorgenommen wurde, erforderte eine Klärung des Verhältnisses von Kirche und Eucharistie (als "mustērion"). In seinem Aufsatz "mustēria und Sakramentalien" versuchte Afanas'ev dieses Verhältnis anhand seiner unterschiedlichen Auffassung zu den Vorstellungen von Sergij Bulgakov[754] zu verdeutlichen:
"Die Eucharistie ist das mustērion der mustēria, aber sie ist nicht das zentrale mustērion in der Kirche, sie ist *das mustērion der Kirche.* Für das ursprüngliche und alte Bewußtsein fanden das Leben, die Tätigkeit und der Dienst jedes Kirchenmitglieds in der eucharistischen Versammlung ihren Ausdruck. Außerhalb der eucharistischen Versammlung konnte es weder eine Tätigkeit noch Leben in der Kirche geben. Der Ausschluß von ihr war die Exkommunikation aus der Kirche. Derjenige, welcher an ihr nicht teilnimmt, lebt nicht in der Kirche, weil die eucharistische Versammlung der Ausdruck der Kirche in ihrer ganzen Fülle ist. Die Kirche ist dort, wo es eine eucharistische Versammlung gibt, weil die Kirche dort ist, wo Christus ist, und Christus ist in der Fülle seines gottmenschlichen Leibes in der Eucharistie gegenwärtig. Die Gegenwart Christi in der Eucharistie ist seine Wiederkehr im Geiste als Vorwegnahme seiner zweiten Wiederkunft."[755]
S. Bulgakov trennte die Kirche als das All-mustērion von der Eucharistie, weil die Eucharistie im Unterschied zur Kirche feststellbare Grenzen habe, was N. Afanas'ev von seiner eucharistischen Ekklesiologie her deutlich ablehnte[756]. "Auch

753 Vgl. Exkurs VII: Die ekklesiologischen Implikationen von Vaticanum II.
754 Vgl. unsere Ausführungen im 4. Teil, I B: Abkehr von der Scholastik durch Rückkehr zur Patristik, sowie insbesondere auch den Text zu unserer Anm. 688.
755 N. Afanas'ev, Tainstva i tajnodejstvija, in Pravoslavnaja Mysl' vyp. VIII, 1951, S. 31.
756 Afanas'ev führte die Trennung von Kirche und Eucharistie auf den Einbruch der universellen Ekklesiologie zurück: "Als die eucharistische Ekklesiologie durch die Lehre über die universelle Kirche verdrängt wurde, hörte die eucharistische Versammlung auf, die katholische Fülle der Kirche zu offenbaren. In der Ortskirche manifestierten sich ein paar eucharistische Versammlungen, aber die Ortskirche wurde bloß ein Teil der universellen Kirche. Die in der Ortskirche vollzogene Eucharistie hörte auf, das mustērion der Kirche zu sein, sondern wurde ein mustērion in der Kirche. Als Folge der Ideen über eine universelle Kirche ist eine solche Veränderung des Eucharistieverständnisses unvermeidlich. Auf dem Gebiet der Ekklesiologie kann der Teil niemals das Ganze ersetzen, und deshalb ist die eucharistische Versammlung der Ortskirche als Teil der universellen Kirche keine Kirche. Daraus entspringt der Bruch zwischen dem mustērion der Kirche und der Eucharistie. Letztere ist mit ersteren nicht identisch, sondern geht in die erstere als ein besonderes mustērion ein. Als All-mustērion enthält die Kirche in sich alle mustēria, darunter auch die Eucharistie als zentrales mustērion in der Kirche" (N. Afanas'ev, op. cit., S. 32).

die Eucharistie ist All-mustērion, weil die eucharistische Versammlung die Offenbarung der Kirche in ihrer ganzen Fülle ist. Die Eucharistie ist nicht eines der mustēria, sie ist auch nicht das zentrale mustērion innerhalb des All-mustērion, sondern die Kirche selbst. Nicht das All-mustērion der Kirche enthält in sich alle mustēria, worunter auch die Eucharistie, sondern die Eucharistie enthält in sich alle mustēria."[757]

Erzpriester N.N. Afanas'ev ließ keinen Zweifel daran aufkommen, daß nach seiner Ansicht die Eucharistie nicht in eine Linie mit den übrigen "mustēria" eingereiht werden dürfe,[758] wie dies bis anhin in den orthodoxen Lehrbüchern für Theologie (nach lateinischem Vorbilde) der Fall war. Auch P. Evdokimov sah in dieser Gleichschaltung eine Verfälschung der alten Tradition, welche zum fatalen Irrtum geführt habe, "nicht mehr die Eucharistie, sondern die Priesterweihe als 'Mutter aller Sakramente'[759] zu betrachten"[760].

Der Unterschied zwischen der Eucharistie und den übrigen "mustēria" tritt nach Afanas'ev unter anderem dadurch klar zutage, "daß es die Bestimmung aller mustēria ist, eine Vorbereitung auf die Teilnahme an der Eucharistie zu sein". "Im Hinblick auf die Eucharistie haben alle mustēria bis zu einem gewissen Grad einen instrumentalen Charakter. (. . .) Ohne die Eucharistie blieben alle mustēria unvollendet, ihr Ziel würde nicht erreicht."[761]

Wie zum Teil noch heute aus den einzelnen Riten hervorgeht, waren in der Tat sämtliche "mustēria" in die eucharistische Liturgie integriert und fanden ihren Abschluß in der eucharistischen Kommunion. Daraus zog Afanas'ev die Schlußfolgerung: "Gott kann die Gaben des Geistes außerhalb einer gottesdienstlichen Handlung verleihen, aber das mustērion schließt obligatorisch eine gottesdienstliche Handlung (svjaščennodejstvie) ein."[762]

"Die mustēria sind von der Kirche untrennbar, und sie sind von Gott gestiftet, wie die Kirche von ihm gestiftet wurde"[763], erklärte Afanas'ev, und so versuchte er, durchaus sinnentsprechend, die "mustēria" in ihrem Bezug zur Kirche (= Eucharistie) zu definieren. Die übliche Umschreibung, daß das "mustērion" ein von der Kirche festgesetztes, sichtbares Zeichen sei, das etwas Unsichtbares in sich schließe, welches das Wesen des "mustērion" begründe, schien Afanas'ev für eine genaue Begriffsbestimmung unzureichend, denn "alles in der Kirche ist eine Vereinigung von Sichtbarem und Unsichtbarem". "Dies ist eine Eigenschaft der Kirche, und deshalb auch all dessen, was in ihr geschieht."[764]

757 N. Afanas'ev, ibidem, S. 32.
758 Vgl. N. Afanas'ev, ibidem, S. 29.
759 Vgl. Metr. Makarij (Bulgakov), Pravoslavno-dogmatičeskoe bogoslovie.
760 P. Evdokimov, L'Orthodoxie, S. 265.
761 N. Afanas'ev, ibidem, S. 30.
762 N. Afanas'ev, ibidem, S. 19.
763 N. Afanas'ev, ibidem, S. 20.
764 N. Afanas'ev, ibidem, S. 19.

Im Gegensatz zu S.N. Bulgakov sah Afanas'ev auch in der Einsetzung durch Christus kein taugliches Kriterium, um die "mustēria" (als von Christus gestiftete) von den übrigen kirchlichen Akten (als von der Kirche begründete) zu unterscheiden[765], weil "alles, was in der Kirche existiert, auf dem in der Kirche und durch die Kirche geoffenbarten Willen Gottes basiert"[766].
Ebensowenig genügt ein Hinweis auf den Gnadencharakter, um das eigentliche Wesen der "mustēria" zu bestimmen. Zwar gilt, daß die "mustēria" nur dann wahrhaft wirksam sind, "wenn in ihnen die Gnade des Geistes verliehen wird, um derentwillen das mustērion vollzogen wird"[767], doch "die Gnade ist die Grundlage für das Leben der Kirche; alles, was in ihr geschieht, besitzt Gnadencharakter, und alles, was diesen Charakter nicht hat, gehört ihr als einem begnadeten Organismus nicht an"[768].
Aus diesem Grund suchte N.N. Afanas'ev nach anderen Merkmalen, um die "mustēria" von den übrigen kirchlichen Handlungen, welche ja alle auch Gnade vermitteln, unterscheiden zu können, wobei er den Ansatz zu solchen Unterscheidungsmerkmalen in der Kirche selbst zu finden glaubte.
Afanas'ev unterschied dabei *drei konstitutive Elemente,* welche in gegenseitiger Durchdringung *als Gesamtheit* das eigentliche Wesen der "mustēria" bestimmen und gegenüber den restlichen kirchlichen Riten abgrenzen:

1. Die *gottesdienstliche Handlung,* in welcher und durch welche "die Kirche um die Ausgießung der heiligen Gaben bittet"[769], ist das erste konstitutive Element. Weil es jedoch (wie wir aus den Darlegungen von N. Afanas'ev bereits ersahen) für eine genaue Bestimmung der "mustēria" nicht ausreicht, muß es durch weitere Umschreibungen ergänzt werden.
2. Die Berufung zur Teilnahme an einer kirchlichen Handlung setzt bereits eine vorgängige göttliche Erwählung voraus (vgl. 1 Kor 12,28), welche der Kirche kundgetan wird, denn "in der Kirche wirkt Gottes Wille, und in der Kirche gibt es keine Tätigkeit ohne eine Offenbarung des göttlichen Willens"[770]. Diese Offenbarung erfolgte in der frühchristlichen Kirche – wie Afanas'ev erklärte – in einer Verbindung des prophetischen Charismas des Bischofs mit der Zustimmung des

765 Afanas'ev wandte sich in diesem Punkte ausdrücklich auch gegen die Auffassung von Sergij Bulgakov, welcher die "mustēria" gemäß ihrer Einsetzung durch Christus einzustufen suchte und dementsprechend nur Taufe und Eucharistie als eigentlich "evangelische mustēria" gelten lassen wollte. (Vgl. S. Bulgakov, Pravoslavie, S. 246: Auch die Orthodoxen hindert nichts daran, "aus der Zahl der sieben mustēria Taufe und Eucharistie als von Christus gestiftete und für alle Christen unerläßliche [sogenannte 'evangelische mustēria'] auszusondern, weil sie zu allen Zeiten des kirchlichen Lebens existiert haben").
766 N. Afanas'ev, ibidem, S. 19.
767 N. Afanas'ev, ibidem, S. 21.
768 N. Afanas'ev, ibidem, S. 17.
769 N. Afanas'ev, ibidem, S. 21.
770 N. Afanas'ev, ibidem, S. 22.

versammelten Gottesvolkes.[771] Und er zog hieraus den Schluß, daß als Vorbedingung für den Vollzug einer heiligen Handlung die *"Offenbarung des göttlichen Willens"* durch eine *Manifestation des kirchlichen Konsenses* zu erfolgen habe[772], wobei er in dieser Tatsache ein weiteres konstitutives Element der "mustēria" zu erkennen glaubte.

3. Schließlich erforderte die Zulassung zur Eucharistie oder zur "Koinōnia" ursprünglich immer eine Anerkennung der zuvor vollzogenen "mustēria" als heilswirksam und gnadenspendend. Anders formuliert: *Die vollzogene gottesdienstliche Handlung* mußte auch noch *"von der Kirche als gnadenbringend rezipiert"* worden sein, bevor eine Aufnahme in die Abendmahlsgemeinschaft möglich wurde. Und dieses Zeugnis "von der Ausgießung der Gnadengaben" bildete für Afanas'ev das dritte konstitutive Element.[773]

"Auf diese Weise schließt das mustērion nicht nur ein Moment, die gottesdienstliche Handlung, sondern deren drei in sich: die Offenbarung des göttlichen Willens in der Form der Zustimmung der Kirche zum Vollzug einer gottesdienstlichen Handlung, die gottesdienstliche Handlung selbst und schließlich das Zeugnis der Kirche über das Vollzogene. Sowohl das erste als auch das dritte Moment sind auf das Zentrale ausgerichtet, auf die gottesdienstliche Handlung, weil in ihr geschieht, was im mustērion vollendet wird, die Verleihung der Gaben des Geistes. Wir haben im liturgischen Leben eine begrenzte Zahl von Handlungen, die in sich alle drei Momente enthalten."[774]

Allerdings konnte sich Afanas'ev dabei auf keine genaue Anzahl der "mustēria" festlegen – und schon gar nicht auf die Siebenzahl. Die Gründe hierfür sind leicht einsichtig.

Erstens wurde die *Eucharistie* (von Afanas'ev mit Synaxis und Koinōnia gleichgesetzt) von diesem aus der Begriffsbestimmung für die "mustēria" ausgeklammert, weil die Eucharistie aus seiner Sicht im Grunde genommen gar kein "mustērion" ist. Seine Begründung lautete: "Die Eucharistie ist nicht ein kirchlicher Akt, der in der Kirche stattfindet. Als Ausdruck der ganzen Fülle kirchlichen Lebens, als die Kirche selbst, bedarf die Eucharistie des Zeugnisses der Kirche nicht. 'Ein andrer ist es, der über mich zeugt, und ich weiß, daß das Zeugnis wahr ist, das er über mich ablegt' (Joh 5,32)."[775]

771 Afanas'ev schrieb: "Wir wissen aus den Aufzeichnungen Cyprians von Karthago, daß er nichts ohne die 'Zustimmung – sine consensu – des Volkes' tat, was er selber bezeugt. Der gottesdienstlichen Handlung im mustērion als einem kirchlichen Akt ging eine Offenbarung des göttlichen Willens voran, in welcher Form auch immer dies geschah. Erst nach Zustimmung der Kirche vollzog man die gottesdienstliche Handlung, in welcher die Gaben für diejenigen erbeten wurden, welche von Gott vorherbestimmt und von der Kirche erwählt waren. (. . .) Kirchliche Akte, die aus diesem oder jenem Umstande ohne 'Zustimmung' der Ortskirche vollzogen wurden, riefen Zweifel an ihrer Richtigkeit hervor . . . " (ibidem, S. 23).

772 N. Afanas'ev, ibidem, S. 22f.

773 N. Afanas'ev, ibidem, S. 21f.

774 N. Afanas'ev, ibidem, S. 23.

775 N. Afanas'ev, ibidem, S. 32.

Zweitens blieb es unserem Autoren nicht verborgen, daß die Krankensalbung den von ihm aufgestellten Kriterien eigentlich nicht so recht entsprach, so daß er den "Ritus des hl. Öls" eher in den Bereich der Sakramentalien zu verweisen suchte.[776] Andererseits existierten innerhalb der orthodoxen Kirche eine Reihe von Riten, wie beispielsweise die große Wasserweihe (Hagiasma)[777], welche – obwohl von den kirchlichen Lehrbüchern nicht zu den "mustēria" gerechnet – alle Bedingungen für ein "mustērion" erfüllten.

Wie manche orthodoxen Theologen vor und nach ihm, welche sich nicht einfach auf die Wiedergabe von Aussagen aus den theologischen Kompendien beschränkten und die "Siebenzahl" nicht unbesehen übernahmen, gelang es auch N.N. Afanas'ev nicht, "mustēria" und sogenannte "Sakramentalien" klar und deutlich voneinander zu trennen. (Wir werden uns im Folgenden noch eingehend mit der Frage befassen, wie weit dieses "Manko" einer unzureichenden Unterscheidung nicht in der Sache selbst begründet ist).

Seltsamerweise warf jedoch Afanas'ev ausgerechnet der Schultheologie vor, daß sie die "mustēria" – wenn auch ungewollt – den übrigen liturgischen Handlungen angleiche, weil sie die "mustēria" allzu sehr unter dem Aspekt ihrer Notwendigkeit für den einzelnen Empfänger betrachte. "Die mustēria sind kirchliche Akte, und deshalb sollten sie nicht bloß unter dem Gesichtspunkt derer betrachtet werden, über denen man sie vollzieht, sondern unter dem Gesichtspunkt dessen, was sich in der Kirche ereignet."[778]

Entschieden ging N.N. Afanas'ev gegen eine Auffassung an, welche in den "mustēria" nur noch Amtshandlungen des Priesters ("treby") für den einzelnen Gläubigen erblickte, die unabhängig von der Liturgie, welche alle Gläubigen umfaßt, vollzogen werden, was einer falschen "Individualisierung" der "mustēria" gleichkommt.[779] "Wenn mustēria vollzogen werden", so erklärte Afanas'ev zu Recht, "dann wird in der Kirche selbst irgendetwas vollzogen, dann geschieht etwas im kirchlichen Leben, was eine Beziehung zu ihrem gesamten Leben hat. Die mustēria sind kirchliche Akte, wobei diese Akte im Leben der Kirche eine außergewöhnliche Bedeutung besitzen. Ohne sie kann die Kirche nicht in einem historischen Dasein existieren, sie sind für ihr Leben notwendig."[780]

In seiner Definition der "mustēria" faßte Erzpriester N.N. Afanas'ev die eigenen Gedankengänge in eine trefflich kurze Form:

776 Vgl. N. Afanas'ev, ibidem, S. 28f.

777 Vgl. Th. Spasky, La pratique de l'Hagiasma, in La pensée orthodoxe No. 2 (13), 1968, S. 93f. (Über die Bedeutung der großen Wasserweihe in der orthodoxen Kirche, vgl. unsere folgenden Ausführungen: IV, 2 D, a.)

778 N. Afanas'ev, ibidem, S. 25.

779 Vgl. N. Afanas'ev, ibidem, S. 25f.

780 N. Afanas'ev, ibidem, S. 27f. Wir verweisen an dieser Stelle nochmals auf unsere Ausführungen unter IV, 1C: Die Eucharistie – das 'mustērion der mustēria', sowie insbesondere auf die Darlegung von P. Evdokimov, Eucharistie – Mystère de l'Eglise, in La pensée orthodoxe No. 2 (13), 1968, S. 53 und in L'Orthodoxie, 1959, S. 264 (cf. Text zu unserer Anm. 705).

"Die mustēria sind gottesdienstliche Handlungen (svjaščennodejstvija), welche dem Willen Gottes entsprechend vollzogen werden und in denen die durch die Kirche erbetenen Gaben des Geistes der Kirche durch ihr Zeugnis geoffenbart sind."[781]

Doch selbst Anhänger und Schüler von Afanas'ev hielten diese Kurzformel für ergänzungsbedürftig und suchten in der Folge nach Erweiterungen und Synthesen. Probleme ergaben sich auch aus der von Afanas'ev zu wenig differenziert vollzogenen Gleichsetzung von Kirche und Eucharistie als Synaxis und als Koinōnia, deren weitere Begriffsklärung schließlich auch eine bessere Erfassung der Beziehung zwischen den "mustēria" und der Eucharistie ermöglichte. Aber es war Afanas'ev mit seinem Konzept, das sich an der Frühzeit der christlichen Kirche orientierte, gelungen, sich wieder in den Rahmen der eigenen östlichen Tradition hineinzustellen und damit einen Entwurf zu liefern, der sowohl zur Neubesinnung wie zum Weiterdenken anregte.

Paul Evdokimov (1901–1970) ging dabei einen eigenen Weg. Obgleich er keinen Zweifel daran aufkommen ließ, daß für ihn die orthodoxe Ekklesiologie wesentlich eucharistisch ist[782], suchte er doch die übrigen theologischen Strömungen innerhalb der orthodoxen Theologie mitzuberücksichtigen und eine vermittelnde und ausgleichende Stellung einzunehmen. Diese zeigte sich in seinen Erläuterungen über die "mustēria" deutlich, bei denen er Elemente der "klassischen Schultheologie" mit Vorstellungen verband, die sowohl S.N. Bulgakov als auch N.N. Afanas'ev entliehen waren. Er integrierte diese in sich recht disparat wirkenden Teile in seine trinitarische Schau der Kirche, wobei er neben dem christologischen auch den pneumatologischen Aspekt der Kirche hervorhob.

Gerade dieser Aspekt, den wir bisher aus Gründen der Systematik ausklammerten, auf den wir aber noch eingehend zu sprechen kommen[783], ist bei den orthodoxen Theologen überall gegenwärtig, denn – wie Metropolit Emilianos Timiadēs schrieb – "nach den Vätern bezeugt der Heilige Geist täglich in der *Kirche* seine Gegenwart. Und indem sie sich auf die Worte Christi beziehen, die vom Kommen des 'Parakleten', des Tröster Geistes sprechen (Joh 16,4–15) und besagen, daß er nach dem Weggang Christi gesandt würde, sowie auch auf jene, die von einer Kraft sprechen, nämlich der des Heiligen Geistes, die auf uns herabkommen würde, stellen sie fest, daß das Leben der Kirche ein immerwährendes Pfingsten ist. Der Heilige Geist, der am Pfingsttag gesandt wurde, ist das Zeichen der Versöhnung der Sünder mit Gott."[784]

Auch Olivier Clément berief sich auf die Väter und meinte: "Das Ziel der Inkarnation, des Kreuzes, der Auferstehung und Himmelfahrt des Herrn ist Pfingsten. In Christus ist die Kirche 'die Kirche des Heiligen Geistes', wo der Mensch den unendlichen Raum seiner Freiheit und seine schöpferische Berufung als 'Mitarbei-

781 N. Afanas'ev, ibidem, S. 27f.
782 Vgl. P. Evdokimov, An orthodox look at Vatican II, in Diakonia No. 3, 1966, S. 170.
783 Vgl. unsere Ausführungen unter IV, 2: Der pneumatologische Aspekt der mustēria.
784 Metr. Emilianos Timiadis, Vom Wirken des Geistes in orthodoxer Schau, in Catholica Unio No. 2, 1970, S. 31.

ter Gottes' findet. Die Geschichte des Christentums ist durchzogen von heftigen Spannungen zwischen der kirchlichen Ordnung, die durch die kirchliche Hierarchie und im Ritus gesichert und gelegentlich objektiviert wurde, sowie einem manchmal entwurzelten pneumatologischen Dynamismus."[785]
Doch der eigentliche Ort für die Wirksamkeit des Heiligen Geistes ist die eucharistische Versammlung, denn sie ist der Ort der Verheißung. Hier wird das Geschöpf in seiner ursprünglichen Berufung wiederhergestellt. Und jedem werden in der Kirche gemäß seiner Berufung die entsprechenden Gaben und Charismen verliehen. "Im Heiligen Geist findet das gesamte Leben der Kirche seine *Bestätigung,* weil es jenes Leben *ist:* die Bezeugung der Kirche als der 'kommenden Welt', als Freude und Friede des Gottesreiches. Die institutionelle, lehrende und rituelle Seite der Kirche ist nicht nur *in* dieser Welt, sondern auch *von* dieser Welt, ein 'Teil' von ihr. Das Kommen des Heiligen Geistes ist die Einweihung und Bezeugung der 'letzten Dinge', er verwandelt die Kirche in das 'Sakrament' des Gottesreiches und läßt in ihrem Leben diese und die kommende Welt Gestalt annehmen."[786]
Ganz offensichtlich legte Aleksandr Šmeman in seiner Aussage den Akzent auf das Mysterium der Kirche, auf deren unsichtbaren Aspekt, was bei ihm zu einer gewissen Abwertung ihrer institutionellen Struktur führte. Paul Evdokimov suchte diese Gefahr zu meiden, denn für ihn ist die Kirche mit ihrer theandrischen Natur ihrer sichtbaren Seite nach unzweifelhaft auch *von* dieser Welt. Und was für die Kirche gilt, muß logischerweise in deren "mustēria" eine Entsprechung finden.
Nachdem die neueren Theologen in ihren Thesen sehr oft Einzelaspekte hervorgehoben hatten, suchte Evdokimov diese in einer Synthese zusammenzufassen:
"Die Vereinigung des Sichtbaren und des Unsichtbaren ist der Natur der Kirche inhärent. Als fortdauerndes Pfingstfest schüttet die Kirche die Überfülle der Gnade durch alle Formen ihres Lebens aus. Aber die Institution der Sakramente (mustēria) (ihre Seite der *Erlaubtheit,* die kanonische Korrektheit, ihre Seite der *Gültigkeit* und *Wirksamkeit* der heiligmachenden Gnade) errichtet eine Ordnung, welche jeglichem ungeordneten sektiererischen 'Pfingstlertum' Grenzen setzt und zugleich allen und jedem ein unerschütterliches, objektives und universelles Fundament des Gnadenlebens darbietet. Der Geist weht, wo Er will, aber in den Sakramenten (mustēria) werden die Gaben des Heiligen Geistes, bei Vorhandensein der von der Kirche geforderten institutionellen Bedingungen und aufgrund der Verheißungen des Herrn, mit Sicherheit verliehen und die Kirche bestätigt dies. So enthält jedes Sakrament (mustērion) vor allem den Willen Gottes, daß dieser Akt stattfindet, dann den Akt selbst, und drittens bestätigt das Zeugnis durch die Kirche den Empfang der verliehenen und erhaltenen Gaben. In der alten Praxis begleitete und besiegelte das *axios* (die Manifestation der Zustimmung) oder das *Amen* des Volkes jeden sakramentalen Akt. Schlußendlich führten alle Sakramente (mustēria) hin

785 O. Clément, A propos de l'Esprit Saint, in Contacts No. 85, 1974, S. 85.
786 A. Schmemann, Aus der Freude leben, S. 90f.

zur Eucharistie, die aufgrund der eigenen Fülle, das Zeugnis der Kirche vollendete. (. . .) Die Inkarnation in die Eucharistie bezeugt das Herniedersteigen des Geistes und den Empfang der Gabe, und deshalb war jedes Sakrament (mustērion) immer ein organischer Teil der eucharistischen Liturgie."[787]

F. Die Rückkehr zum kosmischen Denken der griechischen Kirchenväter

Der ekklesiologischen Linie von Afanas'ev folgten insbesondere seine beiden Schüler Ioann Mejendorf und Aleksandr Šmeman, die sich zu den bedeutendsten Theologen der amerikanischen Orthodoxie entwickelten. Beide weiteten jedoch die Gedankengänge von Afanas'ev durch die Einbeziehung der "Reich-Gottes-Idee" aus, die bereits bei den griechischen Kirchenvätern und ihrem kosmischen Denken eine bedeutsame Rolle spielte. Auch hierin zeigt sich eine deutliche Rückbesinnung auf die eigene Tradition und zwar als Anschluß an die ursprüngliche, *östliche Spiritualität.*

"Bemerkenswert ist die Tatsache, daß der Osten viel mehr als der Westen den kosmischen Charakter der Erlösung betont, weil er die Erlösung als eine 'neue Schöpfung' ansieht, die über den Menschen hinaus den ganzen Kosmos erneuern soll."[788] "Durch Christus und in Christus vollzieht sich die große Wandlung der Welt, denn mit der Gründung des Gottesreiches dringt das Gottesleben in den Kosmos ein."[789]

Schon *Nikolaj Berdjaev* (1874–1948) hatte am westlichen Denken die Neutralisierung des Kosmos kritisiert, welche durch die Trennung von Übernatur und Natur und der damit erfolgten Überbetonung letzterer zum Naturalismus und zur Säkularisierung geführt habe. Im Gegensatz zum westlichen Individualismus, welcher die kosmische Erlösung zuwenig lebe, stehe im Osten nicht die Rechtfertigung, sondern die Verklärung des Menschen und der gesamten Schöpfung im Zentrum.[790]

787 P. Evdokimov, Sacrement de l'amour, S. 172f.
788 C.-J. Dumont, Katholiken und Orthodoxe am Vorabend des Konzils, in E. von Ivánka (Hrg.), Seit neunhundert Jahren getrennte Christenheit, S. 117f.
789 D. Forstner, Die Welt der Symbole, S. 14.
790 Vgl. Th. Strotmann, Karl Barth et l'Orient chrétien, in Irénikon (42), 1969, S. 40f.: "Berdjaev stellt im christlichen Denken des Westens einen langen Prozeß der Neutralisation des Kosmos fest, deren erste Etappen seiner Meinung nach in der mittelalterlichen Scholastik feststellbar sind, wo die Existenz einer natürlichen Ordnung als eine von der übernatürlichen Ordnung unterschiedene und stufenweise getrennte Sphäre bekräftigt wurde, was zum europäischen Naturalismus (heute würde man Säkularismus sagen) führte. An die Stelle des Kosmos tritt auf die Länge 'die Natur' als Objekt der Naturwissenschaften und der Technik." Der Protestantismus stellt innerhalb dieser Entwicklung eine besondere Etappe dar, insofern er mit seiner Lehre von der Rechtfertigung in einen Individualismus mündete. "Im Katholizismus existiert dieser Individualismus ebenfalls, insoweit das Erlösungswerk nicht hinreichend als eine den ganzen Kosmos betreffende Realität gelebt wird. Die Verbindung zwischen Himmel und Erde wurde aufgelöst, das Universum nicht mehr als ein 'von göttlichen Energien entflammtes' wahrgenommen. Das 'Übernatürliche' verschwand aus dem beherrschenden Bewußtsein Westeuropas, es blieb außer in den Systemen der christlichen Theosophen wie Jacob Boehme und

Zu einem ähnlichen Resultat kam auch C.J. Dumont, der erklärte: "Der Westen zeigte immer eine größere Empfänglichkeit für den Abstieg Gottes zum Menschen als für die Erhöhung des Menschen zu Gott. Ohne den engen Zusammenhang aufzuheben, könnte man mit anderen Worten sagen: Für den Westen ist Christus eher der Gott-*Mensch,* für den Osten der Mensch-*Gott.* Daraus folgt, daß man die im Westen dominierende Frömmigkeit als eine *Spiritualität der Menschwerdung,* die des Ostens als eine *Spiritualität der Vergöttlichung* (theiōsis) bezeichnen könnte. Das konnte nicht verfehlen, auf die Auffassung von der Kirche, ihre Aufgabe und ihren Aufbau einzuwirken."[791]
Die Menschwerdung Christi hat für den Osten eine kosmische Bedeutung, weil in ihr der durch die Sünde aufgerissene Abgrund zwischen Schöpfer und Schöpfung überwunden und damit Welt und Menschheit verändert wurden. Die Vergöttlichung (theiōsis) ist für den Orient ein Mysterium der Vereinigung und der Teilnahme mit all ihrem liturgisch-sakramentalen Aspekt der Verklärung der Schöpfung.
"Der Mensch kann nicht für sich allein leben; er braucht die Welt und findet sich wahrhaft selber in der Welt."[792] Die Welt ist sowohl Gabe Gottes als auch ein Vehikel der göttlichen Liebe und wird dadurch zu einem Ort der Begegnung mit Gott, was D. Stăniloae zur Bemerkung veranlaßte: "Die ganze Welt sollte eigentlich als der sichtbare Teil eines universalen und fortwährenden Sakraments betrachtet werden und alle menschliche Aktivität als sakramentale, göttliche Kommunion."[793] In ähnlichem Sinne formulierte I. Zizioulas: "Das ganze Universum ist eine Liturgie, eine kosmische Liturgie, welche vor dem Throne Gottes die ganze Schöpfung aufopfert."[794]
Ganz offensichtlich sind solche Aussagen durchwegs von den (zumeist griechischen) Kirchenvätern inspiriert, welche davon ausgingen, daß alle geschaffenen Wesen zur Vereinigung mit Gott berufen sind. Der Ort dieser Vereinigung ist letztlich die Kirche. Alle sind berufen, der Kirche anzugehören, denn wenn der Mensch ein Mikrokosmos ist, so ist die Kirche ein "Makro-anthropos", wie es Maximos der Bekenner ausdrückte.[795] Paul Evdokimov machte hierzu folgende Überlegung:

Fr. Baader nur das 'Natürliche' übrig. Der christliche Orient besaß von seinen Ursprüngen an einen kosmischeren Sinn, was nicht ohne Zusammenhang mit den griechischen Quellen ist. Bei Origenes, Gregor von Nyssa und Maximos dem Bekenner ist die kosmische Gnosis weit stärker als in der lateinischen Patristik. Dies fand seinen Ausdruck sowohl in der Liturgie als auch im Leben der Heiligen. Nicht die Rechtfertigung, sondern die Verklärung des Menschen und der gesamten Schöpfung mit ihm ist hier zentral." (Cf. N. Berdjaev, Die Krisis des Protestantismus und die russische Orthodoxie, in Orient und Occident No. 1/1929, S. 11–25).

791 C.-J. Dumont, op. cit., S. 116.

792 D. Stăniloae, The world as gift and sacrament of Good's love, in Sobornost' Series V: No. 9, 1969, S. 662.

793 D. Stăniloae, ibidem, S. 667.

794 J. Zizioulas, La vision eucharistique du monde et l'homme contemporain, in Contacts No. 57, 1967, S. 83.

795 Vgl. Maximus Conf., Mystagogie, cap. II–IV (M PG 91, 668–672), cf. V. Lossky, Die mystische Theologie der morgenländischen Kirche, 1961, S. 226.

"Die Welt, welche der Ort der letzten Vollendung und der Allerlösung *(apokatastasis)* sowie die Sphäre der Parusie und der 'neuen Erde' in Macht ist, geht auf ihre Weise in den Makro-anthropos der Kirche ein."[796] "Die aus dem Nichts geschaffene Welt findet ihre Vollendung in der Kirche", schrieb Vladimir Losskij. "Das ganze Universum ist berufen, Kirche Christi zu werden, um nach dem Ende der Zeiten zum ewigen Reich Gottes zu werden."[797] Deshalb ist die Kirche nicht in der Welt, sondern genau besehen die Welt in der Kirche.
Für Evdokimov existierte "kein Dualismus von Kirche und Welt, von Heiligem und Profanem. Der Dualismus ist ethisch: derjenige des 'neuen Menschen' und des 'alten Menschen', des (erlösten) Sakralen und des (dämonisierten) Profanen."[798] Die Kirche ist – nach Olivier Clément – das "kosmische Mysterium des Auferstandenen"; und als solches ist sie die "Welt in ihrem Übergang", zwischen Tod und Auferstehung[799], während Aleksandr Šmeman den gleichen Grundgedanken so formulierte: "Die Kirche ist der Eintritt in das auferstandene Leben Christi, Kommunion mit dem ewigen Leben und 'Freude und Friede im Heiligen Geist'. Und das ist die Erwartung des Königreiches, dessen 'Tag keinen Abend kennt'. Es geht dabei nicht um irgendeine 'andere Welt', sondern um die Erfüllung aller Dinge und allen Lebens in Christus."[800]
Aleksandr Šmeman versuchte, den Begriff der Kirche als eines sakramentalen Organismus, der seine Verwirklichung in der eucharistischen Versammlung findet, durch den Begriff der *Liturgie,* welcher innerhalb der östlichen Spiritualität seit jeher eine zentrale Bedeutung besaß, genauer zu umschreiben.[801] "Die Eucharistie ist der Eintritt der Kirche in die Freude ihres Herrn. Und in jene Freude einzu-

796 P. Evdokimov, La culture à la lumière de l'orthodoxie, in Contacts No. 57, 1967, S. 17.
797 V. Lossky, op. cit., S. 142.
798 P. Evdokimov, ibidem, S. 17.
799 O. Clément, La vie et l'oeuvre de Paul Evdokimov, in Contacts No. 73–74, 1971, S. 66.
800 A. Schmemann, Aus der Freude leben, S. 132f.
801 A. Mal'cev zum Beispiel sah in der Liturgie den Garanten für die Bewahrung der apostolischen Glaubensüberlieferung: "Indem die orthodoxe Kirche jene Formen, welche sich bereits beim Ursprung der Kirche unter der Wirksamkeit des Heiligen Geistes als treuer Ausdruck des altkirchlichen Bewußtseins im Gottesdienste ausgeprägt haben, treu bewahrt, bietet sie die sichere Gewähr dafür, daß sie noch heute unwandelbar und unerschütterlich auf demselben Standpunkt steht wie die Kirche der apostolischen Zeit" (A. v. Maltzew, Bitt-, Dank- und Weihe-Gottesdienste der Orthodox-Katholischen Kirche des Morgenlandes, S. CXLVII). – P. Evdokimov unterstrich dagegen in seiner Beschreibung der Liturgie mehr das Gemeinschaftswerk des auserwählten Gottesvolkes: "Wenn das individuelle Gebet spontan aus den Bedürfnissen des Augenblicks entspringt, so trennt das liturgische Gebet den Beter von seinen persönlichen Anliegen und führt ihn zur Gemeinschaft, gemäß dem Sinn des Wortes *Liturgie,* das 'Gemeinschaftswerk' bedeutet. (. . .) Jeder, der durch die Schule der Liturgie ging, weiß aus Erfahrung, daß er nicht allein vor Gott stehen kann, daß er für die andern und mit ihnen auf liturgische Weise sein Heil wirkt. Das Fürwort der ersten Person wird in der Liturgie immer in der Mehrzahl verwendet" (P. Evdokimov, Gotteserleben und Atheismus, S. 220f.).
Liturgie ist etwas Objektives, sie filtriert jede zu subjektive und emotionelle Haltung: "Die Läuterung des Herzens und des Einbildungsvermögens geschieht vor allem durch die Liturgie, in der Ritus, Dogma und Kunst aufs engste verbunden sind. Ihre Bilder sind Symbole, die den Blick zur Höhe der unsichtbaren Gegenwart erheben" (ibidem, S. 195).

treten, um sie in der Welt zu bezeugen, ist wahrlich die eigentliche Berufung der Kirche; das ist ihre wesentliche *leitourgia,* das Sakrament, durch das sie 'wird, was sie ist'."[802]
Nach Šmeman "ist die Kirche selbst eine *'leitourgia',* ein Dienst, eine Berufung, in dieser Welt wie Christus zu handeln, Zeugnis abzulegen für ihn und sein Reich"[803]. Liturgie bedeutet Aufstieg zur Verklärung, zur Vergöttlichung, die in ihrer Ganzheit (und nicht auf einen bestimmten Moment bezogen) Eucharistie ist. "Liturgie der Eucharistie kann am besten unter dem Bild einer Reise oder Prozession verstanden werden. Es ist die Reise der Kirche in die Dimension des Königreichs."[804] Und die Kirche ist die Versammlung jener, "denen die oberste Bestimmung allen Lebens enthüllt wurde und die es angenommen haben"[805].
Deshalb ist für Šmeman die gesamte Liturgie "sakramental", das heißt "ein umwandelnder Akt und eine aufwärtsstrebende Bewegung, deren Ziel es ist, uns aus 'dieser Welt' herauszunehmen und uns zu Teilnehmern an der *kommenden* zu machen"[806]. "Die Kirche ist das Sakrament des Königreiches – nicht weil sie Akte göttlicher Einsetzung besitzt, die 'Sakramente' genannt werden, sondern vor allem, weil der Mensch die Möglichkeit hat, in dieser Welt und durch sie 'die kommende Welt' zu sehen – sie zu sehen und sie in Christus zu 'leben'."[807]
In dieser Auffassung von Šmeman widerspiegelt sich das kosmische Denken der griechischen Väter, die in der Eucharistiefeier den Treffpunkt zwischen der erlösenden Tat Christi und dem erlösten Endzustand der Schöpfung sahen, so, daß die Eucharistiefeier als Realsymbol des Christusereignisses auch zum Realsymbol des kommenden Reiches wird.[808] "Der Sinn dieses 'Zusammenkommens' (in der Eucharistiefeier) besteht nicht einfach darin, der natürlichen Gemeinschaft eine religiöse Dimension hinzuzufügen, sie 'besser' zu machen, mehr verantwortungsbe-

802 A. Schmemann, ibidem, S. 27.
803 A. Schmemann, ibidem, S. 26.
804 A. Schmemann, ibidem, S. 27.
805 A. Schmemann, ibidem, S. 31.
806 A. Schmemann, ibidem, S. 48.
807 A. Schmemann, ibidem, S. 143.
808 Vgl. A. Gerken, Theologie der Eucharistie, S. 72: "Das kosmische Denken der griechischen Väter bleibt auch in seinem Drang nach universaler Weite geschichtlich, es weiß um die 'Fülle der Zeit' in einer geschichtlichen Tat, im Opfertod Christi. Die Eucharistie enthält ihr Wesen denn auch als Vergegenwärtigung dieses einen und einzigen Erlösungsopfers. Das *universal-kosmische* Denken der griechischen Philosophie ist durch die christliche Botschaft zu einem *universal-geschichtlichen* Denken geworden. – Damit hängt zusammen, daß nach der griechischen Patristik zur Ordnung der Inkarnation ihre noch ausstehende Vollendung wesentlich hinzugehört. Insofern stellt die Eucharistiefeier schon vorweg die kommende Herrlichkeit dar und macht sie verborgen gegenwärtig. Sie bildet den Treffpunkt zwischen der erlösenden Tat Christi, dem entscheidenden Ereignis der vergangenen Geschichte, und dem erlösten Endzustand der Schöpfung, auf den hin die Geschichte unterwegs ist. *Als Realsymbol des Christusereignisses ist die Eucharistiefeier Realverheißung des kommenden Reiches.*" Man vergleiche auch unsere Ausführungen über den Platonismus in der Kirche der ersten Jahrhunderte im 1. Teil, II A und II B. Dabei wird die Nähe der Vorstellungen von A. Šmeman zum traditionellen (platonischen) Gedankengut der griechischen Kirchenväter vollends deutlich.

wußt oder christlicher. Der Sinn ist, die Kirche zu *erfüllen,* und das bedeutet, sie 'darzustellen', den *Einen* gegenwärtig zu machen, in dem alle Dinge an ihrem *Ende* und gleichzeitig an ihrem *Neubeginn* sind."[809]

A. Šmeman übernahm eine Grundstruktur des griechisch-patristischen Denkens (und er traf sich darin mit einer ganzen Reihe neuerer orthodoxen Theologen), wenn er die Eucharistiefeier als Ausdruck der *pilgernden* Kirche[810] versteht, "die *schon* berührt ist vom Geheimnis der Erlösung und doch *noch* unterwegs ist in die Vollendung"[811]. Nicht umsonst sprach er von der Eucharistie als dem eigentlichen "Sakrament des Aufstiegs der Kirche zum Königreich, dem 'Sakrament der kommenden Welt'."[812]

Nachdem sich die eucharistische Liturgie auf das eigentliche Sein der "mustēria" bezieht und diese deshalb nicht von ihr getrennt werden dürfen[813], ergibt sich die zwingende Schlußfolgerung, daß auch die "mustēria" die gleiche Struktur enthalten. Ein "mustērion" ist ebenfalls "stets ein Durchgang, eine *Umwandlung,* doch es führt nicht hinein in etwas 'Übernatürliches', sondern in das Königreich Gottes, in die kommende Welt, erlöst und wiederhergestellt durch Christus. Es handelt sich nicht um die Verwandlung der 'Natur' in die 'Übernatur', sondern des *Alten* ins *Neue.* Ein Sakrament (mustērion) ist so nicht ein 'Wunder', durch das Gott die 'Gesetze der Natur' aufhebt, sondern in ihm wird die letzte Wahrheit ausgesagt über die Welt und das Leben, den Menschen und die Natur, die Wahrheit, die Christus selber ist."[814]

Die Worte, die *Ioann Mejendorf* in seinem Werk über byzantinische Theologie schrieb, tönen in diesem Zusammenhang wie eine Ergänzung, wobei allerdings die deutliche Ablehnung des lateinischen Sakramentenverständnisses nicht zu überhören ist: "Das Reich Gottes, die Vorwegnahme der eschatologischen Vollendung, ist im Leib Christi bereits zugänglich: Die Möglichkeit, 'in Christo zu sein', teilzuhaben am göttlichen Leben (welches der 'natürliche' Zustand der Menschheit ist . . .), manifestiert sich wesentlich in den Sakramenten oder mustēria der Kirche. Diese werden nicht als isolierte Akte betrachtet, durch welche dem Individuum von speziell bezeichneten Amtsträgern, die mit der geforderten Intention handeln, eine 'besondere' Gnade vermittelt wird, sondern vielmehr als Aspekte des einen Mysteriums der Kirche, in welchem Gott das göttliche Leben mit der Menschheit teilt, indem der sündige und sterbliche Mensch losgekauft und ihm die Herrlichkeit der Unsterblichkeit verliehen wird."[815]

Überblickt man die Aussagen der neueren orthodoxen Theologen (von denen in diesem Zusammenhang insbesondere Šmeman, Stāniloae, Zizioulas und Mejen-

809 A. Schmemann, ibidem, S. 28f.
810 Auch im Westen wurde diese Struktur unter anderem von J.M.R. Tillard, L'Eucharistie, Pâque de l'Eglise, hervorgehoben.
811 Vgl. A. Gerken, op. cit., S. 77.
812 A. Schmemann, ibidem, S. 81.
813 Vgl. A. Schmemann, ibidem, S. 82.
814 A. Schmeann, ibidem, S. 127f.
815 Jean Meyendorff, Initiation à la théologie byzantine, S. 253.

dorf genannt seien), so dürfte die Feststellung kaum übertrieben sein, daß sie die Loslösung von den Einflüssen der westlichen "allgemeinen Sakramententheologie" konsequent zu Ende führten. Indem sie an die platonisierende Spiritualität der griechischen Kirchenväter anknüpften, schlossen sie den Kreis, der, von den östlichen Vätern ausgehend, über den scholastischen Aristotelismus wieder zu den Quellen der eigenen Tradition zurückführte. Bei dieser Form der Betrachtungsweise scheint vor allem charakteristisch, daß von einer "allgemeinen Lehre über die mustēria" kaum mehr die Rede ist. Ohne die Bedeutung der einzelnen "mustēria" zu schmälern oder gar ihre Existenz zu leugnen, werden diese nicht mehr als eigenständiger "Corpus" von sieben besonderen heiligen Handlungen gesehen, welche von den übrigen getrennt werden müssen, sondern als wesentliche Bestandteile der Kirche, die mit der eucharistischen Versammlung identisch ist. In der Liturgie gibt es verschiedene heilige Handlungen ("mustēria" und andere), doch Gott wirkt alles in allem (1 Kor 12,6).
Um dies besser zu verstehen, muß allerdings noch ein wesentlicher Aspekt in unsere Betrachtung einbezogen werden, den wir bisher ausklammerten und den man den epikletischen Charakter der "mustēria" nennen könnte. Denn die Kirche kann nicht allein unter einem christologischen Gesichtspunkt betrachtet werden. Sie ist – und diese Tatsache haben gerade auch die griechischen Väter immer betont – zugleich eine Fortsetzung des Pfingstfestes und somit "Kirche des Heiligen Geistes"[816]. Dies aber bedeutet, daß die "mustēria" ebenfalls nicht bloß unter dem christologischen, sondern auch unter ihrem pneumatologischen Aspekt zu sehen sind.[817] "Wo die Kirche ist, da ist auch der Geist Gottes; und wo der Geist Gottes ist, dort ist die Kirche und alle Gnade. Der Geist aber ist Wahrheit."[818]

Exkurs VII: Die ekklesiologischen Implikationen von Vaticanum II

Nur mit Vergleichen läßt sich feststellen, welche Entwicklung das ekklesiologische Verständnis im Verlauf von 75 Jahren durchmachte. Deshalb kehren wir nochmals kurz in die Zeit der Jahrhundertwende zurück und legen einen Text vor, der im Jahr 1898 veröffentlicht wurde. "Die Kirche Christi zerfällt in zwei Theile: in die *Heerde* und die *Hierarchie*. Die Heerde bilden im Allgemeinen alle an den Herrn Jesum Glaubenden, die Hierarchie oder die geistliche Obrigkeit ist ein besonderer von Gott eingesetzter Stand, den Gott *ausschließlich bevollmächtigt hat, über die Mittel zu verfügen, die er seiner Kirche zu ihren Zwecken verliehen hat,* d.h. er hat in ihr Lehrer, Diener des geistlichen Amtes und Kirchenverwalter eingesetzt und bevollmächtigt, denen alle übrigen Christen, welche die Heerde bilden, sich in Sachen des Glaubens unterzuordnen haben (Conf. orthod. I, Antw. 109)."[819] "Aus dem Gesagten geht bereits hervor, welches das gegenseitige Verhältniß der die Kirche zusammensetzenden Theile sein werde.

816 Vgl. N. Afanas'ev, Cerkov' ducha svjatogo.
817 Man vergleiche unsere folgenden Ausführungen im 4. Teil, II: Der pneumatologische Aspekt der mustēria.
818 Irenäus, adv. haer. III, 24,1 (S. Chr. 211, S. 474).
819 A. von Maltzew, Die Sacramente der Orthodox-Katholischen Kirche des Morgenlandes, S. CCXXV f.

Die Hirten sind verpflichtet, ihre Heerde zu unterweisen, geistlich zu verwalten und an ihr alle geistlichen Amtshandlungen zu vollziehen. Die Gemeindeglieder dagegen haben den Lehren ihrer Hirten ein williges Ohr zu leihen, die geistlichen Verrichtungen derselben sich zu Nutze zu machen und sich ihrem geistlichen Ansehen unterzuordnen. Wenn daher zuweilen das Wort Gottes auch die Heerde an sich 'Kirche' nennt gegenüber den Hirten, deren Aufsicht sie anvertraut wird (Apostelgesch. XX, 28; Tim. III,5), ein anderes Mal wieder den Hirten allein diesen Namen beilegt (Matth. XVIII, 15–18), so besteht die Kirche Christi im strengen Sinne doch nur in der Vereinigung dieser beiden Kirchen, von denen die Erstere die untergebene, die Letztere aber die geistlich-vorgesetzte genannt wird. Und wo *nur* eine *Heerde* besteht oder überhaupt *nur Gläubige* vorhanden sind, aber *keine von Gott eingesetzte Hierarchie,* oder wo eine solche verworfen wird, da giebt es auch keine Kirche (Gramm. der morgenl. Patriarchen, Art. 10). Denn wie es der Wille des Herrn war, daß die an ihn Glaubenden eine Kirche bilden sollten, so hat der Herr selbst in seiner Kirche auch eine Hierarchie gestiftet und in Folge dessen haben auch nur die Hirten das Recht, die Menschen nach seinem Willen im Glauben zu unterweisen, sie mittelst der Sacramente zu heiligen und sie den Weg des Heils zu führen.[820] Darum bleiben ohne rechtmäßig eingesetzte Hirten die Christen ohne Heiligung."[821]
Dieser Text, der vom orthodoxen Propst *Aleksej Mal'cev* (1854–1915) stammt, welcher sich seinerseits wieder an der "Dogmatik" des Metr. Makarij (Bulgakov) orientierte, hätte in der zweiten Hälfte des 19. Jahrhunderts mit beinahe gleichlautenden Worten auch von einem katholischen Autoren geschrieben werden können, zeigt es doch alle Merkmale einer typisch lateinischen, juridisch-hierarchischen Kirchenauffassung, wie sie insbesondere durch die nachtridentinische Theologie (und vor allem durch Robert Bellarmin) in der Auseinandersetzung mit der Reformation entwickelt wurde.
Allerdings wurde inzwischen vom *Zweiten Vatikanischen Konzil* (1962–1965) so etwas wie ein Schlußstrich unter die gegenreformatorische Theologie gezogen. Dieser entscheidende Schritt war nicht zuletzt durch eine Renaissance des Väterstudiums vorbereitet worden, das durch den Rückgriff auf vorscholastische theologische Kategorien zu den lange Zeit vernachläßigten Aspekten des ursprünglichen Kirchenverständnisses zurückfand. Bereits in der ersten Session des Konzils wurde der Wandel offenbar, als in Art. 2 der "Konstitution über die heilige Liturgie" die Kirche nicht mehr ihrem juridischen Aufbau, sondern ihrem sakramentalen Wesen entsprechend als Ursakrament beschrieben wurde, wie dies später noch ausführlicher in der "Konstitution über die Kirche" geschehen sollte.
Die Konzilsväter leiteten die Übertragung des Sakramentsbegriffs auf die Kirche aus dem biblischen Gebrauch des Wortes "mustērion" ab, das (wie wir schon zu Beginn unserer Arbeit eingehend darlegten) in der lateinischen Bibelübersetzung mit "sacramentum" wiedergegeben wurde, was in der Vätertheologie dazu führte, "Christus selbst, die Heilige Schrift, die gottesdienstlichen Riten und eben auch die Kirche als mysterion/sacramentum zu bezeichnen"[822].
Die "dogmatische Konstitution über die Kirche" suchte "im Sinne dieses alten Sprachge-

820 "Diesen Gedanken waren die alten Kirchenlehrer besonders bemüht, den Gläubigen eindringlich ans Herz zu legen. Z.B. der hl. Ignatios der Gottesträger: *Ohne diese* (d.h. ohne Bischöfe, Presbyter und Diakone) *besteht keine Kirche – womit auch ihr, wie ich überzeugt bin, übereinstimmt;* der hl. Kyprianos: *Die Kirche bildet das Volk in Verbindung mit seinem Priester, und die Heerde, die ihrem Hirten gehorcht; darum mußt du wissen, daß der Bischof in der Kirche und die Kirche in dem Bischof ist, daher ein jeder, der in keiner Einigung mit seinem Bischof steht, auch nicht in der Kirche ist"* (Makarius, Erzbischof von Litauen, Handbuch zum Studium der christl. orthod. dogmat. Theologie, S. 275–279).

821 A. von Maltzew, ibidem, S. CCXXIX f.

822 H. Mühlen, Die Kirche als die geschichtliche Erscheinung des übergeschichtlichen Geistes, in ThGl 55 (1965), S. 275, mit Hinweis auf C. Vagaggini, Theologie der Liturgie, S. 342–348.

brauchs der Kirche eine sakramentale Zeichenhaftigkeit und Werkzeuglichkeit im Ganzen der göttlichen Heilsökonomie für die gesamte Menschheit und ihre Geschichte" zuzuschreiben.[823]
Metropolit *Stylianos Harkianakēs* sah in dieser Tatsache "so etwas wie eine 'kopernikanische Wende'" die er folgendermaßen wertete: "Der Gedanke der 'societas perfecta', wurde damit endgültig aufgegeben, und so konnten die geheimnisvollen Dimensionen der Kirche neu entdeckt werden. Daher ist das erste Kapitel der Kirchenkonstitution von prinzipieller Bedeutung nicht nur für die übrigen Kapitel des ganzen Dokumentes, sondern für die gesamte römische Ekklesiologie nach dem Zweiten Vaticanum. So konnte auch die römische Ekklesiologie ihren eigentlichen Ort nur in der Trinität finden, wie dies wortwörtlich sowohl in der Kirchenkonstitution als auch im Ökumenismusdekret festgestellt wird. Das Konzil hat zwar neben der Bezeichnung 'Mysterion' noch viele andere neutestamentliche Bilder für die Kirche erwähnt, um damit zu zeigen, daß kein einziges Bild das Geheimnis der Kirche erschöpfend auszudrücken vermag, aber seine dominierende ekklesiologische Kategorie ist das 'Mysterion' geblieben."[824]
Auch der Protestant *Lukas Vischer* fand höchst lobende Worte dafür, daß das Konzil das nachtridentinische Kirchenbild mit seiner einseitigen Betonung des Institutionellen korrigiert hatte. Er schrieb: "Die Konstitution über die Kirche macht eine bewußte Anstrengung, die Kirche nicht in erster Linie unter juridischen Gesichtspunkten zu betrachten. Sie wird als *das* Sakrament bezeichnet, und es geht daraus hervor, daß sie in ihrem Sein und Wesen den Charakter des Geheimnisses trägt; ihr eigentliches Wesen kann in den äußeren Kategorien der Verfassung nicht erfaßt werden. Wenn wir daran denken, in welchem Maße juridische Fragen bisher im Vordergrund standen, ist die Verschiebung deutlich. (. . .) Die Kontinuität der einen Kirche kann in einem etwas anderen Lichte dargestellt werden. Sie wird nicht mehr vornehmlich in der Kontinuität der Institution gesehen, sondern in erster Linie in der Kontinuität des göttlichen sakramentalen Handelns."[825]
"Das Gewicht wird in neuer Weise auf die geistliche sakramentale Gemeinschaft gelegt. Die Kirche ist in erster Linie von Gott in Christus begründete Gemeinschaft, nicht Institution. Sie ist *das* Sakrament, und ihr Wesen tritt dann am deutlichsten zutage, wenn sie das Sakrament feiert. Es ist auch in diesem Zusammenhang nicht ohne Bedeutung, daß in der Konstitution über die Kirche das Kapitel über das Volk Gottes demjenigen über die Hierarchie vorangestellt wird. Die Reihenfolge gibt zu verstehen, daß das Wesen der Kirche nur richtig erfaßt wird, wenn sie als Volk Gottes gesehen wird. Die Hierarchie steht nicht *über*, sondern *in* der Kirche.

823 LThK Das Zweite Vatikanische Konzil, Bd. I, S. 157 (Anm. zu Art. 1). – Die Anknüpfung an den ursprünglichen (weiten) Begriff von "mustērion"/sacramentum der Vätertradition zeigt sich bereits in Art. 1 von "Lumen Gentium", wo es heißt: "Die Kirche ist ja in Christus gleichsam das Sakrament, das heißt Zeichen und Werkzeug für die innigste Vereinigung mit Gott wie für die Einheit der ganzen Menschheit." Aber auch an anderer Stelle findet sich diese Verwendung des "alten" Sakramentsbegriffs: "Gott hat die Versammlung derer, die zu Christus als dem Urheber des Heils und dem Ursprung der Einheit und des Friedens glaubend aufschauen, als seine Kirche zusammengerufen und gestiftet, damit sie allen und jedem das sichtbare Sakrament dieser heilbringenden Einheit sei" (L.G. 9). "Christus hat, von der Erde erhöht, alle an sich gezogen (vgl. Joh 12,32 griech.). Auferstanden von den Toten (vgl. Röm 6,9), hat er seinen lebendigmachenden Geist den Jüngern mitgeteilt und durch ihn seinen Leib, die Kirche, zum allumfassenden Heilssakrament gemacht" (L.G. 48).
Schon einige Jahre zuvor hatte der russisch-orthodoxe Theologe Paul Evdokimov eine ähnliche Formulierung gefunden: "Fortsetzung von Pfingsten und Fortsetzung der offenbarenden Funktion des Hl. Geistes, so offenbart die Kirche ständig ihre Identität mit Christus, welcher Wahrheit, Leben und Weg ist, was die Kirche selbst zum Sakrament der Wahrheit und des Lebens erhebt" ("L'Orthodoxie", S. 264).
824 S. Harkianakis, Orthodoxe Kirche und Katholizismus, S. 48f.
825 L. Vischer, Überlegungen nach dem Vatikanischen Konzil, S. 29.

Sie wird vielmehr in den Zusammenhang mit dem gesamten Volk gestellt. Sowohl Bischof als Priester sind ohne die eucharistische Gemeinschaft nicht denkbar und dieser Einsicht entsprechend wird an mehreren Stellen betont, daß die Hierarchie von ihrem priesterlichen Auftrag her verstanden werden müsse."[826]
Diese Interpretation von Lukas Vischer wird durch *E.J. Lengeling* gestützt, welcher unter Berufung auf "De S. Lit." Art. 26,7f. und "Lumen Gentium" Art. 50,4 erklärte: "Die liturgische Versammlung ist die vornehmste und deutlichste Epiphanie der Kirche. Was von der allgemeinen Kirche auszusagen ist, gilt in prägnantester Weise von der liturgischen Versammlung. Sie ist kraft des Kreuzesopfers von Gott zusammengerufen, was ja auch das hebräische und griechische Wort für Kirche besagt. (. . .) Die liturgische Versammlung ist aber nicht nur Ausdruck und Bild der Kirche. Sie baut die Kirche immer weiter auf bis zu ihrer Vollendung im Reich Gottes. Vor allem gilt das von der Eucharistiefeier. Die liturgische Gemeinde ist also wie die ganze Kirche wirksames Zeichen oder Sakrament."[827]
Auch *Karl Rahner* sah vom eschatologischen Aspekt der Kirche her die Möglichkeit gegeben, die den einzelnen Sakramenten zukommenden Grundeigentümlichkeiten auf die Kirche als ganze zu übertragen. "Letzteres ist darum schon legitim, weil die Kirche ja Sakrament des Heiles der Welt und der Einheit der Menschheit als heilsschaffender Einheit in Gott sein soll, also zwischen der Kirche einerseits und Heil und Einheit andrerseits ein Unterschied gemacht und eine Beziehung gleichzeitig hergestellt wird, die als 'sacramental' gekennzeichnet wird, also konkret nur darin bestehen kann, daß die Kirche das geschichtliche Zeichen ist, das den Heil und Einheit schaffenden Willen Gottes gegenüber der Welt geschichtlich zur Erscheinung bringt und dadurch auch 'bewirkt'."[828]
"Die Kirche ist durch ihren glaubend gehörten und verkündeten Glauben an die in Christus eschatologisch siegreiche Gnade Gottes das Sakrament des Heiles der Welt, weil sie jene Gnade in der Welt als eschatologisch siegreich anzeigt und präsentiert, die aus der Welt nie mehr weichen wird und diese Welt unüberwindlich, wenn auch durch alle Abgründe hindurch auf das vollendete Reich Gottes hintreibt. Dieses sakramentale Zeichen dieser Gnade ist ein wirksames Zeichen, nicht insofern es den ohne es nicht bestehenden Gnadenwillen Gottes hervorrufen würde, sondern insofern durch es eben dieser Gnadenwille Gottes sich selbst zur geschichtlichen Erscheinung bringt und so sich selber auch geschichtlich irreversibel macht."[829]
Schon diese wenigen Aussagen vermögen anzudeuten, in welchem Maße das Zweite Vatikanische Konzil im katholischen Raum einen Anstoß gab, Elemente hervorzuheben, die in der neueren orthodoxen Theologie schon Jahre zuvor als wesentliche Elemente der Kirche in den Vordergrund gerückt worden waren. Der Rückgriff auf die gleichen Quellen der Vätertradition führte beinahe zwangsläufig zu einer gewissen Annäherung der Standpunkte, welche neue Ansätze für ein ökumenisches Gespräch bot.[830]
Dessen ungeachtet blieb ein wichtiger Unterschied in der Einordnung dieser gemeinsamen Elemente erhalten, den Lukas Vischer bereits 1966 in recht prägnanter Kürze zu formulieren wußte: "Die orthodoxen Kirchen scheinen auf den ersten Blick mit der römisch-katholischen Kirche weitgehend übereinzustimmen. Auch sie sind der Überzeugung, daß eine bestimmte, letztlich von Christus selbst gegebene Ordnung für die Kirche notwendig sei. Auch sie kennen eine große Zahl von kanonischen Regeln und halten daran mit Treue fest. Was aber auf den

826 L. Vischer, ibidem, S. 52.
827 E.J. Lengeling, Wort und Bild als Elemente der Liturgie, in B-W-S, S. 183.
828 K. Rahner in E. Jüngel/K. Rahner, Was ist ein Sakrament?, S. 76.
829 K. Rahner, ibidem, S. 78.
830 Vgl. u.a. den Bericht über das erste ekklesiologische Kolloquium zwischen orthodoxen und römisch-katholischen Theologen, veranstaltet von "Pro Oriente", Wien-Lainz 1.–7. April 1974: Pro Oriente, Auf dem Weg zur Einheit des Glaubens, (R. Hotz, Koinōnia als kanonische Gemeinschaft – aktuelle Perspektiven, S. 148–167).

ersten Blick weitgehende Übereinstimmung zu sein scheint, steht in Wirklichkeit in einem anderen Zusammenhang. Die orthodoxen Kirchen gehen nämlich mit eindrücklicher Konsequenz davon aus, daß die Kirche in erster Linie als die von Christus ermöglichte und durch den Heiligen Geist verwirklichte eucharistische Gemeinschaft zu verstehen sei. Christus hat die Sakramente nicht nur eingesetzt, er ist durch die Sakramente in seiner Kirche gegenwärtig. Er schafft vor allem durch die Eucharistie immer neu die Gemeinschaft mit sich und unter den Gliedern seines Leibes, und indem die Kirche sich im Vertrauen auf die Verheißung des Heiligen Geistes in sein Opfer hineinnehmen läßt und sich der Kraft seiner Auferstehung öffnet, wird sie als sein Leib bestätigt und immer wieder belebt. Die Ordnung der Kirche kann nur dann richtig verstanden werden, wenn diese sakramentale Gemeinschaft als Ausgangspunkt ständig vor Augen gehalten wird. Die Ordnung wächst aus der sakramentalen Gemeinschaft heraus und ist ihr dienend untergeordnet. Sie wird weder aus der Tatsache, daß die Kirche als sichtbare Größe notwendig eine rechtliche Struktur besitzen müsse, noch unmittelbar aus der Legislation Christi abgeleitet. Sie ergibt sich vielmehr aus der sakramentalen Gemeinschaft und ist dazu bestimmt, das sakramentale Geschehen schützend zu umgeben."[831]
Schon ein kurzer und oberflächlicher Überblick über die orthodoxen Reaktionen auf das Zweite Vaticanum bestätigt in eindrücklicher Weise Vischers Analyse. Zwar wurde generell der Wandel in den ekklesiologischen Perspektiven der römischen Kirche positiv eingestuft und die Änderung des ökumenischen Klimas lobend hervorgehoben, aber gleichzeitig auch mit aller Deutlichkeit auf die noch weiterhin bestehenden Differenzen hingewiesen, wobei nicht zuletzt im Zusammenhang mit der Primatsfrage stets der von Lukas Vischer hervorgehobene Unterschied zwischen der katholischen "universalistischen" und der orthodoxen "eucharistischen" Ekklesiologie im Vordergrund steht.[832] Es mag sein, daß die orthodoxen Theologen Ende der sechziger Jahre noch skeptischer waren als ein Jahrzehnt später. Erst die Geschichte wird eine Antwort zu geben vermögen, ob der bulgarisch-orthodoxe Professor Georgij Mekerev Recht hatte, als er im "Crkoven Vestnik" 1976 die "konziliäre Entwicklung" in der katholischen Kirche analysierte und dabei zum Schluß kam, daß sich der Katholizismus in den vergangenen Jahren "mit Riesenschritten" der orthodoxen Ekklesiologie angenähert habe.[833]

831 L. Vischer, op. cit., S. 46f.

832 Vgl. u.a. E. Stephanou, Vatican Council II: an Orthodox Evaluation; P. Nellas, Episcopal Collegiality: A New Problem?; P. Evdokimov, An Orthodox Look at Vatican II; Ch. Napier, The Orthodox Church and the Second Vatican Council, in Diakonia No. 3, 1966. Ebenso Metr. Stylianos Harkianakis, op. cit., S. 43–55. – Besondere Aufmerksamkeit verdienen noch heute die Ausführungen des russisch-orthodoxen Erzbischofs von Brüssel, Vasilij Krivošein: Basile Krivocheine, La constitution dogmatique *De Ecclesia:* Point de vue d'un Orthodoxe, in Irénikon No. 4, 1966, S. 477–496.

833 Vgl. Episkepsis No. 157/15.11.1976, S. 4f.

II. Der pneumatologische Aspekt der "mustēria" als Wesensmerkmal

Nach dem Bild der Dreifaltigkeit

"Und Gott sprach: Lasset uns Menschen machen nach unserm Bild, uns ähnlich (. . .). Und Gott schuf den Menschen nach seinem Bild, nach dem Bild Gottes schuf er ihn" (Gen 1,26f.). Dieser Satz aus dem Schöpfungsbericht bildet seit jeher den Ausgangspunkt der östlichen Spiritualität[834] und in einem gewissen Sinn auch der morgenländischen Theologie überhaupt. Gott als der Dreifaltige und Dreieinige begegnet dem Menschen stets in der Gestalt des Bildes. "Der Sohn ist das Bild des Vaters, und der Heilige Geist ist das Bild des Sohnes", formulierte Johannes Damascenus.[835] Und es ist die Bestimmung des Menschen, selber auch zu einer Ikone Gottes zu werden: nach dem Bild und Gleichnis (des dreifaltigen) Gottes! Aus diesem Grund konnte Johannes Damascenus sagen, alles sei Bild und das Bild sei alles.

Die göttliche Heilsökonomie stellt sich als eine absteigende und eine aufsteigende Bewegung dar. Mit der Schöpfung nimmt die *absteigende Bewegung* des göttlichen Wirkens vom Vater durch den Sohn im Heiligen Geist ihren Anfang. Dieser entspricht in *aufsteigender Bewegung* die Heilsordnung für den Menschen: vom Heiligen Geist durch den Sohn zum Vater. Es ist dies der Weg zur Vergöttlichung (theōsis).[836]

Nach Florovskij ist gerade die Kirche dieser geheimnisvolle und zeichenhafte Ort, "wo diese 'Vergöttlichung' und 'Vergottung' (theōsis) der gesamten Menschheit durch das Wirken des Heiligen Geistes bewirkt und fortgepflanzt wird"[837]. "Die Väter unterstreichen häufig", wie Metropolit Emilianos (Timiadēs) erklärte, "das Bestehen einer Analogie zwischen der Verkündigung der Geburt Christi (Mariä Verkündigung) einerseits und Pfingsten und der Gegenwart des Heiligen Geistes im Schoß der Kirche andererseits. Denn bei der Verkündigung verwirklicht sich die Menschwerdung, die Bildung der heiligen Menschheit des Erlösers im Schoß der Jungfrau Maria durch den Heiligen Geist; in derselben Weise – ebenfalls durch die Herabkunft des Heiligen Geistes – geschieht am Pfingsttag die Verwirklichung der Kirche in der Welt und der Beginn ihrer Sendung, die ja die Fortsetzung der Menschwerdung, der Inkarnation Gottes bedeutet."[838]

"Die Väter sehen, indem sie von der Beziehung zwischen dem Wort und dem Heiligen Geist während deren irdischen Mission sprechen, in gewissem Sinne in Christus

834 Vgl. R. Hotz, Der Mensch – Ikone Gottes, in Orientierung No. 22, 1976, S. 237f.
835 Johannes Damascenus, M PG 94, 856.
836 Vgl. P. Evdokimov, L'Orthodoxie, S. 111.
837 G. Florovsky, Le Corps du Christ Vivant, in La Sainte Eglise Universelle, S. 12f.
838 Metr. Emilianos Timiadis, Vom Wirken des Heiligen Geistes in orthodoxer Schau, in Catholica Unio No. 2, 1970, S. 31.

den großen Vorläufer des Heiligen Geistes. So der hl. Athanasius[839]: 'Das Wort ist Fleisch geworden, damit wir den Heiligen Geist empfangen können'. – 'Gott hat sich zum Träger des Fleisches gemacht, damit der Mensch Träger des Geistes werden kann'. Der hl. Symeon der Theologe[840]: 'Dies war das Ziel und die Bestimmung des ganzen Heilswerkes in Christus, daß die Gläubigen den Heiligen Geist empfangen'. In gleicher Weise auch Nikolaos Kabasilas[841]: 'Was ist die Wirkung und das Resultat der Handlungen Christi? (...) es ist nichts anderes als die Herabkunft des Heiligen Geistes auf die Kirche'."[842]
"Indem er sich inkarnierte, hat Christus uns nicht erlaubt, ihn nachzuahmen, sondern sein Leben wiederzuleben, uns seiner Wesenheit anzugleichen, was uns eben die mustēria und der liturgische Zyklus lehren", schrieb Evdokimov.[843] "Es existiert eine enge Übereinstimmung zwischen der sakramentalen Marschroute und dem Leben der Seele in Christus. Die Initiation durch die Taufe und die Salbung vollenden sich in der Eucharistie und fallen mit dem Höhepunkt der mystischen Erhebung, der theōsis, zusammen. Die eine wie die andere erhellen sich gegenseitig, zeigen das gleiche, mystisch identische Ereignis. Hier verwirklicht sich die goldene Regel allen patristischen Denkens: 'Gott wird Mensch, damit der Mensch Gott werde', und wo man das Herz der orthodoxen Spiritualität selbst berührt: 'Der Mensch wird der Gnade nach das, was Gott der Natur nach ist'."[844]
Es handelt sich hierbei um einen Prozeß der "Vergeistigung", den man auch eine "Verinnerlichung" nennen könnte, insofern nach orthodoxer Auffassung der Heilige Geist das Innerste des Menschen darstellt.
Doch wenn Christus gleichsam das Zentrum ist, in dem alle Linien zusammenlaufen, wie sich der hl. Maximos[845] ausdrückte, und wenn in Christus die Menschen zum einen Leib vereint werden, so bleibt in dieser Einheit doch die Vielheit der menschlichen Personen gewahrt, denen der Heilige Geist die jedem einzelnen zukommenden Gaben verleiht. Aus der Sicht des hl. Basileios ist es der Heilige Geist, der alles vollendet.[846]
Zu Recht betonte V. Losskij unentwegt, daß die Kirche auf eine doppelte göttliche Ökonomie gegründet sei, "auf das Werk Christi und auf das Werk des Heili-

839 Athanasius, De incarn. 8 (M PG 26, 996C)
840 Symeon (der neue Theologe), Rede 38.
841 Nikolaos Kabasilas, Erklärung der hl. Liturgie, Kap. 37.
842 P. Evdokimov, Eucharistie – Mystère de l'Eglise, in La Pensée Orthodoxe No. 2 (13), 1968, S. 60f.
843 P. Evdokimov, L'Orthodoxie, S. 75.
844 P. Evdokimov, ibidem, S. 94.
845 Vgl. Maximos Conf., Mystagogie (M PG 91,668).
846 Vgl. Basilius, De Spiritu Sancto XIX, 49 (M PG 32,157 AB): "Der Ankunft Christi geht der Heilige Geist voraus. Bei der Menschwerdung ist Er da. Die Wundertaten Christi, seine Gnaden und Krankenheilungen geschehen durch den Heiligen Geist. Die bösen Geister werden durch den Geist Gottes ausgetrieben. Wenn der Teufel angekettet wird, ist der Heilige Geist zugegen. Die Vergebung der Sünden geschieht durch die Gnade des Heiligen Geistes. Die Vereinigung mit Gott wird durch den Heiligen Geist bewirkt. Die Auferstehung von den Toten geschieht durch die Kraft des Heiligen Geistes."

gen Geistes, zwei Personen der Dreifaltigkeit, die in die Welt gesandt wurden. Beide Werke bilden die Grundlage der Kirche, beide sind notwendig, damit wir zur Vereinigung mit Gott gelangen."[847] Aus diesem Grund sagte auch Evdokimov: "Das Heilsmysterium ist christologisch, aber nicht panchristisch."[848]
Vladimir Losskij (1903–1958) unterschied den christologischen Aspekt, einen objektiven und permanenten Charakter der christlichen Gemeinschaft im Christusereignis, und den pneumatologischen Aspekt, die persönliche Vereinigung des Menschen mit Gott auf existentielle Weise, welcher der Kirche einen dynamischen Charakter verleiht. Losskij schrieb hierzu in seinem Buch mit dem bezeichnenden Titel "Nach dem Bilde und der Ähnlichkeit Gottes": "Die Kirche ist das Werk des Sohnes und des Heiligen Geistes, welche vom Vater in die Welt gesandt worden sind. Wenn sie die neue Einheit der durch Christus gereinigten menschlichen Natur, den einen Leib Christi, bilden, so ist sie auch die Vielzahl der Personen, von denen jede die Gabe des Heiligen Geistes erhält. Das Werk Christi hat die gemeinsame Natur als Objekt, sie ist es, die in Christus losgekauft, gereinigt und neugeschaffen wurde. Das Werk des Heiligen Geistes wendet sich an die Personen, indem es jeder menschlichen Hypostase in der Kirche die virtuelle Fülle der Gnade mitteilt und aus jedem Glied des Leibes Christi einen Mitarbeiter (sunergos) macht, der Gottes bewußt ist."[849] "Das Erlösungswerk des Sohnes bezieht sich auf unsere Natur; das vergöttlichende Werk des Heiligen Geistes wendet sich an uns Personen. Aber die beiden sind untrennbar, das eine ohne das andere undenkbar, denn sie bedingen sich gegenseitig, sind eins im anderen gegenwärtig und schließlich nur eine einzige Heilsökonomie der hl. Dreifaltigkeit, vollendet durch zwei göttliche Personen, die vom Vater in die Welt gesandt worden sind."[850]
Die byzantinische Liturgie, welche unabläßig das Heilswirken der hl. Dreifaltigkeit preist, dokumentiert dies hervorragend. "Es ist würdig und recht, den Vater, den Sohn und den Heiligen Geist anzubeten, die wesensgleiche und unteilbare Dreifaltigkeit"[851], singt der Chor als Einleitung zum eucharistischen Gebet, das in der Anaphora des hl. Basileios die Heilsökonomie der hl. Dreifaltigkeit verherrlicht: "Gebieter des Alls, Herr des Himmels und der Erde, aller sichtbaren und unsichtbaren Schöpfung. Du sitzest auf dem Thron der Herrlichkeit und ergründest die Tiefen. Anfangslos bist Du, unsichtbar, unbegreiflich, unbeschreiblich, unveränderlich, der Vater unseres Herrn Jesus Christus, des großen Gottes und Erlösers, des Gegenstandes unserer Hoffnung.
Er ist das Bild Deiner Güte, das Siegel Deines getreuen Abbildes. Er offenbart Dich, den Vater, in seiner eigenen Person. Er, das lebendige Wort, der wahre Gott, die Weisheit von allen Äonen, das Leben, die Heiligung, die Macht, das wahre Licht. Durch ihn hat sich der Heilige Geist offenbart, der Geist der Wahrheit, die

847 V. Lossky, Die mystische Theologie, S. 198.
848 P. Evdokimov, ibidem, S. 147.
849 V. Lossky, A l'image et à la ressemblance de Dieu, S. 175.
850 V. Lossky, ibidem, S. 107.
851 Erzbischof Neophytos Edelby (Hrg.), Liturgikon, S. 454.

Gabe der Kindschaft, das Unterpfand künftigen Erbes, der Erstling der ewigen Güter, die lebensspendende Kraft, die Quelle der Heiligung. Durch sie betet Dich an jedes verständige Geschöpf und jede geistige Macht, die von ihm gestärkt ist, und sendet Dir den ewigen Lobpreis empor, denn alles Seiende dient Dir."[852]
Auch im Abendland ist die Bedeutung der Trinität für die Kirche nicht völlig in Vergessenheit geraten, wie die Äußerungen von Henri de Lubac zeigen: "Die Kirche ist eine geheimnisvolle Ausweitung der Trinität in die Zeit hinein, die uns nicht allein auf das Leben mit ihr vorbereitet, sondern uns bereits daran teilnehmen läßt. Sie stammt aus dem dreieinigen Leben und ist davon erfüllt."[853] Ganz ähnliche Formulierungen finden sich auch bei den orthodoxen Theologen, so zum Beispiel bei Bulgakov[854], Losskij[855] und Evdokimov[856]. Es handelt sich hierbei nicht um einen Zufall, sondern um einen Widerschein der gleichen Quelle, nämlich der griechischen Vätertradition.
Zu Recht singen die Gläubigen nach der Kommunion in der Liturgie: "Wir haben das wahre Licht gesehen, den Geist vom Himmel empfangen. Wir haben den wahren Glauben gefunden. Die unsichtbare Dreifaltigkeit beten wir an, denn sie hat uns erlöst."[857]
Die Kirche ist ihrem Wesen nach nichts anderes als eine Widerspiegelung der hl. Dreifaltigkeit. Sie ist gewissermaßen eine Ikone der Trinität. V. Losskij legte dies auf folgende Weise dar: " . . . die Kirche stellt gleichzeitig die Einheit der Natur und die Verschiedenheit der Personen entsprechend dem Bilde der Dreifaltigkeit dar. Wenn dem so ist, so erfordert dies in der Kirche eine andere Heilsökonomie als diejenige des Sohnes, welche die Einheit der Natur rekapituliert, eine Ökonomie nämlich, die sich an jede einzelne menschliche Person wendet, indem sie die Vielheit der Personen in der Einheit des Leibes Christi konsekriert. Das ist die Ökonomie des Heiligen Geistes, der Pfingstaspekt der Kirche."[858]

A. Das Werk des Heiligen Geistes als Fortsetzung des Heilswirkens Christi

"Das Leben der Kirche gründet", wie G. Florovskij zutreffend bemerkte, "auf zwei korrelativen Mysterien, dem Mysterium des hl. Abendmahles und dem Mysterium von Pfingsten."[859] Um es mit Bulgakov auszudrücken: "Die Kirche ist als Leib Christi, welcher das Leben Christi lebt, gerade dadurch die Domäne, wo der Heilige Geist *gegenwärtig* ist und wo er wirkt. Mehr als das: Die Kirche ist das Le-

852 N. Edelby, ibidem, S. 493.
853 H. de Lubac, Geheimnis aus dem wir leben, S. 41f. (vgl. auch H. de Lubac, Betrachtung über die Kirche, S. 137f. / 253f.).
854 Vgl. S. Bulgakov, Pravoslavie, S. 39.
855 Vgl. V. Lossky, A l'image et à la ressemblance de Dieu, S. 175.
856 Vgl. P. Evdokimov, L'Orthodoxie, S. 123.
857 N. Edelby, ibidem, S. 473.
858 V. Lossky, ibidem, S. 187.
859 G. Florovsky, Le Corps du Christ Vivant, in La Sainte Eglise Universelle, S. 19.

ben durch den Heiligen Geist, weil sie der Leib Christi ist . . ."[860] Schon Cyrill von Jerusalem hatte den Heiligen Geist als den "Heiliger der Kirche" bezeichnet.[861] Denn durch den Heiligen Geist sind die Christen in einem Leib geeint, dem Leib Christi, und die Eucharistie ist Christus, der neue Adam und der Retter des Leibes, welcher auf sakramentale Weise in der Kirche bleibt, und die Kirche ist der Leib ihres Chefs, seine Fülle.[862]

"Die Kirche ist das Werk der *Inkarnation Christi,* sie ist *diese Inkarnation:* Gott assimiliert sich die menschliche Natur, und die menschliche Natur assimiliert sich das göttliche Leben; dies ist die Vergöttlichung (theōsis) der menschlichen Natur, Konsequenz der Vereinigung der beiden Naturen in Christus. Aber das Werk der Durchdringung der Menschheit durch den Geist der Kirche hat sich nicht vermöge der Inkarnation allein oder durch die Auferstehung allein vollendet. 'Es ist gut für euch, wenn ich jetzt hingehe (zum Vater)' (Joh 16,7). Dieses Werk verlangte die Sendung des Heiligen Geistes, Pfingsten, welche die Verwirklichung der Kirche wurde."[863]

Evdokimov lieferte die Ergänzung zu diesen Ausführungen Bulgakovs: "Das Evangelium verkündet inmitten und aus der Mitte dieser Welt den Äon des kommenden Zeitalters, und die Kirche bezeugt, dieweil sie die messianische Vergangenheit Christi bescheinigt, bereits die Gegenwart seines Reiches. Sie verkündet und richtet, aber ihre Aufgabe ist zu *bekehren,* und das Feld ihrer Mission ist die ganze Welt und die Geschichte ihrer Totalität. Sie verfügt über die Lehre, aber auch über die *Lebensprinzipien:* die Eucharistie und die Sakramente. Der Geist des Lebens ist in dieser Sicht der Geist der Transmission. Mit dem 'Hingang zum Vater' hat Christus seine Mission beendet, und dennoch versichert er: 'ich werde kommen, ich werde sprechen' (Joh 17,4; Mt 16,18). Christus ist nicht abwesend von seinem Leib, der sich bildet, aber die Art seiner Gegenwart ist verschieden: Er kommt und ist gegenwärtig *im* Heiligen Geist. Nach Nikolaos Kabasilas: 'Die Sakramente: hier ist der Weg (. . .), die Türe, welche er öffnete (. . .). Indem er auf diesem Weg und durch diese Türe zurückkommt, kommt er wieder zu den Menschen.'[864] Christus kommt in den Sakramenten: es ist dies die sakramentale Gegenwart, welche an der Epiklese aufgehängt ist."[865]

Im Gegensatz zur lateinischen Theologie haben die orientalischen Theologen stets die Bedeutung des Heiligen Geistes im sakramentalen Geschehen hervorgehoben. Dieser Gegensatz wird besonders augenfällig, wenn man bei der Lektüre der Konzilstexte von Florenz (Dekret für die Armenier) und insbesondere von Trient (7. Sitzung) feststellt, daß diese Texte – mit Ausnahme der Firmung – von den Sakramenten sprechen, ohne den Heiligen Geist auch nur zu erwähnen. Und selbst

860 S. Bulgakov, Pravoslavie, S. 30.
861 Vgl. Cyrill von Jerusalem, Kat. 16, cap. 14 (M PG 938).
862 Vgl. G. Florovsky, ibidem, S. 20.
863 S. Bulgakov, ibidem, S. 31f.
864 N. Cabasilas, La vie en Jésus-Christ, S. 28.
865 P. Evdokimov, L'Orthodoxie, S. 196.

noch auf dem Zweiten Vatikanischen Konzil klagte der maronitische Erzbischof von Beirut, Ignace Ziadé, daß die lateinische Theologie ein wenig vergessen habe, daß "die Zeit der Kirche in der Heilsgeschichte von den Vätern als Oikonomia des Geistes bezeichnet wurde". Derselbe sagte am 16. September 1964 anläßlich der dritten Konzilssession: "Die lateinische Kirche, die ihre Christologie sehr weit entwickelt hat, ist, was die Pneumatologie anbelangt, noch im Alter der Adoleszenz."[866]

Im Osten ist demgegenüber das Bewußtsein für das Wirken des Heiligen Geistes weder in der Theologie noch in der Spiritualität jemals verlorengegangen. Jene Realität, die der Kirchenvater Basileios d. Gr. einst in die Worte faßte: "Die Kreatur besitzt keine Gabe, die nicht vom Heiligen Geist käme. Er ist der Heiligmacher, der uns mit Gott vereint"[867], ist innerhalb der orthodoxen wie der orientalischen Kirchen stets ein wesentlicher Bestandteil des religiösen Lebens geblieben. Deshalb fleht auch der Bischof oder der Priester bei der Spendung der "mustēria" stets um die Sendung des Heiligen Geistes, damit dieser die vom Bischof oder Priester gesetzten kirchlichen Handlungen zu dem mache, was sie bedeuten. Es handelt sich hierbei um die sogenannte "Epiklese", auf die wir im Folgenden noch ausführlich eingehen werden.

"Die Epiklese liegt an der Schwelle jeder Kommunion mit Gott, denn wenn es – gemäß den Vätern – keinen Zugang zum Vater gibt außer durch den Sohn, so gibt es ebenfalls keinen Zugang zum Sohn außer durch den Heiligen Geist. Als 'Spender des Lebens und Schatzkammer der Gnade', als der seinem Wesen nach Heiligende offenbart sich der Heilige Geist als aktives Prinzip jeder göttlichen Wirksamkeit."[868]

"Die Kirche erscheint so wie eine vom Heiligen Geist durchseelte *Gemeinschaft*, in der jede hierarchische oder charismatische Funktion letztlich als Werk des Heiligen Geistes betrachtet werden muß, der die Gemeinschaft heiligt und ihrer Endvollendung zuführt. Als Wohnung des Geistes wird jede einzelne ihrer Lebensäußerungen zu einer geistlichen, vom Geiste durchformten."[869]

"Die einhellige patristische Tradition des Orients schreibt die Wirkkraft in allen 'heiligen Riten' der hypostatischen Intervention der dritten Person der Dreifaltigkeit zu: dem Heiligen Geist, der vom Vater ausgeht und vom Sohne zur universalen Vollendung der Heilsökonomie gesendet wurde. Als Schöpfer des Lebens ist der Geist das direkte Organ des geistlichen Lebens, das umfassende Agens aller himmlischen Inkarnationen, die Quelle der Gnade und der göttlichen Energien im Schoße der Kirche. Er steigt als Paraklet und himmlisches Feuer auf alles Fleisch herab, heiligt und weiht es. Jedes mustērion hat sein eigenes Pfingsten, seine Epiklese, welche das an Gott gerichtete Gebet um die Sendung des Heiligen Gei-

866 Zit. nach H. de Lubac, Geheimnis aus dem wir leben, S. 90 (inkl. Anm.).
867 Basileios, M PG 32, 133 C.
868 P. Evdokimov, L'Esprit Saint dans la tradition orthodoxe, S. 100f.
869 M.-J. le Guillou, Vom Geist der Orthodoxie, S. 57.

stes ist. Deshalb ist die Epiklese ein liturgisches Bekenntnis des Dogmas, die betende Anwendung der Heilig-Geist-Theologie. Es geht nicht um archäologische Untersuchungen und Kommentare zu liturgischen Texten, es handelt sich um das Dogma. Der Platz des Heiligen Geistes und der Epiklese ist durch das Dreifaltigkeisdogma bedingt, durch das dreifaltige Gleichgewicht, das den Vätern so teuer war und das sich in der Liturgie manifestiert."[870]

Übrigens wird die Epiklese in sämtlichen "heiligen Handlungen" der Ostkirche durch einen Gestus der Geistverleihung ergänzt. Dieser Gestus, der in der lateinischen Kirche teilweise außer Gebrauch gekommen war, wurde im Verlaufe der liturgischen Reformen nach dem Zweiten Vatikanischen Konzil zumindest bei den sakramentalen Riten wieder eingeführt und urgiert (so zum Beispiel ganz deutlich in der Eucharistiefeier beim Gebet: "Sende herab deinen Heiligen Geist . . . " vor dem Einsetzungsbericht und im Bußsakrament bei der Absolution). Diese Rückkehr zu den ursprünglichen Gebräuchen (wie sie im byzantinischen Ritus ungebrochen bewahrt wurden) darf nicht erstaunen. Nicht umsonst bezeichnete X. Léon-Dufour die Hand, zusammen mit dem Wort, als eines der expressivsten Mittel der menschlichen Sprache.[871] In der Tat werden die sakramentalen Formeln in der byzantinischen Tradition immer von rituellen Gesten begleitet, die man auf zwei Grundtypen reduzieren kann: die *Handauflegung* und die *Salbung.* Die Handauflegung findet sich beim Einsetzungsbericht in der Eucharistiefeier, bei der Aufnahme ins Katechumenat im Taufritus, bei der Absolution, bei den Weihen und als Krönung bei der kirchlichen Eheschließung. Gesalbt wird der Katechumene vor der Taufe, der Firmling und der Kranke. Doch sowohl die Handauflegung als auch die Salbung beinhalten das Gleiche, nämlich die Verleihung einer göttlichen Kraft, die *Spendung des Heiligen Geistes.*

Dies läßt sich bereits durch die Texte des Neuen Testaments eindeutig belegen.[872] Nikolaos Kabasilas wies in seiner Erklärung über die Wirkungen der Myronsalbung (Firmung) ebenfalls auf diese Tatsache hin. "Diese Salbung hat bei den Getauften den gleichen Effekt wie einst die Handauflegung auf die Neugetauften durch die Apostel."[873] (Man vergleiche hierzu Apg 8,17ff.). Und von Christus selbst heißt es in der Apostelgeschichte, daß er in seiner Taufe von Gott mit dem Heiligen Geist und mit Macht gesalbt worden sei (Apg 10,38).

Es steht demnach außer Zweifel, daß die orthodoxen Kirchen, getreu alter Überlieferung, in Wort und Gestus die "mustēria" sowie sämtliche übrigen "heiligen Handlungen" der Kirche als Gaben des Heiligen Geistes bekennen.

870 P. Evdokimov, La prière de l'Eglise d'Orient, S. 77 (cf. L'Esprit Saint dans la tradition orthodoxe, S. 100f.).

871 Vgl. X. Léon-Dufour, Vocabulaire de théologie biblique, S. 467.

872 Betreffs Handauflegung, vgl. Léon-Dufour, ibidem, S. 469, betreffs Salbung, ibidem, S. 720.

873 N. Cabasilas, La vie en Jésus-Christ, S. 87.

B. Die Epiklese, das stets erhörte Gebet

Die Kontroversen um die Frage der Epiklese füllen Bände, allerdings nicht etwa im Osten, sondern typischerweise im Westen. Und wenn sich auch seit dem Zweiten Vaticanum die Waagschale der theologischen Meinungen im Abendland wieder zugunsten der Epiklese geneigt hat, so sind damit die Probleme noch längst nicht gelöst, denn mit der Frage der Epiklese ist gleichzeitig auch ein bestimmtes Verständnis von der Rolle des Priesters und des gläubigen Volkes verbunden, das nicht unbedingt westlichen Vorstellungen entspricht. In nicht geringerem Maß wird damit auch die ganze Spiritualität berührt, welche im Westen erst wieder die Bedeutung des Heiligen Geistes ins Gleichgewicht mit dem christologischen Bezug für das Leben des Gläubigen bringen muß.[874] Evdokimov dürfte nicht unrecht gehabt haben, als er die Frage der Epiklese für den ökumenischen Dialog zwischen Ost und West als ebenso wichtig einschätzte wie das Problem des "Filioque".[875]
Für Ludwig Eisenhofer ist die "ausgebildete Form der Epiklese" das Ergebnis einer längeren Entwicklung. "Nach ihrer ursprünglichen, schon im antiken Sprachgebrauch wurzelnden Bedeutung ist die Epiklese ein Nennen (kalein, invocare) des göttlichen Namens über (epi) einer Sache oder Person, auf welche die göttliche Kraft herabgerufen werden soll.[876] Bei der Opferfeier geschieht dies, um die Opferelemente zu verwandeln. In diesem Sinn gebraucht das Wort 'Epiklese' schon Irenäus[877], wenn er schreibt: 'Wie das von der Erde stammende Brot, wenn es die Anrufung Gottes empfängt (proslambanomenos tēn epiklēsin tou Theou), nicht mehr gewöhnliches Brot ist, so gehören auch unsere Körper, wenn sie die Eucharistie empfangen, nicht mehr der Verweslichkeit an, sondern haben die Hoffnung der Auferstehung'."[878]
Es scheint, daß für Irenäus die Eucharistie selbst so wie jedes Weihegebet eine "epiklēsis", nämlich ein Nennen des göttlichen Namens über den materiellen Elementen, darstellte.[879] Es ist auch keineswegs so, daß sich die Epiklese nur auf die Eucharistie oder gar nur auf die Wandlung der Gaben (Wandlungsepiklese) bezöge, auch wenn später die Epiklese aus lateinischer Sicht vor allem in der Frage nach

874 Ein einseitiger "charismatischer" Überschwang vernachlässigt nämlich den trinitarischen Aspekt nicht weniger als eine einseitige Überbetonung der Christologie (und der Menschheit Christi).
875 Vgl. P. Evdokimov, l'Esprit Saint dans la tradition orthodoxe, S. 100 (Anm. 42): "Es scheint, daß im Augenblick für den ökumenischen Dialog die Frage der Epiklese ebenso wichtig ist wie die des *Filioque,* denn man könnte vor allem im Lichte der Epiklese das Filioque gemeinsam richtig re-situieren. Die Epiklese präzisiert die Beziehungen zwischen Sohn und Geist und steigt durch die Anrufung des Vaters zur trinitarischen Theologie auf. Ohne die Heilsökonomie auf die Ökonomie des Sohnes oder des Geistes allein zu reduzieren, gilt es, die eine wie die andere für die endgültige und monarchische Ökonomie des Vaters und der Dreifaltigkeit des Reiches zu öffnen."
876 O. Casel, Zur Epiklese, JLW 3 (1923), S. 100.
877 Irenäus, adv. haer. IV, 18,5 (Irénée, S. Chr. 100, S. 611/613).
878 L. Eisenhofer, Handbuch der katholischen Liturgik II, S. 169.
879 Irenäus, Adv. haer, IV, 31,4 (al. IV, 18,5). Vgl. O. Casel, Neue Beiträge zur Epiklesenfrage, in JLW 4 (1924), S. 173f.

dem Moment der Wandlung zu einem Streitpunkt wurde, wobei es um die Stellung der Epiklese vor oder nach dem Einsetzungsbericht zu harten Kontroversen mit dem Osten kam.

Es gilt vielmehr festzuhalten, daß die Epiklese – zumindest nach östlicher Auffassung – grundsätzlich stets ein Wesensbestandteil jeder "heiligen Handlung" ist. Charakteristischerweise findet sich übrigens das erste Zeugnis einer Epiklese in einem Text Tertullians über die Taufe und zwar als Weihe des Taufwassers.[880]

Nach J.A. Jungmann erscheint die Epiklese an jener Stelle, wo die sakramentale Welt ins liturgische Tun der Kirche hereingreift. "Gott selbst wird tätig, indem er im sichtbaren sakramentalen Zeichen die unsichtbare Gnade schenkt. Der Mensch kann hier nichts tun als das Zeichen setzen und – die beginnende Reflexion hat das alsbald geziemend gefunden – das göttliche Wirken erbitten. Es hängt von der Weise des theologischen Denkens ab, in welcher sprachlichen Form die Bitte um die göttliche Einwirkung des näheren geschieht: ob als Anrufung Gottes mit der förmlichen Bitte um jenes Werk oder, mehr in der Linie vorchristlicher Ausdrucksformen, als Herbeirufen der göttlichen Kraft – beides hat man in der christlichen Frühzeit mit epikaleisthai, epiklēsis bezeichnet, weil in beiden Fällen Gottes Name gerufen und Gottes Kraft herabgezogen wird."[881]

Nicht bloß im Zusammenhang mit der Taufe, sondern auch bei der Eucharistie lassen sich sehr alte Zeugnisse für die Existenz einer Epiklese aufführen. Es ist bemerkenswert, daß das älteste liturgische Dokument, welches aus Rom kommend sehr rasch in Ägypten eingeführt wurde[882], nämlich die aus dem Anfang des dritten Jahrhunderts stammende Kirchenordnung Hippolyts, bereits eine Epiklese aufweist, welche allerdings mehr auf die Kommunion ausgerichtet ist.[883]

880 Vgl. Tertullian, De bapt. c. 4 (CSEL 20, 204).

881 J.A. Jungmann, Missarum sollemnia II, S. 232. "Des näheren konnte man sich damit begnügen, in nüchterner Form von Gott einfach die Wirkung zu erbitten: die Heiligung der Gabe und deren fruchtreichen Genuß, wie es im *Quam oblationem* und im *Supplices* (von Kanon I) der römischen Messe geschieht. Oder man konnte die wirkende Kraft versuchen mit Namen zu nennen. Die christlichen Namen, die dafür in Betracht kommen konnten, waren: der Geist Gottes, die Kraft oder die Gnade Gottes oder sein Segen, die Weisheit oder das Wort Gottes, der Heilige Geist; auch an einen Engel Gottes konnte man denken. In der christlichen Frühzeit besteht dafür keine feste Regel. Gerade im Griechichen, wo logos und pneuma sich im Begriff 'Geist' treffen, wo überdies in den theologischen Überlegungen der Gedanke, daß Gott alles durch den Logos geschaffen hat und wirkt, eine große Rolle spielte, war es naheliegend, daß öfter der Logos genannt wurde als die Kraft, durch die die Gabe geheiligt wird" (ibid., S. 233).

882 Von Ägypten ausgehend fand die Anaphora von Hippolyt alsbald Eingang in die verschiedenen orientalischen Kirchen, wobei sie nun allerdings dem Herrenbruder zugeschrieben und dementsprechend als *Jakobusliturgie* bezeichnet wurde. Im Gefolge der römischen Liturgiereform nach dem II. Vatikanischen Konzil wurde auch ein Hochgebet, das sich an der Hippolyt-Anaphora orientiert, als Kanon II in die offiziellen Meßtexte aufgenommen. (Über die dabei vorgenommenen Veränderungen bezüglich der Epiklese, siehe unsere später folgenden Erläuterungen.)

883 In der *Kirchenordnung Hippolyts* (zu Beginn des 3. Jahrhunderts) heißt es nach dem Einsetzungsbericht und der Anamnese: "Und wir bitten, daß du deinen Heiligen Geist auf die Opfergabe der heiligen Kirche herabsendest. Indem du sie vereinigst, gib allen an deinem Heiligen Teilnehmenden, daß es ihnen zur Erfüllung mit Heiligem Geist gereiche, zur Stärkung des Glaubens in Wahrheit, damit wir dich loben und preisen durch deinen

"In den mystagogischen Katechesen, mit denen nach der gewöhnlichen Ansicht Cyrill von Jerusalem im Jahre 348 seine Taufkatechesen abgeschlossen hätte, wird zum erstenmal die Grundform der Epiklese bezeugt, die später für die orientalischen Liturgien typisch geworden ist: 'Dann (...) rufen wir den gütigen Gott an, daß er den Heiligen Geist sende über die Gaben, damit er das Brot zum Leibe Christi, den Wein zum Blute Christi mache.'[884] Diese Epiklese im engeren Sinn, als Bitte an Gott um die Sendung des Heiligen Geistes, erscheint von da an zunächst in den Liturgien des *syrischen Bereiches,* und zwar, wie es auch an obiger Stelle schon vorausgesetzt ist, nach den Einsetzungsworten und dem an sie anschließenden Anamnese- und Darbringungsgebet, mit der Zielbestimmung, daß der Heilige Geist die Gaben zu Leib und Blut Christi 'mache' (poiēsēj: Jakobusliturgie) oder sie als solche 'erweise' (apofēnēj: Apost. Konstitutionen VIII; anadeixai: byzantinische Basileiosliturgie) und daß sie so den Genießenden zum Heil sein mögen."[885] Ein Überblick über die frühesten Zeugnisse einer Wandlungsepiklese ergibt, daß sich einzig in den ursprünglichen Texten der ägyptischen Kirche eine Epiklese findet, die dem Einsetzungsbericht vorangestellt ist.[886] In den übrigen Texten steht die Epiklese immer *nach* den Einsetzungsworten.[887] Ob es sich hierbei um eine

Knecht Jesus Christus, durch den dir Ruhm und Ehre sei, dem Vater und dem Sohn mit dem Heiligen Geiste in deiner heiligen Kirche jetzt und in alle Ewigkeit. Amen." (Vgl. Hippolyte de Rome, La tradition apostolique S. Chr. 11 bis, S. 52f.; deutsche Version in Texte der Kirchenväter IV, S. 282f.)

884 Cyrille de Jérusalem, Catéchèses mystagogiques V 7, S. Chr. 126, S. 155.

885 J.A. Jungmann, op. cit. II, S. 233f.

886 So im *Papyrus von Dêr Balyzeh,* das aus dem 4. Jahrhundert stammt: "Sende gnädig deinen Heiligen Geist auf diese irdischen Gaben herab und mache dieses Brot zum Leib unseres Herrn und Heilandes Jesu Christi und den Kelch zum Blute des neuen Bundes" (Quasten, Mon. 40, zit. nach F. Heiler, Urkirche und Ostkirche, S. 257, Anm. 80 a). Dann auch im *Euchologion des Bischofs Serapion von Thmuis* 13,15: "plērōson, kurie, tēn thusian tautēn tēs sēs dunameōs kai tēs sēs metalēpseōs" (Quasten, Mon. 61). Und schließlich noch im ursprünglichen Text der *Markusanaphora:* "Erfülle, o Gott, auch dieses Opfer mit deinem Segen durch die Herabkunft deines allheiligen Geistes; denn Er, unser Herr und Gott und Allkönig Jesus Christus nahm in der Nacht . . . " (F.E. Brightman, Liturgies eastern and western I, S. 132; zit. nach Jungmann, op. cit. II, S. 180, Anm. 3).

887 *Nach den Wandlungsworten* und dem Anamnesegebet heißt es in den *Apostolischen Konstitutionen* VIII, 12: "Daß Du herabsendest Deinen heiligen Geist auf dieses Opfer, den Zeugen der Leiden des Herrn Jesus, damit er nachweise dieses Brot als den Leib Christi und diesen Kelch als das Blut Christi, auf daß die Empfänger desselben zur Gottseligkeit gestärkt werden . . . " (Griech. Liturgien, Bibliothek der Kirchenväter V, S. 50); – in der *Basileios-Liturgie:*
"Indem wir die Abbilder (antitupa) des heiligen Leibes und Blutes Deines Christus darbringen, beten und rufen wir Dich an, Allerheiligster, daß durch den Ratschluß Deiner Güte Dein Heiliger Geist auf uns und die vorliegenden Gaben komme und sie segne, heilige und dieses Brot als den wahren kostbaren Leib unseres Herrn, Gottes und Heilandes Jesus Christus, und diesen Kelch als das wahre kostbare Blut unseres Herrn, Gottes und Heilandes Jesus Christus, das vergossen wurde für das Leben und Heil der ganzen Welt, kundtue" (Vgl. Griech. Liturgien, ibid., S. 272; E. Mercenier, op. cit., I, S. 274); – in der *Chrysostomus-Liturgie:*
"Nochmals bringen wir Dir diesen geistigen und unblutigen Opferdienst dar und rufen, bitten und flehen zu Dir: Sende Deinen Heiligen Geist auf uns und auf die vorliegenden Gaben herab und mach dieses Brot zum kostbaren Leib Deines Christus, und was in die-

antiochenische Tradition handelt, die sich schließlich im ganzen Orient (inklusive der ägyptischen Markusliturgie) durchsetzte, wie dies Jungmann meint, bleibe anheimgestellt.[888]
Noch fraglicher dürfte die Hypothese von O. Heiming sein, daß demgegenüber eine Epiklese *vor* dem Einsetzungsbericht ursprünglich der Tradition von Alexandria und Rom entsprochen habe[889], da nach wie vor umstritten bleibt, ob und inwieweit das römische Meßformular überhaupt eine eigentliche Wandlungsepiklese enthielt.[890] Hingegen kann mit F. Heiler angenommen werden, daß im Abendland

sem Kelch ist, zum kostbaren Blut Deines Christus, sie verwandelnd durch Deinen Heiligen Geist" (Vgl. Griech. Liturgien, ibid., S. 248; E. Mercenier, ibid., S. 253); – in der *Markus-Liturgie* (durch einen späteren Einschub):
"Dir, Herr unser Gott, legen wir das Deinige von Deinen Gaben vor das Angesicht. Und wir flehen und rufen Dich an, Menschenfreundlicher und Gütiger, sende von der Höhe Deines Heiligtums, aus der Dir bereiteten Wohnung, aus den unermeßlichen Abgründen den Tröster selbst, den Geist der Wahrheit, den Heiligen, den Herrn, den Lebendigmacher. Er hat durch das Gesetz, durch die Propheten und Apostel gesprochen; er ist überall gegenwärtig und erfüllt alles und flößt aus eigenem Antriebe und nicht als Knecht Heiligung ein, wem er will, nach Deinem Wohlgefallen. Einfach in seiner Natur ist er, vielgeteilt in seiner Wirksamkeit, die Quelle der göttlichen Gnaden, Dir wesensgleich, von Dir ausgehend und Genosse Deines Reiches und des Reiches Deines Sohnes, unseres Herrn, Gottes und Heilandes Jesus Christus. Sende noch auf uns und diese Brote und diese Kelche Deinen Heiligen Geist, damit er sie als allmächtiger Gott heilige und vollende und dieses Brot zum Leibe und den Kelch zum Blute des neuen Bundes, zum Blute unseres Herrn, Gottes und Heilandes und Allherrschers Jesus Christus mache" (Vgl. Griech. Liturgien, ibid., S. 180f.); – in der griechischen *Jakobusliturgie:*
"Erbarme Dich unser, Gott, nach Deiner großen Barmherzigkeit und sende auf uns und diese vorliegenden Gaben Deinen allheiligen Geist herab, den Herrscher und Lebendigmacher, der mit Dir, Gott dem Vater, und mit Deinem eingeborenen Sohne zugleich thront und herrscht, den Wesensgleichen und Ewigen. Er hat durch das Gesetz und die Propheten, wie in Deinem neuen Bunde gesprochen, in Gestalt einer Taube stieg er am Jordanflusse über unsern Herrn Jesus Christus herab und blieb über ihm. In Gestalt feuriger Zungen kam er am Pfingstfeste in dem Obergemache des heiligen und herrlichen Sion auf die Apostel herab. Ihn selbst, Deinen allheiligen Geist sende, Herr, auf uns und diese vorliegenden heiligen Gaben herab, damit er komme und durch seine heilige, gute und herrliche Ankunft dieses Brot heilige und zum heiligen Leibe Deines Christus mache und diesen Kelch zum kostbaren Blute Christi" (vgl. Griech. Liturgien, ibidem, S. 107).

888 Vgl. J.A. Jungmann, op. cit., II, S. 235.

889 Vgl. O. Heiming, in JLW 15 (1941), S. 445–447.

890 Nach O. Casel, in JLW 3 (1923), S. 102 und JLW 4 (1924), S. 175) enthielt ursprünglich auch die römische Liturgie eine Epiklese. Unter Berufung auf die Untersuchungen von Fernand Cabrol (Epiclèse in DACL V 1, S. 142–184), G. Rauschen (Eucharistie und Bußsakrament, S. 111–130), S. Salaville (Epiclèse Eucharistique, in DThC V/1, S. 194–300) und J. Brinktrine (Die heilige Messe) vertrat auch Kiprian Kern (Evcharistija, S. 270) die Ansicht, daß die alten örtlichen Riten des Westens bis ins 5. Jahrh., in Mailand sogar bis ins 8. Jahrh., eine Epiklese gekannt hätten.
Es stellt sich hier allerdings die Frage, ob es sich dabei tatsächlich um eine eigentliche Wandlungsepiklese gehandelt habe, was von Ludwig Eisenhofer (Handbuch der kath. Liturgik II, S. 168) ausdrücklich bejaht wurde. Demgegenüber betonte J.A. Jungmann (Missarum sollemnia II, S. 236): "Daß auch die römische Messe einmal eine Heilig-Geist-Epiklese als Wandlungsbitte besessen habe, dafür fehlt in den Urkunden der römischen Liturgie jede sichere Spur. Die einschlägige Bemerkung in einem Brief von Gelasius I. ist zwar auffallend, aber nicht eindeutig." – Papst Gelasius I. († 496) hatte in einem Brief an Elpidius von Volaterra geschrieben: "Quomodo ad divini mysterii consecratio-

schon im vierten Jahrhundert der Nachdruck auf die Einsetzungsworte gelegt wurde[891], während der Osten die Epiklese als Geistanrufung und Wandlungsbitte in zunehmendem Maße hervorhob.[892] "Daß dabei auf die Nennung des Heiligen Geistes mehr und mehr ein besonderer Ton gelegt wurde, hängt mit einem früh hervortretenden Grundzug der orientalischen Theologie zusammen, demzufolge der Heilige Geist als 'der Verwirklicher und Vollender jedes göttlichen Werkes betrachtet'[893] und überhaupt das theologische Denken viel stärker auf das Trinitätsgeheimnis aufgebaut wird."[894]

J.A. Jungmann erläuterte hierzu: "Daß der Grundgedanke urchristlich ist, erhellt u.a. daraus, daß auch im Apostolischen Glaubensbekenntnis der Hl. Geist an der Spitze der Heilsgüter und als deren Quelle erscheint. Man müßte darum von vornherein erwarten, daß sich auch im Eucharistiegebet frühzeitig ein ähnlicher trinitarischer Aufbau geltend gemacht hätte, als Gebetsaufschwung zu Gott dem Vater, mit dem Dank für das Werk des Sohnes und der Bitte um dessen Vollendung durch den Heiligen Geist."[895]

Tatsächlich umschrieb auch P. Evdokimov das morgenländische Hochgebet auf eben diese Weise: "Die östliche Anaphora wendet sich an den Vater, damit der Heilige Geist Christus kundtue, und diese trinitarische Fülle fordert die Epiklese und setzt sie voraus."[896] Beachtenswert ist jedoch auch noch die Feststellung von Evdokimov, daß die orientalischen Liturgien schon *vor* dem Einsetzungsbericht epikletische Gebete enthalten, die sich stufenweise bis zur eigentlichen Wandlungsepiklese (*nach* den Einsetzungsworten) erheben.[897]

nem coelestis Spiritus invocatus adveniet, si sacerdos (et) qui eum adesse deprecatur, criminosis plenus actionibus reprobetur?" Wie Jungmann in Anlehnung an B. Botte (Le Canon de la Messe Romaine, S. 60f.) erläuterte, könnte mit der Herabrufung des Hl. Geistes auch der Kanon als Ganzes mit seinen Segensbitten gemeint worden sein.

891 In einem Ambrosius zugeschriebenen Werk "De Sacramentis" IV, c. 4, § 14 (M PL XVI, 459) findet sich der erste klare Hinweis, daß den Einsetzungsworten konsekratorischer Wert beigelegt wurde: "Consecratio autem quibus verbis est et cujus sermonibus? Domini Jesu." "Non suis sermonibus utitur sacerdos, sed utitur sermonibus Christi. Ergo sermo Christi hoc conficit sacramentum." – Ludwig Eisenhofer schloß aus dieser Stelle, daß der dem "Pseudo" (?) -Ambrosius vorliegende lateinische Meßkanon keine an den Geist gerichtete Verwandlungsbitte enthalten habe (vgl. L. Eisenhofer, op. cit. II, S. 169).

892 Vgl. F. Heiler, Urkirche und Ostkirche, S. 257.

893 So der orientalische Theologe B. Ghius, in JLW 15 (1941), S. 338f.

894 J.A. Jungmann, op. cit. II, S. 235.

895 J.A. Jungmann, ibidem, S. 235, Anm. 35.

896 P. Evdokimov, L'Esprit Saint dans la tradition orthodoxe, S. 102.

897 Vgl. P. Evdokimov, ibidem, S. 101. Solche epikletischen Gebete vor dem Einsetzungsbericht finden sich u.a. bereits in der Proskomedie, der vorbereitenden Aktion auf die eigentliche Liturgie, welche ursprünglich erst vor dem "Großen Einzug" vollzogen wurde. Sie beginnt mit dem Gebet: "König des Himmels, Tröster (Paraklet), (...) komm und wohne in uns." (In den slawischen Liturgien wird dieses Gebet nochmals zu Beginn der eigentlichen Liturgie wiederholt)! – Das erste Gebet über die Gläubigen bittet um würdige Opferdarbringung "in der Kraft Deines Heiligen Geistes", während es im Opferungsgebet heißt: "Und Dein gütiger Geist der Gnade möge über uns, über die hier bereiteten Gaben und über Dein ganzes Volk herabkommen." (Vgl. E. Mercenier, op. cit., S. 219, 229, 243, 248.)

Die eucharistische Epiklese gehört in der Tat zur festen und einmütigen Überlieferung des Morgenlandes. Basileios d. Gr. sprach sogar von ihrem "apostolischen Ursprung"[898]. Und Evdokimov meint, daß ohne eine ursprüngliche Gläubigkeit in das Wirken des Heiligen Geistes die Epiklese gar nicht vorstellbar sei. "Die Epiklese drückt die liturgische 'lex orandi' aus, auf die der Konsensus der Väter, ihre trinitarische Doktrin und ihre Heilig-Geist-Theologie antwortet."[899] Übrigens betonte auch Augustinus, daß die sichtbaren Gaben (Brot und Wein) nur "durch die unsichtbare Wirksamkeit des Heiligen Geistes" "ein so großes Sakrament", d.h. Leib und Blut Christi werden können.[900]

"Während der *irdischen Mission Christi* vollzog sich die Verbindung der Menschen zum Heiligen Geist nur in Christus. *Nach dem Pfingstfest* hingegen vollzieht sich die Verbindung mit Christus nur im Heiligen Geist." Mit der Himmelfahrt endete die historische Sichtbarkeit des Herrn. "Aber das Pfingstfest gibt der Welt die verinnerlichte Gegenwart Christi zurück und offenbart ihn jetzt nicht *vor*, sondern *in* seinen Jüngern."[901] "Die Liebe Gottes ist ausgegossen in unsere Herzen durch den Heiligen Geist" (Röm 5,5). "Deshalb ist der Geist im Leben der Kirche der Spender der Liebe in uns, 'er entflammt ununterbrochen die Seele und vereint sie mit Gott'[902] und läßt sie teilnehmen am Kreislauf der dreifaltigen Liebe. Diese Eigenschaft des Geistes bedingt das Gebet der Kirche, welches der Ruf zu seinem Kommen ist, die Epiklese. Und weil er Geber und Gabe ist, wird diese Bittepiklese immer erhört."[903]

Lukas Vischer versuchte, den Sinn der Wandlungsepiklese folgendermaßen zu erläutern: "Der Geist macht Christus gegenwärtig. Er erinnert an alles, was er gesagt hat. Er lehrt und läßt an dem in Christus erschienenen Heil teilnehmen. Außerhalb seines Wirkens ist weder Glaube noch vor allem Bekennen des Glaubens möglich. Er gibt dem verkündigten Wort die Kraft, ja er ist die Kraft, die überführt und die Herzen öffnet, er erhält im Glauben, und sein ständig neues Kommen ist die Voraussetzung für die Heiligung der Gemeinschaft mit Christus."[904] "Indem der Heili-

898 Basilius, de Spir. Sancto 27 (M PG 32, 188b): "Welche Schrift hat uns gelehrt, uns beim Gebet nach Osten zu wenden? Die Worte der 'Epiklese' im Augenblick der Verwandlung des eucharistischen Brotes und des Kelchs des Heiles, welcher Heilige hat sie uns schriftlich überliefert? Wir geben uns nicht mit den von den Aposteln und dem Evangelium überlieferten Worte zufrieden. Vor und nachher sprechen wir noch andere, welche wir aus der nichtschriftlichen Lehre empfangen haben, weil sie eine große Bedeutung für das Mysterium besitzen. Wir weihen auch das Taufwasser, das Salböl und außerdem den Täufling selbst. Vermöge welcher Schriften?" (Vgl. Basile de Césarée, Traité du Saint-Esprit, S. Chr. 17, S. 233f.)

899 P. Evdokimov, ibidem, S. 104.

900 Vgl. Augustinus, de Trinitate III, c. 4, (10):" . . . quod cum per manus hominum ad illam visibilem speciem perducatur, non sanctificatur ut sit tam magnum Sacramentum, nisi operante invisibiliter Spiritu Dei . . . " (M PL 42, 874).

901 P. Evdokimov, ibidem, S. 90.

902 Diadochus, Hundert Kapitel über die geistliche Vollkommenheit.

903 P. Evdokimov, ibidem, S. 93.

904 L. Vischer, Ökumenische Skizzen, S. 52f.

ge Geist auf die Gaben und die versammelte Gemeinde herabgerufen wird, wird gleichzeitig um die erneute Vergegenwärtigung und Aussendung gebeten. Die Eucharistie erhält durch den Akt der Epiklese eine missionarische Ausrichtung; die Gemeinde läßt sich durch ihr Gebet in das zeugende Werk des Geistes stellen."[905]
"Der Geist ist die Gabe der Endzeit. Der Umstand, daß er ausgegossen wird, ist das Zeichen der Zeit. 'Es wird geschehen in den letzten Tagen, da werde ich ausgießen von meinem Geist über alles Fleisch' (Apg 2,17). Er ist das Angeld, die Erstlingsfrucht des kommenden Reiches. Er erschließt vorwegnehmend die endgültige Gemeinschaft mit Gott. Er macht das berufene Volk zu einem Zeichen der kommenden Welt. (. . .) Wenn der entscheidende Augenblick in der Eucharistie die Epiklese ist, kommt dieser Zusammenhang zeichenhaft zur Geltung. Die Bitte um den Heiligen Geist ist einerseits der Ausdruck der ungeduldigen Erwartung auf das kommende Reich, nicht nur der Ruf, daß Gott sein Angeld geben möge, sondern darüber hinaus ein Maranatha[906], die Bitte, daß der Geist sein Werk vollende und Christus alles unterstelle."[907]

C. Die Bedeutung von Priester und Volk bei der Epiklese

"Das Gebet der Epiklese ist, wie auch unsere gesamte liturgische Theologie, ein Gebetsbekenntnis des bekannten Dogmas über den Heiligen Geist", schrieb *Archimandrit Kiprian* (Kern) in seinem Werk über die Eucharistie. "Aus diesem Grunde ist das Studium dieses Gebets, seines Inhalts, der Entstehungszeit und dieser oder jener seiner möglichen Veränderungen nicht bloß eine Frage kirchlicher Archäologie, sondern hauptsächlich eine dogmatische Frage. Das Problem der Epiklese und unsere ganze Meinungsverschiedenheit mit der katholischen Lehre muß vor allem als dogmatisches Problem untersucht werden, und dann erst als historisches Faktum der Liturgie, als archäologische Erscheinung."[908]
Zu Recht sieht Archimandrit Kiprian den entscheidenden Unterschied zwischen westlicher und östlicher Auffassung bezüglich der Epiklese nicht in der Frage nach der eigentlich konsekratorischen Formel (bzw. dem Moment der Wandlung der Gaben) begründet, sondern im unterschiedlichen Rollenverständnis von Bischof und Priester. Völlig zutreffend hob Kiprian Kern in seiner Zusammenfassung der katholischen Doktrin die Tatsache hervor, daß nach katholischer Sicht Bischof

905 L. Vischer, ibidem, S. 53f.
906 F. Heiler, op. cit., S. 256, Anm. 79, schrieb: "Wahrscheinlich ist die Formel *Maranatha*, 'Unser Herr, komm', die älteste eucharistische Epiklese *(Did.* 10,6; vgl. Seeberg, Dogmengeschichte I², 132ff.)."
907 L. Vischer, ibidem, S. 54, In diesem Sinn äußerte sich auch P. Evdokimov, L'Esprit Saint dans la tradition orthodoxe, S. 100.
908 Archimandrit Kiprian (Kern), Evcharistija, S. 238f.

und Priester "in persona Christi" handeln[909], was notwendigerweise Rückwirkungen auf das Verständnis von der Bedeutung der Epiklese einschließt.
"Nach katholischer Auffassung ist der Priester im Moment des Eucharistievollzugs nicht bloß 'Bild Christi'[910], wie die heiligen Väter (Maximos der Bekenner) lehren, sondern er genießt die ganze Fülle Seiner Macht. Er handelt so, wie Christus selbst beim Letzten Abendmahle handelte. Die Einsetzungsworte des Sakraments, welche für uns (Orthodoxe) nur im Kontext des Abendmahlsberichts erscheinen und nur eine historische, erzählende Bedeutung haben, sind für die katholische Theologie eine 'sakramentsvollziehende Formel'. Diese Worte werden durch den Priester *in persona Christi* gesprochen, während die Epiklese nicht in persona Christi gesprochen wird. Der Priester ist hier 'Vice-Christus'. Deshalb kann ein Katholik die Notwendigkeit der Epiklese direkt verneinen: 'L'épiclèse au sens stricte du mot n'est pas nécessaire'[911]. Wenn sie eine heiligende Wirkung des Heiligen Geistes auch zugeben, dann ist der Geist für sie nur sulleitourgos, Mitconsekrator[912]. Aus katholischer Sicht unterstreichen die griechischen Theologen die heiligende Macht des Geistes zu sehr, während die Heiligung das Werk der gesamten hl. Dreifaltigkeit ist[913]."
Tatsächlich finden sich auch noch in den Texten des Zweiten Vatikanischen Konzils Aussagen, welche betonen, daß Bischöfe und Priester "in der Person Christi" handeln.[914] Andererseits gilt es zu vermerken, daß sich in allen durch die Litur-

909 Archimandrit Kiprian, ibidem, S. 239: "Die katholische Kirche lehrt bekanntlich, daß die Gebete der Herabrufung des Hl. Geistes für die Heiligung der eucharistischen Elemente nicht notwendig sind. Der Priester ist nach ihrer Lehre Vollzieher der Sakramente, 'minister sacramenti'. Er genießt als 'Vice-Christus', als 'Stellvertreter Christi', die Fülle der Gnade, wie Christus selbst. Und wie Christus der Erlöser es nicht nötig hat, den von Ihm ungetrennten Hl. Geist anzurufen, so ist auch für seinen *Stellvertreter,* den bevollmächtigten Vollzieher des Sakraments, diese Anrufung nicht notwendig. Von einem bestimmten Zeitpunkt an ließ die römische Praxis dieses Gebet aus der Messe weg, oder genauer: verbarg es so im Kontext ihrer Gebete, daß es seine Bedeutung und den Charakter eines Heiligungsgebets einbüßte. Die Heiligung der Gaben vollzieht sich ausschließlich durch die Herrenworte: 'Accipite, manducate, hoc est enim corpus Meum', etc."

910 Auch das II. Vaticanum verwendet in der Dogmatischen Konstitution über die Kirche (L.G. 28) diesen Ausdruck: Die Priester sind "kraft des Weihesakraments nach dem Bilde Christi" zur Verkündigung etc. berufen.

911 L.A. Molien, La prière de l'Eglise I, S. 351.

912 A. Nägle, Die Eucharistielehre des hl. Joh. Chrysostomus, S. 144.

913 F. Varaine, L'Epiclèse eucharistique, S. 79; Zitat nach: Archimandrit Kiprian, op. cit., S. 257.

914 Vgl. *Vaticanum II:* Dogmatische Konstitution über die Kirche, L.G. 10, 21, 28; Liturgiekonstitution, S.C. 33; Priesterdekret, P.O. 2, 13. Der Begriff des "in-persona-Christi"-Handelns wird auch in der Folgezeit immer wieder aufgenommen, so zum Beispiel – in der *"Sollemnis Professio Fidei"* Papst Pauls VI. No. 24 (AAS 60, 1968, S. 442); – auf der *II. Allgemeinen Bischofssynode* in Rom 1971: Documenta Synodi Episcoporum, I. De Sacerdotio ministeriali, 1. Teil, No. 4 (AAS 63, 1971, S. 906); – in der Erklärung der Glaubenskongregation vom 24.6.1973: *Mysterium Ecclesiae* No. 6 (AAS 65, 1973, S. 407); – in der Erklärung der Glaubenskongregation vom 15.10.1976: *Zur Frage der Zulassung von Frauen zum Priesteramt* No. 5 (L'Osservatore Romano, No. 22/28.1.1977). – In diesem Text wird u.a. ausdrücklich auf die eigentliche Schlüsselstelle bei *Thomas v.*

giereform des Konzils neu eingeführten Hochgebeten[915] eine Epiklese findet. Allerdings wurde diese bewußt *vor* die Einsetzungsworte plaziert, da man nach wie vor unverändert an der Auffassung festhält, daß der Priester durch die Einsetzungsworte (in persona Christi) die Wandlung vollziehe, eine Vorstellung, welche der orthodoxen Tradition völlig zuwiderläuft.
Seltsamerweise zitierte das II. Vaticanum als Beleg für die eigene Auffassung u.a. einen Satz von Johannes Chrysostomos: "Der Priester waltet an Christi Statt"[916], obwohl manche Aussagen des griechischen Kirchenvaters in die entgegengesetzte Richtung weisen und dementsprechend von orthodoxer Seite immer wieder als Beweis für die Richtigkeit ihrer Vorstellungen aufgeführt werden. Denn Johannes Chrysostomos hatte auch unmißverständlich erklärt: "Der Priester, wenn er dort steht und sein Flehen darbringt, ist nur Darsteller und Vertreter des Heilandes; die Gnade und die Macht, die alles wirkt, ist des Herrn."[917] "Wir, wir haben die Rolle des Dieners, derjenige der heiligt und verwandelt, das ist Er."[918] "Der Priester berührt die Gaben erst, nachdem er die Gnade Gottes angerufen hat (...). Es ist nicht der Priester, der, was immer es auch sei, bewirkt (...), es ist die Gnade des Geistes, (. . .) welche dieses mystische Opfer vollzieht."[919] Es ist gerade die Bedeutung und die besondere Rolle des Amtspriestertums, welche nach östlichem Verständnis überhaupt erst die Notwendigkeit für das Eingreifen des Heiligen Geistes erklären, denn "für den Orient ist der einzig wirkliche Priester Christus"[920].
Ausdrücklich betet der Priester ja auch im Gottesdienst während des Cherubim-Hymnus: "Siehe, ich nahe mich Dir mit gebeugtem Haupt und flehe demütig: Wende Dein Antlitz nicht von mir und verstoße mich nicht aus der Zahl Deiner Diener, sondern gestatte, daß Dein sündiger und unwürdiger Diener Dir diese Gabe darbringt. Denn Du opferst und wirst geopfert, empfängst und wirst ausgeteilt, Christus unser Gott."[921]
"In Übereinstimmung mit dieser Auffassung identifiziert sich der Priester nicht mit Christus. Er spricht nicht die Worte 'Dies ist mein Leib' *in persona Christi,* sondern er identifiziert sich mit der Kirche und spricht *in persona Ecclesiae* und

Aquin verwiesen: S. th. III, q. 83, a. 1 ad 3: "Dicendum: quod (sicut celebratio hujus sacramenti est imago repraesentativa passionis Christi, ibid. ad 2) per eamdem rationem etiam sacerdos gerit imaginem Christi, in cujus persona et viritute verba pronuntiat ad consecrandum."

915 Man vergleiche hierzu die neuen römischen Kanones II–IV.

916 Joh. Chrys., In 2 Tim., hom. 2,4 (M PG 62,612), zit. in L.G. 21, Anm. 58 Ob dieser Satz des Kirchenvaters ein besonders beweiskräftiges Argument für die Auffassung darstellt, daß der Bischof "in persona Christi" handle, scheint jedoch mehr als zweifelhaft, da viele Aussagen von Johannes Chrysostomos keineswegs in diese Richtung weisen. (Archimandrit Kiprian, op. cit., S. 245, warf denn auch den lateinischen Theologen vor, daß sie, um ihre liturgische Praxis zu rechtfertigen, die Zeugnisse der Kirchenväter und der liturgischen Überlieferung oft recht willkürlich interpretierten).

917 Joh. Chrys., De proditione Iudae, hom. 6; (zit. nach Texte der Kirchenväter IV, S. 302).

918 Joh. Chrys., In Matth., hom. 82.

919 Joh. Chrys., De Pentec., hom. 1,4.

920 P. Evdokimov, L'Esprit Saint dans la tradition orthodoxe, S. 103; cf. La prière de l'Eglise d'Orient, S. 80.

921 E. Mercenier, op. cit., Bd. I, S. 245, deutsch: N. Edelby, Liturgikon, S. 445.

in nomine Christi. Damit die vom Priester *zur Erinnerung wiederholten* Worte Christi die göttliche Wirksamkeit erhalten, ruft der Priester in der Epiklese den Heiligen Geist an. Aus den Erinnerungsworten 'Er nahm das Brot (...) und gab es seinen Jüngern (...) indem Er sprach: (...) das ist mein Leib' macht der Heilige Geist die *Erscheinungsanamnese* und manifestiert die Intervention von Christus selbst, indem er die vom Priester gesprochenen Worte mit seinen eigenen und die Eucharistiefeier mit dem hl. Abendmahl identifiziert. Und das ist das Wunder der metabolē, der Verwandlung der Gaben."[922]

Mit andern Worten ausgedrückt bedeutet die Epiklese ein Herabrufen des Heiligen Geistes auf die vorliegenden Gaben, damit er die vom Priester – als "tupos" Christi[923] – gesprochenen Worte des Einsetzungsberichts zu dem mache, was sie bedeuten, nämlich zu Leib und Blut unseres Herrn. "Laut einer solchen Auffassung schmälert die östliche Liturgietradition, indem sie die Epiklese unterstreicht, die Bedeutung der Einsetzungsworte in keiner Weise. Aber diese Worte, welche in unseren Liturgien im Kontext der Erzählung über das Letzte Abendmahl gesprochen werden, besitzen eine historische Bedeutung. Die vollziehende Kraft aber wird ihnen durch die Anrufung des Hl. Geistes zuteil, ohne daß diese aus dem gesamten Kontext der Anaphora abgesondert zu einer 'sakramentsvollziehenden' Formel im westlichen Sinne dieses Wortes werden, wie dies bei uns unter dem Einfluß der 'Kiever' Theologie zur Zeit des Metropoliten Petrus Mogila verstanden wurde."[924]

Ein Blick auf die verschiedenen Epikleseformeln[925] eröffnet einen weiteren, bedeutsamen Aspekt dieses Gebets, auf den vor allem N. Afanas'ev hingewiesen hat.[926] Der Priester fleht in der ersten Person Plural: "*Wir* bitten Dich, sende Deinen Heiligen Geist auf *uns* und diese vorliegenden Gaben." Die Epiklese ist nicht ein Einzelakt des Priesters, sondern eine Aktion des ganzen versammelten Gottesvolkes.

"Der Priester ruft zunächst zusammen mit der Gemeinde die Einsetzungsworte Christi in Erinnerung und tritt dann in ihrem Namen mit der Bitte vor Gott, daß er in der Kraft des Heiligen Geistes den verherrlichten Christus manifestiere. Der Heilige Geist ist es, der die dargebrachten Gaben zum Sakrament macht und mit der rettenden und heilenden Kraft erfüllt. Priester und Gemeinde treten miteinander vor Gott, damit der verheißene Geist sich einstelle."[927] Und dieses Gebet

922 P. Evdokimov, L'Esprit Saint . . . , S. 103f.; La prière de l'Eglise d'Orient, S. 81.
923 Vgl. P. Evdokimov, Eucharistie – Mystère de l'Eglise, in La Pensée Orthodoxe No. 2 (13), 1968, S. 62.
924 Archimandrit Kiprian, op. cit., S. 285f.
925 Vgl. *unsere* Anm. 883 und 887.
926 Vgl. N. Afanas'ev, Cerkov' Ducha Svjatogo, S. 47 ff.
927 L. Vischer, Ökumenische Skizzen, S. 46. "Die Mehrzahl der westlichen Liturgien, insbesondere das Missale Romanum, folgt einer anderen Ordnung. Wenn sie überhaupt ein der Epiklese ähnliches Gebet enthalten, steht es in der Regel *vor* den Einsetzungsworten und der Anamnese. Nachdem die Gaben dargebracht worden sind, bittet der Priester darum, daß Gott sie segnen und in Leib und Blut verwandeln möge. Erst darauf folgen die Worte

schließt die Gewissheit der Erhörung mit ein, "denn das Gebet, das in der Übereinstimmung mit Gottes Plan steht, ist in gewissem Sinn im voraus schon erfüllt. 'Wenn zwei von euch auf Erden darin übereinstimmen, etwas zu erbitten, wird es ihnen zuteil werden von meinem Vater in den Himmeln' (Mt 18,19). 'Wenn nun ihr, die ihr böse seid, euren Kindern gute Gaben zu geben wißt, wieviel mehr wird der Vater im Himmel den Heiligen Geist denen geben, die ihn darum bitten' (Lk 11,13). 'Wenn ihr in mir bleibt und meine Worte in euch bleiben, bittet, um was ihr wollt, und es wird euch zuteil werden' (Joh 15,7). Die durch Christus eingeleitete Zeit ist dadurch gekennzeichnet, daß der Geist gegeben wird. Die Epiklese nimmt darum der eucharistischen Feier nichts vom Charakter des verläßlichen Zuspruchs."[928]

In der Verheißung: "Wo zwei oder drei versammelt sind in meinem Namen, da bin ich mitten unter ihnen" (Mt 18,20) liegt nach östlichem Verständnis zugleich eine Forderung begründet. Wo immer nämlich eine liturgische Handlung, welche eine Epiklese enthält, vollzogen wird, da kann es sich nicht mehr um eine individuelle Handlung eines einzelnen Priesters handeln, sondern da ist die Gemeinde zumindest in einigen ihrer Vertreter impliziert. Und dies gilt keineswegs nur für die Eucharistiefeier, welche nach östlicher Tradition jede "private" oder "stille" Messe ausschließt, sondern in nicht geringerem Maß für die "mustēria", wo selbst das "mustērion" der Buße im Angesicht der ganzen Gemeinde (vor der Ikonostase) vollzogen wird. Deshalb ist es nach orientalischer Überlieferung auch undenkbar, daß ein Priester in seinem eigenen Namen ein "mustērion" vollziehen könnte. Er bedarf hierzu des Auftrags des Gottesvolkes, der Gemeinde, der "Laien", und deren betender Unterstützung, in welcher diese ihr königliches Priestertum aktivieren, wie Nikos A. Nissiotēs überaus deutlich klarlegte.[929] Hierarchie und Priester brauchen auch nie die erste Person Einzahl bei der Spendung der "mustēria", sondern sie sagen "wir". Andererseits pflegte ursprünglich das Volk die Epiklese jeweils mit dem Ruf "Amen" zu bekräftigen und zu bestätigen.[930] All dies unterstützt die These von N.A. Nissiotēs: "Ohne die Gegenwart und Zustimmung des

der Einsetzung und die Anamnese. Der Höhepunkt ist nicht die Epiklese, sondern die durch den Priester wiederholten Worte der Einsetzung. Diese Reihenfolge führt nahezu unwillkürlich dazu, daß der Gesichtspunkt der Repräsentation in den Vordergrund tritt. Nachdem Gottes Segen erbeten worden ist, tritt der Priester an Christi Stelle und vollzieht die von diesem einst vollzogene Handlung in repräsentativer Weise von neuem. Indem er die Worte spricht, werden Brot und Wein zu Leib und Blut. Gewiß, der eigentliche Handelnde ist letztlich auch hier der Heilige Geist. Aber die Betonung der konsekratorischen Handlung läßt doch die Rolle des durch sein apostolisches Amt autorisierten Priesters stärker hervortreten. Er macht kraft seiner durch die Kraft des Heiligen Geistes immer wieder neu belebten Vollmacht das große Wunder von Christi gnädiger Zuwendung immer wieder lebendig" (ibidem, S. 47).

928 L. Vischer, ibidem, S. 52.

929 Nikos A. Nissiotis, La contribution de l'orthodoxie à l'unité de l'Eglise, in La Pensée Orthodoxe No. 2/1968, S. 88.

930 Vgl. N. Afanas'ev, op. cit., S. 48.

Volkes funktioniert die Hierarchie nicht und wird ihr Charisma nicht vermittelt."[931]

Damit wird der unterschiedliche Sinn und die verschiedenartige Struktur der einzelnen Ämter (die persönliche Aufgabe im Gesamt der Kirche) keineswegs aufgehoben. Die epikletische Form der "heiligen Handlungen" unterstreicht vielmehr die Vielheit in der Einheit und die Einheit in der Vielheit der Kirche, womit diese erst eigentlich das Abbild (tupos) der hl. Dreifaltigkeit darstellt, so wie dies Olivier Clément ausdrückte:

"In Gott, in der Drei-Einigkeit, ist der Geist dieser geheimnisvolle Dritte, in welchem die Dualität von Vater und Sohn überwunden wird, nicht durch eine Auflösung im Unbestimmten, sondern durch die volle Verschiedenheit in der Einheit, durch die Vollendung der Liebe. Wenn der Vater im Universum die Quelle des Seienden und der Logos dessen Struktur ist, dann ist der Geist Leben, Reifung und Bewegung zur Fülle. Der Geist ist in jedem Menschen der *Eros* im platonischen Sinne, unendliches Verlangen, 'Verlangen der Unsterblichkeit', Suche des Guten, Wahren und Schönen.

Dies gilt besonders in der Kirche, wo die Schöpfung in ihrer ursprünglichen Berufung wiederhergestellt ist. Es ist der Geist, der als Antwort auf die *Epiklese* (und die erste Epiklese ist diejenige von Christus bei der Himmelfahrt, welcher den Vater um das Pfingstereignis bittet) in den Sakramenten, deren Zentrum die Eucharistie ist, die Gegenwart des Auferstandenen manifestiert und die Gläubigen im Leib Christi integriert. Alle, welche auf der Ebene der Anrufung Ko-Liturgen sind, besiegeln die Epiklese mit ihren *Amen,* aber nur der Bischof (oder der ihn repräsentierende Priester) bestätigt als 'apostolischer Zeuge' die Erhörung der Epiklese. Die Eucharistie stellt dementsprechend ein fortwährendes Pfingstfest dar, wo die Gläubigen, indem sie sich in das *sōma pneumatikon* (in den durchgeistigten Leib) Christi integrieren, 'den himmlischen Geist empfangen' und 'an der Kommunion des Heiligen Geistes' teilnehmen. Es ist also der Geist, welcher die Kirche als *koinōnia* – Kommunion – konstituiert, indem er den einmaligen

931 N.A. Nissiotis, op. cit., in La Pensée Orthodoxe No. 2/1968, S. 88: "Es existiert ein persönliches Diakonat, aber kein individuelles Priestertum. Dies bedeutet, daß es ein totales Amt der Kirche gibt, welches Personen in völliger Abhängigkeit voneinander anvertraut ist. In diesem Sinne haben diejenigen, welche von der Gemeinde gewählt sind, vom Volke getrennt keinen Wert und nichts Geheiligtes in sich selbst, denn es ist das Volk, welches zusammen mit den Bischöfen das königliche Priestertum als unteilbares Ganzes bildet. Im sakramentalen Akt ist es ihr persönliches Charisma, welches die mit einer unentbehrlichen persönlichen Funktion betrauten Priester und Bischöfe unterscheidet, eine Funktion, die die Volksgemeinschaft ihnen durch die Anrufung des Heiligen Geistes und seine Kraft anvertraut hat. Der Heilige Geist ordnet diese Personen mittels der Gemeinde ein, ihr zu dienen und das charismatische und symbolische Bild Christi zu sein, der sein Opfer Gott dem Vater darbringt."
Ähnlich äußerte sich auch O. Clément, Après Vatican II: Vers un dialogue théologique entre catholiques et orthodoxes, in La Pensée Orthodoxe No. 2/1968, S. 48: "Zwischen den Gliedern des Leibes Christi existieren *durch den Geist* Unterschiede in der Amtsordnung, aber die Epiklese verbietet eine Identifikation des Priesters mit Christus bei den Einsetzungsworten: es gibt eine Analogie und eine Typologie, aber keine Identität."

Charakter jeder Person bekräftigt. Eins in Christus, in welchem alle 'gegenseitig Glieder' sind, findet die Kirche ihre Verschiedenheit unter den Flammen des fortwährenden Pfingstfestes, denn 'die Feuerzungen teilten sich und es setzte sich eine auf jeden unter ihnen', gerade weil sie 'alle zusammen' waren (Apg 2,1.3)."[932]

D. Die Epiklese als Wesensbestandteil jeder "heiligen Handlung"

Wenn der Geist überhaupt erst die Kirche als "koinōnia" konstituiert, so hat dies, wie Olivier Clément an anderer Stelle treffend ausführt, auch seine Auswirkungen auf die übrigen "mustēria". Pneumatologie und Christologie befinden sich in einer wechselseitigen Beziehung der Unterordnung, denn "einerseits muß man dem Leib Christi angehören, um die ganze Fülle des Geistes zu empfangen, aber andererseits ist es der Geist, welcher die Gegenwart Christi in der Kirche bewirkt. Ist in diesem Falle eine epikletische Struktur des mustērion, ja der Kirche selbst in ihrer Beziehung zum Herrn nicht unerläßlich?"[933] "Es gilt zu unterstreichen", schrieb P. Evdokimov, "daß alle mustēria ebenso wie alle kirchlichen Handlungen ihre Epiklese haben und sich durch die Herabkunft der Energien des Heiligen Geistes vollziehen."[934] Schon Cyrill von Jerusalem betonte: "Alles was der Heilige Geist berührt, wird geheiligt und verändert."[935] Deshalb kann man auch folgerichtig mit Bischof Aleksandr (Semënov-Tjan-Šanskij) sagen, daß die Gnade in den mustēria der Kirche immer gegenwärtig sei, weil – der Verheißung des Herrn entsprechend – der Heilige Geist dort immer gegenwärtig ist. "Jedes mustērion schließt notwendigerweise einen Akt der gesamten Kirche mit ein: dieser muß durch den Vorsteher der christlichen Gemeinde, den Bischof oder seinen Stellvertreter, vollzogen werden. In der Person des Bischofs oder des Priesters spricht die gesamte Kirche das dem mustērion eigene Gebet, welches beinahe immer eine Anrufung des Heiligen Geistes enthält."[936] "Das Epiklesegebet des Heiligen Geistes in der Liturgie, das in allen mustēria wiederholt wird, dokumentiert, daß die Kirche liturgisch ihren Glauben an den Heiligen Geist als erleuchtende und vollendende Kraft bekennt, welche in jedem mustērion Pfingsten wiederholt."[937]
Konkret fleht der Bischof, bzw. Priester, in der sogenannten Epiklese stets um die Sendung des Heiligen Geistes, damit dieser die vom Geistlichen gesetzten kirchlichen Handlungen zu dem mache, was sie bedeuten. Dies aber schließt grundsätzlich eine indikative (erklärende) Formel bei der Spendung der "mustēria" aus, wie

932 O. Clément, A propos de l'Esprit Saint, in Contacts No. 85, 1974, S. 87.
933 O. Clément, Après Vatican II: Vers un dialogue théologique entre catholiques et orthodoxes, in La Pensée Orthodoxe No. 2, 1968, S. 48.
934 P. Evdokimov, L'Esprit Saint dans la tradition orthodoxe, S. 98.
935 Cyrill von Jerusalem, Cat. mystagog. V, § 7 (cf. Cyrille de Jérusalem, Catéchèse mystagogiques S. Chr. 126, S. 155).
936 A. Semenoff-Tian-Chansky, Catéchisme orthodoxe, S. 60.
937 Archimandrit Kiprian (Kern), Evcharistija, S. 238.

sie im lateinischen Ritus üblich ist. Dort spricht der Zelebrant "in persona Christi" stets in imperativer Art: *"Ich* taufe dich . . . ", etc. Im byzantinischen Ritus (wie auch in den östlichen Kirchen ganz allgemein) wird der Gebrauch der Ich-Form sorgfältig vermieden[938] und statt dessen – *nach* der Anrufung des Heiligen Geistes – ganz neutral das Geschehen der sakramentalen Handlung festgestellt: "Getauft wird der Knecht Gottes", "Besiegelung der Gabe des Hl. Geistes", "Gott vergebe es dir", "Heile auch Deinen Knecht", "Gekrönt wird der Knecht Gottes", "Die Gnade des Hl. Geistes erhebt dich zum Diakon (Priester oder Bischof)".
Ihrem ganzen Wesen nach tragen diese Formeln einen *deprekativen* (bittenden) *Charakter,* da man den Heiligen Geist als den eigentlichen Agens sieht und dem Priester nur instrumentale Wirksamkeit zuerkennt. Und da die Hand zusammen mit dem Wort eines der expressivsten Mittel der menschlichen Sprache darstellt[939], wird dieser deprekative Charakter der sakramentalen Formeln auch noch durch entsprechende rituelle Gesten unterstrichen, welche sich auf zwei Grundtypen reduzieren lassen: die Handauflegung und die Salbung. Eine *Handauflegung* findet sich bei der Konsekration in der Eucharistie, bei der Aufnahme ins Katechumenat im Taufritus, bei der Absolution, bei den Weihen und als Krönung bei der kirchlichen Eheschließung. *Gesalbt* wird der Katechumene vor der Taufe, der Firmling und der Kranke. Doch sowohl die Handauflegung als auch die Salbung beinhalten das Gleiche, nämlich die Verleihung einer göttlichen Kraft, die *Herabkunft des Heiligen Geistes.* Dies läßt sich bereits durch die Texte des Neuen Testaments eindeutig belegen.[940] Nikolaos Kabasilas wies in seiner Erklärung über die Wirkungen der Firmung ebenfalls auf diese Tatsache hin: "Diese Salbung bewirkt bei den Getauften den gleichen Effekt wie einst die Handauflegung auf die Neugetauften durch die Apostel."[941] (Man vergleiche hierzu Apg 8,17ff.). Und von Christus selbst heißt es (Apg 10,38), daß er in seiner Taufe von Gott mit dem Hl. Geist und Macht gesalbt worden sei.
Bedeutsamerweise sind diese Gesten im lateinischen Ritus bei der Sakramentenspendung weitgehend erhalten geblieben oder nach der Liturgiereform des Zweiten Vaticanums wieder eingeführt worden, so zum Beispiel bei der Epiklese in den neuen Hochgebeten II–IV sowie auch beim Bußsakrament. Doch von den neuen Kanones II–IV abgesehen fehlen die diesem Gestus entsprechenden Worte (d.h. das Bittgebet der Epiklese) weitgehend. Verständlicherweise verlor damit das Zeichen an Kraft. Nimmt man noch die indikativen Sakramentsformeln hinzu, in denen der Priester nach lateinischer Vorstellung "in persona Christi" spricht, so

938 Dieses Prinzip wird nur bei der – von Petrus Mogila aus dem lateinischen Ritus übernommenen – Absolutionsformel durchbrochen, welche in den slawischen Kirchen noch immer verwendet wird, obwohl sie ihrer Form nach in Widerspruch zur östlichen Tradition steht. (Vgl. *unsere* Anm. 457, 478 und 479.)
939 Vgl. X. Léon-Dufour, Vocabulaire de théologie biblique, S. 467.
940 Betreffs Handauflegung, vgl. Léon-Dufour, ibidem, S. 469, betreffs Salbung, ibidem, S. 720.
941 N. Cabasilas, La vie en Jésus-Christ, S. 87.

konnte es kaum ausbleiben, daß auch der instrumentale Charakter der priesterlichen Funktion in den Hintergrund trat, ja sogar vergessen wurde.
Liegt vielleicht hierin psychologisch einer der Gründe, weshalb man sich bereits in der Frühscholastik genötigt sah, eine theologische Hilfskonstruktion einzuführen, welche terminologisch die vom Spender (wie auch vom Empfänger) unabhängige Wirksamkeit des Sakraments hervorhob und den instrumentalen Charakter der priesterlichen Funktion unterstrich, nämlich den Begriff "ex opere operato", auf den wir bereits mehrfach eingegangen sind?[942]
Uns scheint gerade hier jener Punkt zu sein, wo sich am leichtesten erklären läßt, weshalb die Orthodoxen die Unterscheidung zwischen "opus operatum" und "opus operantis" kaum je richtig verstanden, ja auch nicht verstehen konnten, insbesondere, wenn diese Unterscheidung noch – und zwar in zentraler Weise – dazu dienen sollte, die eigentlichen (d.h. sieben) Sakramente, die "ex opere operato" wirken, gegenüber den übrigen "heiligen Handlungen" (den sogenannten Sakramentalien) abzugrenzen. Aus der ursprünglichen (d.h. nicht von der Scholastik und dem aristotelischen Denken beeinflußten) orthodoxen Sicht ist es bezüglich der "mustēria" völlig überflüssig, die Wirksamkeit der "mustēria" mit dem Begriff "ex opere operato" zu umschreiben, da sich aus dem deprekativen Aufbau der sakramentalen Formel (inclusive Epiklese) mit hinreichender Deutlichkeit ergibt, daß es sich dabei um ein Wirken des Heiligen Geistes vermittels eines menschlichen Werkzeugs handelt.
Vollauf unzutreffend aber (immer aus orthodoxer Perspektive gesprochen) wird dieser Begriff, wenn er auf bloß sieben "mustēria" beschränkt und den übrigen "heiligen Handlungen" nur eine Wirksamkeit "ex opere operantis" zuerkannt wird. Denn es steht außer Zweifel, daß in der byzantinischen Tradition *sämtliche* "heilige Handlungen" eine epikletische, deprekative Struktur aufweisen, so daß nicht einsichtig ist, weshalb die einen von ihnen "ex opere operato", die andern aber "ex opere operantis" wirken sollen. Wie kann eine "heilige Handlung" einem Menschen zugeschrieben werden, wo doch Gott alles in allem wirkt (1 Kor 12,6)?
Kurz, geht man von der traditionellen Form der "heiligen Handlungen" in den östlichen Riten aus und betrachtet man diese auch noch unter der alten platonischen Sicht des Bild-Abbild-Verständnisses, so ist eine Trennung in "mustēria" und "Sakramentalien" kaum mehr vollziehbar oder zumindest eine Beschränkung auf sieben und *nur* sieben Sakramente schwerlich mehr vorzustellen. Und deshalb hat sich die sakramentale Siebenzahl sowohl in der Orthodoxie als auch in den orientalischen Kirchen nie richtig durchzusetzen vermocht. Weil eine Grenze innerhalb der "heiligen Handlungen" nur schwer zu ziehen war, flüchteten sich gewisse orthodoxe Theologen in die Formel: "Sieben mustēria und noch mehr", womit

942 Zur Frage des "ex opere operato" vergleiche: 2. Teil, II: Die Entfaltung einer Sakramentenlehre in der Frühscholastik (insbesondere Anm. 253 und 256); 2. Teil, II B: Die Sakramentenlehre des Aquinaten (insbes. Anm. 284 und 285); Exkurs II: Luthers Verständnis des "opus operatum"; 3. Teil, II C: Das Kausalitätsdenken bezüglich der Wirksamkeit der "mustēria" (insbes. Anm. 547).

man zum Ausdruck brachte, daß man zwar das Bestehen von sieben zentralen "heiligen Handlungen" nicht (wie etwa die Protestanten oder deren Schüler) bestritt, wohl aber deren Einschränkung auf nur sieben.[943] Hierbei mag noch eine zusätzliche Rolle spielen, daß man – wiederum unter dem Einfluß einer platonischen Schau der Dinge – dem Symbol (nicht bloß in der Eucharistie) weit mehr als im Westen den Charakter eines Realsymbols zuerkannte. Zum besseren Verständnis der hier dargelegten Gedankengänge sei im Folgenden auf einige Riten im Detail eingegangen.

1. Das "geweihte Wasser" und seine Bedeutung

Die Taufe hat nicht nur den Sinn, das individuelle Heil der Seele zu sichern. Sie ist vielmehr ein Akt der ganzen Kirche, welche den ganzen Kosmos betrifft. Aus der Tatsache, daß ursprünglich in der Osternacht getauft wurde, ergibt sich, daß die Taufe eine Bedeutung für den Anbruch der "neuen Zeit" hat, denn in der Auferstehung wird nicht bloß dem einzelnen, sondern dem ganzen Kosmos das Angeld der Erlösung geschenkt. Zudem mündet die Taufe aus dem Wasser und dem Geist in das "mustērion der kommenden Welt", in die Eucharistie.
Die eigentliche Taufe beginnt mit der Weihe des Taufwassers, wobei nicht vergessen werden darf, daß das Wasser im mythologischen Weltbild der Bibel so etwas wie die *prima materia,* das grundlegende Element der Welt darstellt. Die Schöpfungsgeschichte beginnt mit einem Sieg über die Wässer, d.h. das Chaos. Und es ist die Schöpfung, die aus dem Wasser eine Quelle des Lebens macht. Symbol des Todes und der Zerstörung, wird es in Gott zum Zeichen des Lebens und der Reinigung. Die Wasserweihe bedeutet die Rückkehr zum erlösten Kosmos, die Erlösung der Materie und die Wiederherstellung ihrer ursprünglichen und wesentlichen Zeichenhaftigkeit.[944] Es ist dieses *geweihte* Wasser, beziehungsweise das Eintauchen in den erlösten Kosmos, welches eigentlich der Taufe ihren erlösenden Charakter verleiht. Man könnte auch sagen, daß das Wasser mit göttlicher Energie "aufgeladen" wird. Es ist Träger des Heiligen Geistes[945]. "Wenn das Wasser eine Gnade enthält, dann kommt sie nicht von der Natur des Wassers, sondern von der Gegenwart des Geistes", erklärte Basileios d. Gr.[946]
Die Taufepiklese gilt sinnentsprechend nicht etwa dem Täufling, sondern dem Taufwasser: "Du selbst also, menschenliebender König, komm auch jetzt durch das Überkommen Deines Heiligen Geistes und heilige dieses Wasser."[947]

943 Was hier gewissermaßen noch als eine ungeschützte Behauptung in den Raum gestellt erscheint, wird in den folgenden Darlegungen über die sakramentale Siebenzahl eingehend erläutert und unter Beweis gestellt werden.
944 Vgl. A. Schmemann, Aus der Freude leben, S. 81 ff., 86 f.
945 Vgl. P. Evdokimov, L'Esprit Saint dans la tradition orthodoxe, S. 97.
946 Basilius, De Spiritu S., c. 15 (M PG 32,132 a), cf. Basile de Césarée, Traité du Saint Esprit S. Chr. 17, S. 171.
947 E. Mercenier, op. cit. I, S. 345 (deutsch: S. Heitz, Der orthod. Gottesdienst I, S. 479). Es findet sich allerdings auch die Auffassung, daß es sich bei der Anrufung der drei göttlichen Personen in der Taufe um die eigentliche Taufepiklese handle, so P.N. Trembelas, Dogmatique III, S. 80. Auch der folgende Text von Basileios d. Gr., De Spir. S., c. 15

Manche Kirchenväter vertraten sogar die Ansicht, daß bei der Wasserweihe (wie übrigens auch beim hl. Chrisam) eine Verwandlung der Materie analog zu derjenigen in der Eucharistie stattfinde. So meinte beispielsweise Cyrill von Alexandrien hinsichtlich des Taufwassers: "Auf gleiche Weise, wie das in den Kochkessel gegossene Wasser bei der Berührung mit der Hitze des Feuers aus diesem seine Kraft schöpft, so wird das Wasser durch die Energie des Geistes in eine unendliche göttliche Macht verwandelt; es heiligt diejenigen, welche in dieses hinabsteigen, wie sie auch sein mögen."[948]

In der Tat ist nie von einem "Segnen" des Wassers die Rede. Es wird vielmehr stets der Ausdruck "'agiasthēnai" verwendet, welcher "heiligen", "weihen" bedeutet. Zudem wird die Auffassung von einer eigentlichen Verwandlung des Wassers auch durch den Ritus der *Großen Wasserweihe* (akolouthia tou megalou 'agiasmatos) gestützt, welche jeweils am Vorabend von Epiphanie, dem "Hochfest der Theophanien", vollzogen wird.[949]

Der Sinn dieses Ritus ist übrigens im Gebet des hl. Sōfronios ausgezeichnet dargelegt: "Heute wurden die Fluten des Jordans durch die Gegenwart des Herrn in ein Heilmittel verwandelt. Heute wird die ganze Schöpfung mit mystischen Wellen bespült. Heute wurden alle Vergehen der Menschen durch die Wasser des Jordans ausgelöscht. Heute öffnet sich das Paradies vor der Menschheit und die Sonne der Gerechtigkeit strahlt über uns." In dem bis zur Epiklese mit der Taufwasserformel identischen Wasserweihgebet wird dann aber nicht mehr direkt auf die Taufe Bezug genommen, sondern es werden vielmehr die heilsamen Wirkungen des geweihten Wassers für die Gläubigen aufgezählt: die Reinigung von Seele und Leib, Heilung von den Leidenschaften und Heiligung der Häuser. Wörtlich heißt es dann: "Gib allen, die es berühren, die sich damit einreiben und die davon kosten, Heiligung, Segen, Reinigung und Gesundheit."[950]

Der russische Theologe *F.G. Spasskij* stellte in seiner eingehenden Untersuchung über den Ritus des "Hagiasma" fest, daß dieser ganz analog zum eucharistischen Kanon aufgebaut ist: Präfation, Anamnese, Sanctus, Epiklese.[951] Selbst im lateinischen Ritus finden sich Spuren davon.[952] Von besonderem Interesse ist jedoch die Tatsache, daß in Anlehnung an die eucharistische Kommunion sogar ein eigent-

(M PG 32, 132a), S. Chr. 17, S. 170f. wird oft in diesem Sinne interpretiert, obwohl Basileios direkt daran anschließend von der Gegenwart des Geistes im Taufwasser spricht: "In drei Eintauchungen und drei Anrufungen (Epiklesen?) vollzieht sich das große Geheimnis der Taufe, damit der 'typos' des Todes dargestellt sei und die Mitteilung der Kenntnis Gottes die Seele des Getauften erleuchte."

948 Cyr. Alex., in Ioan., II, c. 1 (M PG 73, 245).

949 Allerdings war der "Hagiasma-Ritus" ursprünglich in die Liturgie vom "Hochfest der Theophanien" integriert gewesen und wurde erst später auf seinen heutigen Platz nach der Vesper vorverschoben. – Über den Sinn und Ablauf des Ritus, vgl. C. Andronikoff, Le sens des fêtes, S. 209–212.

950 Vgl. E. Mercenier, op. cit. II, 1, S. 242, 279ff.

951 Vgl. Th. Spasky, La pratique de l'Hagiasma, in La Pensée Orthodoxe No. 2 (13), 1968, S. 101.

952 So ist beispielsweise das "Sanctus" erhalten geblieben und zeugt von einer entfernten Ähnlichkeit der Strukturen (vgl. Das römische Rituale, S. 460).

licher Kommunionritus für das Hagiasma herausgebildet wurde.[953] Noch heute existiert in einigen Ländern der Brauch, an Epiphanie die eucharistische Kommunion durch das Hagiasma zu ersetzen.[954] Außerdem dient das Hagiasma in andern Weiheriten als Instrument der Heiligung, so z.B. bei der Weihe einer Kirche, von Kelchen und priesterlichen Geräten, sowie bei der Ikonenweihe.[955]
Es darf deshalb auch nicht verwundern, daß es innerhalb der orthodoxen Kirche bis zum heutigen Tag nicht an Theologen fehlt, welche – wie einst schon Symeon von Thessalonike – das Hagiasma zu den "mustēria" zählen, oder ihm einen beinahe gleichen Rang einräumen.[956]

2. *Das "heilige Öl" als Geistträger*

Das Öl war bereits in heidnischer und jüdischer Zeit ein Symbol der Stärke und Heilung, sowie in Verbindung mit der Lampe ein Symbol von Wärme und Licht. Es spielt auch im christlichen Ritual eine bedeutsame Rolle. "Der Name *Hristos* heißt ja 'der Gesalbte', da die Gottheit die heilige Menschheit des Heilands so durchdringt wie das Öl die Körper, mit denen es in Berührung kommt."[957] Die Weihe des hl. Chrisams, die in den orthodoxen Kirchen am "Hohen Donnerstag" (der Karwoche) von den Patriarchen vollzogen wird, ist von entsprechender Feierlichkeit umgeben.[958] Dabei besitzt diese Weihe in den orientalischen Kirchen wiederum wie beim "Hagiasma" den Charakter eines sakramentalen Ritus. Das Gebet des heiligen Chrisams steht in deutlicher Analogie zur eucharistischen Epiklese: "Du, der Du im Schoße des Vaters ruhst, Wort Gottes, lasse die Gnade Deines Heiligen Geistes auf dieses Chrisam, das in Deinem Namen bereitet wird, herniedersteigen, um es zu vervollkommnen und es zu heiligen, damit alle, welche davon die

953 Vgl. Th. Spasky, ibidem, S. 96–105. Übrigens bleibt festzuhalten, daß – zumindest bis zum II. Vaticanum – dem "Dreikönigswasser" auch von den Katholiken besondere Bedeutung beigemessen wurde. Es wurde getrunken, aber auch für die Segnung der Wohnungen und Ställe benutzt.

954 In Rußland herrschte anfänglich der Brauch, daß die Kommunion des Hagiasma den Büßern vorbehalten war, die nicht an der eucharistischen Kommunion teilnehmen durften. Aber der Genuß des Hagiasma scheint sich bald zu einem allgemeinen Brauch ausgeweitet zu haben. Daß er bei den Slawen außer Gebrauch kam, ist Petrus Mogila zuzuschreiben, der sich gegen diesen Ritus wandte, obwohl er andererseits glaubte, daß das Wasser bei der großen Weihe geheimnisvoll in seiner Natur verwandelt werde. –Vgl. Th. Spasky, ibidem, S. 100f.

955 Die Bedeutung des geweihten Wassers wird auch bei der Wasserweihe des lateinischen Ritus betont: "O Gott, du hast zum Heile des Menschengeschlechts gerade die größten Sakramente auf die Wesenheit des Wassers gegründet" (Das röm. Rituale, ibidem, S. 235).

956 Spasskij selbst äußert sich sehr vorsichtig: "Wir behaupten nicht, daß es hinreichende Beweise dafür gibt, daß in alten Zeiten die Wasserweihe als ein achtes Sakrament betrachtet wurde" (Th. Spasky, ibidem, S. 96).

957 D. Forstner, Die Welt der Symbole, S. 180.

958 Im lateinischen Ritus sind es die Ortsbischöfe, welche die Weihe des Chrisams vollziehen. Die armenische Kirche vollzieht diesen Akt am Sitz des Obersten Katholikos in Edschmiadzin nur alle sieben Jahre.

Salbung empfangen, für würdig erachtet werden, Kinder Gottes und Erben Deiner allumfassenden Glückseligkeit zu werden."[959]

Manche Kirchenväter nahmen auch beim geweihten Chrisam wie beim geweihten Wasser eine geheimnisvolle Veränderung der Natur an, so Cyrill von Jerusalem: "Denn wie das eucharistische Brot nach der Epiklese nicht mehr gewöhnliches Brot, sondern der Leib Christi ist, so ist auch diese heilige Salbe nach der Epiklese nicht mehr einfach Salbe und nicht, wie man sagen möchte, gewöhnlich, vielmehr ist sie Gnade Christi und wirkt seine Gottheit durch die Gegenwart des Heiligen Geistes."[960] Auch Gregor von Nyssa bekräftigte: "Öl und Brot haben nach der Heiligung durch den Geist ihre eigene göttliche Energie."[961]

Auch die Chrisamweihe könnte demnach wie die Große Wasserweihe analog zur Eucharistie den "mustēria" zugezählt werden. Allerdings kann dies nur indirekt geschehen, insofern die reale Gegenwart göttlicher Energien im geheiligten Wasser und im hl. Chrisam immer in ihrem kosmischen Symbolbezug, der den Menschen miteinschließt, gesehen werden muß. Die Heiligung dieser Elemente geschieht, wie übrigens auch in der Eucharistie, nicht zum Selbstzweck, sondern zur entsprechenden Verwendung.[962]

Hier aber stellt sich nun allsogleich ein weiteres Problem, denn das Chrisam wurde nicht allein bei der *"Myronsalbung"* (der Firmung) angewendet, bei der der Gläubige (im orientalischen Ritus) direkt nach der Taufe über allen Teilen seines Körpers mit dem Kreuzzeichen gesalbt und mit den Worten "Siegel der Gabe des Heiligen Geistes" zum königlichen Priestertum und Dienst am Gottesvolk geweiht wird, sondern auch bei der *Kaiserkrönung.*[963] Es ist in unserem Zusammenhange unerheblich, ob dieser Ritus der Kaisersalbung mit Myron eine relativ späte Einrichtung (10. Jahrh.) sei oder nicht. Mit Sicherheit steht jedenfalls fest, daß vom 16. Jahrhundert an (ob Ivan IV. 1547 oder sein Nachfolger Fedor Ivanovič im Jahre 1584 der erste war, bleibe dahingestellt) in Rußland nach der eigentlichen Krönung die Kaiser mit der Formel der Myronsalbung: "Siegel der Gabe des Heiligen Geistes" gesalbt wurden, womit spätestens von diesem Zeitpunkt an mit Sicherheit angenommen werden kann, daß die Kaisersalbung als ein "mustērion" eingestuft wurde. Und da es sich dabei nicht einfach um eine Wiederholung der "Myronsalbung" (= Firmung) handeln konnte, nahmen die russischen Theologen des 18.

959 E. Mercenier, op. cit. II, 2, S. 158.

960 Cyr. Jer., Cat. mystagog. III, 3 (Cyrille de Jérusalem, Catéchèses mystagogiques S. Chr. 126, S. 125).

961 Greg. Nys., In baptis. Christ. (M PG 46, 581). D. Forstner, Die Welt der Symbole, S. 15, schreibt unter Hinweis auf die noch heute übliche Weihe der heiligen Öle, die in der lateinischen Kirche am Gründonnerstag vollzogen wird: "Die heiligen Öle empfangen durch diese Weihe eine solche Heiligkeit, daß Bischof und Klerus vor ihnen die Knie beugen und sie singend grüssen." Die Verehrung, welche dem geweihten Chrisam in der Ostkirche erwiesen wird, ist in dieser Hinsicht noch sprechender.

962 Dies wurde in neuerer Zeit insbesondere durch den russisch-orthodoxen Theologen A. Šmeman ausgezeichnet dargelegt. Vgl. A. Schmemann, Aus der Freude leben.

963 Vgl. K. Nikol'skij, Posobie k izučeniju ustava bogosluženija pravoslavnoj Cerkvi, S. 686–692.

und 19. Jahrhunderts an, es sei dies (in Analogie zur Priester- und Bischofsweihe) ein höherer Grad, welcher besondere Gnaden der Regierungsgewalt verleihe.[964] Jedenfalls durfte ein Kaiser die Kommunion stets auf "priesterliche Art" empfangen. Er wurde durch Krönung und Salbung zwar nicht direkt ein Kleriker, aber doch – wie es heißt – dem Klerus "beigezählt". Immerhin führten bereits die byzantinischen Kaiser den in dieser Hinsicht höchst sprechenden Titel "Bischof des 'Äußeren' und ökumenischer Diakon".[965]
1761 wurde unter Katharina II. zudem folgender Text in den "Ritus der Orthodoxie" vom ersten Fastensonntag eingefügt: "11. Diejenigen, welche meinen, daß die rechtgläubigen Herrscher nicht durch besondere göttliche Huld auf die Throne erhoben werden, und daß bei der Salbung die Gaben des Heiligen Geistes zur Ausübung dieser erhabenen Berufung nicht auf sie ausfließen, und die sich dieserweise zu Aufruhr und Verrat erkühnen, wie dies Griška Otrep'ev, Ivan Mazepa und andere ähnliche taten, Anathema, Anathema, Anathema."[966]
Hiermit war der Charakter der Kaisersalbung als "mustērion" mit letzter Deutlichkeit unterstrichen, und wenn es auch späterhin vereinzelte Stimmen gab, die diesen unter westlichem Einfluß zu bestreiten wagten[967], so fehlte es nicht an bedeutenden Kirchenmännern, wie z.B. Metropolit Filaret (Drozdov), welche der allgemeinen Ansicht entsprechend die Sakramentalität der Kaisersalbung hervorhoben.[968]
Und dies geschah, obgleich man andererseits an einer offiziellen Siebenzahl der "mustēria" festhielt. Man konnte ja die Kaisersalbung als eine höhere Stufe der "Myronsalbung" annehmen (schließlich gibt es beim Weiheritus für Diakone, Priester und Bischöfe auch drei Stufen des einen Ordo), und schon war die "Siebenzahl" gerettet!

3. *Die Kirche als "Braut Christi" und ihre Zeugen*

Für A. Šmeman steht es außer Zweifel, "daß zu einem 'Sakrament' notwendig der Gedanke der Verwandlung gehört; es bezieht sich auf das erhabene Geschehen, das in Christi Tod und Auferstehung sich vollzog, und es ist stets ein Sakrament des Königreiches. In einer bestimmten Weise kann natürlich das gesamte Leben der Kirche als sakramental bezeichnet werden, da es ja immer die Bezeugung der

964 Vgl. M. Jugie, Theologia dogmatica III, S. 157f. (Zur theologischen Bedeutung der Kaisersalbung und deren Geschichte, ibidem, S. 151ff.).
965 Vgl. A. v. Maltzew, Bitt-, Dank- und Weihe-Gottesdienste der Orthodox-Katholischen Kirche des Morgenlandes, S. LX.
966 K. Nikol'skij, Anafematstvovanie (otlučenie ot Cerkvi) soveršaemoe v pervuju nedelju velikago posta, S. 263: "Pomyšljajuščym, jako pravoslavnyja Gosudari vozvodjatsja na prestoly ne po osoblivomu o nich Božiju blagovoleniju, i pri pomazanii darovanija Svjatago Ducha k prochoždeniju velikago sego zvanija v nich ne izlivajutsja: i tako derzajuščym protiv ich na bunt i izmenu, anafema."
967 So Sil'vestr Lebedinskij und Aleksej Mal'cev (siehe oben: A. v. Maltzew, ibidem, S. LXXXIf.), cf. M. Jugie, op. cit., III, S. 160f.
968 Vgl. M. Jugie, ibidem, S. 159f.

'neuen Zeit' ist, die sich innerhalb des Zeitablaufes vollzieht. Im engeren Sinn aber bezeichnet die Kirche als Sakramente jene entscheidenden Akte ihres Lebens, die diese umformende Gnade als *gegeben bezeugen;* durch sie identifiziert sich die Kirche mit jener Gabe, ja, sie wird deren eigentliche Ausdrucksform."[969]
Zu diesen entscheidenden Akten des Lebens, welche die Kirche als "mustērion" bezeichnet, gehört auch die *Ehe.* Man könnte fragen, so meint Šmeman, weshalb nur dieser "Stand" aus der Vielfalt der Berufungen ausgesondert und als "mustērion" angesehen wird. Die Antwort hierauf dürfte sich beim hl. Paulus finden, der von der Ehe sagte: "Dieses Geheimnis ist groß; ich aber deute es auf Christus und auf die Kirche" (Eph 5,32).
Wie schon die Lesung (Eph 5,20–33) beim Eheritus zeigt, wird die eheliche Vereinigung als Bild der Vereinigung Christi mit seiner Kirche gesehen, die Liebe der Eheleute in Verbindung mit der göttlichen Liebe zu den Menschen gebracht. Weil diese göttliche Liebe in das "Hochzeitsfest" der Kirche, in die Eucharistie mündet, deshalb wird bei der Eheschließung das Wunder der Hochzeit von Kanaa (Joh 2,1–11) als Evangelium verkündet, das das Geheimnis der Eucharistie vorzeichnet.[970] Und ursprünglich wurde die Eheschließung auch mit der gemeinsamen Kommunion besiegelt.[971]
Aus ostkirchlichem Eheverständnis sind es niemals die Eheleute selbst, die sich das eigentliche "mustērion" der Ehe spenden[972], denn in Anlehnung an Hebr. 2,7 werden die Brautleute mit den Worten gekrönt: "Herr, unser Gott, kröne sie mit Herrlichkeit und Ehre"[973], was gemäß Evdokimov eine Bitte um den Heiligen Geist und die Manifestation seines pfingstlichen Charismas der Einheit bedeutet, und diese Gabe ist nur in der Kirche zugänglich.[974]
Die kirchliche Gemeinschaft ist ja wesentlich eine Liebesgemeinschaft. Und die eheliche Gemeinschaft muß als ein integrierender Bestandteil dieser Liebesgemeinschaft verstanden werden. Dies wird liturgisch auch dadurch ausgedrückt, daß sich die Verlobten bei Beginn der Vermählungszeremonie vor der zentralen Türe der Ikonostase (der königlichen Pforte) aufstellen, der Mann zur Ikone Christi, die Frau zur Ikone der Gottesgebärerin (dem Urbild der Kirche) zugewendet. So stel-

969 A. Schmemann, Aus der Freude leben, S. 98.
970 Nach Šmeman kannte das Urchristentum keinen besonderen Gottesdienst für die Eheschließung. "Der 'Vollzug' der Ehe zweier Christen bestand einfach in ihrer gemeinsamen Teilnahme am eucharistischen Opfer" (ibid., S. 107). Die Anerkennung der kirchlichen Ehe als zivilrechtlicher Akt um 895 sei Ausgangspunkt ihrer "Entsakralisierung" geworden und die Trennung von Eheschließung und Eucharistiefeier ein deutliches Kennzeichen dieser Entwicklung (ibid., S. 108). (Man vgl. hierzu auch P. Evdokimov, Sacrement de l'amour, S. 179). In der Tat wird im byzantinischen Ritus (im Gegensatz zu den Armeniern und Kopten) die Eheschließung außerhalb der Eucharistiefeier vollzogen, während der lateinische Ritus beide Möglichkeiten kennt.
971 Als Zeichen hierfür wird noch immer den Eheleuten nach der Krönung der sog. "gemeinsame Kelch" dargeboten, der – nachdem er früher die "vorgeweihten Gaben" enthielt – heute nur noch mit gesegnetem Wein gefüllt ist.
972 Diese Auffassung wird von der lateinischen Theologie vertreten.
973 E. Mercenier, op. cit., I, S. 408.
974 P. Evdokimov, Sacrement de l'amour, S. 162f.

len sie das archetypische Bild der Ehe dar, die Einheit von Christus und der Kirche.[975]

Die Abbildhaftigkeit göttlicher Liebe ist nun allerdings nicht allein in der Ehe verwirklicht, sondern nicht weniger im Stand der gottgeweihten Ehelosigkeit, dem *Mönchtum.* Dieses genießt seit alters her im Orient eine besondere Verehrung. "Wenn für den hl. Johannes Chrysostomos 'die Ehe das Bild des Göttlichen' ist, dann stellt der Zölibat noch unmittelbarer ein Bild des Gottesreiches dar, wo 'man sich nicht verheiratet' und wo 'man ist wie die Engel'. Die kommende Zeit wird nicht den paarweisen Modus der Eheleute kennen, nicht einen solchen 'Mann' als Mann im Gegenüber zu einer solchen 'Frau' als Frau, sondern die Einheit von Männlichem und Weiblichem in ihrer Totalität, Adam-Eva wiederhergestellt in der geistlichen Dimension.[976] Dies entspricht nicht einem Mönch am Rande des Lebens oder Eheleuten, die sich teilweise zurückziehen, um ihre Einheit zu schaffen, sondern einer Vorwegnahme der kommenden Einheit von Männlichem und Weiblichem, wodurch die Zölibatären ihre ganze Präsenz in den Dienst einer wirksamen Freundschaft stellen. Eine solche Bruderschaft, welche – weit wie die Welt – die Männer und Frauen einordnet, wird sich *ehelich* des menschlichen Elends annehmen. 'Ehelich' bedeutet hier in Vereinigung ihrer gegenseitigen Charismen."[977]

Man geht sicherlich nicht fehl, wenn man Ehe und Mönchtum in ihrer Zeichenhaftigkeit als komplementär bezeichnet. Aber genau besehen geht ihr Symbolismus noch weiter, er durchdringt und stützt sich gegenseitig: Brautmystik im Mönchtum, mönchische Spiritualität beim Eheverständnis. Holls Einschätzung, daß das in den kirchlichen Organismus eingegliederte Mönchtum zur "höchsten moralischen Autorität" der Kirche wurde[978], gilt im Osten selbst heute noch, um so mehr, als sich daselbst sehr früh der Brauch einbürgerte, nur Mönche zu Bischöfen zu weihen. "Die organische Gliedschaft und überragende Würde des Mönchtums in der Kirche fand ihren Ausdruck darin, daß die Einkleidung in das Mönchsgewand und die Ablegung der mönchischen Gelübde, die seit dem Konzil von Chalkedon (c. 4) kanonische Vorschrift war, zu einem feierlichen liturgischen Ritus der Kirche wurde."[979]

Die sogenannte *"Mönchsweihe"*, die von einem Bischof oder von einem Priester-

975 P. Evdokimov, ibidem, S. 196f. Die Liebe Christi und der Kirche ist – wie Evdokimov in Anlehnung an die Kirchenväter erläutert – bereits bei den Stammeltern archetypisch vorgegeben, denn Adam wurde nach dem Bilde Christi, Eva nach dem Bilde der Kirche geschaffen (ibid., S. 175).

976 Diesem ganzen Passus liegt die von den Kirchenvätern immer wieder angeführte Auffassung zugrunde, daß im paradiesischen Urzustand die Unterscheidung männlich-weiblich keine Trennung in zwei voneinander isolierte Individualitäten bedeutete. Diese Vorstellung wird mit dem Schöpfungsbericht begründet, wo es heißt: "Laßt uns den Menschen (ha adam, Einzahl) machen (...) und sie sollen herrschen (Mehrzahl), – und er schuf sie als männlicher Mensch und als weiblicher Mensch (wobei sich die Mehrzahl auf die Einzahl, der Mensch, bezieht). Der 'Mensch' steht also über der Unterscheidung von männlich-weiblich" (P. Evdokimov, ibidem, S. 160).

977 P. Evdokimov, ibidem, S. 140.

978 Vgl. K. Holl, Über das griechische Mönchtum, in Gesammelte Aufsätze II, 1928, S. 274.

979 F. Heiler, Urkirche und Ostkirche, S. 376.

mönch vollzogen werden kann, besteht aus der Ablegung der mönchischen Gelübde (Keuschheit, Armut, Gehorsam), die mit der Tonsur (in Form eines Kreuzes)[780] und der Verleihung eines neuen Namens besiegelt wird. Dann erhält der Mönchsanwärter eine Kerze, eine Gebetsschnur und ein (auf der Brust zu tragendes) Stoffkreuz und wird schließlich mit dem Mönchsgewand bekleidet.[981]
Schon Dionysios (Pseudo-) Areopagita zählte die "Mönchsweihe" als fünftes von sechs "mustēria" auf[982], und Theodor von Studion sprach ihr sogar die "Reinigung von aller Sünde" zu[983], womit bis zur Bezeichnung der Mönchsweihe als einer "zweiten Taufe"[984] nur noch ein kleiner Schritt war. Eine entsprechende Formulierung ist auch in den Text der "Mönchsweihe" eingegangen. Bei der "großen Einkleidung" (megaloschēmoi) spricht derjenige, der die Einkleidung vornimmt (Abt, Bischof) zum Mönch: "O Gabe des Geheimnisses! Heute, Bruder, empfängst du die zweite Taufe durch die Überschwänglichkeit der Gabe Gottes und wirst von deinen Sünden gereinigt und zu einem Sohne des Lichtes."[985]
Selbstverständlich enthält der Weiheritus eine unzweideutige Epiklese[986] und mündete – zumindest ursprünglich – in den Empfang der hl. Eucharistie.[987] Es fällt denn auch bis heute vielen östlichen Theologen sehr schwer, die "Mönchsweihe" oder "Mönchstonsur" (bei welcher der Ritus für Nonnen dem der Männer entspricht) nicht unter die Zahl der "mustēria" aufnehmen zu können, wie dies die früheren Theologen unbedenklich taten. Und Friedrich Heiler schrieb zu Recht: "Mag auch die Einbürgerung der abendländisch-scholastischen Sakramentszählung der Wertung der Mönchsweihe als eines eigenen Sakramentes Abbruch getan haben[988], so bleibt das Mönchtum in der Ostkirche doch umkleidet mit dem Glanz

980 Bei der "Tonsur" handelt es sich offensichtlich um eine erweiterte Form jener Tonsur, die bereits innerhalb des Taufritus nach der Myronsalbung (= Firmung) vollzogen wird.
981 Vgl. A. Semenoff-Tian-Chansky, Catéchisme orthodoxe, S. 79.
982 Dion. Areop., De eccl. hier. VI,2 (M PG 3,533ff.).
983 Vgl. M PG 99,1816.1820; K. Holl, Enthusiasmus und Bußgewalt im griechischen Mönchtum, S. 205f.
984 Vita Stephani jun. (M PG 100,1089B).
985 Euhologion to mega, Venedig 1851, S. 208. Slawisch: "Posledovanie inočeskago postriženija" Rom 1952, S. 72. Deutsch: M. Rajewsky, Euchologion der orthodox-katholischen Kirche III, Wien 1861, S. 232.
986 Vgl. Posledovanie inočeskago postriženija, S. 83.
987 Man vgl. hierzu die eindeutige Aussage bei Dion. Areop., De eccl. hier. VI, 2,5.
988 N. Afanas'ev, Tainstva i tajnodejstvija, in Pravoslavnaja Mysl' vyp. VIII, 1951, S. 23f. anerkennt, daß es zwei verschiedene Auffassungen des Mönchstandes gibt: 1. Diejenige, welche darin eine "zweite Taufe" und damit das Entstehen einer neuen Kreatur sieht, was die Mönchsweihe zu einem "mustērion" zwischen Taufe und Priesterweihe machen würde. 2. Diejenige, welche den Mönchsstand als zeichenhaftes Vorleben der christlichen Buße und Umkehr (metanoia) interpretiert. Afanas'ev neigt dieser Ansicht zu. Die Mönchsweihe ist damit für ihn kein "mustērion", um so mehr, als ihr nach seiner Meinung (die allerdings angezweifelt werden könnte) ein sakramentales Wesenselement, nämlich die Rezeption durch die Kirche, abgehe. – Auch P. Evdokimov, Gotteserlebnis und Atheismus, S. 242, sieht im Mönchtum einen rein charismatischen Dienst, der in der Kirche neben dem Amtspriestertum steht. "Auf der Ebene der Heiligung ist der monastische Stand völlig unabhängig von jeder sakramentalen Weihe. Die geistliche Leitung der Starzen ist nicht an das Priestertum gebunden."

des kirchlichen Mysteriums", es wird nicht nur als Stand der *metanoia,* der individuellen Buße und Askese, mit der sakramentalen Buße in Zusammenhang gebracht[989], sondern als ein Stück des kirchlichen Ordinationsrituals dem Mysterium der Priesterweihe nahegerückt."[990]
In dieser Hinsicht sind auch die Äußerungen von A.N. Murav'ev kennzeichnend, der die Mönchsweihe im Anschluß an die "mustēria" behandelt und zwar mit dem Hinweis, weil diese "wenngleich nicht in der Zahl der mustēria enthalten, doch in einigen Fällen als wichtige Ergänzung zu ihnen dient, denn als Vorbereitung zu den höheren Stufen der Hierarchie genommen, stellt sie die geistige Verlobung mit Christus dar und wird sogar wegen der Erhabenheit ihrer Gelübde von den hl. Vätern eine zweite Taufe genannt".[991]

4. *Stufen der Hierarchie*

Die "Höheren Weihen" (die noch heute mit dem griechischen Begriff *"heirotonia"* bezeichnet werden, der seinem Ursprung nach ein Abstimmen mit erhobener Hand in einer Volksversammlung bedeutete, also auf einen Wahlakt des Volkes hinweist) besitzen alle die gleiche Struktur:

1. die feierliche Zustimmung des Volkes zur Wahl des betreffenden Weihekandidaten durch den Ruf: Axios (er ist würdig),
2. die Herabrufung des Heiligen Geistes (Epiklese) mit der Bitte um die für das entsprechende Amt nötigen Gnaden,
3. die Handauflegung und
4. die Einkleidung.[992]

Auch die einleitende Weiheformel stimmt in allen Weihestufen grundsätzlich überein und lautet, schematisch dargestellt, etwa so:

989 Am Rand sei noch auf das eigenartige Faktum hingewiesen, daß eine Zeitlang die Mönche – und zwar Laien- wie Priestermönche – im griechischen Raum beinahe ausschließlich die Verwaltung des Bußsakraments innehatten. Während Symeon der Neue Theologe († 1041) versuchte, die charismatische Bußspendung der Laienmönche theologisch zu untermauern, wurde diese vom berühmten byzantinischen Kanonisten und Patriarchen Theodor Balsamon († 1195) ebenso abgelehnt wie von Erzbischof Symeon von Thessalonike († 1429). Zwar wurde die Praxis der Sündenvergebung durch Laienmönche nach und nach ausgemerzt, aber die Priestermönche blieben auch weiterhin die bevorzugten Beichtväter und Seelenführer der Orthodoxie (vgl. F. Heiler, op. cit., S. 271 ff.).

990 F. Heiler, ibidem, S. 326. (Über diejenigen, welche die Mönchsweihe unmittelbar zu den "mustēria" zählen, vergleiche man unsere Ausführungen über die Ablehnung der sakramentalen Siebenzahl durch gewisse östliche Theologen.)

991 A.N. Murav'ev, Pis'ma o Bogosluženii, S. 133.

992 Vgl. A. Semenoff-Tian-Chansky, Catéchisme orthodoxe, S. 89.

"Die göttliche Gnade, welche allezeit das Schwache heilt und das Mangelnde ersetzt, befördert diesen Hypodiakon / Diakon / Archimandriten oder Priestermönch zum Diakon / Priester / Bischof. Lasset uns daher für ihn beten, daß die Gnade des Heiligen Geistes über ihn komme."[993]

Der unterschiedlichen Bedeutung der Funktionen entsprechend, ist der Weiheritus allerdings verschieden ausgestaltet (am ausführlichsten logischerweise die Bischofsweihe, in welcher der Bischof ausdrücklich auf eine bestimmte Stadt oder bestimmte Städte hin geweiht wird). Zudem werden die Weihen, wiederum der Funktion entsprechend, an verschiedenen Stellen der Liturgie erteilt: die Bischofsweihe vor den Lesungen (wonach der neugeweihte Bischof früher das Evangelium las und auslegte zum Zeichen seines Lehramtes); die Priesterweihe vor dem "Großen Einzug" (damit der Neupriester an der Konzelebration der Eucharistie teilnehmen konnte); die Diakonsweihe (ebenso wie früher auch die Weihe der Diakonissen)[994] nach der Konsekration der Heiligen Gaben, welche ursprünglich durch den Diakon an die Gläubigen ausgeteilt wurden.[995]
Vergleicht man die "heirotonia" mit den Riten, die bei der *Inthronisation eines Igumen*[996] oder *Archimandriten*[997] vollzogen werden, so springt vorerst einmal die verblüffende Ähnlichkeit der Strukturen ins Auge: Von der Epiklese über die Handauflegung und das Axios bis zur Neueinkleidung fehlt keiner der bei den großen Weihen üblichen Teile. Sie wird auch während der Liturgie (beim "Kleinen Einzug") vollzogen. Hingegen wird nicht die einleitende Weiheformel der Inthronisation benützt, sondern jenes Gebet, das bei der Bischofsweihe vom Konsekrator nach dem feierlichen Glaubensbekenntnis des Weihekandidaten gesprochen wird. Dort heißt es: "Die Gnade des Heiligen Geistes befördert durch meine Geringheit dich, den gottgeliebtesten Archimandriten (oder Priestermönch) N. und erwählten Bischof der gottgeschützten Städte N.N."[998] Analog hierzu lautet die Formel für die Einsetzung eines Igumen oder Archimandriten: "Die Gnade des Heiligen Gei-

993 Vgl. E. Mercenier, op. cit. I, S. 374, 378, 387 (cf. A. von Maltzew, Die Sacramente der Orthodox-Katholischen Kirche des Morgenlandes, S. 323, 336, 422f.). Es sei am Rand angemerkt, daß F. Heiler (Die Ostkirchen, S. 181) – im Gegensatz zu den meisten orthodoxen Theologen – die Auffassung vertrat, es handle sich bei dieser Formel nicht um die eigentliche Form des Weihesakraments, sondern nur um eine Feststellung der legitimen Wahl des Ordinanden. Heiler dürfte dabei allerdings – indem er mit einer typisch westlichen Kategorie operierte – das, was er als "eigentliche Form des Weihesakraments" bezeichnete, viel zu eng gefaßt haben.
994 Über die Diakonissenweihe, vgl. Goar, Euhologion sive Rituale Graecorum, Paris 1647, S. 262–264 (cf. Maltzew, ibidem, Anhang S. 13f.).
995 Vgl. Semenoff-Tian-Chansky, ibidem, S. 89.
996 Ein Igumen ('Igoumenos) ist der Vorsteher eines kleineren Klosters. Der Titel entspricht in etwa dem eines Priors in der katholischen Kirche.
997 Archimandrit wurde früher der Abt eines großen Klosters genannt. Inzwischen hat sich diese Bezeichnung zu einem Ehrentitel entwickelt, dem meist keine Jurisdiktionsrechte in einem bestimmten Kloster mehr entsprechen.
998 K. Nikol'skij, Ustav bogosluženija, S. 716 (cf. A. von Maltzew, Die Sacramente der Orthodox-Katholischen Kirche des Morgenlandes, S. 420f.).

stes befördert durch meine Geringheit dich zum Igumen/Archimandriten des ehrwürdigen Klosters, welches N.N. geweiht ist."[999]
Ob mit diesem Wechsel der Einsetzungsformel gleichzeitig auch eine Unterscheidung gemacht wird, welche die Inthronisation der Klostervorsteher wesentlich von einem Weihe-"mustērion" abhebt, dürfte in Anbetracht der sonstigen Ähnlichkeit des Ritus eher fraglich erscheinen. Übrigens sind die meisten Bischöfe vor ihrer Weihe Archimandriten, so daß dieser Ehrentitel bereits wie eine (wenn auch nicht unumgängliche) Vorstufe zum Bischofsamt erscheint.
Jedenfalls fällt auf, daß die Inthronisation zum Igumen oder Archimandriten stärker als die sogenannten "Niederen Weihen" (Leser, Hypodiakon) dem "mustērion" angeglichen sind, da bei den "Niederen Weihen" (die zudem außerhalb der eigentlichen Liturgie vollzogen werden) das Gebet zum heiligen Geist während der Handauflegung entfällt. In noch geringerem Maß besitzt die *Einsetzung ins Patriarchenamt* im byzantinischen Ritus einen sakramentalen Charakter[1000], während beispielsweise bei den Kopten eine eigentliche *Patriarchenweihe* mit allen Kennzeichen eines "mustērion" vollzogen wird.[1001]

5. *Krankensalbung und Beerdigung*

In ihren Erläuterungen zur *Krankensalbung* (euhelaion/eleosvjaščenie) heben die östlichen Theologen meist einen Doppelaspekt hervor: 1. die Befreiung von Sünden und 2. die Heilung des Kranken, wobei sie sich auf Jak 5,14f. berufen[1002].
Dieser Doppelaspekt der Krankensalbung zeigt sich auch in einer im östlichen Raum schon lange gebräuchlichen Aufspaltung in zwei (ihrer Form nach identische) rituelle Handlungen: 1. Die Salbung aller Gläubigen (auch der gesunden), die meist in der Liturgie des Hohen Donnerstags vollzogen wird, und 2. die Salbung von Kranken.
Bei der Salbung aller Gläubigen wird das "mustērion" als Heilung von der Krank-

999 A. von Maltzew, op. cit., S. 351 und 357 (cf. K. Nikol'skij, op. cit., S. 719). E. Mercenier, op. cit., Bd. I, S. 394, der sich auf das römische "Euhologion" (Rom 1875) stützt, zitiert eine Inthronisationsformel, welche (und dies scheint in unserem Zusammenhange höchst charakteristisch) eine Sakramentalität dieser Handlung bewußt ausschließt, ohne darauf zu verweisen, daß sowohl das griechische "Arhieratikon" wie auch der slawische "Činovnik" eine sakramentale Formel verwenden (vgl. Činovnik archierejskago svjaščennosluženija, S. 130 b, 131 a f.).

1000 Zur byzantinischen Patriarchenweihe vgl. A. von Maltzew, Die Sacramente der Orthodox-Katholischen Kirche des Morgenlandes, S. 446 ff. (cf. O služenii i činopoloženijach Pravosl. Greko-Rossijskija Cerkvi, Kiev 1826, S. 116–120).

1001 Der älteste Bischof spricht als Konsekrationsgebet: "Durch Deinen Heiligen Geist der Leitung gieße aus über ihn Deine Kenntnis . . . ", während die anderen Bischöfe dem Gewählten ihre Hände auflegen (cf. E. Hammerschmidt/P. Hauptmann/P. Krüger/ L. Ouspensky/H.-J. Schulz, Symbolik des orthodoxen und orientalischen Christentums, S. 190 f.).

1002 Vgl. Metropolit Filaret (Drozdov), Sobr. mnenij i otsyv. Filareta V, S. 558.

heit der Sünde interpretiert[1003] und als Ritus der Sündenbefreiung in gewissem Sinne in eine Linie mit dem "mustērion" der Buße[1004] gestellt. Dies bedeutet jedoch eine Verkürzung und Einschränkung im Verständnis der Krankensalbung[1005], welche in einer ganzheitlichen Auffassung Krankheit als ein leibseelisches Phänomen behandelt, wie die liturgischen Texte zur Genüge beweisen. Eine solche Beschränkung der Krankensalbung auf die Befreiung von Sünde steht auch im Widerspruch zum östlichen Kirchenrecht, dem Nomokanon, der in Art. 163 fordert, daß das "euhelaion" am Kranken zu vollziehen sei und in Art. 164 präzisierend eine Spendung der Krankensalbung an Gesunde ebenso wie an Tote[1006] untersagt.[1007]

Die Krankensalbung besitzt ihrer Struktur nach alle Wesenselemente eines "mustērion" mit einer Anrufung des Heiligen Geistes bei der Weihe des Öls, welche dieses (analog zur Chrisamweihe) zu einem Vehikel des Heiligen Geistes macht, ohne daß dabei aber eine Transformation des Öls angenommen wird. Die (nach den Rubriken von sieben Priestern[1008] zu vollziehende) Krankensalbung, welche auch als "Ritus der Lampe"[1009] bezeichnet wird, fand anfänglich nur in der Kirche statt und mündete, wie alle übrigen "mustēria", in den Empfang der hl. Eucharistie. Die Spendung des heiligen Öls entspricht im Osten nicht einem "mustērion" der Sterbenden, einer "letzten Ölung" (wie die Krankensalbung von der lateinischen Kirche bis zur Liturgiereform nach dem II. Vaticanum genannt wurde), sondern wird vielmehr als ein Heilsmittel für die Genesung des Kranken (und zwar an Seele und Leib) verstanden.

1003 Metropolit Dimitrij von Rostov († 1709) begründete diesen Ritus damit, daß unter dem Begriff Kranke nicht nur die körperlich, sondern auch die seelisch Leidenden, die Sünder nicht ausgeschlossen, zu verstehen sei, und daß auch der gesunde Mensch Zeit und Stunde seines Ablebens nicht vorher wisse (vgl. A. von Maltzew, ibidem, S. 549f.).

1004 Über das "mustērion" der *Buße*, vgl. *unsere* Anm. 457, 478, 479, 938.

1005 Man vgl. unsere Ausführungen in Anm. 715 über die Rückbildung der Krankensalbung vom "mustērion" zum Sakramentale.

1006 Th. Spáčil, Doctrina theologiae orientis separati de sacra informorum unctione (OC 24,2), S. 89ff., verweist auf die Tatsache, daß vom 13.–16. Jahrh. sogar ein Ölung der Toten nachweisbar ist. Patriarch Nikēforos II. (1260–61) verurteilte diesen Brauch (M PG 140, 805ff.), während ihn Symeon von Thessalonke befürwortete (m PG 155, 520f.).

1007 Vgl. K. Nikol'skij, Ustav bogosluženija, S. 733.

1008 Vgl. A. Troubnikoff, Commentaire sur les sacrements, S. 91: " . . . das Sakrament soll nach Möglichkeit in der Gemeinschaft der Gläubigen gespendet werden. Dafür bedarf es der Gegenwart von sieben Priestern. Doch vor der Unmöglichkeit, eine solche Anzahl von Priestern zu versammeln, kann die Salbung in der Praxis durch einen Priester allein vollzogen werden. (. . .) Man hat die Zahl Sieben eingesetzt unter Bezug auf Elisäus, der das Kind durch 7 Gebete und Anrufungen auferweckte (2 K 4,37 gemäß der kath. Version und 4 K gemäß der orthod. Bibel), und im Hinblick auf den Propheten Elias, der durch 7 Gebete regnen ließ, sowie auf Naaman, der, von der Lepra befallen, sich siebenmal im Jordan wusch, um von dieser entsprechend der Vorschrift des Elisäus geheilt zu werden (4 K 5,10 der orthod. Bibel und 2 K der kath. Ausgabe)."

1009 Diese Bezeichnung leitet sich vom Brauch ab, jenes Öl zu verwenden, das die "Lampadas" vor den Ikonen nährt, und als Gefäß auch ein solches Öllämpchen bei der Weihe zu benutzen.

"Das mustērion der Salbung nimmt jedoch in der Ökonomie der Sakramente einen besonderen Platz ein; man könnte sogar sagen, daß es sich an der Grenze befinde. Denn wenn in den mustēria die Gaben des Heiligen Geistes *verliehen* werden und wenn der Vollzug des mustērion bestätigt ist, dann macht das mustērion der Salbung nichts anderes, als um die Gnade der Heilung zu *bitten,* ohne über die Wirkung zu urteilen. Es ist unmöglich, ein permanentes Amt der Heilung anzunehmen. Diese hängt von der geheimnisvollen Macht Gottes ab, der sie nach seinem Gutdünken schenkt. Die Kirche bittet demnach um Heilung, ohne diese jedoch zu verkünden."[1010]

Gerade diese Randstellung der Krankensalbung, auf die Evdokimov hinweist, mag dazu beigetragen haben, daß das "euhelaion" nicht die gleiche Wertschätzung wie die übrigen "mustēria" genoß und selbst neuere Theologen wie beispielsweise Afanas'ev Zweifel äußern, ob die Krankensalbung überhaupt ein "mustērion" sei.[1011] Es scheint auch, daß die ostsyrische (nestorianische) Kirche, die für die Altertümlichkeit ihrer Riten bekannt ist, nie ein "mustērion" der Krankensalbung kannte.[1012] Dieses ist auch in der gregorianischen (armenischen) Kirche nicht in Gebrauch.

Es ist nicht zu übersehen, daß manche alte Autoren wie Dionysios (Pseudo-) Areopagita bei ihren Aufzählungen der "mustēria" an Stelle der Krankensalbung den *Beerdigungsritus* aufführten[1013] oder wie der Mönch Ioasaf das Totenoffizium (nebst Kirchen- und Mönchsweihe) zu den übrigen "mustēria" hinzurechneten[1014]. Dies weist auf die Bedeutung hin, welche man den Riten für die Toten im kirchlichen Leben beimaß. Und dies entspricht durchaus der Vorstellung, daß die vom Heiligen Geist erfüllte Kirche ihre Glieder während des ganzen irdischen Lebens, d.h. von der Geburt bis zum Tode, mit ihren Heilsmitteln begleitet, wobei die "mustēria" stets in den entscheidenden Momenten des Menschseins als göttliche Stärkung verliehen werden, – und zu diesen kruzialen Augenblicken zählt eben auch der Tod als endgültiger Eintritt ins Reich Gottes.

Liturgisch wird der Tod "Entschlafung" genannt. Die abgeschiedenen Seelen gehen bis zum Jüngsten Gericht in einen Zwischenzustand ein. Und für sie fleht die Kirche in ihren Totengebeten, aber insbesondere im Begräbnisritus um das göttliche Erbarmen und um die Bewahrung vor der ewigen Verdammnis am Jüngsten Tag. Die Bitte um Absolution von den begangenen Sünden nimmt dabei einen zentralen Platz ein.

Vom Aufbau des Totenoffiziums her geurteilt, läßt sich dieses schwerlich mit den

1010 P. Evdokimov, L'Orthodoxie, S. 299.

1011 Vgl. N. Afanas'ev, Tainstva i tajnodejstvija, in Pravoslavnaja Mysl' vyp. VIII, 1951, S. 28f.

1012 Die nestorianische Kirche zählt an Stelle der Buße und der Krankensalbung die Mönchs- und Altarweihe, sowie die Beerdigungsriten zu den Sakramenten. Außerdem legte sie eine Zeitlang der Totenölung große Bedeutung bei. (Vgl. J.-H. Dalmais, Die Liturgie der Ostkirchen, S. 84 und 89.)

1013 Vgl. Dion. Areop., De eccl. hier., c. VII.

1014 Vgl. Jugie, Theologia dogmatica III, S. 20.

übrigen "mustēria" vergleichen. Es hat weit mehr Ähnlichkeit mit den in der orthodoxen Kirche so beliebten Bittgottesdiensten (Moleben).[1015] Wenn es früher gelegentlich als "mustērion" eingestuft wurde, so doch wohl deshalb, weil es einmal einen eigentlich sakramentalen Gestus enthielt, nämlich eine *Totensalbung.* Dieser wahrscheinlich aus dem antiochenischen Syrien stammende Brauch, von dem sich eine Andeutung auch beim Pseudo-Areopagiten findet[1016], wurde um das 13. Jahrhundert im griechischen Bereich nach dem Vorbild der Krankensalbung ritualisiert[1017]. Diese Umfunktionierung der Krankensalbung zur Totensalbung, die ebenfalls von sieben Priestern mit einer Absolutionsbitte und den Worten "Wir danken dir, Überguter, daß du die unversehen und ohne Buße Dahingerafften und im Hades Gebundenen auf die Fürbitten deiner Diener von den Fesseln befreist, aus der Finsternis lösest und aus dem Kerker herausführst"[1018], vollzogen wurde, blieb nicht unwidersprochen[1019] und führte im Endeffekt zur Abschaffung der Totensalbung überhaupt. Aber wie sich aus dem oben zitierten Gebet ergibt, nahm man beim Vollzug der Totensalbung eine echte Sündenvergebung und damit einen sakramentalen Akt an. Von da aus wird nun vollends ersichtlich, weshalb manche Autoren auf die Idee kommen konnten, das Totenoffizium als "mustērion" (sensu stricto) zu betrachten.

6. *Kirchen- und Ikonenweihe*

Zu den "heiligen Handlungen", welche ebenfalls gelegentlich den "mustēria" (im strengen Sinne) zugeordnet wurden und bis heute eine besonders hohe Verehrung genießen, gehört auch die *Kirchenweihe,* die zentral auf die Weihe des Altars ('agia trapeza/prestol) ausgerichtet ist. Dies ergibt sich aus dem Symbolgehalt,

1015 Allerdings besteht, wie S. Ostroumov darlegte, eine Verwandschaft zwischen den "mustēria" und dem Gebet, insofern beide "ein Mittel der Vereinigung mit Gott" und "Begleiter der göttlichen Gnade" sind. "Aber es besteht auch ein Unterschied zwischen ihnen. Er besteht nicht bloß darin, daß in den mustēria die Vereinigung mit Gott sich mittels sichtbarer Gegenstände vollzieht, sondern auch darin, daß sich die Gnade nicht nur der Seele des Menschen, sondern auch dem Leib mitteilt. Wenn in den mustēria nur eine geistige Vereinigung mit Gott erreicht würde und sie sich von den Gebeten nur durch die sichtbaren Symbole dieser Vereinigung unterschieden, dann wäre die Bedeutung der mustēria nur eine psychologische und pädagogische, und für die Stärkung im Glauben wären sie nicht notwendig. Die durch die mustēria gegebene Vergöttlichung muß auf jeden Fall eine psycho-somatische sein. Das Wort des Erlösers, 'wer nicht aus dem Wasser und dem Geist geboren wird, kann nicht ins Reich Gottes eingehen' (Joh 3,5), lehrt, daß das Materielle (Wasser) nicht bloß symbolische Bedeutung besitzt. Christus ist nicht nur der Vollender der geistigen Seite des Menschen, sondern auch der körperlichen. Im Reiche Christi wird jedes Geschöpf, die gesamte Natur, erneuert, geheiligt, verklärt und von der Sklaverei der Vergänglichkeit und Verwesung befreit" (S. Ostroumov, Mysli o svjatych tajnach, in Christianskaja Mysl' No. 2, 1917, S. 48f.).

1016 Vgl. Dion. Areop., De eccl. hier. VII,2: "Haben alle den Friedenskuß gegeben, so gießt der Hierarch das Öl auf den Entschlafenen." (Der Brauch, den Toten zu küssen, ist bis heute erhalten geblieben.)

1017 Vgl. M. Jugie, op. cit. III, S. 489f.

1018 M. Jugie, op. cit. IV, S. 142 (cf. F. Heiler, op. cit., S. 234).

1019 Vgl. *unsere* Anm. 1006.

welcher dem Altar eignet. Ursprünglich wurde die Liturgie über den Gräbern der Märtyrer gefeiert und dementsprechend enthält der Altar eine Reliquie. Bedeutsamer jedoch ist, daß der Altar als Abbild des Grabes Christi aufgefaßt wird, was in den Kirchweihriten sehr deutlich zum Ausdruck kommt. Nach der Reinigung des Altars mit geweihtem Wasser bittet der Bischof (oder Priester, der den Bischof vertritt) in einer Epiklese um die Herabkunft des Heiligen Geistes, um die Kirche und diesen Opfertisch zu heiligen. Wichtigster Teil der Weihe ist die Myronsalbung des Altars, welche mit dem Ruf "Alleluja" vollzogen wird. Dann bedeckt man den Altar mit einem "Leichentuch", dem Symbol des Leinentuchs, in das Christi Leichnam eingehüllt war.[1020]

Bei der Eucharistiefeier wird darüber das "eilēton" ausgebreitet, welches das Schweißtuch darstellt, mit dem Christi Haupt im Grabe umhüllt war. Das "eilēton" dient zugleich als Hülle und Unterlage für das "Antimension", ein Seidentuch, das die Grablegung Christi darstellt, und in welches eine kleine Reliquie eingenäht ist. Auf dem Antimension steht auch der Name des Bischofs, der es geweiht hat, sowie das Datum der Weihe. Es bedeutet dies eine Art von Bevollmächtigung zum Vollzug der Liturgie, denn heute ist es üblich, bei der Eucharistiefeier stets das Antimension zu verwenden. Seinem Ursprung nach dürfte es allerdings eher eine Art "Tragaltar" dargestellt haben. Denn das Antimension wird in der Tat nach dem gleichen Ritus geweiht wie der Altar[1021]. Der Bischof spricht die gleiche Epiklese[1022] wie bei der Kirchweihe und ebenso salbt er das Antimension mit einem dreifachen Myronkreuz und dem Ruf: Alleluja.[1023] Im einen wie im andern Fall handelt es sich demnach um Riten, die sich ihrer ganzen Struktur nach wiederum in nichts von einem "mustērion" unterscheiden, wobei das Gleiche gilt, was wir bereits bezüglich des Hagiasma und des Chrisams sagten.

In der orthodoxen Kirche ist der Altarraum, das Allerheiligste, durch eine Bilderwand, die Ikonostase[1024], abgeschlossen, auf der in genau festgesetzter Ordnung Christus, die Gottesmutter, die Engel sowie die Heiligen des Alten und Neuen Testaments abgebildet sind und den Gläubigen einen Eindruck von der Allumfassendheit der Kirche als einer Gemeinschaft der Lebenden und Toten vermitteln. Und diese heiligen Bilder genießen in der Orthodoxie auch eine ganz besondere Verehrung, so daß man sie immer wieder als ein "Quasi-mustērion" umschrieb.

"Man spricht im Westen von Ikonenkunst und Ikonenmalerei. Demgegenüber ist festzuhalten, daß die *Ikone* in erster Linie nicht 'Kunst' und 'Malerei' ist, sondern ein wesentlicher Teil des Kultes, indem die Ikone ihr Entstehen und ihre eigenartige Stellung der Weihe des Malermönchs, besonders der Bildweihe und ihrer

1020 Vgl. K. Nikol'skij, op. cit., S. 798–813 (817–823); A.N. Murav'ev, Pis'ma o Bogosluženii, S. 177–185.
1021 Vgl. K. Nikol'skij, ibidem, S. 803.
1022 Vgl. Činovnik archierejskago svjaščennosluženija, S. 137b f.
1023 Vgl. Činovnik, ibidem, S. 141a. Zum gesamten Ritus der Antimensionsweihe siehe K. Nikol'skij, ibidem, S. 803ff. und 813ff.
1024 Vgl. P. Florenskij, Ikonostas, in Bogoslovskie trudy No. 9, 1973, S. 80ff.

Verehrung in der Liturgie verdankt."[1025] "Eine Ikone oder ein Kreuz sind keine bloße Darstellungen, die unsere Vorstellungsgabe während des Gebets anregen sollen; es sind materielle Zentren, in denen eine göttliche Energie ruht, die sich mit der menschlichen Kunst vereinigt."[1026]
Alexej Hackel erklärte: "Das heilige Bild vermittelt die mystische Schau des Göttlichen. Es macht das Unsichtbare sichtbar, es offenbart etwas Verborgenes, und wir können mit 'den Augen des Geistes' durch das Stoffliche hindurch zum Urbild vordringen, dem es seine Existenz verdankt. Das heilige Bild gleicht einem Siegelabdruck, der das Vorbild kenntlich macht. Nach der Lehre der großen Ikonosophen des christlichen Ostens hat das Bild keine Eigenexistenz. Es ist das Zeichen der lichten Fülle göttlicher Schönheit, ist stets Symbol und führt den Geist des Betrachters, wie Nikēforos I. sagt, 'sofort und unmittelbar zu den Dingen selbst, so, als ob sie gegenwärtig wären'. Als Abbild hat es teil an dem Urbild, dem es gleicht, und so offenbart es eine heilige Wirklichkeit, die nicht von dieser Welt ist. Die Ikone ist somit niemals nur eine religiöse Darstellung, sondern immer ein von geheimnisvollem Sein erfülltes Bild. Als 'sinnliche Vermittlerin zum Aufschwung des Geistes' gehört sie zum Gottesdienst, als Gleichbild des Heiligen ist sie mit dem Kultmysterium verbunden. 'Durch den sichtbaren Anblick soll unser Denken in einen geistigen Affekt versetzt werden und aufwärts eilen zu der unsichtbaren Majestät Gottes' (Johannes Damascenus). So ist jedes Heiligenbild auf Gott bezogen."[1027] Wenn die "mustēria" den Gläubigen auf sichtbare und greifbare Weise den Zugang zur Gnade des unsichtbaren Gottes eröffnen, dann sind die heiligen Bilder, die Ikonen, sinnenfällige Zeichen für die unsichtbare Gegenwart Christi, der Gottesmutter, der Engel und Heiligen.[1028] Die Ikone darf niemals als bloße Nachbildung, als Konterfei des Abgebildeten verstanden werden. Sie ist vielmehr ein Symbol, welches das ganze Wesen des Abgebildeten umfassen will. In diesem Sinne ist die Aussage zu verstehen, daß die Ikone den "Typos" des "Prototypos" darstelle. Von der neuplatonischen Bildphilosophie und Bildtheologie ausgehend dachte man, daß "die Geistesmacht des Dargestellten auch in der Nachbildung wirksam sei."[1029] Um diese Übereinstimmung zu vertiefen, wurde den Farben Reliquienstaub beigemischt. Der Ikonograph selbst bereitete sich durch Fasten

1025 F. Lakner, Die Bedeutung der ostkirchlichen Studien für die heutige Theologie, in Franz Hummer (Hrg.), Orthodoxie und Zweites Vaticanum, S. 217f.; vgl. auch O. Clément, A propos d'une théologie de l'icône, in Contacts No. 32, 1960, S. 241: "Deshalb ist die Ikone weder ein dekoratives Element noch eine einfache Illustration der Schrift. *Sie ist ein integrierender Bestandteil der Liturgie.* Sie stellt 'ein Mittel dar, um Gott zu erkennen und sich mit ihm zu vereinigen'."
1026 V. Lossky, Die mystische Theologie der morgenländischen Kirche, S. 240.
1027 Alexej A. Hackel, Ikonen, S. 13f.
1028 Vgl. F. Heiler, op. cit., S. 291.
1029 "Nach Johannes Damascenus ist die Ikone keine Darstellung des Sichtbaren, sondern eine *Apokalypse,* eine Enthüllung des Verborgenen. Ihr Einfluß ist deshalb so groß, weil sie den Blick auf das bildlose Transzendente richtet" (P. Evdokimov, Gotteserleben und Atheismus, S. 195).

und Askese auf sein Werk vor und verstand sich als bloßes Werkzeug dessen, den er abbildete, weshalb er auch nie seinen Namen unter das Bild setzte.
“Die Ikone hat ihren tiefsten Sinn und ihre letzte Berechtigung vom Geheimnis der Menschwerdung Gottes. (...) Weil Gott in seinem menschgewordenen Sohn sichtbar wurde, ist er in seiner Menschlichkeit auch darstellbar. Aber dieses Menschliche darf nicht um seiner selbst willen dargestellt werden. Es darf nur Transparent des Göttlichen sein. Christus, der Gottmensch, ist ‘Sacramentum’, Erscheinung und Kraft des Göttlichen im Zeichen, heilswirkende Offenbarung Gottes. So ist auch die Ikone des Herrn ‘Sacramentum’, Zeichen und Offenbarung des Göttlichen, heilsmächtige Begegnung Gottes mit dem Menschen.”[1030] Und dies gilt nicht nur für die Ikone Christi allein, sondern für jedes heilige Bild, das eine Offenbarung des Göttlichen zum Ausdruck bringt.[1031]
Die kirchliche Lehre über die Ikone[1032], wie sie auf dem VII. Ökumenischen Konzil (Nikaia II) im Jahre 787 formuliert wurde, faßt das russische Kondakion vom Fest der Orthodoxie (1. Fastensonntag) mit den Worten zusammen: “Das unumschreibbare Wort des Vaters nahm aus dir Fleisch an, Gottesgebärerin, und ward umschrieben; das verdunkelte Abbild hat es umgebildet ins Urbild und verband es mit göttlicher Schönheit. Wir bekennen das Heil im Werk und im Worte und stellen im Bilde es dar.”[1033] Der Mensch selbst ist demnach auch eine “Ikone Gottes”.[1034]
“Wenn das dogmatische Bewußtsein die Wahrheit der Ikone in Funktion auf die Inkarnation bekräftigt, dann ist diese bedingt durch die Erschaffung des Menschen ‘nach dem Bilde Gottes’, durch die ikonenhafte Struktur des menschlichen Seienden. Christus inkarniert sich nicht in einem fremden, heterogenen Element, sondern findet sein eigenes himmlisches und archetypisches Bild, denn Gott hat den Menschen geschaffen, indem er die himmlische Menschheit des Wortes betrachtete (1 Kor 15,47–49), das in der Weisheit Gottes präexistierte.
In seiner Gottheit ist der Sohn das konsubstantielle Bild des Vaters, in seiner Menschheit ist Christus die Ikone Gottes, aber ‘Wer mich sieht, sieht den Vater’. Die zwei Naturen in Christus, die göttliche und die menschliche, beziehen sich auf seine einzige Hypostase und damit auf das einzige Bild, aber es drückt sich auf zwei verschiedene Arten aus. Das Bild ist eines, wie die Hypostase eine ist, aber

1030 R. Erni, Theologie der Ikone, in Catholica Unio No. 4, 1973, S. 83.
1031 “Die Ikone eines Heiligen sagt nichts über seine Anatomie aus und gibt keinerlei historische, biographische, soziologische Details. Sie läßt uns vielmehr das Strahlen eines Menschen jenseits der Geschichte erleben. Der Heilige nimmt die Geschichte in sich auf und trägt sie, zeigt sie aber auf andere Weise; durch seine Transparenz offenbart er eine neue Dimension von ihr, in der ihr Sinn durch ihr Ziel erhellt wird und eine neue metahistorische Synthese bildet” (P. Evdokimov, ibidem, S. 120).
1032 Vgl. L. Ouspensky, Essai sur la théologie de l’icône dans l’Eglise orthodoxe.
1033 N. Edelby, Liturgikon, S. 89. Vgl. auch L. Ouspensky, op. cit., S. 180ff., der anhand eben dieses Kondakions die ganze Theologie der Ikone erläutert.
1034 Vgl. R. Hotz, Der Mensch – Ikone Gottes, in Orientierung No. 22, 1976, S. 237f.

diese Einheit bewahrt den Unterschied zwischen dem Ungeschaffenen und dem Geschaffenen."[1035]
Theodor von Studion erläuterte in seiner dritten Widerlegung der Bilderstürmer: "Wenn die Verklärung eine Durchdringung der ganzen geistigen und stofflichen Verfassung des betenden Menschen mit dem unerschaffenen Licht der Gnade, gleichsam die Verwandlung des Menschen in eine lebendige Ikone Gottes ist, so ist die Ikone der äußerliche Ausdruck dieser Verklärung, die Darstellung des durch die Gnade des Heiligen Geistes erfüllten Menschen. Die Ikone ist also keinesfalls eine Darstellung der Gottheit, sondern ein Hinweis auf die Beteiligung des betreffenden Menschen am göttlichen Leben. Sie ist ein Zeugnis von der tatsächlichen, erfahrungsmäßigen Heiligung des menschlichen Körpers."[1036]
Die orthodoxe Kirche kennt eine feierliche Ikonenweihe, welche unter anderem durch eine Epiklese und die Besprengung mit geweihtem Wasser gekennzeichnet ist. Je nach Art der Ikone variiert zwar das einleitende Gebet, aber wie bei der Weihe einer Ikonostase findet sich jeweils eine Bitte um die Herabsendung des himmlischen Segens und der "Gnade des allheiligen Geistes", um die Ikonen "zu segnen und zu weihen" und sie "mit Segen, Kraft und Stärke" zu erfüllen, damit durch sie dieselben Wunder wie beim Schweißtuch der Veronika gewirkt werden mögen "zur Befestigung des orthodoxen Glaubens und zum Heile deines Volkes". Und die eigentliche Weiheformel lautet: "Durch die Besprengung mit diesem heiligen Wasser wird diese Ikone mit dem Segen des Allheiligen Geistes erfüllt, im Namen des Vaters, des Sohnes und des Heiligen Geistes. Amen."[1037]
Für Johannes Damascenus stand es außer Zweifel, daß die Ikone mit der Gegenwart des Heiligen Geistes erfüllt ist.[1038] "Die Ikone nimmt gewissermaßen an der Heiligkeit seines Prototyps teil, und durch die Ikone nehmen wir dann in unserem Gebet an dieser Heiligkeit teil."[1039] In der Ikone gewinnt die Heiligkeit Gestalt, und die Heiligkeit ist als ein ganz konkreter Begriff zu verstehen, der sich auf die Dinge überträgt. Der orthodoxe Gläubige verehrt das heilige Bild, steckt vor ihm Kerzen auf und schmückt es mit Blumen, weil für ihn das Göttliche – wie im "mustērion" – dort gegenwärtig ist.[1040]
Die Ikone, diese Brücke zwischen Himmel und Erde, welche ein Immanentwerden der transzendenten Wahrheit offenbart und – indem sie die Heiligung des Weltalls verkündet – einen Widerschein der allgemeinen Verklärung darstellt, ist in einem gewissen Sinn eine bildhafte Illustration des östlichen Verständnisses von den "mustēria" schlechthin und als solche selber Grenzfall eines "mustērion"!

1035 P. Evdokimov, L'art de l'icône, S. 177f.
1036 L. Ouspendsky/W. Lossky, Der Sinn der Ikonen, S. 37.
1037 Vgl. Trebnik, čast' vtoraja, S. 107b f., 112b, 117a f., 121 b. A. Troubnikoff, Commentaires sur les sacrements, S. 99.
1038 Vgl. Joh. Damas., De imag. or., I, 19.
1039 L. Ouspensky, Essai sur la théologie de l'icône, S. 191.
1040 Vgl. E. Porret, Nikolaj Berdjajew und die christliche Philosophie in Rußland, S. 33f.

Archimandrit Kiprian (Kern), dessen Aussagen meist nicht der unverblümten Deutlichkeit ermangeln, erklärte: "Ein gewissenhaftes Studium der Kirchenvätertexte des Altertums und der liturgischen Zeugnisse selbst überzeugt den Historiker davon, daß dem kirchlichen Bewußtsein eine Suche nach 'sakramentsvollziehenden' Formeln und nach dem genauen Augenblick der Gabenwandlung fremd war. Diese sehr späte scholastische Klügelei wurde im Altertum durch den Glauben in die heiligende Kraft des ganzen eucharistischen Kanontextes (Anaphora) ersetzt."[1041]
In der Tat waren es zwei Professoren der Sorbonne, Petrus Comestor († 1178) und Petrus Cantor († 1197), die sich – eine typisch scholastische Fragestellung – darüber Gedanken zu machen begannen, zu welchem Zeitpunkt die Konsekration der Gaben vollzogen sei. Sie kamen dabei zum Schluß, daß die Konsekration erst nach den Einsetzungsworten für die Wandlung des Weines stattfinde, womit bereits die Grundlage für die späteren Auseinandersetzungen mit den Theologen des Ostens gelegt war.
Nachdem die römische Messe im Gegensatz zu beinahe allen östlichen Liturgien keine Bittepiklese um Transsubstantiation kannte, war es Rom ein Leichtes, die Einsetzungsworte als eigentliches Moment der Wandlung zu interpretieren, aber damit wurde die Wandlungsepiklese in den übrigen Riten zu einem Stein des Anstoßes. Die ersten römischen Stellungnahmen gegen die Epiklese finden sich im 14. Jahrhundert. Benedikt XII. zählte im Jahr 1341 bei der Bekehrung des armenischen Kaisers Leo V. 117 Irrtümer der gregorianischen Kirche auf, wobei er als 66. Irrtum die Epiklese verurteilte. Zur gleichen Frage schrieben den Armeniern auch die Päpste Clemens VI. (1351) und Innozenz VI. (1353).
Vom 14. Jahrhundert an wurde jedoch die römische Lehre von den griechischen und russischen Theologen ausdrücklich bestritten. Ihr Argument: die Einsetzungsworte seien entweder nicht die vollständige Form des "mustērion", oder aber sie besäßen – da sie rein erzählend seien – keine konsekratorische Kraft. Die einzig wahre Form bestehe in der Anrufung nach den Einsetzungsworten, welche den Vater bittet, seinen Heiligen Geist zu senden, um die Gaben, Brot und Wein, zum heiligen Leib und zum heiligen Blut Christi werden zu lassen.[1042]
Zu einer offenen Auseinandersetzung um die Epiklese kam es zwischen den griechischen und lateinischen Theologen auf den Sitzungen vom 16. und 20. Juni 1439 des Konzils von Florenz. *Johannes Torquemada* (Johannes de Turrecremata) versuchte in zwei Reden zu beweisen, daß die Herrenworte allein das konsekratorische Element seien.[1043] In diesem Sinne wußte er auch die (vor allem griechischen) Kirchenväter zu interpretieren. *Metropolit Isidor* von Kiev antwortete Torquemada nach dessen zweiter Rede mit einer kurzen aber prägnanten Darlegung des orthodoxen Standpunktes[1044], aber Torquemada ließ in seiner Replik diese Darstellung

1041 Archimandrit Kiprian (Kern), Evcharistija, S. 285; in ähnlichem Sinn äußerte sich auch F. Heiler, op. cit., S. 256f.; P. Evdokimov, La prière de l'Eglise d'Orient, S. 77 (cf. L'Esprit Saint dans la tradition orthodoxe, S. 101); P.N. Trembelas, Dogmatique III, S. 177.
1042 Vgl. M. Jugie, op. cit., III, S. 256f.
1043 Joh. Torquemada: " . . . sequitur necessitate, quod in solis verbis salvatoris perficiatur sacramentum . . . " (cf. Mansi, XXXI B, col. 1673f. und 1683ff.).
1044 Antwort des Metropoliten Isidor von Kiev an Torquemada (20.6.1439): " . . . Hoc missale quo utimur, est traditum a Basilio et beato Chrysostomo: utebatur autem ante tempus schismatis, nec aliqua facta est mutatio: tamen occidentalis ecclesia nunquam de hoc verbum fecit, videlicet cum fuerimus concordes, et ad eumdem finem tendentes, sedundum rem dicimus idem, et dico quod credimus id quod conficit mysterium, esse sermonem domini: et credimus dominicam vocem esse effectricem divinorum munerum, et illa vox semper replicatur a sacerdote, et suscipit sacerdos, quod vox illa replicata aptetur, et sic eadem vox cum voce domini: et ut ita aptetur, invocatur Spiri-

nicht gelten.[1045] Daraufhin mußte Isidor von Kiev am 26. Juni 1439 den lateinischen Standpunkt "consecratio solis verbis" annehmen. Im Dekret für die Armenier "Exultate Deo" vom 22. November 1439 wurde die römische Auffassung auch diesen aufgezwungen.[1046]
Dies entsprach nun allerdings weder der Überlieferung der östlichen Väter noch der morgenländischen liturgischen Tradition. Und so waren es nur wenige bedeutende östliche Theologen, welche wie Geōrgios Scholarios (der spätere Patriarch Gennadios II. von Konstantinopel)[1047] und Petrus Mogila[1048] die lateinische Lehre von der ausschließlich konsekratorischen Kraft der Herrenworte vertraten[1049] und damit die morgenländische Auffassung von der Bedeutung der Epiklese vernachläßigten.
Die "Symbolischen Bücher", die (wie wir bereits zur Genüge feststellten) in vielen Teilen scholastische Vorstellungen unbesehen übernahmen, schließen demgegenüber stets die Epiklese als konsekratorisches Element mit ein. In seinen Antworten an die Lutheraner betonte Patriarch Jeremias die Verwandlung von Brot und Wein "durch die Epiklese und die Gnade des allmächtigen Geistes"[1050]. Noch kategorischer in der Formulierung ist die "Orthodoxos 'omologia", in welcher Melētios Syrigos die Formulierung von Petrus Mogila fallenließ und statt dessen die orthodoxe Auffassung von der Wirksamkeit des Heiligen Geistes bei der

tus sanctus, et supplicat sacerdos, ut per virtutem Spiritus sancti concedatur gratia, ut vox repetita efficiatur ita effectiva, ut verbum Dei fuit: et ita credimus consummativam fieri per illam orationem sacerdotis: et probo, quod dominicae voces habent operationem, ut semina, quia sine semine non potest effici fructus; ita in hac dominica voce: tamen ubi cadit semen, eget aliis instrumentis, ut sacerdotis, altaris et orationum: unde credimus per hoc vobiscum esse concordes. . . . " (Mansi, XXXI B, col. 1686f.).

1045 Zurückweisung durch Johannes Torquemada:
" . . . Primo ratio dicta est ex me, quae accipiebatur ex ordine verborum Basilii, quia rem perfectam non supplico ut quis perficiat; etiam nos petimus: sed postquam prolata sunt verba Christi, non sequuntur verba deprecatoria, ut fiat consecratio, sed sequitur deprecatio in canone nostro, ut corpus Christi consecratum fiat nobis in vitam aeternam. Cum ergo verba Basilii sequantur consecrationem, non possunt habere verba deprecationis vim, ut fiat quod factum est. Secunda ratio est, quare argumentum non facit ad propositum, quia verba Christi non habent virtutem incompletam, ut semina, sed est sermo vivus, et ideo illud argumentum non videtur favere intentioni tuae: . . . " (Mansi, XXXI B, col. 1687f.).

1046 Decretum pro Armenis (Papst Eugen IV.: Bulle "Exultate Deo" vom 22. Nov. 1439): "Forma huius sacramenti sunt verba Salvatoris, quibus hoc confecit sacramentum; sacerdos enim in persona Christi loquens hoc conficit sacramentum. Nam ipsorum verborum virtute substantia panis in corpus Christi, et substantia vini in sanguinem convertuntur; ita tamen, quod totus Christus continetur sub specie panis et totus sub specie vini" (Denz. 698; Mansi, XXXI A, col. 1057 BC).

1047 Georg. Schol., De sacr. corp. Christi, Oeuvres complètes I, S. 124.

1048 Petrus Mogila schrieb in Anlehnung an seine "Confessio" im Trebnik, Kiev 1646:4. "Die Form der Eucharistie sind die Worte Christi. Sobald sie gesprochen sind, ist das Brot nicht mehr in seiner Brotsubstanz, sondern der wahre Leib Christi." (Vgl. hierzu auch Malvy/Viller, La confession orthodoxe de Pierre Moghila, Texte latin inédit, S. CXXIVf.).

1049 "Eine Moskauer Synode von 1690 verwarf diese Lehre und die sie vertretenden Schriften. Dennoch wurde sie am Anfang des 18. Jahrhunderts noch von einigen russischen Theologen festgehalten, vor allem von den 'altgläubigen'. Entsprechend der allgemeinen Tendenz nach Ausscheidung aller lateinischen Einflüsse, ist diese abendländische Theorie aus der orthodoxen Theologie mehr und mehr verschwunden" (F. Heiler, op. cit., S. 262).

1050 Vgl. P.N. Trembelas, op. cit. III, S. 178, Anm. 1. (Es scheint, daß Patriarch Jeremias den Einsetzungsbericht *und* die Epiklese in ihrer Gesamtheit als konsekratorisches Moment betrachtete.)

Wandlungsepiklese hervorhob.[1051] Die "Confessio Dosithei" schreibt ebenfalls ausschließlich der Epiklese verwandelnde Kraft zu.[1052] Im Glaubensbekenntnis, das die orthodoxen Bischöfe vor ihrer Weihe ablegen, wird in Rußland seit 1700 ausdrücklich auch die Wandlung durch die Epiklese betont.[1053] Und Patriarch Anthimos VII. versäumte es nicht, in seiner Antwort auf die Enzyklika "Praeclara gratulationis" Leos XIII. die Konsekration durch die Epiklese als orthodoxe Lehre zu unterstreichen.[1054]
Irénée-Henri Dalmais suchte die tieferliegenden Ursachen für die unterschiedlichen Auffassungen von Ost und West bezüglich der Wandlungsepiklese aufzuzeigen, und er kam dabei zum Schluß: "Schon lange vor den bedauerlichen Streitigkeiten zwischen Griechen und Lateinern in den letzten Jahrhunderten des Mittelalters hat die Bedeutung, die man der Epiklese beimaß – vor allem die ausdrückliche Berufung auf das Eingreifen des Heiligen Geistes, der dem Sakrament das Siegel der Vollständigkeit aufdrückt und so unterstreicht, daß die gesamte Dreifaltigkeit am Werk ist – der orientalischen Eucharistie einen anderen Charakter verliehen, als ihn die lateinische Messe trägt. Im Abendland liegt nämlich der Nachdruck auf dem Akt der Aufopferung Christi: Der Zelebrant handelt im Namen Christi (in persona Christi). Im Morgenland fleht der Priester, nachdem er daran erinnert hat, was Christus für unser Heil getan und welches Gedächtnis er eingesetzt hat, demütig zum hl. Geist, dem Quell des Lebens und der Heiligung, er möge bewirken, daß das Opfer der Kirche für jene, die daran teilnehmen, wahrhaftig Fleisch und Blut Christi werde. (. . .)
Im Abendland bewirkt die Gegenwart Christi, des einzigen Priesters des Neuen Bundes, über Raum und Zeit hinweg das Erlösungsopfer. Er ist es, der in jenen handelt, die von ihm die apostolische Sendung und die sakramentale Macht empfangen haben. Im Morgenland bedeutet und bewirkt die eucharistische Feier den ganzen Heilsplan, an welchem die ganze Dreifaltigkeit teilhat, und die geheimnisvolle 'Eigentümlichkeit' der göttlichen Personen wird ausdrücklich angefleht."[1055]
Evdokimovs Einschätzung dürfte durchaus richtig sein, wenn er sagte, daß die eigentliche Ursache des Konflikts, welche die östliche von der westlichen Tradition trennt, nicht nur die eucharistische Epiklese sei, sondern die Epiklese als Ausdruck der Heilig-Geist-Theologie schlechthin.[1056] "Denn im Grunde geht es dabei um die Frage, wie Christus in der versammelten Gemeinde gegenwärtig wird, ja noch weitergehend: welche Rolle der Heilige Geist im Leben der Kirche spielt", schrieb Lukas Vischer. "Orthodoxe Theologen heben mit einem gewis-

1051 Orthodoxos 'omologia I, 107: "Katapempson to Pneuma sou to 'agion ef' 'ēmas kai epi ta prokeimena dōra tauta· kai poiēson ton men arton touton timion sōma tou Hristou sou, to de en tōj poteriōj toutōj timion 'aima tou Hristou sou, metabalōn tōj Pneumati sou tōj 'agiōj. Meta gar ta 'rēmata tauta ē metousiōsis pareuthus ginetai" (J. Michalcescu, Die Bekenntnisse, S. 72).
1052 Vgl. Confessio Dosithei Decr. 15 (J. Michalcescu, ibidem, S. 168f.).
1053 Vgl. K. Nikol'skij, Ustav bogosluženija, S. 715, Anm. 2.
1054 Vgl. Ekklēsiastikē Alētheia vom 29. Sept. 1895 (cf. F. Heiler, op. cit., S. 259).
1055 I.-H. Dalmais, Die Liturgie der Ostkirchen, S. 66.
1056 Vgl. P. Evdokimov, L'Orthodoxie, S. 250: " . . . man muß verstehen, daß für die Griechen der Kanon der Liturgie ein untrennbares Ganzes des einen mustērion bildet, und daß man diesen in keiner Weise in seine Elemente aufteilen kann, um quasi isoliert sein zentrales Moment herauszuschälen. Nach Ansicht der Lateiner werden die *verba substantialia* der Konsekration, die Einsetzungsworte Christi vom Priester *in persona Christi* gesprochen, was ihnen einen unmittelbar konsekratorischen Wert verleiht. Für die Griechen hingegen war eine solche Definition des priesterlichen Wirkens – *in persona Christi* –, welche den Priester mit Christus identifiziert, absolut unbekannt, ja sogar undenkbar. Ihrer Auffassung nach ruft der Priester den Geist gerade deshalb an, damit das durch den Priester *wiedergegebene, zitierte* Wort Christi die volle Wirksamkeit des göttlichen Wortaktes erhält."

sen Recht hervor, daß der Verlust der Epiklese in der westlichen Tradition der Ausdruck für einen tieferen Verlust sei; die Bedeutung des Heiligen Geistes im fortdauernden Leben der Kirche habe überhaupt nicht mehr die genügende Aufmerksamkeit gefunden, und sie sehen darin die Ursache dafür, daß in der Kirche des Westens das hierarchische und juridische Denken so sehr die Oberhand zu gewinnen vermochte. In dem Maße, als das souveräne Handeln des Geistes, seine schöpferische, die Geschichte des Heils ihrer Vollendung entgegentreibende Rolle aus dem Bewußtsein schwanden, mußte die Bedeutung der Kirche als von Christus beauftragte Instanz zur Vermittlung des Heils zunehmen. Der Geist konnte nur noch als 'Seele der Kirche' verstanden werden, als die Kraft, die die von Christus berufene und verfaßte Gemeinde am Leben erhielt."[1057]

Wie man sieht, reichen die Wurzeln des Konfliktes weit tiefer, als eine oberflächliche Betrachtung vermuten ließe. Es mag sein, daß die Häresie der Pneumatomachen (Makedonianer), welche im 4. Jahrhundert mit ihrer Leugnung der Gottheit des Heiligen Geistes die Kirche des Ostens beschäftigte, diese dazu anregte, das Wirken des Heiligen Geistes besonders herauszuheben. Die westliche Kirche dagegen, welche sich nie einer solchen Herausforderung ausgesetzt sah, hat bis in die jüngste Zeit hinein die Heilig-Geist-Theologie eher als ein Stiefkind behandelt und dafür die Christologie um so mehr entfaltet. Und dies wirkte sich eben nicht bloß in einer – viele Jahrhunderte dauernden – ungenügenden Wertschätzung der Epiklese aus, es beeinflußte auch das hierarchische Amtsverständnis und nicht zuletzt die westliche Sakramententheologie überhaupt.

1057 L. Vischer, Ökumenische Skizzen, S. 48.

III. Die "Siebenzahl" – Das Symbol der Ganzheit

Die Symbolik der Siebenzahl

Vielleicht war es die Beobachtung der Mondphasen, welche bereits die Primitiven dazu führte, der Zahl Sieben einen besonderen Sinn zuzuschreiben. Aber auch die Griechen, Babylonier, Ägypter, Perser, Chinesen, Inder und Germanen maßen der Siebenzahl besondere Bedeutung bei. "Die 7 ist schon bei Sumerern heilig, dann speziell bei den Semiten; sie bezeichnet die Vollkommenheit des Universums, denn sie ist die Zahl der antiken Planeten und entsprechend der Sphären – was in alle späteren mystischen Systeme übernommen ist –, die Zahl der Wochentage, deren 7. kritisch-gefürchtet war und dann, im jüdischen Sabbat, geheiligt wurde. Indien kennt 7 Weltgegenden und Unterwelten, Iran die 7 Amesha Spentas, Griechenland ordnet die 7 dem Apoll als geistig männliche Zahl zu. Für Israel ist 7 die vollkommene Zahl; Sach 4,10 spricht von 7 Augen Jahwes; man denke an den 7armigen Leuchter, die 7tägigen Feiern beim Passa und Laubhüttenfest (. . .), die Rolle der 7 in at. Erzählungen (7 Kühe Pharaos, 7jähriges Dienen Jakobs usw.). 7mal soll das Blut gerächt werden (in Mt 18,22 zur 7 mal 70fachen Zahl der Vergebung umgestaltet). Die Johannesapokalypse bringt eine große Anzahl von Siebener Gruppen. Wie das Vaterunser hat auch die 1. Sure des Korans 7 Bitten. 7 Tugenden und 7 Todsünden werden gegenübergestellt, die kath. Kirche kennt 7 Sakramente und 7 Gaben des Hl. Geistes. Im Märchen ist 7 eine Dauer-Zahl; 7faches Tun oder Gebet gilt als besonders wirkungsvoll. Der Sufismus kennt die mystische Heiligengruppe der Sieben. Biologisch hängt die 7 mit den Zyklen im weiblichen Körper zusammen."[1058]
Schon dieser kurze Überblick zeigt, daß die Heptade (die sich übrigens auch bei polynesischen Völkerschaften als heilige Zahl findet) von Völkern verschiedenster Regionen und Kulturstufen als symbolträchtige Zahl verstanden wurde, wobei Naturphänomene (Mondphasen, Planeten, die sieben Farben des Regenbogens und die sieben Töne der Tonleiter) zu deren Ansehen beigetragen haben dürften.[1059]
Dem Septenar hat man schon früh den Sinn von Vollkommenheit, Abschluß einer Periode und Wertvollendung unterlegt. Bereits die Babylonier umschrieben die sumerische Siebenzahl mit dem Begriff "Kischschatu", was Fülle und Gesamtheit bedeutet.[1060]
Und dieser Sinn schwingt auch in vielen der rund 600 Bibelstellen mit, in welchen die Heptade aufscheint, ob es sich dabei nun um das göttliche Zeitmaß (geheiligt im siebten Tag der Ruhe, dem Sabbat) handelt und eine in sich geschlossene Periode darstellt oder um die sieben Locken des Nasiräers Simson als Zeichen der Fülle gottgewirkter Körperkraft. Ein Gleiches gilt auch für die entsprechenden

1058 RGG³ VI, S. 1862.
1059 D. Forstner, Die Welt der Symbole, S. 54.
1060 Vgl. Zöckler, Siebenzahl, in RPTK 18, S. 310ff.

Stellen im Neuen Testament, so wenn Christus mit sieben Broten die Menge speist, sieben Körbe an Brotresten eingesammelt werden oder der Herr sieben Dämonen austreibt. "Die Bibel, die mit einer Siebenzahl beginnt, schließt mit einem Paroxysmus von Siebenzahlen[1061], einem vieldeutigen Gewimmel, in dem die Totalität des Bösen und die Fülle des Lammes in einer letzten rekapitulierenden Begegnung einander gegenübertreten. Das Lamm, das alles kann (sieben Hörner), das alles weiß (sieben Augen), erfüllt ist mit dem göttlichen Geist (sieben Geister), macht der Herrschaft des Zeichens ein Ende; von nun an werden wir von Auge zu Auge sehen."[1062]

Aus der Sicht der Kirchenväter schuf Gott alles Seiende einer gewissen Zahlenordnung entsprechend, welche eine Ordnung und Harmonie in Übereinstimmung mit den mathematischen Proportionen ausdrückt.[1063] Und die Heptade bedeutet auch ihnen die Ganzheit, Fülle und Vollkommenheit.[1064] Die Siebenzahl läßt sich durch keine andere Zahl teilen, sie ist eine "jungfräuliche", eine volle Zahl, Bild der Integrität. Sieben gleich drei plus vier. Sie setzt sich aus der ersten ungeraden (drei) und der ersten geraden (vier) Zahl zusammen und wird deshalb – gleich wie die Zahl zwölf (drei mal vier) – zum Symbol der Universalität.[1065] Der Schlüssel für die Entzifferung dieser Aussage liegt dabei in der symbolischen Bedeutung der grundlegenden Zahlen drei und vier.[1066]

"Vier bedeutet: der Kosmos[1067], der physische Bereich, der Alte Mensch, das Alte Testament, die Bewegung, die Immanenz. Drei bedeutet: der Geist, der psychische Bereich, der Neue Mensch, das Neue Testament, die Ruhe, die Transzendenz. Ihre Summe, welche die gerade und die ungerade Zahl, das Geschlossene und das Offene, das Sichtbare und das Unsichtbare vereinigt und eine Synthese von Be-

1061 "Man kann nicht die Apokalypse lesen, ohne davon beeindruckt zu sein, und man kann davon nichts begreifen, wenn man von dieser Eigentümlichkeit absieht:
Sieben Gemeinden (1,4.20), sieben Geister (1,4; 3,1; 4,5; 5,6;), sieben Leuchter (1, 12.20; 2,1), sieben Sterne (1,16.20; 2,1; 3,1), sieben Lampen (4,5), sieben Siegel (5,1; 6,1), sieben Hörner, sieben Augen (5,6), sieben Engel (8,2), sieben Posaunen (8,2), sieben Donner (10,3), siebentausend Menschen (11,13), sieben Häupter (12,3; 13,1; 17,3.7.9), sieben Geisseln (15,1.6; 21,9), sieben Zornesschalen (15,7; 16,1; 17,1; 21,9), sieben Könige (17,10)." (Cf. J. Dournes, Die Siebenzahl der Sakramente – Versuch einer Entschlüsselung, in Concilium 1968 (4), S. 39, Anm. 9.)

1062 J. Dournes, ibidem, S. 33.

1063 Vgl. Boethius, De arithm. I, 1,2: "Omnia quaecumque a primaeva natura constructa sunt, numerorum videntur ratione formata." Und nach Augustinus liegt die Ästhetik der Schöpfung in ihrer verborgenen Zahlenordnung begründet (cf. Aug., De lib. arb., I, 2, c. 16, n. 42; De musica, I. 6, c. 13, n. 38).

1064 Vgl. zum Beispiel Ambrosius, In Luc., VII, 95 (cf. Traité sur l'Evangile de S. Luc, S. Chr. 52, S. 41f.), der in seiner Erklärung zu Lk 11,24 über die Siebenzahl schrieb: "Denn gelegentlich versteht man unter dieser Zahl die Gesamtheit, weil Gott am siebten Tag die Weltschöpfungswerke beschloß und ruhte."

1065 Vgl. Augustinus, Ep. 55, c. 5, n. 9, der von der Siebenzahl sagt: "universitatis significatio" (M PL 33, 209). In gleichem Sinn äußert sich auch Thomas von Aquin, S. th., II 2, q. 102, 5 ad 5: "Septenarius numerus universitatem significat."

1066 Vgl. Ambrosius, De Abraham, I 2, c. 9, n. 65: "Trias et tetras, omnibus numeris aptae" (M PL 14, 487B).

1067 Vgl. Eph 3,18 – wobei die vier Dimensionen die Gesamtheit der Welt bedeuten.

wegung und Ruhe darstellt[1068], bedeutet die Vereinigung des Menschen und Gottes, das menschgewordene Wort."[1069]
"Der Christ erinnert sich, daß sieben die Zahl des in der Prophetie des Isaias unter sieben Formen verheißenen Geistes ist und daß sie die gesamte Heilsgeschichte umfaßt, indem sie ihr einen Rhythmus gibt . . . "[1070] Sieben wird gleichgesetzt mit der Fülle der Zeit, der Gesamtheit der Zeitalter, dem Sabbat ohne Ende, ebenso wie auch mit der Realität des Sabbats, mit Christus selbst.
Das Mittelalter liebte die Zahlensymbolik und bereicherte auch die heptadischen Bildungen aus der Väterzeit mit weiteren Motiven. An die sieben Hauptsünden reihen sich im 11. Jahrhundert nach und nach an: "die 7 Haupttugenden (in strenger schematischer Fixierung erst bei Hugo von St. Victor und Petrus Lombardus), die 7 Geistesgaben (nach Jes 11,2), die 7 Seligkeiten (anstatt der 8 in Mt 5,3ff.), die 7 Worte Christi am Kreuz" und – in einem sekundäreren Bereich – die 7 Freuden und Schmerzen Mariä sowie die 7 Werke der Barmherzigkeit.[1071]
Und man wird es schwerlich einen Zufall nennen dürfen, daß ausgerechnet in dieser Zeit sich auch die Siebenzahl der Sakramente herauskristallisierte und es wiederum gerade Petrus Lombardus († 1160) war, welcher in seinen Sentenzen schließlich erstmals einen definitiven Katalog mit den sieben Sakramenten des Neuen Gesetzes darbot.[1072] In einem kirchlichen Dokument erschien die Siebenzahl der Sakramente zuerst im Glaubensbekenntnis von Papst Innozenz III. gegen die Waldenser[1073] im Jahre 1208. Dieses bildete die Grundlage verschiedener Provinzsynoden[1074], wodurch die sakramentale Heptade sehr rasch zum Allgemeingut wurde. Die von Kaiser Michaēl VIII. Palaiologos an das II. Konzil von Lyon (1274) entsandte Delegation nahm daselbst ohne Schwierigkeiten das Glaubensbekenntnis von Papst Clemens IV. an, in welchem auch die Aufzählung der sieben Sakramente mit ihrem Namen figurierte.[1075] Und der Patriarch von Konstantinopel, Johannes Bekkos, übernahm drei Jahre später (im April 1277) diesen in Lyon aufgestellten Katalog der Sakramente.[1076] Es vollzog sich damit ein erster Einbruch der sakramentalen Siebenzahl im Orient, der allerdings – wie wir bereits ausführlich darlegten – nur ephemer war.
Was jedoch die Bedeutung der sakramentalen Heptade als solcher anbelangt, so dürfte man mit der Annahme wohl kaum fehlgehen, daß sie von ihrer Entwick-

1068 Vgl. Gregor von Nyssa, De vita Moysis, Theoria II, 243. – Vgl. H.U. von Balthasar, Parole de Mystère chez Origène, S. 115.
1069 J. Dournes, Die Siebenzahl der Sakramente – Versuch einer Entschlüsselung, in Concilium 1968 (4), S. 33f. inkl. Anm. 10 und 11, S. 39f.
1070 H. de Lubac, Exégèse médiévale II/2, S. 21.
1071 Vgl. Zöckler, Siebenzahl, in RPTK 18, S. 315ff.
1072 Vgl. Petrus Lomb., Summa sententiarum, Sent. I, 4, dist. 2, c. 1.
1073 Vgl. D. 424.
1074 Durham (1217), Oxford (1222), Regensburg (1235), Valence (1255) und Cremona (1247).
1075 Vgl. D. 465.
1076 Vgl. P.N. Trembelas, Dogmatique III, S. 73.

lungsgeschichte her als *zeichenhafte Siebenzahl* zu verstehen ist, welche erst aus einer nachtridentinischen Mentalität heraus juridisch und arithmetisch behandelt wurde[1077], womit ihr ursprünglicher Symbolwert in den Hintergrund trat, ja sogar gelegentlich in Vergessenheit geriet.

A. Die Rezeption des sakramentalen Septenars im Osten

Rekapitulieren wir nochmals kurz, wie sich die sakramentale Heptade nach dem II. Konzil von Lyon (1274) auch im Osten ausbreitete. Unter anderem wurde eine Siebenzahl der "mustēria" von Manuel Kalekas († 1360), Josef Bryennios († 1435) und den Teilnehmern am Konzil von Florenz (1438–1445) vertreten. "Der unzweifelhaft westliche Ursprung einer strikten Zählung der mustēria hinderte nicht, daß diese nach dem 13. Jahrhundert von den Christen des Orients, selbst von denen, die sich einer Union mit Rom energisch widersetzten, weitgehend angenommen wurde. Es scheint, daß man diese weniger wegen des Einflusses der lateinischen Theologie akzeptierte als wegen der besonderen Faszination, die man – mittelalterlich und byzantinisch – für die symbolischen Zahlen empfand: die Zahl sieben insbesondere erinnerte an die sieben Gaben des Geistes in Isaias 11,2–4."[1078] In der Tat findet sich dieser Symbolbezug auch ausdrücklich in der ersten Antwort des Patriarchen Jeremias II. an die Lutheraner (1576)[1079] und in der "Confessio Orthodoxa" von Petrus Mogila (1640)[1080] vermerkt. Allerdings war es nun keineswegs mehr der Symbolgehalt der Siebenzahl allein, der dazu führte, wie in der "Confessio Dosithei" (1672) jede andere Zählung der "mustēria" als "Auswuchs

1077 Vgl. J. Dournes, op. cit., S. 32.

1078 J. Meyendorff, Initiation à la théologie byzantine, S. 254. Ähnlich äußerte sich auch F. Heiler, Urkirche und Ostkirche, S. 241: "Die Einbürgerung der Siebenzahl der Sakramente wurde erleichtert durch den Parallelismus zu den sieben Gaben des heiligen Geistes (Jes 11,2 LXX) sowie durch das auf die Sakramente gedeutete Wort der Sprüche Salomos: 'Die Weisheit baute ihr Haus und hieb sieben Säulen' (9,1), endlich durch den sonstigen Gebrauch der Siebenzahl in der Heiligen Schrift."

1079 Jeremias II, Resp. I ad Tubingenses: "Sieben sind in der Tat die Gaben des Heiligen Geistes, wie Isaias sagt, und sieben die vom Heiligen Geist bewirkten mustēria der Kirche. Daß es diese sieben sind und nicht mehr, zeigt ihre Bestimmung. Siehe, in bezug auf die Geburt der Menschen ist das mustērion die Ehe in Christus; in bezug auf das Heil ist es der Ordo der Priester; dann die durch diese verwalteten und absolut unerläßlichen mustēria: Taufe, Myronsalbung und Kommunion; für diejenigen, die sich Gott weihen, die Ordination; für die Laien die Ehe. Für diejenigen, welche nach der Taufe gesündigt haben, die Buße und die Salbung mit dem geweihten Öl, welche die Vergebung der Sünden verleihen oder die Befleckungen der Seele wegwaschen . . . Die Einsetzung von jedem mustērion ist durch die Schrift festgesetzt" (Schelstrate, Acta Ecclesiae orientalis contra Lutheri haeresim, S. 154; cf. P.N. Trembelas, Dogmatique III, S. 74, Anm. 2).

1080 Petrus Mogila, Conf. Orthod. I, 98: "Diese sieben mustēria beziehen sich auf die sieben Gaben des Heiligen Geistes, weil der Geist durch sie seine Gaben und seine Gnade in den Seelen derjenigen, die daran teilnehmen, wie es sich gebührt, austeilt" (J. Michalcescu, Die Bekenntnisse, S. 69; cf. P.N. Trembelas, ibid. III, S. 74, Anm. 2).

häretischer Torheit" zu brandmarken[1081], sondern die zwingende Notwendigkeit, galt es doch, vor allem seit Kyrillos (Loukaris) zum Häretiker geworden war, der 1629 nur noch Taufe und Eucharistie als "mustēria" gelten ließ[1082], den Angriff der protestantischen Lehre abzuwehren.

Durch die "Grammata der griechischen Patriarchen" (1723)[1083] und die "Symbolischen Bücher", in denen die verschiedenen orthodoxen Confessiones zusammengefaßt waren, fand das sakramentale Septenar in die orthodoxe Schultheologie Eingang und hat sich daselbst zum Teil bis in die jüngste Zeit zu halten vermocht.[1084]

Nichtsdestoweniger lief unterschwellig zur offiziellen Schulmeinung von der Siebenzahl der "mustēria", welche innerhalb der Orthodoxie niemals dogmatisierte Lehre geworden ist, eine Strömung einher, die zuerst wohl vorwiegend von mönchischem Traditionalismus getragen und an der bestehenden liturgischen Praxis orientiert, den Begriff der "mustēria" unter Anknüpfung an die Überlieferung der Väterzeit in der Regel extensiver interpretierte. Durch die Heilige Schrift waren ja weder der Begriff noch die Zahl der "mustēria" unmittelbar bestimmt. "Während der patristischen Periode gab es keinen terminus technicus, um die 'mustēria' als spezifische Kategorie von kirchlichen Handlungen zu bezeichnen: der Begriff

1081 Conf. Dosithei, Dekr. 15: "Wir glauben, daß es in der Kirche evangelische mustēria gibt und daß ihrer sieben sind. Wir nehmen weder eine kleinere noch eine größere Zahl von mustēria in der Kirche an. Jede andere Zahl der mustēria als das Septenar ist ein Auswuchs häretischer Torheit. Die Siebenzahl aber ist durch das heilige Evangelium festgesetzt und aus diesem entnommen, wie auch die übrigen Dogmen des katholischen Glaubens" (J. Michalcescu, ibid., S. 168; cf. E.I. Kimmel, Monumenta fidei ecclesiae orientalis I, S. 448).

1082 Kyrillos I. (Loukaris), Conf., Art. 15: "Wir glauben, daß es in der Kirche evangelische mustēria gibt, welche der Herr im Evangelium überlieferte, und daß ihrer zwei sind. Diese nämlich sind uns überliefert, und derjenige, der sie einsetzte, überlieferte nicht mehr" (E.I. Kimmel, ibidem I, S. 34).

1083 "Im Sendschreiben der östlichen Patriarchen über den orthodoxen Glauben wird im 15. Artikel gesagt: 'Eine geringere oder größere Zahl der mustēria (d.h. sieben) haben wir in der Kirche nicht'." (Cf. L. Filonova, O tainstvach pravoslavnoj Cerkvi, S. 3).

1084 P.N. Trembelas, Dogmatique III, S. 71f. läßt keinen Zweifel daran, daß für ihn die Siebenzahl der "mustēria" eine Offenbarung der Göttlichen Weisheit darstellt. Er geht dabei von einer (angeblich!) allgemeinen Anerkennung der Siebenzahl bei den verschiedenen Kirchen aus und führt dann u.a. das Argument Augustins, De bapt. contra Donat. IV, 24, § 31, ins Feld: "Quod universa tenet Ecclesia, nec conciliis institutum, sed semper retentum est, non nisi auctoritate apostolica traditum rectissime creditur" (M PL 43, 174). – Und ein russischer Autor, der sein Werk über die "mustēria" nur mit seinen Initialen zeichnet (A.N., Istočnik bezsmertija, S. 47f.), schreibt: "In unserer hl. orthodoxen Kirche existieren sieben mustēria (. . .). Diese Siebenzahl der mustēria bildete sich im Mittelalter vollständig heraus. Ein westlicher Theologe, Hugo von St. Victor († 1141), schrieb ein Buch: 'Über die Sakramente des christlichen Glaubens' und vereinte treffend die heilige Bedeutung der Zahl 'sieben' mit den mustēria, so daß sich diese Lehre rasch im Westen und Osten ausbreitete und in beiden Kirchen ungeachtet ihrer Trennung vom Jahre 1054 angenommen wurde. Bis zu diesem Theologen war die Zahl der heiligen Handlungen, welche mustēria genannt werden, nicht überall identisch; einige schlossen in die Zahl der mustēria sowohl die Beerdigung als auch die Mönchstonsur und das Hagiasma ein, aber dafür andere (z.B. die Ehe) aus. Nach Erscheinen des Buchs von Hugo von St. Victor wurde jedoch Zahl und Zusammensetzung der mustēria nicht mehr verändert."

mustērion wurde vor allem im weitesten und allgemeinsten Sinne von 'Mysterium des Heils' verwendet und erst in zweiter Linie, um besondere *Handlungen,* welche das Heil verleihen, zu benennen. In diesem letzteren Sinn verwendete man auch Begriffe wie *teletai* ('Riten') oder *'agiasmata* ('Heiligungen')."[1085] Frühere Versuche zur Klassierung der wichtigsten "heiligen Handlungen" zeigen sich zum Teil von Dionysios (Pseudo-) Areopagita beeinflußt, der um 500 neben Taufe, Myronsalbung, Eucharistie und den Weihen noch die Mönchstonsur und das Totenoffizium nannte[1086], eine Aufzählung, die beispielsweise auch Theodor der Studite im 9. Jahrh. übernahm.[1087]

Als im 13. Jahrhundert die Siebenzahl mit ihrem Symbolcharakter auf die "mustēria" Anwendung fand, da subsumierten auch Autoren, welche das Septenar übernahmen, keineswegs immer die gleichen "heiligen Handlungen" unter die sakramentale Heptade. Ein Musterbeispiel hierfür ist jener Mönch Job, den Jugie zitiert.[1088] Job faßte nämlich nicht nur Krankensalbung und Buße zu einem "mustērion" zusammen, um auch noch die Mönchsweihe in der Siebenzahl unterzubringen, sondern fragte sich auch, ob nicht noch andere "heilige Handlungen" den "mustēria" einzugliedern seien. So ordnete er beispielsweise die "heilige und engelgleiche Jungfräulichkeit" der Mönchsweihe, die Kirchweihe der Myronsalbung, die Myronweihe – seltsamerweise – der Eucharistie und das große Hagiasma der Taufe zu. Daneben führte er noch einen weiteren Ritus "'ē 'upsōsis tēs panagias" auf, der von den Mönchen nach dem Essen vollzogen wurde und in der Erhebung eines besonderen Brotes unter Anrufung der Dreifaltigkeit und der Gottesmutter bestand, und den er wie die Myronweihe der Eucharistie subsumierte.[1089]

Symeon von Thessalonike († 1429) faßte Mönchstonsur und Buße zu einem "mustērion" zusammen, um zu einer Siebenzahl zu gelangen.[1090] Gleichzeitig ergibt sich jedoch aus seinen Aussagen, daß er auch dem großen Hagiasma durchaus den Wert eines "mustērion" zuerkannte.[1091] Sein Zeitgenosse Ioasaf, Metropolit von Ephesus, verzichtete auf Kunstgriffe und damit auch auf die Siebenzahl. Für ihn existierten zehn "mustēria", da er auch noch Kirchweihe, Totenoffizium und Mönchstonsur einen sakramentalen Charakter zuschrieb.[1092]

Im 16. Jahrhundert schließlich findet sich noch das Zeugnis von Damaskēnos dem Studiten († 1577), welcher zwar an der Siebenzahl festhielt, aber anstelle der Buße die große Mönchsweihe (to mega schēma) unter die Zahl der "mustēria" einreihte.[1093]

1085 J. Meyendorff, Initiation à la théologie byzantine, S. 253f.
1086 Vgl. Dion. Areop., De eccl. hier. (M PG 3,370–584).
1087 Vgl. Theod. Stud., Ep. II 165 (M PG 99, 1524).
1088 Vgl. M. Jugie, Theologia dogmatica III, S. 17ff.
1089 Vgl. Cod. 64 Supplementi graeci Paris, fol. 239–253.
1090 Vgl. J. Meyendorff, op. cit., S. 254.
1091 Vgl. Th. Spasky, La pratique de l'Hagiasma, in La Pensée orthodoxe No. 2 (13), 1968, S. 94.
1092 Vgl. M. Jugie, Theologia dogmatica III, S. 20.
1093 Vgl. M. Jugie, ibidem III, S. 20f.

In der Folgezeit gewann in der Auseinandersetzung mit dem Protestantismus die Siebenzahl an Bedeutung. Doch die bestehende liturgische Praxis wurde von dieser nun weitgehend offiziell gewordenen Zählung kaum berührt. Sprechendes Zeugnis hierfür bildet das griechische "Euhologion" (slawisch "Trebnik"), das – wie übrigens auch das lateinische Rituale – gar keine strenge Abgrenzung der "mustēria" von den übrigen Riten kennt. Sofern man aber eine Einteilung sehen will, so ist es weniger eine Zweiteilung in Sakrament und Sakramentale, als vielmehr eine Aufgliederung in drei große Blöcke, die man schematisch etwa so umschreiben könnte:

1. die zentralen "mustēria", welche auf die Eucharistie als den mystischen Leib Christi hingeordnet sind.
2. die "Weihen", welche in erster Linie der Heiligung von Wasser und Öl gelten, die bei der Spendung der "mustēria" von Bedeutung sind, aber außerdem auch alle übrigen materiellen Objekte betreffen, die im Zusammenhang mit den "mustēria" eine Dienstfunktion haben.[1094] Dabei fällt auf, daß diese Weiheriten in der Ostkirche eine ähnliche Struktur wie die "mustēria" aufweisen und stets in der einen oder andern Form eine Epiklese zur Heiligung der unbelebten Materie enthalten.
3. die "Segnungen" (die liturgischen Fürbittgebete miteingeschlossen), welche sich auf die unmittelbaren Bedürfnisse des Menschen beziehen und sein physisches, geistliches und moralisches Leben betreffen.[1095]

Von der liturgischen Handlung her betrachtet, steht es wohl außer Zweifel, daß sich diese drei Blöcke gegenseitig durchdringen. So enthält zum Beispiel der Taufritus ganz deutlich Segnungen und Weihen. Ebenso setzen manche "mustēria" bestimmte Weihen geradezu voraus: keine "Myronsalbung" ohne vorgängige "Myronweihe". Einige Weihen und Segnungen stehen unmittelbar mit einem bestimmten

1094 Die *Weihe* ist ihrem Wesen nach etwas, wodurch eine Person oder Sache in besonderer Weise in den Dienst Gottes gestellt wird. Wir gehen in dieser schematischen Gliederung jedoch davon aus, daß die Weihe von Personen zu den zentralen "mustēria" (also zu Block I) gehört, während in diesem zweiten Block unter den Weiheriten nur die Weihen im engeren Sinn als "Heiligung" von Sachen zu verstehen ist. – In diesem Sinn definierte auch Th. Spasky, La pratique de l'Hagiasma, in La Pensée Orthodoxe No. 2 (13), 1968, S. 93: "Die Weihegebete beziehen sich auf alle Objekte, die dem Gottesdienst geweiht sind: die Kirche und die heiligen Geräte – das Antimension, der Kelch, die Patene, das Altarkreuz, die Ikonostase, die priesterlichen Gewänder, die Ikonen der Kirche und private Ikonen. In diesem Falle erhält der Begriff der Weihe den Sinn einer Handlung, um ein Gebäude oder einen Gegenstand vom gewöhnlichen Leben zu trennen und ihn ausschließlich dem Gottesdienst, dem gemeinsamen und privaten Gebet zuzuordnen. Die Weihe verwandelt einen gewöhnlichen Gegenstand in einen geheiligten Gegenstand, der zu heiligem Gebrauch bestimmt ist."

1095 Unter *Segnung* ist im weitesten Sinn wohl eine Bitte um Gewährung einer Wohltat Gottes zu verstehen. Im Unterschied zu den Weihen steht bei einer Segnung nicht eine Aussonderung aus dem Bereich des Profanen und eine Übertragung ins Sakrale im Vordergrund, sondern vielmehr der Heilszuspruch. Dabei ist allerdings die besondere heilsame Bedeutung zu beachten, welche die östlichen Kirchen (weit bewußter als die katholische Kirche) dem Kreuzzeichen zuschreiben (man vgl. hierzu als Beispiel die Ausführungen von A.N., Istočnik bezsmertija, Paris 1970, S. 28ff.).

"mustērion" in Beziehung, andere bloß mittelbar, einige sogar kaum oder nur noch ganz entfernt. Unter diesem Gesichtspunkt gesehen sind die Übergänge fließend. Außerdem mißt das kirchliche Bewußtsein gewissen Riten, die zudem noch eine deutlich sakramentale Struktur aufweisen, solche Bedeutung bei, daß es schwerhält, diese nicht als "mustēria" einzustufen (so z.B. das große Hagiasma oder die Mönchsweihe). Der Begriff "Sakramentale", welcher sinnentsprechend "kleines Sakrament" bedeutet, besagt ja von seinem eigentlichen Wortsinn her keine scharfe Unterscheidung zwischen "großem" und "kleinem" Sakrament, sondern unterstreicht eher eine gewisse Gemeinsamkeit, d.h. einen Zusammenhang und eine organische Einheit. Nun ist es jedoch für das abendländische Denken charakteristisch, daß es klare Unterscheidungen, scharfkonturierte Abgrenzungen und juristisch umschreibbare Tatbestände irgendwelchen fließenden und unbestimmten Übergängen vorzieht. Innerhalb einer solchen Denkstruktur mußte die Auffassung der Siebenzahl beinahe notwendig zu einer arithmetischen Begrenzung werden, welche klare Verhältnisse schaffte. Allerdings wurde damit die liturgische Einheit der "heiligen Handlungen" zerbrochen, was einen Verlust an Zeichenhaftigkeit dieser Riten bewirkte. Diesem offensichtlichen Manko suchte erst in neuester Zeit das Zweite Vatikanische Konzil mit seiner Konstitution über die heilige Liturgie (Sacrosanctum concilium) wieder abzuhelfen.
Eine andersgeartete Denkweise wie aber auch das Faktum, daß sich die östliche Kirche und insbesondere das östliche Mönchtum, für welches die "lex orandi" tatsächlich noch die "lex credendi" bedeutet, wesentlich stärker an der Liturgie orientieren, dürften nicht unwesentlich dazu beigetragen haben, daß die von der eigenen Schultheologie gelehrte Siebenzahl der "mustēria" im Osten niemals die gleiche absolute Bedeutung erhielt wie im Westen. Allerdings hat die byzantinische Kirche sich auch nie formell für eine besondere Liste ausgesprochen. Mehrere Autoren nahmen die offizielle Zählung der sieben "mustēria" an: Taufe, Myronsalbung, Eucharistie, Ordination, Ehe, Buße und Krankensalbung; andere präsentierten eine längere Liste, wieder andere insistierten auf die erstrangige und ausschließliche Bedeutung von Taufe und Eucharistie als die fundamentalsten "mustēria" der christlichen Einführung ins "Neue Leben".[1096]
Diese Einschränkung der "mustēria" auf zwei oder drei zentrale Heilsriten darf dabei nicht allein und ausschließlich protestantischem Einfluß angelastet werden, fand sie doch in der alten östlichen Überlieferung ebenfalls Vorbilder. Der Kirchenvater Johannes Damascenus zum Beispiel beschäftigte sich ebenfalls nur mit den eigentlich "evangelischen mustēria": Taufe (inklusive Firmung) und Eucharistie.[1097]
Gregor Palamas verkündete, daß unser ganzes Heil in diesen zwei (bzw. drei) "mustēria" begründet sei, weil sie die Gesamtheit der Heilsökonomie des Gott-Menschen widerspiegelten[1098], und Nikolaos Kabasilas schrieb sein berühmtes

1096 Vgl. J. Meyendorff, op. cit., S. 255.
1097 Vgl. Joh. Damasc., De fide orthod. IV, 9.13 (M PG 94, 1117ff., 1136ff.).
1098 Vgl. Greg. Pal., Hom. 60.

Werk über "das Leben in Christus" als Kommentar zur Taufe, Myronsalbung und Eucharistie.[1099]
Ganz allgemein läßt sich jedoch sagen, daß im Osten die Tendenz vorherrschte, den Begriff "mustērion" eher in einem weiteren Sinn zu verstehen, als ihn nur auf drei "heilige Handlungen" zu beschränken.

B. Östliche Vorbehalte gegen die westliche Zählung

Unter den zwölf Anathemata, die in der russisch-orthodoxen Kirche im Anschluß an die Liturgie beim sogenannten "Ritus der Orthodoxie" am ersten Fastensonntag verlesen wurden, findet sich als neuntes Anathem der Passus: "Diejenigen, welche sämtliche heiligen mustēria zurückweisen, die in der Kirche Christi bewahrt werden, Anathema" (d.h. die seien im Kirchenbann).[1100] Diese an sich schon bemerkenswerte (weil äußerst vieldeutige) Formulierung, welche im Jahre 1766 in den damals neugefaßten (und an und für sich bis heute gültigen) "Ritus der Orthodoxie" aufgenommen wurde, erhält ihre eigentliche Bedeutung jedoch erst, wenn man berücksichtigt, daß es sich dabei um die – allerdings abgeschwächte und veränderte – Fassung eines ursprünglich in der Eparchie von Archangel'sk gebräuchlichen Bannfluches war, der diejenigen verurteilte, welche "nicht sieben mustēria" annehmen.[1101] Das bedeutet, 94 Jahre nach dem Jersusalemer Konzil von 1672 und 43 Jahre nach den "Grammata der Patriarchen" von 1723 vermied die russische Kirchenleitung noch immer eine Fixierung auf die Siebenzahl der "mustēria". Wenn demnach im 19. Jahrhundert unter dem Einfluß einer slawophilen Richtung gewisse Religionsphilosophen und Theologen die sakramentale Heptade ganz unverblümt zu relativieren begannen, so war dies keineswegs eine revolutionäre Neuerung, sondern nur ein Offenkundigmachen einer nach wie vor bestehenden Tradition. In der Art, wie dies geschah, dürfte A.S. Chomjakov eine Art Markstein gesetzt haben. Nachdem er nämlich erklärt hatte, "im Glauben an die Kirche bekennen wir mit ihr sieben mustēria" und diese auch noch namentlich aufzählte, fügte er den Satz an: "Es gibt noch viele andere mustēria, denn jedes im Glauben, in der Liebe und in der Hoffnung vollbrachte Werk wird dem Menschen vom Geiste Gottes eingeflößt und ruft die unsichtbare göttliche Gnade herbei."[1102]
Der russische Priestermönch Tarasij vertrat in seinem 1903 verfaßten Artikel über die "Theologie der Groß- und Kleinrussen im 16. und 17. Jahrhundert"[1103] die Ansicht, daß es in der kirchlichen Praxis wichtigere heilige Handlungen als gewisse

1099 Vgl. N. Cabasilas, La vie en Jésu-Christ (cf. M PG 150, 560f.; 580; 585).
1100 K. Nikol'skij, Anafematstvovanie (otlučenie ot Cerkvi), soveršaemoe v pervuju nedel'ju velikago posta, S. 263: "Otmeščuščym vsja tainstva svjataja, Cerkoviju Christovoju soderžimaja, anathema."
1101 Vgl. K. Nikol'skij, ibidem, S. 262.
1102 A.S. Chomjakov, Cerkov' odna, § 8, S. 43.
1103 Der Artikel von Tarasij erschien in Missionerskoe obozrenie, 1903, mit kirchlicher Druckerlaubnis (vgl. M. Jugie, Theologia dogmatica III, Paris 1929, S. 23f.).

der sog. sieben "mustēria" gebe. "Die Praxis der ganzen östlichen Kirche ist nie auf den engen Pfaden der offiziellen Theologie gegangen und hat stets auch anderen heiligen Riten und Gebeten eine hohe Wirksamkeit zugeschrieben", notierte Tarasij. Er nannte dabei vor allem das große Hagiasma, das Totenoffizium und die Mönchsweihe, welch letztere er sogar in eine Reihe mit Taufe, Eucharistie und Priesterweihe stellte. Tarasij tat auch unmißverständlich kund, was er von der Siebenzahl hielt: "Die Begrenzung der Zahl der mustēria und ihre Definition sind durchaus willkürlich und trügerisch; sie entspringen unmittelbar der lateinischen Scholastik und ihrer juristischen Art."

Metropolit Antonij (Chrapovickij) von Kiev, der nach der Oktoberrevolution der russischen Auslandkirche (bzw. der Synode von Karlovci) vorstand, prägte 1924 eine Formel, welche – mit geringen Abwandlungen – bis heute in gewissen russisch-orthodoxen Katechismen zu finden ist. Zuerst werden die sieben "mustēria" im einzelnen aufgezählt und dann der Satz angefügt: "Im Übrigen werden sowohl von den alten Vätern als auch in den gottesdienstlichen Büchern wichtige Riten mit dem Namen mustēria bezeichnet: nämlich das große Hagiasma, das mit gebeugten Knien vollzogene Gebet am Pfingsttag, die Weihe einer Kirche und die Mönchstonsur."[1104]

Sergij N. Bulgakov äußerte sich ebenfalls ganz im Sinne dieser Tradition. So schrieb er bezüglich der Siebenzahl: "Diese Lehre, welche in neuerer Zeit in der Kirche die Bedeutung einer dogmatischen Überlieferung erhielt, hat sich erst zu Beginn des 12. Jahrhunderts herausgebildet, zuerst im Okzident, dann im Orient. Es gilt im Auge zu behalten, daß die Siebenzahl keinen ausschließlichen Charakter besitzt, denn die Zahl der sakramentalen Handlungen (sacramentalia) in der Kirche ist weit bedeutender als nur sieben. So besitzt die Kirche allerlei Weihen (einer Kirche, des hl. Wassers, besonders am Tag der Epiphanie, im Weiteren des Brotes, der Früchte und jedes Gegenstandes); die Beerdigung und die Mönchstonsur (welche in alter Zeit unmittelbar den mustēria zugerechnet wurden), die Weihe der Ikonen und Kreuze sowie andere Riten, die, sofern bestimmte äußere Formen beobachtet werden, ihrer Wirksamkeit nach ebenfalls die Gnade des Heiligen Geistes verleihen und sich damit nicht von den sieben mustēria unterscheiden. Letztere sind nur die wichtigsten Manifestationen von der Macht der Sakramentalien, welche der Kirche eigen ist. Nichts hindert zudem, unter den sieben mustēria, obschon sie alle gleicherweise mustēria im Sinne einer Verleihung der Gaben des Heiligen Geistes sind, Abstufungen bezüglich ihres universellen Charakters wie sogar auch hinsichtlich ihrer göttlichen Einsetzung zu unterscheiden. Auch für die Orthodoxen steht nichts

1104 Vgl. Metropolit Antonij (Chrapovickij), Opyt christianskago pravoslavnago katichizisa, S. 65 und 141 (cf. M. Jugie, op. cit., Bd. III, S. 24f.). – Im Katechismus von Vladimir Glindskij, Osnovy christiankoj pravoslavnoj very, S. 206, findet sich eine Formulierung, deren Ähnlichkeit mit dem Text des Metropoliten Antonij kaum zu übersehen ist. Nach der wörtlichen Aufzählung der sieben "mustēria" wird folgender Satz angefügt: "In den gottesdienstlichen Büchern werden von alters her gleichfalls als mustēria bezeichnet: 1) die große Taufwasserweihe; 2) das gekniete Gebet am Pfingsttag; 3) die Weihe einer Kirche; 4) die Mönchstonsur."

dagegen, aus der Zahl der sieben mustēria Taufe und Eucharistie als unmittelbar vom Herrn selbst eingesetzte und für alle Christen lebensnotwendige (sog. 'evangelische' mustēria), aber auch als zu allen Zeiten in der Kirche existierende hervorzuheben."[1105]

Insofern durch die heiligen Handlungen die Gnade des Heiligen Geistes verliehen wird, gibt es für Bulgakov keinen eigentlichen Unterschied[1106] zwischen den Sakramentalien und den sieben "mustēria". "Sie (d.h. die "mustēria") entstehen in der Geschichte nicht (dem tridentinischen Mythos entsprechend) von Anfang an, sondern allmählich (...), sie unterscheiden sich in der Bedeutung selbst und in der Anwendung (...), einige von ihnen können auf die direkte Einsetzung durch Christus zurückgeführt werden, andere genießen diesen Vorzug nicht (...). Aber der gemeinsame Zug, welcher allen mustēria und vielen Sakramentalien eigen ist, besteht darin, daß durch sie G n a d e verliehen wird."[1107]

N. Afanas'ev erklärte hierzu in seinem Artikel "Mustēria und Sakramentalien": "Die mustēria sind nicht deshalb mustēria, weil durch sie ein größeres Maß an Gnade verliehen wird als in den übrigen sakramentalen Akten und in allen liturgischen Handlungen der Kirche. Indem sie besonders bedeutsame Momente im Leben der Gläubigen bezeichnen, an denen sie vollzogen werden, bezeichnen die mustēria gleichzeitig und in einem noch höheren Maße die entscheidendsten Momente im Leben der Kirche selbst, ohne welche eine empirische Existenz der Kirche unmöglich wäre. Ihre sakramentale Bedeutung zeigt sich darin, daß die durch sie ausgegossenen Gaben des Geistes der ganzen Kirche geoffenbart sind. Nicht die in ihnen vermittelten Gaben des Geistes, sondern die Offenbarung dieser Gaben durch die Kirche und in der Kirche hebt sie ihrer Bedeutung nach aus der Reihe der übrigen sakramentalen Akte heraus. Natürlich ist es möglich, daß es im Leben der Kirche eine beschränkte Zahl solcher Akte gibt. Die mustēria sind von Gott in der Kirche gestiftet und Gott geruhte sowohl durch die Kirche als auch in ihnen die durch ihn ausgegossenen Gaben des Heiligen Geistes der ganzen Kirche zu offenbaren. Ihre Quantität hängt nicht von uns, sondern vom Willen Gottes ab. Es gibt ihrer soviel, wieviel für das Leben der Kirche in ihrer geschichtlichen Existenz nötig sind. Deshalb ist das Vorhandensein irgendeiner bestimmten Zahl von mustēria kein 'Mythos des Trienter Konzils', sondern überhaupt kein Mythos. Was die 'sieben mustēria, nicht mehr und nicht weniger' anbelangt, so ist dies eine unnötige Dogmatisierung der Schullehre. Es muß bemerkt werden, daß die orthodoxe

1105 S. Bulgakov, Pravoslavie, S. 245f.; cf. S. Boulgakoff, L'Orthodoxie, S. 156f.

1106 Insofern Bulgakov innerhalb der heiligen Handlungen Unterscheidungen macht, so sind diese primär funktional bedingt und lassen sich somit auf die "mustēria" wie auch auf die Sakramentalien anwenden. Die wesentliche Trennung besteht nach Bulgakov dementsprechend nicht zwischen den sieben "mustēria" und den Sakramentalien, sondern innerhalb der Sakramentalien selbst, nämlich zwischen jenen, welche noch Gnade vermitteln und jenen, die dies nicht mehr tun. Doch wann und wo diese Grenze zu ziehen ist, darüber sucht man bei Bulgakov vergeblich nach Aufschluß.

1107 S. Bulgakov, Nevesta Agnica, O Bogočelovečestve, č. III, S. 312f.

Kirche eine solche Lehre über die Zahl der mustēria nicht enthält. Es können ihrer sieben sein, aber ebenso auch mehr oder weniger."[1108]
Man mag die verschiedenen Erklärungsversuche drehen und wenden wie man will, auf jeden Fall entpuppt sich dabei die "Siebenzahl" stets in irgendeiner Form als ein Stein des Anstoßes. Dies erhellt auch aus dem Katechismus von Bischof Aleksandr (Semenov-Tjan-Šanskij): "Man pflegt die Zahl der mustēria auf sieben zu fixieren, aber die Kirche begrenzt die Mittel um die Gnade Christi mitzuteilen nicht auf diese gebräuchliche Zahl. Die Wasserweihe, die Weihe einer Kirche, des Antimensions, des heiligen Myron und die Mönchstonsur werden nach einem Ritus mit durchaus sakramentalem Charakter vollzogen. Die alten Kirchenväter sahen darin ebenfalls mustēria, wie auch in der liturgischen Lesung des Evangeliums. Schließlich teilt ein einfaches Kreuzzeichen, vor allem, wenn es sich um den Segen eines Bischofs oder Priesters handelt, eine göttliche Gnade mit."[1109]
Auch Erzpriester Aleksandr Trubnikov bezeichnete das sakramentale Septenar als "rein konventionell", wobei er unter den Riten mit sakramentalem Charakter das große Hagiasma, das gekniete Gebet in der Vesper vom Pfingsttag, die Kirchenweihe, die Mönchstonsur, die Weihe der Ikonen, das Totenoffizium und die Salbung bei der Königsweihe aufzählte.[1110] Für Trubnikov ergibt sich der sakramentale Charakter dieser heiligen Handlungen aus der Tatsache, daß sie ebenfalls eine "Epiklese, eine Bitte an Gott, seinen Heiligen Geist herniedersteigen zu lassen", enthalten.[1111]
Selbst dort, wo nach lateinischem Vorbild zwischen "mustēria" und "Sakramentalien" unterschieden wird wie im Katechismus "Zakon Božij", kann man sich des Eindrucks nicht erwehren, daß durch die entsprechende Fassung des Begriffs "Sakramentalien" der Unterschied zu den eigentlichen "mustēria" wieder verwischt wird. Es heißt dort nämlich: "Außer diesen sieben mustēria gibt es noch einige Riten, welche man als Sakramentalien bezeichnet, z.B. die Wasserweihe, die Mönchstonsur und andere, in denen ebenfalls die Gnade des Heiligen Geistes herabgerufen wird."[1112] Mit dieser Formulierung werden – wie bei Bulgakov – die Sakramentalien (oder zumindest bestimmte unter ihnen) auf eine Ebene mit den "mustēria" gestellt und ihnen damit wenigstens der Charakter von "Quasi-mustēria" zuerkannt. Die Siebenzahl wird zwar bewahrt, aber unter gleichzeitiger Ausweitung im Sinne der alten östlichen Tradition. Die westliche bzw. lateinisch scholastische Begrifflichkeit mag vorhanden sein, doch der Sinn ist ein anderer.

1108 N. Afanas'ev, Tainstva i tajnodejstvija, in Pravoslavnaja mysl' vyp. VIII, 1951, S. 28. – Es gilt zu beachten, daß Afanas'ev beispielsweise Eucharistie und Krankensalbung – wenn auch unter verschiedenen Rücksichten – nicht eigentlich den übrigen "mustēria" zuzurechnen wagte.
1109 A. Semenoff-Tian-Chansky, Catéchisme orthodoxe, S. 60.
1110 A. Troubnikoff, Commentaires sur les sacrements, S. 6. (Bezüglich Kreuzzeichen, vgl. auch *unsere* Anm. 1095.)
1111 A. Troubnikoff, ibidem, S. 95.
1112 Zakon Božij, Pervaja kniga o pravoslavnoj vere, S. 256.

Unter dieser Voraussetzung kann man auch die Aussage von Mejendorf uneingeschränkt gelten lassen, der behauptete: "Die byzantinische Theologie ignoriert die westliche Unterscheidung zwischen 'Sakramenten' und 'Sakramentalien', und sie hat sich niemals offiziell auf eine bestimmte Zahl der Sakramente beschränkt."[1113]

C. Die sogenannten "Sakramentalien" aus östlicher Sicht

Es paßt durchaus in den Kontext des bereits Gesagten, daß man bei den orthodoxen Theologen oft vergeblich nach einem wirklich klar umschriebenen Begriff der "Sakramentalien" sucht. Dabei trägt die verwendete Terminologie noch zusätzlich zur Verwirrung bei, insofern Begriffe gebraucht werden, die aus einer liturgischen Tradition stammen, welche in jene Zeit zurückreicht, in der die "heiligen Handlungen" (i.e. die "mustēria sensu lato") noch nicht schulmäßig in "mustēria" (sensu stricto) und Sakramentalien aufgegliedert wurden. Schematisch dargestellt ergibt sich für die östliche Begriffsverwendung folgendes Bild:

im Okzident		Sakramente	+	Sakramentalien
im Orient				
"mustēria sensu lato" "*heilige* Handlungen"	=	"Geheimnisse"	+	*sakramentale* Handlungen
'ieropraxiai (svjaščennodejstvija) akolouziai (obrjady) (Riten) treby[1114]	=	"mustēria" (tainstva)	+	mustēriōeideis teletai (tajnodejstvija)

Sämtliche "heiligen Handlungen", d.h. der Ritus der Liturgien, der "mustēria" und der "Sakramentalien" sind zudem in *einem* Buch, dem "Euhologion" (bzw. "Velikij Sbornik"), zusammengefaßt.[1115] Daraus ergibt sich folgerichtig der Ge-

1113 J. Meyendorff, Initiation à la théologie byzantine, S. 253.

1114 Der slawische Begriff "treba" bedeutet ursprünglich ein Opfer oder die Opferung. Außerdem dient er auch als Bezeichnung der hl. Gaben (Brot und Wein) beim Abendmahl. Schließlich wird damit auch noch ganz allgemein eine kirchliche Amtshandlung umschrieben. Aus diesem Grunde wird auch das Buch, in welchem die kirchlichen Amtshandlungen ("mustēria" sowie Weihen und Segnungen) enthalten sind, slawisch "Trebnik" genannt. Die Eucharistieformulare sind allerdings nicht im "Trebnik" zu finden. Die eigentlichen Liturgien sind vielmehr in einem gesonderten Band, dem "Služebnik" zusammengefaßt.

1115 Dem griech. "Euhologion" entspricht der slaw. "Velikij Sbornik" (das "große Sammelwerk"), welcher "Služebnik" und "Trebnik" vereint.

brauch des Begriffs "Ritus" für "mustēria" wie "Sakramentalien", wobei allerdings einige Theologen das Wort "Ritus" nur für die "Sakramentalien" verwenden. Umgekehrt kommt es auch vor, daß der Terminus "sakramentale Handlungen", der normalerweise nur die "Sakramentalien" bezeichnet, auch als Oberbegriff genommen wird, der sowohl die "mustēria" wie auch die "Sakramentalien" umfaßt.

Diese scheinbar so unkohärente und unlogische Begriffsverwendung erhält nur einen Sinn, wenn man sie als Ausdruck dafür nimmt, daß die lateinisch-scholastische Unterscheidung von "sacramentum" und "sacramentale" im Osten gar nie mit der gleichen Prägnanz ins Bewußtsein eingegangen ist, wie dies im Westen der Fall war. Dieses Faktum findet übrigens auch in den verschiedenen Erläuterungen orthodoxer Theologen bezüglich der "Sakramentalien" ihren Niederschlag.

P.N. Trempelas geht in seinen Ausführungen davon aus, daß der Begriff "mustērion" ursprünglich in einem weiteren Sinne verstanden wurde, und erklärt: " ... es war natürlich, daß bevor sein Sinn präzisiert und sein Gebrauch in der Kirche allgemein wurde, in alter Zeit auch andere Zeremonien durch die Praxis der Kirche damit umfaßt wurden. Sie waren den mustēria ähnlich, denn sie verliehen denen, die sich ihrer bedienten, durch Worte und sichtbare Gesten eine unsichtbare Gnade, aber sie hatten keine göttliche Einsetzung, und sie waren nicht heilsnotwendig wie die mustēria. Sie waren durch die Kirche eingesetzt gemäß den vom Herrn überlieferten Vollmachten und in Übereinstimmung mit seiner Verheißung: 'Wenn zwei von euch auf Erden darin übereinstimmen werden, irgend eine Sache zu erbitten, so wird sie ihnen zuteil werden von meinem Vater in den Himmeln. Denn wo zwei oder drei in meinem Namen versammelt sind, da bin ich mitten unter ihnen.'[1116] Wegen ihrer Ähnlichkeit mit den mustēria nannten sie die neueren Theologen des Okzidents Sakramentalien und teilten sie in Weihen und Segnungen ein, welche sich sowohl auf die Personen wie auch auf unbelebte Dinge und auf die Regionen beziehen."[1117]

Nachdem Trempelas auch auf das ehrwürdige Alter gewisser "Sakramentalien" verwiesen hatte ("viele dieser Sakramentalien reichen in die ersten Jahrhunderte des Christentums zurück"), versuchte er deren spezifische Wirkungsweise im Unterschied zu den "mustēria" darzustellen: "Was die durch die Sakramentalien vermittelte Gnade anbelangt, so weisen wir darauf hin, daß sie weniger *ex opere operato* und aufgrund einer göttlichen Einsetzung oder eines direkten göttlichen Gebots wirken, wie die mustēria. Ihre Wirksamkeit ist eher *ex opere operantis,* dank der Gebete und der Aktion der Kirche, welche sie feiert und welche die unbelebten Dinge, die Länder und die zu heiligem Gebrauch bestimmten Sachen ebenso wie die zu heiligen Ämtern oder besondern Gruppierungen berufenen Personen geweiht hat. Sie vermittelt den beseelten Wesen Gnade, Macht und Beistand auf der Basis jener Bitte des Herrengebets: 'Dein Wille geschehe'."[1118]

1116 Mt 18,19f. (ebenso Joh 14,14).
1117 P.N. Trembelas, Dogmatique III, S. 75.
1118 P.N. Trembelas, ibidem III, S. 76f.

Es ist offensichtlich, daß sich selbst P.N. Trempelas trotz seiner Neigung zu lateinisch-scholastischen Kategorien nicht zu einer klaren und eindeutigen Abgrenzung der "Sakramentalien" von den "mustēria" durchringen konnte. Bei Sergij Bulgakov jedoch verschwimmen diese Unterschiede noch in weit stärkerem Maße, wobei dieser Eindruck durch die von Bulgakov verwendete undifferenzierte Terminologie zusätzlich verstärkt wird.[1119]

"Zusammen mit diesen sieben mustēria kennt die Kirche in ihrem Gnadenleben noch viele heiligende Akte und Riten, welche die Kraft von sakramentalen Handlungen, sacramentalia, besitzen, und vielleicht kann man in gewissem Sinne sagen, daß alle Akte im gottesdienstlichen Leben solcherart seien. Wir können nicht im einzelnen auf diese Akte eingehen. Wir verweisen nur darauf, daß in ihnen und durch sie in der Welt, durch die Materie dieser Welt in ihren verschiedenen Aspekten, unaufhörlich die Gnade des Heiligen Geistes strömt, welche die Welt auf die kommende Verklärung und auf die Schöpfung eines neuen Himmels und einer neuen Erde vorbereitet. Gleicherweise wird auch dem Menschen in Übereinstimmung mit seinen persönlichen Bedürfnissen durch einen Gebetssegen oder eine heilige Handlung (z.B. die Mönchstonsur) eine gnadenhafte Hilfe verliehen. Die heiligende und vollziehende Kraft ist hier der *Name Gottes.* Segen und Weihe werden im Namen Gottes vollzogen. Deshalb ist dieser in der Orthodoxie von einer besonderen Verehrung umgeben, welche der Verehrung des göttlichen Namens (des heiligen Tetragramms) im Alten Testament entspricht."[1120]

Im Gegensatz zu seinem Lehrer S. Bulgakov kam Nikolaj Afanas'ev aufgrund der von ihm selbst erarbeiteten Definition der "mustēria"[1121] zu einer scharfen Trennung zwischen "sacramenta" und "sacramentalia"[1122]: "Die Sakramentalien

1119 Vgl. auch den Text zu *unserer* Anm. 1105.

1120 S. Bulgakov, Pravoslavie, S. 251f.; cf. S. Boulgakoff, L'Orthodoxie, S. 162f.

1121 Vgl. unsere Ausführungen im 4. Teil, I. E: Die Definition der "musteria" aus der Sicht der eucharistischen Ekklesiologie (insbesondere *unsere* Anm. 774).

1122 Daß aber die Vorstellungen von Afanas'ev nicht nur hinsichtlich der "mustēria", sondern auch bezüglich der "Sakramentalien" nicht mit der katholischen Auffassung übereinstimmen, zeigen die folgenden Ausführungen: "Das gesamte Leben der Kirche ist erfüllt vom Geist, und alles in ihr wird durch den Geist vollbracht. Die Wirksamkeit des Geistes ist nicht auf die mustēria beschränkt und kann nicht beschränkt sein, weil 'der Geist weht, wo er will'. Die Kirche betet immer und in allem um die Gnadengaben des Geistes. Nicht nur die Weihe des Kreuzes oder der Ikonen sowie des Taufwassers oder einer Kirche sind sakramentale Akte, sondern selbst die Anrufung des göttlichen Namens ist ein Sakramentale. Die Kirche schränkt das Wirken des Geistes nicht ein, es werden in ihr weder gnadenbringende noch nicht-gnadenbringende Akte hervorgebracht, sondern sie hebt aus der Reihe der heiligen Handlungen bestimmte Akte hervor; nur einige der gnadenbringenden Akte hebt sie daraus hervor (darauf gründet der Versuch, deren Zahl zu bestimmen), welche sie zu mustēria erklärt. Die 'sacramenta' sind überhaupt nicht mit den 'sacramentalia' identisch. Indem wir in die orthodoxe Theologie den Begriff 'sacramentalia' einführen, bestimmen wir die Natur der mustēria keineswegs näher, besonders deshalb, weil in der Kirche alles sakramental ist. Die Kirche erhebt durch ihr Zeugnis heilige Handlungen zum mustērion, aber nicht nur in dem Sinne, daß sie ein für allemal einige heilige Handlungen zu mustēria erklärte. Sie bezeugt vielmehr jedesmal, wenn eine heilige Handlung vollzogen wird, diese als mustē-

(tajnodejstvija) kann man nicht unter die mustēria zählen, weil die in ihnen erbetenen Gaben des Geistes der Kirche nicht durch deren Zeugnis geoffenbart sind. Deshalb besteht zwischen den Sakramentalien und den mustēria immer eine Grenze, welche die einen von den andern unterscheidet."[1123]
Dessen ungeachtet konnte Afanas'ev mittels seiner eigenen Prinzipien nicht völlig eindeutig sagen, welche "heilige Handlungen" nun alle "mustēria" seien. Es blieb auch bei ihm ein Zwischenbereich der Unsicherheit bestehen, der sich mit der Frage umschreiben ließe: Ist die Krankensalbung nun wirklich nur ein "Sakramentale" und gehört das große Hagiasma vielleicht nicht doch zu den "mustēria"?[1124]
Der Versuch von Afanas'ev, unabhängig von (lateinischen) scholastischen Kategorien zu klaren Unterscheidungen zu kommen, hat sich, wie bereits seine Schüler erkannten, nicht bewährt. Und so bleibt die Frage nach wie vor offen: Muß man oder kann man (ohne gleichzeitig das ganze lateinisch-scholastische Lehrgebäude mit zu übernehmen) tatsächlich nach dem Vorbild der katholischen Kirche die "mustēria" klar und unzweideutig von den übrigen "heiligen Handlungen" abgrenzen? Wertet eine solche Trennung nicht zugleich das Verständnis für die Sakramentalität des Kosmos (die Welt als Gabe und "mustērion" der göttlichen Liebe) ab, ein Verständnis, das gerade für die östliche Kirche charakteristisch ist?
Es ist sicherlich kein Zufall, wenn gerade hier auch katholische Theologen nach Antworten suchen. So erklärte beispielsweise Walter Kasper: "Vor allen Dingen müßte man sich von der Fixierung auf die sieben Sakramente lösen und die sakramentale Zeichenhaftigkeit des ganzen christlichen Lebens wieder mehr betonen; das würde eine schöpferische und zeitgerechte Erneuerung der Sakramentalien erfordern. Nur wenn das ganze menschliche und christliche Leben zeichenhaften Charakter hat, haben die eigentlichen sakramentalen Vollformen einen Sinn."[1125]
Und Dorothea Forstner stellte in ihrem Werk die großen (und leider gelegentlich beinahe vergessenen) Symbolzusammenhänge wieder ins Licht: "Der Heiland kleidet seine Lehren zumeist in Bilder aus der Schöpfung und dem täglichen Leben. Er nennt sich selber 'Weinstock, Brot, Licht, Türe, Hirt, Eckstein' usw. Seine Taten und Wunder sind wiederum Typen der Gnadenwirkung in den Mysterien der Kirche, deren Aufgabe es ist, die Dinge der Welt in den Bereich des Heilswerkes Christi hereinzuholen. Sie vollbringt diese Aufgabe durch ihre liturgischen Weihen. Da erfüllt sie die irdischen Dinge mit göttlichem Inhalt und macht sie zu den Gnadenträgern. Wenn schon alle Wesen und Erscheinungen der geschaffenen Welt als Werke Gottes eine natürliche Analogie zu ihm haben, dann wird in den alles um-

rion. Dies ist die ununterbrochene Tätigkeit der Kirche und folglich das ununterbrochene Wirken des Geistes in der Kirche, weil die Kirche im Geiste und durch den Geist die Gaben des Geistes bezeugt. Die mustēria sind durch die Kirche *festgesetzt,* und die mustēria werden jedesmal, wenn sie vollzogen werden, von ihr *festgesetzt*" (N. Afanas'ev, Tainstva i tajnodejstvija, in Pravoslavnaja Mysl', vyp. VIII, S. 24f.).

1123 N. Afanas'ev, ibidem, S. 27.

1124 Vgl. den Text zu *unseren* Anm. 775/776.

1125 Walter Kasper, Wort und Sakrament, in Theologisches Jahrbuch 1976 (Gespräch über den Menschen), S. 445f.

fassenden Segnungen der heiligen Kirche darüber hinaus die besondere Beziehung der Welt zum fleischgewordenen Gottessohn hergestellt und verkündet. Die Weiheformeln zählen oft eine ganze Reihe alttestamentlicher Vorbilder auf und zeigen damit die wunderbaren Zusammenhänge im Heilsplan Gottes. Die liturgischen Bücher, Missale, Pontifikale, Rituale, geben dafür Zeugnis, wie Naturalien oder Menschenwerke durch das Gebet der Kirche zu Symbolen im Vollsinn werden: Das gilt vor allem von jenen Dingen oder Zeichen, die den Sakramenten als Materien dienen. (. . .) Den höchsten Symbolgehalt erreicht einzig die heiligste Eucharistie: In ihr sind Brot und Wein Symbole des Leibes und Blutes Christi, die aber kraft der Konsekrationsworte[1126] realiter das enthalten, was sie versinnbildlichen. In gewisser Beziehung werden sämtliche geweihten Gegenstände zu Trägern und Vermittlern der Gnade."[1127]

D. Entschlüsselung der Siebenzahl

Westliche Autoren weisen immer wieder darauf hin, daß erst im Gefolge einer Klärung des Sakramentsbegriffs (oder anders formuliert: dessen scholastischer Umschreibung mit Hilfe aristotelischer Kategorien) die Beschränkung auf die Siebenzahl möglich geworden sei. Dabei hört sich eine solche Aussage immer so an, als ob es sich bei der sakramentalen Siebenzahl um so etwas wie den Gipfelpunkt einer Offenbarungsgeschichte handle. Aber ist sie das wirklich? Dürfte man sich nicht zumindest die Frage stellen, ob es sich bei der sakramentalen Heptade nicht auch um ein bestimmtes zeitgeschichtliches Moment handle wie beispielsweise beim Einbruch der aristotelischen Philosophie ins theologische Denken des Abendlandes?

Es müßte immerhin zu denken geben, daß ausgerechnet eine Zahl auf die Sakramente Anwendung fand, die sich seit alter Zeit durch eine ganz bestimmte Symbolik auszeichnet. Von dieser Tatsache ging auch Jacques Dournes mit seinem Versuch einer Entschlüsselung der sakramentalen Siebenzahl aus: "Die Genesis bringt die Sieben als Kennziffer unserer menschlichen Situation der Zeitlichkeit und Begrenztheit, die wir vollenden sollen. Die Apokalypse, in der das Zeichen 'sieben' sowohl die göttlichen Mächte wie auch die Kräfte des Bösen bezeichnet[1128], enthüllt die Doppeldeutigkeit dieser Situation und kündigt ihre Lösung an, sozusagen in der 'Oktav' der Genesis. In die Dauer des siebten Tages – zwischen die sieben Gaben des Geistes und die sieben Gemeinden des Gottesvolkes – fügt sich

1126 Nach östlicher Tradition müßte es an dieser Stelle sinnentsprechend heißen: "kraft der Epiklese".
1127 D. Forstner, Die Welt der Symbole, S. 14f.
1128 "Sieben Geister" bezeichnen entweder die Mächte des Bösen in ihrer Gesamtheit oder die sieben Geister Gottes (Engel, die von Gott gesandt sind oder der siebenförmige Geist selbst), – woraus sich das Problem ergibt, in zwei dem Anschein nach parallel laufenden Reihen die Geister zu unterscheiden.

die siebenfältige Tätigkeit des menschgewordenen Wortes ein. Man erkennt, daß hier Raum ist für eine Siebenzahl von Handlungen, die als Typus für die sakramentale Siebenzahl dient. (. . .) Wir hätten somit eine dynamische Siebenzahl (= Macht über die Schöpfung in ihrer Gesamtheit), eine Inkarnation der pneumatischen Siebenzahl (der Geist, der alle Dinge neu macht), die res der in den Sakramenten zeichenhaft dargestellten Siebenzahl (mit der Eucharistie als Zentrum) – was genau dem klassischen theologischen Satz entspricht: Die Sakramente sind Akte Christi.
Das gesamte Handeln des menschgewordenen Wortes (*das* Zeichen) an der gesamten Schöpfung spezifiziert sich in *sēmeia* – Einzelzeichen, die der unserem Wesen gemäßen Fassungskraft entsprechen und außerdem die Hineinnahme unserer aus Teilen zusammengesetzten Existenz in die Einheit bezeichnen; es setzt sich fort in der Kirche, die in den örtlichen Kirchen (sieben Gemeinden) existiert und in der sich alle Nationen zusammenfinden; es setzt sich fort durch ein heiligendes und erneuerndes Handeln, das sich in den sieben Sakramenten vollzieht. Über alle Konvenienzgründe hinaus erscheint diese Zahl nun geradezu als notwendig, wenn man die Sieben als Zeichen versteht, das klassifiziert und auf den Einen verweist, sowohl von seiten der Sakramente als auch von seiten der menschlichen Situationen, die es zu heiligen gilt."[1129]

Nach Dournes ist an der Sieben auch bedeutsam, daß sie eine Zahl ist, "die eine Mitte hat", wobei er als diese "Mitte" im sakramentalen Bereich die Eucharistie sieht. "Um die Eucharistie, das Sakrament der ständigen Gegenwart Christi herum, der sich totalisiert durch die heiligmachende Eingliederung der Teilnehmer an der Eucharistie, gruppieren sich auf der einen Seite die drei Sakramente, die unwiderruflich und für immer zum Dienst am Corpus mysticum ordinieren – dabei fällt auf, daß den sieben Stufen der Taufe, die in der Firmung zur Fülle gelangt, sieben Stufen des Priestertums 'entsprechen', das im Episkopat Fülle und Krönung erfährt – auf der anderen drei Sakramente für bestimmte Situationen oder Stände der menschlichen Existenz – den Stand der Ehe, der Buße und der Krankheit – (. . .)."[1130]

Bei dieser schematischen Gliederung muß jedoch auffallen, daß die sakramentale Heptade Sakramente von ganz unterschiedlicher Bedeutung umfaßt, was übrigens auch das Konzil von Trient schon ausdrücklich betonte.[1131] Als Ganzes gesehen stellt das sakramentale Septenar ein höchst heteromorphes Gebilde dar, dessen einzelne Teile zudem nur durch einen Kunstgriff als Summe die Zahl sieben ergeben. Deshalb dürfte man der sakramentalen Siebenzahl auch nur dann gerecht werden, wenn man sie als das nimmt, was sie wohl ursprünglich bedeutet haben muß:

1129 J. Dournes, op. cit., S. 35f., sowie Anm. 19, S. 40.
1130 J. Dournes, op. cit., S. 37.
1131 Man vergleiche hierzu den Kanon 3 über die Sakramente im allgemeinen des Konzils von Trient (Sessio VII vom 3. März 1547): "Can. 3. Si quis dixerit, haec septem sacramenta ita esse inter se paria, ut nulla ratione aliud sit alio dignius: A.S." (D 846). Natürlich stützte sich das Konzil mit diesem Entscheid auf eine wesentlich ältere Tradition ab. Cf. Y. Congar, Die Idee der sacramenta maiora, in Concilium 1968 (4), S. 9ff.

als zeichenhafter Ausdruck von der Universalität des göttlichen Heilswirkens in den "heiligen Handlungen".[1132] Gleichzeitig ist jedoch nicht zu übersehen, daß der in sich doch wieder gerade für eine westliche, scholastische Denkungsart charakteristische Versuch zu einer Zusammenfassung und Klassierung der sakramentalen Handlungen keineswegs alle Probleme aus dem Wege schaffte und nach wie vor Fragen aufwirft.

So schrieb beispielsweise Karl Rahner: "Die katholische Kirche hat im Trienter Konzil trotz der vielen dogmen- und theologiegeschichtlichen Schwierigkeiten und Dunkelheiten für ihr Glaubensbewußtsein bis ins hohe Mittelalter hinein definiert, daß es sieben Sakramente, so viel und nicht mehr gebe. Sehen wir von der Schwierigkeit ab, daß die beiden katholischen Initiationssakramente, Taufe und Firmung, auch für die orthodoxeste katholische Theologie enger zusammengehören als andere Sakramente untereinander, daß also von daher schon die Lehre von der Siebenzahl auch eine gewisse Ungenauigkeit enthält. Sehen wir davon ab, daß das Weihesakrament eine Mehrzahl sakramentaler Amtsübertragungen unter sich subsumiert, von denen nicht einmal feststeht, daß ihre Zahl und Inhaltlichkeit der Entscheidung der Kirche entzogen ist, daß also von daher die Siebenzahl auch in der durchschnittlichsten Schultheologie eine nicht unerhebliche Problematik hat. Von all dem abgesehen, kann man vielleicht sogar sagen, daß diese Siebenzahl solcher radikalen exhibitiven Gnadenworte in der Kirche, ohne ihre Herkunft von Christus deshalb zu leugnen, nicht bloß von der Kirche einfach als gegeben festgestellt wird,

1132 Vgl. L. Boff, Kleine Sakramentenlehre, S. 81f.: "Das Konzil von Trient legte fest: Es gibt sieben Sakramente, nicht mehr und nicht weniger. Doch muß man diese Definition richtig verstehen. Das Wesentliche ist dabei nicht die Zahl sieben, sondern die Riten, die in dieser Feststellung enthalten sind. Die exakte Zahl der Riten ist eben nicht das Wichtigste. Wollte jemand sagen, es gebe neun Sakramente, weil Diakonat und Bischofsamt wirkliche Sakramente darstellten, oder wollte jemand behaupten, nein, es gebe in Wirklichkeit nur sechs, weil Taufe und Firmung zusammen ein – wenn auch mit unterschiedlichen Stufen – einziges Sakrament der Initiation bildeten, dann hätte er die Trienter Feststellung nicht in Abrede gestellt. Doch müßte er dabei behaupten, daß die Firmung Sakrament ist und daß all ihre Riten die Gnade Gottes mitteilen und gegenwärtig werden lassen. Die Siebenzahl muß symbolisch verstanden werden, d.h. nicht wie die Summe von 1 + 1 + 1 usf. bis sieben, sondern als das Ergebnis von 3 + 4. Tiefenpsychologie, Strukturalismus und zuvor schon Bibel und Überlieferung haben uns gelehrt, daß die Zahl 3 und 4 als Summe ein spezifisches Symbol bilden für die Totalität einer geordneten Vielgestaltigkeit. – Vier ist das Symbol für Kosmos (die vier Elemente: Erde, Wasser, Luft und Feuer), Bewegung und Immanenz. Drei ist das Symbol für das Absolute (Heiligste Dreifaltigkeit), für Geist, Ruhe und Transzendenz. Die Summe aus beiden Größen, die Zahl sieben, bedeutet demnach die Verbindung aus Immanenz und Transzendenz, die Synthese aus Bewegung und Ruhe wie auch die Begegnung zwischen Gott und Mensch, d.h. das fleischgewordene Wort Gottes, Jesus Christus. Mit der Siebenzahl wollen wir also die Tatsache zum Ausdruck bringen, daß die Totalität der menschlichen Existenz mit all ihren materiellen und geistigen Dimensionen durch die Gnade Gottes geweiht ist. Heil fließt nicht nur durch sieben Kanäle. Heil als Ganzes teilt sich menschlichem Leben als ganzem mit und manifestiert sich an den Achsen und Quellpunkten der Existenz in signifikant greifbarer Form. Hierin besteht der fundamentale Sinn der Zahl sieben. – (. . .) An der Stelle, an der sich Leben mit *dem* Leben berührt, geschieht Sakrament. Leben belebt Leben, aufgrund des Sakraments."

sondern eine geschichtliche Entscheidung der Kirche selbst (auch wenn sie sehr unreflektiert geschah) impliziert, in der die Kirche eben diesen und nicht anderen Worten jenes absolute Engagement der Kirche zuerkennt, das für ein solches radikal exhibitives Gnadenwort, Sakrament genannt, vom Wesen der Sache notwendig ist. Eine solche Vorstellung braucht nicht zu implizieren, daß die Kirche jetzt, später oder von einer bestimmten früheren Zeit an auch mehr oder weniger solcher Gnadenworte, Sakramente genannt, hätte kreieren können, in denen sie ihr eigenes Wesen als Grundsakrament auf wichtige existentielle Situationen des Einzelnen hin aktualisiert."[1133]

"Eine solche Vorstellung braucht nicht zu implizieren . . . " sagt Rahner, doch sie könnte es – zumindest auf dem Hintergrund einer andersgearteten Tradition – durchaus. Durch Paraphrasierung einer Überlegung, die J.D. Zizioulas hinsichtlich von Taufe, Firmung und Eucharistie anstellte, ließe sich nämlich sagen: Es existieren zwei verschiedene Wege des theologischen Denkens zum Verständnis der Sakramente. Der eine Weg besteht darin, von den Eigenheiten eines jeden dieser Sakramente auszugehen und deren Gemeinsamkeiten zu suchen. Das ist der (westliche) Weg, der dazu führt, die "Sakramente" als objektives Zeichen oder Kanäle von Gottes Gnade zu verstehen und eine klare Unterscheidung oder sogar Aufzählung der verschiedenen Formen der Gnade ermöglicht.

Der andere (östliche) Weg geht von der Ansicht aus, daß es de facto nur ein "mustērion" gibt, nämlich dasjenige von Christus, in welchem das gesamte Mysterium unserer Erlösung enthalten ist. Aus diesem Verständnis heraus werden alle Besonderheiten, welche sich in den einzelnen "mustēria" finden, im Lichte des einen "mustērion", welches Christus ist, betrachtet und niemals in Form einer objektiven, selbsterklärbaren Existenz. Beide dieser Wege können zum gleichen Glauben über die "mustēria" führen, aber jeder von ihnen setzt eine andere Vorstellung voraus, was sich unter Umständen in ganz verschiedenen Formulierungen dieses gleichen Glaubens äußert.[1134]

Wenn also eine östliche Tradition existiert, welche die sakramentale Siebenzahl nicht als strikte Abgrenzung gegenüber den andern "heiligen Handlungen" (den sogenannten "Sakramentalien") versteht oder sogar unter Ablehnung der Siebenzahl die Grenzen anders zieht, wenn solche überhaupt angenommen werden, so ist damit noch keineswegs der Glaube an die "mustēria" selbst in Frage gestellt.

Sobald man nämlich die sakramentale Heptade nicht arithmetisch versteht, sondern in dem Sinne, wie es J. Dournes in seinen "provisorischen Schlußfolgerungen" formulierte, bleibt durchaus auch Raum für das östliche Verständnis. Dournes schrieb nämlich: "'Es gibt sieben Sakramente' bedeutet, daß es ein Sakrament gibt und daß in ihm alles Sakrament sein kann – ein Sakrament, das durch Gottes Wohlwollen vielförmig ist, damit es sich in allen Momenten der menschlichen Exi-

1133 E. Jüngel/K. Rahner, Was ist ein Sakrament? S. 83f. (vgl. auch K. Rahner, Schriften zur Theologie II, S. 115–141).

1134 Vgl. J.D. Zizioulas, Some Reflections on Baptism, Confirmation and Eucharist, in Sobornost' Series V: No. 9/1969, S. 644.

stenz vollziehen lassen kann: Christus, das greifbare Zeichen des Mysteriums der Liebe Gottes, der die Menschen an Kindes Statt annimmt."[1135]
Die von der katholischen Kirche vollzogene Fixierung auf sieben Sakramente, nicht mehr und nicht weniger, welche auch in der östlichen Schultheologie weitgehend Eingang fand, kann trotzdem nicht übersehen lassen, daß es im Orient wie im Okzident (wenn auch im Osten deutlicher als im Westen) in der kirchlichen Praxis heilige Riten gab und noch gibt, welche, obwohl sie nach offizieller Lehre nicht zu den Sakramenten bzw. "mustēria" zählten, im kirchlichen Bewußtsein wegen ihres liturgischen Charakters doch als solche betrachtet werden. Dies widerspiegelt sich übrigens auch in der Bedeutung, welche die Kirche den geistlichen Wirkungen dieser Riten zumißt, sowie im Zeremonial, das dem des Sakraments (mustērion) ähnlich ist und alle charakteristischen Elemente einer Sakramentenfeier enthält.[1136]
Ganz am Rande sei auch nochmals auf die Tatsache hingewiesen, daß die angeblich weltweite Anerkennung der sakramentalen Siebenzahl durch die christlichen Kirchen sich bei näherer Prüfung als fromme Täuschung erweist. Es ist zwar durchaus richtig, daß die sakramentale Heptade in neuerer Zeit unter katholischem Einfluß zum Teil auch in den orientalischen (vorchalkedonensischen) Kirchen Eingang gefunden hat, doch selbst dann ist noch zu prüfen, ob es sich um die gleichen sieben "mustēria", wie wir sie kennen, handelt, oder ob es eventuell zum Teil andere sind. Auch die öfters bei den orientalischen Kirchen zu findende Trennung in Haupt- und Neben-"mustēria", von denen nur erstere den Heiligen Geist verleihen, müßte zu denken geben.
Als feststehend dürfte angenommen werden, daß die *Nestorianer* (d.h. die syrochaldäische Kirche) auch die Mönchs- und Altarweihe sowie die Beerdigungsriten den "mustēria" zurechnen und damit die Siebenzahl überschreiten. Bei den *Jakobiten* (d.h. der syrisch-orthodoxen Kirche) existiert zwar seit einiger Zeit eine Siebenzahl der "mustēria", aber mit den bereits erwähnten Abstufungen in Haupt- und Nebensakramente. Zudem werden vom Sänger bis zum Patriarchen neun Weihegrade unterschieden. Die *koptischen Äthiopier* halten auch die Totenoffizien für ein "mustērion" und überschreiten damit ebenfalls die Siebenzahl, während die *gregorianisch-armenische Kirche* zwar offiziell an der bekannten Siebenzahl festhält, aber die Krankensalbung nicht mehr praktiziert.[1137] Dieser kurze Überblick dürfte für den Hinweis genügen, daß sich das sakramentale Septenar keineswegs überall durchzusetzen vermochte. Und man kann sich fragen, ob einer der wesentlichen Gründe hierfür nicht darin zu sehen sei, daß in den orientalischen Kirchen der Zahl sieben aufgrund einer andersgearteten Tradition ein geringerer Symbolwert zugeschrieben wurde.

1135 J. Dournes, op. cit., S. 39.
1136 Vgl. Th. Spasky, La pratique de l'Hagiasma, in La Pensée Orthodoxe No. 2 (13), 1968, S. 93, dessen Ausführungen unseren Erläuterungen zugrunde liegen.
1137 Vgl. E. Hammerschmidt/P. Hauptmann/P. Krüger/L. Ouspensky/H.-J. Schulz, Symbolik des orthodoxen und orientalischen Christentums, S. 138, 152, 250; J. Aßfalg / P. Krüger, Kleines Wörterbuch des Christlichen Orients, S. 312ff., sowie *unsere* Anm. 1012.

IV. Am Wendepunkt einer Entwicklung

Katholische Öffnung gegenüber den östlichen Traditionen

Wir haben in unseren Darstellungen aufzeigen wollen, wie es in den orthodoxen Kirchen durch lateinisch-scholastischen Einfluß zur Übernahme einer allgemeinen Sakramentenlehre kam, welche der genuin östlichen Auffassung von den "mustēria" nie voll zu entsprechen vermochte und welche deshalb in neuerer Zeit von manchen orthodoxen Theologen – die sich auf die alte östliche Überlieferung stützen – abgelehnt wird. Doch das heißt in keiner Weise, daß damit die Wechselwirkung des Einflusses zwischen den Kirchen des Abend- und des Morgenlandes erneut abgebrochen sei. Das Gegenteil hiervon ist richtig, und die ökumenische Bewegung hat gerade in diesem Punkt große Verdienste. Aber es macht den Anschein, als habe sich inzwischen die Richtung der verschiedenen Einflüsse geändert. Sie laufe nun nicht mehr einseitig von West nach Ost, sondern eher (was sich vor allem in der Ekklesiologie und im sakramentalen Bereich zeigt) von Ost nach West. Die durch die Säkularisation bedingte Minderung des Symbolverständnisses im Okzident hatte zur Folge, daß sich innerhalb der katholischen Kirche bei verschiedenen Theologen wieder in vermehrtem Maß ein Interesse für die östliche Tradition des Mysteriums Christi zu regen begann. Bereits Papst Pius XI. forderte in seiner kirchlichen Hochschulreform "Deus scientiarum Dominus" vom 24. Mai 1931, daß an allen Theologischen Fakultäten und höheren kirchlichen Lehranstalten eine Pflichtvorlesung über die Ostkirchen (Quaestiones theologicae ad Orientales maxime spectantes) zu halten sei.[1138]

Den eigentlichen Wendepunkt stellte jedoch das Zweite Vatikanische Konzil dar, das einerseits (und sicherlich nicht ohne einen gewissen protestantischen Einfluß) die bisher innerhalb der lateinischen Kirche eher etwas vernachläßigte Bedeutung des Wortes aufwertete[1139], aber andererseits diese Aufwertung des Wortes durch eine wesentlich stärkere Betonung des Mysteriums sinngerecht ausbalancierte, wobei eine deutliche Anlehnung an östliche Traditionen spürbar wurde.

Diese – wenn man so sagen darf – "östliche Korrektur" war nicht zuletzt auf den Einfluß jener Konzilsväter zurückzuführen, welche den östlichen Riten angehören und die – obwohl sie nur 4% aller Konzilsteilnehmer ausmachten[1140] – bei den Be-

1138 Vgl. F. Lakner, Die Bedeutung der ostkirchlichen Studien für die heutige Theologie, in F. Hummer (Hrg.) Orthodoxie und Zweites Vatikanum, S. 212f.

1139 Diese Aufwertung des Wortes in der Liturgie wurde von manchen katholischen Geistlichen (in der evangelischen Diaspora vor allem) gelegentlich in dem (protestantischen) Sinne einer gleichzeitigen Abwertung des Zeichens mißverstanden, was da und dort innerhalb der Orthodoxie wiederum zur irrigen Annahme führte, die katholische Kirche habe sich im Gefolge des Zweiten Vaticanums "protestantisiert" und damit von der Orthodoxie noch weiter als bisher entfernt.

1140 Von rund 2500 Konzilsvätern gehörten nur ca. 100 östlichen Riten an. Da jedoch Mitglieder östlicher Riten in beinahe allen Konzilskommissionen vertreten waren, war ihr Einfluß relativ groß. (Vgl. Erzbischof N. Edelby, Die ökumenische Rolle der östlichen katholischen Bischöfe auf dem Zweiten Vatikanischen Konzil, F. Hummer (Hrg.) op. cit., S. 161ff.)

ratungen des Zweiten Vaticanums eine bedeutsame Rolle spielten. Die hervorstechendste Gestalt war hierbei unzweifelhaft der greise melkitische Patriarch Maximos IV. (Saigh).[1141] Nur wenn man sich erinnert, wie schlecht die katholischen Vertreter der ostkirchlichen Riten auf dem Ersten Vatikanischen Konzil behandelt wurden, kann man voll ermessen, wie sehr sich im Verlauf von 90 Jahren die Wertschätzung der östlichen Tradition durch die katholische Kirche gewandelt hat und wie stark inzwischen das Pendel zugunsten der morgenländischen Überlieferungen auszuschlagen begann.[1142] Dies erhellt auch aus der Tatsache, daß man nach dem II. Vaticanum gerade im sakramentalen Bereich anfing, direkt aus östlichen Quellen zu schöpfen.

Wir haben bereits eingehend auf die ekklesiologischen Implikationen des Zweiten Vatikanischen Konzils hingewiesen.[1143] Aus den Formulierungen der Konzilsväter ergibt sich, daß man sich bemühte, aus dem Prokrustesbett der alten juridischen Kategorien herauszukommen. Man wählte statt dessen einen beschreibenden Stil, der auch östlicher Denkart näher liegt. Und außerdem hatte die pastorale Ausrichtung des Konzils zur Folge, daß versucht wurde, die sakramentalen Riten (Sakramentalien) aufzuwerten.[1144] In diesem Zusammenhange scheint uns bedeutungsvoll, daß das Konzil die innere Beziehung von Sakrament und Sakramentale wieder ins Licht rückte und gleichzeitig jegliche Hervorhebung der Siebenzahl vermied.[1145] Nach einer vorgängigen Beschreibung des Sakraments[1146] und der Sakra-

1141 Der melkitische Patriarch Maximos IV. (Saigh) (1878–1967) trat auf dem Konzil vehement für die östliche Ekklesiologie ein und verschaffte sich damit nicht nur bei den Katholiken, sondern auch bei den Orthodoxen hohes Ansehen. Der griechisch-orthodoxe Metropolit Emilianos Timiadēs zum Beispiel rühmte rückblickend an Maximos IV. (Saigh), daß er "durch seine mutige Sprache unter vielen hervorragte".

1142 Erzbischof N. Edelby, ibidem, S. 162f., schrieb: "Auf dem Ersten Vatikanischen Konzil hatten die östlichen Bischöfe kaum ein Wort gesprochen. Jene wenigen, die tatsächlich ihre Stimme zu erheben wagten, wie der melkitische Patriarch Gregorios II. (Yussef) oder der chaldäische Patriarch Audo, wurden schroff zurückgewiesen. Wenn schon die Mehrheit der Väter auf diesem Ersten Vatikanischen Konzil durch einen Mangel an Spontaneität gekennzeichnet war, so muß besonders gesagt werden, daß jene wenigen östlichen Väter, die sich irgendwie beteiligten, höchst bedauernswerten Unterdrükkungen ausgesetzt waren, die sie daran hinderten, offen die wenigen Dinge zu sagen, die sie vorzubringen hatten." Patriarch Maximos V. (Hakim) (geb. 1908) erinnerte in seinem Text "L'Expérience oecuménique de notre Eglise d'Antioche" (in Le Lien No. 1, Beirut 1972, S. 48) ebenfalls voller Bitterkeit an die Demütigungen, die die melkitische Kirche in der Person ihres Patriarchen anläßlich des Ersten Vaticanums durch Papst Pius IX. zu erdulden hatte.

1143 Vgl. unseren Exkurs VII: Die ekklesiologischen Implikationen von Vaticanum II.

1144 Allerdings muß zugegeben werden, daß sich diese Aufwertung der Sakramentalien nach dem Zweiten Vaticanum in der Praxis keineswegs durchzusetzen vermochte. De facto kam es in den Jahren nach dem Konzil vielmehr zu einer bedauerlichen Abwertung, ja gelegentlich beinahe zu einer Mißachtung der sakramentalen Riten innerhalb der lateinischen Kirche. Auch die Abschaffung der Tonsur und der Niederen Weihen, die von Papst Paul VI. am 15. Aug. 1972 verkündet wurde, könnte durchaus als Zeichen dieser (negativen) Entwicklung gedeutet werden.

1145 Zwar gibt auch das II. Vaticanum in "Lumen Gentium" No. 11 die Reihe der sieben Sakramente in der Ordnung der Konzilien von Florenz (D 695) und Trient (D 844) wieder, ohne jedoch die Zahl sieben auch nur zu nennen.

mentalien[1147] heißt es nämlich in der Konstitution über die heilige Liturgie: "Die Wirkung der Liturgie der Sakramente und Sakramentalien ist also diese: Wenn die Gläubigen recht bereitet sind, wird ihnen nahezu jedes Ereignis ihres Lebens geheiligt durch die göttliche Gnade, die ausströmt vom Pascha-Mysterium des Leidens, des Todes und der Auferstehung Christi, aus dem alle Sakramente und Sakramentalien ihre Kraft ableiten. Auch bewirken sie, daß es kaum einen rechten Gebrauch der materiellen Dinge gibt, der nicht auf das Ziel ausgerichtet werden kann, den Menschen zu heiligen und Gott zu loben."[1148]
In diesem Text wurden Sakrament und Sakramentalien ganz dem ursprünglichen Sinn und Gebrauch des Wortes "mustērion" entsprechend als eine Ganzheit von "heiligen Handlungen" zusammengefaßt und zwar unter deutlicher Hinordnung auf die Eucharistie.[1149] Die zentrale Bedeutung der Eucharistie ergibt sich aus den Verlautbarungen des Konzils mit aller Deutlichkeit. So wird sie als Quelle und Höhepunkt des ganzen christlichen Lebens bezeichnet[1150], aus der die Kirche immerfort wächst und lebt[1151]. Und es wird betont, sie enthalte das Heilsgut der Kirche in seiner ganzen Fülle. Die übrigen Sakramente seien ebenso wie auch die kirchlichen Dienste und Apostolatswerke auf sie hingeordnet[1152]. "Zugleich wird durch das Sakrament des eucharistischen Brotes die Einheit der Gläubigen, die einen Leib in Christus bilden, dargestellt und verwirklicht (1 Kor 10,17)."[1153]
Die Kirche selbst wird immer wieder als "Sakrament" umschrieben[1154] und gele-

1146 "Die Sakramente sind hingeordnet auf die Heiligung der Menschen, den Aufbau des Leibes Christi und schließlich auf die Gott geschuldete Verehrung; als Zeichen haben sie auch die Aufgabe der Unterweisung. Den Glauben setzen sie nicht nur voraus, sondern durch Wort und Ding nähren sie ihn auch, stärken ihn und zeigen ihn an; deshalb heißen sie Sakramente des Glaubens. Sie verleihen Gnade, aber ihre Feier befähigt auch die Gläubigen in hohem Maße, diese Gnade mit Frucht zu empfangen, Gott recht zu verehren und die Liebe zu üben" (S.C. 59). (Zit. nach LThK: Das Zweite Vatikanische Konzil I, S. 63.)

1147 "Außerdem hat die heilige Mutter Kirche Sakramentalien eingesetzt. Diese sind heilige Zeichen, durch die in einer gewissen Nachahmung der Sakramente Wirkungen, besonders geistlicher Art, bezeichnet und kraft der Fürbitte der Kirche erlangt werden. Durch diese Zeichen werden die Menschen bereitet, die eigentliche Wirkung der Sakramente aufzunehmen; zugleich wird durch solche Zeichen das Leben in seinen verschiedenen Gegebenheiten geheiligt" (S.C. 60). (Zit. wie oben.) Bei diesem Art. 60 handelt es sich um einen nachträglichen Einschub, mit der einer u.a. von Kardinal Ruffini erhobenen Forderung nach deutlicherer Unterscheidung von Sakrament und Sakramentale stattgegeben wurde. Man übernahm dabei die Definition der Sakramentalien aus dem kirchlichen Gesetzbuch von 1917, CIC § 1144.

1148 S.C. 61 (zit. wie oben, S. 63f.).

1149 Dies ergibt sich aus dem Aufbau der Konstitution über die heilige Liturgie (Sacrosanctum concilium), welche in Kap. II (S.C. 47–58) "das heilige Mysterium der Eucharistie" und dann in Kap. III (S.C. 59–82) "die übrigen Sakramente und die Sakramentalien" behandelt.

1150 Vgl. L.G. 11.

1151 Vgl. L.G. 26.

1152 Vgl. P.O. 5.

1153 L.G. 3.

1154 Vgl. S.C. 5, 26; L.G. 1, 9, 48, 59; G.S. 42, 45; A.G. 15.

gentlich auch mit dem alten Begriff "Mysterium" belegt[1155]. Der Belgrader Professor Dimitrije Dimitrijević legte eingehend dar, daß sich eine Anwendung des Begriffs "mustērion" auf die Kirche auch vom östlichen Verständnis her durchaus rechtfertigen lasse[1156]. Aus seinen Ausführungen mit ihren für die östliche Tradition charakteristischen Gesichtspunkten läßt sich im Vergleich mit den Texten des Zweiten Vatikanischen Konzils ablesen, wie sehr sich gerade dieses Konzil in der Bezeichnung der Kirche als einem "mustērion" östlichen Vorstellungen angenähert hat, beziehungsweise sich solche Vorstellungen zu eigen machte. Damit wurde aber auch dem westlichen Sakramentenverständnis wieder eine Dimension eröffnet, welche während vielen Jahrhunderten in den Hintergrund getreten war. Man könnte mit Johannes Emminghaus sagen: "Die 'Kirchlichkeit' der Sakramente, ihre 'ekklesiale Dimension', ihre strikte Einbeziehung ins Geheimnis der Kirche, aber auch der Gläubigen in diese Kirche als Ursakrament, ist nun neu ins theologische Bewußtsein gerückt."[1157]
Weil jedoch die Liturgie jener Höhepunkt ist, "dem das Tun der Kirche zustrebt, und zugleich die Quelle, aus der all ihre Kraft strömt" (S.C. 10), forderte das Konzil bereits im ersten Dokument über die Liturgie eine Erneuerung, "besonders hinsichtlich der Sakramentenspendung, der Sakramentalien, der Prozessionen, der liturgischen Sprache, der Kirchenmusik und der sakralen Kunst" (S.C. 39). Denn – wie Emminghaus formulierte – "das heilsmächtige Handeln der Kirche im Namen Christi, erfahrbar im durchschaubaren Zeichen und im verkündigenden und für die Gegenwart aktuierten Wort, zielt auf den Menschen hin: Dieser soll im Glauben befähigt werden, im liturgischen Handeln auch sich selbst zum Ausdruck zu bringen und die Liturgie als die seine erkennen zu können. Beides, Zeichen und Vorverständnis, Sakrament und Glauben, sollen durch die neue Liturgie verlebendigt werden."[1158]

A. Die Reform der eucharistischen Hochgebete

"Schon einige Monate nach der Veröffentlichung der Lit. Konst. des II. Vat. Konzils im April 1964, konstituierte sich in Rom ein Liturgierat zur Ausführung der Konzilsbeschlüsse, der wiederum eine eigene Studienkommission für das Hochgebet einsetzte. Deren Aufgabe war eine der heikelsten der Liturgie-Reform überhaupt: Viele Bischöfe und Liturgiker waren nämlich der Ansicht, ein solches liturgisches Denkmal wie der Kanon sei als in der Entwicklung abgeschlossen zu betrachten und von der Reform, von etwaigen ganz leichten Retuschen abgesehen, ganz auszunehmen. Eher fand sich unter den Bischöfen eine Mehrheit für neue

1155 Vgl. O.T. 9, 16; N.A. 4.
1156 Vgl. D.Dimitrijević, Das Mysterium der Kirche, in Hundert Jahre Christkatholisch-theologische Fakultät der Universität Bern, S. 75–78.
1157 J.H. Emminghaus, Die Messe, S. 148.
1158 J.H. Emminghaus, ibidem, S. 148.

Hochgebete, die dann gleichberechtigt neben den römischen Kanon treten sollten."[1159]

Den Bearbeitern wurde unter anderem auch zur Auflage gemacht, das epikletische Moment, das im alten römischen Meßkanon zweifellos nicht besonders zur Geltung kommt, zu betonen. Und man dürfte wohl kaum fehlgehen, daß dieser Auftrag auch mit Blick auf die östlichen Traditionen gegeben wurde.

Am Himmelfahrtstag 1968 konnten schließlich nach diversen Widerständen der überarbeitete alte Kanon sowie drei weitere Hochgebete veröffentlicht werden. Hingegen hatte ein fünftes Hochgebet, bei dem die Liturgie des hl. Basileios als Vorlage diente, keine Zustimmung gefunden.[1160]

Es ist unverkennbar, daß bei zweien der drei im Gefolge des Zweiten Vaticanums neugeschaffenen offiziellen Hochgebete auch wesentliche Elemente aus der östlichen Tradition mitverwendet wurden, nämlich in *Kanon II,* dem die sog. "Apostolische Tradition" Hippolyts zugrunde liegt, und im *Kanon IV,* als dessen Basis die antiochenischen "Apostolischen Konstitutionen" dienten.

Was den II. Kanon anbelangt, so ist es wohl müssig, darüber zu streiten, ob die "Apostolische Tradition" Hippolyts[1161] nicht vielleicht doch eine genuin römische Überlieferung widerspiegle. Denn bereits bezüglich der Person des Hippolytos († 235) scheiden sich die Geister. Stammte er aus Kleinasien oder Alexandrien, war er Grieche oder Römer, niemand weiß es genau. Ebensowenig ist klar, ob seine Kirchenordnung, die ursprünglich griechisch geschrieben war, östliche Vorstellungen wiedergibt oder römische[1162]. Jedenfalls wurde sie zuerst in einer koptischen Ausgabe entdeckt und trägt deshalb auch den Namen einer "ägyptischen Kirchenordnung".

Sicher ist nur, daß diese Kirchenordnung das liturgische Leben des Ostens weit mehr befruchtete und beeinflußte als das des Westens (zumindest wenigstens bis zur Schaffung des II. Kanons). Zudem findet sich in der Anaphora Hippolyts die ursprünglichste Form einer Epiklese[1163], von der jedoch kaum angenommen werden kann, daß es sich um eine Wandlungsbitte handle[1164]. Aber es stellt sich immerhin die Frage, ob nicht gerade dieses Gebet um Herabsendung des Heiligen Geistes

1159 J.H. Emminghaus, op. cit., S. 255f.
1160 Vgl. Emminghaus, ibidem, S. 257.
1161 Vgl. Hippolyte de Rome, La Tradition Apostolique S. Chr. 11 bis.
1162 F. Nikolasch, Abriß der Geschichte der römischen Eucharistiefeier, in E. Chr. Suttner (Hrg.), Eucharistie, Zeichen der Einheit, S. 31: "Zwar haben wir aus der Frühzeit über keine Kirche des Ostens oder Westens so ausführliche Hinweise auf die Feier der Eucharistie, wie durch Justin und Hippolyt auf die Feier in Rom. Dennoch können wir in diesem Fall nicht von einer spezifisch römischen Eucharistiefeier sprechen, wurde doch in den ersten Jahrhunderten fast im gesamten Osten und Westen die Liturgie in derselben Sprache, auf Griechisch, gefeiert, was allein schon eine gewiße Einheitlichkeit bedingte."
1163 Vgl. *unsere* Anm. 883.
1164 V. Fiala meint sogar, es habe sich "ohne Zweifel" nicht um eine Wandlungsbitte gehandelt, weil man damals noch das Bewußtsein gehabt habe, daß die Eucharistie als ganze die heiligen Gaben verwandle (vgl. Eucharisties d'Orient et d'Occident I, S. 125).

den Ausgangspunkt für die orientalischen Epiklesen bildete.[1165] Jedenfalls setzten die Schöpfer der neuen lateinischen Hochgebete nun den ersten Teil von Hippolyts Epiklese als Wandlungsepiklese *vor* den Einsetzungsbericht[1166] und zwar in allen drei neuen Kanones. Damit erhielt die Wandlungsepiklese auch innerhalb der lateinischen Eucharistiefeier einen expliziten Charakter und zwar in einer Art, wie er bis anhin wohl nie zu finden war.
Von allen neuen Hochgebeten ist jedoch nicht Kanon II, sondern *Kanon IV* am stärksten von der östlichen Überlieferung beeinflußt, was sich der Form nach auch darin äußert, daß die Anaphora (östlicher Art entsprechend) mit der Präfation zusammen eine Einheit bildet (während in den anderen Hochgebeten die Präfation den kirchlichen Festen entsprechend ausgewechselt werden kann). Als Vorlage für den IV. Kanon benützte man mit den antiochenischen "Apostolischen Konstitutionen" ein Formular syrischen Typs, dessen Texte sich sowohl in der griechischen wie auch in der syrischen Fassung einer Liturgie finden, welche im Osten mit dem Namen des Herrenbruders Jakobus geschmückt ist und bis ins 4. Jahrhundert zurückreicht. Die monophysitischen Jakobiten haben diese in syrischer Sprache bis heute als Hauptliturgie bewahrt, dieweil die griechische Version seit dem 12. Jahrhundert nur noch einmal im Jahr am Feste des hl. Jakobus des Jüngern (23. Okt.) in Jerusalem, Alexandrien, Zypern und Zakynthos gefeiert wird. S. Salaville nimmt an, daß sie ursprünglich in Antiochien, Jerusalem und auf Zypern die normale Liturgie war.[1167]
Wenn der Hauptakzent von Kanon II christologisch genannt werden kann, so ist er in Kanon IV unzweifelhaft heilsgeschichtlich und auch in dieser Hinsicht am stärksten mit der östlichen Tradition verbunden. Letztlich geht dieses Hochgebet, wie Emminghaus bemerkt, in seinem Aufbau "auf das jüdische Nachtischgebet zurück und setzt Hippolyt voraus".[1168]

B. Die Reform des Firmritus

Nachdem die Gottesdienstkongregation am 8. Sept. 1969 eine neue Ordnung für die Kindertaufe ("Ordo baptismi parvulorum") erlassen hatte, promulgierte Papst Paul VI. am 15. August 1971 durch die Apostolische Konstitution "Divinae consortium naturae" auch einen neuen Firmritus. Während sich jedoch der römische

1165 Vgl. B. Botte, in Hippolyte, La Tradition Apostolique, S. Chr. 11 bis, S. 16.
1166 Man kann auch für diese Stellung der Epiklese Gründe aus der Tradition anfügen, insofern wahrscheinlich – wie auch B. Botte meinte (ibidem) – die älteste Epiklese in Ägypten dem Einsetzungsbericht voranging. Und Emminghaus (op. cit., S. 256) erklärte, die eine Epiklese der Ostkirche *nach* dem Abendmahlsbericht sei im Westen schon in frühester Zeit in ihre beiden wesentlichen Elemente geteilt worden: "In eine Wandlungsbitte vor der als Wandlung betrachteten Anamnese und einer Kommunionepiklese nach der Wandlung, schon in gewisser Weise Überleitung zum folgenden Empfang der Eucharistie."
1167 Vgl. S. Salaville, Liturgies orientales, S. 16.
1168 J.H. Emminghaus, Die Messe, S. 261.

Liturgierat hinsichtlich der Taufe kaum von östlichen Traditionen beeinflussen ließ, geschah dies dafür beim erneuerten Firmritus um so mehr. So wurde beispielsweise für die eigentliche Sakramentenspendung bei der Firmung auf die altehrwürdige, östliche Epikleseformel zurückgegriffen, wobei sich das päpstliche Dokument ausdrücklich auf die morgenländische Überlieferung berief: "Was die Worte des Ritus betrifft, durch den der Heilige Geist vermittelt wird, ist zu bemerken, daß schon in der Urkirche Petrus und Johannes, um die Initiation der Getauften in Samaria zu vollenden, für diese beteten, damit sie den Heiligen Geist empfingen, und ihnen dann die Hände auflegten (vgl. Apg 8,15–17). Im Osten finden sich im 4. und 5. Jahrhundert bei der Salbung mit Chrisam erstmals Hinweise auf die Worte: 'Siegel der Gabe des Heiligen Geistes'[1169]. Diese Worte wurden schon bald durch die Kirche von Konstantinopel übernommen und sind auch jetzt noch in den Kirchen des byzantinischen Ritus in Gebrauch."[1170] Die beinahe wörtliche Übernahme dieser byzantinischen Formel begründete Papst Paul VI. damit, daß in ihr "die Gabe des heiligen Geistes ausgedrückt wird" und sie "an die Spendung des Geistes am Pfingstfest erinnert (vgl. Apg 2,1–4 und 38)"[1171].
Ziel dieser Neuregelung sollte es jedoch vor allem sein, daß mit dem erneuerten Firmritus, einer Forderung des II. Vaticanums entsprechend, "der innere Zusammenhang dieses Sakraments mit der gesamten christlichen Initiation besser aufleuchte"[1172], wie der Papst bereits einleitend in seinem Dokument bemerkte. Für den Osten bedeutet die enge Zusammengehörigkeit der Trias: Taufe, Myronsalbung und Eucharistie – wie wir bereits mehrfach darlegten[1173] – ein altes Traditionsgut, während im Westen wegen der Trennung von Taufe und Firmung diese Zusammengehörigkeit erst wieder entdeckt werden mußte.
Die Koppelung von Taufe und Firmung (als "Wiedergeburt aus dem Wasser und dem Geist"), wie sie bis zum heutigen Tag in den östlichen Kirchen weiterlebt, dürfte in Rom schon im 5. Jahrhundert auseinandergebrochen sein. Den Anstoß hierfür könnte eine Erklärung von Papst Innozenz I. (401–417) aus dem Jahre 416 gegeben haben, welcher das Recht, den Täufling auf der Stirne mit Chrisam zu salben, ausdrücklich den Bischöfen vorbehielt[1174], eine Anordnung, die schließlich im elften und zwölften Jahrhundert in das kanonische Recht der lateinischen Kirche als Ganzer einging[1175]. Die Folge davon war, daß die vom Priester gespendete Taufe und die dem Bischof reservierte Firmung nicht mehr miteinander in zeitlichem Einklang standen. Wie jedoch J. Amougou-Atangana darzulegen ver-

1169 Vgl. Cyrill von Jerusalem, Catech. XVIII, 33 (M PG 33, 1056); Asterius von Amasea, In parabolam de filio prodigo, in Photii Bibliotheca, Cod. 271 (M PG 104, 213). Vgl. auch: Epistola cuiusdam Patriarchae Constantinopolitani ad Martyrium Episcopum Antiochenum (M PG 119, 900).
1170 Paul VI., Divinae consortium naturae, AAS LXIII (1971), S. 662f. (deutsch bei P. Nordhues/H. Petri, Die Gabe Gottes, S. 205).
1171 Paul VI., ibidem, S. 663 (deutsch: S. 206).
1172 Paul VI., ibidem, S. 658 (deutsch: S. 200f.), cf. Vat. II: S.C. 71.
1173 Vgl. unsere Ausführungen im 1. Teil, II B: Taufe und Eucharistie als zentrale Heilsriten.
1174 Vgl. D. 98, sowie J. Amougou-Atangana, Ein Sakrament des Geistempfangs? S. 177ff.
1175 Vgl. G. Dix, Theology of Confirmation in Relation to Baptism, S. 24.

mochte, blieb auch in der westlichen Kirche noch lange Zeit ein Gefühl für die Zusammengehörigkeit von Taufe und Firmung wach, was sich darin äußerte, daß sie "trotz des bischöflichen Firmprivilegs über lange Jahrhunderte hin ein scharfer Gegner der Trennung von Taufe und Firmung war, so daß sie mancherorts jede schuldhafte Verzögerung der Firmung eines Kindes mit schweren Strafen belegte. Bis ins 16. Jahrhundert hinein hat diese chronologisch möglichst enge Koppelung von Taufe und Firmung an manchen Orten bestanden."[1176] Erst in der Folgezeit verschwand im Abendland das Bewußtsein für die eigentliche Zusammengehörigkeit der zwei Initiationsriten.
Im Osten dagegen, wo der Priester nach wie vor sowohl die Taufe als auch die Myronsalbung spendet, war der Grund für eine Trennung dieser Riten nicht gegeben, blieb die Einheit der beiden "Initiations-mustēria" und ihre unmittelbare Verbindung mit der Eucharistie gewahrt, wodurch auch die Bedeutung ihres ekklesialen Aspekts stets unmißverständlich zum Ausdruck gebracht wurde. Und zu eben dieser Einheit mit ihrer ekklesialen Dimension suchte die lateinische Kirche im Gefolge des Zweiten Vatikanischen Konzils durch die Reform des Firmritus ebenfalls zurückzufinden.
In der Apostolischen Konstitution Papst Pauls VI. findet sich u.a. ein Passus, welcher von dem Sakrament der Firmung als einer fortdauernden Pfingstgnade in der Kirche ausgeht: "Von daher wird die besondere Bedeutung der Firmung unter den Initiationssakramenten offenbar, durch welche die Gläubigen als 'Glieder des lebendigen Christus ihm in Taufe, Firmung und Eucharistie eingegliedert und gleichgestaltet'[1177] werden. In der Taufe empfangen sie die Vergebung der Sünden, die Gotteskindschaft und das Prägemal Christi, wodurch sie der Kirche eingegliedert werden und ersten Anteil am Priestertum ihres Erlösers erhalten (vgl. 1 Petr 2,5 und 9). Durch das Sakrament der Firmung empfangen die in der Taufe Wiedergeborenen die unsagbar große 'Gabe', den Heiligen Geist, durch den sie 'mit einer besonderen Kraft ausgestattet'[1178] und – durch das Prägemal dieses Sakramentes besiegelt – 'vollkommener der Kirche verbunden'[1179] und 'strenger verpflichtet werden, den Glauben als wahre Zeugen Christi in Wort und Tat zu verbreiten und zu verteidigen'[1180]. Schließlich steht die Firmung mit der Eucharistie so eng in Verbindung[1181], daß die Gläubigen, die bereits durch Taufe und Firmung besiegelt sind, im Empfang der Eucharistie dem Leibe Christi voll eingefügt werden[1182]."
Dieser Text könnte beinahe wortwörtlich auch von einem orthodoxen Theologen geschrieben worden sein und widerspiegelt in vielfacher Hinsicht jene östliche Tradition, auf die sich Paul VI. auch mehrfach berief.

1176 J. Amougou-Atangana, ibidem, S. 279.
1177 Vat. II: A.G. 36.
1178 Vat. II: L.G. 11.
1179 Ibidem.
1180 Ibidem: vgl. auch A.G. 11.
1181 Vgl. Vat. II: P.O. 5.
1182 Vgl. ibidem, Zitat nach: Paul VI., Divinae consortium naturae, AAS LXIII (1971), S. 659f. (deutsch bei P. Nordhues/H. Petri, Die Gabe Gottes, S. 202f.).

Allerdings konnte man sich bei der Neuordnung des Firmritus nicht dazu entschließen, die ursprüngliche Verbindung von Taufe und Myronsalbung in der liturgischen Praxis (wie sie bis heute in allen östlichen Riten weiterlebt) wieder einzuführen, was zur Folge hat, daß die aufsteigende Linie: Taufe, Firmung, Eucharistie, und der darin enthaltene Sinngehalt dadurch auseinandergerissen wird, daß man – allen theologischen Einsichten zum Trotz – in der lateinischen Kirche noch immer die Firmung nach der Ersten Kommunion erteilt.
Dabei besteht über die innige Zusammengehörigkeit von Taufe und Myronsalbung kaum mehr ein Zweifel, ob man diese nun als ein Zusammenwachsen zweier in sich getrennter Riten[1183] oder wohl sinngerechter als ein Herauswachsen der Firmung aus dem Taufritus verstehen will. J. Amougou-Atangana vertritt in seiner Untersuchung über das Sakrament der Firmung die Ansicht: "Nach dem Neuen Testament ist nur die Taufe als geistverleihendes Sakrament von der Autorität Jesu gedeckt. Es gibt keine Taufe ohne Geistverleihung, und jede Geistverleihung tendiert auf die Taufe. So kann die Firmung nur von der Taufe her einen Sinn, einen Inhalt und eine Rechtfertigung erhalten. Das Grundpostulat einer Rückbindung der Firmung an die Taufe wird auch in vielfacher Weise von der patristischen Tradition bestätigt, in der jegliche Geistesgabe auf den Taufbefehl (Mt 28,19) und auf die Wiedergeburt (Joh 3,5) zurückgeführt wird. (. . .) Aus exegetischen wie aus patristischen Gründen also kann die Firmung nicht als ein neues Sakrament gegenüber der Taufe gelten, sie muß vielmehr als deren letzte Phase betrachtet werden."[1184] Ganz abgesehen davon, daß eine solche Einsicht ein arithmetisches Verständnis der sakramentalen Heptade ad absurdum führt, müßte sich daraus auch die logische Folgerung ergeben, daß Taufe und Firmung eigentlich nicht zu trennen sind.
Doch dieser Einsicht steht eine alte liturgische Praxis entgegen, die in sich wieder Ausdruck einer bestimmten Mentalität ist.[1185] So zeichnet sich heute im Westen in

1183 Vgl. O. Clément, Eglise espace de l'Esprit, in Contacts No. 97/1977, S. 36. O. Clément spricht davon, daß im christlichen Orient sich die enge Verbindung zwischen Myronsalbung und der Taufe erst "nach und nach" ergeben habe. Vgl. auch S. Harkianakis, Ekklesiologische Bedeutung von Taufe und Firmung, in E. Chr. Suttner (Hrg.), Taufe und Firmung, S. 79. Der griechisch-orthodoxe Metropolit verteidigt sogar trotz ihrer engen Verbindung die Eigenständigkeit von Taufe und Myronsalbung: "Ihre Selbständigkeit kann man nicht leugnen, da sowohl die alttestamentlichen Vorbilder dieser Sakramente wie auch ihre neutestamentliche Einsetzung und ihre Bezeugung in der patristischen Literatur von zwei klar voneinander zu unterscheidenden Riten sprechen. Andererseits ist aber ihre Zusammengehörigkeit von der Sache her so groß, daß man kaum das eine erwähnen kann, ohne das andere mitzudenken. Taufe und Firmung gehören zueinander wie Auferstehung und Pfingsten."

1184 J. Amougou-Atangana, op. cit., S. 279.

1185 Immerhin hat sich in der liturgischen Praxis nach dem Zweiten Vatikanischen Konzil zunehmend der Brauch eingebürgert, daß auch in der katholischen Kirche manche Bischöfe das Recht zur Firmung an bestimmte Priester (Bischofsvikare, Generalvikare) delegieren, womit der ursprüngliche Grund für die Aufspaltung von Taufe und Firmung eigentlich mehr und mehr dahinfällt. Doch während es für den christlichen Morgenländer von seinem ganzen Glaubensverständnis her als selbstverständlich erscheint, ein neues Menschenwesen so bald als möglich mit den grundlegenden Gnadenmitteln auseinem gewissen Sinn ein ähnliches Phänomen ab, dem wir im Osten begegnet sind: ein Gegensatz zwischen theologischem Überbau und liturgischer Praxis. Nur haben sich dabei die Vorzeichen verkehrt. Im Morgenland standen westliche Vorstellungen in einem Spannungsverhältnis zur östlichen Praxis, während sich heute im Abendland östliche Vorstellungen nur schwer mit der westlichen liturgischen Praxis in Übereinstimmung bringen lassen.

C. Von der "Letzten Ölung" zurück zur "Krankensalbung"

Mit der neuen "Ordo unctionis infirmorum eorumque pastoralis curae" vom 7. Dezember 1972 wurde auch dem Wunsch des II. Vaticanums nach einer Neuordnung der "Krankensalbung" im Sinn einer.Hervorhebung als Sakrament der Kranken und nicht der Sterbenden ("letzte Ölung") entsprochen.[1186] Es galt dabei, zur ursprünglichen Praxis der Kirche zurückzufinden, wie sie bereits im Jakobusbrief mit den Worten bezeugt ist: "Ist jemand krank unter euch, so rufe er die Priester der Kirche. Sie sollen über ihn beten und ihn mit Öl salben im Namen des Herrn" (Jak 5,14f.). Seit dem Mittelalter war nämlich die Krankensalbung in der lateinischen Kirche immer mehr zu einem "Sakrament des letzten Augenblicks" geworden, so daß der große orthodoxe Theologe des 15. Jahrhunderts, Symeon von Thessalonike, den Katholiken (1430) wohl mit gutem Recht vorwarf, sie hätten den Glauben verfälscht, indem sie zu einer bloßen Salbung der Sterbenden machten, was einst das "mustērion" für die Gesundung der Kranken war.[1187]
Immerhin war auf dem Konzil von Trient das Bewußtsein noch vorhanden, daß dieses Sakrament primär den Kranken und nicht den Sterbenden gilt, so daß die Einschränkung, die Krankensalbung dürfe "nur in Todesgefahr" gespendet

zurüsten, ringen westliche Theologen charakteristischerweise mit dem Problem, daß ein vollgültiger Empfang der Sakramente im Grunde auch ein Bewußtsein des Empfängers für die heilige Handlung voraussetze. Damit aber stellt sich dann auch allsogleich die Frage ein, in welchem Alter denn dieses "Bewußtsein" für den richtigen Sakramentenempfang gegeben sei. Gerade darin aber zeigt sich noch einmal, wie sehr eine unterschiedliche Mentalität auch das Verständnis von den "mustēria" zu beeinflussen vermag.

1186 Vgl. Vat. II, Konstitution über die heilige Liturgie: "Die 'Letzte Öung', die auch – und zwar besser – 'Krankensalbung' genannt werden kann, ist nicht nur das Sakrament derer, die sich in äußerster Lebensgefahr befinden. Daher ist der rechte Augenblick für ihren Empfang sicher schon gegeben, wenn der Gläubige beginnt, wegen Krankheit oder Altersschwäche in Lebensgefahr zu geraten" (S.C. 73). – "Neben den Riten für getrennte Spendung von Krankensalbung und Wegzehrung soll ein zusammenhängender Ordo geschaffen werden, gemäß dem die Salbung dem Kranken nach der Beichte und vor dem Empfang der Wegzehrung erteilt wird" (S.C. 74). – "Die Zahl der Salbungen soll den Umständen angepaßt werden; die Gebete, die zum Ritus der Krankensalbung gehören, sollen so revidiert werden, daß sie den verschiedenen Verhältnissen der das Sakrament empfangenden Kranken gerecht werden" (S.C. 75).

1187 Vgl. A. Troubnikoff, Commentaires sur les Sacrements, S. 90.

werden, noch nicht formuliert wurde.[1188] Diese einschränkende Praxis wurde erst 1918 kirchenrechtlich fixiert.[1189]
Inzwischen hat man sich auch in der lateinischen Kirche sehr deutlich von dieser als Fehlform erkannten Auffassung der "Krankensalbung" als einer "letzten Ölung" (welche in der Praxis nur allzu oft den Charakter einer eigentlichen Totensalbung annahm) distanziert. Interessanterweise hat sich seit der Neuordnung der Krankensalbung auch innerhalb der lateinischen Kirche sehr rasch der Brauch eingebürgert, in sogenannten "Krankengottesdiensten" ganz generell alten und gebrechlichen Menschen dieses Sakrament zu spenden, womit man jenen Weg einschlug, den die griechische Kirche schon Jahrhunderte zuvor gegangen ist, und der im Endeffekt – wie wir bereits darlegten[1190] – die Herausbildung eines sakramentalen Ritus, der parallel zur eigentlichen Krankensalbung läuft, zur Folge hat.
Es bleibt dahingestellt, inwieweit die östliche Tradition bei der lateinischen Reform der Krankensalbung mitberücksichtigt wurde oder ob nicht die Eigengesetzlichkeit pastoraler Erfordernisse zu dieser Angleichung an die östliche Praxis führte. Jedenfalls ist nicht zu übersehen, daß sich die lateinische Kirche durch die Anknüpfung an alte kirchliche Gebräuche wieder in wesentlich stärkerem Maß jenem Verständnis der Krankensalbung annäherte, das den orthodoxen Kirchen seit langem eigen ist.[1191]

D. Concordia discordans

Unter all den Reformen, die sich aus dem Zweiten Vatikanischen Konzil ergaben und welche sich in der einen oder andern Hinsicht auf östliche Traditionen abstützen oder sich doch zumindest denselben in einem gewissen Maß annähern, wäre schließlich auch noch die Wiedereinführung eines ständigen Diakonats zu nennen.[1192] Innerhalb der lateinischen Kirche hatte nämlich das Diakonat schon sehr früh aufgehört, einen eigenständigen kirchlichen Stand zu bilden. Statt dessen wurde es nur noch als eine dem Priestertum vorangestellte Weihestufe gesehen, und es war üblich, die Diakonatsweihe meist erst unmittelbar vor der Priesterweihe zu spenden. Einen praktischen Sinn mit unmittelbar artspezifischen Handlungen hatte das Diakonat in der lateinischen Kirche weitgehend verloren. Auch in der Liturgie selbst kam dem Diakon kaum mehr als eine dekorative Funktion zu.

1188 Vgl. die Ausführungen von Abt G. Holzherr OSB (Einsiedeln) in einem Interview: Zur Erneuerung des Sakraments der Krankensalbung, in KIPA 4.3.1976.
1189 Vgl. CIC 940, § 1: "Extrema-unctio praeberi non potest nisi fideli, qui post adeptum usum rationis *ob infirmitatem vel senium* in periculo mortis versetur."
1190 Vgl. unsere Anm. 715.
1191 Vgl. unsere Ausführungen im 4. Teil, II D 5: Krankensalbung und Beerdigung.
1192 Vgl. Paul VI., Motu Proprio "Sacrum Diaconatus Ordinem" vom 18.6.1967 (AAS LIX, 1967, S. 697–704); Apostolische Konstitution "Pontificalis Romani Recognitio" vom 17.6.1968 (ASS LX, 1968, S. 369–373) und Motu Proprio "Ministeria quaedam" vom 15.8.1972.

Demgegenüber war innerhalb der östlichen Kirche das ständige Diakonat als eigener kirchlicher Stand wohl gerade deshalb voll erhalten geblieben, weil dem Diakon innerhalb der Liturgie die ganz spezifische Aufgabe zukommt, eine Art "Brücke" zwischen den Gläubigen und den Priestern (bzw. Bischöfen) im Altarraum zu sein.
Ganz im Sinn der östlichen Tradition verkündeten auch die Väter des II. Vaticanums, daß das Diakonat ein bereits von den Aposteln begründetes Dienstamt in der Gemeinschaft der Kirche sei, das den Diakonen die Aufgabe zuweist, mit sakramentaler Gnade gestärkt "dem Volke Gottes in der Diakonie der Liturgie, des Wortes und der Liebestätigkeit in Gemeinschaft mit dem Bischof und seinem Presbyterium" zu dienen.[1193]
Bei näherem Zusehen zeigt sich jedoch deutlich, daß – und dies im Unterschied zum östlichen Diakon – der Diakon der lateinischen Kirche in der Liturgie keine spezifische Funktion ausübt, so daß er innerhalb der liturgischen Handlungen entweder wie ein überflüssiger Annex erscheint, oder aber de facto den abwesenden Priester ersetzt. Im einen Fall macht er die unglückliche Figur eines Quasi-Laien, im andern Fall die eines Quasi-Priesters. Solange eine wirkliche und sinnentsprechende Integration in den liturgischen Rahmen mangelt, dürfte einem "ständigen Diakonat" als eigene kirchliche Ordnung innerhalb der lateinischen Kirche wenig Erfolg beschieden sein. Hier könnte eine konsequentere Übernahme der östlichen Tradition der lateinischen Kirche nur nützen.
Gerade dieses Beispiel weist jedoch darauf hin, daß das Zweite Vatikanische Konzil mit seiner Hinwendung zu östlichen Traditionen zwar einen Wendepunkt einer Entwicklung markiert, daß damit aber gleichzeitig erst der Beginn eines Prozesses angetönt ist, der erste Schritte in einer neuen Richtung beinhaltet. Diese Schritte, diese Tendenz zu einer Neueinschätzung und Würdigung der östlichen Überlieferung erweckt den Eindruck einer gewissen Übereinstimmung (concordia). Doch damit ist man noch längst nicht am Endpunkt angelangt, denn bei aller neugeschaffenen Übereinstimmung darf nicht übersehen werden, daß diese in manchen Punkten nur eine äußerliche geblieben ist. Vorerst besteht erst eine "concordia discordans".
Die kritische Analyse, welche der rumänische Professor Ioan G. Coman den Texten des II. Vaticanums widmete, weist recht deutlich auf noch bestehende Unstimmigkeiten hin. Der eigentliche Stein des Anstoßes liegt nach Coman auf der Ebene der Pneumatologie. Von der griechischen Vätertheologie ausgehend, schrieb der rumänisch-orthodoxe Autor: "Der Heilige Geist, der Gott ist und von Gott ausgeht, prägt uns unsichtbar das Bild Gottes ein wie in Wachs, wie ein Siegel in die Herzen derer, die ihn empfangen, indem er die menschliche Natur entsprechend der Schönheit des Archetyps kämmt. Der Mensch erwirbt durch die Heiligung und die Gerechtigkeit erneut das Bildnis Gottes.[1194] Es scheint, als trenne die Auffas-

1193 Vat. II, L.G. 29.
1194 Vgl. Cyrill Alexandr., Hom. pasch. 10,2 (M PG 77, 617 D); Thes. de sancta et consubst. Trinitate 3,4 (M PG 75, 609A); In Isaiam comment. 4,2 (M PG 70, 936 B).

sung des Zweiten Vatikanischen Konzils das Handeln Christi von dem des Heiligen Geistes. Tatsächlich bleiben die bemerkenswerten Intuitionen der ersten Kapitel, obgleich man oft vom Heiligen Geist spricht, ohne Anwendung auf die Organisation der Kirche. Es ist eher eine christomonistische und filioquistische Auffassung. Man findet darin keine 'epikletische' Konzeption des Sakraments.[1195] Ohne eine genaue und aktive Pneumatologie bleibt der Wert der Sakramente selbst diskutabel."[1196]

An anderer Stelle verwies Coman auch auf die Auswirkungen, die der Mangel einer "epikletischen Struktur" der Sakramente mit sich bringt: "Die Sakramente sind gemäß dem II. Vaticanum beinahe vollständig von der Hierarchie abhängig, welche 'in persona Christi' handelt. Das Konzil hat die Tendenz, die Hierarchie mit Christus und der Kirche zu identifizieren.[1197] Es existiert auch keine epikletische Auffassung des Sakraments. Die Epiklese macht die Laien zu Ko-Liturgen und vermeidet jede Klerikalisierung des Priestertums, weil der Priester, auch wenn er das ewige Priestertum Christi aktualisiert, gleichzeitig die pfingstliche Fülle des Gottesvolkes durch die Worte verwirklicht: 'Sende deinen Heiligen Geist *auf uns* und die hier vorliegenden Gaben.'"[1198]

Kein Zweifel, die orthodoxe Betrachtungsweise der "mustēria" impliziert weit unmittelbarer, als dies bei der lateinischen Kirche der Fall ist, den Bezug zum Wirken des Heiligen Geistes, entsprechend den Worten des Irenäus: "Da, wo die Kirche ist, da ist auch Gottes Geist; und da, wo Gottes Geist ist, da ist die Kirche und alle Gnade (...). Diejenigen, welche am Geiste teilhaben, sind jene, welche aus dem Schoße ihrer Mutter die Nahrung des Lebens schöpfen. Sie empfangen alles aus der überaus reinen Quelle, welche aus dem Leib Christi fließt."[1199] Für Dumitru Stăniloae bedeutet dies: "Durch den Heiligen Geist, welcher in Christus und damit in der Kirche bleibt, fährt der Herr fort, seine Macht in der Kirche nicht bloß durch Worte, sondern durch unmittelbare Handlungen fortzusetzen. Insbesondere übt er seine Macht durch die Sakramente, die Hierurgien und durch die treue und positive Antwort aus, die er auf die Gebete der Kirche gibt."[1200] So kann denn auch Olivier Clément sagen: "Alles konzentriert sich hier in einem Wort: *der Epiklese,* diesem Gebet, das der Priester in Gemeinschaft mit dem Volke Gottes im Zentrum jeder sakramentalen Handlung ausspricht, um vom Vater die Sendung seines Geistes auf die Materie des Sakraments und auf alle Gläubigen zu erbitten, um sie – diese durch jenes – in das *sōma pneumatikon,* den Geist-Leib des Aufer-

1195 Vgl. O. Clément bei D. Popescu, Die römisch-katholische Ekklesiologie gemäß den Dokumenten des Zweiten Vatikanischen Konzils und ihre Echos in der zeitgenössischen Theologie (rumänisch), Bukarest 1972, S. 103.
1196 I.G. Coman, Christ et l'Eglise comme sacrement de salut selon les Pères, in Hundert Jahre Christkatholisch-theologische Fakultät der Universität Bern, S. 63.
1197 Vgl. D.G. Popescu, op. cit., S. 40f.
1198 I.G. Coman, op. cit., S. 69f.
1199 Iren., adv. haer. V, 18,2.
1200 D. Stăniloae, Le Saint-Esprit dans la théologie et la vie de l'eglise orthodoxe, in Contacts No. 87, 1974, S. 239.

standenen zu integrieren: keineswegs entmaterialisiert, sondern vollauf belebt und belebend, vergöttlicht und vergöttlichend."[1201]
Es ist kaum zu bestreiten, daß es der lateinischen Theologie noch immer schwerfällt, die Sakramente als "mustēria" und dementsprechend konsequent mit allen Auswirkungen (so zum Beispiel auch bezüglich der Stellung und Funktion des Priesters) zu denken. Trotzdem dürfte die Kritik von I.G.Coman in ihrer Härte und Negativität allzu hart ausgefallen sein, insbesondere, da sie die Entwicklungen im sakramentalen Bereich nach dem Zweiten Vaticanum nicht berücksichtigt. Denn von vielen orthodoxen Theologen (und wahrscheinlich auch von den meisten katholischen Gläubigen) kaum bemerkt, hat sich bei der Reform der sakramentalen Riten ein ganz entscheidender Wandel vollzogen, der im Grunde genommen auch die wesentlichste Annäherung an östliche Traditionen darstellt. Abgesehen davon, daß die Sakramente wieder deutlicher auf die Eucharistie als Zentrum ausgerichtet wurden, und ungeachtet dessen, daß man in den neuen Meßkanones II–IV wie auch in den überarbeiteten Ritualien der Firmung und der Krankensalbung die epikletische Struktur durchaus zur Geltung brachte, erhielt auch die entsprechende sakramentale Formel ein neues Gesicht. Im Gegensatz zur bisher in der lateinischen Kirche gepflegten Tradition, welche sich bei der Sakramentenspendung stets einer indikativen Ausdrucksweise bediente, bei welcher das "Ich" der "in persona Christi" handelnden Bischöfe und Priester hervorgehoben wurde, zeichnet sich in der neuen Firmordnung wie auch bei der Krankensalbung eine Tendenz zur deprekativen Formel ab, wie sie in der Ostkirche ursprünglich bei allen "mustēria" in Gebrauch war, und welche das Wirken des Heiligen Geistes in den Vordergrund stellt.
Das sind allerdings nur Anfänge. Immerhin ist nicht zu leugnen, daß das Zweite Vaticanum ein Fenster zum Osten aufgetan hat und damit dem Strom ostkirchlicher Überlieferung eine Bresche schlug, nachdem dieser Strom für die lateinische Kirche über viele Jahrhunderte hinweg der Wirksamkeit ermangelte. Und es macht allen Anschein, als vermöchte die östliche Theologie des Mysteriums und des Bildes dem vom Absterben bedrohten westlichen Symbolverständnis entscheidende neue Impulse zu geben.
Mit der Übernahme östlicher Sakramentenriten durch die lateinische Kirche beginnt sich der Kreis zu schließen, rückt das "Sacramentum" als "MUSTĒRION" auch im Westen wieder vermehrt ins Zentrum. Ein neues Kapitel im Buch westlicher Sakramentenlehre ist aufgeschlagen worden. Vielleicht wird es einmal einen neuen Abschnitt in der Wechselwirkung zwischen Orient und Okzident darstellen, nämlich den Einfluß der morgenländischen Tradition von den "mustēria" auf die zeitgenössische abendländische Sakramentenlehre.

O. A. M. D. G.

1201 O. Clément, L'Eglise espace de l'Esprit, in Contacts No. 97, 1977, S. 35.

ANHANG

Abkürzungen

AAS	Acta Apostolicae Sedis, Roma 1909 sq.
B-W-S	*Heinen Wilhelm* (Hrg.), Bild – Wort – Symbol in der Theologie, Würzburg 1969.
DACL	*Cabrol F. / Leclercq H.,* Dictionnaire d'archéologie chrétienne et de liturgie, Paris 1924 sq.
D	*Denzinger Hch. / Umberg Joh.,* Enchiridion Symbolorum, Freiburg/Br. [18-20]1932.
DS	*Denzinger / Schönmetzer,* Enchiridion Symbolorum, Barcelona / Freiburg / Roma [32]1963.
DTC	*Vacant A. / Mangenot E.* (Hrg.), Dictionnaire de Théologie Catholique, Paris 1903–1972, I–XVI.
EKL	*Brunotte H. / Weber O.* (Hrg.), Evangelisches Kirchenlexikon. Kirchlich-theologisches Handwörterbuch, Göttingen 1955 sq.
GCS	Die griechischen christlichen Schriftsteller der ersten drei Jahrhunderte, Leipzig 1897 sq.
H.d.O.	*Ivánka E. von / Tyciak J. / Wiertz P.* (Hrg.), Handbuch der Ostkirchenkunde, Düsseldorf 1971.
JLW	Jahrbuch für Liturgie-Wissenschaft, Münster/Westf. 1921–1941.
LthK	Lexikon für Theologie und Kirche, Freiburg/Br. [2]1957–1967. Das Zweite Vatikanische Konzil, Freiburg/Br. 1966–1968.
MPG	*Migne J.P.,* Patrologiae cursus completus. Series graeca, Paris 1857–1866.
MPL	*Migne J.P.,* Patrologiae cursus completus. Series prima latina, Paris 1844–1855.
OC	Orientalia christiana, Roma 1923–1934.
OCA	Orientalia christiana analecta, Roma 1935 sq.
OCP	Orientalia christiana periodica, Roma 1935 sq.
R.D.	*Schultze B.,* Russische Denker, Wien 1950.
Rech SR	Recherches de science religieuse, Paris 1910 sq.
Rev SR	Revue des sciences religieuses, Strasbourg 1921 sq.
RGG	*Galling Kurt* (Hrg.), Die Religion in Geschichte und Gegenwart. Handwörterbuch für Theologie und Religionswissenschaft, Tübingen [3]1957–1965.

RPTK	Realencyklopädie für protestantische Theologie und Kirche, Leipzig ^{3}1896–1913.
RSPT	Revue des sciences philosophiques et théologiques, Paris 1907 sq.
S.Chr.	Sources Chrétiennes, Paris 1941 sq.
Th Gl	Theologie und Glaube, Paderborn 1909 sq.
ThWBzNT	*Kittel Gerhard / (Friedrich G.)* (Hrg.), Theologisches Wörterbuch zum Neuen Testament, Stuttgart 1933 sq.
TKDA	Trudy Kievskoj Duchovnoj Akademii, Kiev 1860 sq.
ZKT	Zeitschrift für katholische Theologie, Wien 1877 sq.
ŽMP	Žurnal Moskovskoj Patriarchii, Moskva 1944 sq.
ZNW	Zeitschrift für die neutestamentliche Wissenschaft und die Kunde der älteren Kirche, Gießen 1900 sq., Berlin 1934 sq.

Zeitschriftenüberschau

Biserica Ortodoxă Română, Bucureşti 1882 sq.

Bogoslovskaja Mysl' (cf. *Pravoslavnaja Mysl'*, Paris 1942, IV)

Bogoslovskie Trudy, Moskva 1960 sq.

Cărkoven Vestnik, Sofija

Catholica, Vierteljahresschrift für ökumenische Theologie, Münster/Westf. 1947 sq.

Catholica Unio, Fribourg 1933 sq., Luzern

Cerkovnyja Vedomosti, Spb. duch. akademija 1888 sq.

Christianskaja Mysl', Kiev

Concilium (deutsche Ausgabe), Zürich/Mainz 1965 sq.

Concilium (édition française), Paris 1968 sq.

Contacts, Revue française de l'Orthodoxie, Paris 1949 sq.

Der christliche Osten, Würzburg 1946 sq.

Diakonia, A Quarterly Journal to Advance the Orthodox-Catholique Dialogue, Bronx, New York 1966 sq.

Dieu-Vivant, Paris

Ekklēsia, Episēmon Deltion tēs Ekklēsias tēs Hellados, Athēnai 1923 sq.

Episkepsis (édition grecque et française), Chambésy/Genève 1970 sq.

Internationale Kirchliche Zeitschrift, Bern 1911 sq.

Irénikon, Amay, Chevetogne 1926 sq.

Istina, Boulogne-sur-Seine 1954 sq.

Kyrios, Vierteljahresschrift für Kirchen- und Geistesgeschichte Osteuropas, Berlin 1936–1944, N.F. 1960/61 sq.

Le Messager Orthodoxe, Paris

La Pensée Orthodoxe (cf. *Pravoslavnaja Mysl' XII/XIII*, Série française), Paris 1966/68

Le Lien, Bulletin du Patriarcat grec-melkite catholique, Beyrouth 1936 sq.

Nea Sion, Jerusalem

Orientierung (Apologetische Blätter), Zürich 1937 sq.

Ortodoxia, Revista Patriarhiei Române, Bucureşti 1949 sq.

Ostkirchliche Studien, Würzburg 1952 sq.

Pravoslavnaja Mysl', Trudy pravoslavnago bogoslovskago instituta, Paris 1928 sq.

Put', Organ russkoj religioznoj mysli, Paris 1925 sq.

Recherches de science religieuse, Paris 1910 sq.

Revue des sciences philosophiques et théologiques, Paris 1907 sq.

Revue des sciences religieuses, Strasbourg 1921 sq.

Russia Cristiana Ieri e Oggi, Milano 1960 sq.

Sobornost', The Journal of the Fellowship of St. Alban and St. Sergius, London 1935 sq.

Stimme der Orthodoxie, Berlin-Ost 1957 sq.

St. Vladimir's Seminary Quarterly, Crestwood, New York 1953 sq.

The Ecumenical Review, The Quarterly of the World Council of Churches, Genève 1948 sq.

The Greek Orthodox Theological Review, Brookline Massachusetts 1956 sq.

The Journal of Theological Studies, London 1899 sq.

Theologia, Athēnai 1923 sq.

Trudy Kievskoj Duchovnoj Akademii, Kiev 1860 sq.

Una Sancta, Zeitschrift für ökumenische Begegnung , Meitingen/Freising 1946 sq.

Vestnik russkogo studenčeskogo christianskogo dviženija, Paris/New York

Zeitschrift für die neutestamentliche Wissenschaft und die Kunde der älteren Kirche, Gießen 1900 sq., Berlin 1934 sq.

Zeitschrift für katholische Theologie, Wien 1877 sq.

Živoe Predanie, Pravoslavie v sovremennosti (cf. *Pravoslavnaja Mysl',* Paris 1937, III)

Žurnal Moskovskoj Patriarchii, Moskva 1944 sq.

Literaturverzeichnis

I. AUTOREN (1) UND PUBLIKATIONEN ohne Autorenangabe (2)

Die Ziffern in Kursivschrift verweisen auf die entsprechende Nummer unserer Anmerkungen, in denen der Autor oder das Werk zitiert sind.

1. Autoren

Adam K., Die Eucharistielehre des heiligen Augustinus: Gesammelte Aufsätze, Augsburg 1936, *(203, 207, 208)*.

Afanas'ev N. (Afanassieff N.), Apostol' Petr i Rimskij episkop: Pravoslavnaja Mysl', 1955/10, 7–32 (cf. L'apôtre Pierre et l'évêque de Rome: Theologia, 1955/26, *(732)*.

ders., Cerkov' ducha svjatogo, Paris 1971, *(816, 926, 930)*.

ders., Dve idei vselenskoj Cerkvi: Put', 1934/45, 16–29.

ders., Granicy Cerkvi: Pravoslavnaja Mysl', 1949/7, 17–36.

ders., Tainstva i tajnodejstvija: Pravoslavnaja Mysl', 1951/8, 17–34, *(18, 154, 155, 755–758, 761–776, 778–781, 988, 1011, 1108, 1122, 1123)*.

ders., Vrata Cerkvi: Vestnik, 1974/114, 29 sq.; 1975/115, 25 sq.

ders., L'Eglise de Dieu dans le Christ: La Pensée Orthodoxe, 1968/2 (13), 1–38.

ders., L'Eglise qui préside dans l'Amour: Afanassieff/Koulomzine/Meyendorff/Schmemann (Hrg.), La Primauté de Pierre dans l'Eglise orthodoxe, Paris/Neuchâtel 1960 (cf. Das Hirtenamt der Kirche: In der Liebe der Gemeinde vorstehen: Der Primat des Petrus in der orthodoxen Kirche, Zürich 1961, 7–66), *(727, 728, 730–732, 756)*.
Quelques réflexions sur les prières d'ordination de l'évêque et du presbytre dans la 'Tradition Apostolique': La Pensée Orthodoxe, 1966/1 (12), 5–20.

Afanassieff N./Koulomzine N./Meyendorff J. Schmemann A. (Hrg.), La Primauté de Pierre dans l'Eglise orthodoxe, Paris/Neuchâtel 1960 (cf. Der Primat des Petrus in der orthodoxen Kirche, Bibliothek für orthodoxe Theologie und Kirche, I, Zürich 1961), *(646, 727–732, 735–737, 740, 745, 746)*.

Agafodor Preobraženskij, Zakon Božij, Los Angeles [38]1963, *(513)*.

Agnostopoulos B., Mustērion in the Sacramental Teaching of John of Damaskus: Studia Patristica (Texte und Untersuchungen zur Geschichte der altchristlichen Literatur 64), Leipzig/Berlin 1957, II, 164–174.

Alberigo J./Ioannou P.P./Leonardi C./Prodi P. (Hrg.), Conciliorum Oecumenicorum Decreta, Freiburg/Br. [2]1962.

Alexis van der Mensbrugghe, The Sacraments: Bridges or Walls between Orthodoxy and Rome: Diakonia, 1968/2, 184–213.

Alger de Liège, De sacramentis, *(220)*.

Alibizatos 'Amilkar (Alivisatos H.), 'Ē Oikonomia kata to Dikaion tēs Orthodoxou Ekklēsias, Athēnai 1949, *(575)*.

ders., Procès-Verbaux du 1er Congrès de Théologie orthodoxe, 29. Nov.–6. Dez. 1936, Athēnai 1939, *(677, 678)*.

Althaus P., Die Theologie Martin Luthers, Gütersloh [2]1963, *(322)*.

Ambrosius (Ambroise de Milan), De Abraham, *(1066)*.

ders., In Luc. (cf. Traité sur l'Evangile de S. Luc, S. Chr. 52, Paris 1958), *(215–217, 524, 1064)*.

ders., De mysteriis (cf. Des sacrements. Des mystères, S. Chr. 25 bis, Paris [2]1961), *(218)*.

Ammann A.M., Ostslawische Kirchengeschichte, Wien 1950, *(391, 396)*.

Amougou-Atangana J., Ein Sakrament des Geistempfangs?, Freiburg/Basel/Wien 1974, *(1174, 1176, 1184)*.

Amvrosij Ključarev, Polnoe sobranie propovedej vysokopreosvjaščennejšago archiepiskopa Amvrosija byvšago Char'kovskago – s priloženijami, Char'kov 1902/1903, I–V, *(622)*.

Andronikov K. (Andronikoff Constantin), Le sens des fêtes, Paris 1970, *(949)*.

Androutsos Hrēstos, Dogmatikē tēs Orthodoxou anatolikēs Ekklēsias, Athēnai 1907, [2]1956, *(16, 537, 609, 613)*.

ders., Dokimion Sumbolikēs ex apopseōs Orthodoxou, Athēnai 1901, [2]1930 (Thess. 1963), *(608)*.

Anthimos VII. (Patr. von Konstant.), "Ekklēsiastikē Alētheia" 29.9.1895: Karmirēs, Mnēmeia, II[2], 1018–1032, *(1054)*.

Antonij Chrapovickij, Opyt Christianskago Pravoslavnago Katichizisa, Srem. Karlovcy 1924, *(1104)*.

Arsen'ev Nikolaj, O liturgii i tainstve Evcharistii, Paris 1927.

Asterius von Amasea, "In parabolam de filio prodigo": Photii Bibliotheca, Cod. 271, *(1169)*.

Aszfalg J./Krüger P. (Hrg.), Kleines Wörterbuch des christlichen Orients, Wiesbaden 1975, *(1137)*.

Athanasios (Athanase d'Alexandrie), Oratio adversus Arianos, *(95)*.

ders., De incarnatione (cf. De l'Incarnation du Verbe, S. Chr. 18, Paris 1947), *(839)*.

Athanasios Parios, Epitomē eite sullogē tōn theiōn tēs pisteōs dogmatōn, Leipzig 1806, *(504)*.

Athenagoras (episkop), "Priesthood as a Sacrament": The Greek Orthodox Theological Review, Brookline Massachusetts 1957/III, 2, 168–181.

Augustinus, De baptismo c. Donat., *(613, 1084)*.

ders., De civitate Dei, *(204, 205)*.

ders., De doctrina christiana, *(199, 200)*.

ders., De libero arbitrio, *(1063)*.

ders., De musica, *(1063)*.

ders., De Trinitate, *(900)*.

ders., Epistulae 55, 98, 138, *(1065, 206, 201)*.

ders., Sermo 272, *(136, 202)*.

ders., Tractatus in Ioannis evang., *(140, 210, 211)*.

Averkij (archiepiskop), Značenie Vselenskich Soborov: Sem' Vselenskich Soborov, Jordanville, N.Y. 1968, 132–142, *(674)*.

Balanos D., To Kuros tōn Agglikanikōn Heirotoniōn, Athēnai 1939, *(582)*.

Balthasar H.-U. von, Le mysterion d'Origène: Rech SR, 1936/26, 513–562; 1937/27, 38–64, *(168)*.

ders., Parole et mystère chez Origène, Paris 1957, *(58, 100, 1068)*.

ders., Sponsa Verbi, Einsiedeln 1961, *(156–158)*.

Bardenhewer O./Schermann Th./WeymanK. (Hrg.), Bibliothek der Kirchenväter, München/Kempten 1911–1931.

Bartmann B., Grundriß der Dogmatik, I/II, Freiburg/Br. [2]1931.

ders., Précis de théologie dogmatique, I/II, Mulhouse 1951.

Basileios d. Gr. (Basile de Césarée), De Spiritu Sancto (cf. Traité du Saint-Esprit, S. Chr. 17, Paris 1947), *(95, 97, 846, 867, 898, 946, 947)*.

ders., Epist. 188, *(114)*.

Beck H.-G., Das byzantinische Jahrtausend, München 1978.

Bellarmin R., Dottrina cristiana breve, Roma 1597.

ders., Dichiarazione piu copiosa della dottrina cristiana, Roma 1598, *(396)*.

Benz E., Wittenberg und Byzanz, Marburg 1940.

Berdjaev Nikolaj (Berdiaeff Nicolas), Die Krisis des Protestantismus und die russische Orthodoxie: Orient und Occident, 1929/1, *(790)*.

ders., Essai sur Khomiakov, Paris 1912.

Bérenger de Tours (Berengar), De sacra coena, *(243–246)*.

Bernard R., L'image de Dieu d'après saint Athanase, Paris 1952, *(74)*.

Bessarion J. (Vissarion Joh.), Graecorum confessio (28.8.1438): Mansi, 31 A, 1046. *(390)*.

Betz J., Die Eucharistie in der Zeit der griechischen Väter, Freiburg/Br. 1955, I/1, [2]1964, II/1, *(115)*.

ders., Art. Eucharistie: Herders Theologisches Taschenlexikon, Freiburg/Br. 1972/II, p. 226–241; Handbuch theologischer Grundbegriffe, München 1962/I, 336–355; LThK, Freiburg/Br. [2]1959, III, 1142–1157, *(381, 382)*.

Blanke F., Zwinglis Sakramentsanschauung: Theologische Blätter, 1931/10, col. 283–290, *(320)*.

Bobrinskoj B. (Bobrinskoy Benoit), Baptême, sacrement d'unité, Paris 1971.

Boethius, De arith., *(1063)*.

Boff L., Os sacramentos da vida e a vida dos sacramentos, Petrópolis (Brasilia) 1975; Kleine Sakramentenlehre, Düsseldorf 1976, *(1132)*.

Bonwetsch N./ (Möller W.), Art. Dionysios Areopagita: RPTK, Leipzig [3]1898, IV, 687–696.

Bornert R., Les commentaires byzantins de la divine liturgie du VIIe au XVe siècle, Institut français d'études byzantines, Paris 1966, *(60, 75, 88, 93)*.

Bornkamm G., Art. mustērion: ThWBzNT, 1943, IV, 809–834, *(26, 27, 30, 34, 39, 48, 50, 51, 57, 159, 190)*.

Bornkamm H., Luthers geistige Welt, Gütersloh [2]1953, *(311)*.

Botte B., Le Canon de la Messe Romaine, Mont-César 1935, *(890)*.

Botte B./Cadier J./Cazelles H./Hruby K./ Vogel C. (Hrg.) Eucharisties d'Orient et d'Occident, I/II, Cerf, Paris 1970, *(1164)*.

Bratsiotēs Panagiotēs (Bratsiotis Panagiotis), 'H 'ellēnikē theologia kata tēn teleutaian pentēkontaetian: Theologia 1949/19, 87–112, 271–286.

ders., Die orthodoxe Kirche in griechischer Sicht, I/II, EVV, Stuttgart 1959/60.

Brightman F.E., Liturgies Eastern and Western: I. Eastern Liturgies, Oxford 1896, *(886)*.

Brinktrine J., Die heilige Messe, Paderborn [2]1934, *(890)*.

Brugger W. (Hrg.), Philosophisches Wörterbuch, Freiburg/Br. [8]1961, *(61, 71)*.

Brunotte H./Weber O. (Hrg.), Evangelisches Kirchenlexikon, Göttingen 1956–1961, *(312)*.

Bubnoff N. von, Das dunkle Antlitz – Russische Religionsphilosophen I, Köln 1966, *(628, 640, 643, 649–661)*.

Bulgakov S.N. (Boulgakoff Serge), Evcharističeskij dogmat: Put', 1930/20, 3–46; 21, 3–33;

ders., Eucharistic Dogma: Sobornost', 1960/2 (Series 4), 66–76, *(693)*.

ders., Ierarchija i tainstva: Put', 1935/49, 23–47.

ders., Nevesta Agnica, Paris 1945, *(684, 687, 688, 691, 692, 1107)*.

ders., Očerki učenija o Cerkvi: Put', 1926/2, *(682)*.

ders., L'Orthodoxie, Paris 1932; Pravoslavie (Očerki učenija pravoslavnoj Cerkvi), YMCA-Press, Paris 1965, *(506, 525, 685, 686, 700, 701, 765, 765, 854, 860, 863, 1105, 1120)*.

Bulgakov S.V., Nastol'naja kniga dlja svjaščenno-cerkovno služitelej, Char'kov [2]*1900, (669)*.

Cabrol F. art. Epiclèse: DACL, V/1, 142–184, *(890)*.

Calian C.S., Cyrill Lucaris: The Patriarch Who Failed: Journal of Ecumenical Studies, Philadelphia 1973/2, 319–336, *(443)*.

Calvin Joh. (Jean), Ioannis Calvini Opera selecta, München 1926 sq., *(327–337, 342–348, 350)*.

Campenhausen H. von, Lateinische Kirchenväter, Stuttgart 1960, *(611)*.

Canisius Petrus, Summa doctrina christianae, Wien 1555; Catechismus minimus, Ingolstadt 1556; Parvus catechismus catholicorum, Köln 1558, *(395)*.

Casel O., Das christliche Kultmysterium, Regensburg 1932, *(24, 47, 49)*.

ders., Zur Epiklese: JLW, 1923/3, 100 sq., *(876, 890)*.

ders., Glaube, Gnosis und Mysterium: JLW, 1941/15, 155–305.

ders., Das Mysteriengedächtnis der Mess-Liturgie im Lichte der Tradition: JLW, 1926/6, 113–204.

ders., Mysteriengegenwart: JLW, 1928/8, 145–224.

ders., Neue Beiträge zur Epiklesenfrage: JLW, 1924/4, 169–178, *(879, 890)*.

ders., Neue Zeugnisse für das Kultmysterium: JLW, 1936/13, 96–126.

Čel'cov G., Zakon Božij, Berlin o.J., *(514)*.

Četverikov S.I., Evcharistija, kak sredotočie Christianskoj žizni: Put', 1930/22, 3–23.

ders., Velikim postom, Paris 1926.

Chomjakov A.S. (Khomiakoff A.S.), Cerkov' odna, (Berlin 1926), São Paulo 1953, *(628, 633, 634, 640, 643, 649–661, 702, 1102).*

ders., Polnoe sobranie sočinenij, Moskva 1900–1907, *(642).*

ders., L'Eglise latine et le protestantisme au point de vue de l'Eglise d'Orient, Lausanne/Vevey 1872, *(629, 638, 639, 641, 644, 645, 648, 662).*

Clemens Alexandrinus (Clément d'Alexandrie, Klemens), Eclogae proph., *(146).*

ders., Protrepticus (cf. Protreptique, S. Chr. 2, Paris 1949), *(53).*

ders., Stromata (cf. Stromate I, S. Chr. 30, Paris 1951; II, S. Chr. 38, Paris 1954), *(52, 54–56, 169, 172).*

Clément O., L'ecclésiologie orthodoxe comme ecclésiologie de communion: Contacts, 1968/61, 10–36.

ders., L'Eglise espace de l'Esprit: Contacts, 1977/97, 25–47, *(1183, 1201).*

ders., L'Eglise orthodoxe (Que sais-je?), Paris 1965, *(738, 741).*

ders., A propos de l'Esprit Saint: Contacts, 1974/85, 85–91, *(785, 932).*

ders., A propos d'une théologie de l'icône: Contacts, 1960/32, 241–253, *(1025).*

ders., Après Vatican II: Vers un dialogue théologique entre catholiques et orthodoxes: La Pensée orthodoxe, Paris 1968/2 (13), 39–52, *(931, 933).*

ders., La vie et l'oeuvre de Paul Evdokimov: Contacts, 1971/73–74, 11–106, *(799).*

Clercq Ch. de, Ministre et sujet des sacrements dans les anciens canons et aujourd'hui: Kanon – Jahrbuch der Gesellschaft für das Recht der Ostkirchen, Wien 1973, I, 54–58, *(576, 584).*

Coman I.G., Christ et l'Eglise comme sacrement de salut selon les Pères: Hundert Jahre Christkatholisch-theologische Fakultät der Universität Bern (Beiheft zur Internationalen Kirchlichen Zeitschrift, Bern 1974/4), 56–74, *(1196, 1198).*

Congar Y., Die Idee der sacramenta maiora: Concilium (deutsch), 1968 (4), 9–16, *(1131).*

Crouzel H., Origène et la connaissance mystique, Louvain/Paris 1961, *(58).*

ders., Théologie de l'image de Dieu chez Origène, Paris 1956, *(74).*

Crusius M., Acta et Scripta Theologorum Wirtembergensium et Patriarchae Constantinopolitani D. Hieremiae, Wittenberg 1584, *(405).*

Cyprianus Carth., Epistulae 43, 55, 69, 70, *(725, 138, 726, 148, 610).*

Cyrillus Alexandrinus (Cyrille, Kyrill), Adversus Nestorium, *(111).*

ders., Epistula 2, *(114).*

ders., Fragm. in Mt, *(120).*

ders., Glaphyra in Gen., *(78).*

ders., Homiliae paschales, *(1194).*

ders., In Isaiam commentarius, *(1194).*

ders., Thesaurus de sancta et consubstantiali Trinitate, *(1194).*

Cyrillus Hierosolymitanus (Cyrille, Kyrill), Catecheses, *(95, 861, 1169).*

ders., Catéchèses mystagogiques, S. Chr. 126, Paris 1966, *(96, 113, 114, 131, 884, 935, 960).*

Dalmais, I.-H., Les Liturgies d'Orient, Paris 1959; cf. Die Liturgie der Ostkirchen, Aschaffenburg 1960, [2]1963, *(713, 714, 718, 1012, 1055).*

ders., Die Sakramente: Theologie und Liturgie: Ivánka/Tyciak/Wiertz, Handbuch der Ostkirchenkunde, Düsseldorf 1971, 415–443, *(231, 237).*

Daniélou J., Origène, Paris 1948, *(100).*

ders., Les symboles chrétiens primitifs, Paris 1961.

De Meester P., Studi sui sacramenti amministrati secondo il rito bizantino, Roma 1947.

Denzinger H./Schoenmetzer A., Enchiridion Symbolorum, Barcelona/Freiburg/Roma [32]1963, *(244, 246, 370).*

Denzinger H./Umberg J., Enchiridion Symbolorum, Freiburg /Br. [18-20]1932, *(14, 245, 254, 256, 257, 259, 260, 351, 352, 356, 357, 359–365, 367, 368, 370–378, 383–387, 389, 490, 530, 576, 1046, 1073, 1075, 1131, 1145, 1174).*

De Vries W., Der christliche Osten in Geschichte und Gegenwart, Würzburg 1951 *(223).*

ders., Sakramententheologie bei den Nestorianern, OCA 133, Roma 1947.

Diadochus Photicensis (Diadoque de Photicé), Capita centum de perfectione spirituali (cf. Oeuvres spirituelles, S. Chr. 5bis, Paris [2]1966, 84–163), *(902).*

Dimitrij Rostovskij, Sem' Vselenskich Soborov, Jordanville, N.Y. 1968, *(673, 674).*

Dimitrijević D., Die Heilsbedeutung von Taufe und Firmung nach orthodoxem Verständnis: Una Sancta, 1970 (25), 350–356.

ders., Das Mysterium der Kirche: Hundert Jahre Christkatholisch-theologische Fakultät der Universität Bern (Beiheft zur Internationalen Kirchlichen Zeitschrift, Bern 1974/4) 75–85, *(704, 1156).*

Dionysios (Pseudo-)Areopagita (Denis l' Aréopagite), De caelesti hierarchia (cf. La Hiérarchie céleste, S. Chr. 58bis, Paris [2]1970).

ders., De ecclesiastica hierarchia cf. Bardenhewer/Schermann/Weyman, Des heiligen Dionysios Areopagita angebliche Schriften über die beiden Hierarchien, Bibliothek der Kirchenväter, Kempten/München 1911), *104, 182–185, 689, 703, 707, 982, 987, 1013, 1016, 1086).*

Dittmar H., Der Kampf der Kathedralen, Wien/Düsseldorf 1964.

Dix G., Theology of Confirmation in Relation to Baptism, Westminster 1946, *(1175).*

Dmitrievskij A., Opisanie liturgičeskich rukopisej, chranjaščichsja v bibliotekach pravoslavnago Vostoka: I. Typika, Kiev 1895, II. Euhologia, Kiev 1901, III. Typika, Kiev 1917.

ders., Otzyv o sočinenii M.I. Orlova, Liturgija svjatogo Vasilija Velikago, S. Peterburg 1911, *(474).*

Dmitrievskij I., Istoričeskoe, dogmatičeskoe i tainstvennoe iz''javlenie božestvennoj liturgii, S. Peterburg [2]1897.

Dölger F.J., Art. Sphragis: Antike und Christentum, Leipzig 1930, II, 32–37, *(194).*

ders., Art. Sacramentum Militiae: Antike und Christentum, Leipzig 1930, II, 268–280, *(193, 194).*

Döpmann H.-D., Die Russische Orthodoxe Kirche in Geschichte und Gegenwart, Wien/Köln/Graz 1977.

Doering O., Christliche Symbole, Freiburg/Br. 1940.

Dositheos II. Notaras, 'Omologia Dositheou (cf. Suntomos 'omologias): Karmirēs, Mnēmeia, II, 746–773; Kimmel, Libri symbolici, 425–487; Mansi, XXXIV, 1723–1762; Michalcescu, Die Bekenntnisse, 160–182, *(410, 411, 444, 490–498, 511, 566, 587, 599, 604, 606, 631, 1081).*

Dournes J., Pour déchiffrer le septenaire sacramentel: Concilium (franz.), 1968 (1), 63–76; Die Siebenzahl der Sakramente – Versuch einer Entschlüsselung: Concilium (deutsch), 1968 (4), 32–40, *(1061, 1062, 1069, 1077, 1129, 1130, 1135).*

Dumont C.-J., Katholiken und Orthodoxe am Vorabend des Konzils: E. von Ivánka, Seit neunhundert Jahren getrennte Christenheit, Wien 1962, 111–135, *(788, 791).*

Dyobouniōtēs K.I. (Dyovouniotis), Ta mustēria tēs orthodoxou anatolikēs Ekklēsias ex apopsēos dogmatikēs, Athēnai 1913, *(509).*

Edelby N., Die ökumenische Rolle der östlichen katholischen Bischöfe auf dem Zweiten Vatikanischen Konzil: F. Hummer, Orthodoxie und Zweites Vaticanum, Wien/Freiburg/Basel 1966, 161–170, *(1140, 1142).*

ders., Liturgicon, Beyrouth 1960; Liturgikon, Recklinghausen 1967, *(669, 851, 852, 857, 921, 1033).*

Eisenhofer L., Handbuch der katholischen Liturgik, I/II, Freiburg/Br. 1932/33, *(878, 890, 891).*

Eliade M., Le sacré et le profane, Gallimard, Paris 1965; Das Heilige und das Profane, Rowohlts Deutsche Enzyklopädie, Hamburg 1957, *(1, 44).*

ders., Geschichte der religiösen Ideen, Bd. I: Von der Steinzeit bis zu den Mysterien von Eleusis, Freiburg/Basel/Wien 1978.

Eltester F.W., Eikon im Neuen Testament, Berlin 1958.

Emminghaus J.-H., Die Messe, Klosterneuburg bei Wien 1976, *(1157–1160, 1166, 1168).*

Epiphanius, Adversus haereses Panarium, *(114).*

Erni R., Theologie der Ikonen: Catholica Unio, 1973/3, 61 sq.; 4, 82 sq.; 1974/1, 7 sq.; 2, 31 sq.; 3, 55 sq.; 4, 83 sq.; *(94, 1030).*

Eugenius IV., Decretum pro Armenis (ex Bulla "Exultate Deo", 1439): D 695–702, *(259, 377, 384, 389, 530, 1046).*

Eusebius Caesariensis (Eusèbe de Césarée), Demonstratio evangelica, *(95, 114).*

ders., Historia ecclesiastica (cf. Histoire ecclésiastique, S. Chr. 31, 41, 55, Paris 1952, 1955, 1958), *(167).*

Evdokimov P., L'art de l'icône, Paris 1972, *(1035).*

ders., Les Ages de la Vie Spirituelle, Paris 1964;

ders., Gotteserlebnis und Atheismus, Wien/München 1967, *(646, 734, 801, 1029, 1031).*

ders., La connaissance de Dieu, Lyon 1967.

ders., La culture à la lumière de l'orthodoxie: Contacts, 1967/57, 10–34, *(796, 798).*

ders., L'Esprit Saint dans la tradition orthodoxe, Paris 1969, *(563, 868, 870, 875, 896, 897, 899, 901, 903, 907, 920, 922, 934, 945, 1041).*

ders., Eucharistie – Mystère de l'Eglise: La Pensée orthodoxe, 1968/2 (13), 53–70, *(704, 705, 780, 842, 923).*

ders., An Orthodox Look at Vatican II: Diakonia, 1966/3, 166–174, *(782, 832).*

ders., L'Orthodoxie, Neuchâtel/Paris 1959, *(554–562, 646, 698, 699, 702, 705, 717, 720, 722, 724, 740, 743, 760, 780, 823, 836, 843, 844, 848, 856, 865, 1010, 1056).*

ders., La prière de l'Eglise d'Orient, Paris/Tournai 1966, *(870, 1041).*

ders., Sacrement de l'amour, Paris 1962, *(787, 970, 974–977).*

Felmy K. Chr., Predigt im orthodoxen Rußland, Göttingen 1972, *(622).*

Feofan Zatvornik, O pravoslavii s predostereženijami ot progrešenij protiv nego, Moskva 1893, Jordanville, N.Y. 1962, *(623).*

Fiala V., Les prières d'acceptation de l'offrande et le genre littéraire du canon romain: B. Botte, Eucharisties d'Orient et d'Occident, Paris 1970, I, 117–133, *(1163).*

Filaret Drozdov, Prostrannyj christianskij katichizis pravoslavnyja kafoličeskija vostočnyja Cerkvi, razsmatrivannyj i odobrennyj Svjatejšim Pravitel'stvujuščim Sinodom i izdannyj dlja prepodavanija v Učiliščach i dlja upotreblenija vsech pravoslavnych Christian, 1839, Moskva 1909, Berlin o.J., *(512, 605).*

ders., Sobranie mnenij i otsyvov Filareta, mitropolita moskovskago i kolomenskago, po učebnym i cerkovno-gosudarstvennym voprosam, izdavaemoe pod redakcieju preosvjaščennago Savvy, archiepiskopa tverskago i kašinskago, I–V/2, S. Peterburg/Moskva 1885–1888, *(1002).*

Filaret Gumilevskij, Pravoslavnoe dogmatičeskoe bogoslovie, Černigov 1865, S. Peterburg [3]1882, *(186, 630).*

Filaret Voznesenskij, Konspekt po Zakonu Božiju, Charbin 1936.

Filonova L., O tainstvach pravoslavnoj Cerkvi (Manuskript), Paris 1956, *(1083).*

Finkenzeller J., Art. Sakrament III: LThK, Freiburg/Br. 1964, IX, 220–225, *(191, 353).*

Fischer B., Östliches Erbe in der jüngsten Liturgiereform: Liturgisches Jahrbuch 1977/2, 92 sq.

Fitzer G., Art. sfragis: ThWBzNT, Stuttgart 1964, 939–954, *(262).*

Florenskij P., Ikonostas: Bogoslovskie trudy, 1973/9, 80–148, *(1024).*

ders., L'icône: Contacts, 1974/88, 309–331.

Florovskij G. (Florovsky G.), Christianity and Civilisation: St. Vladimir's Seminary Quarterly, N.Y. 1952/1, *(680).*

ders., Le Corps du Christ Vivant: La Sainte Eglise Universelle, Neuchâtel/Paris 1948, *(837, 859, 862).*

ders., Eschatologie in der Patristik: Studia patristica, Berlin 1957, II, *(679).*

ders., L'Eglise, sa nature et sa tâche: L'Eglise universelle dans le dessein de Dieu, Neuchâtel/Paris 1949, *(720).*

ders., Evcharistija i sobornost': Put', 1929/19, 3–22.

ders., Patristik und moderne Theologie: Procès-Verbaux du 1er Congrès de Théologie orthodoxe, Athēnai 1939, 233 sq., *(678)*.

ders., Puti russkago bogoslovija, Paris 1937.

ders., Westliche Einflüsse in der russischen Theologie: Procès-Verbaux, Athēnai 1939, 212–232, *(677)*.

Forstner D., Die Welt der Symbole, Innsbruck/Wien/München ²1967, *(2, 789, 957, 961, 1059, 1127)*.

Fries H. (Hrg.), Handbuch theologischer Grundbegriffe, München 1962/63, I/II, *(170)*.

ders., Wort und Sakrament, München 1966.

Gabriēl (Archimandrit), The Sacrament of Penance in the Greek Church: Sobornost', 1964/11 (Series 4), p. 650–657.

Gabriēl Sebēros (Severus), Suntagmation peri tōn 'agiōn kai 'ierōn mustēriōn, Venezia 1600, *(394, 438, 440, 502)*.

Galbiati E., I Sacramenti ponti o muri tra l'Ortodossia e Roma: Russia Cristiana, 1966/76 & 77,3 sq.

Galling K. (Hrg.), Die Religion in Geschichte und Gegenwart (Handwörterbuch für Theologie und Religionswissenschaft), Tübingen ³1957–1965, *(1058)*.

Galot J., La nature du caractère sacramentel, Gembloux 1957.

Ganoczy A., Ecclesia ministrans. Dienende Kirche und kirchlicher Dienst bei Calvin, Freiburg/Basel/Wien 1968, *(330, 340, 344, 349)*.

Gatterer M. (Hrg.), Das Religionsbuch der Kirche (Catechismus Romanus), 2. Teil: Von den Sakramenten, Innsbruck/Leipzig ³1941.

Geiselmann R., Die Eucharistielehre der Vorscholastik, Paderborn 1926.

Georgiadēs D. (Georgiadis D.), Die Taufe der Heterodoxen (griech.): Nea Sion, 1924/XIX, *(579, 583)*.

Geōrgios Scholarios, De sacramento corporis Christi: Oeuvres complètes, Paris 1928, I, *(1047)*.

Gerganos Z., Katechismus, 1622, *(406)*.

Gerken A., Theologie der Eucharistie, München 1973, *(72, 73, 77, 91, 117–119, 121, 122, 152, 153, 163, 808, 811)*.

Germanos (Metr.), Kyrillos Loukaris, London 1951, *(441, 443)*.

Germogen Dobronravin, O svjatych tainstvach pravoslavnoj Cerkvi, S. Peterburg 1904, *(519)*.

Ghellinck J. de, Un chapitre dans l'histoire de la définition des Sacrements au XIIe siècle: Mélanges Mandonnet, Paris 1930, II, 79–96, *(205)*.

ders., Pour l'histoire du mot "sacramentum", Louvain 1924.

Glindskij V., Osnovy christianskoj pravoslavnoj very, San Francisco 1965, *(1104)*.

Goar J., Euhologion sive Rituale Graecorum, Paris 1647, ²1676, Venezia ²1730, *(994)*.

Goethe J.W., Dichtung und Wahrheit (cf. Goethes Werke in sechzehn Bänden, Berlin/Leipzig o.J.), *(3–7)*.

Gogol' N., Razmyšlenija o Božestvennoj Liturgii (cf. A. von Maltzew, Liturgikon, Berlin 1902, IX–CVIII), *(188)*.

Golubinskij E., Istorija Russkoj Cerkvi, Moskva 1901–1906, I–V.

Gordillo M., Introductio in Theologiam Orientalem, OCA 158, 1960, I; 1961, II, *(406, 411)*.

Gorskij F. (Gorsky Th.), Orthodoxae orientalis Ecclesiae dogmata, seu doctrina christiana de credendis, usibus eorum qui studio theologico sese consecrarunt addixeruntque adornata accomodataque, Petropoli 1783, Mosquae 1831, *(523)*.

Gratieux A., Le mouvement slavophile à la veille de la Révolution, Paris 1953.

Gregorios Palamas, Homilia 60, *(1098)*.

Gregorius VII., Concilium Romanum VI (1079) de ss. Eucharistia (cf. D 355, DS 700), *(245, 246)*.

Gregorius Nyssenus (Grégoire de Nysse), De vita Moysis (cf. La vie de Moïse, S. Chr. 1 bis, Paris ²1955), *(1068)*.

ders., In baptismo Christ., *(961)*.

ders., In Ecclesiasten homiliae, *(112)*.

ders., Oratio catechetica, *(95)*.

Hackel A., Ikonen, Freiburg/Br. [3]1950, *(1027)*.

Hänggi A. / Pahl I., Prex Eucharistica, Fribourg (Suisse) 1968.

Hammerschmidt E./Hauptmann P./Krüger P./ Ouspensky L./Schulz H.-J., Symbolik des orthodoxen und orientalischen Christentums, Stuttgart 1962, *(1001, 1137)*.

Harkianakis S., Die Entwicklung der Ekklesiologie in der neueren griechischen Theologie: Catholica, 1974 (28), 1–12.

ders., Ekklesiologische Bedeutung von Taufe und Firmung: E.Chr. Suttner, Taufe und Firmung, Regensburg 1971, 73–90, *(1183)*.

ders., Orthodoxe Kirche und Katholizismus, München 1975, *(824, 832)*.

Harl M., Origène et la fonction révélatrice du Verbe incarné, Paris 1958, *(84, 85, 87)*.

Hauptmann P., Die Katechismen der russisch-orthodoxen Kirche, Göttingen 1971.

Hefele C.J. von, Conciliengeschichte, Freiburg [2]1873 sq., *(611)*.

Heiler F., Urkirche und Ostkirche, München 1937 (cf. Die Ostkirchen, München 1971), *(186, 187, 229, 233, 403, 412, 574, 631, 892, 906, 979, 989, 990, 1018, 1028, 1041, 1049, 1054, 1078)*.

Heilmann A./Kraft H. (Hrg.), Texte der Kirchenväter, I–V, München 1963–1966, *(140, 883)*.

Heinen W., Theologie für Menschen des 20. Jahrhunderts: B-W-S, 1969, 9–34, *(9–11)*.

Heinze M., Art. Neuplatonismus: RPTK, [3]1903, 13, 782–784, *(63, 65)*.

Heitz S., Der orthodoxe Gottesdienst, Mainz 1965, I, *(713, 947)*.

Hessen J., Platonismus und Prophetismus, München/Basel [2]1955.

Hieronymus (Jérôme), Epistulae, *(111)*.

Hippolytos (Hippolyte de Rome), La Tradition Apostolique, S. Chr. 11 bis, Paris [2]1968, *(100, 104, 166, 882, 883, 1161, 1163, 1165, 1166)*.

Hirschberger J., Kleine Philosophiegeschichte, Freiburg/Br. 1961, *(271, 272, 274)*.

Hocedez E., La conception augustinienne du sacrement dans le Tractatus 80 in Ioannem: RechSR, 1919/9, 1–29.

Hofmann G., Griechische Patriarchen und römische Päpste: II/1, Patriarch Kyrillos Lukaris und die römische Kirche, OC 52, 1929, *(443)*.

Holl K., Enthusiasmus und Bußgewalt im griechischen Mönchtum. Eine Studie zu Symeon dem Neuen Theologen: Preussische Jahrbücher, Leipzig 1898/94 (cf. Gesammelte Aufsätze zur Kirchengeschichte, Tübingen 1928, II, 100 sq.), *(983)*.

ders., Über das griechische Mönchtum: Preussische Jahrbücher, Leipzig 1898/94 (cf. Gesammelte Aufsätze zur Kirchengeschichte, Tübingen 1928, II, 270–282), *(978)*.

Holtzman J.J., Eucharistic Ecclesiology of the Orthodox Theologians: Diakonia, 1973/1 (8), 5–21, *(751)*.

Holzherr G., Zur Erneuerung der Krankensalbung: KIPA, Fribourg 4.3.1976, *(1188)*.

Hoppe, Die Epiklesis der griechischen und orientalischen Liturgien und der römische Consecrationskanon, Schaffhausen 1864.

Horneius I. (Hrg.), Confessio Catholicae et apostolicae in Oriente Ecclesiae, conscripta compendiose per Metrophanem, hieromonachum quondam et patriarchalem Constantinopolitanum protosyngelum, edita et latinitate donata a joanne Horneio Academiae Juliae professore publico, Helmstadii 1661, *(407, 410)*.

Hotz R., Die 'Altgläubigen': Orientierung, 1976/3, 27–30, *(471)*.

ders., Koinōnia als kanonische Gemeinschaft: Pro Oriente (Hrg.), Auf dem Weg zur Einheit des Glaubens, Innsbruck/Wien/München 1976, cf. La Koinonia comme communauté canonique. Perspectives actuelles: Koinonia, Istina, Paris 1975, p. 127–136, *(830)*.

ders., Der Mensch – Ikone Gottes: Orientierung, 1976/22, 237 sq., *(834, 1034)*.

ders., Mysterion oder Sakrament: Catholica Unio, 1970/3, 53–57; 4, 80–85.

ders., Russen, Griechen und Katholiken: Orientierung, 1970/6–7, 67 sq., *(585)*.

ders., Die Sakramente der Eingliederung: Orientierung, 1971/4, 45–48.

Hugues de Saint-Victor (Hugo), De sacramentis, *(189, 247–249)*.

Hummer F. (Hrg.), Orthodoxie und Zweites Vaticanum, Wien/Freiburg/Basel 1966, *(1025, 1138)*.

Ignatius Antiochenus (Ignace d'Antioche), Epistula ad Ephesios (cf. infra), *(75, 165)*.

ders., Epistula ad Smyrniotes (cf. Lettres, S. Chr. 10, Paris 1951), *(146)*.

Innocentius I., Epistula "Si instituta ecclesiastica ad Decentium episc. Eugubinium" (19.3.416): D 98, *(1174)*.

Innocentius III., Epistula "Eius exemplo" ad archiepisc. Terraconensem (18.12.1208): D 420–427.

Iōannēs Hrusostomos, (Joh. Chrysost.) Catecheses ad illuminandos, *(173)*.

ders., De Pentecost. hom., *(919)*.

ders., De proditione Iudae hom., *(917)*.

ders., In ep. I ad Corinth. hom., *(101, 103, 114)*.

ders., In ep. I ad Timoth. hom., *(114)*.

ders., In ep. II ad Timoth. hom., *(916)*.

ders., In Genesim homiliae, *(141)*.

ders., In Mt homiliae, *(102, 110, 114, 524, 918)*.

ders., In Natalem Domini, *(174)*.

ders., Paraeneses ad Theodorum lapsum, *(95)*.

Iōannēs Damaskēnos, (Joh. Damasc.) De fide orthodoxa, *(123–125, 135, 835, 1097)*.

ders., De imaginibus orationes, *(1038)*.

Iōannēs 'o Nathanaēl, 'Ē 'agia leitourgia meta exēgēseōn didaskalōn, 'asper metēnegken eis tēn koinēn glōssan Iōannēs 'o Nathanaēl, 1574, *(188)*.

Ioannes Turrecremata (Torquemada), In Concilio Florentino (cf. Mansi, XXXI B, c. 1673 sq., 1683 sq., 1687 sq.), *(1043, 1045)*.

Irenaeus (Irénée de Lyon), Adversus haereses (cf. Contre les hérésies, S. Chr. 34, 100, 152/53, 210/11, Paris 1952, 1965, 1969, 1974, *(75, 143, 818, 877, 1199)*.

Iserloh E., Bildfeindlichkeit des Nominalismus und Bildersturm im 16. Jahrhundert: B-W-S, 1969, 119–138.

Isidor Kievskij, Ad Turrecrematam in Concilio Florentino (cf. Mansi, XXXI B, col. 1686 sq.), *(1044)*.

Isidorus Hispalensis (Isidore de Seville), Etymologiae, *(212, 213)*.

Iustinus, Apologia I, *(48, 75)*.

Ivánka E. von, Der Kirchenbegriff der Orthodoxie historisch betrachtet: Seit neunhundert Jahren getrennte Christenheit, Wien 1962, 55–84, *(742, 744)*.

ders., Plato Christianus, Einsiedeln 1964, *(90)*.

Ivánka E. von/Tyciak J./Wiertz P. (Hrg.), Handbuch der Ostkirchenkunde, Düsseldorf 1971, *(231, 629)*.

Izzo J.M., A Comparison of Some Sacramental Doctrines and Practices of the Roman Catholic and Eastern Orthodox Churches: Diakonia, 1975/3, 233 sq., 1976/1, 42 sq.

Jaki S., Recent Orthodox Ecclesiology: Diakonia, 1967/3, 250–265, *(632)*.

Jakšič D., Rimski dogmatičeski termin "ex opere operato" i nego pravo značen'e, Beograd 1927.

Jastrebov M.F., O tainstvach: TKDA, 1907, II/8, 481–504, *(37, 516–518, 550, 551, 570)*.

ders., Tainstvo kreščenija: TKDA, 1907, III/9, 26–40.

ders., Tainstvo miropomazanija: TKDA, 1907, III/12, 589–602.

ders., Tainstvo Evcharistii: TKDA, 1908, I/1, 1–23; I/2, 147–163.

ders., Tainstvo pokajanija: TKDA, 1908, I/3, 362–369.

ders., Tainstvo eleosvjaščenija: TKDA, 1908, I/3, 370–377.

ders., Brak: TKDA, 1908, II/6, 179–193.

ders., Tainstvo svjaščenstva: TKDA, 1908, II/6, 193–207.

Jedin H., Kleine Konziliengeschichte, Freiburg/Br. [6]1963, *(355, 614, 616)*.

Jeremias II. Tranos, Resp. ad theol. Wirtembergensium: I[a] (1576): Karmirēs, Mnēmeia, I[2], 443–503; II[a] (1579): ibidem, II, 435–475; III[a] (1581): ibidem, II, 476–503 (cf. M. Crusius, Acta et Scripta, Wittenberg 1584), *(404, 405, 410, 421, 422, 429, 436, 503, 532, 565, 573, 631, 1050, 1079)*.

Jüngel E., Das Sakrament – was ist das?: Jüngel E. / Rahner K., Was ist ein Sakrament?, Freiburg/Basel/Wien 1971, 9–66, *(34–36, 39)*.

Jugie M., Theologia dogmatica christianorum orientalium ab Ecclesia catholica dissidentium, I–V (III: De sacramentis seu mysteriis), Letouzey et Ané, Paris 1926–1935, *(412, 420, 444, 498, 499, 523, 531, 532, 545, 552, 602, 607, 964, 967, 968, 1014, 1017, 1018, 1042, 1088, 1092, 1093, 1103)*.

ders., Art. Moghila, Pierre: DTC, 1929, X, 2063–2081, *(453)*.

Jungmann J.A., Missarum sollemnia. Eine genetische Erklärung der römischen Messe, Wien [2]1949, I/II; Paris 1951–1954, *(881, 885, 886, 888, 890, 894, 895)*.

Karmirēs I. (Karmiris Johannes), Ta Dogmatika kai Sumbolika Mnēmeia tēs Orthodoxou Katholikēs Ekklēsias, Athēnai 1952/53, I/II (Graz [2]1968).

ders., Abriß der dogmatischen Lehre der orthodoxen katholischen Kirche: Die orthodoxe Kirche in griechischer Sicht (Die Kirchen der Welt, I/1), EVV, Stuttgart 1959, 15–120.

ders., Heterodoxe Einflüsse auf die Confessiones des 17. Jahrhunderts (griech.), Jerusalem 1948, *(126)*.

Kasper W., Wort und Symbol im sakramentalen Leben; eine anthropologische Begründung: B-W-S, 1969, 157–176.

ders., Wort und Sakrament: Theologisches Jahrbuch 1976, Leipzig 1976, 425–446, *(1125)*.

Kassian Bezobrazov, Vodoju, krov'ju i duchom: Pravoslavnaja Mysl', Paris 1948, vyp. VI, 103–124.

Katsanebakēs B. (Katsanevakis B.), I sacramentali nella Chiesa ortodossa, Napoli 1954.

Kattenbusch F./Steitz, Art. Sacrament: RPTK, Leipzig [3]1906, 17, 349–381, *(89, 303, 326, 338, 339, 341)*.

Kimmel E.I., Libri symbolici Ecclesiae Orientalis, Jena 1843, *(631)*.

ders., Appendix librorum symbolicorum ecclesiae orientalis, Jena 1850, *(631)*.

ders., Monumenta fidei ecclesia orientalis, Jena 1850, I/II, *(1081, 1082)*.

Kiprian Kern, Evcharistija, Paris 1947, *(890, 908, 909, 913, 916, 924, 937, 1041)*.

Kittel G. (Hrg.), Theologisches Wörterbuch zum Neuen Testament, Stuttgart 1933 sq., *(26, 27, 30, 32, 39, 48, 50, 51, 57, 74, 128)*.

Köhler W., Zwingli und Luther, I, Leipzig 1924; II, Gütersloh 1953.

Köhnlein M., Was bringt das Sakrament? (Disputation mit Karl Rahner), Göttingen 1971.

Kötting B., Von der Bildlosigkeit zum Kultbild: B-W-S, 1969, 103–118.

Kolping A., Sacramentum Tertullianum: I. Untersuchungen über die Anfänge des christlichen Gebrauchs der Vokabel sacramentum, Münster/Westf. 1948.

Konstantinidis Ch./Suttner E.Chr., Die Sakramente der Kirche in orthodoxer und katholischer Sicht, Wien 1977.

Kotsonēs 'Ierōnumos (Kotsonis Hieronymos, Jérôme), Die Stellung der Laien innerhalb des kirchlichen Organismus: Die orthodoxe Kirche in griechischer Sicht (Die Kirchen der Welt, I/2), EVV, Stuttgart 1960, 92–116, *(646)*.

ders., Problèmes de l'économie ecclésiastique, J. Duculot, Gembloux 1971, *(575, 581–583, 600, 601, 607, 609, 612, 615–617)*.

Kritopoulos Mētrofanēs, 'Omologia tēs anatolikēs ekklēsiastēs katholikēs kai apostolikēs suggrafeisa en epitomē dia Mētrofanous 'ieromonahou patriarhikou te prōtosuggelou tou Kritopoulou (cf. Ioannes Horneius, Confessio Catholicae, Helmstedt 1661; Karmirēs, Mnēmeia, II, 498–561; Michalcescu, Die Bekenntnisse, 183–252), *(407, 410, 520–522, 631)*.

Krüger P., Geist und Mysterien in der syrischen Kirche: Der christliche Osten, Würzburg 1972/3, 84–88.

Kyrillos I. Loukaris, Confessio Christianae Fidei, Genève 1629; 'Omologia tēs Christianikēs Pisteōs, Genève 1633 (cf. Karmirēs, Mnēmeia, II, 565–570; Kimmel, Libri symbolici, 24–44; Michalcescu, Die Bekenntnisse, 262–276), *(395, 400, 410, 441–447, 631, 675, 1082)*.

Lakner F., Die Bedeutung der ostkirchlichen Studien für die heutige Theologie: F. Hummer, Orthodoxie und Zweites Vaticanum, Wien/Freiburg/Basel 1966, 211–223, *(1025, 1138)*.

Lavrentij Zizanij Tustanevskij, Bol'šoj katichizis: Kniga glagolaemaja po grečeski katichizis. Po-litovski oglašenije. Ruskim-že jazykom naricaem besedoslovie, Moskva 1627, *(396)*.

Lee R., Epiclesis and ecumenical dialogue: Diakonia, 1974/1, 56–62.

Le Guillou M.-J., L'Esprit de l'Orthodoxie grecque et russe, Paris 1961; cf. Vom Geist der Orthodoxie, Aschaffenburg 1963, *(869)*.

Lelouvier Y.-N., Perspectives Russes sur l'Eglise, Paris 1968, *(681)*.

Lengeling E.J., Wort und Bild als Elemente der Liturgie: B-W-S, 1969, 177–206, *(827)*.

Lengsfeld P., Symbol und Wirklichkeit. Die Macht der Symbole nach Paul Tillich: B-W-S, 1969, 207–224.

Léon-Dufour X., Vocabulaire de théologie biblique, Paris 1966; cf. Wörterbuch zur biblischen Botschaft, Freiburg/Basel/Wien 1964, *(23, 28, 29, 31–33, 262, 871, 872, 939, 940)*.

Leys R., L'image de Dieu chez Grégoire de Nysse, Bruxelles 1951, *(74)*.

Lieb F., Sophia und Historie, Zürich 1962, *(627)*.

Lieger P. (Hrg.), Das römische Rituale, Klosterneuburg b/Wien 1936, *(952, 955)*.

Lortz J., Sakramentales Denken beim jungen Luther: Luther-Jahrbuch, Hamburg 1969, 9–41, *(310)*.

Losskij V. (Lossky Vl.), Apofaza i troičeskoe bogoslovie: Bogoslovskie trudy, 1975/14, 95–104.

ders., Bogoslovie obraza: Bogoslovskie trudy, 1975/14, 105–113.

ders., A l'image et à la ressemblance de Dieu, Paris 1967, *(849, 850, 855)*.

ders., Essai sur la Théologie Mystique de l'Eglise d'Orient, Paris 1944; Die mystische Theologie der morgenländischen Kirche, Graz/Wien/Köln 1961, *(795, 797, 1026)*.

ders., Le Pantocrator: Le Lien, 1974/1, 42–45.

Lot-Borodine M., Initiation à la Mystique sacramentaire de l'Orient: RSPT, 1935/24, 664–675.

dies., Nicolas Cabasilas, un maître de la spiritualité byzantine au XIVe siècle, Paris 1958.

Lubac H. de, Corpus mysticum, Paris ²1949, *(99, 111, 114, 214, 219–221)*.

ders., Exégèse médiévale, Paris 1959–1964, I/1–II/2, *(1070)*.

ders., Histoire et Esprit, Paris 1950, *(100)*.

ders., Méditation sur l'Eglise, Paris ³1954; Betrachtungen über die Kirche, Graz 1954 (cf. Die Kirche, Einsiedeln 1968), *(129, 853)*.

ders., Paradoxe et mystère de l'Eglise, Paris 1967; Geheimnis aus dem wir leben, Einsiedeln 1967, *(853, 866)*.

Luther M., EA – Erlanger Ausgabe ¹1826–1857; MA – Münchner-Ausgabe ²1934–1940; WA – Weimarer-Ausgabe 1883 sq.; WALCH – Walchsche Ausgabe ²St. Louis, Mo. 1880–1910, *(288–293, 295, 296, 298–302, 304–309)*.

ders., Brief an die Christen zu Straßburg wider den Schwärmergeist, *(322)*.

ders., De captivitate Babylonica ecclesiae praeludium, *(288, 322)*.

ders., Grund und Ursache aller Artikel D.M. Luthers, so durch römische Bulle unrechtlich verdammt sind, *(293)*.

ders., Postille 8 in Joh 1,19–23, *(293)*.

ders., Predigt "Von der heiligen Taufe", *(306)*.

ders., Predigt 89 in Matth 1,1 ff., *(299)*.

ders., Resolutiones disputationum de indulgentiarum virtute, *(293)*.

ders., Sermon von der Bereitung zum Sterben, *(292)*.

ders., Sermon von der Betrachtung des heiligen Leidens Christi.

ders., Sermon von dem hochwürdigen Sakrament des heiligen wahren Leichnams Christi und von den Brüderschaften, *(289–291, 296)*.

ders., Sermon von dem hochwürdigen Sakrament der Taufe, *(289, 290)*.

ders., Sermon von dem Neuen Testament, das ist von der heiligen Messe, *(288, 300–302)*.

ders., Sermon vom Sakrament der Buße, *(289).*

ders., Sermon von dem Sakrament des Leibes und Blutes Christi wider die Schwarmgeister, *(308, 309, 322).*

ders., Vom Abendmahl Christi, Bekenntnis, *(305, 307, 322).*

ders., Vom Anbeten des Sakraments des heiligen Leichnams Christi, *(304).*

ders., Vorlesungen über den Römerbrief 1515/16, München 1957, *(298).*

ders., Wider die himmlischen Propheten, von den Bildern und Sakrament, *(322).*

Makarij Bulgakov (Makarius), Pravoslavnodogmatičeskoe bogoslovie, I–VI, S. Peterburg 1847–1853 (cf. Handbuch zum Studium der orthod.-dogmat. Theologie – Übersetzung von Blumenthal, Moskau 1875), *(508, 630, 759, 820).*

ders., Istorija Russkoj Cerkvi v 12 tomach, S. Peterburg 1866–1883, *(396, 455).*

Mal'cev A.P. (Maltzew Alexios von), Andachtsbuch der Orthodox-Katholischen Kirche des Morgenlandes, Berlin 1895.

ders., Begräbniss-Ritus und einige specielle und alterthümliche Gottesdienste der Orthodox-Katholischen Kirche des Morgenlandes, Berlin 1898.

ders., Bitt-, Dank- und Weihe-Gottesdienste der Orthodox-Katholischen Kirche des Morgenlandes, Berlin 1897, *(564, 801, 965, 967).*

ders., Die heilige Krönung nach dem Ritus der Orthodox-Katholischen Kirche des Morgenlandes, Berlin 1895.

ders., Die Liturgien der Orthodox-Katholischen Kirche des Morgenlandes, Berlin 1894.

ders., Liturgikon/Služebnik, Berlin 1902.

ders., Die Sacramente der Orthodox-Katholischen Kirche des Morgenlandes, Berlin 1898, *(478, 819, 821, 993, 994, 999, 1000, 1003).*

Malinovskij N., Pravoslavnoe dogmatičeskoe bogoslovie, I: Char'kov 1895; II: Stavropol' 1903, [2]1910; III/IV: Sergiev Posad 1909, *(510, 550, 569).*

Maloney G.A., The Ecclesiology of Father Georges Florovsky: Diakonia, 1968/1, 17–25, *(671).*

Malvy A. / Viller M., La Confession Orthodoxe de Pierre Moghila, métropolite de Kiev (1633–1646), OC 39, Roma 1927, *(396, 454, 459, 462, 507, 1048).*

Mansi J.D., Sacrorum Conciliorum nova et amplissima collectio, I–XXXI, Firenze/Venezia 1759–1798, Graz 1960–1961, *(390, 451, 452, 483, 487, 488, 490–498, 646, 1043–1046).*

Manson T.W., Entry into Membership of the Eastern Church: Journal of Theological Studies, 1947/48, 25–33.

Marchese M.F., I Sacramenti nel rito bizantino-slavo: Russia Cristiana, Milano 1961/13–24, 1962/26–29.

Maximos Confessor, Mystagogia, *(188, 795, 845).*

Maximos V. Hakim, L'Expérience oecuménique de notre Eglise d'Antioche: Le Lien, 1972/1, 42–51, *(1142).*

Mayer A., Das Bild Gottes im Menschen nach Clemens von Alexandrien, Roma 1942, *(74).*

Mejendorf I. (Meyendorff Jean), Brak i Evcharistija: Vestnik, Paris/New York 1969/91–92, 5–15; 93, 8–15; 1970/95–96, 4–15; 98, 20–31.

ders., Initiation à la théologie byzantine, Paris 1975, *(107, 815, 1078, 1085, 1096, 1113).*

ders., Sacrements et hiérarchie dans l'Eglise: Dieu-Vivant, 1954/26.

ders., St. Grégoire Palamas, Paris 1959, *(228, 230, 236).*

Melētios Pēgas, Orthodoxos didaskalia, ed. 1769, *(502).*

Mélia E., Doctrine et pratique du Sacrement de Pénitence dans l'Eglise Orthodoxe: Le Messager Orthodoxe, 1972/59–60, 2–17.

Menges H., Die Bilderlehre des hl. Johannes von Damaskus, Münster/Westf. 1938, *(226).*

Mercenier E., La prière des églises de rite byzantin, Chevetogne, I: [2]1948; II/1: [2]1953; II/2: 1948, *(457, 478, 711–713, 716, 719, 739, 897, 921, 947, 950, 959, 973, 993, 999).*

Mesolōras I.E., Sumbolikē tēs Orthodoxou anatolikēs Ekklēsias, Athēnai 1883–1904, I–V, *(535, 568, 577)*.

Meyer Ph., Die theologische Literatur der griechischen Kirche im 16. Jahrhundert, Leipzig 1899, *(438)*.

ders., Art. Lukaris, Kyrillos: RPTK, [3]1902, 11, 682–690, *(443)*.

Michel A., Art. mystère: DTC, 1929, X, 2585–2599, *(40)*.

ders., Art. sacrement: DTC, 1939, XIV/1, 485–643, *(353, 354)*.

Mihălcescu I. (Michalcescu I.), Thēsauros tēs Orthodoxias: Die Bekenntnisse und die wichtigsten Glaubenszeugnisse der griechisch-orientalischen Kirche im Originaltext, nebst einleitenden Bemerkungen, Leipzig 1904, *(397, 399, 407, 410, 444–447, 463–466, 468, 469, 478, 483, 484, 490–498, 507, 511, 522, 534, 587, 603, 604, 1051, 1052, 1080, 1081)*.

Molien L.A., La prière de l'Eglise, Paris 1924, I, *(911)*.

Moureau H., Art. Caractère sacramentel: DTC, 1932, II/2, 1698–1708, *(261)*.

Mühlen H., Die Kirche als die geschichtliche Erscheinung des übergeschichtlichen Geistes: ThGl, 1965/55, 270–289, *(822)*.

ders., Una mystica Persona, Paderborn [3]1968. Charismatisches und sakramentales Verständnis der Kirche: Catholica, 1974/3 (28), 169–187, *(370, 375)*.

Mulders J., Art. Charakter, sakramentaler: LThK, Freiburg/Br. 1958, II, 1020–1023, *(598)*.

Murav'ev A.N., Pis'mo o Bogosluženii, Paris 1963, *(991, 1020)*.

Neunheuser B., Art. Mysterium II: LThK, Freiburg 1962, VII, 729–731.

Nikolaus II., Conc. Romanum 1059 (cf. DS 690), *(243, 244)*.

Niesel W., Die Theologie Calvins, München [2]1957.

Nikodim Rotov (Metr.), Svjataja Evcharistija – tainstvo žizni Cerkvi: ŽMP, 1974/8, 23–30.

Nikolaj ep. Makariopolski, Svetata evcharistična žertva. Izjasnenija na pravolavnata liturgija, Sofija 1968.

Nikolaos Kabasilas (Nicolas Cabasilas), Explication de la divine liturgie, S. Chr. 4bis, Paris [2]1967, *(151, 152, 188, 235, 620, 841)*.

ders., La vie en Christ (trad. Broussaleux), Amay 1932 (cf. La vie en Jésus-Christ, Chevetogne [2]1960), *(232, 708–710, 864, 873, 941, 1099)*.

Nikolasch F., Abriß der Geschichte der römischen Eucharistiefeier: E.Chr. Suttner, Eucharistie, Zeichen der Einheit, Regensburg 1970, 31–51, *(1162)*.

Nikol'skij K., Anafematstvovanie (otlučenie ot Cerkvi), soveršaemoe v pervuju nedel'ju velikago posta, S. Peterburg 1879, *(669, 966, 1100, 1101)*.

ders., Čin Pravoslavija: Cerkovnyja Vedomosti, S. Peterburg 1888/11.

ders., Posobie k izučeniju ustava bogosluženija Pravoslavnoj Cerkvi, S. Peterburg [6]1900, *(672, 963, 998, 1007, 1020, 1021, 1023, 1053)*.

Nissiōtēs N. (Nissiotis N.), La contribution de l'orthodoxie à l'unité de l'Eglise: La Pensée orthodoxe, Paris 1968/2 (13), 81–92, *(929, 931)*.

Nordhues P./Petri H., Die Gabe Gottes, Paderborn 1974, *(1170–1172, 1182)*.

N.A. (Anonymus), Istočnik bezsmertija, Paris 1970, *(175, 1084, 1095)*.

Nägle A., Die Eucharistielehre des hl. Johannes Chrysostomus, Freiburg/Br. 1900, *(912)*.

Napier Ch., The Orthodox Church and the Second Vatican Council: Diakonia, 1966/3, 175–193, *(832)*.

Nellas P., Episcopal Collegiality: a new problem?: Diakonia, 1966/3, 154–165, *(832)*.

Onasch K., Einführung in die Konfessionskunde der orthodoxen Kirchen, Berlin 1962.

Origenes (Origène), Contra Celsum (cf. Contre Celse, S. Chr. 132, 136, 147, 150, 207, Paris 1967, 1968, 1969, 1976), *(87, 144)*.

ders., Epistula ad Gregorium (cf. Lettre à Grégoire, S. Chr. 148, Paris 1969), *(81)*.

ders., In Exodum homiliae (cf. Homélies sur l'Exode, S. Chr. 16, Paris 1947), *(79)*.

ders., In Ezech. homiliae, *(83)*.

ders., In Ioannem commentarii (cf. Commentaire sur S.Jean, S. Chr. 120, 157, 222, Paris 1966, 1970, 1975), *(78, 80)*.

ders., In Ioannem fragm., *(85)*.

ders., In Matthaeum commentarii (cf. Commentaire sur S. Matthieu, S. Chr. 162, Paris 1970), *(86, 100)*.

ders., In Romanos commentarii, *(59)*.

Ostrogorsky G., Geschichte des byzantinischen Staates (Byzantinisches Handbuch, I/2) München [2]1952, *(224–226)*.

Ostroumov S., Mysli o svjatych tainach: Christianskaja mysl', Kiev 1917/2, 36–50; 3&4, 55–69, *(127, 664-668, 670, 675, 676, 695–697, 1015)*.

Ouspensky L. (Uspenskij L.), Essai sur la théologie de l'icône dans l'Eglise orthodoxe, Paris 1960, I, *(1032, 1033, 1039)*.

Ouspensky L. / Lossky W., Der Sinn der Ikonen, Bern/Olten 1952.

Papandreou D. (Hrg.), Stimmen der Orthodoxie zu Grundfragen des II. Vaticanums, Wien 1969.

Parios A., Epitomē eite sullogē tōn theiōn tēs pisteōs dogmatōn, Leipzig 1806, *(504)*.

Parthenios I., Praktika tēs en Giasiō sunodou deuteras ousēs kata tōn kefalaion Kurillou (cf. Karmirēs, Mnēmeia, II, 578–582; Mansi XXXIV, 1629–1640; Michalcescu, Die Bekenntnisse, Leipzig 1904, 154–157), *(399, 452, 460)*.

Pascher J., L'évolution des rites sacramentels, Paris 1952.

Paulus VI., Divinae consortium naturae (15. 8.1971): AAS, LXIII, 657–664, Roma 1971, *(1170–1172, 1182)*.

ders., Sacrum Diaconatus Ordinem (18.6. 1967): AAS, LIX, 697–704, *(1192)*.

Pauly / Wissowa / Kroll, Art. Mysterien: Realencyklopädie der classischen Altertumswissenschaft, Stuttgart 1935, XXXII, 1210–1350, *(41–43, 46)*.

Pēgas M., Orthodoxos didaskalia, ed. 1769, *(502)*.

Perov I., Obličitel'noe bogoslovie, Tula 1905.

Pesch O.H., Die Theologie der Rechtfertigung bei Martin Luther und Thomas von Aquin, Mainz 1967, *(294, 297)*.

Peterson E., L'immagine di Dio in Sant' Ireneo: La Scuola Cattolica, Milano 1941/69, 46–54, *(74)*.

Petr I (Peter d. Gr.), Duchovnyj Reglament (25.1.1721), *(401)*.

Petrus Lombardus, Summa sententiarum, *(251, 1072)*.

Petrus Mogila (Petro Movilă, Petrus Moghila, Mohyla), Confessio orthodoxa (cf. A. Malvy /M. Viller, La Confession Orthodoxe de Pierre Moghila, OC 39, Roma 1927), *(396, 454, 459, 462, 507)*.

ders., Sobranie korotkoj nauki ob artikulach very pravoslavnych kafoličeskich christian, Kiev 1645, *(398, 457, 458, 462, 467, 470)*.

ders., Evchologion, al'bo molitvoslov (cf. Trebnik), Kiev 1646, *(462, 467, 470, 533, 1048)*.

Petrus Mogila / Melētios Syrigos, Orthodoxos 'omologia tēs pisteōs tēs katholikēs kai apostolikēs ekklēsias tēs anatolikēs, Amsterdam 1662, (cf. Karmirēs, Mnēmeia, II, 593–686; Kimmel, Libri symbolici, 56–324, Michalcescu, Die Bekenntnisse, 29–122), *(397, 399, 461–470, 507, 534, 565–567, 592, 603, 631, 1051, 1080)*.

Pinsk J., Die sakramentale Welt, Freiburg/Br. 1938.

Plank B., Katholizität und Sobornost', Würzburg 1960, *(637)*.

Platon, Politeia (cf. Der Staat, Kröner, Stuttgart 1943), *(69, 70)*.

Platon Levšin (Lewschin), Pravoslavnoe Učenie ili Sokraščennaja Christianskaja Bogoslovija dlja upotreblenija Ego Imperatorskago Vysočestva, Presvetlejšago Vserossijskago Naslednika, Blagovernago Gosudarja, Cesareviča i Velikago Knjazja Pavla Petroviča, sočinennaja Ego Imperatorskago Vysočestva učitelem Ieromonachom Platonom, Moskva 1765; Rechtgläubige Lehre oder kurzer Auszug der christlichen Theologie zum Gebrauch Seiner Kaiserlichen Hoheit des Durchl. Thronfolgers des rußischen Reiches, rechtgläubigen Großen Herrn Zesarewitsch und Großfürsten Paul Petrowitsch, verfasset von Seiner Kaiserlichen Hoheit Lehrer, dem Ieromonach Platon, Aus dem Russischen, Riga 1770.

Pollet J.-V.-M., Art. Zwinglianisme: DTC, 1950, XV/2, 3745–3928, *(325)*.

Pomazanskij M., Pravoslavnoe Dogmatičeskoe Bogoslovie v sžatom izloženii, Jordanville, N.Y. 1963.

Popescu D., Die römisch-katholische Ekklesiologie gemäß den Dokumenten des Zweiten Vatikanischen Konzils und ihr Echo in der zeitgenössischen Theologie (rumänisch), Bucureşti 1972, *(1195, 1197)*.

Porret E., Nikolaj Berdjajew und die christliche Philosophie in Rußland, Heidelberg 1950, *(1040)*.

Prokopovič F., Duchovnyj reglament (25.1. 1721), *(401)*.

Pro Oriente, Auf dem Weg zur Einheit des Glaubens, Innsbruck/Wien/München 1976, *(830)*.

Prümm K., "Mysterion" von Paulus bis Origenes: ZKT, 1937/61, 391–425, *(58)*.

Quasten J., Monumenta eucharistica et liturgica vetustissima: B. Geyer/J. Zellinger, Florilegium patristicum, fasc. 7, pars 1–7, Bonn 1935–1937, *(886)*.

Rahner K., Einleitende Bemerkungen zur allgemeinen Sakramentenlehre bei Thomas von Aquin: Schriften zur Theologie, Zürich/Einsiedeln/Köln 1972, X, 392–403, *(275, 287)*.

ders., Herders Theologisches Taschenlexikon, Freiburg/Br. 1972/73, I–VIII, *(380–381)*.

ders., Personale und sakramentale Frömmigkeit: Schriften zur Theologie, Zürich/Einsiedeln/Köln [7]1964, II, 115–142, *(258, 547, 1133)*.

ders., Überlegungen zum personalen Vollzug des sakramentalen Geschehens: Schriften zur Theologie, Zürich/Einsiedeln/Köln 1972, X, 405–429.

ders., Vom Hören und Sehen, eine theologische Überlegung: B-W-S, 1969, 139–156, *(8, 19)*.

ders., Was ist ein Sakrament?: E. Jüngel / K. Rahner, Was ist ein Sakrament?, Freiburg/Basel/Wien 1971, 67–85 (cf. Schriften zur Theologie, Zürich/Einsiedeln/Köln 1972, X, 377–391), *(13, 828, 829, 1133)*.

ders., Zur Theologie des Symbols: Schriften zur Theologie, Zürich/Einsiedeln/Köln [4]1964, IV, 275–311, *(92)*.

Rajewsky M. (Hrg.), Euchologion der orthodox-katholischen Kirche, Wien 1861, I–III, *(985)*.

'Rallēs G.A. / Potlēs M., Suntagma tōn theiōn kai 'ierōn Kanonōn tōn te 'agiōn paneufēmōn Apostolōn kai tōn 'ierōn Oikoumenikōn kai topikōn Sunodōn kai tōn kata meros 'agiōn Paterōn, Athēnai 1852–1859, I–VI, *(612)*.

Rauschen G., Eucharistie und Bußsakrament, Freiburg/Br. [2]1910, *(890)*.

Renaudot E., Liturgiarum orientalium collectio, Paris 1716 (Frankfurt/M. [2]1847), I/II.

Romanidēs J.S., Orthodox Ecclesiology According to Alexis Khomiakov: The Greek Orthodox Theological Review, 1956, II/1, 57–73.

Ruffini E., Der Charakter als konkrete Sichtbarkeit des Sakraments in Beziehung zur Kirche: Concilium (deutsch) 1968, 47–53, *(263, 266)*.

Runciman S., Das Patriarchat von Konstantinopel vom Vorabend der türkischen Eroberung bis zum griechischen Unabhängigkeitskrieg, München 1970, *(230, 234, 238, 393, 395, 410, 424, 426, 432, 434, 437, 439, 443, 444, 449, 461, 486, 489)*.

Sacharov N., Christianskaja Vera i Christianskaja Žizn', Paris 1939, čast' I, *(515)*.

Salaville S., Liturgies orientales, Paris 1932, *(1167)*.

ders., Art. Epiclèse Eucharistique: DTC, 1939, V/1, 194–300, *(890)*.

Schelstrate E., Acta orientalis ecclesiae contra Lutheri haeresim, I/II, Roma 1739, *(503, 532, 1079)*.

Schimmel A., Art. Zahlensymbolik (religionsgeschichtlich): RGG, [3]1962, VI, 1862 sq., *(1058)*.

Schlette H.R., Dogmengeschichtliche Entfaltung des Sakramentsbegriffs: H. Fries, Wort und Sakrament, München 1966, 97–103, *(20, 239)*.

ders., Art. Sakrament: H. Fries, Handbuch theologischer Grundbegriffe, München 1963, II, 456–465, *(170, 240, 250, 285)*.

Schmidt-Clausing F., Zwinglis liturgische Formulare, Frankfurt/M. 1970.

Schnitzler Th., Die drei neuen eucharistischen Hochgebete und die neuen Präfationen, Freiburg/Br. 1968.

Schönborn Ch. von, L'Icône du Christ. Fondements théologiques élaborés entre le 1er et le 2ème Concile de Nicée (325–787), Fribourg (Suisse) 1976.

Schulte R., Art. Sakrament: Herders Theologisches Taschenlexikon, Freiburg/Br. 1973, 6, 296–307, *(380)*.

Schultze B., Probleme der orthodoxen Theologie: E.v. Ivánka / J. Tyciak / P. Wiertz, Handbuch der Ostkirchenkunde, Düsseldorf 1971, 97–186, *(748)*.

ders., A.S. Chomjakov: Ivanka/Tyciak/Wiertz, Handbuch der Ostkirchenkunde, Düsseldorf 1971, 109–120, *(637, 644, 645, 648)*.

ders., Russische Denker, Wien 1950, *(627, 638, 639, 641, 644, 645, 648, 663, 687)*.

ders., Orthodoxe Kritik an der Ekklesiologie Chomjakovs: OCP 36, 1970, 407–431; OCP 37, 1971, 160–181.

Schupp F., Glaube–Kultur–Symbol, Düsseldorf 1974, *(242, 244, 246, 267–269)*.

Seeberg R., Lehrbuch für Dogmengeschichte, I–IV/2, Leipzig 1895–1913, *(906)*.

Semënov-Tjan-Šanskij A. (Semenoff-Tian-Chansky A.) Catéchisme orthodoxe, Paris ²1966, *(177, 636, 936, 981, 992, 995, 1109)*.

Semmelroth O., Die Kirche als Ursakrament, Frankfurt/M. ²1955, *(723)*.

Serapion, Euchologion, *(95)*.

Sergij Stragorodskij, Pravoslavnoe učenie o spasenii, S. Peterburg 1910.

Serikov G., O edinstve christian vo Christe i v evcharistii: Vestnik, Paris / New York 1970/98, 32–37; 1971/99, 26–33; 100, 55–63; 101&102, 142–147; 103, 86–99.

Šestov L. (Schestov L.), Sola fide – Tol'ko veroju, Paris 1966.

Severianus, De creatione homiliae, *(173)*.

Sil'vestr Kossov (Kosiv), Didaskalija, *(396)*.

Sil'vestr Lebedinskij, Compendium theologiae classicum, Moskva ²1805, *(552, 967)*.

Sil'vestr Malevanskij, Opyt pravoslavnogo dogmatičeskogo bogoslovija s istoričeskom izloženiem dogmatov, Kiev 1889 sq., I–IV, *(630)*.

Simon Novikov, Gottesdienst, Sakramente und Riten in der Äthiopischen Kirche: Stimme der Orthodoxie, 1974/7, 44 sq.

Simonin H.-D., Bulletin d'histoire des doctrines chrétiennes: RSPT, 1938, 253–270, *(172)*.

Šmeman A. (Schmemann A.), Tainstva Carstva: Vestnik, 1973/107, 15–28.

ders., Tainstva vchoda: Vestnik, 1974/111, 33–44.

ders., Tainstvo vernych: Vestnik, 1974/114, 13–28.

ders. Tainstvo prinošenija: Vestnik, 1975/116, 8–35.

ders., Ispoved' i Pričastie: Vestnik, 1972/103, 46–62.

ders., O celi žizni: Vestnik, 1969/90&91, 14–16.

ders., Ecclesiological Notes: St. Vladimir's Seminary Quarterly, 1961/5, *(752)*.

ders., La notion de primauté: Afanassieff/Koulomzine/Meyendorff/Schmemann (Hrg.), La Primauté de Pierre dans l'Eglise orthodoxe, Paris/Neuchâtel 1960 (cf. Der Begriff des Primats in der orthodoxen Ekklesiologie: Der Primat des Petrus in der orthodoxen Kirche, Zürich 1961, 119–151), *(646, 729, 735–737, 740, 745)*.

ders., The World as Sacrament, London 1966; Pour la vie du monde, Paris 1969; Aus der Freude leben, Olten/Freiburg/Br. 1974, *(108, 139, 786, 800, 802–807, 809, 812–814, 944, 962, 969, 970)*.

Smirnov P., Izloženie christianskoj pravoslavnoj very, S. Peterburg ²⁷1917, *(505)*.

Smolič I. (Smolitsch Igor), Geschichte der russischen Kirche (1700–1917), Leiden 1964, *(401)*.

Soden H. von, Mysterion und sacramentum in den ersten zwei Jahrhunderten der Kirche: ZNW, 1911/12, 188–227.

Söhngen G., Symbol und Wirklichkeit im Kultmysterium, Bonn 1937.

ders., Der Wesensaufbau des Mysteriums, Bonn 1938.

Sokolowski S., Censura Orientalis Ecclesiae – De principiis nostri seculi haereticorum dogmatibus – Hieremiae Constantinopolitani Patriarchae, judicii et mutuae communionis caussa, ab Orthodoxae doctrinae adversariis, non ita pridem oblatis. Ab eodem Patriarcha Constantinopolitano ad Germanos Graece conscripta – a Stanislao Socolovio conversa, Kraków 1582.

Sove B.I., Evcharistija v drevnej Cerkvi i sovremennaja praktika: Živoe Predanie, 1937, 171–195.

Spáčil Th., Doctrina theologiae orientis separati de sacramentis in genere, OCA 113, 1937, *(500, 501, 526, 535, 536, 544, 553, 573, 574, 577, 586, 593)*.

ders., Doctrina theologiae orientis separati de sacra informorum unctione, OC 24/2, 1931, 89 sq., *(1006)*.

Spasskij F.G. (Spasky Th.G.), La pratique de l'Hagiasma: La Pensée orthodoxe, 1968/2 (13), 93–106, *(178, 777, 951, 953, 954, 956, 1094, 1136)*.

Staehelin R., Huldreich Zwingli. Sein Leben und Wirken, Basel 1897, II, *(316)*.

Stăniloae D., Biserica universală si sobornicească: Ortodoxia, 1966 (18), 167–198, *(750)*.

ders., Teologia Euharistici: Ortodoxia, 1969 (21), 343–363; cf. Théologie eucharistique: Contacts, 1970/71, 184–216.

ders., The Economy of Salvation and Ecclesiastical "economia": Diakonia, 1970/2, 115–125; 3, 218–231.

ders., Le Saint-Esprit dans la théologie et la vie de l'église orthodoxe: Contacts, 1974/87, *(1200)*.

ders., The World as Gift and Sacrament of God's Love: Sobornost', (Series V), 662–672, *(792, 793)*.

Steck K.G., Art. Sakrament D: EKL, 1959, III, 758–762.

Steenberghen F. van, Art. Aristotelismus: LThK, Freiburg ²1957, I, 857–862, *(269)*.

Stephanopoulos P.G., The Mandate to Evangelize: Diakonia, 1967/3, 278–288.

Stephanou E., Vatican Council II: An Orthodox Evaluation: Diakonia, 1966/3, 140–153, *(832)*.

Stöckl A., Art. Platonismus: Wetzer und Welte's Kirchenlexikon, Freiburg/Br. ²1897, 10, 96–104, *(66)*.

Störig H.J., Kleine Weltgeschichte der Philosophie, München/Zürich 1963, *(273)*.

Strotmann Th., Karl Barth et l'Orient chrétien: Irénikon, 1969 (42), 33–52, *(790)*.

Suttner E.Chr., Buße und Beichte, Regensburg 1972.

ders., Eucharistie, Zeichen der Einheit, Regensburg 1970, *(1162)*.

ders., Offenbarung, Gnade und Kirche bei A.S. Chomjakov, Würzburg 1967, *(637)*.

ders., Taufe und Firmung, Regensburg 1971, *(1183)*.

Symeon Braunschweiler, The Eucharist as the Sacrament of Unity: Sobornost', 1964/11 (Series 4), 637–649.

Symeon (Syméon le Nouveau Théologien), Sermo 38 (cf. Discours, trad. M. Lot-Borodine: Vie spirituelle, 1931/21.

Symeon Thessal., De sacramentis, *(106, 188, 1006)*.

Syrigos Melētios, Antir'rēsis kata tōn kalbinikōn kefalaiōn kai erōteseōn Kurillou tou Loukareōs, Konstantinopel 1640, *(409, 461)*.

Tarasij, Die Theologie der Groß- und Kleinrussen im 16. und 17. Jahrhundert (russ.): Missionerskoe obozrenie, S. Peterburg 1903, *(1103)*.

Tatakis B., La philosophie byzantine, Paris 1949.

Tertullianus (Tertullien), Adversus Marcionem, *(198)*.

ders., De baptismo (cf. Traité du baptême, S. Chr. 35, Paris 1952), *(192, 196, 197, 880)*.

ders., Ad martyres, *(195)*.

ders., De corona, *(195, 198)*.

ders., De idolatris, *(195)*.

ders., De praescriptione haereticorum (cf. De la prescription contre les hérétiques, S. Chr. 46, Paris 1957), *(197)*.

ders., De ressurrectione carnis, *(198).*

ders., De spectaculis, *(195).*

ders., Scorpiace, *(195).*

Theodōros Andid., Protheōria kefalaiōdēs peri tōn en tēj theiaj leitourgiaj ginomenōn sumbolōn kai mustēriōn, *(188).*

Theodōros Mopsuestenus, De Eucharistia homiliae, *(129).*

ders., In Matthaeum fragmentum *(122).*

Theodōros Studitēs, Epistulae, *(1087).*

Theodōrou E., To mustērion tou gamou kai ē Orthodoxos Latreia: Efēmerios, Athēnai 1968, 563 sq.

ders., Bußvollzug und Beichtpraxis in der byzantinischen Kirche: E. Chr. Suttner (Hrg.), Buße und Beichte, Regensburg 1972.

ders., Die byzantinische Eucharistiefeier: E. Chr. Suttner (Hrg.), Eucharistie, Zeichen der Einheit, Regensburg 1970.

ders., Die Einheit der Initiationsmysterien in der Orthodoxen Kirche: H. auf der Mauer / B. Kleinheyer (Hrg.), Zeichen des Glaubens, Studien zu Taufe und Firmung (Balthasar Fischer zum 60. Geburtstag), Zürich/Einsiedeln/Köln 1972.

ders., Die Entwicklung des Initiationsritus in der byzantinischen Kirche: E. Chr. Suttner (Hrg.), Taufe und Firmung, Regensburg 1971.

Thomas Aquinatis, In quatuor Sententiarum libros, *(284).*

ders., Summa theologica (cf. Deutsche Thomasausgabe, Salzburg / Leipzig 1935, XXIX), *(265, 276–278, 280–283, 914, 1065).*

Tillard J.M.R., L'Eucharistie, Pâque de l'Eglise, Paris 1964, *(810).*

Timiadēs E. (Timiadis E.), Der aus eucharistischem Apostelerbe lebende Christ: Der christliche Osten, Würzburg 1972/1, 22–28.

ders., Vom Wirken des Heiligen Geistes in orthodoxer Schau: Catholica Unio, Luzern 1970/2, 30–33, *(784, 838).*

Tolstoj L.N., Kritika dogmatičeskogo bogoslovija (cf. Leo Tolstoj, Kritik der dogmatischen Theologie, Leipzig/Jena 1904, I/II, *(624–626).*

Trempelas P. (Trembelas P.), Dogmatikē tēs orthodoxou katholikēs ekklēsias, Athēnai 1959; Dogmatique de l'Eglise orthodoxe catholique, Chevetogne 1966–1968, I–III, *(15, 16, 22, 38, 164, 401, 413, 419, 421, 422, 425, 427, 429, 430, 435, 436, 521, 538, 546, 548, 565, 571, 572, 578, 580, 588, 590, 601, 607, 613, 618, 621, 947, 1041, 1050, 1076, 1084, 1117, 1118).*

ders., Mikron euhologion, Athēnai 1950/55, I/II.

ders., Theōriai aparadektoi peri tēn Unam Sanctam: Ekklēsia, Athēnai 1964/7–13 (41), *(749).*

Troickij S., Brak i Cerkov': Put', 1928/11, 31–58.

Trubnikov A. (Troubnikoff A.), Commentaire sur les sacrements, Genève 1973, *(1008, 1037, 1110, 1111, 1187).*

Tyciak J., Die Liturgie als Quelle östlicher Frömmigkeit, Freiburg/Br. 1937.

Tyszkiewicz S., Doctrina De Ecclesia Theologorum Russorum Pravoslavorum, Roma 1937.

ders., Učenie o Cerkvi, Paris 1931.

Uspenskij L. (vide Ouspensky L.)

Uspenskij N.D., Kollizija dvuch bogoslovij v ispravlenii russkich bogoslužebnych knig v XVII veke: Bogoslovskie trudy, 1975/13, 148–171, *(473, 475, 479, 481, 482).*

Vacant A. / Mangenot E. (Hrg.), Dictionnaire de Théologie Catholique, Paris 1903–1972, I–XVI, *(40, 325, 353, 354).*

Vacant A., Art. Sacrement: DTC, 1939, XIV/1, 486–643.

Vagaggini C., Il senso teologico della liturgia, Roma 1958.

ders., Theologie der Liturgie, Zürich 1959, *(58, 822).*

Varaine F., L'Epiclèse eucharistique, Brignais 1910, *(913).*

Vasilij Krivošein (Basile Krivocheïne), La constitution dogmatique De Ecclesia: Point de vue d'un Orthodoxe: Irénikon, 1966/4, 477–496, *(832).*

Vejdle Vladimir (Weidlé Vl.), Kreščal'naja misterija i ranne-christianskoe iskusstvo: Pravoslavnaja mysl', 1948, vyp. VI, 18–36.

ders., Znak i simvol: Bogoslovskaja mysl', 1942, 25–40.

ders., La présence réelle: La Pensée orthodoxe, 1966/1 (12), 135–143.

Vermeersch A. / Creusen J., Epitome Iuris Canonici cum commentariis, Paris/Bruxelles [7]1949–1956, I–III, *(1147, 1189)*.

Viller M., Cours Viller. Etude historique et doctrinale des Documents de l'Eglise contenus dans l'Enchiridion de Denzinger, San Miguel (Argentina) 1956, I–III.

Vischer L., Ökumenische Skizzen, Frankfurt/M. 1972, *(904, 905, 907, 927, 1057)*.

ders., Überlegungen nach dem Vatikanischen Konzil, Polis 26, Zürich 1966, *(825, 826, 831)*.

Visentin P., Mysterion – sacramentum: Studia Patavina, 1957/4, 394–414.

Vogel C., L'imposition des mains dans les rites d'ordination en Orient et en Occident: La Maison-Dieu, 1970/102.

Vorgrimler H. (Hrg.), Amt und Ordination in ökumenischer Sicht, Quaest. disput. 50, Freiburg/Br. 1973.

Wendt C.H., Russische Ikonen: Sonderausgabe von Das Kunstwerk, Baden-Baden 1951, *(161)*.

Wetzer/Welte (Hrg.), Kirchenlexikon, Freiburg/Br. [2]1882–1902, I–XII, *(66)*.

Will C., Acta et scripta, quae de controversiis ecclesiae graecae et latinae saeculo undecimo composita extant, Leipzig 1861 (Frankfurt/M. 1963), *(225)*.

Willms W., Eikōn, eine begriffsgeschichtliche Untersuchung zum Platonismus; I. Teil: Philo von Alexandrien, Münster/Westf. 1935, *(74)*.

Wisse S., Das religiöse Symbol. Versuch einer Wesensdeutung in Auseinandersetzung mit modernen Autoren, Essen 1963.

Želobovskij A., Kratkoe ob"jasnenie semi Tainstv Christovych, S. Peterburg 1907.

Zen'kovskij V.V., Problema kosmosa v christianstve: Živoe Predanie, 1937, 63–81.

ders., Ob obraze Božiem v čeloveke: Pravoslavnaja mysl', 1930, vyp. II, 102–127.

ders., Osnovnye principy christianskoj kosmologii: Bogoslovskaja mysl', 1942, 56–74.

Zernov M., The Sacrament of Confession: Sobornost', 1945/31 N.S., 13–20.

Žilov I., Pravoslavnoe-christianskoe Katichizičeskoe učenie, Riga [2]1913, *(512)*.

Zizioulas I., L'unité de l'Eglise dans l'Eucharistie et l'Evêque pendant les trois premiers siècles (en grec), Athēnai 1965.

ders., Priesteramt und Priesterweihe im Licht der östlich-orthodoxen Theologie: H. Vorgrimler, Amt und Ordination in ökumenischer Sicht, Freiburg/Br. 1973, 72–113.

ders., La vision eucharistique du monde et l'homme contemporain: Contacts, 1967/57, 83–91, *(794)*.

ders., Some Reflections on Baptism, Confirmation and Eucharist: Sobornost', 1969/9 (Series V), 644–652, *(109, 137, 1134)*.

Zöckler O., Art. Siebenzahl: RPTK, [3]1906, 18, 310–317, *(1060, 1071)*.

Zwingli H., Huldreich Zwinglis sämtliche Werke, Leipzig 1905 sq.

ders., Ulrich Zwingli, eine Auswahl aus seinen Schriften, Schulthess, Zürich 1918.

ders., Ad Matthaeum Alberum, Rutlingensium ecclesiasten, de coena dominica Huldrychi Zwingli epistola, *(323)*.

ders., Amica exegesis, id est: expositio eucharistiae negotii ad Martinum Lutherum.

ders., Auslegen und Gründe der Schlußreden, *(314)*.

ders., De vera et falsa religione commentarius, *(313)*.

ders., Expositio christianae fidei, *(318, 319)*.

ders., Fidei ratio ad Carolum V, Romanorum imperatorem, *(315, 317, 321)*.

ders., Über die Gevatterschaft, *(313)*.

2. PUBLIKATIONEN ohne Autorenangabe

Archieratikon ili služebnik svjatitel'skij, Roma 1973.

Die Bekenntnisschriften der evangelisch-lutherischen Kirche, Göttingen [2]1952.

Catechismus Romanus (cf. Das Religionsbuch der Kirche, Innsbruck/Leipzig 1928–1941, I–V, (II: Von den Sakramenten, Innsbruck/Leipzig [3]1941). *(379)*.

Činovnik Archierejskago Svjaščennoslužеnija, Jordanville, N.Y. 1965, *(999, 1022, 1023)*.

Codex Barberini, *(531)*.

Codex Iuris Canonici (cf. Vermeersch/Creusen, Epitome Iuris Canonici cum commentariis, Paris/Bruxelles [7]1949–1956, I–III), *(1147, 1189)*.

Constitutiones Apostolorum (VIII), cf. "Apostolische Konstitutionen", achtes Buch: Bardenhewer/Schermann/Weyman, Griechische Liturgien (Bibliothek der Kirchenväter), München/Kempten 1912, *(887)*.

Confessio Augustana (cf. Die Bekenntnisschriften der evangelisch-lutherischen Kirche, Göttingen [2]1952), *(366, 414, 415, 418, 421–423, 428, 431, 433)*.

Didachē, *(75, 105)*.

Euhologion, Roma 1875, *(999)*.

Euhologion to mega, Venezia 1851, *(985)*.

Grammata: Ta tou eusebestatou basileōs kai tōn 'agiōtatōn patriarhōn grammata peri tēs eustaseōs tēs 'agiōtatēs sunodou met' ektheseōs tēs orthodoxou pisteōs tēs anatolikēs katholikēs ekklēsias.

Kanon – Jahrbuch für das Recht der Ostkirchen, Wien 1971, I, *(576, 584)*.

O služenii i činopoloženijach pravoslavnoj greko-rossijskija Cerkvi, Kiev 1826, *(1000)*.

Polnyj pravoslavnyj bogoslovskij ėnciklopedičeskij slovar', S. Peterburg 1913, I/II.

Posledovanie inočeskago postriženija, Roma 1952, *(985, 986)*.

Pravoslavnyj apologetičeskij katichizis (Obličajuščij lžeučenija sektantov i rimo-katolikov), Jordanville, N.Y. 1945.

Realencyklopädie für protestantische Theologie und Kirche, Leipzig [3]1896–1913, *(89, 179–181, 303)*.

Reform und Anerkennung kirchlicher Ämter, München 1973, *(247, 249, 251)*.

Trebnik, čast' I/II, Sinodal'naja tipografija, Moskva 1902; ćast' III, Tipografija prep. Iova Počaevskago, Jordanville, N.Y. 1961, *(457, 1037)*.

Zakon Božij, I–V: (I: Pervaja kniga o pravoslavnoj vere, Paris [2]1956), *(17, 635)*.

II. KONZILSTEXTE

Carthaginense I (a. 256): 'Ralli G. / Potli M., Suntagma tōn theiōn kai 'ierōn Kanonōn tōn te 'agiōn paneufēmōn Apostolōn kai tōn 'ierōn Oikoumenikōn kai topikōn Sunodōn kai tōn kata meros 'agiōn Paterōn, Athēnai 1855, III, *(611–613)*.

Nicaenum I (a. 325): De baptismo haereticorum et moribundorum viatico (cf. D 55–57), *(576)*.

Quinisextum / in Trullo (a. 691/92): Karmirēs, Mnēmeia, I[2], 227–235; Mansi, XI, 935B–984E, *(616)*.

Lugdunense II (a. 1274): Professio fidei Michaelis Palaeologi (cf. D 461–466), *(387)*.

Constantiense (a. 1414–1418): Interrogationes Wicleffitis et Hussitis (D 657–689), *(377)*.

Florentinum (a. 1439–1445): Iōan. Bessarion, Graecorum confessio (28.8.1438) (cf. Mansi, 31A, 1046), *(390)*.
Decretum pro Armenis (cf. D 695–702), *(259, 377, 384, 389, 530, 1145)*.

Tridentinum (a. 1545–1563): Sessio VI (1547): De iustificatione (cf. D 792a–843), *(364, 370)*.
Sessio VII (1547): De sacramentis in genere: (cf. D 843a–856), *(14, 256, 352, 353, 356, 357, 359–365, 367, 368, 371, 373–376, 490, 1131, 1145)*.

Sessio XIII (1551): De ss. Eucharistia (cf. D 873a–893), *(351, 383–385)*.
Sessio XIV (1551): De poenitentiae (cf. D 893a–906), *(378)*.
Sessio XXII (1562): De sanctissimo Missae sacrificio (cf. D 937a–956), *(386)*.

Mosquense (a. 1551): Stoglav (cf. E. Golubinskij, Istorija Russkoj Cerkvi, Moskva 1900, III, 773–795), *(472)*.

Constantinopolitanum (a. 1638): (cf. Karmirēs, Mnēmeia, II, 572–575; Mansi, XXXIV, 1709C–1716E; Michalcescu, Die Bekenntnisse, 151–154), *(450, 451)*.

Constantinopolitanum (a. 1642): (cf. Karmirēs, Mnēmeia, II, 578–582; Mansi, XXXIV, 1629–1640), *(452)*.

Iasiense (a. 1642): (cf. Michalcescu, Die Bekenntnisse, 154–157), *(450, 461)*.

Hierosolymitanum (seu Bethleemiticum) (a. 1672): Aspis orthodoxias ē apologia kai eleghos pros tous diasurontas tēn anatolikēn ekklēsian 'airetikōs fronein en tois peri tou theou kai tōn theiōn, 'ōs kakofronousin 'outoi autoi 'oi Kalouinoi dēlonoti· suntetheisa para tes en 'Ierosolumois topikēs Sunodou, epi Dositheou Patriarhou 'Ierosolumōn (cf. Karmirēs, Mnēmeia, II, 701–733; Mansi, XXXIV, 1651–1776; Michalcescu, Die Bekenntnisse, 123–182), *(410, 451, 484, 487, 488, 490–498, 631)*.

Vaticanum II (a. 1962–1965):
S.C: Sacrosanctum Concilium, *(1146–1149, 1154, 1172, 1186)*.
L.G.: Lumen Gentium, *(1150, 1151, 1153, 1154, 1178–1180, 1193)*.
O.T.: Optatum totius, *(1155)*.
N.A.: Nostra aetate, *(1155)*.
A.G.: Ad gentes, *(1154, 1177, 1180)*.
P.O.: Presbyterorum Ordinis, *(1152, 1181, 1182)*.
G.S.: Gaudium et spes, *(1154)*.
(cf. Das Zweite Vatikanische Konzil, LThK, I–III, Herder, Freiburg/Br. 1966–1968).

III. LITURGISCHE TEXTE

Liturgien:

Basileios: (cf. Neophytos Edelby, Liturgikon, Recklinghausen 1967, p. 489–502; E. Mercenier, La prière des églises de rite byzantin, Chevetogne [2]1948, I, 267–280), *(98, 851, 852, 857, 887, 921)*.

Jakobus: (cf. S. Heitz, Der orthodoxe Gottesdienst, Mainz 1965, I, 297–328; Božestvennaja liturgija svjatago apostola Iakova, Vladimirova 1938 / Roma 1970), *(882)*.

Johannes Chrysostomos: (cf. Neophytos Edelby, Liturgikon, Recklinghausen 1967, p. 403–488; E. Mercenier, La prière des églises de rite byzantin, Chevetogne [2]1948, I, 231–266), *(176, 851, 857, 887, 921)*.

Markus: (cf. Bardenhewer/Schermann/Weyman, Griechische Liturgien, München/Kempten 1912, 158–189), *(887)*.

Vorgeweihte Gaben: (cf. Neophytos Edelby, Liturgikon, Recklinghausen 1967, p. 503–560; E. Mercenier, La prière des églises de rite byzantin, Chevetogne [2]1948, I, 285–298).

Sakramente:

(cf. E. Mercenier, La prière des églises de rite byzantin, Chevetogne [2]1948, I, 321–448; Trebnik, Roma 1945, I; Činovnik archierejskago svjaščennosluženija, Jordanville, N.Y. 1965).

Sakramentalien:

(cf. Trebnik Roma 1946–1953, II–V; Trebnik, Moskva 1902, I–III).

Dankeswort

Ein ganz besonderer Dank gilt all jenen, die am Zustandekommen dieses Buches ganz wesentlich beteiligt waren, und die mich bei der oft schwierigen Arbeit mit Rat und Tat unterstützten, so Prof. Dr. Maurice Jourjon, Dekan der Theologischen Fakultät von Lyon; P. DDr. Emile Rideau SJ, Paris, der auch die französische Übersetzung dieses Buches besorgte; Mons. Prof. Dr. Paul Chevallier, Rektor des Institut Catholique von Lyon; Prof. Dr. Raymond Didier, daselbst; Prof. Dr. Daniel Olivier AA, Institut supérieur d'études oecuméniques, Paris; P. Antonij Koreń SJ, Russicum, Rom; Frl. Christa Höchli, Hr. Max Höchli; Lic. phil. Romuald Müller und den Mitbrüdern und Mitarbeitern am Institut für weltanschauliche Fragen in Zürich.
Dankbar erwähnt seien aber auch diejenigen, die mir überhaupt erst den Weg zu dieser Arbeit eröffneten: S.E.R. Serafim, russ. orthod. Bischof von Zürich; Prof. Dr. Heinrich Falk SJ, Berlin, und insbesondere meine Eltern.

Robert Hotz SJ

PERSONEN- UND SACHREGISTER

Die Ziffern bedeuten die jeweiligen Seitenzahlen. Findet sich das genannte Stichwort in einer Anmerkung, so ist die Seitenzahl *kursiv* gedruckt.

A. PERSONENREGISTER

B. SACHREGISTER